网络用户的金融行为研究

袁勤俭 王 瑞 等著

南京大学出版社

图书在版编目(CIP)数据

网络用户的金融行为研究 / 袁勤俭等著. —南京：南京大学出版社，2021.12
ISBN 978-7-305-24584-8

Ⅰ.①网… Ⅱ.①袁… Ⅲ.①互联网络-用户-金融行为-研究 Ⅳ.①F830.2

中国版本图书馆 CIP 数据核字(2021)第 111896 号

出版发行	南京大学出版社
社　　址	南京市汉口路 22 号　　邮　编　210093
出 版 人	金鑫荣

书　　名　网络用户的金融行为研究
著　　者　袁勤俭　王　瑞　等
责任编辑　谭　天

照　　排	南京紫藤制版印务中心
印　　刷	南京百花彩色印刷广告制作有限责任公司
开　　本	787×1092　1/16　印张 33.75　字数 680 千
版　　次	2021 年 12 月第 1 版　2021 年 12 月第 1 次印刷
ISBN	978-7-305-24584-8
定　　价	98.00 元
网　　址	http://www.njupco.com
官方微博	http://weibo.com/njupco
官方微信	njupress
销售热线	(025)83594756

＊ 版权所有，侵权必究
＊ 凡购买南大版图书，如有印装质量问题，请与所购图书销售部门联系调换

前　言

网络金融是指传统金融机构与互联网企业利用互联网技术和信息通信技术实现资金融通、支付、投资和信息中介服务的新型金融业务模式。第三方支付的出现，解决了网络交易买卖双方互信问题。网络理财的发展，解决了传统理财不方便的问题。P2P网贷和互联网消费金融的发展，解决了小额贷款难的问题。互联网保险的发展，缓解了卖保险难、理赔难的问题。因此，从某种意义上来说，如果没有网络金融持续的创新和发展，我国互联网的发展和应用就不可能取得今天这样举世瞩目的成就。

网络金融是新生事物，由于对其知之甚少且缺少监管经验，无论是第三方支付和网络理财，还是P2P网络借贷和互联网消费金融，都经历了完全放任的野蛮生长过程，从2015年下半年开始我国出现了一系列网络金融风险事件。为此，从2016年起我国开始进行专项整治，并出台了一系列监管文件。由于网络金融问题事关国家安全、发展全局、人民财产安全，为了防范其可能引发的金融风险，确实有必要加强监管。考虑到网络金融也是金融的新业态、新模式，监管部门应该给予其与传统金融同等待遇、同等程度的严格监管。充分且公平竞争的金融市场，才是有创新活力的健康的金融市场，才能满足人民日益增长的美好生活需要。在加强网络金融监管的同时，我们既要坚决反垄断，防止某些互联网企业的不正当竞争行为，也要坚决防止传统金融机构对监管部门的游说；我们既要坚决规范网络金融的发展，也要坚决防止"5000家网贷机构全部清零，P2P正式退出历史舞台"这样的网络金融遭"一刀切"的错误做法。事实上，网络金融风险事件频发的根本原因是网络金融监管部门没有及时采取有效的监管措施或者没有能力胜任监管，这一方面是由于对网络金融缺乏较深入的研究，对网络金融的运行规律知之甚少，网络金融监管部门无力及时采取有效的监管措施；另一方面是由于网络金融不仅涉及金融，更是涉及信息技术，目前网络金融监管部门缺少既懂信息技术又懂金融的高水平复合型人才，其无力对网络金融进行有效监管。因此，为了提升网络金融监管部门的监管能力，促进网络金融的高质量发展，可以采取以下措施：一是网络金融监管部门和行业协会可以独立或协同各类研究基金或网络金融机构设立专门的网络金融研究课题，支持研究人员深入研究网络金融，以准确把握网络金融的运行规律；二是网络金融监管部门和行业协会除了要支持高校培养更多的既懂信息技术又懂金融的高水平复合型人才外,还可以通过提高薪酬待遇吸引网络金融方面的高水平复合型人才进入监管部门工作;三是网络金融机构应主动拥抱网络金融监管,积极协助监管部门拟定网络金融运行规范、标准和相关政策。

网络用户的金融行为研究是网络金融研究不可或缺的重要组成部分。与传统金融的管理信息系统仅向内部工作人员和专业用户提供服务不同,网络金融的管理信息系统是在开放的互联网/移动互联网上向所有的互联网/移动互联网用户提供服务,这就要求系统有更高水平的友好性和易用性,否则就会直接影响用户的采纳程度和满意度水平,从而影响网络金融的高质量可持续发展。鉴于在2013年的时候网络用户的金融行为研究成果偏少,为了向国家和社会输送稀缺的既懂信息技术又懂金融的高水平复合型人才,笔者从那时候起就支持自己的部分博士研究生和硕士研究生对网络用户的金融行为进行研究。截至2020年,我们研究团队先后完成了网络用户金融行为方面的博士学位论文1篇和硕士学位论文12篇,本书便是精选这些优秀研究成果的部分内容,经过修改而完成的。

本书共分五大部分14章,对网络金融的用户行为主要从以下七个方面进行了研究:

(1) 互联网金融环境下用户的行为偏好研究。探究了互联网金融环境下用户支付方式、支付工具、支付金额、支付场景等方面的偏好选择,在此基础上分析了在线购物场景下用户下单未付款行为的前因变量。

(2) 互联网金融环境下用户的感知风险研究。明确了互联网金融环境下用户感知风险的构成元素及其相互关系,并探究了财务风险、心理风险和社会风险这三类主要风险因子的影响因素,在此基础上提出不同风险类型的应对策略。

(3) 移动支付用户使用意愿及持续使用意愿的影响因素研究。分析了影响用户采纳移动支付产品或服务的各项因素,同时探究了用户持续使用同一产品或服务的影响因素,在此基础上提出有助于移动支付服务商吸引新用户、留存现有用户的服务改进策略。

(4) 移动支付用户满意的影响因素研究。考虑到用户满意对于用户体验及使用行为的直接影响,分析了影响移动支付用户满意的各项因素,并从实践角度出发,为提升移动支付用户满意建言献策。

(5) 移动理财用户使用意愿及持续使用意愿的影响因素研究。分析了移动理财平台用户使用意愿及持续使用意愿的影响因素,特别地,考虑到游戏化设计在互联网金融产品和服务中越来越普遍的应用,探究了游戏化设计对移动理财App用户使用意愿的影响作用。

(6) 网络借贷用户使用意愿及持续使用意愿的影响因素研究。分析了在线旅游代理平台上用户对于信贷出行的采纳意愿及其影响因素,由于近期信贷平台风险事件频发,关于 P2P 网络借贷的负面舆论层出不穷,本书进一步探讨了负面信息对用户持续采纳意愿的影响作用。

(7)众筹价值共创中投资方的参与意愿研究。众筹价值共创作为一种特殊的借贷模式逐渐成为互联网金融的重要组成部分,本书基于投资方视角探索了价值共创参与意愿的影响因素及其相互作用关系,并在此基础上提出提升价值共创众筹项目成功率的策略启示。

本书的主要观点有:

(1)在在线支付行为偏好方面,第三方支付相较于银行卡快捷支付和普通网银支付成为用户最常使用的支付方式;用户一次使用在线支付的最大金额通常为 1000—5000 元,部分用户具有小额支付偏好;网络购物、话费充值和朋友间转账是应用较普遍的在线支付业务。另外,消费品类、支付场景均会影响用户对于支付工具的选择。针对在线购物中的下单未付款行为,研究发现感知娱乐性和购买情景均会对用户的下单未付款行为产生正向影响,感知风险通过作用于网购满意度对下单未付款行为产生间接的正向影响。以及,网购满意度和网购经验对用户的下单未付款行为产生负向影响,感知服务质量通过作用于网购满意度对下单未付款行为产生间接的负向影响。

(2)互联网金融感知风险的构成元素包括网络风险、功能风险、财务风险、隐私风险、心理风险、社会风险六个方面,其中,网络风险和隐私风险与财务风险有着显著的相关关系,用户对网络安全和隐私泄漏的担忧是用户财务风险感知最主要的两个方面。另外,心理风险在财务风险和社会风险对整体感知风险的影响中发挥着重要的中介作用,与社会风险一起构成影响整体感知风险最重要的元素。进一步地,财务风险会受到风险态度、个人经验和感知安全性的影响,心理风险会受到风险态度和感知安全性的影响,社会风险会受到风险态度和感知易用性的影响。

(3)绩效期望、努力期望、便利条件、社会影响均会正向影响用户的移动支付使用意愿,而感知风险和感知娱乐性对用户使用意愿的影响并不显著,且用户的使用意愿会推动实际使用行为的产生;在用户的持续使用意愿方面,绩效期望、社会影响和用户满意度均会正向影响移动支付持续使用意愿,努力期望通过影响满意度对持续使用意愿产生间接影响,感知风险负向影响移动支付持续使用意愿。

(4)用户满意是推动用户持续使用同一产品或服务的重要驱动力,感知有用性对用户满意产生重要影响,感知易用性通过感知有用性对用户满意产生间接影响,感知风险对用户满意也会产生微弱的负向影响作用;更深入的研究结果表明,系统质量和信息质量均通过影响感知有用性和感知易用性对用户满意产生间接影响作用。

（5）用户对于移动理财产品和服务的感知价值是其制定采纳决策时必定会考虑的因素,感知价值包括感知利益与感知风险两个部分,他们综合作用于用户使用意愿,其中,感知利益受到平台声誉、易用性、隐私与资金安全、收益性、信息质量、个性化、互动性的影响,感知风险受到平台声誉、隐私与资金安全、系统响应、互动性的影响。在用户的持续使用意愿方面,绩效期望和社会影响会对移动理财产品或服务的持续使用意愿产生显著的直接影响,努力期望和感知风险通过用户满意间接影响持续使用意愿。另外,移动理财 App 的游戏化设计可以考虑界面设计、成长进度、奖励反馈、社交联结、个性化服务、技术新颖性等多个方面。

（6）互联网用户的信贷出行采纳意愿受到其感知利得的正向影响和感知利失的负向影响,影响感知利得的因素包括交易成本、支付安全性、操作便捷性、促成条件和消费激励体系,影响感知利失的因素包括交易成本、财务风险和隐私风险,操作便利性对用户感知利失的影响并不显著。另外,消费习惯兼容性对感知利失的负向影响起到调节作用。负面信息是影响 P2P 网络借贷平台贷方持续使用意愿的重要因素,负面信息内容说服力、信息负面程度、信息相关性、信息来源平台可靠性、来源主体可靠性、用户风险态度、知识丰富度和参照群体意见均会通过用户感知风险和感知收益对用户持续使用意愿产生影响。

（7）众筹价值共创的投资方参与意愿受到融资方、平台方和投资方三个方面因素的影响,其中融资方因素包括项目质量和团队声誉,平台方因素包括信息透明和保障服务,投资方因素包括投资经验和风险态度。另外,各因素的交互作用也对用户参与意愿产生影响,网络借贷平台可通过丰富交流渠道、改善交流机制等方式促进多方互动,提升众筹价值共创项目成功概率。

本书的学术创新和学术价值主要有:

（1）在探究了互联网金融环境中用户的行为偏好及感知风险的基础上,深入分析了移动支付、移动理财、网络借贷三类互联网金融业务的用户使用意愿及持续使用意愿的影响因素,针对具体的用户行为(如下单未付款行为)和特殊的影响因素(如游戏化设计、负面信息)开展了进一步的假设检验和模型分析,从而明确了各因素间更深层的相互作用关系。另外,基于每一部分的研究结论针对性地提出了互联网金融产品提供商的服务改进策略,有助于推动我国互联网金融领域的健康发展和持续进步。

（2）综合运用情景式问卷设计和结构方程模型方法,划分多种研究情景,通过问卷设计从丰富的情景描述中采集用户视角下的一手数据,系统、深入地分析影响互联网用户对于网络金融产品及服务的采纳意愿、持续使用意愿及满意度的前因变量,厘清了多个因果变量间的复杂关系,研究结论更加具备客观性和可推广性。

本书由袁勤俭和王瑞拟定大纲,共分 14 章。第 1 章和第 2 章由王瑞、董婷、倪文珊、王维、袁勤俭著;第 3 章由王骅琪、袁勤俭著;第 4 章由杜楠楠、袁勤俭著;第 5 章由章以金、袁勤俭著;第 6 章由高端鸿、袁勤俭著;第 7 章由董婷、袁勤俭著;第 8 章由储涵秋、袁勤俭著;第 9 章由欧阳洋、袁勤俭著;第 10 章由陈莹莹、岳泉、袁勤俭著;第 11 章由倪文珊、袁勤俭著;第 12 章由张亚莉、黄奇、袁勤俭著;第 13 章由王维、黄奇、袁勤俭著;第 14 章由王中晶、袁勤俭著。最后,由袁勤俭和王瑞负责统稿和定稿。

本书的出版得到了南京大学信息管理学院的资助,特此感谢。我们也要感谢在本书的出版过程中南京大学出版社责任编辑老师所提供的帮助!在撰写本书的过程中,我们参阅了大量的国内外优秀成果,请允许我们在此向其作者表示衷心的感谢!此外,作为本书的第一责任人,请允许笔者在此向所有参与本书撰写的各位同事和同学表示衷心的感谢!

值得指出的是,虽然在完成本书的过程中,我们竭尽所能追求完美,但由于水平所限,书中尚还有不妥和疏漏之处,敬请各位专家和广大读者批评指正(yuanqj@nju.edu.cn)。

袁勤俭
2021 年 10 月于南京大学

目　录

第一部分　概述

1　绪论 ··· 3
　1.1　研究背景 ·· 3
　1.2　研究内容 ·· 4
　1.3　研究思路和技术路线 ·· 6
　1.4　研究方法及理论依据 ·· 7
2　网络用户金融行为研究综述 ·· 14
　2.1　移动支付相关研究 ··· 14
　2.2　网络理财相关研究 ··· 19
　2.3　P2P网络借贷相关研究 ·· 25

第二部分　互联网金融用户行为与感知风险研究

3　互联网金融环境下用户支付行为偏好及影响因素研究 ············· 33
　3.1　研究假设 ·· 34
　3.2　研究模型 ·· 41
　3.3　数据处理与分析 ··· 43
　3.4　结果讨论 ·· 59
　3.5　结论与启示 ··· 74
4　消费者在线购物中下单未付款影响因素研究 ························· 84
　4.1　研究假设 ·· 85
　4.2　研究模型 ·· 89
　4.3　数据处理与分析 ··· 95

	4.4	结果讨论	106
	4.5	结论与启示	110
5	互联网金融感知风险及其影响因素研究——以支付宝为例		114
	5.1	感知风险构成因素研究	115
	5.2	感知风险影响因素研究	127
	5.5	结论与启示	142

第三部分 移动支付用户使用意愿与满意度研究

6	移动支付用户使用意愿的影响因素研究——以微信支付为例		149
	6.1	研究假设	150
	6.2	研究模型	152
	6.3	数据处理与分析	155
	6.4	结果讨论	161
	6.5	结论与启示	167
7	移动支付用户持续使用意愿的影响因素研究		170
	7.1	研究假设	171
	7.2	研究模型	174
	7.3	数据处理与分析	178
	7.4	结果讨论	185
	7.5	结论与启示	189
8	移动支付用户满意的影响因素研究——以支付宝为例		194
	8.1	研究假设	195
	8.2	研究模型	199
	8.3	数据处理与分析	204
	8.4	结果讨论	212
	8.5	结论与启示	218

第四部分 移动理财用户使用意愿研究

9	移动理财平台投资者使用意愿的影响因素研究		225
	9.1	研究假设	226

  9.2 研究模型 ………………………………………………… 237
  9.3 数据处理与分析 ………………………………………… 241
  9.4 结果讨论 ………………………………………………… 252
  9.5 结论与启示 ……………………………………………… 263

10 游戏化设计对移动理财 App 用户使用意愿的影响研究 ……… 271
  10.1 研究假设 ………………………………………………… 272
  10.2 研究模型 ………………………………………………… 281
  10.3 数据处理与分析 ………………………………………… 285
  10.4 结果讨论 ………………………………………………… 298
  10.5 结论与启示 ……………………………………………… 305

11 移动理财用户持续使用意愿的影响因素研究——以余额宝为例
  ……………………………………………………………………… 308
  11.1 研究假设 ………………………………………………… 309
  11.2 研究模型 ………………………………………………… 312
  11.3 数据处理与分析 ………………………………………… 316
  11.4 结果讨论 ………………………………………………… 324
  11.5 结论与启示 ……………………………………………… 330

第五部分　网络借贷用户使用意愿研究

12 在线旅游代理（OTA）平台信贷出行采纳意愿影响因素研究
  ……………………………………………………………………… 337
  12.1 研究假设 ………………………………………………… 338
  12.2 研究模型 ………………………………………………… 344
  12.3 数据处理与分析 ………………………………………… 348
  12.4 结果讨论 ………………………………………………… 367
  12.5 结论与启示 ……………………………………………… 376

13 负面信息对 P2P 网络借贷平台贷方持续使用意愿的影响研究
  ……………………………………………………………………… 381
  13.1 研究假设 ………………………………………………… 382
  13.2 研究模型 ………………………………………………… 388
  13.3 数据处理与分析 ………………………………………… 391
  13.4 结果讨论 ………………………………………………… 408
  13.5 结论与启示 ……………………………………………… 416

14 基于投资方视角的众筹价值共创参与意愿研究 ………… 419
    14.1 研究假设 …………………………………………… 420
    14.2 研究模型 …………………………………………… 425
    14.3 数据处理与分析 …………………………………… 429
    14.4 结果讨论 …………………………………………… 438
    14.5 结论与启示 ………………………………………… 447

附　录
    附录 1 ……………………………………………………… 452
    附录 2 ……………………………………………………… 458
    附录 3 ……………………………………………………… 462
    附录 4 ……………………………………………………… 466
    附录 5 ……………………………………………………… 470
    附录 6 ……………………………………………………… 473
    附录 7 - 1 ………………………………………………… 476
    附录 7 - 2 ………………………………………………… 481
    附录 8 ……………………………………………………… 487
    附录 9 ……………………………………………………… 500
    附录 10 - 1 ……………………………………………… 503
    附录 10 - 2 ……………………………………………… 509
    附录 11 - 1 ……………………………………………… 512
    附录 11 - 2 ……………………………………………… 517
    附录 12 …………………………………………………… 523

第一部分　概　述

1 绪论

1.1 研究背景

智能设备的快速普及和通信技术的飞速发展正深刻影响着我国经济社会的发展和数字化建设进程,伴随着区块链、5G网络、人工智能等新一代信息技术的发展,我国的互联网金融行业进入前所未有的蓬勃发展时期。中国互联网络信息中心(CNNIC)发布的《第46次中国互联网络发展状况统计报告》显示,截至2020年6月,我国网络支付用户规模达8.05亿,占网民整体的85.7%,移动支付市场规模连续三年全球第一。此外,网上外卖、在线教育、网约车、在线医疗等依托线上渠道快速拓展的服务业务用户规模分别达4.09亿、3.81亿、3.40亿和2.76亿,占网民整体的比例分别为43.5%、40.5%、36.2%和29.4%。值得一提的是,我国网络零售的规模已经超过社会消费品零售总额的1/4,其中,生鲜电商、农产品电商、跨境电商、二手电商等电商新模式的用户规模分别达到2.57亿、2.48亿、1.38亿和6143万[1]。互联网金融及其应用场景已经渗透进社会生活的方方面面,成了我国数字经济发展不可或缺的支撑力量。

我国网民的互联网金融行为在1996年全球电子商务兴起之时便酝酿起步,并于1998年完成国内第一笔Internet网上支付交易,随后以网关支付为核心的第三方支付平台"首信易"和"环迅支付"正式成立,由于时值互联网泡沫破灭时期,第三方支付发展缓慢,直到2003年5月,淘宝网的横空出世为电子交易开创了全新的信用中介模式,支付宝成为我国网络金融新时代的开端[2]。随着第三方支付平台的快速发展,我国网民已经能够实现随时随地开展在线支付、移动理

---

[1] 中国互联网络信息中心.第46次中国互联网络发展状况统计报告[R/OL].(2020-09-29)[2020-12-29]. https://www.cnnic.net.cn/hlwfzyj/hlwxzbg/hlwtjbg/202009/t20200929_71257.htm.
[2] 钛媒体.中国支付往事[EB/OL].(2020-10-20)[2020-12-29]. https://www.tmtpost.com/4802665.html.

财、网络借贷等多种金融业务,中国的互联网金融迈入新的发展阶段。

当前我国互联网金融的迅猛发展使得越来越多的竞争者加入市场,市面上涌现出了一批又一批功能各异的网络金融产品,如以支付宝和微信支付为代表的支付类产品,以余额宝、理财通为代表的理财类产品和以花呗、借呗为代表的借贷类产品,用户在面对众多产品选择时的金融决策行为受到多种因素的影响,探究影响网络用户金融行为及产品使用意愿、体验满意度等的各种因素对于了解用户心理、促进用户采纳并持续使用具有重要意义,进而有助于企业在激烈的竞争中获得一线生机,推动互联网金融市场的良性发展。

1.2 研究内容

1.2.1 总体内容框架

本书将网络用户的金融行为及行为意愿作为研究对象,主要围绕网络用户金融行为及意愿的影响因素这一命题展开,在了解研究背景并梳理评述前人相关研究成果的基础上,探究互联网金融用户的行为偏好及感知风险,并深入分析移动支付、移动理财、网络借贷用户使用意愿及持续使用意愿的影响因素。在互联网金融用户的行为偏好及感知风险研究中,主要分析了用户普遍使用的在线支付行为偏好及其影响因素,同时对于用户感知风险的构成因素和影响因素进行了深入挖掘,更进一步地,对于在线购物场景中用户下单未付款这一特殊行为的影响因素进行了探索。在移动支付相关研究中,主要分析了移动支付用户使用意愿和持续使用意愿的影响因素,同时以支付宝为例探究了影响用户满意的各项因素。在移动理财相关研究中,基于投资者视角探究了用户使用意愿及持续使用意愿的影响因素,同时考虑到游戏化设计在互联网金融服务中的普遍应用,探究其对用户使用意愿的影响作用。在网络借贷相关研究中,首先对在线旅游代理(OTA)平台上用户信贷出行采纳意愿的影响因素进行了分析;其次探究了负面信息对P2P网络借贷平台用户持续使用意愿的影响作用;最后,考虑到众筹价值共创业务的流行,分析了影响投资者参与意愿的各项因素,并提出了服务改进策略。本书研究内容的整体框架如图1.1所示。各项研究目的在于明晰用户视角下的行为影响因素,从而为移动支付、移动理财、网络借贷等不同类型的在线金融服务提出针对性的改进策略,帮助服务提供商更全面、更准确地了解用户需求,从而为用户提供优质满意的服务体验。

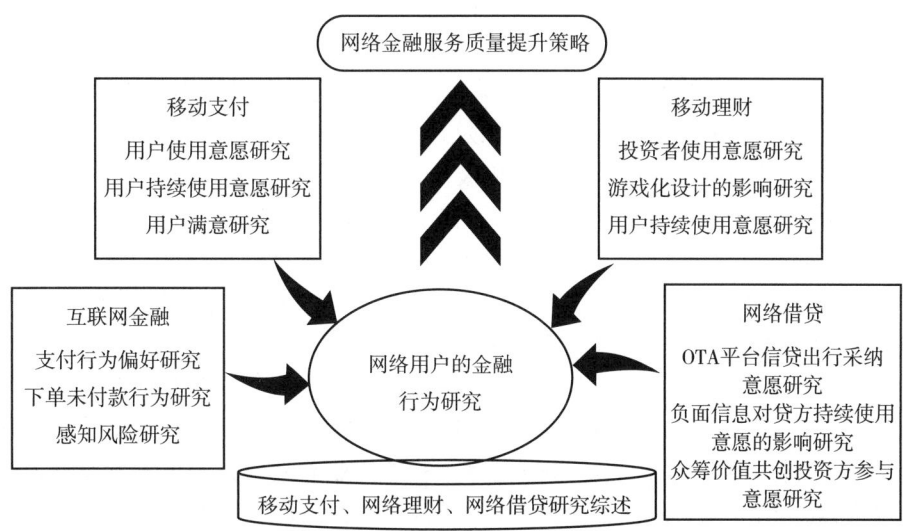

图 1.1 总体内容框架

1.2.2 具体研究内容

本书研究的具体内容主要划分为五个部分：

第一部分包括第 1 章、第 2 章,该部分简要介绍了网络金融兴起历程及发展现状,交代了整体研究背景,随后阐述了本书研究框架和具体研究内容,基于内容架构提出整体研究思路,绘制技术路线图,并介绍研究方法和理论依据。为全面把握网络金融的国内外研究现状,依据研究内容的安排对移动支付、网络理财、P2P 网络借贷相关研究文献进行了梳理总结。

第二部分包括第 3 章、第 4 章、第 5 章,该部分探究了互联网金融背景下用户的支付行为偏好和感知风险。在行为偏好研究中,首先分析了影响第三方支付用户使用态度和使用意愿的各项因素,随后针对在线购物环境下用户的下单未付款这一特殊行为进行了研究;在感知风险研究中,将互联网金融的感知风险划分为网络安全风险、产品功能风险、财务风险、隐私风险、心理风险和社会风险 6 种类型,并探究了不同风险类型间的相互关系,更进一步地,构建感知风险影响因素模型,分析各因素对不同风险类型的影响作用。

第三部分包括第 6 章、第 7 章、第 8 章,该部分将移动支付作为研究对象,探究了用户使用意愿、持续使用意愿和用户满意的影响因素。在用户使用意愿研究中,以微信支付为例构建了移动支付用户使用意愿研究模型并采集问卷数据进行分析;在持续使用意愿研究中,以 UTAUT 模型为基础,引入"用户满意"这一概念探讨移动支付持续使用意愿的影响因素,并提出避免用户流失的平台经营管理策略;在用户满意研究中,以支付宝为例分析影响移动支付用户满意的各项因素,为提升平台的用户满意度建言献策。

第四部分包括第9章、第10章、第11章,该部分将移动理财作为研究对象,探究了移动理财平台用户的使用意愿及持续使用意愿,特别考虑到游戏化设计对于提升移动理财产品用户体验的积极作用,探究了其对移动理财App用户使用意愿的影响作用。相较于移动支付,移动理财的市场规模还有巨大的提升空间,用户群体也自有其特点,研究从用户视角出发,分别构建移动理财用户使用意愿影响因素模型和持续使用意愿影响因素模型,采集问卷数据进行分析,并依据分析结果提出针对性的服务改进策略。

第五部分包括第12章、第13章、第14章,该部分将网络借贷作为研究对象,探究了OTA平台信贷出行采纳意愿和负面信息对贷方持续使用意愿的影响。另外,将众筹价值共创视为一种特殊的借贷业务分析投资方参与意愿及其影响因素。研究在前人已有研究基础上构建结构方程模型,并采集问卷数据进行分析,最终依据分析结果判断模型路径的有效性,提出网络借贷服务改进策略。

1.3　研究思路和技术路线

本书中网络用户的金融行为相关研究整体研究思路是,首先分析互联网金融环境下用户的行为偏好和感知风险及其影响因素,接下来分别以移动支付、移动理财和网络借贷三项主流的互联网金融服务为研究对象进行更细致深入的分析,主要探究用户在使用不同类型的网络金融产品和服务时的采纳意愿及持续使用意愿,对于具体的用户行为(如下单未付款行为)或特殊的影响因素(如游戏化设计)开展进一步的假设检验和模型分析,基于每一章节的分析提出针对性的服务改进策略。研究整体技术路线,如图1.2所示。

研究步骤如下:

(1)研究开始于对当前已有理论研究的学习和总结,利用各类文献数据库和信息检索工具,系统查阅与网络金融用户行为相关的国内外最新文献资料和研究数据,了解国内外相关领域的最新状况、进展和经验。在梳理总结的基础上,找到本课题的理论支持。

(2)调研当前互联网金融市场的主流产品,如支付宝、微信支付、余额宝、理财通等,分析不同类型产品所提供的服务内容及服务特色,挖掘用户在使用过程中的服务需求,进而了解产品存在的问题和待改进的方面,为本课题的研究找到具体的实践切入点。

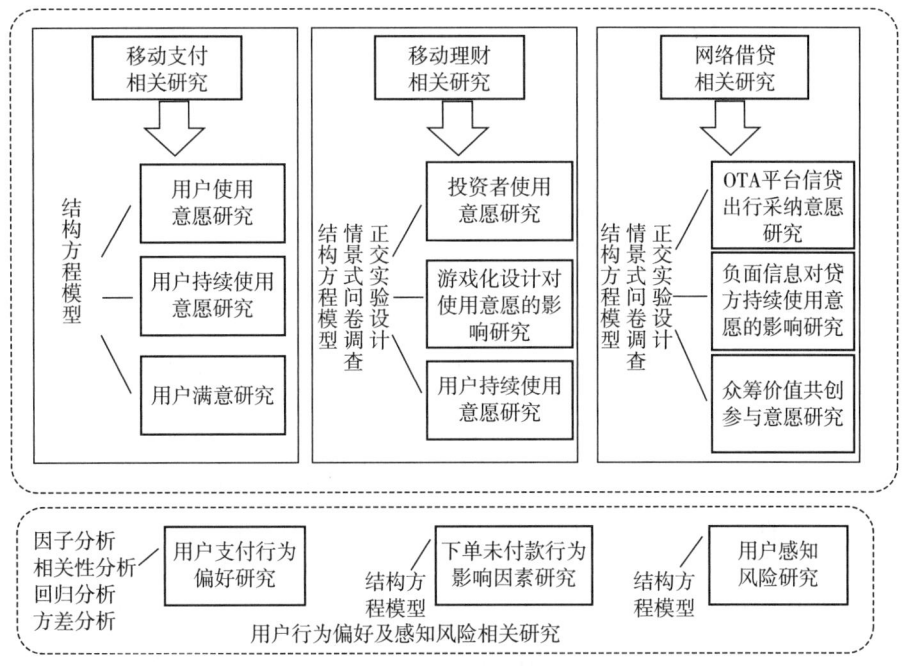

图 1.2 技术路线图

(3) 依据前人已有研究和调研结果,深入分析不同类型互联网金融产品和服务的用户使用意愿、持续使用意愿、用户满意等,探究其影响因素及各因素间的相互作用关系,并构建相应的结构方程模型,采集问卷数据验证模型假设并阐述分析结果。

(4) 依据研究结论,提出不同类型互联网金融产品和服务的管理实践策略。

1.4 研究方法及理论依据

1.4.1 研究方法

本课题将综合运用定性和定量方法对网络用户的金融行为及其相关因素展开分析,具体包括文献分析法、正交实验设计、情景式问卷调查、结构方程模型、相关性分析、方差分析、回归分析方法、访谈法等多种研究方法。首先,运用文献分析法对前人研究成果进行深入分析后选择本课题的理论支点。其次,通过正交实验设计划分不同条件下的实验情景,并采用情景式问卷调查方法获取不同情景设定下用户感知相关数据,随后利用结构方程模型方法构建并检验网络金融产品和服务的用户感知风险、使用意愿、持续使用意愿、满意度等相关研究模型。最后,在此基础上,针对一些需要继续深入挖掘的结论,选择用户进行深入访谈以期获取更全面准确的研究结果;在用户支付行为偏好研究中,采用相关性分析和回归分析探索各变量间相关关系和作用程度,同时采用方差分析探究消费品类、购买场景和用户特性对用户支付行为偏好的影响差异。

1.4.2 理论依据

(1) 理性行为理论

理性行为理论(Theory of Reasoned Action,TRA)由 Fishbein[①] 提出,该理论起源于社会心理学,是人类行为研究中最根本、影响力最深远的理论之一。基于人是有理性的个体这一基本假设,TRA 认为人类是根据所获取的信息,并通过理性的思考对信息进行加工、处理,从而做出理性的判断,指导其行为。模型基本框架如图 1.3 所示,在理性行为理论中,个体的使用行为是由该个体从事这一特定行为的意愿强弱程度直接决定的,而行为意向又直接受到个体对某一特定行为的认知和评价,以及外界环境、社会压力而形成的个体行为动机所影响。行为态度进一步受到个体行为意念和结果评价的影响,即个体对可能采取的行为会产生的结果预期,以及对结果的主观评估的影响。主观规范进一步受到规范信念和依从动机的影响,即个体对他人对其行动的态度和期望的感知,以及是否愿意遵从他人提出的意见或建议。在实践中,TRA 模型广泛用于各个领域中个体行为的预测和解释,尤其是在信息系统研究领域,有效地解释了人们对于信息系统的采纳和接受行为,因此,该理论也适用于解释用户对于各类互联网金融产品和服务的采纳接受行为。

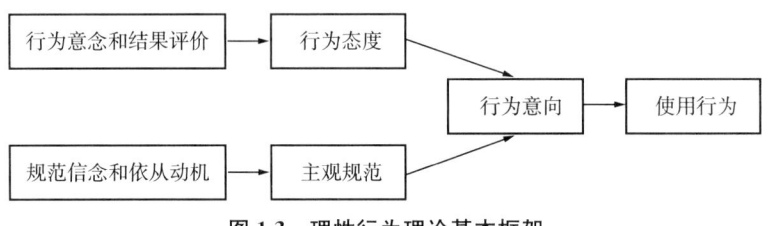

图 1.3　理性行为理论基本框架

(2) 计划行为理论

Ajzen 于 1985 年对理性行为理论进行了扩展,加入了"感知行为控制"作为影响个体行为意向的重要因素之一,形成了计划行为理论(Theory of Planned

---

① Fishbein M, Ajzen I. Belief, Attitude, Intention, Behavior[M]. Addison-Wesley, Reading, MA, 1975.

Behavior,TPB),以期增强模型对个体行为的预测以及解释力度。① 该模型的基本框架如图 1.4 所示,行为意向的主要影响因素包括行为态度、主观规范和行为控制。其中,感知行为控制是指个体对完成某一特定行为的难易程度的感知,包括个体对自身行为经验性判断,以及个体对完成这一行为的阻碍的预期。这一变量又进一步解释为控制信念和感知便利,控制信念是指个体对某一特定行为所需要的相关机会、现有资源以及可能的困难的认知,感知便利是指上述个体感知到的机会、资源和困难对所决定行为的重要程度。同时,三个影响行为意向的内部因素之间也存在相互影响作用。相对而言,行为信念、规范信念和控制信念是作为外部影响因素间接影响行为意向的。

计划行为理论被各领域学者用来进行对信念、态度、意向和行为等变量的认知以及影响因素的解释和行为预测。因此,本研究模型也将应用计划行为理论,综合外部环境因素和内部感知因素来解释用户在进行各类金融行为决策时对于信念、态度、意向和行为的认知、相互作用以及影响因素。

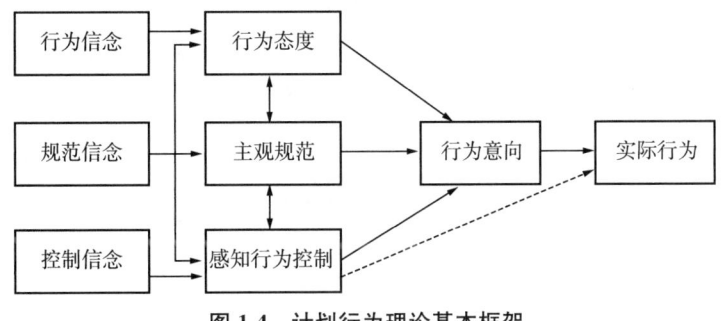

图 1.4 计划行为理论基本框架

(3) 技术接受模型

Davis② 提出技术接受模型(Technology Acceptance Model,TAM),该模型是基于理性行为理论,针对信息系统以及信息技术这一类特定对象的特点,对原有变量进行调整和细化,而形成的适用于信息系统和信息技术接受程度的解释和预测的模型。模型基本框架如图 1.5 所示,其中感知有用性与感知易用性是决定行为态度的两个重要变量,并且感知有用性将直接影响感知易用性。感知有用性,即使用者认为使用某一系统能够提升其工作绩效的可能性;感知易用性,即使用者对某一信息系统的使用容易程度的主观感知。此外,感知有用性和

---

① Ajzen I. The theory of planned behavior [J]. Organizational Behavior and Human Decision Processes,1991,50(2):179-211.

② Davis F D. Perceived usefulness, perceived ease of use, and user acceptance of information technology[J]. Mis Quarterly, 1989,13(3):319-340.

感知易用性受到外部变量的影响,包括其他影响用户对于信息系统接受的因素,如系统设计、外部群体影响等。

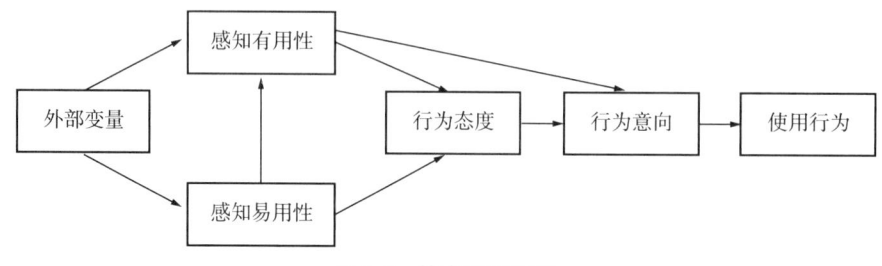

图 1.5　技术接受模型

（4）创新扩散理论

Rogers 于 1983 年提出了创新扩散理论①（Innovation Diffusion Theory, IDT），该理论是传播学领域的经典理论之一。创新是由相关的个体或群体所创造出的新产品、新理念或新技术,创新扩散的基本过程如图 1.6 所示,描述了个体对于创新接受的基本过程,而创新扩散理论研究了个体接受创新的影响因素,并且该理论重点研究了创新本身的特性对创新接受的影响。

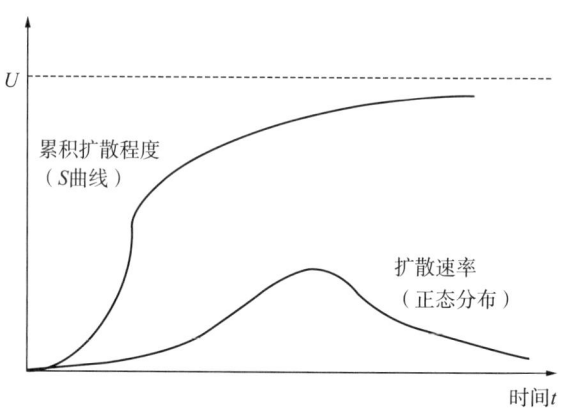

图 1.6　创新扩散的基本过程

创新扩散理论指出,对于某一特定创新项目,五个主要特性会影响创新扩散速率,即相对优势、复杂性、相容性、可试用性和可观察性。相对优势是指相对于原有事物,采纳创新为个体带来的优越感,包括有形的经济收益、低成本投资,也包括无形的时间成本、社会价值等。复杂性是指个体对于理解某项创新并加以

---

① Rogers E M. Diffusion of preventive innovations[J]. Addictive Behaviors, 2002, 27(6): 989 - 993.

运用的困难程度和可能遇到的障碍。相容性是指个体对于某项创新与用户预期需求、用户经验性以及现有价值体系的一致性的认知。相容性高的创新对于用户而言更易于理解和使用，也更契合用户所处的客观环境，更易被用户接受。可试用性指对于一项创新，用户是否可以在有限的基础上被小范围内试用的可能性。可观察性指某项特定创新能够获得群体关注的程度，创新的可观察程度越高，则传播范围越广，其被采纳的可能性也更大。

随着信息技术和互联网技术的迅速发展，IT领域的创新层出不穷，而聚焦于互联网金融领域，在线支付、理财、借贷等服务也发生着日新月异的变化，人们对于网络金融创新业务的接受也受到产品和服务特性的影响。因此，创新扩散理论适用于互联网金融相关的系列研究。

(5) 情景理论

20世纪80年代，Albert Bandura 提出社会认知论[①]（Social Cognitive Theory, SCT），认为心理机能就是个体的内部因素、环境因素以及行为之间的连续交互作用，即强调了环境因素对于个体认知的影响作用。情景即个体在学习和认知过程中所处的特定环境和条件，情景学习理论强调了学习过程中的社会性和资源差异性特征，更强调了外部环境对于个体决策行为的影响。Park指出，用户在某一特定时间、空间的决策行为受到情景因素的影响；Hansen 将情景因素进一步细化为消费情景、购买情景和交流情景三个特征。Taylor 将文化作为一种特定的时空情景。

在互联网金融使用过程中，用户所处情景的不同也会影响其行为决策，最终导致行为的差异。因此，基于情景理论，本研究将从用户所处的情景出发，研究用户在不同场景下的网络金融行为差异。

(6) 感知风险理论

1960年，Bauer 提出感知风险理论。感知风险，即消费者在购买产品的过程中，由于双方信息的不对称性使得消费者对行为结果所产生的不确定性感知。在消费者行为领域，感知风险理论被证明对消费者决策行为具有显著影响，当消费者对于其购买行为是否能满足其预期需求产生怀疑时，即产生感知风险。Cunningham 将感知风险划分为不确定性和后果两类，不确定性是指个体对于事件发生的主观概率判断，后果是指个体对于事情发生可能带来的损失等结果

---

① Bandura, A. Human agency in social cognitive theory[J]. American Psychologist, 1989, 44(9): 1175-1184.

的预期。① 多数学者认为,感知风险是一个多维度概念,Jacoby 等②将感知风险划分为五个维度,即身体风险、财务风险、功能风险、社会风险和心理风险。身体风险,即用户在使用特定产品时对自己或他人安全产生伤害的风险;财务风险,即产品价格与其实际价值不符,从而给消费者带来的财产损失风险;功能风险,即用户通过使用产品不能满足其需求预期的风险;社会风险,即用户所购买产品不能得到群体认同而产生的风险;心理风险,即用户购买产品不符合其预期而产生的自我感知伤害风险。Stone & Gronhaug(1993)在此基础上增加了时间风险维度,即用户因购买或使用某一产品而造成的时间浪费的可能性。

由于网络金融的不确定性,用户在使用互联网金融产品和服务过程中难免会感知到不同类型的风险,感知风险理论适用于网络金融用户行为相关研究,后续章节中会将感知风险理论作为模型的假设依据。

(7) 感知价值理论

1988 年,Zeithaml 从顾客心理的角度提出顾客的感知价值是顾客在市场交易中根据所得利益和付出的成本进行比较的感知,对产品进行的总体评价③。随着研究的不断深入,利益的概念被具体化,包括可见部分(如绩效的提高)和不可见部分(如娱乐性),而成本被细化为金融成本(如费用)和其他成本(如时间、精力的投入和付出)。学者们认为,顾客感知价值有以下的特性:主观性、层次性、动态性。其中主观性是指顾客的感知价值的形成受到感知者本身的属性特征和经历影响,最终在使用情景中达成使用结果的认知偏好与评价;层次性是指顾客通过"手段—目的"的方式形成期望价值,从低到高分为属性层次的价值、结果层次的价值和终极目标的价值;动态性是指一方面同一顾客在不同时间会对某一产品产生不同的感知价值,另一方面顾客感知价值可能会随着不同的使用环境而发生变化。

感知价值理论同样适用于互联网金融环境下,处于不同阶段、实现不同目标的用户的感知价值存在较大差异,其感知风险大小和影响因素也存在差异。基于感知价值理论用户金融行为相关模型,有助于通过提高用户的感知价值降低用户的感知风险。

---

① Cunningham S M. The major dimensions of perceived risk [A]. Cox D F, Risk Taking and Information Handling in Consumer Behavior [C]. Boston: Graduate School of Business Administration, Harvard University Press, 1967: 82 – 108.

② Jacoby J, Kaplan L B. The components of perceived risk[J]. Advances in Consumer Research, 1972, 3(3): 382 – 393.

③ Zeithaml V A.Consumer perceptions of price, quality, and value: A means-end model and synthesis of evidence[J].Journal of Marketing, 1988, 52(3): 2 – 22.

(8) 整合型技术接受模型(UTAUT 模型)

在信息技术接受研究中有许多有竞争力的模型,每个模型都有其不同的适用范围。在这些模型中,有 8 个模型做出了显著的贡献:理性行为理论、技术接受模型、动机模型、计划行为理论、复合型 TAM 和 TPB 模型、个人计算机利用模型、创新扩散理论以及社会认知理论,但是由于行为研究领域的复杂性和研究者的个人局限性,还没有哪一个理论能够覆盖所有或大部分的影响因素,这些理论仍然存在着许多不足与局限。Venkatesh & Davis 在 2000 年提出了整合型技术接受模型(Unified Theory of Acceptance and Use of Technology,UTAUT)。他们将上述 8 个模型进行对比实证研究,并将相关结论整合,得出了 UTAUT 模型中的 4 个核心构念:绩效期望(Performance Expectancy,PE)、努力期望(Effort Expectancy,EE)、社会影响(Social Influence,SI)和便利条件(Facilitating Conditions,FC),以及 4 个调节变量,即性别、年龄、经验和自愿性,并通过数据对 UTAUT 模型进行实证研究。结果显示,UTAUT 对实际使用行为的解释力高达 70%,这一数据比过去所知的任何一个技术接受模型所得出的解释力都高。

整合型技术接受模型如图 1.7 所示,其中,绩效期望(PE)是指个体认为目标系统帮助其改善工作绩效的程度;努力期望(EE)是指个人认为目标系统容易使用的程度;社会影响(SI)是指个体所感知到的对他人认为其是否应该使用目标系统的程度;便利条件(FC)是指个体认为现有的基础设施能支持其系统使用的程度。

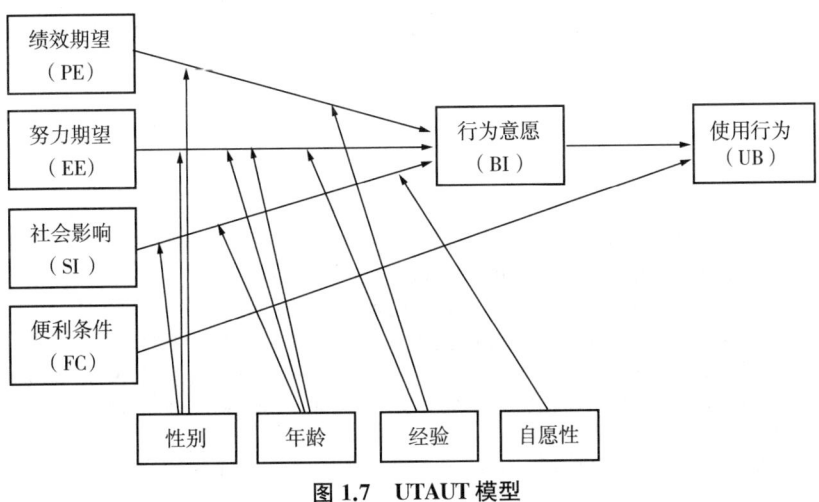

图 1.7 UTAUT 模型

2 网络用户金融行为研究综述

2.1 移动支付相关研究

通过对移动支付的国内外文献进行梳理总结,发现当前研究主要集中在移动支付的技术及安全性、产业发展、商业模式和用户特性及行为四个方面。

(1) 技术及安全性研究

移动支付的技术实现是目前学者关注最多的研究领域[1]。移动支付系统主要有 4 类:基于 SMS 的系统、基于 WAP 的系统、基于 I-mode 的系统、基于 J2ME 的系统[2]。其中,基于 SMS 和基于 WAP 的系统适用于小额支付[3];基于 I-mode 的系统既适用于小额支付,也适用于大额支付;J2ME 技术更适合移动支付系统的开发,基于 J2ME 的移动支付系统必将是移动支付的未来发展方向[4]。

从国内外的相关研究来看,首先,有关移动支付的技术实现问题已经通过很多大型科研项目得到解决[5];其次,相关论文针对如何有效使用近场通信(Near Field Communication,简称 NFC)和远距离无线技术进行了讨论,发现蓝牙、红

---

[1] Tomi D, Niina M, Jan O, et al. Past, present and future of mobile payments research: A literature review [J]. Electronic Commerce Research and Applications, 2008, (7): 165-181.

[2] 张安勤.移动支付技术综述[J].上海电力学院学报,2006,22(2):152-157.

[3] Paul A, Heather H, Mark V. Wired versus wireless security: The internet, WAP and model for E-Commerce [EB/OL]. (2012-12-21) [2020-12-29]. http://www.acsac.org/2001/abstracts/the 1030b$ashley.html.

[4] Anders C. Analysis of J2ME™ for developing mobile payment systems[M]. Copenhagen: IT University of Copenhagen, 2002: 32.

[5] Misra S, Wickamasinghe N. Security of a mobile transaction: A trust model [J]. Electronic Commerce Research, 2004, 4(4): 359-372.

外线以及无线电频率识别(RFID)都能够有效地解决移动支付的距离问题[①][②]；针对近年来在移动支付中愈加普遍应用的生物识别技术，邱琳等分析了其安全风险，发现生物识别技术在移动支付中依然面临着识别结果不确定、系统数据风险、隐私泄露、标准不完善等问题，并针对性地提出了解决方案[③]。另外，研究关注了移动支付安全性协议和认证及问责制度，例如：kungpisdan等发现制定移动支付的逻辑协议和对称密钥协议可以提高交易的安全性[④]；张梦飞针对NFC离线支付设计了匿名化安全技术并提出了完整的离线认证方案[⑤]。

移动支付技术及安全性的相关研究有利于发现当前技术的优势和局限性，提出现有技术问题并改进，从而改善移动支付服务水平。虽然技术和安全性问题是移动支付的重点研究方向，但随着移动支付发展的不断完善，用户在使用移动支付过程中已经不仅仅只考虑安全和技术问题，用户使用意愿更多地受到一些非技术层面的影响，因此以用户使用意愿为主题的研究显得尤为重要和迫切。

(2) 移动支付产业发展研究

移动支付作为一个融合众多行业的新兴产业，产业链中不同的成员会产生竞争与合作，这也使得移动支付产业具有多变性和复杂性。在移动支付产业发展方面，研究者通过介绍国内外移动支付的发展现状，移动支付产业、产业链间的相互关系和作用，探索移动支付的市场发展趋势[⑥]。有学者发现移动支付产业发展与其所处的商业环境的变化(如互联网和移动网络服务商发展以及自动化自助支付服务支付的发展)有很大关系。研究发现，影响移动支付产业发展的相关产业包括银行金融业、电信和信息通信技术业、互联网及电子商务业。以日本为例，其产业特征是具有强大的移动通信基础设施公司(如 NTT DoCoMo、SONY公司)和相对较弱的固网的互联网基础设施，需要加强后者的发展。在美国由于基础设施非常完善，他们的产业发展主要是基于互联网的支

---

① Zmijewska A. Evaluating wireless technologies in mobile payments：A customer centric approach [A]// Brookes W. Proceedings of the Fourth International Conference on Mobile Business (ICMB)[C]. Los Alamitos：IEEE Computer Society，2005：354—362.

② 张梦飞.NFC移动支付的安全威胁和安全技术研究[J].智能计算机与应用，2020，10(3)：367—370.

③ 邱琳，曾昉，钟露.生物识别技术在移动支付领域应用存在的安全风险分析[J].金融科技时代，2020，28(6)：64—67.

④ Kungpisdan S, Bala S, Le P. A practical framework for mobile SET payment[A]// Pedro I. Proceedings of the IADIS International Conference on E-Society [C]. Lisbon：Elsevier Sci Ltd，2003：3—4.

⑤ 张梦飞. NFC移动支付的安全技术和认证方案研究[D].哈尔滨：哈尔滨工业大学硕士学位论文，2019：25—42.

⑥ 沈明刚.移动支付业务现状及发展初探[J].当代通信，2006，(14)：46—48.

付系统,如贝宝或 iTunes①。可见不同国家的移动支付产业发展具有不同的特性,应该因地制宜,针对每个国家的特性发展移动支付。

有国内学者通过对国内外移动支付发展现状和产业模式进行对比,提出我国的移动支付发展应加强产业链的构建和整合,增强用户接受程度,提高自身技术优势等②,也有学者针对当前我国移动支付产业链中存在的风险问题提出加强法律监管、推动技术升级、增强平台协作等对策建议③。但是,目前的研究缺少对用户行为与移动支付发展之间利害关系的分析。有研究指出,我国移动支付产业发展存在的主要问题是缺少产业链的利益协调机制和用户习惯的培养④,移动支付产业价值链主要由移动运营商、银行、移动支付服务提供商、商家和用户组成,运营商、银行和商家的最终目的都是期望能在市场竞争中获取更多的用户和市场份额,从而占领未来发展的制高点⑤,用户作为移动支付产业链终端,其对移动支付产品及服务的接受程度和使用情况对移动支付的持续发展具有重要影响⑥,因此用户才是移动支付产业发展中的决定性因素。

(3) 移动支付商业模式研究

移动支付的商业价值如何以及移动支付产业链的参与者会起到怎样的作用,这些问题都还在探讨之中,因此,确定移动支付产业链中参与者的价值并且构建有效的商业模式是很多研究所探讨的主题。现有的移动支付,主要有四种商业模式:以运营商为主导、以银行为主导、以第三方支付机构为主导和银行、运营商及第三方支付平台相合作的商业模式⑦。

在移动支付的商业模式的研究中,不同国家由于产业结构不同,具有不同的商业模式,例如日本采用以运营商为主导的商业模式,韩国采用以金融部门为主导的商业模式,欧洲则采用以第三方支付平台为主导的商业模式。Ondrus 等认为,移动支付的商业发展应该考虑多方面因素的相互作用,如市场(价值主张和细分市场)、参与者及其市场行为⑧。研究还发现,部分零售商偏爱自营支付服

---

① Coscas G, Coscas F, Soubrane G. ePayment systems database: Trends and analysis[J]. Electronic Payment Systems Observatory Report Eur En, 2002, 105(4): 871-879.

② 徐平平,张希,钱媛等.移动支付的影响因素分析——国内外移动通信运营商的策略对比与研究[J].北京邮电大学学报(社会科学版),2009,11(3):35—41.

③ 齐家荣.我国移动支付产业链风险控制研究[J].中外企业家,2020,(9):103.

④ 果华.移动支付产业市场研究[D].北京:北京邮电大学硕士学位论文,2010:6.

⑤ 谷海颖,张云华,周振宇.我国移动支付产业链模式分析及其盈利测算[J].上海金融,2011,(9):16—21.

⑥ 纪汉霖,欧阳颖.我国移动支付产业发展策略研究[J].科技和产业,2016,16(11):43—47,56.

⑦ 李林,陈吉慧.我国移动支付商业模式发展趋势研究[J].商业经济研究,2010,(30):39—40.

⑧ Ondrus J, Pigneur Y. A systematic approach to explain the delayed deployment of mobile payments in Switzerland[A]//Damsgaard J. Proceedings of the Fifth International Conference on Mobile Business (ICMB)[C]. Copenhagen: IEEE Computer Society, 2006: 26-27.

务,如瑞士的宜家商场已经开始推出自己的移动支付服务①。可见移动支付的商业模式并非一成不变,移动支付的参与者可以根据自身的发展建立专属商业模式。

国外的商业模式并不完全适用于我国,因此国内学者对于移动支付的商业模式也进行了深入研究,研究者们着重比较了各种商业模式的劣势,并对可能的劣势提出改进建议,寻求适合我国的商业模式。例如,有学者认为根据中国移动支付的市场现状和产业成熟度等情况,运营商和银行相合作的模式最适合中国移动支付发展②,更进一步地,王选飞等以通信运营商和金融机构合作为背景,基于博弈论构建了不同合作模式下的利益分配机制③。也有学者认为,随着移动支付的快速发展,运营商、银行和第三方支付平台相互协助的商业模式将是未来移动支付行业的标准。每种商业模式都存在着一定的优缺点,但是一个成功的移动支付商业模式应当是在充分考虑移动支付产业链中所有环节的基础上,进行利益共享和利益平衡的模式④。不管采取哪种商业模式,其最终目的都是获取利润,用户使用意愿是获得利润的最大推动力和商业发展核心。

(4) 移动支付用户特性及用户行为研究

消费者作为移动支付的使用者,是移动支付的发展动力,因此移动支付的消费者特性以及消费者行为逐渐成为一些学者的研究重点。

国外学者通过对多国的移动支付业务开展现状进行对比研究,发现性别、年龄、地域都会影响消费者使用移动支付,如女性更看重使用乐趣,而男性更看重实用性。年龄也是影响消费者使用移动支付的一大影响因素,如 Kumar 等发现美国 1980—1994 年出生和 1946—1964 年出生的两类人群,其年龄差异对移动支付的接受能力和感知价值存在很大影响,双方在移动服务功能上的需求很不相同,实用性是 1946—1964 年出生的消费者最注重的功能,因此建议运营商应该针对不同年龄的用户设计不同的功能。国内专门针对消费者特性的研究很少,主要为一些专业的消费者研究机构,他们将移动支付的消费者分为自信型、开放性、谨慎型、疏离型四大类,调查发现自信型消费者对于移动支付较熟悉,接受度较高且非常愿意使用;开放型消费者对移动支付较不熟悉,但是未来非常愿意使用;前两类消费者占到了消费者总数的 84%。而谨慎型和疏离型消费者指

---

① Ondrus J, Pigneur Y. A disruption analysis in the mobile payment market[A]//Proceedings of the 38th Hawaii International Conference on Systems Science[C]. Los Alamitos: IEEE Computer Society, 2005:84c.

② 李宏涛.手机支付商业模式研究[D].北京:北京邮电大学硕士学位论文,2006:34.

③ 王选飞,吴应良.基于合作博弈的移动支付商业模式利益分配研究[J].研究与发展管理,2018,30(1):126—137.

④ 芦阳.浅析我国移动支付商业模式的选择与构建[J].改革与战略,2012,(4):58—59.

对移动支付关注度和认知度较低,未来的使用意愿也最低,他们更喜欢安全可靠的东西,而且固定消费金额一般比较大。

消费者对于移动支付服务的需求通过接受使用和持续使用得到满足,因此除了消费者自身特性,移动支付是否被消费者所使用还受到其他因素影响,这方面的研究主要从接受意愿和持续使用意愿两方面展开。文献调研发现,目前大部分的国外学者通过实证研究都证实了感知有用性、感知易用性[1]、主观规范[2]对于接受意愿有正向影响,感知风险[3]则对接受意愿具有负向影响。也有学者证实创新性[4]、感知便利[5]等因素对于移动支付接受意愿的影响。国内有关移动支付用户的接受意愿的研究较少,部分学者采用实证研究方式也证实感知有用性、感知易用性、主观规范、感知便利等因素对于接受意愿的影响[6][7],也有学者以各行业商家为研究对象,探讨其移动支付采纳的影响因素及决策过程,发现网络外部性是商家选择移动支付时最基础的需求,易用性、兼容性、成本费率等为第二需求[8]。

移动支付的成功最终取决于用户的持续使用,若是用户没有长期且有效地使用,最初接受的信息系统也不可能带来用户预期的使用价值[9],因此部分学者在接受意愿研究的基础上,开始对移动支付的持续使用意愿进行研究。有学者通过对韩国移动支付用户的研究发现感知有用性和感知易用性是影响消费者使用移动支付业务的重要因素,但是早期使用者很看重感知易用性,而后期使用者

---

[1] Cheong J H, Park M C. Mobile internet acceptance in Korea [J]. Internet Research, 2005, (2): 125-140.

[2] Wu J H, Wang S C. What drives mobile commerce? An empirical evaluation of the revised technology acceptance model[J]. Information & Management, 2005, 42(5): 719-729.

[3] Lei-da C. A model of consumer acceptance of mobile payment [J]. Mobile Communications, 2008, 6(1): 32-52.

[4] Lee M S Y, Mcgoldrick P J, Keeling K A, et al. Using ZMET to explore barriers to the adoption of 3G mobile banking services[J]. International Journal of Retail & Distribution Management, 2003, 31(6): 340-348.

[5] Farhad S. Adoption of M-Commerce [D]. Agder: Postgraduate thesis of Information and Communication Technology at Agder College, 2002: 15-40.

[6] 杨铭.移动支付的消费者接受因素实证分析[D].哈尔滨:哈尔滨工业大学硕士学位论文,2008: 51—53.

[7] 唐芙荞.移动支付技术采纳的影响因素研究[D].成都:电子科技大学硕士学位论文,2008:52.

[8] 李二亮,何毅,李永焱.移动支付商家采纳影响因素及决策过程研究[J].管理评论,2020,32(6): 184—195.

[9] Jasperson J, Carter P E, Zmud R W. A comprehensive conceptualization of post-adoptive behaviors associated with information technology enabled work systems[J]. MIS Quarterly, 2005, 29(3): 525-557.

则更看重感知有用性①。也有学者从网站信息满意度、网站系统满意度和总体服务质量三个方面研究用户满意度和持续使用意愿,研究发现上述三个因素均对满意度产生显著影响,并受到用户自身技术操作能力的影响②。另外,依据服务质量、信任和感知愉悦相关理论,Chiu等对用户的持续使用意愿进行研究,发现感知易用性、感知有用性和感知愉悦与持续使用意愿呈显著正相关性③。特别地,吴金南等以支付宝为例研究移动支付用户持续使用意图的形成机理,结果表明,在控制替代品吸引力和用户信任影响的前提下,用户规模、感知重要性和体验后悔均会影响用户持续使用意图,且这种影响可通过培养用户习惯实现④。

虽然影响移动支付用户持续使用意愿的影响因素众多,但是统计发现,在移动支付持续使用意愿的研究中使用最多的影响因素还是满意度。与国外持续使用意愿的诸多研究相比,我国该领域的研究成果甚少,研究角度也较单一,并且移动支付用户持续使用意愿研究的相关文献数量较少,相关研究主要集中在网络重复购买行为和移动信息系统的持续使用意愿两个方面,对移动支付用户持续使用意愿的关注度远远不够,有待后续研究者们进行深入探讨。

2.2 网络理财相关研究

通过对网络理财相关文献的梳理总结,发现国内外有关网络理财的研究从2013年开始数量上急剧增加,研究内容主要集中在现有网络理财产品的特性、对其他行业的影响、法律问题以及用户行为这四个方面。

(1) 网络理财产品特性研究

调查有关研究现有网络理财产品特性的文献发现,学者对于其优势特性研究多集中在金融创新方面,而对于劣势特性的研究多围绕其现阶段尚存在的风险问题进行展开。

学界认为,网络理财的本质特征在于金融创新,而金融创新又主要体现在产

---

① Kim C, Mirusmonov M, Lee I. An empirical examination of factors influencing the intention to use Mobile Payment [J]. Computers in Human Behavior, 2010, (26): 310-322.

② Heeseok L, Sue Young Choi, Young Sik K. Formation of e-satisfaction and repurchase intention: Moderating roles of computer self-efficacy and computer anxiety [J]. Expert Systems with Applications, 2009, (36):7848-7859.

③ Chiu C M, Chang C C, Cheng H L, et al. Determinants of customer repurchase intention in online shopping[J]. Online Information Review, 2009, 33(4):761-784.

④ 吴金南,黄丽华.支付宝持续使用行为形成机理:一个整合模型与实证研究[J].信息系统学报,2018,(1):1—14.

品模式、营销和技术应用方面的创新①。以余额宝为例,在产品模式方面,余额宝开辟的基金销售新渠道、降低理财门槛、零存零取功能是其在产品模式上的主要创新点;在营销方面,余额宝与支付宝进行了一体化融合,"一键开户"流程极大地优化了用户体验,在得到用户的高度认同感的同时,又得以将支付宝的沉淀资金源源不断地流向余额宝②;同时,在技术应用方面,余额宝利用其大数据技术掌握用户的支付规律,对资金流向进行有效的预测,从而张弛有度地准备足够的备付金,避免了资金流动风险并实现即时存取③。

同时,学者普遍认为与传统金融理财行业相比,现有网络理财产品另一个主要特性体现在风险问题上。根据进一步的文献分析发现,对网络理财现阶段风险问题的研究主要包括以下几个方面:政策制度风险④、操作性风险⑤⑥、收益性风险和信用风险⑦。政策制度风险方面,闫闵指出国家宏观调控对网络理财的发展至关重要,网络理财平台在资金筹集、产品设计和日常经营过程中需严格遵循行业准则和规定,避免因自身违规而使用户承担利益受损的风险⑧;操作性风险方面,有研究表示,网络理财作为互联网业务的组成部分,则不可避免地承受了互联网的全部优缺点,互联网本身的安全性问题即网络理财操作性风险的源头⑨,不完善的加密技术、各种病毒和黑客的入侵都可能造成资金流失⑩;收益性风险方面,有学者认为,网络理财的庞大散户群体受到收益率波动的情绪影响更容易产生非理性行为,利率市场化推进最终会使得网络理财丧失高收益率的优势,从而面临用户流失;信用风险方面,学界认为相对于传统基金理财产品来说,虽然网络理财产品的散户多、额度小,但是仍然基于信用理财,因此基金本身的

---

① 梁斯,张晶.对金融创新及监管的解读——基于互联网金融视角[J].西南金融,2014,(5):52—56.

② 梁红梅,李思.第三方支付长期沉淀资金收益波动性风险分析——以余额宝为例[J].商业时代,2014,(35):95—96.

③ 袁晨新.互联网金融产品对我国银行业在资本市场稳定性影响研究——以余额宝为例[J].商业时代,2014,(27):92—94.

④ 凌绍云.网络理财中金融消费者权益的法律保护[D].哈尔滨:黑龙江大学硕士学位论文,2018:16—19.

⑤ Lee J H, Lim W G, Lim J I. A study of the security of Internet banking and financial private information in South Korea[J]. Mathematical and Computer Modelling,2013,58(1-2):117-131.

⑥ Chang I, Huang H. An empirical study of the factors affecting Internet security for the financial industry in Taiwan[J]. Telematics and Informatics,2006,23(4):343-364.

⑦ 李军训,齐丹."余额宝"创新模式的风险及其防范策略[J].财会月刊,2014,(18):53—55.

⑧ 闫闵.我国互联网金融理财产品风险及防范对策研究[D].哈尔滨:哈尔滨师范大学硕士学位论文,2019:24.

⑨ 张松,史经伟,雷鼎.互联网金融下的操作风险管理探究[J].新金融,2013,(9):33—36.

⑩ Jung B, Han I, Lee S. Security threats to Internet:A Korean multi-industry investigation[J]. Information & Management,2001,38(8):487-498.

风险在网络理财中依然存在①。

（2）网络理财对其他行业的影响研究

网络理财对于其他行业的影响的相关研究较多,是学者目前最关注的研究主题,这类研究主要包括以下两个方面:网络理财对传统金融业,即银行、券商、保险等行业的冲突及影响作用;网络理财对其他相关行业的影响。

进一步分析相关文献发现,有关网络理财对传统金融的影响的研究主要集中在对商业银行的影响,包括对银行理财产品销售②、客户群体流动③、机构运营成本、市场地位④、业务模式和未来发展模式的影响⑤。其中,对商业银行市场地位和产品销售的影响是学者关注的焦点⑥。

商业银行市场地位方面,有学者认为,虽然我国大多金融业务和渠道受到商业银行的控制和垄断,商业银行在金融市场之中明显处于强势地位,但是以余额宝为首的网络理财产品的频频上线对银行的传统理财业务形成了明显的冲击作用,同时也加快了传统金融领域的不断改革和整顿⑦。范红斌以互联网金融背景下工商银行的个人理财业务为例分析其当前发展过程中所面临的问题,并提出未来创新策略,指出商业银行应注重创新业务模式转型,利用互联网技术加强产品创新,提升服务品质,同时建立完善的风险控制机制,提升用户满意度和忠诚度⑧。

产品销售方面,目前商业银行的销售业务主要包括银行存款、理财产品和基金代销三个部分。有研究表示,虽然网络理财产品能够在一定程度上吸收长尾用户的闲散资金,但是由于银行的活期存款较余额宝相比基数巨大,这种长期积累的庞大存款基底是网络理财在短时间内所无法撼动的,网络理财对于银行活期存款的影响微乎其微;理财产品方面,有研究认为,一部分商业银行的超短期

---

① 李明选,孟赞.互联网金融对我国金融机构信用风险影响的实证研究[J].企业经济,2014,(11):165—170.

② 高元.互联网理财产品对A商业银行理财销售业绩的影响研究[D].西安:西安理工大学硕士学位论文,2020:40.

③ 黄明皓,张明.余额宝对传统金融的冲击[J].中国金融,2014,(8):50—51.

④ Daneshgadeh S, Yildirima S. Empirical investigation of Internet banking usage: The case of Turkey[J]. Procedia Technology,2014,(16):322-331.

⑤ Simpson J. The impact of the Internet in banking: Observations and evidence from developed and emerging markets[J]. Telematics and Informatics,2002,(9):315-330.

⑥ Corrocher N. Internet adoption in Italian banks: An empirical investigation[J]. Research Policy,2006,35(4):533-544.

⑦ 何晓夏,芮建鑫.我国商业银行在互联网金融影响下的发展路径——以余额宝的兴起为例[J].思想战线,2014,40(4):144—146.

⑧ 范红斌.互联网背景下商业银行个人理财业务的发展创新研究[D].对外经济贸易大学,2019:35—41.

理财产品的客户会将资金转投网络直销理财产品,这对商业银行超短期理财产品将造成一定程度上的冲击[①];基金代销方面,有学者提出将基金嵌入余额宝等投资平台,并通过互联网直销是基金销售渠道多元化的重要突破,这一举动势必会降低基金公司对商业银行以往的垄断性依赖,加上其他第三方支付公司和电商公司相继效仿的聚集效应,商业银行的基金代销业务将会受到严重的威胁[②]。

相对而言,关于网络理财对其他行业的影响研究则较分散,主要包括对房地产、旅游业、电商等行业的影响。例如,唐洁认为余额宝等理财产品的推出能间接地抑制房地产市场的投资过热行为和价格持续攀升势头,从而促进消费理性化、优化房地产行业结构,将有利于房地产市场的健康发展[③]。

(3) 网络理财法律问题研究

国外立法体系和相关行业政策比较完善,而我国虽然是互联网金融业发展最快的国家之一,但是网络金融法规政策相对滞后,因此,有关我国网络理财产品所涉及的相关法律法规研究受到国内学者的广泛关注。研究普遍认为,随着个人金融理财网络化、电子化的不断发展,我国相关法律法规的调整已经势在必行,国内学者研究的重点多在于探讨网络理财在业务范围、监管、风控等方面的法律问题,对比国外相关法律,呼吁中国完善相关立法和纠纷解决机制[④]。例如,朱玛研究了余额宝利用支付平台的沉淀资金进行融资创收的创新之处、权属争议和合法性等问题[⑤];李相怡以一件具体的网络理财产品盗窃案为例,分析了案件如何定性、罪名判定、犯罪数额计算等问题,为同类型网络理财相关案件的处理提供参考[⑥]。

(4) 网络理财用户行为研究

目前我国网络理财用户相关研究还停留在初步的定性研究层面,在西方学术领域,这类研究在网络理财的研究中则占据着核心的地位,学者主要分析和探究了互联网金融用户在接纳和使用网络理财业务时受哪些因素影响及影响因素之间的相互关系。用户是一切互联网金融业务的服务对象,用户的行为偏好和满意度将会影响对于网络理财业务的接受程度,从而会直接决定网络理财产品

---

① 马广奇,赵芬芬.余额宝的金融创新及其影响分析[J].武汉金融,2014,(3):24—25.
② 莫易娴,曾祥菁.互联网金融对银行理财产品的冲击与对策——以余额宝为例[J].新金融,2014,(6):44—48.
③ 唐洁.浅析互联网理财产品对房地产市场的影响——以余额宝为例[J].经济研究参考,2014,(29):70—73.
④ 曾毅,王晓丽."余额宝"引发的相关法律问题研究[J].金融与经济,2013,(12):73—76.
⑤ 朱玛.第三方支付机构沉淀资金的权属争议及法律监管——兼谈"余额宝"的创新与风险[J].西南金融,2013,(12):6—9.
⑥ 李相怡.侵占网络理财产品的刑事司法认定研究[D].重庆:西南政法大学硕士学位论文,2018:15—17.

2 网络用户金融行为研究综述

的成败,因此关于网络理财用户行为方面的研究也将持续受到关注。

学者对用户行为的研究多以技术接受模型(TAM)和创新扩散理论结合作为研究框架,研究包括安全和风险、感知收益、有效应答(延时性)和社会性等因素对用户接纳和使用行为的影响。

在有关安全和风险的影响因素研究方面,学者普遍认为,由于网络理财是基于互联网和移动终端的金融理财形式,与传统商业银行的理财相比缺少了与专业工作人员进行当面沟通以及签订纸质合同等程序,用户与理财后台仅存在虚拟关联,继而不可避免地存在时间和空间上的不确定性风险。同时,用户在进行网络理财时通常需要提供诸如身份证号、银行卡号等个人敏感信息,且在信息传输的过程中也存在技术上的安全风险,因此安全和风险问题一直是网络理财研究领域受到高度关注的问题。前人研究显示,感知安全性对用户使用意愿有着决定性的影响[1],同时信任和感知风险也会在一定程度上影响用户使用意愿[2]。此外,隐私风险对网络理财用户的满意度和使用意愿有着负向影响[3]。有研究表明,用户对网络理财的安全性感知主要集中在资金流转入和转出过程中的信息传输问题[4]。

在有关感知收益的影响因素研究方面,有文献证实,理财产品的收益率将会在很大程度上影响用户对不同理财平台的选择,包括线下和线上。例如,Martins 等认为收益率的不确定性和浮动比率对用户满意度的影响在众多因素中首屈一指,且各种理财基金本身所存在的收益风险是不可避免的[5];同时,Chiou 等发现不同资产等级的用户,在选择网络理财时受到感知收益的影响也有所差异[6]。特别地,潜乾利用百度指数刻画投资者对互联网理财产品的网络

---

[1] Lee M C. Factors influencing the adoption of Internet banking: An integration of TAM and TPB with perceived risk and perceived benefit[J]. Electronic Commerce Research and Applications, 2009, (8): 130-141.

[2] Zavareh F B, Ariff M S M, Jusoh A, et al. E-service quality dimensions and their effects on e-customer satisfaction in Internet banking services[J]. Procedia-social and Behavioral Sciences, 2012, 40 (1): 441-445.

[3] Hanafizadeh P, Khedmatgozar H R. The mediating role of the dimensions of the perceived risk in the effect of customers' awareness on the adoption of Internet banking in Iran[J]. Electronic Commerce Research, 2012, 12(2): 151-175.

[4] Cheng T C E, Lam D Y C, Yeung A C L. Adoption of Internet banking: An empirical study in Hong Kong[J]. Decision Support Systems, 2006, 42(3): 1558-1572.

[5] Martins C, Oliveira T, Popovič A. Understanding the Internet banking adoption: A unified theory of acceptance and use of technology and perceived risk application[J]. International Journal of Information Management, 2014, 34(1): 1-13.

[6] Chiou J S, Shen C C. The antecedents of online financial service adoption: The impact of physical banking services on Internet banking acceptance[J]. Behaviour & Information Technology, 2012, 31(9): 859-871.

关注度,并探究其与互联网理财产品市场表现之间的关系,结果表明,用户关注度与网络理财产品的成交量、换手率、收益率之间均存在相关关系①。

在有关有效应答的影响因素研究方面,学界认为,有效应答是指用户在使用网络理财产品进行资金转移时,系统地反馈时间。研究显示,网络理财系统的延时性对用户的满意度和使用意愿有着负向影响②,有学者甚至认为,用户希望在操作过程中系统能够适时地进行人工介入,从而降低操作过程中的错误率和不确定性,进一步保证操作的正确率和安全性③。

在有关社会性的影响因素研究方面,有文献表明,网络理财平台本身的品牌效应将会在一定程度上增强用户信任,提高用户的接纳程度,从而对其使用意愿产生积极影响④。另外,Yiu等研究了香港网络理财平台的使用后发现,社会媒体的评论、交流和分享对于网络理财的扩散使用具有正向影响,且关系越亲密的群体间影响作用越显著,有过网络理财经验的用户对其他网络理财产品的接受度也相对更高⑤。

从上述有关网络理财业务的文献述评中可以看出,我国学术界在网络理财产品的研究领域里,关于网络理财的业务现状和影响、标准和政策法规、现有产品的优劣等方面研究相对较成熟。然而,目前国际学术界在网络理财领域的主流研究方向则集中在用户接纳和使用方面,相较西方学者,我国学者在这部分的研究尚不多见,文献数量也十分有限。根据文献回顾,虽然西方学者对这方面的研究已经积累了一定的成果,但其调查对象仍然多为发达国家用户,以中国用户为主体的研究较缺失。此外,西方学者的研究也多以金融机构(如银行、券商)的网络理财业务作为主要的研究,对于以余额宝这样基于互联网平台,并提供第三方支付的理财服务平台的研究并不多见。虽然同为网络理财产品,但是基于互联网平台和基于金融业务的不同网络理财体系,在用户体验、使用群体和影响因素方面都是有巨大差别的。理论方面,西方学者多以技术接受模型(TAM)和其

---

① 潜乾. 网络关注度和互联网理财产品表现[D]. 杭州:浙江财经大学硕士学位论文,2019:36.

② Tsai H T, Chien J L, Tsai M T. The influences of system usability and user satisfaction on continued Internet banking services usage intention: Empirical evidence from Taiwan[J]. Electronic Commerce Research, 2014, 14(2): 137-169.

③ Kuisma T, Laukkanen T, Hiltunen M. Mapping the reasons for resistance to Internet banking: A means-end approach[J]. International Journal of Information Management, 2007, 27(2): 75-85.

④ Yoon H S, Steege L M B. Development of a quantitative model of the impact of customers' personality and perceptions on Internet banking use[J]. Computers in Human Behavior, 2013, 29(3): 1133-1141.

⑤ Yiu C S, Grant K, Edgar D. Factors affecting the adoption of internet banking in Hong Kong—Implications for the banking sector[J]. International Journal of Information Management, 2007, 27(5): 336-351.

他创新扩散理论作为理论依据和模型框架,近年来,随着对用户持续使用意愿研究的不断深入,感知风险和满意度理论也普遍得到学者的关注。

2.3 P2P 网络借贷相关研究

通过文献调研发现,目前国内外学者有关 P2P 网络借贷的研究主要集中在四个方面:P2P 网络借贷产生机理研究、P2P 网络借贷运营模式研究、P2P 网络借贷风险及监管研究、P2P 网络借贷交易行为及影响因素研究。

(1) P2P 网络借贷产生机理研究

在 P2P 网络借贷产生机理研究中,学者们主要对 P2P 网络借贷的起源和发展原因进行了深入探讨。

在起源研究中,学者们一致认为 P2P 网络借贷从诞生起就带有小微金融特性,其起源于民间的"标会"模式,即亲友间以契约形式组成的经济互助团体[1]。依靠互联网技术,P2P 网络借贷让熟人借贷实现了跨越时间和空间的交易,并通过平台服务将交易范围由亲友扩展到陌生人[2]。

在 P2P 网络借贷快速发展的情况下,学者们开始关注 P2P 网络借贷得以发展的原因。有学者通过金融门槛效应理论和创新动因理论解释了金融排斥背景下的 P2P 网络借贷产生机理,认为当有效需求达到金融门槛时,金融市场中相关的创新服务便会产生[3]。传统的银行要求企业具有较高的信用评级,这使得处于弱势地位的小微企业望而却步,因此他们不得不把目光转向 P2P 网络借贷市场[4]。P2P 网络借贷不仅为小微企业提供服务,同时也为个体投资者提供了除储蓄和传统投资方式外的一种新的可选择的投资方式[5]。除了外界因素,学者们还认为 P2P 网络借贷的低成本优势[6]、广泛的参与人群[7]、引导投资者自控

---

[1] 钱金叶,杨飞.中国 P2P 网络借贷的发展现状及前景[J].金融论坛,2012,17 (1):46—51.

[2] 谢平,邹传伟.互联网金融模式研究[J].金融研究,2012,12(1):11—22.

[3] 莫易娴,米运生,潘朝顺.金融排斥视阈下 P2P 网络借贷产生机理研究[J].发展研究,2014,(4):100—103.

[4] Agarwal S, Hauswald R. Distance and private information in lending[J]. Review of Financial Studies,2007,23(7):2757-2788.

[5] Magee J R. Peer-to-peer lending in the united states:Surviving after Dodd-Frank[J]. North Carolina Banking Institute Journal,2011,(15):139-173.

[6] Ashta A, Assadi D, Johnson S. Online or Offline? The rise of "peer-to-peer" lending in microfinance[J]. Journal of Electronic Commerce in Organizations,2010,8(3):26-37.

[7] 谢平,邹传伟.互联网金融模式研究[J].金融研究,2012,12(1):11—22.

风险的模式特征[1]等自身因素也是促进 P2P 网络借贷快速发展的原因。

另外,有学者在对国内外 P2P 网络借贷发展研究归纳与总结后发现 P2P 网络借贷能够快速发展的原因主要是:①互联网技术的发展为 P2P 网络借贷的产生提供了客观条件;②传统金融机构的高门槛为 P2P 网络借贷提供了发展契机;③信贷市场细分需求促进 P2P 网络借贷发展;④P2P 网络借贷自身的优势特点助其快速发展[2]。

(2) P2P 网络借贷运营模式研究

早期,学者将国外 P2P 网络借贷平台按平台投资者的投资目的分为两大类,即盈利型 P2P 网络借贷平台和非盈利型 P2P 网络借贷平台,盈利型是指投资者希望通过借出资金获取与风险相匹配的经济收益,而非盈利型则是指投资者旨在帮助他人,不注重经济回报[3]。盈利型 P2P 网络借贷平台只在本国范围内提供服务,遵循本国监管要求,而非盈利型平台则可在全球范围内运行,不受地域限制[4]。在此基础上,学者又将国外 P2P 网络借贷平台细分为单纯中介型、复合中介型和公益型,其中前两种属于盈利型[5]。公益型 P2P 网络借贷平台是通过募捐获得运营资金,主要向发展中国家的小微企业提供贷款的模式,该模式主要通过当地小额贷款机构监督其贷款的发放与偿还,KIVA 是典型的公益型平台[6];单纯中介型 P2P 网络借贷平台最初通过动态博弈获得最佳利率[7],后来发展为以借方的信用评级为依据提前设定利率的交易模式,Prosper 是典型的纯中介型平台[8];复合型 P2P 网络借贷平台会与专业信用评级公司合作以确定借方的信用等级,并且平台参与网络借贷交易的所有过程,平台自身充当信息提供者和监督者,ZOPA 是典型的复合型平台[9]。

---

[1] Berger S C, Gleisner F. Emergence of financial intermediaries in electronic markets: The case of online P2P lending[J]. Business Research, 2010, 2(1): 39-65.

[2] 刘轶,赵宣,罗春蓉. P2P 网络借贷研究:一个文献综述[J].金融理论与实践,2015,(6):106—112.

[3] Ashta A, Assadi D. An analysis of European online micro-lending websites[J]. Cahiers du CEREN, 2009, (29): 147-160.

[4] 同[1].

[5] 辛宪. P2P 运营模式探微[J]. 商业研究,2009,(21):19—22.

[6] 张正平,胡夏露. P2P 网络借贷:国际发展与中国实践[J].北京工商大学学报:社会科学版,2013,28(2):87—94.

[7] Chen N, Ghosh A, Lambert N S. Auctions for social lending: A theoretical analysis[J]. Games and Economic Behavior, 2014, (86): 367-391.

[8] Freedman S, Jin G Z. Do social networks solve information problems for peer-to-peer lending? Evidence from Prosper.com[J]. SSRN Electronic Journal, 2008, (19): 8-43.

[9] 冯军政,陈英英. P2P 信贷平台:新型金融模式对商业银行的启示[J].新金融,2013,(5):56—59.

国内 P2P 网络借贷平台起步较晚,其主要模式均借鉴了英美的成熟模式,但由于法律与投资环境的差异,这些模式也产生了诸多异化现象。学者研究发现国外 P2P 网络借贷平台一般遵循中介性质、线上模式两个原则,而在国内则异化出担保金、债权转让等新模式,业务范围也从线上发展到线下[1]。与之相类似的是,另有学者认为国内 P2P 网络借贷模式的异化,主要集中在三个方面:线下寻找借款人,线上获取资金;借方主要是中小企业商贷,而非个人信贷;提供本金担保服务[2]。

(3) P2P 网络借贷风险及监管研究

在 P2P 网络借贷风险及监管研究中,学者们主要是从宏观层面和微观层面探讨了 P2P 网络借贷存在的风险,并从平台运作和信用风险等角度提出具体的监管建议。

在 P2P 网络借贷风险方面,从宏观层面来看,国内有学者认为我国 P2P 网络借贷无行业标准、无准入门槛、无监管机构、无法律规制、平台身份模糊[3]。由于监管不足,不少 P2P 网络借贷平台存在严重的违规操作,这给资金出借者的利益带来极大风险[4],并且有些 P2P 网络借贷平台先从贷方那里获得投资资金,再决定资金支配的过程有非法集资的法律风险[5]。我国 P2P 网络借贷平台在实际运行中,存在利率加上各种服务费用超出银行基准利率 4 倍上限的现象,相关立法空白使其业务定位、纠纷处理和风险防控等呈现出无法可依的局面[6]。P2P 网络借贷过程中的信息不对称使得平台不能保证借贷双方信息的真实性,交易中贷款人获得高收益的同时也面临着失去本金和投资收益的巨大风险[7]。信息披露与交易记录上报机制缺失、客户借款用途审核力不够和网络环境的虚拟性会带来洗钱风险[8]。另外,P2P 网络借贷虚拟性的特点,还会产生欺诈现象,从而会带来信用风险[9]。除了外界宏观环境带来的风险,P2P 网络借贷平台的技术不完善、业务操作或内部控制不当也会带来风险,由于技术水平受限,有些平台虽采用线下面对面交流等方式来弥补技术的缺陷,但也无法控制高风险投资

---

[1] 叶湘榕. P2P 借贷的模式风险与监管研究[J]. 金融监管研究,2014,(3):71—82.
[2] 彭冰. P2P 网贷与非法集资[J]. 金融监管研究,2014,(6):13—25.
[3] 莫易娴.国内外 P2P 网络借贷发展研究[J]. 财会月刊,2014,(16):63—66.
[4] 田俊领.我国 P2P 网络借贷发展现状及其监管思考[J]. 金融理论与实践,2014,(12):104—108.
[5] 樊云慧. P2P 网络借贷的运营与法律监管[J]. 经济问题,2014,(12):53—58.
[6] 钱金叶,杨飞.中国 P2P 网络借贷的发展现状及前景[J]. 金融论坛,2012,17(1):46—51.
[7] Chapman J, Damar H E. International banking and liquidity risk transmission: evidence from Canada[J]. IMF Economic Review, 2015, 63(3): 455-478.
[8] 王振. P2P 网络借贷模式洗钱风险及应对措施探析[J]. 南方金融,2012,(11):82—85.
[9] 吴晓光.论 P2P 网络借贷平台的客户权益保护[J]. 金融理论与实践,2012,(2):54—57.

的可能①;并且不是每个 P2P 网络借贷平台都有能力保护这个庞大的"隐私库",一旦数据库遭遇黑客攻击,就会造成用户信息泄露的问题②。

面对 P2P 网络借贷存在的风险,Prescott 在 1997 年提出了一种防范风险的措施,即当借款人自由形成一个贷款小团队,团队的成员都被绑定在一起,他们可以为团队里的其他成员担保,如果团队中的一个成员被拉入黑名单,则这整个团队都会被拉入黑名单,从某种程度上来说,这种机制可以有效降低风险③。更多的学者则探讨了 P2P 网络借贷监管问题,希望通过监管的力量有效地降低风险。

目前,美国建立了以银行为中介的债权分销模式,合作银行对 P2P 网络借贷平台起到一定程度的规范作用,依托征信系统确定贷款利率及服务资费,网络借贷平台将依据从信用评价机构中得到的借方信用分数或网站内部评分对借方做出信用评级④。美国 P2P 网络借贷的监管相对比较成熟,明确规定了 P2P 网络借贷的法律性质,即贷方和借方是自由匹配的,属于直接融资渠道,这种监管策略明确了 P2P 网络借贷合法运营的地位,更有利于保护投资者的合法权益⑤。

然而国内 P2P 网络借贷仍处于不规范的发展阶段,缺乏法律规制和外部监管。在平台运作方面,可通过以下方式进行监管:做好用户识别机制、资金管理机制、反洗钱系统建设和信用评级体系建设⑥;其中信征体系应建立政府主导的征信体系和市场本身所构建的征信体系,这两个体系应紧密联系,实现信息互补、整合⑦。在信用风险方面,P2P 网络借贷可实施问题平台行业内部通报、封杀等,加强行业内部监督,完善黑名单公示制度⑧,同时可发挥行业协会的作用,互联网金融协会要及时制定标准规则推动监管政策执行,并积极先行先试,为制定监管政策提供实践经验⑨;如果 P2P 网络借贷平台设置了风险储备池对本金和收益进行保障,则须建立符合损失准备金的严密监管标准。此外,对于 P2P

---

① 陈初.对中国"P2P"网络融资的思考[J].人民论坛(旬刊),2010,(26):128—129.
② 王欢,郭文.P2P 的风险与监管[J].中国金融,2014,(8):52—53.
③ Prescott E S. Group lending and financial intermediation: An example[J]. Economic Quarterly-Federal Reserve Bank of Richmond,1997,(83):23-48.
④ Emekter R,Tu Y,Jirasakuldech B,et al. Evaluating credit risk and loan performance in online peer-to-peer (P2P) lending[J]. Applied Economics,2015,47(1):54-70.
⑤ Slattery P. Square pegs in a round hole: SEC regulation of online peer-to-peer lending and the CFPB alternative[J]. Yale Journal on Regulation,2013,30(1):233-275.
⑥ 吴晓光,曹一.论加强 P2P 网络借贷平台的监管[J].南方金融,2011,(4):32—35.
⑦ 王曙光,孔新雅,徐余江.互联网金融的网络信任:形成机制、评估与改进——以 P2P 网络借贷为例[J].金融监管研究,2014,(5):67—76.
⑧ 卢馨,李慧敏.P2P 网络借贷的运行模式与风险管控[J].改革,2015,(2):60—68.
⑨ 尹振涛,侯姝琦,李蕴霏.互联网金融风险治理效果评估及改革取向——基于 P2P 网络借贷专项整治问卷调查数据[J].经济纵横,2020,(11):111—118.

网络借贷平台的核心信息,要做好充分的信息披露,非核心信息可外包给信息技术公司进行管理[1],为激励借贷双方自觉报告真实信息,降低交易过程中的信息不对称性,周正龙等设计了一种基于双边定价的 P2P 网络借贷拍卖机制,该机制同时考虑了贷款人和借款人的报价,满足了双边激励相容特征,有利于促进交易者披露其真实信息[2]。

(4) P2P 网络借贷交易行为及影响因素研究

学者对于 P2P 网络借贷平台上的借贷行为及影响因素的研究主要集中在探讨交易成功的影响因素。学者们对交易成功的影响因素的研究,主要从借方和贷方这两个视角进行考察。

从借方视角来看,一些学者从人口统计特征因素出发研究了借方对 P2P 网络借贷交易成功率的影响,发现借方的种族和外表会显著影响 P2P 网络借贷市场的借款成功率,35 到 60 岁之间的借款人贷款成功率明显高于 35 岁以下的借款人,而 60 岁以上的借款人,借款成功率最低[3];女性借款人的贷款成功率更高[4]。然而有研究认为与借款人的财务因素相比,种族、性别和年龄等人口特征对借款成功率的影响是微不足道的[5],借款人的信用等级、负债率、借款/收入比等财务因素才是决定借款是否成功的重要因素[6]。此外,有学者认为在 P2P 网络借贷过程中,借款人社交网络互动越频繁,个人信息越详细,其信用等级就越高,借款成功率也就越高[7]。拥有丰富的社会网络资源的人更容易获得较低的贷款利率,并且贷款违约率较低[8]。借款人和贷款人在生活中有联系,比如校友

---

[1] 谢平,邹传伟,刘海二.互联网金融监管的必要性与核心原则[J].国际金融研究,2014,(8):3—9.

[2] 周正龙,胡凤英,李延晖.考虑双边定价的 P2P 网络借贷拍卖机制设计[J].管理工程学报,2020,34(6):138—147.

[3] Pope D G, Sydnor J R. What's in a picture? Evidence of discrimination from Prosper.com[J]. Journal of Human Resources, 2011, 46(1): 53 - 92.

[4] Chen D, Li X, Lai F. Gender discrimination in online peer-to-peer credit lending: Evidence from lending platform in china[J]. Electronic Commerce Research, 2017,17(4): 553 - 583.

[5] Herzenstein M, Andrews R L, Dholakia U M, et al. The democratization of personal consumer loans? Determinants of success in online peer-to-peer lending communities[J]. Boston University School of Management Research Paper, 2008, 14(6): 1 - 45.

[6] Herzenstein M, Sonenshein S, Dholakia U M. Tell me a good story and I may lend you my money: The role of narratives in peer-to-peer lending decisions[J]. Social Science Electronic Publishing, 2011, 48(47): 138 - 149.

[7] Michels J. Do unverifiable disclosures matter? Evidence from peer-to-peer lending[J]. Accounting Review, 2012, 87(4): 1385 - 1413.

[8] Lin M. Peer-to-peer lending: An empirical study[A]//Proceedings of the 15th Americas Conference on Information Systems[C]. San Francisco: AMCIS, 2009:132 - 138.

或者同事关系,贷款违约的概率也比较低[①]。

从贷方视角来看,有研究发现贷款人的人口统计特征会影响贷款成功率,女性贷款人比男性贷款人更倾向选择信用等级较高的借款人,要求的借款利率相对也较高,并且在决策过程中受非理性因素的影响更大[②];另外,贷款人种族对贷款成功率也产生一定影响[③]。有学者分析了 Prosper 上的交易数据,发现贷款人基本都是理性的,他们能够根据借方的信用等级状况确定合理的风险溢价,然而有时也会被非财务因素干扰,如贷款人的从众心理[④]。

除了对交易成功的影响因素进行研究外,还有一些学者研究了借款利率的影响因素,研究发现借款时长、无风险利率、部分个人信息等均会显著影响国内外平台借款利率定价。不同的是,Lending Club 平台借款利率设置还受到借款金额的影响[⑤]。此外,学者还发现贷款利率与银行监管呈正相关关系,而与企业和银行之间的亲密程度呈负相关关系,因此借款人可有效地通过关系降低融资成本[⑥]。

通过文献调研我们发现,目前对于 P2P 网络借贷的研究大多处于理论研究阶段,对该领域的实证研究还不成熟。从现有 P2P 网络借贷交易行为及影响因素来看,国内外学者主要集中研究影响交易成功率和贷款利率的因素。其中交易成功率的研究主要从借款人和贷款人两个视角来分析,结果发现人口特征因素(如性别、年龄、种族等)、社会资本、社交活跃度以及财务因素(如信用等级、负债率、借款/收入比等)会对 P2P 网络借贷平台的交易成功率和贷款利率产生显著影响。从现有的研究来看,缺少对 P2P 网络借贷平台接受和使用意愿的研究,并且也未见从贷款者视角研究 P2P 网络借贷平台持续使用意愿的影响因素。此外,从对 P2P 网络借贷风险和监管的研究中发现,目前国内 P2P 网络借贷平台良莠不齐,网络上频现 P2P 网络借贷的负面信息,从现有的 P2P 网络借贷行为影响因素来看,也未见学者研究负面信息对 P2P 网络借贷平台交易行为的影响。

---

① Freedman S M, Jin G E. Learning by doing with asymmetric information: Evidence from prosper.com[J]. Nber Working Papers, 2011, (16855): 203 – 212.

② Barasinska N. The role of gender in lending business: Evidence from an online market for peer-to-peer lending[N]. The New York Times, 2009 – 10 – 30.

③ Ravina E. Beauty, personal characteristics, and trust in credit markets[J/OL]. Ssrn Electronic Journal, 2007: 29[2016 – 05 – 09]. http://ssrn.com/abstract=972801.

④ 同②.

⑤ 陈中飞,金铭,李小龙.P2P 网络借贷利率与信用评分——国内外实证比较[J].金融论坛,2019,24(9):12—20,45.

⑥ Blackwell D W, Winters D B. The value of auditor assurance: Evidence from loan pricing[J]. Journal of Accounting Research, 1998, 36(1): 57 – 70.

第二部分
互联网金融用户行为与感知风险研究

3 互联网金融环境下用户支付行为偏好及影响因素研究

随着我国电子商务环境的不断改善,支付场景变得越来越丰富,互联网金融也在不断创新,在线支付业务成了我国互联网金融发展的一个核心领域,其应用服务范围也从传统的在线购物、自助缴费等逐步渗透到理财、保险、教育、旅游、医疗、跨境支付等新兴领域,如百度、腾讯、阿里巴巴等头部互联网公司已逐渐涉足消费贷款、小额理财等金融支付服务业务。在互联网的推动之下,在线支付不仅是资金流转的载体,更承载着互联网生态圈的建立运营,带动着金融理财、教育医疗、网络购物、跨境电商、差旅服务、网络游戏等在线服务业务快速增长。此外,随着支付业务的迅速发展,支付终端和媒介日益多样化,大数据、物联网、云计算等信息技术革新也为人们的金融决策提供了丰富多样的选择。除了目前已被广泛使用的第三方 App 支付、电话支付、二维码支付、预付卡等方式,一些创新支付方式也开始受到人们越来越多的关注,如指纹支付、声波支付,以及基于新型支付媒介的 NFC、蓝牙、红外线等近场支付方式。

如今,在线支付已深入我们生活的方方面面,可以预见的是,其未来发展也具有巨大潜力,然而在当今社会经济文化发展新环境下,新型支付方式是否能被用户所接受?是否契合用户的消费习惯?用户支付行为偏好呈现怎样的特征?什么因素是影响用户支付行为决策的关键因素?每种因素的影响程度如何?等等,这些问题仍然没有得到很好的解决。因此,对我国互联网金融环境下用户支付行为偏好,以及影响用户选择和使用的因素进行相关研究显得尤为重要。

本章将基于前人的相关研究成果,结合理性行为相关理论、个体认知相关理论、感知风险理论以及服务质量理论,构建互联网金融环境下用户支付行为偏好及影响因素模型,具体解决以下三个问题:

(1)哪些因素可能直接或间接地影响用户支付行为偏好,各因素的影响方向和影响程度如何?

(2)不同用户特性和支付情景下的用户支付行为偏好及各维度的感知是否会有差异性?

(3)在线支付服务提供商应采取怎样的业务发展策略以优化其支付产品及服务?

本章的研究目的在于丰富在线支付用户行为体系构建方面的理论研究,并为在线支付产品和服务优化以及在线支付服务提供商的营销管理实践提供参考。

3.1 研究假设

(1) 感知易用性与使用态度

Davis 等在技术接受模型中,将感知易用性定义为用户对使用信息系统的难易程度的感知[1]。本研究中,感知易用性是指用户感知到的使用在线支付系统需要付出的努力程度,当用户认为使用某种支付系统比其他支付方式更容易时,用户更有可能选择该支付系统。Davis 等提出,感知易用性对用户使用态度具有正相关性,同时也通过感知有用性的中介作用正向影响用户态度。创新扩散理论认为,感知易用性也是创新型产品被采纳接受的主要影响因素之一。另有研究表明,在线交易中感知有用性直接显著地影响用户使用意愿[2]。

随着互联网技术向在线支付领域延伸,用户不断面临创新支付产品的选择,因此,本研究认为感知易用性将直接影响用户对在线支付系统的使用态度及选择。当用户面临在线支付系统新颖丰富的功能应用时,其感知使用某种支付产品的容易程度越大,就会对该产品的使用态度更积极,进而更愿意选择使用该支付产品。因此,提出如下假设:

H1:感知易用性对用户在线支付的使用态度具有显著正向影响

(2) 感知有用性与使用态度

Davis 等在技术接受模型中,将感知有用性定义为个体感知到通过使用某一信息系统,使得其工作绩效得到提升的程度[1]。Kim 等将感知有用性的意义从"绩效"提升到"价值",将用户感知到通过使用信息系统获得的价值感纳入感知有用性维度[3]。本研究中,感知有用性是指用户感知到的通过使用在线支付产品及服务,从而提高他们完成支付任务的效率,使得其在工作或生活上得到更多的便利,同时从中获得价值感的满足。大量学者在对不同领域信息系统接受研究中表明,感知有用性直接显著地影响用户对信息系统的接受态度和使用意

---

[1] Davis F D, Bagozzi R P, Warshaw P R. User acceptance of computer technology: A comparison of two theoretical models[J]. Management Science, 1989, 35(8): 982-1003.

[2] 郭胜男.第三方网上支付使用意愿及其影响因素的实证研究[D].南京:南京理工大学硕士学位论文, 2012:8—20.

[3] Kim H W, Chan H C, Gupta S. Value-based adoption of mobile internet: An empirical investigation[J]. Decision Support Systems, 2007, 43(1): 111-126.

愿,尤其在互联网应用领域,有研究表明感知有用性正向显著影响用户对于移动互联网的使用意向[①②]。

在线支付作为生活服务类产品,其本质即满足用户支付需求,提高用户支付效率,当用户认为在线支付产品所具备的功能和提供的服务可以良好地契合其支付需求,并有效提高用户的生活工作效率,帮助用户解决支付中的实际问题时,用户更愿意选择使用在线支付的产品及服务。因此,提出如下假设:

H2:感知有用性对用户在线支付的使用态度具有显著正向影响

(3) 主观规范与使用态度

TAM2 模型将主观规范定义为个体对于某个特定信息系统的接受态度和使用意愿受到来自社会环境以及周边群体的行为标准、规范和期望的影响的程度。计划行为理论认为,主观规范作为个体内在感知因素对个体行为意向具有显著正向影响。本研究中,用户主观规范是指用户在选择使用在线支付产品或服务时,受到来自亲人、朋友等周围群体对于在线支付产品使用情况、使用建议以及主观评价的影响,从而影响其对在线支付产品的接受态度以及决策行为。主观规范已被广泛用于电子商务领域研究,大量研究证实主观规范对于消费者购买意愿具有显著正向影响。

在线支付产品依托互联网为载体,也具有网络产品的特性,即网络外部性,用户对在线支付产品的感知价值受到周围群体的影响,当周围群体使用人数越多,个体对该产品感知价值越高,用户态度就更积极。并且,在线支付产品是社会性较强的产品,人们往往通过在线支付产品进行交流和互动。此外,我国消费者具有较强的从众心理,尤其在面对创新领域事物时,行为决策更容易受到群体决策影响,用户对在线支付产品的使用态度和行为意向受到群体环境以及群体对该产品主观评价的影响,从而导致其对某一产品产生积极的使用态度和使用偏好。因此,提出如下假设:

H3:主观规范对用户在线的使用支付态度具有显著正向影响

(4) 感知风险与使用态度

感知风险是指用户在使用信息系统时,由于信息不对称性使得用户对行为结果所产生的不确定性的主观预期。在电子商务领域,大量实证研究表明,感知风险是使用态度及决策行为的重要影响因素之一。如 Littler 等证实,感知风险

---

① Wei T T, Marthandan G, Chong A Y, et al. What drives Malaysian m-commerce adoption? An empirical analysis[J]. Industrial Management & Data Systems, 2009, 109(3): 370-388.

② Leong L, Ooi K, Chong A Y, et al. Influence of individual characteristics, perceived usefulness and ease of use on mobile entertainment adoption[J]. International Journal of Mobile Communications, 2011, 9(4): 359-382.

显著负向影响用户对网上银行的使用意愿①。本研究中,感知风险是指用户对于使用在线支付系统的不确定性,以及对可能引发的财产损失、隐私泄露等结果的担心。

在互联网领域,由于交易双方缺乏面对面交流,信息不对称性加剧,加之互联网技术处于不断发展中,尚未形成完善的标准体系和规范,用户安全感缺失是普遍问题,在线支付作为互联网新兴领域也同样存在感知高风险,用户资金被盗、隐私信息泄露、网络诈骗等是阻碍网民选择网络支付的重要因素。只有当用户对于在线支付产品具有较高感知安全性,认为使用在线支付风险较低时,才更愿意选择使用在线支付,而感知风险越强,用户态度越消极,从而拒绝接受使用在线支付。用户感知风险主要包括财务风险、技术风险、隐私风险等维度,即在用户进行支付行为决策时,用户对财产损失、黑客入侵、账户隐私信息泄露等情况担心越强烈,对该支付方式态度就越消极,从而不愿意使用该支付方式。因此,提出如下假设:

H4:感知风险对用户在线支付的使用态度具有显著负向影响

(5)感知娱乐性与使用态度

Davis 等认为,感知娱乐性是指个体所感受到的在使用信息系统过程中所产生预期绩效之外的愉悦感②。

对于在线支付产品而言,它不仅满足用户对于日常支付业务的需求,支付平台还推出了多种娱乐性活动和服务,包括微信红包,以及一些创新业务如支付宝钱包推出的亲密付、AA 付款、娱乐宝等产品,在满足用户多样化支付需求的同时,更多地考虑了用户在使用在线支付的同时,增强其娱乐性感知。在互联网领域,感知娱乐性已被大量学者证实对信息系统的接受和使用具有显著影响③,并且这一因素也逐渐被引入生活类产品的使用行为研究中,如吴茹双证明了感知娱乐性是影响微信使用意愿的重要影响因素④;黎利等证实了感知娱乐性是影响用户对 B2C 电子商务接受和使用的重要影响因素⑤。

---

① Littler D, Melanthiou D. Consumer perceptions of risk and uncertainty and the implications for behaviour towards innovative retail services: The case of internet banking[J]. Journal of Retailing and Consumer Services, 2006, 13(6):431-443.

② Davis F D, Bagozzi R P, Warshaw P R. User acceptance of computer technology: A comparison of two theoretical models[J]. Management Science, 1989, 35(8): 982-1003.

③ Thong J Y L, Hong S J, Tam K Y. The effects of post-adoption beliefs on the expectation-confirmation model for information technology continuance[J]. International Journal of Human-Computer Studies, 2006, 64(9):799-810.

④ 吴茹双.微信用户使用态度影响因素研究[D].上海:上海交通大学硕士学位论文,2013:65.

⑤ 黎利,刘咏梅.B2C 电子商务个人采纳意向影响因素综合模型研究[J].信息系统学报,2008,(1):37—47.

在本研究中,感知娱乐性是指用户在使用在线支付过程中对娱乐趣味性的感知,当用户通过在线支付产品和服务获得了更多的愉悦感时,用户对在线支付产品的使用意愿将更强烈。因此,提出如下假设:

H5:感知娱乐性对用户在线支付的使用态度具有显著正向影响

(6) 支付情景与使用偏好及其影响因素

使用情景被认为是影响个体心理活动的重要因素,在不同的情景下,用户所处的环境、情感需求目标等都会影响其行为选择。已有大量学者将情景因素引入用户行为的研究中,如 Gao 等证实情景因素对于用户对移动服务的接受和使用具有显著影响[①]。

本研究中,由于个体在进行支付信息获取及行为决策过程中,不断地受到内部心理因素和外部环境因素的影响,对支付的认知和感知也在不断变化中,进而表现出不同的行为决策偏好性。互联网环境下,线上线下环境使得用户所面临的情景更加丰富多样,并且在虚拟支付环境中,用户对时间因素、空间安全感、沟通情景等更敏感,使用情景对用户行为决策的影响将更显著。因此,提出如下假设:

H6-1:消费品类影响用户在线支付使用态度及其影响因素

H6-2:购买场景影响用户在线支付使用态度及其影响因素

(7) 用户特性与使用态度及其影响因素

大量实证研究表明,消费者基本特性会对信息系统的接受和使用产生影响,如性别、年龄、学历、收入、职业等[②③]。当前,消费者个性化需求越来越受到商家关注,学者们也逐渐认识到除基本特性之外,用户内在心理特性也会对用户行为决策产生显著影响。在电子商务领域,逐渐有学者将消费者个性等心理学概念引入消费者购买、平台选择等行为的研究中。Quadclus 等验证了个体经验性显著影响信息技术的接受和使用。[④]

本研究认为,用户的个体基本特性差异以及心理特性差异会造成对在线支付产品及服务的主观感知差异,从而导致对在线支付产品或服务的使用意愿及行为决策产生差异。在网络商品同质化的趋势下,产品间差异变小,用户行为决

---

① Gao S, Moe S P, Krogstie J. An empirical test of the mobile services acceptance model [A]// Ninth International Conference on Mobile Business[C]. Athens: IEEE Computer Society, 2010:168-175.

② Featherman M S, Pavlou P A. Predicting e-services adoption: A perceived risk facets perspective [J]. International Journal of Human-Computer Studies, 2003, 59(4): 451-474.

③ Lu J, Yu C, Liu C, et al. Technology acceptance model for wireless internet[J]. Internet Research, 2003, 13(3): 206-222.

④ Quaddus M, Xu J. Adoption of e-Commerce: A decision theoretic framework and an illustrative application [C]// 2007 10th international conference on computer and information technology. Dhaka, Bangladesh: IEEE, 2007: 1-6.

策更多地受到自身特性差异的影响。因此,我们将用户特性作为控制变量,研究性别、年龄、学历、职业、收入和城市等不同个体属性用户对于在线支付使用态度及其影响因素的差异性,并提出如下假设:

H7:用户特性影响用户的在线支付使用态度及其影响因素

(8) 消费者创新性、文化相容性与感知有用性

消费者创新性是指个体在社会群体中,相对于他人较早地接受或采纳某一项创新事物的程度[1]。创新扩散理论认为,消费者创新性对个体接受创新项目具有显著正向影响,即消费者创新性越强,其采纳创新的态度就越积极。

文化是指组织内影响个体行为的信念、传统和价值。在不同社会环境、产业发展中会形成不同的文化环境,而个体也会形成自身生活观、消费观等文化价值属性。在传统文化和创新现代文化的冲突中,当消费者感知到极端不相容的信息时,会产生较强烈的排斥心理,进而对品牌产生消极评价。有学者研究发现,消费者的文化价值相容性通过感知有用性间接地影响移动支付、电子银行的使用意向[2][3]。

在线支付领域具有很多创新度较高的产品和服务,用户的使用态度和行为选择受到其对创新支付产品和服务的接受程度的影响。对于创新程度较高的新型在线支付业务,日益丰富的在线支付媒介以及在线支付终端,消费者创新性越强,其接受新产品、新事物的欲望就越强烈,从而更愿意尝试使用创新支付产品。随着在线支付在人们生活中不断渗透,互联网环境下,用户是否接受电子商务、O2O消费、团购等消费文化,带来的生活方式是否契合用户的生活观、消费观,将直接影响用户的感知价值。因此,提出如下假设:

H8:消费者创新性对用户使用在线支付的感知有用性具有显著正向影响

H9:文化相容性对用户使用在线支付的感知有用性具有显著正向影响

(9) 信息质量与感知有用性

Taylor提出,感知信息质量是系统信息提供可以满足用户需求的程度。[4] Hilligoss将这一定义范围由客观描述扩展至主观感知,认为信息质量是用户对于所获信息满足其心理预期的程度感知[5]。国内外已有大量学者研究了信息系

---

[1] Rogers E M. Diffusion of Innovations[M]. NewYork: Simon and Schuster,1983:5.

[2] 郭俊贤.消费者手机支付行为实证研究[D].成都:西南财经大学硕士学位论文,2012:10—14.

[3] 桂媚君.个人网上银行使用意愿影响因素的实证研究[D].杭州:浙江大学硕士学位论文,2007: 9—11.

[4] Taylor R S. Value Added Processes in Information Systems, Norwood, NJ: Ablex Publishing Corp,1986:1-257.

[5] Hilligoss B, Rieh S Y. Developing a unifying framework of credibility assessment: Construct, heuristics, and interaction in context[J]. Information Processing & Management,2008,44(4):1467-1484.

统中感知信息质量对用户接受和使用意愿的影响作用,认为信息质量显著影响用户对于信息系统的接受和使用决策[1][2]。

在线支付既需要满足用户对于支付业务的客观需求,同时也需要满足用户对于支付信息获取的心理预期,本研究中,信息质量指用户通过在线支付平台获取的信息内容符合用户的客观需求和心理预期。并且,除了信息内容质量,用户对信息的可获取性也影响用户的使用决策,当在线支付平台导航明晰,用户可以较容易地获得所需信息时,用户更愿意选择使用在线支付。此外,在网络信息获取中,用户对于信息提供个性化的要求越来越高,当支付平台可以根据用户特征为用户提供具有差异性的个性化信息时,用户对在线支付平台的态度更积极。因此,提出如下假设:

H10:信息质量对用户使用在线支付的感知有用性具有显著正向影响

(10) 服务质量与感知有用性

服务质量,指用户感知到的产品提供服务满足用户预期的程度。Parasuraman 等提出了用于测量服务质量的 GAP 模型,包括可靠性、响应性、可访问性、可信度等十个维度的测量指标,并将以上十个维度进行归纳合并,构建了服务质量测评量表——SERVQUAL,包括有形性、可靠性、响应性、安全性和移情性[3]。Rust & Oliver(1994)提出服务质量的三个维度,服务产品质量、服务环境质量和服务传递质量。[4] 之后,大量学者都将服务质量这一维度纳入用户行为意向的影响因素中,在电子商务领域,有学者提出服务质量是影响用户对于网站接受和使用意向的重要因素[5]。

用户在使用在线支付业务过程中感知到的服务涉及互联网技术服务质量、支付平台产品质量、附加服务质量,以及服务商与用户交互服务质量等,这些感知都会直接影响用户对于支付行为的选择。因此,本研究中,服务质量是指用户在使用在线支付产品过程中及使用后,对于支付产品是否满足用户预期,帮助用

---

[1] Everard A, Galletta D F. How presentation flaws affect perceived site quality, trust, and intention to purchase from an online store[J]. Journal of Management Information Systems, 2006, 22(3): 56-95.

[2] Chen C C, Tseng Y D. Quality evaluation of product reviews: Using an information quality framework[J]. Decision Support Systems, 2011, 50(4): 755-768.

[3] Parasuraman A, Zeithaml V A, Malhotra A. ES-QUAL: A multiple-item scale for assessing electronic service quality[J]. Journal of Service Research, 2005, 7(3): 213-233.

[4] Rust R T, Oliver R L. Service Quality: Insights and Managerial Implications from the Frontier [M]// Rust R T, Oliver R L. Service Quality: New Directions in Theory and Practice. Thousand Oaks: Sage Publications, 1994: 1-19.

[5] Chen J V, Rungruengsamrit D, Rajkumar T M, et al. Success of electronic commerce websites: A comparative study in two countries[J]. Information & Management, 2013, 50(6): 344-355.

户解决支付问题,以及对支付产品附加服务的感知。当在线支付产品满足用户需求、服务响应及时、附加服务契合用户预期时,用户对在线支付将产生更积极的态度。因此,提出如下假设:

H11:服务质量对用户使用在线支付的感知有用性具有显著正向影响

(11) 使用态度与使用意愿

使用态度是指用户对某事物的积极或消极的主观倾向。在理性行为理论、计划行为理论、技术接受模型、创新扩散理论中,均表明用户态度显著影响用户使用意愿,进而影响用户使用行为。大量学者研究也证实了使用态度对使用意向和使用行为具有显著正向影响。Wansink 提出考量消费者对产品的感知态度的四个指标:产品优势、产品吸引力、产品契合度和选择合理性。[①] 在电子商务领域,Pavlou 证实用户使用意愿决定其对店铺的选择及交易行为决策[②]。因此,用户对在线支付的使用行为可以通过其态度和行为意向进行预测。本研究中,消费者态度是指用户对于使用在线支付的积极或消极的主观倾向性。当用户对在线支付具有更积极的态度时,其使用意愿更强烈,在进行行为决策时就具有明显的偏好性。本研究从支付使用频率、支付方式选择、最大支付金额、接受支付业务种类等方面测量了用户的支付行为偏好。最终,提出如下假设:

H12:使用态度正向影响用户在线支付的使用意愿

综上,本研究共提出 12 个假设,详见表 3.1。

表 3.1 研究假设

假设编号	研究假设
H1	感知易用性对用户使用在线支付态度具有显著正相关关系
H2	感知有用性对用户使用在线支付态度具有显著正相关关系
H3	主观规范对用户使用在线支付态度具有显著正相关关系
H4	感知风险对用户使用在线支付态度具有显著负相关关系
H5	感知娱乐性对用户使用在线支付态度具有显著正相关关系
H6-1	消费品类在影响用户对在线支付使用态度及其影响因素上存在显著差异
H6-2	支付场景在影响用户对在线支付使用态度及其影响因素上存在显著差异
H7	用户特性在影响用户对在线支付使用态度及其影响因素上存在显著差异
H8	消费者创新性对用户使用在线支付的感知有用性具有显著正相关关系

---

① Wansink B. Advertising's Impact on Category Substitution[J]. Journal of Marketing Research, 1994, 31(4): 505-515.

② Pavlou P A. Consumer acceptance of electronic commerce: Integrating trust and risk with the technology acceptance model[J]. International Journal of Electronic Commerce, 2003, 7(3): 101-134.

(续表)

假设编号	研究假设
H9	文化相容性对用户使用在线支付的感知有用性具有显著正相关关系
H10	信息质量对用户使用在线支付的感知有用性具有显著正相关关系
H11	服务质量对用户使用在线支付的感知有用性具有显著正相关关系
H12	使用态度对用户使用在线支付意愿具有显著正相关关系

3.2 研究模型

根据前文所提出研究假设的整合,形成如图 3.1 所示的研究模型整合示意图,本节将探究其中相关研究变量及影响因素的关系。

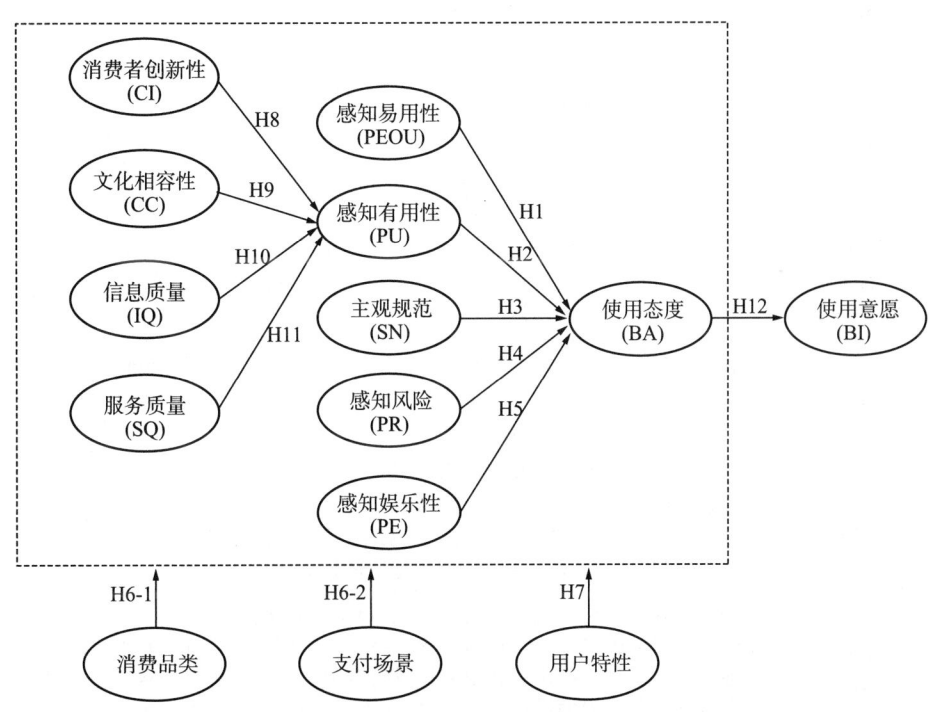

图 3.1 用户支付行为偏好影响因素研究模型整合图

本研究提出 11 个主要变量:感知易用性、感知有用性、主观规范、感知风险、感知娱乐性、消费者创新性、文化相容性、信息质量、服务质量、使用态度和使用意愿。具体测量指标,如表 3.2 所示。

表 3.2 测量指标设计

研究变量	测量指标	参考文献
感知易用性 (PEOU)	1. 多数情况下,我知道如何进入相应的在线支付平台 2. 开通在线支付账户是件容易的事情 3. 对我来说使用在线支付方式非常很简单,容易操作 4. 我认为在线支付方式是很容易学习使用的	Davis(1986), Jieunyu 等 (2005)
感知有用性 (PU)	1. 使用在线支付方式有效提高了我的支付效率 2. 在线支付方式让我的生活更加便利 3. 通过在线支付可以免去现金支付的不便 4. 我认为在线支付在我的生活中很有用	Davis(1986), Kim(2007)
主观规范 (SN)	1. 我身边许多的人也在使用在线支付 2. 我周围的人赞成我使用在线支付 3. 我周围的人对在线支付有很强的认同感	Taylor 等(1995), Torben(2004)
感知风险 (PR)	1. 我担心个人账户信息会被泄露或转卖 2. 我担心消费隐私信息会被泄露或转卖 3. 我担心在线支付系统遭到病毒干扰或黑客拦截 4. 我担心因手机遗失、密码被盗等出现财产损失	Mitchell 等 (1993),Carlsson (2005)
感知娱乐性 (PE)	1. 使用在线支付方式对我而言是一个享受的过程 2. 相比其他支付方式,使用在线支付方式让我更快乐 3. 总的来说,在线支付方式能够给我的生活增添乐趣	Davis(1992), Thong(2006)
消费者创新性 (CI)	1. 我喜欢追求新颖的科技与事物 2. 总的来说,我比较愿意接受新观点、新事物 3. 在周围人中,我总是率先尝试使用新产品和新服务 4. 我会尝试使用新型在线支付方式	Donthu 等 (1999), Goldsmith (2001)
文化相容性 (CC)	1. 在线支付的品牌文化与我价值观一致 2. 使用在线支付符合我的生活方式 3. 我认同在线支付的消费文化	Ostlund(1974), Meyers-Levy (1989)
信息质量 (IQ)	1. 在线支付提供的产品和服务内容非常全面 2. 通过在线支付平台获取的信息是真实可靠的 3. 在线支付平台可以提供完善的导航帮助我获取信息 4. 在线支付平台可以为我提供个性化的信息	Hilligoss(2008)
服务质量 (SQ)	1. 当使用在线支付遇到问题时,可以获得及时的帮助 2. 使用在线支付可以使我获得很多支付之外的服务 3. 通过在线支付可以帮助我更好地进行理财管理 4. 在线支付平台界面设计非常友好 5. 我可以获得免费试用一些在线支付新产品的机会	Rust 等(1994), Parasuraman 等 (2005)
使用态度 (BA)	1. 我认为使用在线支付方式是一个很好的选择 2. 在我看来,在线支付很有吸引力 3. 总的来说,在线支付是一种适合我的支付方式 4. 我认为选择在线支付是十分明智的	Ajzen(1975), Wansink(1994)

(续表)

研究变量	测量指标	参考文献
使用意愿 （BI）	1. 总的来说,我喜欢使用在线支付方式 2. 总的来说,我愿意推荐身边的朋友使用在线支付方式 3. 未来我会继续使用在线支付	Bhauacherjee (2000)， Pvaluo(2003)

3.3 数据处理与分析

3.3.1 样本收集与描述

（1）样本收集

本研究基于前述研究假设及构念量表，制作本次调查问卷《互联网金融环境下用户支付行为偏好及影响因素研究调查问卷》（问卷详情请参见附录1），问卷中对于相关变量的测量主要采用国际通用的李克特五级量表。本研究以互联网、微信、邮件等多种线上渠道为主，结合线下渠道发布调查问卷进行样本数据的收集。在线问卷使用"问卷星——在线测评系统"制作，并通过微信、QQ、论坛、邮件、微博等途径进行推广传播，共收集问卷367份，为保证分析结果的准确性，对无效问卷进行剔除，剔除标准为：（1）存在问卷缺失值，填写不完整的问卷；（2）问卷选项全部一致的问卷；（3）填写时间过短的问卷（少于150秒）。剔除后共得到350份有效问卷样本，问卷有效率为95.37%。

Gorsuch(1983)提出问卷样本数量与问卷题项比例应不低于5∶1，本研究问卷主要测量题项40个，最终回收有效问卷350份，样本数量满足研究所需，以下数据分析均基于该350份样本数据。

（2）样本描述

本调查问卷主要分三个部分：

第一部分，被调查者个人基本信息，包括性别、年龄、学历、职业、收入、城市、上网频率等。

第二部分，用户的在线支付使用行为及偏好调查，该部分以单项选择题为主。内容包括在线支付使用频率、用途、在线支付金额、支付经验性等；被测者的个人在线支付行为偏好，如用户支付黏性、小额支付偏好、支付时间偏好、支付价格敏感性等。并且，问卷设置了在线购物、线下购物以及针对不同类型的购买对象等不同的支付场景，以研究用户在不同支付场景下的支付行为偏好。

第三部分，用户在线支付影响因素、使用态度及意愿的变量测量指标量表，本研究量表采用李克特五级量表，即使用数字1—5分别表示，"非常不同意""不同意""不确定""同意""非常同意"。

本研究调查群体为 18 岁以上学生群体和上班族,他们拥有一定的可支配收入用于支付,且要求被调查者具备上网经验,并对在线支付产品及服务有使用经验或具备一定了解,调研样本地域范围需覆盖一线城市及多数二、三线城市群体。

数据分析是通过数学分析方法从调研数据中发现测量指标的特征、变量间关联以及变化规律的过程。本研究应用数据分析软件 SPSS 21.0 对所获取样本数据进行分析。

我们对有效问卷进行样本数据描述,包括性别、年龄、学历、职业、收入、城市等人口统计变量以及互联网使用基本情况,通过样本描述反映研究样本的特征并通过均值、标准差等指标计算,判断样本数据是否可以进行下一步分析。表 3.3 是通过 SPSS 21.0 对问卷进行描述性统计后得到的结果。

表 3.3 样本描述性统计

样本统计特征	分 类	频 次	有效百分比	累计百分比
性 别	男	158	45.14%	31.09%
	女	192	54.86%	100.00%
年 龄	≤18 岁	1	0.29%	0.29%
	19—25 岁	127	36.29%	36.58%
	26—35 岁	131	37.43%	74.00%
	36—45 岁	39	11.14%	85.00%
	≥46 岁	52	14.86%	100.00%
学 历	高中/中专及以下	18	5.14%	5.14%
	大专	40	11.43%	16.57%
	本科	121	34.57%	51.14%
	硕士及以上	171	48.86%	100.00%
职 业	学生群体	136	38.86%	38.86%
	上班族	197	56.29%	95.15%
	其他	17	4.86%	100%
月可支配收入	1000 元以下	51	14.57%	14.57%
	1000—2000 元	71	20.29%	34.86%
	2000—5000 元	99	28.29%	63.15%
	5000—10000 元	87	24.86%	88.01%
	10000 元以上	42	12.00%	100.00%
目前所在城市	北京	47	13.43%	13.43%
	上海	21	6.00%	19.43%
	广州	11	3.14%	22.57%
	二线城市	237	67.71%	90.28%
	三线城市	25	7.14%	97.42%
	四线城市及以下	9	2.57%	100.00%

(续表)

样本统计特征	分 类	频 次	有效百分比	累计百分比
上网频率	每天都上	335	95.71%	95.71%
	每周上几次	10	2.86%	98.57%
	每月上几次	3	0.86%	99.43%
	很少使用	2	0.57%	100.00%

由表3.3可知,研究样本男女比例接近1∶1,性别比例均衡。从年龄上看,本研究受访者年龄主要集中在19—35岁的学生群体以及年轻上班族,接近总量的75%,这与我国网民的平均年龄分布相一致[1],该部分群体互联网使用经验较丰富,对在线支付产品了解较多,符合本研究的样本需求。在受教育程度方面,样本近半数个体为硕士及以上学历,其次是本科,超过80%的被测试者具有本科及以上学历。因此,本研究调查对象具有较高学历,对在线支付相关问题认知可能更深刻,对前沿科技产品也具有较多认知,有益于本研究的数据收集。在职业方面,本研究将调查群体主要分为学生群体和上班族,且这两部分群体占样本总量的95%以上,是本研究的主要研究对象,学生群体和上班族群体比例也接近1∶1。因此,可以用于进一步研究两部分群体在支付偏好方面的差异性。在月可支配收入方面,本研究对象收入水平较平均,2000至10000元收入区间的人数最多,占总样本数的50%以上,这一分布符合我国人均收入水平分布[1]。从调查对象目前所在地来看,本研究根据中国城市规模划分标准[2],将被调查者城市属性划分为一级城市、二级城市、三级城市和四级及以下城市。调查结果显示,南京、杭州等二线城市地区人数最多,占样本总数的67.71%,其次是北京、上海、广州等一线城市,占样本总数的23.57%,较发达地区网络设施较完善,拥有在线支付的必要条件,并且较发达地区人群有更多的机会接触和了解在线支付领域的新科技产品,有益于本研究数据收集和分析。同时,本研究样本也包含江苏、浙江、陕西、河南等地区部分三线及四线以下城市,覆盖范围较全面,具有一定代表性。从上网频率来看,本研究样本对象每天上网人数占总样本数量的95%以上,可以看出,大部分被调查者网络使用经验丰富,对互联网熟悉程度较高,而网络是使用在线支付的基本条件,因此较符合本研究的样本需求。

---

[1] 中国互联网络信息中心.第35次中国互联网络发展状况统计报告[EB/OL].(2015-02-3)[2015-03-15]. http://www.cnnic.net.cn/hlwfzyj/hlwxzbg/hlwtjbg/201502/P020150203548852631921.pdf.
[2] 中华人民共和国中央人民政府.国务院关于调整城市规划划分标准的通知[EB/OL].(2014-10-29)[2015-04-10]. http://www.gov.cn/zhengce/content/2014-11/20/content_9225.htm.

3.3.2 测量指标的统计分析

如上所述,本研究针对消费者创新性、文化相容性、主观规范、信息质量、服务质量、感知易用性、感知有用性、感知风险、感知娱乐性、使用态度和使用意愿这 11 个变量共设计了 45 个测量指标。表 3.4 为以上测量指标的描述性统计结果。Kline 等提出,样本数据的偏度绝对值小于 3.0,峰度绝对值小于 10.0,则认为样本基本符合正态分布①。由表 3.4 可知,所有测量指标的偏度和峰度值均在参考范围内,样本基本符合正态分布,可进行后续数据分析。

表 3.4 各测量指标统计分析

构念	测量指标	N	极小值	极大值	均值	标准差	方差	偏度	峰度
消费者创新性 CI(3.50)	CI1	350	1	5	3.53	.932	.869	−.775	.449
	CI2	350	1	5	3.17	.976	.952	−.151	−.457
	CI3	350	1	5	3.77	.799	.638	−1.350	2.666
	CI4	350	1	5	3.54	.907	.822	−.885	.820
文化相容性 CC(3.74)	CC1	350	1	5	3.51	.828	.686	−.627	.816
	CC2	350	1	5	3.79	.786	.618	−1.143	2.291
	CC3	350	1	5	3.93	.681	.464	−1.218	3.447
主观规范 SN(3.90)	SN1	350	1	5	4.04	.654	.428	−1.337	5.199
	SN2	350	1	5	3.88	.686	.470	−.917	2.496
	SN3	350	1	5	3.77	.746	.557	−.595	1.021
信息质量 IQ(3.63)	IQ1	350	1	5	3.70	.759	.576	−.788	1.018
	IQ2	350	1	5	3.45	.795	.632	−.536	.463
	IQ3	350	1	5	3.73	.674	.455	−.914	1.664
	IQ4	350	1	5	3.64	.774	.599	−.503	.509
服务质量 SQ(3.46)	SQ1	350	1	5	3.39	.832	.692	−.478	.328
	SQ2	350	1	5	3.44	.833	.694	−.356	−.228
	SQ3	350	1	5	3.48	.849	.720	−.531	.156
	SQ4	350	1	5	3.63	.764	.584	−.847	.995
	SQ5	350	1	5	3.33	.892	.796	−.246	−.251

---

① Kline D G, Hudson A R. Nerve injuries: Operative results for major nerve injuries, entrapments, and tumors[M]. Toronto: Saunders, 1995:156.

(续表)

构　念	测量指标	N	极小值	极大值	均值	标准差	方差	偏度	峰度
感知易用性 PEOU(3.88)	PEOU1	350	1	5	3.85	.683	.467	−1.045	2.352
	PEOU2	350	1	5	3.79	.759	.576	−1.124	1.748
	PEOU3	350	1	5	3.94	.683	.467	−1.013	2.639
	PEOU4	350	1	5	3.94	.666	.444	−1.281	3.947
感知有用性 PU(4.01)	PU1	350	1	5	3.99	.644	.415	−1.150	3.782
	PU2	350	1	5	4.02	.660	.435	−1.042	3.296
	PU3	350	1	5	4.02	.677	.458	−.969	2.791
	PU4	350	1	5	4.02	.673	.452	−1.043	3.429
感知风险 PR(3.82)	PR1	350	1	5	3.98	.887	.788	−.975	1.163
	PR2	350	1	5	4.00	.866	.751	−.877	.874
	PR3	350	1	5	3.20	1.016	1.032	−.162	−.763
	PR4	350	1	5	3.90	.839	.703	−.923	1.302
	PR5	350	1	5	4.01	.821	.673	−1.049	1.693
感知娱乐性 PE(3.65)	PE1	350	1	5	3.64	.766	.587	−.623	.846
	PE2	350	1	5	3.59	.785	.616	−.554	.550
	PE3	350	1	5	3.73	.745	.555	−.679	1.061
使用态度 BA(3.85)	BA1	350	1	5	3.96	.630	.396	−1.145	4.328
	BA2	350	1	5	3.80	.741	.548	−.902	1.855
	BA3	350	1	5	3.86	.690	.476	−.809	1.832
	BA4	350	1	5	3.76	.721	.520	−.718	1.145
使用意愿 BI(3.89)	BI1	350	1	5	3.87	.699	.488	−.937	2.056
	BI2	350	1	5	3.81	.713	.509	−.947	1.994
	BI3	350	1	5	3.99	.651	.424	−.871	2.844

由表3.4统计数据可以看出,被调查对象的在线支付使用态度较积极,使用意愿也较强烈。在可能的影响因素中,感知有用性平均得分最高(4.01),表明用户普遍认为使用在线支付是有价值的,可以帮助他们提高支付效率;主观规范平均得分较高(3.90),表明周围环境对用户使用在线支付的积极性可能有较大影响力;感知易用性平均得分较高(3.88),表明用户普遍认为可以较容易地掌握在线支付系统的使用;文化相容性平均得分较高(3.74),表明有较多用户认为在线支付符合他们的消费观念和消费习惯;感知风险的平均得分较高(3.82),且各测量指标标准差水平较高,说明用户对使用在线支付的风险性感知普遍较强烈,且

不同用户的感知差异性较大；服务质量平均得分在所有测量变量中最低(3.46)，表明用户对在线支付提供的服务满意度并不高，而在线服务提供的增值服务可能并不能满足用户的需求。

3.3.3 信度与效度检验

（1）信度检验

信度即调查结果可靠性，表示问卷调查结果具有一致性和稳定性。信度越高，结果数据越稳定，则调查结果越可靠。信度测量包括内在信度和外在信度，内在信度表示一个变量的所有测量指标的内在一致性，测量指标为 Cronbach's alpha 系数；外在信度表示在不同时间、相同测试者的结果一致性。本研究中的信度检验是希望评估问卷中一组测量指标是否可以测量同一构念，因此，本研究进行内在信度检验。各测量指标的 Cronbach's alpha 系数检验结果，如表 3.5 所示。

表 3.5 测量指标的 Cronbach's alpha 系数检验结果

因 素	指标数目	项已删除的 Cronbach's alpha 值	Cronbach's alpha
消费者创新性	4	0.803	0.863
		0.822	
		0.836	
		0.837	
文化相容性	3	0.779	0.805
		0.670	
		0.748	
主观规范	3	0.800	0.848
		0.777	
		0.787	
信息质量	4	0.792	0.833
		0.805	
		0.767	
		0.793	
服务质量	5	0.826	0.848
		0.814	
		0.813	
		0.826	
		0.802	

（续表）

因　素	指标数目	项已删除的 Cronbach's alpha 值	Cronbach's alpha
感知易用性	4	0.840 0.829 0.780 0.795	0.852
感知有用性	4	0.892 0.872 0.883 0.881	0.909
感知风险	4	0.900 0.891 0.896 0.909	0.922
感知娱乐性	3	0.821 0.826 0.825	0.875
使用态度	4	0.891 0.871 0.870 0.856	0.901
使用意愿	3	0.818 0.850 0.884	0.896

alpha 系数低于 0.7 表明信度较低，应考虑调整测量指标。alpha 系数大于 0.7 则信度可被接受，alpha 系数大于 0.80 表明信度良好[1]。由表 3.5 可知，各测量指标的 alpha 系数均在 0.80 以上，表明本研究选取的测量指标内部一致性较强，且当删除各指标的题项后，alpha 系数值均会下降，表明各指标有较强的解释力。

（2）效度检验

效度指量表测量结果的正确性与有效性程度。效度测量常包括内容效度、结构效度和收敛效度。本研究主要考察量表的内容效度和结构效度。内容效度

---

[1] Bagozzi R P. Evaluating structural equation models with unobservable variables and measurement error: A comment[J]. Journal of Marketing Research, 1981, 18(3): 375-381.

指测量题项可以满足测量目的的程度。本研究的问卷设计基于前人研究文献和已有量表,且通过用户访谈进行了前测研究,一定程度上保证了量表的内容效度。结构效度指量表可以测量理论构念的程度。本研究通过验证性因子分析检验结构效度。

研究分别对每个测量变量的测量指标进行了 Bartlett 球体检验和 KMO 样本测度。Bartlett 球体检验用于检验相关矩阵是否为单位矩阵,当显著水平小于 0.05 时,表示该矩阵不是单位矩阵,可以进行因子分析。否则,则认为样本数据不适合做因子分析。KMO 样本测度用于检验每组测量变量中各指标间的相关性,KMO 值越大,表明各指标间相关性越大,越适合做因子分析。当 KMO 值大于 0.7 时,被认为可以进行因子分析;当 KMO 值大于 0.8 时,表明非常适合做因子分析。本研究各影响因素因子分析结果如表 3.6 所示,各变量的 Bartlett 球体检验显著性均小于 0.01,且 KMO 值均大于 0.70,表明本研究数据的因子分析结果可以被接受。通过因子分析从各组测量指标中提取一个公共因子,且各测量指标的因子载荷均大于 0.5,表明问卷数据具有良好的结构效度。

表 3.6 因子分析结果

因素	测量指标	因子载荷	特征根	解释方差	KMO	Bartlett 球体检验	
						近似卡方	Sig.
消费者创新性	CI1	0.877	2.843	71.070%	0.809	651.657	0.000
	CI2	0.847					
	CI3	0.826					
	CI4	0.820					
文化相容性	CC1	0.821	2.272	72.413%	0.717	385.620	0.000
	CC2	0.884					
	CC3	0.846					
主观规范	SN1	0.869	2.306	76.873%	0.731	445.813	0.000
	SN2	0.882					
	SN3	0.879					
信息质量	IQ1	0.811	2.683	67.084%	0.799	532.881	0.000
	IQ2	0.791					
	IQ3	0.858					
	IQ4	0.814					

（续表）

因素	测量指标	因子载荷	特征根	解释方差	KMO	Bartlett 球体检验 近似卡方	Sig.
服务质量	SQ1	0.758	3.109	62.179%	0.856	663.333	0.000
	SQ2	0.796					
	SQ3	0.799					
	SQ4	0.759					
	SQ5	0.829					
感知易用性	PEOU1	0.782	2.786	69.638%	0.756	658.094	0.000
	PEOU2	0.809					
	PEOU3	0.883					
	PEOU4	0.860					
感知有用性	PU1	0.868	3.142	78.549%	0.798	961.316	0.000
	PU2	0.905					
	PU3	0.885					
	PU4	0.888					

3.3.4 相关性分析

本研究采用相关性分析检验各变量之间是否具有相关关系,采用 Pearson 相关系数确定各变量间的相关性强度。

使用态度与其影响因素的相关性分析结果如表 3.7 所示,感知有用性与其影响因素的相关性分析结果如表 3.8 所示,其中 ** 表示在 p 值介于 0 至 0.01 之间,说明变量间在 0.01 水平上显著相关,* 表示 p 值介于 0.01 至 0.05 之间,说明变量间在 0.05 水平上显著相关。由表可知,使用态度和感知易用性与其影响因素均在 0.01 水平上显著相关。本研究还对使用态度和使用意愿进行相关性分析,发现两变量在 0.01 水平上具有显著相关性。

表 3.7 使用态度与其影响因素的相关性分析

		主观规范	感知易用性	感知有用性	感知风险	感知娱乐性
使用态度	Pearson 相关系数	0.668**	0.753**	0.793**	0.176**	0.776**
	显著性（双侧）	0.000	0.000	0.000	0.001	0.000

表 3.8 感知有用性与其影响因素的相关性分析

		消费者创新性	文化相容性	信息质量	服务质量
感知有用性	Pearson 相关性	0.527**	0.684**	0.600**	0.420**
	显著性（双侧）	0.000	0.000	0.000	0.000

3.3.5 回归分析

在相关性分析的基础上，本研究采用多元逐步回归进一步定量分析各影响因素的影响力强度，并通过回归方程进行支付行为的预测和控制。

在线支付的研究模型中，通过逐步多元回归方法，在方程中逐步纳入对因变量影响显著的自变量，不重要的解释变量被逐步剔除，最终形成最优的回归方程，从而可以探究各变量间的因果关系，并确定各自变量对因变量的影响力强度。同时，在回归方程构建中，我们进行了序列相关性检验和多重共线性检验，以保证最终回归方程具有较高的可靠性。序列相关性检验参数为 Dubin-Watson 值（DW），DW 值介于 1.5 至 2.5 之间，表明各变量间不存在显著自相关性。多重共线性检验参数主要为容差（T）和方差膨胀因子（VIF）。T 值介于 0 至 1 之间，并且 T 值越大，共线性越弱。VIF 值越大，多重共线性越强，研究表明，VIF 值介于 0 至 10 之间时，变量间不存在多重共线性。

(1) 使用态度与其影响因素的回归分析

本研究对感知易用性、感知有用性、感知娱乐性、主观规范、感知风险等使用态度的影响因素进行回归分析，结果如表 3.9 所示。

表 3.9 使用态度与其影响因素的回归分析模型汇总

模型	R	R 方	调整 R 方	标准误差	DW 值	F 值	Sig.
1	0.760[a]	0.578	0.577	0.61138730		451.843	0.000
2	0.851[b]	0.724	0.723	0.49484855		432.230	0.000
3	0.859[c]	0.738	0.736	0.48280581	1.964	308.580	0.000
4	0.861[d]	0.742	0.739	0.48006177		235.278	0.000
5	0.863[e]	0.745	0.741	0.47786550		190.759	0.000

a. 预测变量：(常量)，感知有用性
b. 预测变量：(常量)，感知有用性，感知娱乐性
c. 预测变量：(常量)，感知有用性，感知娱乐性，感知易用性
d. 预测变量：(常量)，感知有用性，感知娱乐性，感知易用性，主观规范
e. 预测变量：(常量)，感知有用性，感知娱乐性，感知易用性，主观规范，感知风险
f. 因变量：使用态度

3 互联网金融环境下用户支付行为偏好及影响因素研究

由表 3.9 可知,经 5 次迭代后,5 个影响因素均被纳入回归模型中,最终该回归模型对使用态度的解释程度为 74.5%,且模型在 0.01 显著水平上通过检验,说明各变量对在线支付使用态度的影响模型总体效果达到了显著水平,可以被接受。同时,该模型 DW 值符合评价标准,该模型不存在自相关问题。

表 3.10 使用态度与其影响因素的回归系数

模型 5	非标准化系数		标准系数	t	Sig.	共线性统计量	
	B	标准误差				容差	VIF
(常量)	−0.001	0.026		−0.043	0.966		
感知有用性	0.345	0.052	0.344	6.662	0.000	0.293	3.409
感知娱乐性	0.403	0.035	0.413	11.671	0.000	0.623	1.605
感知易用性	0.169	0.051	0.166	3.306	0.001	0.310	3.229
主观规范	0.094	0.040	0.095	2.354	0.019	0.482	2.074
感知风险	−0.057	0.028	−0.059	−2.003	0.046	0.898	1.114

由表 3.10 可知,感知有用性、感知娱乐性、感知易用性、主观规范、感知风险与使用态度显著相关。其中,感知有用性、感知娱乐性、感知易用性和主观规范对使用态度具有显著正向影响,感知风险对使用态度具有显著负向影响,且感知有用性、感知娱乐性和感知易用性在 0.01 水平上显著,主观规范和感知风险在 0.05 水平上显著。各变量 VIF 值均小于 3.5,变量间不存在多重共线性。同时,根据逐步回归中各影响因素的纳入顺序可知,感知有用性首先进入该回归方程,对在线支付使用态度影响最强烈,之后依次是感知娱乐性、感知易用性、主观规范和感知风险。根据表中各影响因素的回归系数,可以得到如下回归方程:

使用态度=0.344×感知有用性+0.413×感知娱乐性+0.166×感知易用性+0.095×主观规范−0.059×感知风险

(2) 感知有用性与其影响因素的回归分析

消费者创新性、文化相容性、信息质量、服务质量和感知有用性的回归分析结果,如表 3.11 所示。

表 3.11 各个变量与感知有用性的回归分析模型汇总

模型	R	R 方	调整 R 方	标准误差	DW 值	F 值	Sig.
1	0.684a	0.468	0.466	.68457938	1.966	289.884	0.000
2	0.727b	0.528	0.525	.64553815		184.065	0.000

a. 预测变量:(常量),文化相容性
b. 预测变量:(常量),文化相容性,信息质量
c. 因变量:感知有用性

由表 3.11 可知,经 2 次迭代后,文化相容性和信息质量被纳入回归模型中,而消费者创新性和服务质量没有被纳入,最终回归模型对使用态度的解释程度为 52.8%,且模型在 0.01 显著水平上通过检验。同时,模型 DW 值符合评价标准,该模型不存在自相关问题。

表 3.12 感知有用性与其影响因素的回归系数

模型 2	非标准化系数		标准系数	t	Sig.	共线性统计量	
	B	标准误差				容差	VIF
(常量)	0.016	0.036		0.444	0.657		
文化相容性	0.501	0.046	0.506	10.813	0.000	0.656	1.525
信息质量	0.296	0.046	0.304	6.490	0.000	0.656	1.525

由表 3.12 可知,文化相容性和信息质量两个变量对使用态度具有显著正向影响,且在 0.01 水平上显著。两变量 VIF 值为 1.525,多重共线性检验通过。同时,根据逐步回归模型各影响因素的纳入顺序可知,文化相容性首先进入该回归方程,对在线支付感知有用性影响最强烈,其次是信息质量。根据表中各影响因素的回归系数,可以得到如下回归方程:

感知有用性 = 0.506 × 文化相容性 + 0.304 × 信息质量

(3) 使用态度对使用意愿回归分析

使用态度和使用意愿的回归分析结果,如表 3.13 所示。

表 3.13 使用态度与使用意愿模型汇总[b]

模型	R	R 方	调整 R 方	标准误差	DW 值	F 值	Sig.
1	0.877[a]	0.770	0.769	0.44775512	2.035	1102.551	0.000

a. 预测变量:(常量),使用态度
b. 因变量:使用意愿

由表 3.13 可知,在线支付使用态度对使用意愿的回归模型在 0.01 显著水平上通过检验,使用态度对在线支付使用意愿的影响模型总体效果达到了显著水平,可以被接受。最终该回归模型对使用态度的解释程度为 77.0%。同时,该模型 DW 值符合评价标准,模型不存在自相关问题。

表 3.14 使用态度与使用意愿回归系数

模型 1	非标准化系数		标准系数	t	Sig.	共线性统计量	
	B	标准误差				容差	VIF
(常量)	0.021	0.025		0.843	0.400		
使用态度	0.870	0.026	0.877	33.205	0.000	1.000	1.000

3 互联网金融环境下用户支付行为偏好及影响因素研究

由表 3.14 可知,回归模型中使用态度对使用意愿在 0.01 水平上具有显著正向影响,主观规范和感知风险在 0.05 水平上显著。根据表中回归系数可以得到在线支付使用态度与使用意愿的回归方程如下:

$$使用意愿＝0.877×使用态度$$

由实证结果可知,使用态度($r=0.877$,$p<0.01$)对用户在线支付使用意愿具有显著正向影响,即用户对在线支付产品及服务使用态度越积极,则对在线支付的使用意愿越强烈。在支付领域已有一些学者的实证研究支持了使用态度对于使用意愿的正向影响作用[1][2]。因此,本研究认为,要想让用户或潜在用户愿意接受和使用在线支付,则应重视引导用户对于传统支付模式以及在线支付的认知态度的转变,使其对在线支付产生积极的看法和评价,进而使得在线支付用户维持较高的用户黏性,并促使潜在用户尝试使用在线支付。

3.3.6 方差分析

方差分析是通过检验样本均数差异是否显著来研究诸多控制变量是否对观测变量产生显著性影响。本研究使用单因素方差分析来进一步探讨各变量对用户支付行为偏好的影响,同时使用 LSD 和 Tamhane 方法进行两两比较。并在此基础上,对差异性显著的变量进行均值比较。

(1) 消费品类对支付影响因素的影响

本研究使用单因素方差分析检验针对不同产品类型,不同支付方式偏好在各影响因素上的差异性是否显著。本研究对四类具有代表性的商品进行影响因素差异性的比较,包括手机、电脑、数码相机等 3C 类产品,服饰鞋帽类产品,日用快消品和水电煤缴费、话费充值、团购、差旅票务酒店预订等生活服务类产品,并将支付模式划分为在线支付、货到付款、线下购买三种,从而研究不同类型支付产品的差异性。方差分析结果,如表 3.15 所示。

表 3.15 不同产品类型支付偏好单因素方差分析

	3C 类产品		服饰鞋帽类		日用快消品		生活服务类	
	F	Sig.	F	Sig.	F	Sig.	F	Sig.
消费者创新性	1.514	0.211	1.508	0.212	1.832	0.141	2.837	0.060
文化相容性	2.068	0.104	3.283	0.021	0.761	0.517	6.923	0.001
主观规范	0.671	0.571	4.057	0.007	0.188	0.904	4.324	0.014
信息质量	8.598	0.000	6.008	0.001	2.474	0.062	10.055	0.000

---

[1] Lu H P, Hsu C L, Hsu H Y. An empirical study of the effect of perceived risk upon intention to use online applications[J]. Information Management & Computer Security, 2005, 13(2): 106-120.

[2] Bruner G C, Kumar A. Explaining consumer acceptance of handheld internet devices[J]. Journal of Business Research, 2005, 58(5): 553-558.

（续表）

	3C类产品		服饰鞋帽类		日用快消品		生活服务类	
	F	Sig.	F	Sig.	F	Sig.	F	Sig.
服务质量	10.881	0.000	4.650	0.003	1.876	0.133	7.804	0.000
感知易用性	3.065	0.028	3.328	0.020	1.572	0.196	11.448	0.000
感知有用性	2.515	0.058	3.068	0.028	2.447	0.064	7.738	0.001
感知风险	1.351	0.258	0.762	0.516	0.349	0.790	0.340	0.712
感知娱乐性	4.820	0.053	2.189	0.089	1.941	0.123	20.329	0.000
使用态度	2.836	0.038	2.462	0.062	2.625	0.051	18.845	0.000

由表3.15可知，购买3C类电子产品时，不同行为偏好的用户在信息质量、服务质量上的差异性在0.001水平上通过检验，感知易用性、使用态度在0.05水平上通过检验，即具有不同支付偏好的用户对在线支付的信息质量、服务质量、感知娱乐性、感知易用性和使用态度上存在显著差异，而其他因素并没有表现出显著差异性；同理，购买服饰鞋帽类产品时，不同支付偏好的用户对在线支付的主观规范、信息质量、服务质量、文化相容性、感知易用性、感知有用性上差异显著，而其他因素并没有表现出显著差异性；购买日用快消产品时，不同行为偏好的用户在各影响因素上均未显示出显著差异性；在进行生活服务类产品支付时，不同支付偏好的用户对在线支付的信息质量、服务质量、感知易用性、感知娱乐性、使用态度、文化相容性、感知有用性和主观规范上存在显著差异，而消费者创新性和感知风险无显著差异。

（2）购买场景对支付影响因素的影响

本研究使用单因素方差分析检验不同购买场景中，不同支付方式偏好在各影响因素上的差异性是否显著。研究比较两类代表性的在线支付使用情景的影响因素差异性，即通过电子商务网站购买实物产品，以及线上购买、线下消费（O2O）模式，并根据支付终端不同将用户支付行为划分为六种模式：PC端下单，并完成支付；PC端下单，移动端完成支付；PC端下单，货到付款（或到店支付）；移动端下单，移动端完成支付；移动端下单，PC端完成支付；移动端下单，货到付款（或到店支付）。研究支付场景的不同，不同支付方式偏好在各影响因素上的差异性是否显著。方差分析结果，如表3.16所示。

表3.16 不同在线支付情景支付偏好单因素方差分析

影响因素	网购实物商品		O2O生活服务产品	
	F	Sig.	F	Sig.
消费者创新性	1.990	0.080	1.710	0.132
文化相容性	2.981	0.012	1.608	0.157
主观规范	3.070	0.010	1.615	0.156

(续表)

影响因素	网购实物商品		O2O生活服务产品	
	F	Sig.	F	Sig.
信息质量	4.104	0.001	2.936	0.013
服务质量	4.871	0.000	1.225	0.297
感知易用性	3.068	0.010	2.004	0.078
感知有用性	2.198	0.054	2.363	0.040
感知风险	2.333	0.042	1.017	0.408
感知娱乐性	5.118	0.000	2.689	0.021
使用态度	3.637	0.003	3.191	0.008

由表3.16可知,在电子商务网站购买实物产品时,不同支付模式行为偏好的用户在服务质量、感知娱乐性上的差异性在0.001水平上通过检验,主观规范、信息质量、感知易用性和使用态度在0.01水平上通过检验,文化相容性和感知风险在0.05水平上通过检验,即具有不同支付偏好的用户对在线支付的服务质量、感知娱乐性、主观规范、信息质量、感知易用性、使用态度、文化相容性和感知风险上存在显著差异,而消费者创新性和感知有用性未表现出显著差异性。

同理,线上购买、线下消费模式时,不同支付偏好的用户对在线支付的信息质量、感知有用性和感知娱乐性和使用态度上存在显著差异。

(3) 用户特性对影响因素的影响

本研究使用单因素方差分析检验用户自然属性(性别、年龄、学历等)对在线支付使用态度及各感知因素的影响是否存在差异。分析结果,如表3.17所示。

表3.17 用户特性对各感知因素影响的方差分析结果

因素	性别		年龄		学历		职业		收入		城市	
	F	Sig.	F	Sig.	F	Sig.	F	Sig.	F	Sig.	F	Sig.
消费者创新性	1.663	0.198	1.582	0.179	1.441	0.231	1.200	0.303	0.774	0.543	1.397	0.225
文化相容性	3.487	0.063	2.251	0.063	2.890	0.036	0.412	0.663	0.605	0.659	2.421	0.036
主观规范	0.010	0.922	4.613	0.001	4.668	0.003	1.772	0.172	0.269	0.898	3.462	0.005
信息质量	1.725	0.190	1.591	0.176	0.486	0.692	0.793	0.453	1.025	0.394	0.836	0.525
服务质量	6.413	0.012	1.480	0.208	0.846	0.469	0.212	0.809	1.515	0.197	0.803	0.548
感知易用性	0.380	0.538	4.153	0.003	3.154	0.025	1.521	0.220	0.230	0.922	2.406	0.037
感知有用性	0.055	0.814	2.566	0.038	2.882	0.036	1.499	0.225	0.307	0.873	1.819	0.109
感知风险	0.007	0.933	0.518	0.723	1.774	0.152	0.441	0.644	1.362	0.247	0.434	0.825
感知娱乐性	5.439	0.020	1.614	0.170	1.121	0.341	0.531	0.588	2.515	0.041	1.699	0.134
使用态度	1.263	0.262	4.065	0.003	3.732	0.012	0.761	0.468	0.240	0.915	1.584	0.164

由表 3.17 可知,性别在服务质量和感知娱乐性上的差异性在 0.05 水平上通过检验,即男性和女性的在线支付感知服务质量和感知娱乐性存在显著差异;同理,不同年龄用户对在线支付的主观规范、感知易用性和使用态度存在显著差异;不同学历群体的主观规范、文化相容性、感知易用性、感知有用性和使用态度等存在差异;职业对在线支付的各变量影响差异不显著;月收入不同的用户对在线支付的感知娱乐性具有显著差异;不同城市环境中用户在主观规范、文化相容性、感知易用性维度上差异性显著。

3.3.7 模型分析与假设验证

根据前文的数据分析可知,假设 H8(消费者创新性对感知有用性具有显著正相关关系)和假设 H11(服务质量对感知有用性具有显著正相关关系)未通过检验,假设 H6-1(消费品类在使用态度及其影响因素上存在显著差异),H6-2(支付场景在使用态度及其影响因素上存在显著差异)和 H7(用户特性在使用态度及其影响因素上存在显著差异)得到了部分支持。其他各假设均得到了样本数据的支持,模型路径如图 3.2 所示。

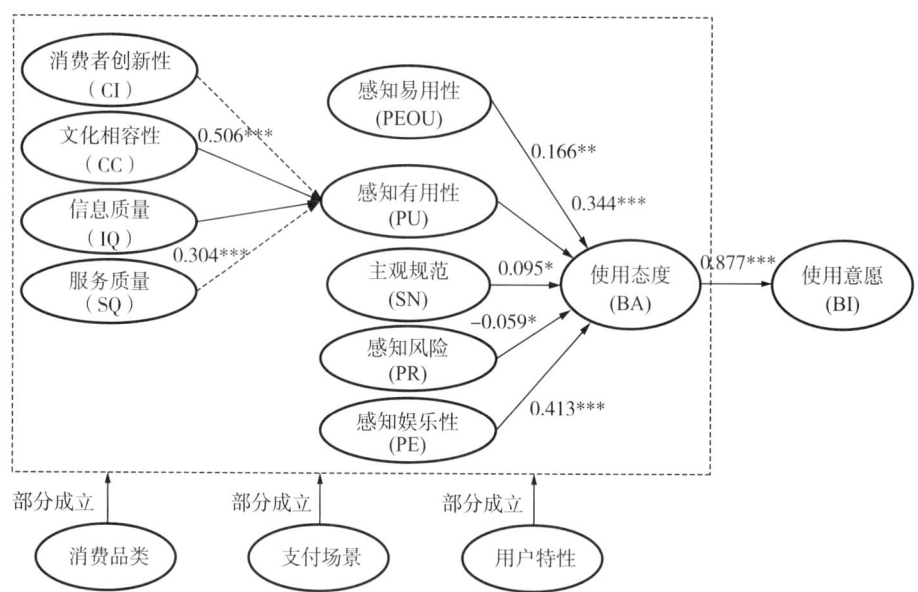

注:*、**、***分别表示结果在90%置信区间显著、结果在95%置信区间显著、结果在99%置信区间显著。

图 3.2 模型路径图

3.4 结果讨论

3.4.1 用户在线支付使用行为偏好分析

(1) 用户在线支付使用行为偏好

在常用的支付方式调查中,最常被使用的是第三方支付(54.05%),其次是银行卡快捷支付(27.03%),而普通网银支付仅占17.72%,第三方支付占领了在线支付的绝对主导地位。究其原因,首先,电子商务环境中,买卖双方的信息不对称性加剧,而第三方支付机构的出现从本质上解决了买卖双方的不信任问题,使得在线支付变得更安全。其次,大多数用户由于操作便捷、手续简单而选择在线支付(91.59%)。此外,还有大量被调查者选择在线支付的原因是产品使用范围广,合作商家多(49.85%)以及支付功能丰富(33.63%),表明在线支付易用性及有用性是用户选择支付方式时的重要考量维度。

在最大支付金额调查中,一次使用在线支付的最大金额为1000—5000元的用户最多(38.74%),其次是5000元以上(24.32%),有15.32%的用户只使用在线支付进行500元以下的支付,部分在线支付用户具有小额支付偏好。我们将用户最常用支付方式选择及最大支付金额进行交叉分析,发现在使用第三方支付和银行卡快捷支付的用户中,用户可接受的最大支付金额集中于1000—5000元,而使用普通网银支付则集中于5000元以上。这可能是出于安全性考虑,相对于第三方支付机构,用户对于积累了长期客户资源的银行机构的信任度可能更高,从而对网银支付的可接受额度更大。此外,还需注意到,由于第三方支付和银行卡快捷支付操作更便捷简单,可能导致用户的安全性感知下降,使得可接受支付额度降低。因此,使用便捷性和感知安全性在支付业务发展中需得到良好的平衡。

在线支付业务应用方面,使用人数最多的是网上购买实物产品(93.09%),其次是话费充值(86.79%)和朋友间转账(76.28%)。此外,水电煤缴费、打车支付、酒店票务支付、餐厅商场等本地生活化消费、金融理财产品购买等在线支付服务也得到较广泛的应用。在移动支付市场,网上购物、转账汇款、生活缴费是移动支付的高频次场景[①],这与我们的调查结果基本一致。可以看出,网上购物仍是在线支付的首要应用领域,随着在线支付的渗透率不断提升,在线支付逐渐成为

---

① 移动支付网. 艾瑞发布2014年中国移动支付用户报告[EB/OL].(2015-1-23)[2015-3-15]. http://www.mpaypass.com.cn/news/201501/23091752.html.

话费充值、转账、生活缴费等生活服务的重要支付工具,据中申网对支付宝使用的监测数据显示,在支付宝成立的十余年中,生活缴费、话费充值、转账和信用卡还款四项便民支付业务发生交易共 60 亿笔,占总量的近 20%,且近年来呈现上升趋势[①]。并且,随着 O2O 服务场景日益丰富,差旅预定支付、本地生活化消费等领域也将成为在线支付业务发展的重点领域,在这一方面,移动支付由于其便捷性和即时性而更具优势。此外,在互联网金融环境下,用户更具有理财意识,丰富的 P2P、基金理财等互联网金融产品带来了更多在消费贷款、小额理财等方面的在线支付结算服务需求。

(2) 不同支付情景下用户支付行为偏好

本研究发现,消费品类的不同会影响用户支付行为偏好。当用户需要购买服饰鞋帽类产品和日用快消品时,超过 60% 的用户倾向于选择在线支付方式,而对于 3C 类产品,仅有不到 30% 的用户选择使用在线支付,而 35.74% 的用户选择货到付款的方式,结合前文分析结果,本研究认为对于 3C 类产品,在线支付企业需要关注在线支付产品所提供的信息和服务的质量,增强用户在信息质量、服务质量和感知易用性等维度的感知,从而引导货到付款用户向在线支付转化。在进行生活服务类产品或服务购买时,75.98% 的用户选择使用在线支付方式,对于生活服务类产品,用户在线支付的需求较高,在线支付企业应更重视在线支付产品在生活服务类方面功能和服务的完善。

另外,支付场景的不同也会影响用户支付行为偏好。在网购实物产品中,大量用户选择在 PC 端下单并完成支付(47.15%),其次是在移动端下单并完成支付(27.63%)。而在 O2O 服务消费中,使用最多的支付模式是在移动端下单并完成支付(47.45%),在 PC 端下单并完成支付的用户比例明显下降(25.83%)。相比于电商购物场景而言,O2O 产品的支付场景更加丰富多样化,用户在逛街、购物、通勤等各类场景中都有可能产生支付需求,因此,移动端逐渐成为用户的支付工具。在电商购物中,支付场景相对单一,用户对于商品信息需求较多,并且可能需要进行详细的对比,因此,PC 端还是用户进行电商购物支付的首选。值得注意的是,在电商网购中,有 12.01% 的用户选择采用 PC 端下单,移动端支付的方式。这一现象表明,传统的商品下单和支付一体化流程出现了分离,一方面,这可能是由于移动端支付的便捷性使得越来越多的用户逐渐习惯于使用移动端支付,如扫码支付、小额直接支付等功能;另一方面,目前很多商家推出移动端支付优惠活动,这也可能是用户转向移动支付的动力之一。

值得关注的是,在 O2O 服务消费中,有一部分用户选择在移动端下订单,并

---

① 网经社. 2014 年中国支付行业十大关键词[EB/OL].(2015-1-22) [2015-3-15]. http://b2b. toocle.com/detail-6225859.html.

到店支付(9.01%),这表明在O2O服务消费时,相比于传统的线下消费,用户在下订单时仍处于虚拟环境中,具有较高的信息不对称性,可能对消费商品的质量有所担忧,当用户到店消费时再进行支付,大大增加了用户的感知安全性。并且,在O2O情境中,用户本身的消费不确定性也有所增加,并不确定是否能按计划到店消费,因此用户可能不愿意进行预付。此外,目前O2O模式不仅指线上引导线下消费,也开始探索由传统线下消费引导线上支付,本研究调查显示,在线下商场、超市、餐厅等场所购买产品或服务时,78.08%的用户尝试使用过在线支付,但其中大多数用户停留在"偶尔使用"(42.64%),而使用频繁的用户仅占15.02%。因此,在线下消费引导线上支付方面,大部分用户仍处于初步尝试阶段,并未将其作为主要支付方式。对于没有使用过的用户调查显示,74.29%的用户认为现金支付或刷卡消费可以满足其需求,不需要使用在线支付,31.43%的用户担心在线支付的安全性不足,还有部分用户表示没有安装移动支付应用(11.43%),不知道可以使用在线支付(12.86%),这也可以看出,用户对线下消费、线上支付模式普遍认知不足,尚存在较大的推广空间。

综上所述,消费品类、支付场景等情景因素影响用户支付的选择。在进行生活服务类产品消费时,用户使用在线支付的偏好性最强;在电商购物中,PC端仍然是用户进行电商购物支付的首选,但传统的商品下单和支付一体化流程出现了分离;在O2O模式中,移动端逐渐成为用户的支付工具,并且用户会产生到店支付的需求,而在通过传统线下消费引导线上支付方面,用户的认知度仍然偏低。

3.4.2 用户支付行为偏好的影响因素分析

(1)感知有用性和感知易用性对使用态度的影响

由实证结果可知,感知有用性($r=0.344, p<0.01$)对用户在线支付使用态度具有显著正向影响,即用户对在线支付产品及服务感知有用性越强,其使用态度更积极。感知易用性($r=0.166, p<0.01$)对用户在线支付使用态度具有显著正向影响,即用户对使用在线支付产品及服务的容易程度感知越高,其使用态度越积极。

互联网金融环境下,用户对于支付的需求更加迫切和多样化,用户使用在线支付产品或服务时,首要考虑的因素即为使用该支付产品是否能满足其支付需求,是否能提高支付效率,是否能为生活提供便利等,且对于不断创新的在线支付产品和服务,用户的感知易用程度也直接影响用户使用态度的积极性,这种感知易用性是多维的,包括用户是否能够容易地找到接入支付平台的路径,是否可以轻松地完成支付账户的开通,以及是否能够轻易掌握在线支付的操作方法。在激烈的市场竞争中,不同在线支付产品的技术和服务功能趋于同质化,用户面临多样化的选择时,快速便捷的平台接入、账户开通和简易操作能够大大增强用户体验,使得用户对该产品的使用态度更积极。

此外,我们发现感知有用性和感知易用性的影响强度随着用户使用经验的变化而变化。问卷调查结果显示,94.86%的用户具有在线支付使用经验,且超过一半的被调查者(57.43%)每月使用在线支付超过5次,可见目前在线支付的普及度较高,用户对各类在线支付产品操作越来越熟悉,对不同产品感知易用性差异可能越来越小,而感知有用性对使用态度的影响作用将越来越强烈,对于没有在线支付使用经验的被调查者,本研究调查了其没有使用在线支付的原因,27.78%的被调查者认为开通账户过于麻烦,22.22%的被调查者没有安装在线支付客户端,在有支付需求时,不能及时接入在线支付平台,需关注此类用户的易用性感知。

在电子商务领域,前人的研究证实了感知有用性和感知易用性显著影响移动电商的接受和使用[1],且影响强度随着用户的使用经验增加而变化。在在线支付的细分领域,Suh等提出感知有用性和感知易用性显著正向影响网上银行的使用态度和行为[2];宋平等验证了第三方支付中感知有用性和感知易用性对于使用态度和意愿的显著影响作用[3];还有学者验证了实用性、感知易用性是影响用户采纳手机支付的重要因素[4]。综上所述,无论是对于电子商务平台的使用,或者对于某种特定的支付方式,如网银支付、第三方支付、移动支付等,感知有用性和感知易用性都会对在线支付的使用态度产生显著正向影响,并且这种影响强度随着用户支付经验的变化而变化,当用户对在线支付的使用经验增多时,感知有用性的影响作用更显著,而感知易用性的影响作用会逐渐下降。

(2) 感知娱乐性对使用态度的影响

感知娱乐性($r=0.413, p<0.01$)对用户在线支付使用态度具有显著正向影响,即用户使用在线支付产品及服务时愉悦感越强,其对在线支付的使用态度越积极。

在线支付作为一种社会功能性产品起初以满足支付需求为目的,随着其渗透性不断增加,衍生出多种附加功能和服务,如电子红包、AA收款、亲密付等,让用户在使用过程中感受到较大的趣味性和新鲜感。因此,越来越多的用户将

---

[1] 盛玲玲.移动商务用户的继续使用意愿[D].杭州:浙江大学硕士学位论文,2008:4.

[2] Suh B, Han I. Effect of trust on customer acceptance of internet banking[J]. Electronic Commerce Research and Applications, 2002, 1(3): 247-263.

[3] 宋平,夏晔,杨琦峰.基于技术接受模型的第三方在线支付模式实证研究[J].武汉理工大学学报(社会科学版),2009,22(6):45-51.

[4] Pousttchi K. Conditions for acceptance and usage of mobile payment procedures[A]// Second International Conference on Mobile Business[C]. Munich: University Library of Munich, 2003:201-210.

在线支付平台作为一种丰富生活休闲娱乐的应用,且感知娱乐性使得用户更容易进入沉浸状态,从而激发积极的使用态度,增强用户黏性。如支付宝平台推出的整点游戏抢红包活动,使得数亿用户长时间持续关注微信支付和支付宝钱包平台,这种沉浸状态大大提升了用户对于在线支付平台的好感度。

在互联网研究中,有学者证实感知娱乐性对于微信[①]、B2C电子商务平台[②]、移动互联网[③]的用户使用意愿均具有重要的影响作用。因此,无论在即时通信、移动互联网或电子商务等互联网相关场景中,还是在整个在线支付价值链,包括前期消费决策环节及后期商品支付环节,感知娱乐性均可以显著增强用户的使用偏好程度。

(3)主观规范对使用态度的影响

主观规范($r=0.095, p<0.05$)对用户在线支付使用态度具有显著正向影响,即当用户感知到周围群体使用某种在线支付产品或服务的人数越多,并且评价越积极正面,则用户对该支付产品或服务的使用态度更积极。

在线支付产品具有较强的网络外部性,使用人数越多,产品越普及,用户的感知价值越大,用户态度就更积极。并且,互联网环境为人们提供了丰富的沟通渠道,微博、论坛、网站的舆论信息日益膨胀,舆论来源也更加广泛,因此在互联网环境中,用户对在线支付的使用态度更容易受到周围环境、舆论的影响,产品口碑变得越发重要。此外,支付行为涉及资金、财产的流转,相对于其他电子商务中的行为,用户的支付决策更保守和谨慎,用户会更多听取周围群体的意见,尤其是在线支付经验丰富的亲友。在支付产品选择上,也更倾向于选择周围群体使用较多的在线支付产品,从众心理更明显。已有研究表明,在电子商务环境中,群体参照对消费者接受网购平台具有显著影响。在移动支付研究领域,Venkatesh等[④]、Lee等[⑤]指出社会影响,包括工作环境、生活环境等显著影响移动支付的接受和使用。在第三方支付领域,也有学者指出主观规范对使用态度

---

① 吴茹双.微信用户使用态度影响因素研究[D].上海:上海交通大学硕士学位论文,2013:63.
② 黎利,刘咏梅.B2C电子商务个人采纳意向影响因素综合模型研究[J].信息系统学报,2008,(1):37—47.
③ 陆均良,孙怡,王新丽.移动互联网用户继续使用意愿研究——基于自助游者的视角[J].旅游学刊,2013,28(4):104—110.
④ Venkatesh V. Determinants of perceived ease of use: integrating control, intrinsic motivation, and emotion into the technology acceptance model[J]. Information Systems Research, 2000, 11(4): 342-365.
⑤ Lee I, Choi B, Kim J, et al. Culture-technology fit: Effects of cultural characteristics on the post-adoption beliefs of mobile internet users[J]. International Journal of Electronic Commerce, 2007, 11(4): 11-51.

具有积极影响①。因此,无论是在电子商务从商品选择到支付结算的闭环中,还是在移动支付、第三方支付等在线支付细分领域,主观规范对用户的在线购买及在线支付使用偏好均具有显著正向影响。

(4) 感知风险对使用态度的影响

感知风险($r=-0.059,p<0.05$)对用户在线支付使用态度具有显著负向影响,即用户越担心使用在线支付产品及服务可能产生的风险,其在线支付的使用态度越消极。

相比于传统线下支付方式,多数在线支付场景中的交易双方缺乏面对面交流,信息不对称加剧,用户对于在线支付普遍缺乏安全感,感知风险也是多维度的。首先是财产风险,由于支付涉及资金流转,用户的操作失误及其对支付机构的不信任均会使其财务感知风险增强,随着支付终端的日益丰富,并且各类支付越来越依赖移动密码指令,这使得用户对在线支付感知风险更强烈,如对于使用移动支付的用户,可能担心因为手机遗失而导致密码被窃取、个人网银账户被盗等情况而带来附加的财产损失。其次是用户的隐私风险,一方面是用户个人账户隐私信息,如手机号、银行卡账户、密码等,另一方面,个人的消费隐私信息保护也是用户关注的问题,而这一方面信息往往被商家忽视,如消费场所、购买产品、支付金额等交易信息的泄露或转卖虽然没有直接导致用户的财产损失,但可能为用户带来隐性的麻烦,包括可能遭遇财务诈骗或者过度推销,给用户生活带来困扰。此外,技术风险也是用户感知风险的维度之一,互联网新兴技术的发展使得支付系统可能遭受到的病毒入侵、黑客拦截等风险大大增加,支付系统以及4G、5G网络环境也存在较大的不稳定性,支付领域也尚未形成完善的标准体系和规范。因此在线支付环境下,用户技术感知风险也较强烈。

在电子商务领域,有学者证实感知风险对于用户的接受和使用网上银行、手机银行等具有显著负向影响②③;针对感知风险中某一维度的影响力,有学者证实感知风险显著影响 ebay 用户支付策略的选择④。但是也有一些研究表明,感知风险对用户的产品接受和使用没有显著影响⑤。本研究结果显示,感知风险

---

① 宋平,夏晔,杨琦峰.基于技术接受模型的第三方在线支付模式实证研究[J].武汉理工大学学报(社会科学版),2009,22(6):45—50.

② Littler D, Melanthiou D. Consumer perceptions of risk and uncertainty and the implications for behaviour towards innovative retail services: The case of internet banking[J]. Journal of Retailing and Consumer Services, 2006, 13(6): 431-443.

③ Featherman M S, Pavlou P A. Predicting e-services adoption: A perceived risk facets perspective [J]. International Journal of Human-Computer Studies, 2003, 59(4): 451-474.

④ Zhang H, Li H. Factors affecting payment choices in online auctions: A study of eBay traders [J]. Decision Support Systems, 2006, 42(2): 1076-1088.

⑤ 盛玲玲.移动商务用户的继续使用意愿[D].杭州:浙江大学硕士学位论文,2008:4.

对使用偏好具有显著影响,但影响力明显弱于其他影响因素,因此,我们进一步探究了感知风险对用户使用偏好的影响力。通过对 10 余位调查者的访谈,我们总结出,在当前支付环境下,我国在线支付业务尚处于起步阶段,支付产品也不够成熟,对于创新支付产品的技术标准也没有统一,存在一些安全隐患,而对于支付领域的隐私保护机制也不够完善。在对不使用在线支付的原因调查中显示,近一半被调查者(44.44%)担心账户信息泄露,1/3 被调查者(33.33%)担心引起资金损失。并且支付市场竞争激烈,用户对于很多创新支付产品和功能认知程度并不高,因此对在线支付的使用存在较大的信息不对称性,即使是在熟悉的支付平台上,对于一些新颖的支付功能也有较多顾虑,不愿意轻易尝试。此外,在调查中我们发现,68.76% 的被调查者在使用在线支付时具有小额支付偏好,即当支付需求金额小于 100 元时,用户更愿意使用在线支付,对于支付额度不大的需求,用户的感知风险可能会有所下降。此外,负向经验对使用态度具有较大的影响,当用户有过不愉快的在线支付经历时,如账号被盗、交易欺诈、信息泄露等情况发生后,用户对在线支付的使用积极性将显著下降,如果此类情况较频繁,用户则很可能不再选择使用在线支付。我们进一步分析了被调查者的在线支付经验对使用态度的影响,结果表明,负向经验对在线支付使用态度在 0.05 水平上显著($f=1.559$, $p<0.05$),这一结果证实了当用户有过负向在线支付经历时,其对该产品的使用态度会发生明显转变,甚至不再选择使用在线支付。

(5) 文化相容性和消费者创新性对感知有用性的影响

由实证结果可知,文化相容性($r=0.506$, $p<0.01$)对用户在线支付感知有用性具有显著正向影响,即当在线支付产品与用户价值观契合度较高,且支付模式符合其生活方式时,用户的感知有用性越高,进而更易接受和使用在线支付。

随着在线支付的快速普及,各类在线支付逐渐融入生活,人们对在线支付的价值认知也随着产品和服务的不断渗透而深入。互联网环境下,用户是否接受电子商务、O2O 消费、团购等消费文化与生活方式,进而接受在此情景下的在线支付,将直接影响用户的感知价值。在线支付相关领域,Srite 等认为消费者文化价值观影响移动支付的接受和使用[1];Lu 等通过研究发现用户个人情感、文化间接影响用户的手机支付接受意向[2];Kolodinsky 等证实了相容性对于消费者采纳和使用电子银行业务具有显著正向影响[3]。因此,无论是对于金融服务

---

[1] Srite M, Thatcher J B, Galy E. Does within-culture variation matter? An empirical study of computer usage[J]. Journal of Global Information Management, 2008, 16(1): 1-25.

[2] Lu H P, Su P Y-J. Factors affecting purchase intention on mobile shopping web sites[J]. Internet Research, 2009, 19(4): 442-458.

[3] Kolodinsky J M, Hogarth J M, Hilgert M A. The adoption of electronic banking technologies by US consumers[J]. International Journal of Bank Marketing, 2004, 22(4): 238-259.

平台,或者是对于某种特定的支付方式,如移动支付、第三方支付,个体文化价值观以及由此产生的个人情感、消费观念等对于用户的价值性感知具有显著正向影响,并间接影响在线支付的接受和使用。

实证分析结果表明,消费者创新性对在线支付感知有用性并无显著影响,因此对在线支付产品的接受和使用偏好也无影响。有研究表明,消费者创新性与第三方支付、手机支付、网银支付等支付方式的采纳和使用具有显著相关性[1][2]。因而本研究与前人的研究结果有所出入。通过深入访谈,我们进一步探究了这一差异产生的原因:第一,本研究中的在线支付范围较广泛,而对于一些已经普及的在线支付产品,如网银在线支付、支付宝钱包等,用户认知程度较高,新鲜感相对较弱,对于在线支付产品也不仅是抱着尝试心态,更关注产品深层次的认知,如与自身生活方式的契合度等,且随着在线支付产品的渗透率逐渐提升,支付功能深入用户生活的方方面面,如在线理财产品的购买和管理只能通过在线支付进行,使得创新性程度不高的用户也开始了解和使用在线支付产品的基本功能。对于一些新型支付产品,如指纹支付、声波支付等,创新性程度较高的被测试者表示,十分愿意尝试使用此类产品进行小额支付。第二,在线支付涉及财务资金流转,用户在行为决策上相对保守,对于创新支付产品具有一定好奇心的同时,更关注创新支付产品可能带来的使用风险,因此可能放弃尝试使用在线支付。

(6) 信息质量和服务质量对感知有用性的影响

信息质量($r=0.304$, $p<0.01$)对用户在线支付感知有用性具有显著正向影响,即用户认为在线支付产品提供的信息质量越高,其对在线支付的感知有用性程度也越高,更易接受和使用在线支付。

在线支付产品的感知有用性不仅是用户支付需求的满足,也受到用户感知信息质量的影响,如支付宝钱包提供商家服务号模块,用户可以在该模块下查询到商家的相关信息,如快递公众号可以为用户提供实时的物流信息查询,一些店铺的服务号会向用户推送店铺优惠活动信息等,当用户在支付平台上获取到支付相关的高价值信息时,用户对该产品的感知有用性将显著提升,进而更愿意使用该产品。已有研究成果证实了在信息系统中信息质量对用户感知有用性的显著影响作用[3],在移动互联网领域,也有学者发现信息质量对用户感知有用性有

---

[1] Yang K C C. Exploring factors affecting the adoption of mobile commerce in Singapore[J]. Telematics and Informatics, 2005, 22(3): 257-277.

[2] 桂媚君. 个人网上银行使用意愿影响因素的实证研究[D]. 杭州:浙江大学硕士学位论文, 2007: 15—18.

[3] 厉钟灵. 微博用户转发意愿研究[D]. 杭州:浙江大学硕士学位论文, 2012:13—15.

直接影响①,而本研究进一步证实了在线支付信息质量对感知有用性的显著影响。综上所述,大到整个互联网信息系统环境,小到支付领域的具体应用,用户都具有较高的信息质量需求。

实证分析结果表明,服务质量对在线支付感知有用性并无显著影响,因而对在线支付产品的接受和使用偏好无影响。在前人的研究中,有学者提出服务质量是影响用户对于网站接受和使用意向的重要因素②。结合深入访谈和调查,我们进一步探究了这一差异产生的原因。我们发现用户对在线支付的使用偏好具有时间偏好特征,超过一半的被调查者(67.27%)认为,在时间紧迫又需要为购买产品或服务进行支付时,会更倾向于使用在线支付,由此可以看出,用户在一些特定情况下,如临时需要采购商品、临期还款、话费充值、生活缴费时,使用在线支付是为了满足其迫切的支付需求,在时间有限的情况下,用户对在线支付产品价值的关注点更多的是在线支付是否能快速便捷地完成支付任务,以及获取信息是否可靠并且有助于其进行快速决策,而没有更多地关注感知服务方面更细节的内容。值得关注的是,对于一些使用在线支付功能较多的深层次用户,被调查者表示,其对在线支付的服务功能是十分关注的,如在线支付是否能够帮助查询管理消费记录等附加服务,尤其是支付完成后,在线支付是否能提供持续完善的服务,如遇到支付纠纷时,是否可以获得支付平台及时的响应和帮助等。并且有研究表明,服务质量对支付产品满意度及持续使用意愿具有显著影响③,虽然服务质量并不直接影响用户的接受,但其显著影响用户黏性,商家对于服务质量应当给予足够的重视。

(7) 消费品类、支付场景等支付情景在使用态度及其影响因素上的差异性

由分析结果可知,在消费品类中,除日用快消品外,在3C类电子产品、服饰鞋帽类产品以及生活服务类产品消费时,不同行为偏好的用户在部分感知因素上具有显著差异;在网购实物产品和O2O生活服务消费等支付场景中,不同行为偏好的用户在部分感知因素上也具有显著差异。因此,不同的消费品类以及不同的支付场景下,用户对于在线支付各维度的感知影响用户对于支付模式的选择。在前人研究中,有学者证实消费情景影响O2O服务使用意向④;也有学

---

① Zhou T. Examining the critical success factors of mobile website adoption[J]. Online Information Review, 2011,35(4): 636-652.
② Chen J V, Rungruengsamrit D, Rajkumar T M, et al. Success of electronic commerce websites: A comparative study in two countries[J]. Information & Management, 2013, 50(6):344-355.
③ 崔宗麟. 网上第三方支付的服务质量评估研究[D]. 北京:对外经济贸易大学硕士学位论文, 2007:35—42.
④ 王天夫. 消费者网络团购消费偏好对O2O意向影响研究[D]. 沈阳:东北大学硕士学位论文, 2012:13—15.

者提出支付情景通过感知有用性和感知易用性间接影响用户对移动服务接受的决策行为[①];移动支付研究中也发现支付方式或时间紧迫情况等环境因素显著影响用户的移动支付行为[②]。综上所述,无论是对于电子商务平台,还是电商平台中提供的O2O服务、移动服务、支付业务等各类服务而言,情景因素使得用户在一些维度的感知上产生显著差异,进而影响用户的行为偏好。

从消费品类的影响因素差异性来看,在信息质量、服务质量和感知易用性三个维度上,无论是3C类电子产品、服饰鞋帽类产品,还是生活服务类产品,均显示出较强的差异性,因此我们认为对于大多数电子商务交易而言,用户在进行支付方式选择时,信息质量、服务质量和感知易用性等是他们考量的主要因素。对于3C类产品和生活服务类产品而言,使用态度的差异性也十分显著,表明用户对此类产品的支付方式选择受到对在线支付的偏好程度的影响,这可能是由于用户在购买3C类产品时相对较谨慎,而生活服务类产品对于用户来说可能是一个不太熟悉的新领域,只有当用户对在线支付偏好程度较高时,才会在购买3C类产品和进行生活服务消费时选择在线支付方式。对于服饰鞋帽类和生活服务类产品,文化相容性、主观规范和感知有用性的差异更显著,服饰鞋帽类消费者中女性偏多,而相比于男性群体,女性更易受到周围群体环境的影响,因此主观规范对其行为选择会产生较大影响。并且服饰鞋帽和生活服务类产品更贴近生活,是用户支付频率较高的产品,尤其生活服务类支付,如话费充值、团购支付、生活缴费等,用户在这些方面的消费模式通常是其生活方式的体现,文化相容性会对用户行为选择产生显著影响。此外,相比于3C类产品,用户在购买服饰鞋帽和生活服务类产品时,对于支付产品的支付效率、支付便捷性等方面需求更明显,希望通过合适的支付手段让生活更加便利,而在购买3C类产品时,关注点可能更多地在产品质量、支付安全性等方面。

在这一结论基础上,本研究分别对3C产品、服饰鞋帽类和生活服务类产品的支付偏好中差异性显著的变量均值进行比较,结果如表3.18所示。日用快消品在各维度上均未显示出差异性,因此不再做进一步比较。

---

① Mallat N, Rossi M, Tuunainen V K, et al. The impact of use context on mobile services acceptance: The case of mobile ticketing[J]. Information & Management, 2009, 46(3):190-195.

② Mallat N. Exploring consumer adoption of mobile payments-a qualitative study[J]. The Journal of Strategic Information Systems, 2007, 16(4): 413-427.

表 3.18　3C 类产品影响因素均值比较

支付方式	信息质量	服务质量	感知易用性	使用态度
在线支付	0.451	0.494	0.275	0.296
货到付款	−0.049	−0.066	−0.072	−0.029
线下购买	−0.120	−0.189	0.137	0.001
不一定	−0.281	−0.296	−0.104	−0.110

由表可知,购买 3C 类产品时,选择在线支付方式的用户各维度感知明显高于选择货到付款和线下购买的用户,尤其是在信息质量和服务质量方面,这可能是因为在 3C 类产品选择和购买中,用户需要了解更多信息,并且对产品参数、价格比对等需求较高。同时,由于是科技产品,在选择和支付过程中可能会需要客服提供及时的咨询和帮助。当用户认为在线支付产品提供的信息全面、真实、可靠,并且在遇到问题可以获得及时的咨询帮助时,用户则更倾向于选择在线支付。对比在线支付和货到付款用户,他们都愿意选择电子商务平台进行选购,其支付偏好的差异性可能主要是在感知易用性上。针对此类用户,需要增强其对在线支付的感知易用性。

表 3.19　服饰鞋帽类产品影响因素均值比较

支付方式	文化相容性	主观规范	信息质量	服务质量	感知易用性	感知有用性
在线支付	0.177	0.155	0.190	0.183	0.175	0.148
货到付款	−0.262	−0.392	−0.437	−0.363	−0.317	−0.358
线下购买	0.048	0.099	0.038	−0.139	−0.038	0.062
不一定	−0.182	−0.134	−0.256	−0.144	0.086	0.021

由表 3.19 可知,在购买服饰鞋帽类产品时,影响因素的差异性主要体现在在线支付和货到付款中,在线支付的各项均值得分显著高于货到付款,差异性最显著的是信息质量,这表明用户在购买服饰鞋帽产品时更担心商品信息的可靠性,而货到付款这种延迟付款方式,可以在一定程度上降低用户的心理账户成本。

表 3.20　生活服务类产品影响因素均值比较

支付方式	文化相容性	主观规范	信息质量	服务质量	感知易用	感知有用	感知娱乐性	使用态度
在线支付	0.171	0.139	0.137	0.133	0.208	0.166	0.236	0.229
线下购买	−0.418	−0.239	−0.755	−0.631	−0.362	−0.512	−0.422	−0.544
不一定	−0.187	−0.206	−0.007	−0.124	−0.335	−0.147	−0.548	−0.445

由表 3.20 可知,在生活服务类产品支付的调查中,信息质量和服务质量是在线支付和线下购买差异性最显著的影响因素,用户感知信息质量和服务质量越高,则更倾向于选择在线支付方式。当用户产生生活缴费、话费充值、差旅票务、酒店预订等生活服务支付需求时,他们对在线支付产品提供的信息内容是否全面、真实,是否容易获取支付产品的相关信息,在线支付提供的服务是否完善等方面更关注。

从支付场景的影响因素差异性来看,无论是在电子商务网站购买实物产品,还是 O2O 服务类产品消费,信息质量、感知娱乐性和使用态度三个变量均显示出较强的差异性,因此可以判断,用户在选择支付模式时,在线支付的信息质量、感知娱乐性和使用态度是影响他们行为决策的重要因素。同时,在 O2O 服务类产品消费情景中,感知有用性差异十分显著,而在电商购物中,并未表现出显著差异性,这表明用户在进行餐饮团购、酒店预订等 O2O 服务消费时,由于支付场景的多样化,用户更多的是出于支付便利性考虑,且 O2O 模式可以在时间成本、金钱成本上,使其获得更多的利益。

在这一结论基础上,本研究分别对电商购物和 O2O 服务消费情景中差异性显著的变量均值进行比较,结果如表 3.21 所示。

表 3.21 网购实物商品支付均值比较

支付模式	文化相容性	主观规范	信息质量	服务质量	感知易用性	感知风险	感知娱乐性	使用态度
PC 端下单并支付	−0.065	−0.080	−0.094	−0.134	−0.068	0.026	−0.115	−0.064
移动端下单,PC 端支付	−0.267	−0.129	−0.215	0.082	−0.225	−0.263	−0.574	−0.474
PC 端下单,移动端支付	0.431	0.509	0.522	0.585	0.463	−0.230	0.294	0.435
移动端下单并支付	0.240	0.163	0.217	0.184	0.224	0.018	0.363	0.230
PC 端下单,货到付款	−0.079	−0.110	−0.221	−0.245	−0.011	0.448	−0.106	−0.122
移动端下单,货到付款	−0.105	−0.044	−0.290	−0.513	0.044	0.751	0.510	0.249

由表 3.21 可知,在电商购物情景中,选择 PC 端下单、移动端支付的用户对于在线支付感知风险明显低于 PC 端下单并支付用户,以及 PC 端下单、货到付款用户,而其他各影响因素的感知明显高于其他支付模式。这表明当用户在选择移动端支付时,更容易受到各变量的影响,当用户认为使用移动支付符合其消费文化和生活方式,使用更便利,可以提供全面、真实可靠的信息及多样化服务,且具有较强趣味性时,使用偏好更强烈。此外,移动支付用户也更容易受到群体社会环境的影响。

3 互联网金融环境下用户支付行为偏好及影响因素研究

表 3.22 O2O 生活服务支付均值比较

支付模式	信息质量	感知有用性	感知娱乐性	使用态度
PC 端下单并支付	−0.040	−0.001	0.000	0.018
移动端下单,PC 端支付	−0.357	−0.520	−0.428	−0.519
PC 端下单,移动端支付	−0.025	−0.115	−0.174	−0.088
移动端下单并支付	0.237	0.200	0.164	0.180
PC 端下单,货到付款	−0.308	−0.115	−0.273	−0.325
移动端下单,货到付款	−0.125	0.111	0.350	0.293

由表 3.22 可知,在 O2O 服务消费情景中,选择移动端下单并支付的用户对于各显著变量的均值得分明显高于 PC 端下单、移动端支付。这表明在 O2O 服务消费,当用户使用移动端支付时,对获取信息质量、支付娱乐性以及感知有用性等因素具有更高的要求,这种影响不仅是在支付环节,对于支付之前的产品选择环节也同样影响显著。

(8) 用户特性在使用态度及其影响因素上的差异性

由分析结果可知,除职业外,性别、年龄、受教育程度、收入和城市等用户特性的差异性使得用户在部分在线支付的感知维度上具有显著差异,进而影响用户支付行为偏好。在电子银行、移动商务等领域,也有学者对个体差异进行研究,得到类似的结论,认为性别、年龄、教育程度、收入水平对用户行为选择具有显著影响[1][2][3]。

职业在各影响因素维度上均没有通过检验,因此,本研究认为学生群体和上班族对在线支付的各变量影响差异不显著。也有研究表明,职业对网上银行用户使用行为具有显著影响,认为高收入职业群体更倾向于使用网上银行。本研究中,并未对职业类型进行深入细分,仅验证了学生群体和上班族之间的差异性。对于刚刚步入社会的年轻上班族而言,在个体属性上都和学生群体有一定相似性,因此对在线支付各维度的影响并不显著。

本研究分别对性别、年龄、受教育程度、收入和城市等用户特性在差异性显

---

[1] Yang K C C. Exploring factors affecting the adoption of mobile commerce in singapore[J]. Telematics and Informatics, 2005, 22(3): 257−277.

[2] Venkatesh V. Determinants of perceived ease of use: Integrating control, intrinsic motivation, and emotion into the technology acceptance model[J]. Information Systems Research, 2000, 11(4): 342−365.

[3] Karjaluoto H, Mattila M, Pento T. Factors underlying attitude formation towards online banking in Finland[J]. International Journal of Bank Marketing, 2002, 20(6): 261−272.

著的感知维度的均值进行比较,结果如下所示。

表 3.23 性别在显著影响因素中的均值比较

性别	服务质量	感知娱乐性
男	0.185	0.195
女	−0.087	−0.052

由表 3.23 可知,男性均值得分均高于女性,这表明男性使用在线支付产品的深度高于女性,如通过在线支付产品进行理财管理、使用企业服务窗等功能,因此更关注支付产品是否能够提供品类丰富的服务功能,满足其多样化的支付需求。并且男性对于在线支付的娱乐功能更关注,当感知到在线支付能够为其生活增添乐趣时,男性用户则更倾向于使用在线支付。

表 3.24 年龄在显著影响因素中的均值比较

年龄	主观规范	感知易用性	使用态度	使用意愿
18 岁以下	−0.861	−0.596	0.249	0.167
19—25 岁	0.127	0.112	0.159	0.129
26—35 岁	0.214	0.250	0.175	0.221
36—45 岁	−0.404	−0.344	−0.433	−0.407
46 岁以上	−0.234	−0.180	−0.157	−0.124

由表 3.24 可知,35 岁以下的群体在主观规范上的均值显著高于 35 岁以上群体,35 至 45 岁之间群体均值得分最高,而 45 岁以上群体均值得分又有所下降,说明青年群体在使用在线支付时更容易受到主观规范的影响。这可能是由于年轻用户的价值观、消费观正处于形成阶段,在行为决策上更容易受到社会压力和群体环境的影响。相对而言,中年人群已形成自身稳定的价值观念,对事物有自己的独特见解,且不会因为外部环境而轻易改变,随着年龄增长,中老年群体对于互联网技术和新型在线支付方式可能缺乏必要的认知和了解,因此当其想要尝试在线支付时,更愿意听取亲友的建议,也更容易受到社会环境的影响。在感知易用性上,35 岁以下群体均值得分显著高于 35 岁以上群体。在电子商务领域,也有学者证实了年龄在感知易用性维度的显著差异性[1]。这可能是由于青年群体对互联网技术的了解更多,且接受新事物较快,认为在线支付产品更容易使用,对在线支付的使用态度也更积极。对于中老年群体,易用性感知偏低可能是其选择使用在线支付的一个阻碍因素。

---

[1] 吴茹双. 微信用户使用态度影响因素研究[D].上海:上海交通大学硕士学位论文,2013:65 - 69.

表 3.25　学历在显著影响因素中的均值比较

学　历	文化相容性	主观规范	感知易用性	感知有用性	使用态度	使用意愿
高中及以下	−0.120	−0.429	−0.443	−0.474	−0.465	−0.321
大　专	−0.350	−0.409	−0.242	−0.222	−0.296	−0.226
本　科	0.142	0.104	0.125	0.096	0.183	0.151
硕士及以上	0.121	0.150	0.146	0.141	0.091	0.113

由表 3.25 可知,在主观规范方面,受教育程度越高,均值得分越高,表明受教育程度较高人群更容易受到主观规范的影响。这可能是因为受教育程度较高群体在使用在线支付时,除支付需求之外,具有认同感、归属感等较高层次的情感需求,这一点也体现在高学历群体在文化相容性维度均值得分也较高,因此高学历群体在社交互动性上有更多需求,也更关注在线支付产品的消费文化和品牌文化,当周围群体都使用某种在线支付并且认同在线支付的消费文化时,会产生较积极的使用倾向。

表 3.26　收入水平在显著影响因素中的均值比较

收入(元)	感知娱乐性
1000 以下	−0.002
1000—2000	−0.221
2000—5000	0.252
5000—10000	0.097
10000 以上	0.105

由表 3.26 可知,月收入越高,用户感知娱乐性均值得分越高,这表明收入较高群体对在线支付的感知娱乐性更关注。根据马斯洛需求理论,收入较低群体可能更注重通过在线支付满足其日常支付业务需求,以及增加其生活便利性等基础层次的需求。而高收入群体在基础需求得到满足的同时,更注重产品所带来的精神满足,如愉悦体验、文化契合等更高层次需求。

表 3.27　城市在显著影响因素中的均值比较

城　市	文化相容性	主观规范	感知易用性
北　京	0.348	0.381	0.271
上　海	0.275	0.195	0.503
广　州	0.263	0.552	0.727

（续表）

城 市	文化相容性	主观规范	感知易用性
二线城市	−0.005	−0.022	−0.018
三线城市	0.210	0.095	0.203
四线城市	−0.597	−0.746	−0.179

由表 3.27 可知，以北京、上海、广州为代表的一线城市的用户主观规范均值得分显著高于二、三、四线城市，其中广州用户的主观规范均值得分最高，其次是北京。这可能是由于一线城市用户对微博、微信、论坛等网络社交途径较依赖，信息获取渠道更丰富，接收到的舆论信息也更多。一线城市的在线支付渗透率较高，越来越多的日常支付需求都通过在线支付完成，这点也可以通过文化相容性差异体现，一线城市用户对文化相容性感知的均值得分显著高于其他城市，表明在线支付越来越深入人们的生活，逐渐成为一种生活消费方式，而使用朋友间转账等服务功能需要双方选择同种支付应用，选择在线支付时，一线城市用户更多地受到群体环境的影响。在感知易用性方面，上海和广州地区的用户均值得分显著高于其他地区，城市文化在一定程度上能解释这一现象，上海以其快节奏的生活闻名，城市始终走在科技发展的前沿，用户对在线支付的便捷性需求更显著，并且用户更容易掌握各类创新支付方式的使用。同样作为一线城市的北京则处处体现着"慢生活"，并以历史悠久、文化底蕴深厚闻名，因此用户可能并不过分追求在线支付的快捷性。

3.5 结论与启示

(1) 感知有用性、感知易用性对在线支付用户使用态度具有显著正相关关系，且用户的使用经验对该影响关系有调节作用

通过问卷调查和数据分析，本研究发现感知有用性、感知易用性对在线支付用户使用态度具有显著正相关关系。在互联网金融环境下，用户对于支付的需求更加多样化和复杂化，据易观智库预测数据，2015 年我国在线支付注册账户规模达到 13.78 亿，交易规模将达到 139200 亿元[①]，在线支付存在着巨大的需求市场。这要求在线支付服务提供商充分了解用户的支付需求，并根据用户的差异化需求，提供相应的有价值的个性化支付服务。同时，根据 CNNIC 发布的

---

① 腾讯网.电商大战再"升级"，金融支付成争夺焦点[EB/OL].(2015 − 01 − 20)[2015 − 04 − 15]. http://sh.qq.com/a/20130120/000239_1.htm.

《中国网络支付安全报告》,当用户选择支付平台时,57.7%的用户认为"支付过程便捷"是其最关注的因素之一。在激烈的市场竞争环境中,不同在线支付产品的技术和服务功能趋于同质化,在线支付产品提供商也要关注用户在易用性维度的感知,以提升用户体验,使得用户对该产品的使用态度更积极。

首先,对于在线支付服务提供商而言,最重要的是了解用户的需求,一方面可以借助网络平台,如淘宝网、微信平台等进行问卷调研,了解用户的意向及需求;另一方面可以通过用户在使用过程中的日志进行大数据挖掘,发现用户的潜在需求。除此之外,在数据挖掘中可以根据注册信息进行用户细分,从而针对不同用户的支付需求,为其提供更加个性化的、有针对性的支付业务服务,如在界面设计中,根据不同用户使用支付服务频率的统计分析,将用户最常用的支付服务放在前端。

其次,经验丰富的在线支付深度用户,更注重在有用性维度的感知,因此在产品设计中,需要考虑丰富在线支付的服务领域和支付手段,以满足此类用户的需求,从而增强深度用户的用户黏性,维持较高的品牌忠诚度。一方面,可以扩展在线支付在政府、金融、电商、企业通信等更多领域的深度应用,如财付通拟推出 O2O 境外移动支付,以扩展在跨境电商领域的业务范围。目前,我国以支付宝为代表的第三方在线支付产品在功能上较丰富,但缺乏行业针对性,应用深度有待提升,在线支付应逐步向"支付+"所代表的综合金融方向发展,将支付深入零售、物流、基金保险、供应链融资等各行业领域,增强产业间的跨界合作,如在金融领域,阿里巴巴和天弘基金合作推出"余额宝",百度与华夏、嘉实基金合作推出"百发""百赚"等,即互联网与金融业的跨界合作,通过互联网模式融合金融支付功能;汇付天下与航空公司合作,面向下游代理商推出"信用支付",而后逐渐拓展到服务中小企业商户。另一方面,在技术终端层面可以扩展在线支付的支付技术和手段,联合 PC 端、移动端、银行卡、线下点卡等支付终端打造"全平台"支付,进一步探索电视支付、邮件支付、近场支付,以及以生物识别技术为基础的声波、指纹、人脸、虹膜等"免密支付"方式。例如,PayPal 支持邮件支付,当注册为会员后,即立即可以向有电子邮件地址的用户付款;"招行手机钱包"通过在手机中内置芯片,实现银行卡和手机卡"二合一",在支付时,通过刷手机即可免去刷卡、密码输入、签字等环节,大大提升了用户体验[①]。

此外,对于在线支付经验性较少的群体,更加关注在线支付易用性维度的感知。在产品设计中,需要注重从产品架构功能设计、流程设计、交互设计、视觉设计等多维度提升对此类用户的感知易用性。例如,针对在线支付新用户,可以和

---

① 嘉兴在线. 新型支付方式崛起[EB/OL].(2013-12-3)[2015-03-15]. http://www.cnjxol.com/xwzx/jxxw/szxw/content/2013-12/03/content_2952748.htm.

商家合作推广在线支付产品,提供容易获取的客户端下载入口,或和运营商合作提供免流量下载服务;在支付账户开户流程设计方面需尽量简化,省略不必要的注册信息获取步骤,在之后的功能使用过程中可以进一步完善用户信息。并且在支付应用的主要位置,提供较基础、新用户使用频率最高的支付产品入口,增强新用户对产品的易用性感知。

(2) 感知娱乐性对用户在线支付使用态度具有显著正相关性

本研究发现,随着在线支付渗透率不断增加,除了支付需求之外,用户对在线支付产品逐渐产生娱乐性的潜在需求。如前文所述,通过支付环节的感知娱乐性增强,可以提升用户在整体电商购物环境中的感知娱乐性,进而引导用户进入沉浸状态,提升用户在线支付使用偏好性。因此,在线支付服务提供商应采用多种途径增强用户在使用在线支付过程中的愉悦感。

首先,在线支付服务提供商可增强在线支付产品的功能娱乐性。例如,支付宝钱包相继推出 AA 收款、亲密付、当面付等具有一定娱乐性的支付功能,激发了用户的使用好奇心和新鲜感,使得支付宝平台备受用户的青睐。2015 年年初,微信平台推出"摇一摇"微信红包,仅在除夕当天,微信红包收发总量达 10.1 亿次[①],支付宝平台推出整点游戏抢红包活动,也大大增强了用户对于支付平台娱乐性的认知,使得用户对支付产品的关注度和活跃度的幅度提升。

其次,互动娱乐性也是增强用户愉悦感的途径之一。在线支付平台增强"分享""评论"等社交性功能,使得用户可以及时与他人互动,通过购买产品获得他人的认可和愉悦感。可以借鉴一些社交类应用的做法,如在支付宝钱包和微信支付的新年红包功能中,查看"我收到的红包金额"和"我发出的红包金额"在朋友圈中的排名,进一步引导用户分享个人在支付平台的信息,与他人展开互动,并在这一过程中拥有良好的支付娱乐体验。通过增强用户的娱乐体验,凝聚更多的用户群体,加深用户对于在线支付产品的好感和喜爱程度。

(3) 主观规范对用户在线支付使用态度具有显著正相关性

研究发现,当用户感知到周围群体使用某种在线支付产品或服务的人数越多,并且评价越积极正面,则用户对该支付产品或服务的使用态度越积极。因此,在线支付服务供应商应多渠道、全方位地增强在线支付产品主观规范效用,提升产品知名度及公众认知,从而增强用户对在线支付的偏好度。

首先,在线支付服务供应商应通过线上线下多种途径对在线支付产品品牌、服务、功能进行宣传推广,包括电子商务网站、线下活动推广、网络视频、媒体营销等方式,从而树立起良好的品牌形象,增强产品的社会公众影响力。

---

① 东方网. 须警惕"抢红包"背后的支付风险[EB/OL].(2015-04-21)[2015-04-25]. http://finance.eastday.com/m/20150421/u1ai8677720.html.

其次,应重视口碑营销对于主观规范的效用。在线支付服务供应商应充分运用社会化媒体,如微信、微博、论坛等渠道进行深度口碑营销,引导用户在个人朋友圈、微博空间中对在线支付产品或服务进行转发、推荐、评论等,在用户间形成价值传递,提升用户及潜在用户对在线支付产品的认知,强化用户的认同感,同时形成在线支付规模效用,从而增强主观规范对用户的影响力。

(4) 感知风险对用户在线支付使用态度具有显著负相关性

本研究发现,当用户对使用在线支付产品及服务可能产生的风险担心程度越高,对在线支付的使用态度越消极。并且,感知风险是多维度的,在线支付服务提供商应考虑从多维度降低用户感知风险,努力营造出我国安全、可靠、有序、稳定的在线支付环境。

在财务风险方面,用户在选择是否在线支付时,最担心的还是财产损失问题,因此,针对用户基础较弱的产品,或当在线支付产品推出创新功能或服务时,需要增强产品试用性,如针对互联网金融理财产品,可以赠送新注册用户甚至未注册的潜在用户虚拟投资本金,让用户获得实际收益,以此引导用户的进入。再如,Toshiba America 公司推出"信用支付"概念服务,用户可在购买 14 天内完成付款。类似的,京东、阿里巴巴等第三方支付服务提供商相继推出"白条""花呗"等信用支付产品,这些做法可以降低用户使用的"心理成本",降低用户在财务风险方面的忧虑。同时,在线支付服务提供商应重视产品或服务安全性承诺,如支付宝品牌对用户承诺,当其使用产品遭遇资金损失时,将获得全额赔付,这一举措有效地降低了用户感知的财务风险。

在隐私风险方面,尤其对于近年来发展迅猛的第三方支付,相较于传统银行支付服务,其安全性和隐私保护性一直受到人们的质疑,在线支付服务提供商应严格保护用户的个人信息和交易信息。一方面是个人显性隐私信息,如姓名、手机号、资金、银行关联账号等;另一方面更容易被忽视的是基于用户支付行为而产生的隐性隐私信息,如消费场所、购买产品、支付金额等交易信息,以及基于大数据分析和挖掘而产生的消费习惯、消费能力等,这些隐性隐私信息的泄露会大大增加用户的生活困扰,也给用户带来人身、财产的安全隐患。亚马逊推出"Login and Pay with Amazon"自主在线支付解决方案,消费者支付时不需要输入任何付款信息即可进行付款,同时此类信息也不会再被其他网站利用[①],这一服务大大降低了用户隐私感知风险。

在技术风险方面,对于政府监管部门而言,应尽快制定和完善如第三方支付、快捷支付、信用支付、移动支付等在线支付领域规范、统一的技术标准体系和

---

① 亚马逊金融梦:推出自主在线支付解决方案[EB/OL].(2013 - 10 - 9)[2015 - 04 - 15]. http://news.itxinwen.com/2013/1009/535653.shtml.

安全标准体系。对于在线支付服务提供商而言,应基于物联网、云计算等新兴技术构建产品服务系统安全性技术保障体系,实时上传更新用户数据,保障系统信息安全性,并增强系统稳定性。此外,随着支付终端日渐丰富,需要重视终端安全性的维护,如针对移动支付,在线支付提供商可与移动终端合作,提供终端找回、远程终端数据销毁等功能,从而降低用户的风险感知。对于网络运营商而言,应加强 3G/4G 网络的建设,增强移动网络稳定性和无线覆盖,为用户使用在线支付提供稳定的支付基础环境。

(5) 文化相容性对用户在线支付感知有用性具有显著正相关性;消费者创新性对在线支付感知有用性并无显著影响

本研究发现,随着在线支付的用户群体不断扩大,产品应用不断深化,在线支付的意义已不仅是作为一种支付技术手段,而且被赋予了更多文化内涵和情感意义,甚至成为一种时尚的生活方式。用户在评估在线支付产品价值时,也会更多地考量其文化、情感契合度,进而影响用户的行为偏好。

首先,"情绪价值"是提高消费者支付体验,增强用户价值感知的重要方面[1]。在线支付服务提供商应从情感价值出发,注重支付产品的情感价值传递,从消费文化中深入引导,向用户传达在线支付的品牌文化和情感价值。例如,支付宝、微信相继推出"十年账单""我的红包年"超级对账单功能等,这种情感体验使得产品的价值远远超过了其表面的支付价值,而引导用户将在线支付逐渐转变为一种社交沟通方式,并与客户建立起情感联系,使用户在支付中获得归属感。

其次,互联网技术发展在推动经济模式变革的同时,也改变着人们的工作方式、生活方式和交流方式。在线支付倡导的是一种时尚、流畅、愉悦的消费文化,在线支付服务提供商应将购物、支付与人们的生活方式紧密融合,甚至引领出新颖时尚的生活方式。在电子商务领域,阿里巴巴接连推出"双十一""双十二"等网络造节营销活动,而今已经形成了一种青年群体中的网络文化,交易额连年创下新高。近年来兴起的二维码,也创造着一种线上到线下的生活方式,二维码已深入各类商家、网络媒体和广告中,用"扫一扫"来获取相关信息并跳转入支付业务,如微信 2014 年 4 月在杭州开放"上品折扣微信体验店",这种"未来商店"可以让用户在线下试用、体验商品,同时可以在线查看别人对商品的评论、意见,进行线上支付。由此产生"虚拟货架"的购物方式,让用户在公交站牌、地铁广告、公司食堂等场景通过扫码购买相应商品。在整个流程中,用户还可以通过公众服务账号及时查询,获取下单、支付、提货、物流、售后等环节的信息,这让支付成

---

[1] Jarvenpaa S L, Todd P A. Consumer reactions to electronic shopping on the world wide web[J]. International Journal of Electronic Commerce, 1996, 1(2): 59-88.

为一种更加轻松、随意、时尚的生活新方式。

此外,在线支付服务提供商应挖掘产品或服务更深层次的内涵并传递给用户。例如,随着移动支付场景和功能的不断丰富,在移动支付中,对于"宝宝类"理财产品的使用和推广,可以引导用户从"余额生息"的浅层功能作用认知逐步导向通过使用此类产品进行便利的个人财务管理的深层生活观念的转变。

(6) 信息质量对用户在线支付感知有用性具有显著正向影响。服务质量对在线支付感知有用性无显著影响,但对在线支付的深度用户而言,服务质量显著增强用户黏性

本研究发现,当用户认为在线支付产品提供的信息质量越高时,对在线支付的感知有用性程度越高,从而影响用户对在线支付的接受和使用偏好。

首先,需要对客户需求进行深入挖掘,准确定位支付细分市场,根据不同的信息需求为用户提供有针对性的个性化产品和服务信息,paypal 对注册会员进行等级分类,并提供差异化的信息和服务。根据用户对在线支付需求深度的不同,可提供通用类支付、个人定制化支付等产品类别,同时进一步分化提供各行业分类垂直信息,细分政府、金融、教育培训等行业的垂直化产品,例如,互联网金融已经成为当前第三方支付的重要发展领域[1]。因此,可以建立金融支付领域垂直平台,提供在线理财、P2P 资金监管、供应链金融服务等业务,帮助用户更有针对性地选择有效信息。

其次,在线支付用户的信息质量感知不仅是在支付过程中的,还包括在前期消费决策以及支付完成后信息质量的感知,如苹果公司推出 iBeacon 功能,通过低功耗蓝牙(BLE)技术完成近距离定位以及信息推送,使得用户在不同场景中可以及时接收到相关的有价值信息,这种信息提供并非直接提升支付环节的信息质量,却使得用户在接收信息后对于商品或服务产生支付需求,从而更有可能采用移动支付。在线支付服务提供商应注重在整个支付价值链中包括支付上下游环节的信息质量,构建消费决策、支付结算、数据分析、财富管理等功能为一体的闭环综合金融支付生态圈,提升用户整体信息感知[2]。

再次,随着支付产品和服务的丰富和复杂化,微博、论坛、网站的社会化舆论信息日益膨胀,用户所接受的信息范围更广,同时也受到信息膨胀带来的困扰,信息质量有所下降。在繁多复杂的信息中,用户很容易产生"选择困难",甚至放弃选择。在线支付服务供应商应适当为在线支付产品服务做"减法",相较于电子银行在"理财超市""基金超市"中为用户罗列出的品类丰富的理财产品,阿里

---

[1] 贸易金融网. 第三方支付全力进军金融支付[EB/OL].(2014-08-2) [2015-04-15]. http://www.sinotf.com/GB/News/1002/2013-08-02/1NMDAwMDE1NTE1NQ.html.

[2] 网经社. 从支付到"支付+"向综合金融转型[EB/OL].(2015-03-31) [2015-04-15]. http://b2b.toocle.com/detail-6240748.html.

巴巴推出"余额宝"仅挂靠天弘货币基金而形成的"单一化"产品占据了极大的市场份额,究其原因,正是这种"极简"的信息增强了金融产品的大众性,并将用户体验发挥到极致。在市场细分方面,其定位于"短期的小额支付资金管理",对于此类需求,用户可以忽略不同产品收益率间的微小差值,让用户的没有选择在此时变成了最好的选择。

此外,本研究发现,服务质量对在线支付感知有用性并无显著影响,同时我们也发现,对于在线支付的深度用户而言,服务质量仍是一项重要的感知维度,并且可以显著地增强用户黏性。因此,在线支付服务提供商仍应当重视提升产品的服务质量。一方面,需要注重与用户的交互服务质量,保障在线客服的快速响应,加强用户关怀,及时帮助用户解决支付问题,以增强用户黏性;另一方面,注重在线支付服务创新,如第三方支付平台进行实名认证使用、银行卡绑定,可以提供网络上的身份识别认证功能。同时,可以为深度用户提供增值服务,如在线支付服务供应商掌握了大量用户交易信息和使用行为数据,可以为用户提供财务管理、个人数据分析、财富计划等金融服务和精准的营销服务。

(7) 消费品类对支付影响因素有显著差异

本研究发现,当支付产品类型不同时,影响用户支付偏好的变量会具有较大差异性。因此,在线支付服务提供商应进行准确的市场定位,与适合使用在线支付的产品或服务进行深度合作,同时针对不同的产品类型,可提供具有差异化的支付服务,并制定差异化的营销策略。

首先,对于3C类电子产品、服饰鞋帽类产品以及生活服务类产品的购买,用户在支付选择时,对在线支付信息质量、服务质量和感知易用性均有较高的敏感性。因此,在线支付服务提供商应重视在线支付产品在这些维度的完善。

其次,可以进行产品市场的细分,进而采取差异化的营销发展策略。在购买服饰鞋帽和生活快消品时,均有超过60%的用户选择在线支付,对于此类商品,在线支付服务提供商应和上下游商家深度合作,形成完善的在线支付服务闭环。针对3C类型产品,选择在线支付的用户对各维度的感知显著高于采用货到付款和线下购买的用户。只有当用户对在线支付偏好程度较高,成为在线支付的深度用户时,才会在购买3C类产品时选择在线支付,而有近40%的用户选择线下购买。针对此现象,商家在3C类产品的营销中,提升在线支付信息质量和服务品质,如价格比较、参数对比信息、售后保障信息等,并建立完善的客服管理体系,及时响应用户咨询。同时重点发展线下购买、线上支付服务,为线下购买的用户提供在线支付途径。目前,在购买3C类产品时,超过60%的用户愿意选择电子商务购物平台进行在线购买,但仍有大量用户在支付时选择使用货到付款方式(35.63%)。其支付偏好的差异性可能主要是在感知易用性上,所以针对此类用户,需要增强其对在线支付的感知易用性。

此外,在不同消费品类中,生活服务类产品的在线支付使用偏好度较高(76.05%),在线支付服务提供商应重点发展生活服务类应用,如基于物联网、云计算和大数据等信息技术,结合智慧城市系统建设,尤其是智慧社区领域,为用户提供智慧便民支付服务,并且在生活服务类支付业务中,重视用户文化相容性、感知娱乐性和感知有用性等维度的提升,通过倡导智慧生活理念,引导用户在进行各类生活支付时向在线支付转化。

(8) 购买场景对支付影响因素有显著差异

本研究发现,不同购买场景中,影响用户支付偏好的变量有较大差异性。因此,在线支付服务提供商应充分考虑用户在不同场景中的支付需求,以提升在线支付用户黏性,并发展潜在用户。

第一,在线支付服务提供商应从用户生活入手,根据用户场景需求以及在不同场景中所表现出的支付偏好特性来丰富在线支付的使用场景,尤其是移动支付和O2O场景,如餐厅、地铁、公交站台、景区等,在丰富的应用场景中,引导潜在用户需求。同时,需要在各类应用场景中普及支付终端设备。例如,使用NFC近场支付需要用户的手机终端具有相应的匹配功能,再如Apple Pay的使用也需要线下商家拥有相应的接收器,而支付终端的普及度不高导致其应用场景缺乏,使得NFC近场支付难以在市场中大范围推广,成为其发展的瓶颈问题。

第二,针对不同支付场景制定具有针对性的营销策略。值得注意的是,在电商网购中,有12.01%的用户选择采用PC端下单、移动端支付的方式,表明传统的商品下单和支付一体化流程出现了分离的趋势,而功能丰富、更便捷的移动端支付或将成为用户电商购物的核心支付手段之一。在线支付服务提供商可以考虑采取选购支付分离的发展策略,在PC端重点发展选购环节业务,在移动端重点发展支付环节业务,增强PC端和移动端的互联,形成线上线下账户一体化,同时发挥PC端信息丰富以及移动端支付便利的优势。

第三,对于O2O服务,用户选择最多的是移动端下单并支付,对于O2O服务应主要定位于移动端支付。并且,具有不同支付偏好的用户对在线支付的信息质量、感知有用性、感知娱乐性和使用态度上存在显著差异,这要求针对O2O场景提供的在线支付服务需要重视提供丰富、多维、可靠的支付相关信息,并丰富基于LBS技术的差异化服务提供,如根据用户所处位置推送附近具有优惠活动的商家等。同时,需要增强O2O服务的娱乐体验。另一个值得关注的是,在O2O服务消费中,有部分用户选择在移动端下订单到店支付(9.01%),在O2O场景中,由于并非完全处于虚拟环境,用户对线下支付具有一定的需求性,商家可以将在线下单和线下支付相结合,在双线融合的发展中,提供多维度的支付方式,如苏宁电商为用户提供在线下单、门店付款、苏宁配送的一体化服务,契合了用户的多样化消费需求,增强了用户的线下体验,同时引导客户进行二次消费[①]。

第四,O2O 模式不仅指线上引导线下消费,在线支付服务提供商也逐渐开始探索由传统线下消费引导线上支付。本研究发现,在线下商场、超市、餐厅等场所购买产品或服务时,42.64% 的用户仅"偶尔使用"在线支付,并且用户的在线支付需求性并不强烈。需要有选择性地发展线下支付场景,如支付宝在 2014 年集中发展购物中心、出租打车、自动售货机和线下便利店等目标群体集中、需求相契合的高频线下场景,以迅速扩大市场影响力,并加强用户在线下场景中对于在线支付价值性以及便利性的认知,提升用户黏性,将用户逐渐转化为深度用户。在此类场景中,适合于重点推广便捷性更高、安全性更高、场景应用更广泛的 NFC 近场支付模式,在这一方面,日本运营商 NTT DoCoMo 应用 NFC 技术推行的手机钱包"Osaifu-keitai",其用户渗透率已超过 70%[②]。

(9) 具有不同特性的消费者在在线支付使用偏好及影响因素方面有显著差异

本研究发现,不同的用户群体之间对于在线支付的使用偏好和影响因素存在一定差异性。不同的年龄和学历在用户支付使用偏好上具有显著差异,在线支付服务提供商应进行用户市场细分,并根据细分市场的用户群体特性进行在线支付产品和服务的差异化营销和推广。从性别来看,男性和女性用户对在线支付服务质量和感知娱乐性上存在显著差异。男性在这两个维度上的均值得分高于女性,当在线支付平台推出新型增值产品和服务时,可将男性作为重点推广对象,并强调其娱乐性体验。另外,不同年龄、学历用户对在线支付的主观规范、感知易用性和使用态度上存在显著差异。例如,对于年龄偏低、学历较高的高校学生群体,可利用其乐于分享、群体效应明显的特性,开展校园推广活动,并重视活动分享,增强其主观规范效用。此类群体价格敏感性较高,在线支付平台可以以价格优惠的方式开展校园推广活动。此外,高学历群体对文化相容性感知较高,需要在校园推广中重视在线支付消费文化及由此引领的生活方式的宣传和引导。从城市来看,不同城市环境中的用户对于主观规范、文化相容性、感知易用性维度差异性显著。一线城市用户在互联网及移动互联网中活跃度较高、网络互动性较强。在一线城市的在线支付营销活动中,应更注重口碑营销,鼓励用

---

① 新浪新闻.苏宁易购推"多维度支付"[EB/OL].(2013-05-14)[2015-04-15]. http://news.sina.com.cn/o/2013-05-14/175527120268.shtml.

② 中国产业信息网.2014 年中国移动支付产业运营现状及行业发展趋势分析[EB/OL].(2014-05-19)[2015-04-15]. http://www.chyxx.com/industry/201405/245636.html.

户使用微信、微博、论坛等渠道进行传播,而在中小城市的在线支付营销中,需要更重视引导潜在用户进行流程操作,增强其易用性感知。此外,还应结合城市文化进行相应的营销活动,如"快节奏"的一线城市,应以在线支付的便捷高效性作为营销热点,在"慢生活"三、四线城市,可能需要更多地展示在线支付丰富的休闲娱乐功能。

4 消费者在线购物中下单未付款影响因素研究

我国电子商务自 1997 年开始发展至今,已逐渐成为市场经济的重要组成部分,目前网购市场增长迅速,发展态势良好,调研数据显示,2018 年我国网络购物市场交易规模达 7.90 万亿元,同比增长 27.27%,2019 年上半年,我国网络零售市场交易额达 4.34 万亿元,同比增长 24.80%,网络购物市场交易规模占社会消费品零售总额的 22.23%[1]。同时,截至 2019 年 6 月,网购用户人数也从 2016 年 6 月的 44772 万人增加到 63882 万人,网购使用率从 63.1% 提升至 74.8%[2],越来越多的消费者选择在网上进行购物消费。随着用户规模的不断扩大,在线购物的一些问题也逐渐浮现出来,如商品描述与实物不符、卖家响应不及时、网上支付安全性不高、物流配送慢等,这些问题均有可能在一定程度上削弱消费者的在线购买意愿,增加交易过程中的放弃概率。

在线购物放弃行为,可简单地理解为消费者放弃网上购买商品的订单,最终没有付款的行为。无论 B2C 还是 C2C 电子商务平台,消费者下单未付款的现象屡见不鲜。消费者为什么在对商品产生购买意愿后不愿意付款?是主观原因,还是在购物过程中体验差造成的?弄清这种现象的影响因素,不仅可以对在线零售商、电子商务平台提出营销建议,改善服务和产品现状,同时可以使在线零售商和电子商务平台减少潜在损失、提升销量和销售额、增加消费者购物满意度等。因此,有必要对消费者在线购物中下单未付款的影响因素进行研究。

本章将基于前人的相关研究成果,结合感知风险理论、服务质量模型、情景理论、感知娱乐理论和满意度理论,构建在线购物下单未付款影响因素概念模型,明确各影响因素对用户行为的影响作用和机理,具体解决以下三个问题:

(1)消费者在线购物中,下单未付款的可能影响因素有哪些?

---

[1] 前瞻产业研究院. 2020 年中国网络购物行业市场分析[EB/OL].(2020-04-19)[2020-12-20].https://bg.qianzhan.com/trends/detail/506/200417-9bcc5168.html.

[2] 艾媒网. 网购行业数据分析[EB/OL].(2019-11-18)[2020-12-20]. https://www.iimedia.cn/c1061/66815.html.

(2) 不同影响因素间的相互关系及作用机理如何？

(3) 在线零售商、电子商务平台可以通过哪些改进措施减少消费者下单未付款行为的发生？

本章研究目的在于探索消费者在线购物中下单未付款行为的影响因素，并为在线支付产品和服务优化以及在线购物平台的营销管理实践提供参考。

4.1 研究假设

(1) 感知风险与下单未付款行为和网购满意度

感知风险这一概念最早由哈佛大学 Bauer 于 1960 年从心理学延伸出来，他认为消费者的任何购买行为，都可能无法预知决策结果是否正确，而某些结果可能是消费者不愿意见到的[1]，即消费者的购买决策或行为中隐藏着对结果的不确定性，这种不确定性就是消费者的感知风险。胡华等在旅游购物决策模型中引入感知风险因素的影响，发现旅游者的购买决策的各个阶段都会受到感知风险的负向影响[2]。感知风险对消费者购物行为的影响同样适用于在线购物情形。李震研究了虚拟社区中消费者购买行为的影响因素，提出感知风险降低或者感知风险在消费者可控范围内是消费者做出购买决策的关键[3]。Cunningham 等研究了消费者感知风险与在线购买机票行为的关系，结果表明感知风险会渗透到在线机票购买过程的所有阶段[4]。Doolin 等通过研究发现感知风险构念中的隐私风险负向影响消费者在线购物行为，且隐私风险会抑制消费者在互联网消费过高金额[5]。

消费者在线购物中感知到的风险越大，则消费者对产品或服务的感知性能会变差，使消费者的期望和感知性能间差距变小，即满意度变低。李文苹在对网

---

[1] 田东,郑小平,张小栓等.BTC 模式下农产品属性对消费者购买行为的感知风险[J].农机化研究, 2010, 32(3): 90—93,103.

[2] 胡华,宋保平,何秀芬等.感知风险影响下的旅游购物决策模型[J].统计与决策, 2009, (22): 47—49.

[3] 李震.虚拟社区知识共享对消费者购买行为的影响研究[J].河南社会科学, 2012,20(7):35—37.

[4] Cunningham L F, Gerlach J H, Harper M D, et al. Perceived risk and the consumer buying process: Internet airline reservations[J]. International Journal of Service Industry Management, 2005, 16(4): 357–372.

[5] Doolin B, Dillon S, Thompson F, et al. Perceived risk, the Internet shopping experience and online purchasing behavior: A New Zealand perspective[J]. Journal of Global Information Management, 2005, 13(2): 66–88.

上银行顾客满意度的实证研究中发现,顾客的感知风险对感知期望有显著的负向影响,进而对满意度产生间接的负向影响[1]。谢毅等基于青少年网络游戏行为对网络服务满意度进行研究,结论提出感知风险可以降低满意度的体验,即感知风险与在线用户满意度呈负相关关系[2]。

综合上述研究,可提出如下假设:

H1:在线购物中消费者感知到的风险越高,越容易发生在线购物下单不付款行为

H2:在线购物中消费者感知到的风险越高,消费者网络购物的满意度越低

(2) 感知服务质量与下单未付款行为和网购满意度

胡祖光等基于网络交易成本对消费者网购意愿影响因素进行了研究,结果表明消费者网上购买服装产品的服务质量对其网购意愿产生正向影响[3]。Chirchill 等将感知服务质量定义为消费者对一款产品或服务的使用评价,并认为感知服务质量对消费者使用意愿有直接影响[4]。在线购买的影响因素与在线未购买的影响因素一定程度上相关,即感知服务质量正向影响消费者在线购买行为,反之可能对在线未购买(即放弃行为)有负向影响。云小风对消费者在线购物车放弃行为的影响因素进行了研究,结果表明,感知服务质量是影响消费者购物车放弃行为的因素之一,消费者感知服务质量越高,其放弃购物车行为的可能性就越低[5]。

学者们对感知服务质量和满意度关系的相关研究较多。杨魁等的研究指出感知服务质量对交易型顾客满意有显著的正向影响,即感知服务质量与消费者满意度正相关[6]。查金祥等对网络购物顾客满意度进行了实证研究,结果表明消费者感知购物网站服务质量对满意度有正向影响[7]。Agbor 在研究感知服务质量和满意度之间的关系时,发现服务响应性、移情性、可靠性与感知服务质量有显著相关性,可靠性和移情性与消费者满意度有显著相关性,但响应性与消费

---

[1] 李文苹.网上银行顾客满意度实证研究[D].太原:太原科技大学硕士学位论文,2011:51.

[2] 谢毅,张红霞.网络体验和个人特征对网络服务满意度的影响——一项基于青少年网络游戏行为的实证研究[J].经济与管理研究,2013,(3):111—120.

[3] 胡祖光,周昊.网络交易成本对消费者网购意愿的影响[J].商业研究,2013,(6):48—54.

[4] Churchill G A, Surprenant C. An investigation into the determination of customer satisfaction[J]. Journal of Marketing Research, 2016, 19(4): 491-504.

[5] 云小风.消费者在线购物车放弃行为影响因素的实证研究[J].图书情报工作,2011,55(2):140—141.

[6] 杨魁,曹爱稳.感知服务质量与顾客满意的关系研究[J].统计与决策,2010,(5):84—87.

[7] 查金祥,王立生.网络购物顾客满意度影响因素的实证研究[J].管理科学,2006,19(1):50—58.

者满意度关系不显著,而且感知服务质量和消费者满意度有显著正相关关系[1]。Leisen 等研究了美国和德国通信业的服务质量,发现其对消费者满意度有非常重要的影响[2]。Kim 等研究了韩国移动通信服务顾客满意度的影响因素和顾客忠诚度的转移障碍,发现服务质量对消费者满意度有正向的影响,而且移动通信服务中通话质量是影响消费者满意度的最重要因素[3]。

由此,提出以下两个假设:

H3:在线购物中消费者感知服务质量越高,消费者在线购物下单未付款行为的可能性就越低

H4:在线购物中消费者感知服务质量越高,消费者网购越满意

(3) 购买情景与下单未付款行为和网购满意度

购买情景是指消费者在线购买产品或服务时所面临的外部因素,包括购物便利性、网站设计、产品因素等多方面的内容,消费者在线购物中面临的环境越舒适,如购物便利、网站设计清晰、产品备货充分,则其放弃在线购物的概率越低。胡玉凤在对网络消费者在线购物车放弃行为影响因素的研究中提到,产品因素会对在线购物车放弃产生影响,且这个影响是负向的[4]。李华敏等分析了情景因素对消费者行为的影响,发现情景是由心理因子、环境因子、营销因子、时间因子、物质因子和互动因子六个因子组成的,且这六个因子均会对消费者行为产生影响,即情景因素对消费者行为有影响[5]。Wright 等认为,多数情况下,消费者在心情好的时候,对自己的选择和判断会过分乐观,反之在心情较差的时候,判断则趋于悲观[6],这就说明,消费者的消极情绪可能引发下单未付款行为。Eroglu 等认为,网站的氛围设计能影响消费者在购物中的情绪,影响人们的购买意向,促使消费者产生购物的行为[7]。

---

[1] Agbor J M. The relationship between customer satisfaction and service quality: A study of three service sectors in Umea[D]. Sweden: Umea School of Business, 2011: 62-67.

[2] Leisen B, Vance C. Cross-national assessment of service quality in the telecommunication industry: Evidence from the USA and Germany[J]. Managing Service Quality, 2001, 11(5): 307-317.

[3] Kim M K, Park M C, Jeong D H. The effects of customer satisfaction and switching barrier on customer loyalty in Korean mobile telecommunication services[J]. Telecommunications Policy, 2004, 28(2): 145-159.

[4] 胡玉凤.网络消费者在线购物车使用及放弃行为影响因素研究[D].成都:西南交通大学硕士学位论文,2013:54.

[5] 李华敏,崔瑜琴.基于情境理论的消费者行为影响因素研究[J].商业研究,2010,(3):163—166.

[6] Wright W F, Bower G H. Mood effects on subjective probability assessment[J]. Organizational Behavior and Human Decision Processes, 1992, 52(2): 276-291.

[7] Eroglu S A, Machleit K A, Davis L M. Empirical testing of a model of online store atmospherics and shopper responses[J]. Psychology and Marketing, 2003, 20(2): 139-150.

消费者在线购物中的购买情景,网站提供的信息不够丰富和清晰、产品缺货等因素,会影响消费者对产品或服务性能的感知,对消费者在线购物满意度产生一定的负面影响。据此,提出以下两个假设:

H5:在线购物中的购买情景能促进消费者在线下单未付款行为的发生

H6:在线购物中的购买情景的发生会降低消费者网络购物满意度

（4）感知娱乐性与下单未付款行为和网购满意度

消费者在线购物下单未付款行为中的感知娱乐,是指消费者为了娱乐或消遣而产生在线下单不付款的行为,即消费者在线购物的动机是以娱乐为目的,并不是购物导向的。感知娱乐这一构念已被学者大量引入研究,主要集中于互联网和娱乐活动的研究中,感知娱乐的加入大幅提升了模型解释和预测能力。

消费者若是以追求娱乐为目的,则感知娱乐性对消费者行为意向将会产生重要影响,而行为意向决定消费者行为[1]。Nysveen 等的研究表明使用者对信息系统的感知娱乐性正向影响用户的信息系统使用意愿[2]。Moon 等认为在互联网环境中,感知娱乐会对参与者的参与意愿产生正向影响[3]。由此可见,在线购物中,若下单不付款行为能使消费者感受到乐趣,那么在线购物中消费者的感知娱乐性会促使下单不付款行为的发生。

刘人境等对社交网络中用户持续使用行为进行了研究,结果表明用户在使用 SNS 过程中的朋友互动、游戏、分享视频等休闲娱乐活动对用户满意度和持续使用意向有明显的促进作用[4]。孙建军等构建了视频网站持续使用模型,研究假设中也提出了感知娱乐对网站用户满意度有正向影响[5]。

综合上述研究,提出假设:

H7:消费者在线购物中的感知娱乐性越高,越容易产生在线购物下单未付款现象

H8:消费者在线购物中的感知娱乐性越高,消费者的网购满意度越高

---

[1] Atkinson M, Kydd C. Individual characteristics associated with world-wide-web use: An empirical study playfulness and motivation[J]. The Data Base for Advances in Information Systems, 1997, 28(2): 53–62.

[2] Nysveen H, Pedersen P E, Thorbjornsen H. Intentions to use mobile services: Antecedents and cross service comparisons[J]. Journal of the Academy of Marketing Science, 2005, 33(3): 330–346.

[3] Moon J W, Kim Y G. Extending the technology acceptance model: The influence of perceived user resources[J]. The Date Base for Advances in Information and Management, 2001, 38(4): 217–230.

[4] 刘人境,柴婧.SNS社交网络个人用户持续使用行为的影响因素研究[J].软科学,2013,27(4):132—140.

[5] 孙建军,裴雷,刘虹.基于期望确认模型的视频网站持续使用模型构建[J].图书情报知识,2013,(5):82—88.

(5) 感知娱乐性与下单未付款行为和网购满意度

Smith 等发现消费者以往的经验影响着他们的态度或意向,进而影响消费者的购买行为[1]。消费者网购经验越丰富,在线搜寻信息的能力越强,在线购买时,消费者往往会综合多方面的因素考量,可能在下单后还会产生变更行为,使下单不付款的概率增大。云小风和胡玉凤的研究均证实,消费者的网购经验对在线放弃购物车行为会产生负向影响[2][3],即消费者网购经验越丰富,越容易搜集并进行比较,在线放弃购物车行为的可能性越大。

经常网购的消费者在线购物时会搜集大量信息进行对比决策,从而选择最适合自己或者最符合预期的产品。对网购经验丰富的消费者来说,是积累了多次网上的购买经历,说明这部分消费者满意度较高,才会持续产生购物行为,使网购经验越来越丰富。

因此,本节提出如下假设:

H9:消费者网购经验越丰富,越容易发生在线购物下单未付款行为

H10:消费者网购经验越丰富,消费者在线购物中的满意度越高

(6) 网购满意度与下单未付款行为

消费者在线购物过程中的满意度会受到多方面因素的影响,如感知风险、服务质量、购买情境等。当消费者在线购物的满意度较高的时候,消费者会产生在线购买的意向,购买意向又会诱发在线购买行为的发生。同理,当消费者在线购物过程中满意度较低的时候,会对消费者在线购买产生抑制作用,可能会产生下单不付款行为的发生。因此,提出以下假设:

H11:消费者在线购物满意度越高,在线下单不付款行为发生的概率越低

4.2 研究模型

基于上述文献回顾和假设,提出消费者在线购物下单未付款影响因素的概念模型,如图 4.1 所示。

---

[1] Smith R E, Swinyard W R. Attitude-behavior consistency: The impact of product trial versus advertising[J]. Journal of Marketing Research, 1983, 20(3): 257-267.

[2] 云小凤.消费者在线购物车放弃行为影响因素的实证研究[J].图书情报工作,2011,55(2):139-142.

[3] 胡玉凤.网络消费者在线购物车使用及放弃行为影响因素研究[D].成都:西南交通大学硕士学位论文,2013:55.

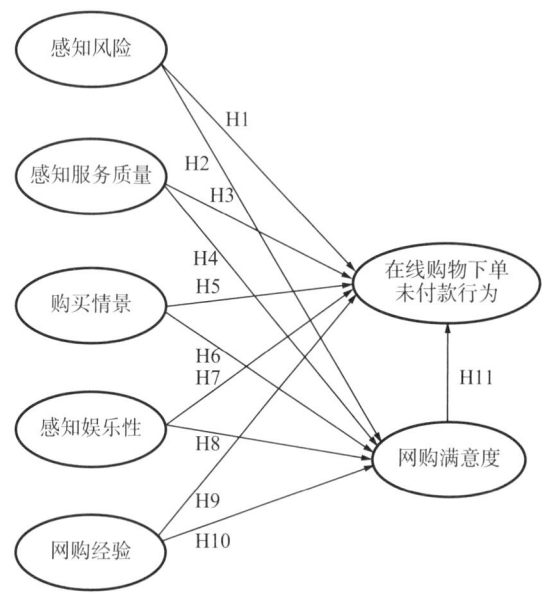

图 4.1 消费者在线购物下单未付款影响因素概念模型

对模型中 7 个构念的含义及测量内容,说明如下:

(1) 感知风险(Perceived Risk)

感知风险的构成要素包括财务风险、功能风险、身体风险、心理风险、社会风险和时间风险六个部分。故依此来设计感知风险的测量指标。依据 Stone 等[1]、Forsythe 等[2]、Featherman 等[3]的研究,对感知风险这一构念设置,如表 4.1 所示。

表 4.1 感知风险的测量指标

指标含义	指标名称	测量内容
	PR1	我担心付款方式不安全,密码被盗可能造成资金损失
财务风险	PR2	网购下单后,先付款可能出现付款却收不到货的情况
	PR3	在网上购买价格过于便宜或过高的商品,担心性价比低,花冤枉钱

---

[1] Stone R N, Grønhaug K. Perceived risk: Further considerations for the marketing discipline[J]. European Journal of marketing, 1993, 27(3): 39-50.

[2] Forsythe S M, Shi B. Consumer patronage and risk perceptions in internet shopping[J]. Journal of Business Research, 2003, 56(11): 867-875.

[3] Featherman M S, Pavlou P A. Predicting e-services adoption: A perceived risk facets perspective [J]. International Journal of Human-Computer Studies, 2003, 59(4): 451-474.

(续表)

指标含义	指标名称	测量内容
功能风险	PR4	网上购物,由于不能直接看到实物,担心产品质量差,或产品在网站上的描述与实际不符,达不到预期效果
身体风险	PR5	网上购买的商品,如劣质化妆品、临期食品等,可能威胁身体健康
心理风险	PR6	若网上购物发生损失,如买贵了或买到次品等,我会有压力
	PR7	若买到手的产品不合适或出现问题,会使我心情烦躁
社会风险	PR8	我周围的人对网上购物的评价是负面的
时间风险	PR9	网上购物需要花很长时间,如与网站客服的沟通,下单后收到商品前的等待、售后服务等都需要一定时间

(2) 感知服务质量(Perceived Service Quality)

根据服务质量模型可将服务质量分为可靠性、保证性、响应性、移情性、可感知性[1],将消费者在线购物中的感知服务归纳为客服服务、物流配送服务和支付服务三个部分。基于Rabinovich等[2]、Park等[3]、Jun等[4]、王欣[5]的研究,本节给出如表4.2所示的测量指标。

表4.2 感知服务质量的测量指标

指标含义	指标名称	测量内容
客服服务	PSQ1	网上店铺的客服不能及时响应我,或不能迅速解决我的问题
	PSQ2	网上店铺的客服态度不好
物流配送服务	PSQ3	网店提供的物流送货速度慢
支付服务	PSQ4	我认为网购的支付系统不安全,可能造成密码泄露
	PSQ5	网上购物支付时,没有我偏好的付款方式

---

[1] Parasuraman A, Zeithaml V A, Berry L L. Servqual: A multiple-item scale for measuring consumer perceptions of service quality[J]. Journal of Retailing, 1988, 64(1): 12-40.

[2] Rabinovich E, Knemeyer A M, Mayer C M. Why do Internet commerce firms incorporate logistics service providers in their distribution channels? The role of transaction costs and network strength[J]. Journal of Operations Management, 2007, 25(3): 661-681.

[3] Park C H, Kim Y G. The effect of information satisfaction and relational benefit on consumers' online shopping site commitments[J]. Journal of Electronic Commerce in Organizations, 2006, 4(1): 70-90.

[4] Jun M, Cai S H. The key determinants of internet banking service quality: A content analysis [J]. International Journal of Bank Marketing, 2001, 19(7): 276-291.

[5] 王欣.个人网上银行服务质量模型研究[D].成都:西南财经大学硕士学位论文,2007:28—30.

(3) 购买情景(Online-buying Situation)

李华敏等提出消费者行为的情景由心理因子、环境因子、营销因子、时间因子、物质因子和互动因子组成[1]。也有学者将网站店面气氛设计作为购买情景的要素之一[2][3];Beatty等在研究中提及购买情景中有可利用金钱这一测量内容[4];谢桂将心理因素纳入在线购物情景中[5];Tellis认为消费者在对比商品时,会更关注商品的价格[6];许政等认为在线购物组织功能对在线购物放弃行为有显著正向影响[7]。综合前人研究,从购物网站店面气氛设计、可利用金钱、组织研究工具、产品因素、其他因素六个方面衡量购买情景。测量指标见表4.3。

表 4.3 购买情景的测量指标

指标含义	指标名称	测量内容
购物网站店面气氛设计	OS1	网站提供的产品相关的主题及周边信息不够丰富
	OS2	网站页面设计和产品或服务的信息不够清晰
	OS3	下单后发现我当天消费预算不足
可利用金钱	OS4	下单后发现运费高,所以放弃继续支付订单
	OS5	下单后发现优惠券过期或活动过期
组织研究工具	OS6	我下单是为了收集同类商品的信息并进行比较
产品因素	OS7	下单后发现产品缺货,所以放弃购买
其他因素	OS8	下单后发现信息填写错误,所以放弃错误订单
	OS9	下单后需求临时发生变化,所以放弃先前订单

---

[1] 李华敏,崔瑜琴.基于情境理论的消费者行为影响因素研究[J].商业研究,2010,(3):163—166.

[2] Mummalaneni V. An empirical investigation of web site characteristics, consumer emotional states and on-line shopping behaviors[J]. Journal of Business Research, 2005, 58(4): 526-532.

[3] 钟小娜.网站特性和消费者个体特征对网络购物接受度的影响[D].杭州:浙江大学硕士学位论文,2005:34.

[4] Beatty S E, Ferrell M E. Impulsive buying: Modeling its precursors[J]. Journal of Retailing, 1998, 74(2): 169-191.

[5] 谢桂.情境因素对网络购买意愿影响的研究——基于淘宝网顾客的样本分析[D].太原:山西财经大学硕士学位论文,2010:1.

[6] Tellis G J. Beyond the many faces of price: an integration of pricing strategies[J]. The Journal of Marketing, 1986, 50(4): 146-160.

[7] 许政,朱翊敏,林新建.在线购物放弃行为驱动因素的实证分析[J].税务与经济,2013,(2):26—31.

(4) 感知娱乐性(Perceived Entertainment)

Novak 等将消费者在线购物的目的分为以体验为动机和以目标为动机[1]。Moe 和 Mathwick 等也进一步阐述，以体验为动机的消费者把网上搜索和购物当作一种消遣方式，用以减轻无聊或逃避现实等[2][3]。基于感知娱乐性相关研究[4][5][6]，设计如下 4 个测量问题。

表 4.4 感知娱乐性测量指标

指标含义	指标名称	测量内容
感知娱乐性	PE1	当我无聊时，我浏览购物网站，将产品下单并未付款
	PE2	为了消遣，我选择产品下单但未付款
	PE3	我发现选择产品下单，但最终未付款使我感到愉悦
	PE4	下单未付款是故意拍下某商品，让卖家暂时卖不出去该商品

(5) 网购经验(Online-shopping Experience)

消费者的网购经验是指消费者在线购物的次数、金额等，与消费者接触网络的时间，每天使用网络购物的时间、次数等有关。已有学者在研究中构建了网络购物经验的测量指标[7][8]。本节在前人研究的基础上，为了更好地衡量消费者网购经验，增加网购支出占消费者总支出的比例这一指标，具体测量项如表 4.5 所示。

---

[1] Novak T P, Hoffman D L, Duhachek A. The influence of goal-directed and experiential activities on online flow experiences[J]. Journal of Consumer Psychology, 2003, 13(1/2): 3-16.

[2] Moe W W. Buying, searching, or browsing: Differentiating between online shoppers using in-store navigational clickstream[J]. Journal of Consumer Psychology, 2003, 13(1/2): 29-39.

[3] Mathwick C, Malhotra N, Rigdon E. Experiential value: Conceptualization, measurement and application in the catalog and Internet shopping environment[J]. Journal of Retailing, 2001, 77(1): 39-56.

[4] Kukar-Kinney M, Close A G. The determinants of consumers' online shopping cart abandonment [J]. Journal of the Academy of Marketing Science, 2010, 38(2): 240-250.

[5] Cheong J H, Park M C. Mobile internet acceptance in Korea[J]. Internet Research, 2005, 15 (2): 125-140.

[6] Wang Y S, Yeh C H, Liao Y W. What drives purchase intention in the context of online content services? The moderating role of ethical self-efficacy for online piracy[J]. International Journal of Information Management, 2013, 33(1): 199-208.

[7] Bellman S, Lohse G L, Johnson E J. Predictors of online buying behavior[J]. Connunications of the ACM, 1999, 42(12): 32-38.

[8] 张骏,周晓伶.消费者接受网络团购的影响因素探讨——基于技术接受模型[J].商业时代,2013, (11):56—57.

表 4.5 网购经验测量指标

指标含义	指标名称	测量内容
网购经验	OE1	每个月平均网购次数
	OE2	每个月网购的平均费用
	OE3	每个月平均支出(当月全部支出)

(6) 网购满意度(E-satisfaction)

学者们对消费者在线购物满意度的研究较多,按照满意度的概念,满意度包括顾客在事前的期望和实际感知到的结果进行对比,对产品或服务的评价。基于前人对满意度这一构念的测量①②③④,提出如表 4.6 所示的网购满意度测量指标。

表 4.6 网购满意度测量指标

指标含义	指标名称	测量内容
网购满意度	ES1	我对购物网站提供的产品或服务总体感到不满意
	ES2	网络购物与我的期望不符,使我感到灰心、失望
	ES3	我认为,在网上购物是不明智的选择
	ES4	在网上购物,不能很好地满足我的需求

(7) 在线购物下单未付款(Online-shopping Without Payment)

下单未付款属于在线购物放弃行为中的一种,借鉴前人对在线购物放弃行为的研究,提出如表 4.7 所示的 4 个测量指标来诠释这一行为。

表 4.7 在线购物下单未付款测量指标

指标含义	指标名称	测量内容
在线购物下单未付款	OWP1	我在提交订单后,取消了该订单
	OWP2	我在下单后、付款前,关闭了该购物页面
	OWP3	我有将近(或超过)十分之一的订单是只下单但未付款的
	OWP4	我放弃购买了将近(或超过)十分之一的订单产品

---

① Bettencourt L A. Customer voluntary performance: Customers as partners in service delivery[J]. Journal of Retailing, 1997, 73(3): 383-406.

② Janda S, Trocchia P J, Gwinner K P. Consumer perceptions of Internet retail service quality[J]. International Journal of Service Industry Management, 2002, 13(5): 412-431.

③ Parasuraman A, Zeithaml V A, Berry L. Servqual: A multiple-item scale for measuring consumer perceptions of service quality[J]. Journal of Retailing, 1988, 64(1): 12-40.

④ 温世松.电子商务服务质量与顾客满意度及重复购买意愿的关系研究[D].广州:华南理工大学硕士学位论文,2012:38.

4.3 数据处理与分析

4.3.1 预调查

前文给出了消费者在线购物下单未付款影响因素的概念模型,以及模型中各构念的测量指标,基于此,笔者进行了小范围的预调查。预调查的形式是网络发放问卷,在线购物下单未付款行为是基于消费者多次购物基础之上的,所以选择网购次数或者经验较多的消费者进行调查,能较好地了解用户发生下单未付款行为的影响因素有哪些,为正式调查中问卷的完善提供借鉴和参考。

此次预调查的目的,主要有以下三点:一是问卷中问题描述是否妥当,被调查者能否较准确理解题目的含义;二是题目编排顺序是否合理;三是剔除一些无效的测量指标,预调查问卷中几乎涵盖了笔者归纳的可能影响消费者在线购物下单未付款的全部影响因素,问题过多且过长,通过小范围的调查,删减问卷内容。

预调查问卷共两大部分,个人基本信息和在线购物中下单未付款行为。回收的 69 份问卷中,剔除无效问卷(如题目答案几乎一样、答题时间过短等)后,剩余 65 份有效问卷。依据被调查者的反馈和有效数据信度的测量对问卷进行调整,最终问卷见附录 2。

4.3.2 样本收集与描述

(1) 样本收集

本节采用 SPSS19.0 和 AMOS17.0 对正式调查获得的问卷数据进行分析。正式调查同样通过问卷星平台发放网络问卷,两周内共收回问卷 331 份。将收回的问卷中选择没有过下单未付款行为的用户剔除,同时去掉答案几乎一样的问卷以及答题时间过短的问卷后,剩余有效问卷 271 份,问卷有效回收率为 82%,采用结构方程模型分析问卷。

(2) 样本描述

表 4.8 统计了受调查者的基本信息。由表可知,受调查者中男女占比分别为 43% 和 57%,这与网购用户性别分布类似。有过下单未付款经历的消费者集中于 21—25 岁,占受调查者总数的 48%,其次是 26—30 岁。总体来看,主要集中于 21—30 岁,这部分消费者也是网购中的主力军。消费者学历以大学本科和硕士为主,占比达 84%。问卷发放的范围较广,遍及京津冀、长三角、珠三角地区,以及吉林、山东、山西、贵州、重庆等地,能较好地反映全国各地消费者网购的态度和行为。从被调查者网购次数和费用来看,多数消费者平均每月网购 6 次以

内,费用大多集中于 100—500 元,且网购支出占总支出的 10%—25%。

表 4.8 基本信息统计

统计项目	分类	频数	频率(%)
性别	男	117	43%
	女	154	57%
年龄	20 岁及以下	3	1%
	21—25 岁	131	48%
	26—30 岁	101	37%
	31—35 岁	19	7%
	36 岁及以上	17	6%
学历	高中、中专、技校	6	2%
	大专	32	12%
	大学本科	126	46%
	硕士及以上	103	38%
	其他	4	2%
常住地	北京及周边	42	15%
	长三角地区	127	47%
	珠三角地区	24	9%
	其他地区	78	29%
月平均网购次数	3 次以内	124	46%
	4—6 次(平均一周 1 次)	91	34%
	7—9 次(平均一周 2 次)	39	14%
	10—12 次(平均一周 3 次)	9	3%
	13 次及以上	8	3%
月平均网购费用	100 元以内	35	13%
	100—500 元	149	55%
	500—1000 元	54	20%
	1000—2000 元	27	10%
	2000 元及以上	6	2%
月平均支出	1000 元以内	73	27%
	1000—2000 元	99	37%
	2000—3000 元	58	21%
	3000—4000 元	24	9%
	4000 元及以上	17	6%

4.3.3 测量指标的统计分析

结构方程模型中可观测变量需服从正态分布,对问卷中各测量变量最大值、最小值、均值以及标准差进行统计分析,粗略估计样本数据是否适用于结构方程模型,如表 4.9 所示。由表可知,平均得分较高的变量为购买情景和感知风险,得分在 3 分以上,属于中等程度范围,这两个变量的测量题项数均为 7 项,消费者在网购过程中对购买情景或者风险的感知一般会经历其中的 2 到 4 项,不可能全部覆盖 7 个测量项,这两项的得分在 3.2 分左右,居于中间水平,但从其他几项得分来看,消费者对购买情景和感知风险总体是认同的。平均得分最低的变量是感知娱乐性,分值为 1.488,这表明消费者普遍不认同在线购物下单未付款是由于感知娱乐性的作用。感知风险、感知服务质量等七个变量的标准差均在 1,说明问卷数据波动不大,基本符合正态分布。

表 4.9 测量项描述性统计

变量	测量题项数	测量题项	样本数量	最小值	最大值	平均值	标准差	平均得分
感知风险	7	PR1	271	1	5	2.465	1.182	3.135
		PR2	271	1	5	2.203	1.195	
		PR4	271	1	5	3.627	1.163	
		PR5	271	1	5	3.827	1.114	
		PR6	271	1	5	3.070	1.333	
		PR7	271	1	5	3.838	1.124	
		PR9	271	1	5	2.915	1.315	
感知服务质量	5	PSQ1	271	1	5	3.214	1.074	2.826
		PSQ2	271	1	5	2.834	1.135	
		PSQ3	271	1	5	3.089	1.109	
		PSQ4	271	1	5	2.469	1.189	
		PSQ5	271	1	5	2.524	1.125	
购买情景	7	OS3	271	1	5	2.605	1.248	3.200
		OS4	271	1	5	3.077	1.255	
		OS5	271	1	5	2.926	1.274	
		OS6	271	1	5	3.542	1.278	
		OS7	271	1	5	3.376	1.214	
		OS8	271	1	5	3.225	1.405	
		OS9	271	1	5	3.646	1.142	

(续表)

变量	测量题项数	测量题项	样本数量	最小值	最大值	平均值	标准差	平均得分
感知娱乐性	4	PE1	271	1	5	1.686	1.048	1.488
		PE2	271	1	5	1.531	0.938	
		PE3	271	1	5	1.376	0.754	
		PE4	271	1	5	1.358	0.789	
网购经验	3	OE1	271	1	5	1.841	0.989	2.162
		OE2	271	1	5	2.336	0.904	
		OE3	271	1	5	2.310	1.145	
网购满意度	4	ES1	271	1	5	2.672	1.043	2.407
		ES2	271	1	5	2.749	1.156	
		ES3	271	1	5	1.904	0.934	
		ES4	271	1	5	2.303	1.108	
在线购物下单未付款行为	4	OWP1	271	1	5	2.686	1.257	2.415
		OPW2	271	1	5	2.779	1.165	
		OWP3	271	1	5	2.066	1.215	
		OWP4	271	1	5	2.129	1.209	

4.3.4 信度与效度检验

(1) 信度检验

信度指问卷数据的可靠性,表示采用同一方法对相同对象重复测量时结果的一致性程度。本文采用 Cronbach's alpha 一致性系数来衡量测量指标的一致性。其值在 0 到 1 之间,越接近 1,问卷的信度越高,数据的一致性越好,结果越可靠。目前,普遍接受的判断依据是:信度系数在 0.9 以上最佳,0.8 以上较好,0.7 左右适中,0.5 以上可接受,小于 0.5 则不可接受[1]。更严格的标准,值在 0.65—0.7 是最小可接受值,低于 0.65 则不接受。本节采用 DeVellis 的这一标准来作为测量指标信度的最小可接受值。模型中各变量的信度系数,如表 4.10 所示。

---

[1] 吴明隆.结构方程模型——AMOS 的操作与运用[M].重庆:重庆大学出版社,2010:240.

表 4.10 变量信度分析

变 量	测量题项数	Cronbach's alpha
感知风险	7	0.757
感知服务质量	5	0.720
购买情景	7	0.695
感知娱乐性	4	0.877
网购经验	3	0.753
网购满意度	4	0.783
在线购物下单未付款	4	0.718
总 体	34	0.858

由表可知,七个变量的 Cronbach's alpha 系数基本在 0.7 以上,其中感知娱乐性的信度系数最高,达到 0.877,购买情景的信度系数最低,为 0.695,高于信度的最小可接受值 0.65。因此,本节模型中变量的信度数值均通过了检验。

(2) 效度检验

效度是指问卷测量的数据在多大程度上能反应变量的真实含义,用来衡量指标与它所测量的构造变量之间的关系。效度一般分为内容效度、效标关联效度和建构效度。内容效度指量表涵盖研究主题的程度,代表测量目标和测量内容之间的适合性与相符性。本研究问卷参照国内外研究中已有题项进行设计,同时经过预调查及专业人士的修改,可以保证正式问卷具有良好的内容效度。效标关联效度指用几种不同的测量方式或不同的指标测量同一变量,将其中的一种方式作为标准,用其他的方式或指标与这个标准进行比较,若其他方式或指标也有效,则该测量具有效标效度。建构效度是反映概念和命题内部结构的程度的测量指标,一般是通过测量结果与理论假设对比来检验的。建构效度分两种,收敛效度和区别效度。收敛效度是指同一个变量中的测量题项,彼此之间相关度的高低;区别效度是指不同变量中的测量题项,彼此之间相关性的大小。本节用验证性因子分析来检验各变量的收敛效度和区别效度,检验结果如表 4.11 和表 4.12 所示。

表 4.11 收敛效度检验结果

因 素	测量指标	因子载荷	信度系数	误差变异量	CR	AVE
感知风险 PR	PR1	0.764	0.584	0.416	0.875	0.502
	PR2	0.673	0.453	0.547		
	PR4	0.738	0.545	0.455		

(续表)

因　素	测量指标	因子载荷	信度系数	误差变异量	CR	AVE
感知风险 PR	PR5	0.802	0.643	0.357		
	PR6	0.655	0.429	0.571		
	PR7	0.672	0.452	0.548		
	PR9	0.638	0.407	0.593		
感知服务质量 PSQ	PSQ 1	0.647	0.419	0.581		
	PSQ 2	0.811	0.658	0.342		
	PSQ 3	0.658	0.433	0.567	0.838	0.510
	PSQ 4	0.752	0.566	0.434		
	PSQ 5	0.691	0.477	0.523		
购买情景 OS	OS3	0.659	0.434	0.566		
	OS4	0.749	0.561	0.439		
	OS5	0.738	0.545	0.455		
	OS6	0.828	0.686	0.314	0.875	0.503
	OS7	0.584	0.341	0.659		
	OS8	0.627	0.393	0.607		
	OS9	0.749	0.561	0.439		
感知娱乐性 PE	PE1	0.740	0.548	0.452		
	PE2	0.835	0.697	0.303	0.888	0.665
	PE3	0.894	0.799	0.201		
	PE4	0.784	0.615	0.385		
网购经验 OE	OE1	0.656	0.430	0.570		
	OE2	0.920	0.846	0.154	0.786	0.557
	OE3	0.629	0.396	0.604		
网购满意度 ES	ES1	0.546	0.298	0.702		
	ES2	0.697	0.486	0.514	0.814	0.529
	ES3	0.814	0.663	0.337		
	ES4	0.818	0.669	0.331		
下单未付款 OWP	OWP1	0.547	0.299	0.701		
	OWP2	0.687	0.472	0.528	0.838	0.573
	OWP3	0.836	0.699	0.301		
	OWP4	0.906	0.821	0.179		

从上表中可以看出,各构念的组合信度(CR)均大于 0.6,说明模型内在质量佳,平均方差抽取量(AVE)大于 0.5,说明测量指标能有效地反映其共同因素构念的潜在特征。综合以上结果,可以认为问卷收敛效度通过检验。

表 4.12 区别效度检验结果

	PR	PSQ	OS	PE	OE	ES	OWP
PR	0.708						
PSQ	0.546	0.779					
OS	0.498	0.594	0.709				
PE	0.046	0.169	0.035	0.815			
OE	0.137	0.125	0.141	−0.003	0.747		
ES	0.373	0.494	0.253	0.420	−0.220	0.727	
OWP	0.203	0.272	0.247	0.500	0.102	0.386	0.757

表 4.12 中对角线上的值为各潜在变量 AVE 的平方根,下对角线上的数据为潜变量之间的相关系数。对角线上的值均大于其对应的相关系数,说明各潜在变量之间有较强的判别系数[①],即区别效度通过检验。

4.3.5 模型构建与识别

结构方程建模主要包括五个步骤:① 模型设定,依据前人研究设定初始的理论模型,本节采用 AMOS17.0 检验消费者在线下单未付款行为假设模型的合理性;② 模型识别,构建的理论模型能否进行拟合,是否能求出模型中参数估计的唯一解;③ 模型估计,本节采用极大似然估计法来求解模型中各参数的估计值;④ 模型评价,在参数估计结束后,需要检验模型拟合程度,若模型拟合的各项指标未达到可接受的范围,则需要对模型进行修整。本节将采用的模型拟合度指标有卡方自由度比(CMIN/DF)、近似误差均方根(RMSEA)、增量拟合指数(IFI)、非常规拟合度(TLI)、相对拟合指数(CFI)、简约适配度指标(PNFI、PCFI)等;⑤模型修正,若模型的适配度没有达到预期,则可根据 AMOS 输出结果中的模型修正指数进行调整,直到模型适配度各参数达到可接受范围。

将 271 份样本数据导入 AMOS,计算模型中参数估计值、各变量的路径系数估计结果如表 4.13 所示。表中 Estimate 为非标准化回归系数,是路径系数的估计值,以 ES ← PR 路径为例,Estimate 为 0.201 表示当 PR 增加 1 个单位时,ES 会增加 0.201 个单位;SE 表示路径系数估计值的标准误差;CR 为检验统计

---

① 唐慧.影响网络团购的用户采纳因素的研究[D].大连:东北财经大学硕士学位论文,2011:49.

量,是参数估计值与标准误差之间的比值。当 CR 值为正数时,表示两个变量之间存在正相关关系,当 CR 值为负数时,表示两个变量之间存在负相关关系;P 值表示路径系数估计值的显著性水平。由表可知,模型中有 7 个假设通过了检验,感知服务质量(PSQ)与网购满意度(ES)之间的关系、感知娱乐性(PE)与网购满意度(ES)之间的关系、网购经验(OE)与网购满意度(ES)之间的关系以及感知娱乐性(PE)与在线购物下单未付款之间的关系在 0.001 水平上是显著的,感知风险(PR)与网购满意度(ES)之间的关系在 0.05 的水平上显著,网购经验(OE)与在线购物下单未付款(OWP)之间的关系和网购满意度(ES)与在线购物下单未付款(OWP)之间的关系在 0.1 水平上显著。

表 4.13 模型路径系数结果

路径	Estimate	S.E.	C.R.	P
ES ← PR	−0.201	0.095	−2.104	0.035
ES ← PSQ	0.393	0.115	3.418	***
ES ← OS	−0.029	0.128	−0.223	0.823
ES ← PE	−0.284	0.062	−4.584	***
ES ← OE	0.244	0.06	4.086	***
OWP ← PR	0.007	0.06	0.108	0.914
OWP ← PSQ	−0.011	0.072	−0.157	0.875
OWP ← OS	0.15	0.096	1.567	0.117
OWP ← PE	0.252	0.071	3.548	***
OWP ← OE	0.073	0.04	1.819	0.069
OWP ← ES	−0.127	0.072	−1.77	0.077

注:*** 表示结果在 99% 置信区间显著。

表 4.14 为衡量模型拟合优度的主要指标。$CMIN$ 表示卡方值 x^2,DF 表示自由度,当 $\frac{x^2}{df}$ 的比值小于 1 表示模型过度适配,当 $\frac{x^2}{df}$ 比值介于 1 到 3 之间,表示模型适配良好,当 $\frac{x^2}{df}$ 比值大于 3 时,表示模型适配度不佳[①]。对于 IFI、TLI、CFI 来说,一般的判别标准为:大于 0.90 则模型适配度良好,也有学者认为,0.8

---

① 吴明隆.结构方程模型——AMOS 的操作与运用[M].重庆:重庆大学出版社,2010:240.

到 0.9 之间为可接受,大于 0.9 则模型适配良好[①]。Bentler 等认为,RMSEA 的数值等于 0.08 时模型契合度可接受,低于 0.05 则适配度良好[②]。

表 4.14 模型的拟合优度指标

模型拟合统计值	适配标准	结构模型指数
x^2 及自由度		1253.427;506
$\dfrac{x^2}{df}$	<3	2.447
IFI	>0.8	0.781
TLI	>0.8	0.754
CFI	>0.8	0.778
RMSEA	<0.08	0.074
PNFI	>0.5	0.614
PCFI	>0.5	0.702
AIC	小于独立模型及饱和模型的 AIC	1499.427>1258 1499.427<4060.059
BCC	小于独立模型及饱和模型的 BCC	1536.066>1445.362 1536.066<4080.314

由表 4.14 可知,该模型卡方自由度的比值在 1 到 3 之间,模型适配良好;IFI、TLI、CFI 均大于 0.7 小于 0.8,未达到模型可接受范围;RMSEA 的值为 0.074,小于 0.08,在可接受范围;AIC、BCC 均未达到小于独立模型及饱和模型值的标准。综上所述,该模型需要进行修正,以使各指标满足模型适配的要求。

4.3.6 模型修正

考虑到初次拟合模型效果不佳,基于模型计算结果中给出的修改标记,对模型进行修正。将感知服务质量的 PSQ4 与 PSQ5、购买情景中的最后一个测量变量 OS9 以及感知娱乐性中的 PE3 删除后,发现模型适配结果符合可接受数值。PSQ4 和 PSQ5 均属于感知服务质量中支付服务的范畴,PSQ4 与感知风险中财务风险 PR1 类似,故考虑将其剔除,PSQ5 由于和感知服务质量中剩余几个变量相关性不高,也将其删掉;购买情景中 OS9 这一测量变量,"下单后需求临时发

---

① 施舒.C2C 移动电子商务中顾客信任影响因素及测度研究[D].杭州:浙江工业大学硕士学位论文,2012:45.

② Bentler P M, Bonnett D G. Significance tests and goodness-of-fit in the analysis of covariance structures[J]. Psychological Bulletin, 1980, 88(3): 588–606.

生变化(如购买数量变化),所以放弃之前的订单",这一题项的引入导致模型拟合效果不是很好,可能是由于受调查消费者发生此类状况不多,数据结果不显著造成的,该变量与 OS8 有一定联系,故考虑将 OS9 这一变量删除,使模型拟合效果更好;感知娱乐性中的 PE3 这个测量变量,被调查的消费者几乎都不认可这一内容,因此将该测量变量删去。

修正后各拟合优度指标的值如表 4.15 所示,可知修正后模型的 RMSEA 值变得更小,说明模型拟合效果更优。同时,IFI、TLI、CFI 的值均大于 0.8 且接近 0.9,说明模型适配程度达到了临界值的要求。综合以上指标,修正后的模型适配程度较好,达到了适配标准。

表 4.15 修正后模型拟合优度指标

模型拟合统计值	适配标准	结构模型指数
绝对适配度指数		
x^2 及自由度		723.139;380
$\dfrac{x^2}{df}$	<3	1.903
IFI	>0.8	0.876
TLI	>0.8	0.856
CFI	>0.8	0.874
RMSEA	<0.08	0.058
PNFI	>0.5	0.674
PCFI	>0.5	0.763
AIC	小于独立模型及饱和模型的 AIC	953.139<990 953<3277.773
BCC	小于独立模型及饱和模型的 BCC	982.971<1118.410 982.971<3293.338

4.3.7 模型分析与假设检验

表 4.16 列出模型修正后的路径系数以及 P 值。由表可知,路径 ES←PSQ、ES←PE、ES←OE、OWP←PE 在 0.001 水平上是显著的,路径 ES←PR、OWP←OE、OWP←ES 在 0.05 水平上显著,路径 OWP←OS 路径在0.1 水平上显著,因此假设 H2、H4、H5、H7、H9、H10、H11 均通过了检验,假设 H8 的结果显著但与初始假设方向相反,假设 H1、H3、H6 未通过检验。消费者在线购物下单未付款影响因素的模型拟合路径系数,如图 4.3 所示。

4 消费者在线购物中下单未付款影响因素研究

表 4.16 修正后模型路径系数

路径	Estimate	S.E.	C.R.	P
ES ← PR	−0.206	0.087	−2.381	*
ES ← PSQ	0.191	0.060	3.184	***
ES ← OS	−0.013	0.102	−0.131	0.896
ES ← PE	−0.187	0.049	−3.801	***
ES ← OE	0.216	0.055	3.905	***
OWP ← PR	0.023	0.187	0.122	0.903
OWP ← PSQ	−0.013	0.130	−0.096	0.923
OWP ← OS	0.459	0.254	1.803	*
OWP ← PE	0.555	0.113	4.908	***
OWP ← OE	0.252	0.115	2.201	*
OWP ← ES	−0.462	0.229	−2.021	*

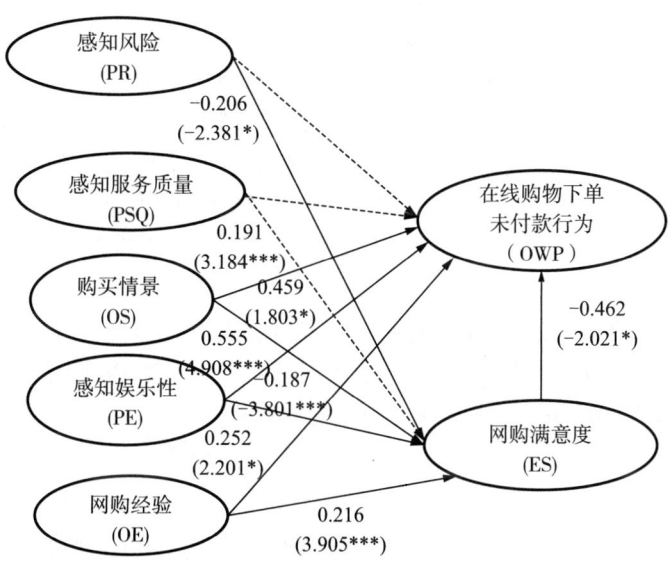

图 4.3 模型拟合路径系数图

注：*、**、*** 分别表示结果在 90% 置信区间显著、结果在 95% 置信区间显著、结果在 99% 置信区间显著。

4.4 结果讨论

(1) 感知风险对在线购物下单未付款和网购满意度的影响

感知风险对下单未付款行为有正向影响的假设未通过检验($r=0.023$, $p=0.903$),本研究中调查的有过下单未付款经历的消费者普遍认为,购物放弃行为与感知风险的关联不大。对在线购物车放弃的研究中,也有学者得到类似结论,即感知风险对购物车放弃的影响不显著[1]。分析其原因,可能是由于被调查消费者年龄集中在 21—30 岁,学历较高(84% 在本科学历及以上),这部分群体对新鲜事物接受程度较快、理解力强,且属于在线购物中购买力较强的消费者,熟悉在线购物的流程和服务,感知到的风险相对较弱,使该假设检验结果不显著。

感知风险对网购满意度有负向影响($r=-0.206$, $p<0.05$),通过满意度间接影响在线下单未付款。当消费者在在线购物中感知到的风险越高,网购满意度越低,下单未付款发生的概率则越高。消费者在线购物时感知到的风险包括财务、功能、身体、心理以及时间各维度,这些不确定性是由于消费者对电子商务网站信息认识不全面、不准确造成的。当消费者抱着怀疑或者不确定的心态购物时,对电子商务网站提供的产品或服务容易产生不信任的心理,则满意度也会随之降低。Cox 等早在 1964 年提出在电话购物和网上购物,顾客的感知风险会对购物满意度产生较大影响[2]。谢毅等对青少年的网络游戏行为进行了实证研究,在对网络服务满意度影响因素分析中得到结论,认为感知风险会降低满意度[3]。刘凤军等研究了银行个人理财服务中顾客满意度的影响因素,结果表明感知风险对顾客满意度有显著的负向影响[4]。

因此,感知风险虽然对在线购物下单未付款无直接影响,但通过满意度对在线下单未付款有间接正向影响,该结论不仅适用于网络购物、网络游戏等网络环境,在银行理财和旅游[5]等线下环境中也同样成立。

---

[1] Kukar-Kinney M, Close A G. The determinants of consumers' online shopping cart abandonment [J]. Journal of the Academy of Marketing Science, 2010, 38(2): 240-250.

[2] Cox D F, Rich S U. Perceived risk and consumer decision making—The case of the telephone shopping[J]. Journal of Marketing Research, 1964, 1(1): 32-39.

[3] 谢毅,张红霞.网络体验和个人特征对网络服务满意度的影响——一项基于青少年网络游戏行为的实证研究[J].经济与管理研究,2003,(3):111—120.

[4] 刘凤军,吴冠之,欧丹等.银行个人理财服务顾客满意度影响因素[J].金融论坛,2008,(11):39—45.

[5] 陈永昶,徐虹,郭净.导游与游客交互质量对游客感知的影响[J].旅游学刊,2011,26(8):37—44.

(2) 感知服务质量对在线购物下单未付款和网购满意度的影响

感知服务质量影响在线购物下单未付款的假设未通过检验（$r=-0.013$, $p=0.923$），被调查的消费者认为客服服务和物流配送等并未对下单后放弃行为产生较大影响，感知服务在售前可能会对消费者购买或放弃购买的行为产生一定影响，但在下单后、付款前的时间内，该因素不是影响消费者放弃付款的主要原因。

感知服务质量对网购满意度有正向影响（$r=0.191$, $p<=0.001$），通过网购满意度影响着在线下单未付款。感知服务质量对网购满意度的影响程度与感知风险对网购满意度的影响相当。消费者在线购物中感知到的服务质量越高，网购满意度越高，下单未付款发生的可能性就会降低。依据消费者在线购物流程，本节的感知服务质量包括客服服务与物流配送服务两个维度。前人对感知服务质量和满意度的众多研究中，多数研究结论表明感知服务质量对满意度有正向影响。郭鑫研究了购物网站中服务质量各组成维度对满意度的影响，得出网站服务质量对顾客满意度有显著的正向影响[1]。杨槐等基于兰州供电公司数据进行分析，指出交易型顾客的感知服务质量会对满意度产生显著正向影响，但感知服务质量并不能完全解释顾客满意度的变化[2]。胡子祥在高等教育领域内检验了顾客感知服务质量与顾客满意度之间的关系，发现高等教育的顾客感知服务质量对顾客满意度有直接和间接的影响[3]。Josephy等的研究表明，感知服务质量是顾客满意度的前提[4]。Albert在对银行的实证研究中发现，服务质量对顾客满意度有直接的正向影响[5]。

由此可以得到结论，无论是高级知识分子还是各行业的工作人员，感知服务质量对在线购物下单未付款无直接影响，但是通过网购满意度对在线购物下单未付款有间接的负向影响。

(3) 购买情景对在线购物下单未付款的影响

购买情景正向影响消费者在线购物下单未付款（$r=0.459$, $p<0.1$），该假设通过了检验。购买情景与消费者在线购物下单未付款之间的相关性较弱，但二

---

[1] 郭鑫.购物网站服务质量对顾客满意度与忠诚度的影响[J].山西财经大学学报，2011,33(3)：120—121.

[2] 杨槐，曹爱稳.感知服务质量与顾客满意的关系研究[J].统计与决策,2010,(5)：4—87.

[3] 胡子祥.高等教育顾客感知服务质量的实证研究[D].成都：西南交通大学硕士学位论文，2006:60.

[4] Josephy C J, Brady M K, Tomas M G. Assessing the effects of quality, value, and customer satisfaction on consumer behavioral intentions in service environments[J]. Journal of Retailing, 2000, 76(2): 193-218.

[5] Albert C. Service loyalty: The effects of service quality and the mediating role of customer satisfaction[J]. Eouropean Journal of Marketing, 2002, 36(7/8): 811-828.

者是有一定关联的。购买情景主要阐述了消费者在下单后、付款前可能面临的状况,包括可利用金钱、组织研究工具、产品因素等情形,该构念共包含6个测量指标,多于普通构念的测量指标数量(3—4个),故检验结果并没有十分显著。因此,购买情景会促使在线购物下单未付款行为发生,当购买情景发生概率越高的时候,下单未付款行为发生的概率也随之变大。胡玉凤在研究在线购物车放弃行为时指出,产品因素(如购买成本)和购物车使用的组织研究工具等对放弃购物车的行为均有显著正向影响[①]。Kukar-Kinney等认为,运输费用过高会导致在线购物车放弃[②]。

购买情景对消费者网购满意度的影响并不显著($r=-0.013$,$p=0.896$),二者之间有相互关系的假设并未通过检验,说明消费者在线购物中面临的情景因素(如预算不足、运费高、产品缺货、比较价格等)并不会降低消费者网购的满意度,可能是由于消费者所理解在线购买中由客观条件导致的情景因素,并不会影响消费者在网络上整体的购物满意度。

综上所述,在线购物过程中所面临的购买情景会影响消费者的购物放弃行为,包括在线购物车放弃和在线下单未付款等,但对购物满意度并无显著影响。

(4) 感知娱乐性对在线购物下单未付款的影响

感知娱乐性对在线购物下单未付款的影响较大($r=0.555$,$p<0.001$),表明被调查消费者普遍认为在线购物中的娱乐性会促使在线下单未付款行为的发生,当消费者下单是以娱乐性为动机的时候,往往不会对订单进行付款。比如恶意下单的消费者为引起卖家或平台的注意,在电子商务网站大量下单不付款,从而达到自身宣传等效果。这与Kukar-Kinney等的研究结果相似,他们认为消费者的感知娱乐性能正向影响在线购物车放弃[③]。胡玉凤在研究购物车放弃中得到消费者越将购物车用作娱乐目的,越容易放弃购物车的结论[④]。

感知娱乐性对网购满意度产生显著的负向影响($r=-0.187$,$p<0.001$),通过满意度对下单未付款行为产生正向影响。与初始假设不同,感知娱乐性负向影响满意度,说明消费者以娱乐为动机进行下单时,更多的是一种负面情绪,对购物的满意度是有降低效用的。有学者对感知娱乐性和满意度之间的关系做过

---

① 胡玉凤.网络消费者在线购物车使用及放弃行为影响因素研究[D].成都:西南交通大学硕士学位论文,2013:53—54.

② Kukar-Kinney M, Close A G. The determinants of consumers' online shopping cart abandonment [J]. Journal of the Academy of Marketing Science,2010,38(2):240-250.

③ Kukar-Kinney M, Close A G. The determinants of consumers' online shopping cart abandonment [J]. Journal of the Academy of Marketing Science,2010,38(2):240-250.

④ 胡玉凤.网络消费者在线购物车使用及放弃行为影响因素研究[D].成都:西南交通大学硕士学位论文,2013:69.

相关阐述,刘琦等在网络社区中的知识共享质量和满意度关系研究中,指出娱乐性参与动机对满意度有间接的正向影响[①];Kim等研究了消费者在线购物中影响满意度的感知因素,提出感知娱乐性对消费者在线购物满意度有显著正向影响[②]。尽管多数研究认为感知娱乐性对满意度有正向的影响,本研究却得到了相反的结论,可能是因为本研究中的感知娱乐性,表示的是一小部分消费者喜欢恶作剧或者打发无聊时间而产生的下单未付款行为,与学者们以往研究的感知娱乐性的含义不同。这种刻意的下单行为会使在线零售商疑惑消费者经常下单,但最终未购买商品的原因,并且会占用零售商库存。消费者感知娱乐性越高时,在线下单未付行为发生的可能性越高。

由此可以得出,感知娱乐性对购物放弃行为的影响较显著。感知娱乐性这一因素不仅对在线购物车放弃有直接的正向影响,而且对在线下单、未付款有显著的直接和间接的正向影响。

(5) 网购经验对在线购物下单未付款的影响

网购经验对在线购物下单未付款有正向影响($r=0.252, p<0.05$),消费者网购经验越丰富,越容易在线购物下单未付款。网购经验的增加,使消费者在线获取信息的能力增强,因此网购经验丰富的消费者往往会综合多种信息进行比较、决策后再付款,易发生下单未付款行为。胡玉凤[③]、云小风[④]在购物车放弃行为研究中,证实了网购经验越丰富的人,越容易放弃购物车。

网购经验对网购满意度有显著的正向影响($r=0.216, p<0.001$),并通过满意度对在线下单未付款产生间接的影响。消费者网购经验越丰富,网购满意度越高,这说明网购经验丰富的消费者能较快速地获取产品信息以及识别产品好坏,容易买到性价比高的产品,满意度会随之加强。李海英等在研究平台式网购环境中消费者购买满意度时,提出交易经验不同的用户,在平台购买时感知到的价值以及满意度是不同的[⑤]。所以,网购经验越丰富的消费者,在购买时感知到的价值越高,从而满意度越高。

对在线购物车放弃以及在线购物下单未付款而言,网购经验会对其产生直

---

① 刘琦,杜荣.基于参与动机的网络社区知识共享质量、创新及满意度关系研究[J].情报理论与实践,2013,36(3):56—61.
② Kim S Y, Lim Y J. Consumers' perceived importance of and satisfacion with the internet shopping[J]. Electronic Markets, 2001, 11(3): 148-154.
③ 胡玉凤.网络消费者在线购物车使用及放弃行为影响因素研究[D].成都:西南交通大学硕士学位论文,2013:53—54.
④ 云小风.消费者在线购物车放弃行为影响因素的实证研究[J].图书情报工作,2011,55(2):139—142.
⑤ 李海英,林柳.交易经验在平台式网购顾客满意度评价中的调节作用[J].软科学,2011,25(12):137—142.

接和间接的正向影响。

(6) 网购满意度对在线购物下单未付款的影响

消费者网购满意度负向影响在线下单未付款($r=-0.462, p<0.05$),即消费者网购满意度越高,在线购物下单未付款行为发生的概率会越小。网购满意度对在线购物下单未付款的影响权重较大,仅次于感知娱乐性对下单未付款的影响。满意度会受到多重因素的影响,贯穿于消费者在线购物的始终。由此看来,消费者满意度是影响在线下单未付款的主要因素。当消费者对在线购物网站提供的产品或服务越满意,越容易产生在线购买的意向或行为,从而在线购物下单未付款的可能性越小,反之,当消费者对在线购物不满意时,下单后未付款的概率就会提升很多。

因此,网购满意度是影响消费者在线购物下单未付款的主要因素之一。

4.5 结论与启示

(1) 感知娱乐性对在线购物下单未付款有显著正向影响,同时通过网购满意度间接影响下单未付款,而且是影响在线购物下单未付款的最主要因素

以娱乐性为目的下单的消费者往往呈现出这种特性,单笔订单金额很高或购买商品数量很大,消费者的不同意图会分别带来良性和恶性的下单行为。对于良性下单的消费者,下单未付款只是为了打发时间,或者是商品单价过高,消费者本身无购买力,下单只是为了满足虚荣心。而恶性下单的消费者,下单未付款则是想要达成某种目的,以谋取不正当利益。由此,可以有针对性地引导良性和恶性下单的消费者。

第一,电子商务平台针对恶意下单制定专门的规则条款。可以将经常发生类似行为的消费者账号冻结,还可以建立有效的防护机制,如增加付款减库存的方案,即消费者提交订单付款后,卖家商品显示的库存数量才会相应减少,在此之前库存数量是不会减少的。这样就有效避免了一些不怀好意的买家将商品拍下不付款而占用卖家库存商品数量[①],规范在线购物的交易环境,减少在线零售商的困扰。

第二,加强网络安全部门人员技能。网络中恶意下单的消费者屡见不鲜,恶意下单的手段也层出不穷,如果电子商务平台不能快速识别恶意用户,则会大大影响平台中卖家的利益,不能为卖家提供保障,从而丧失平台信誉。所

---

① 亿邦动力网.淘宝为防恶意下单,增加付款减库存方案[EB/OL].(2012-11-21)[2020-12-20].http://www.ebrun.com/20121121/61601.shtml.

以,有必要引入经验丰富的网络安全人员,为卖家和消费者创造一个良好的购物环境。

第三,建立一个专门的平台以披露恶意下单的消费者。对于经常习惯恶意下单而不付款的用户,平台可以检测并抓取到这批用户,并在页面对其进行通报或者警告,采取相应的治理手段,从而减少这部分用户的恶意下单行为。

(2) 网购满意度对在线购物下单未付款有显著的负向影响,影响程度仅次于感知娱乐性

网购满意度作为影响在线购物下单未付款的主要因素之一,需要加以重视。满意度会受到感知风险、感知服务质量、娱乐性等因素的影响,提高消费者在线购物的满意度是电子商务平台永恒的主题。

第一,增加满意度打分。在现有的购物平台上,购买产品后,均会有一个打分,即要求购买过的消费者对该产品或平台的服务进行打分,这个分值主要反映的是商品以及店铺的好坏。如果产品本身质量很好、分值较高,但消费者不满意或不喜欢的话,从这个现有分值上则较难体现出来。因此,在此基础上新增一个店铺或商品的满意度打分,方便卖家和平台去审视现有的服务或者体系是否能让消费者满意,从而可以着手改进以为消费者提供更好的服务。

第二,提供快速、准确的物流。电子商务平台的竞争,物流是核心竞争力之一,作为网购过程中的"最后一公里",物流发挥着重要作用。现有物流中存在几个问题,如覆盖范围不够广、发货延迟时间长、送货不及时等,这样很容易令消费者不满。所以建立强大的物流体系很有必要,对网购密集的城市可设置专门的物流中转站;收发货地址若在同一区域,可承诺"一日三送"等服务;送货人员应接受专门培训,态度专业,会减少很多麻烦。

第三,提高卖家准入门槛,提供优质商品。电子商务网站中商品琳琅满目、应有尽有,但商品质量参差不齐,这就使不少买家在挑选所需商品时感到迷茫,不知道哪些商品是次品。如果平台在卖家准入的时候能对其进行严格的资格审查,在卖家进入平台后也有严格的监管体系规范的话,那么次品或假货商品出现的概率会大大降低。

(3) 购买情景对在线购物下单未付款有正向影响,对网购满意度无显著影响

购买情景指的是消费者在线购物下单时会面临的一些状况,如下单后发现产品运费过高、产品缺货或者发现价格更低的同类产品等,这些状况均会使下单后未付款的概率增大。对网上零售商来说,减少消费者在购买过程中的突发或者临时状况,是十分有必要的。在线购物平台可以在消费者下单之前适时提醒消费者运费价格、优惠券是否可用,系统及时更改产品库存数量信息或对同质产品价格不同时注明该产品的特色等。

第一，合理标注电子商务平台中商品运费。现有网络购物环境中，产品邮寄运费往往让消费者摸不着头脑，比如在淘宝网，很多店家标注的商品运费只是到达该地区的首重价格，对于超重的产品，运费要高于宝贝详情页标注的价格，所以很多消费者在线购物下单时认为商品的运输费用为卖家标注的首重。在下单后才发现运费高出两倍，这就容易使消费者产生一种被骗的心理，很容易放弃此时的订单。基于此种现象，本节认为在电子商务网站商品详情页标注运输费用时，应根据当前商品的重量来计算实际的运费再进行标明，而不是为了方便统一标注。这样消费者在下单前就能充分了解商品运输的实际费用，尽可能减少消费者下单后由于运费高而放弃订单的情形。

第二，优惠活动或优惠券使用不应太复杂。对店铺优惠券或优惠活动，很多网站采用的方式是下单后立即减多少价格，或者在领取优惠券后下单才会显示优惠价格，这无形中为消费者网购带来不便。有些消费者喜欢比较同类产品的价格，如果优惠券或优惠活动采取这种较复杂的形式，就会促使消费者先将不确定要买的商品下单，以形成实际优惠后的价格，再对多个订单的价格进行比较后选择其中一些进行支付，这样就造成了订单支付的转化率降低。对消费者来说，最简单直接的方式才是最有效的，每年各大电商都会有形形色色的促销活动，如"双十一""双十二"等，促销活动的形式也丰富多样，消费者在享受折扣的同时希望能迅速地了解该商品的优惠价格，当然形式多样会让消费者感到乐趣，但过于复杂的促销形式就不可取了。

第三，提供比价软件。可以在消费者浏览商品的页面时提供与当前商品类似或同款商品的价格，以及 30 天内的真实价格波动信息等，方便消费者在下单前做决策，这样可以大大减少那些下单比价的无效订单，从而降低下单未付款发生的可能性。

（4）网购经验直接或间接地负向影响着在线购物下单未付款行为

消费者网购经验越丰富，越不容易发生下单未付款行为，反之，网购经验不足的用户就较容易发生下单后未付款。按照网购经验将消费者分类，可以分为新用户和老用户。平台在运营维护新老用户的时候，需指定不同的方案。

第一，对平台的新用户多提供一些入口，方便新用户增长购买经验。对平台的新用户来说，对网络购物流程不是特别熟悉，这时可以制定新用户购买向导手册或者通过他人分享来普及网上购买经验，预防陷阱以及识别高品质商品。同时，可以筛选一些明星店铺或高性价比店铺提供给新用户，使其在平台尽可能得到优质的服务。

第二，提升平台老用户下单时的门槛。对老用户而言，在线浏览筛选商品操作轻车熟路，若在老用户下单时设置提醒，询问是否确定要下单购买商品，这样可以避免一些用户下单过于草率，以此来提升老用户下单且付款的可能性。

(5)感知风险对在线购物下单未付款的直接影响不显著,但通过网购满意度会对在线购物下单未付款产生间接的正向影响

对降低下单未付款行为发生的概率而言,感知风险并不是一个主要影响因素,但感知风险会通过满意度间接影响下单未付款。所以,通过降低消费者在线购物中的感知风险也可以减少下单未付款行为发生的可能。

第一,加强宣导网络账户安全防范知识。随着第三方支付的兴起,越来越多的消费者在网络购物中会使用第三方支付软件进行付款,这也使网络诈骗者有机可乘。对网络支付而言,需要不断加强平台安全措施、抵御外界侵袭,才能使消费者对其产生信任,如可以向消费者推送网络账户最新增加了哪些安全措施、辟谣不实传言、24小时在线解决消费者账户安全问题等。

第二,严格把关卖家商品质量,提高卖家开店水平。网络商品中次品、假冒产品过多,这会严重影响消费者的正当利益。电子商务平台可以对在线商品进行审核,将不符合标准的商品删除。同时,卖家的开店水平也需要提升,由于开店卖家文化程度跨度较大,一些对网络操作技术不熟悉的卖家就比较吃亏,如果商品描述或者图片不够清晰,不仅会影响到商品的销量,同时也会使消费者在购物中感到不便。

(6)感知服务质量对在线购物下单未付款行为无直接影响,但通过网购满意度会对在线购物下单未付款产生负向影响

虽然感知服务质量并未直接影响到消费者在线下单后是否进行付款,但当消费者在线购物中感知到的服务质量越高时,如客服响应及时、物流配送高效等,消费者购物的满意度无形中会提升,而满意度的提升会让下单未付款行为减少,所以有必要提升感知服务质量。

第一,健全网络卖家规范条例。优质卖家会对消费者在线购物过程中提出的问题及时解答并解决,同时耐心指导消费者的在线购物。若卖家未能及时回应买家的问题或态度较差,则有可能使消费者在购物过程中产生不满,从而在下单后未进行支付。所以,平台可以定期对在线开店的卖家进行培训,指导卖家如何为消费者提供服务,也可以请资深卖家宣讲开店的经验心得,使平台上的卖家更加专业。

第二,卖家增加客服资源的投入。对网络中的卖家来说,在互联网高度普及以及网购热潮冲击的当下,网购克服了时空的差异,同一时间可能有很多消费者涌入店铺,能否及时响应并一一解决消费者的问题是一大考验。卖家在成本以及服务中需获取一个平衡点,希望花费最少的人力解决最多的问题,可采取的对策包括雇佣经验丰富的网络客服,适当增加客服人数,或者提供详尽准确的宝贝描述以减少消费者咨询,等等。

5 互联网金融感知风险及其影响因素研究——以支付宝为例

我国互联网金融的发展经历了多个阶段,2005年以前主要体现为金融机构(以银行为主)利用网络技术将其业务转移到线上;2005至2012年,互联网深入金融的业务领域,产生网络借贷、第三方支付等类型的产品,各类监管机构也开始采取措施,帮助行业规范发展;2012年以后,互联网金融进入快速发展时期:2013年被称为"互联网金融元年",从这一年开始,包括P2P网络贷款、众筹融资、网络保险、网络理财等创新形式的互联网金融产品不断推出,监管机构也提出"鼓励创新、防范风险、趋利避害、健康发展"[①]的总体要求,互联网金融进入全新的发展阶段。

支付宝经过十多年的发展已成为全球领先的第三方支付平台,并且是当前全球最大的移动支付厂商。一方面,支付宝在现有的产品上不断创新,在支付领域推出了包括二维码支付、声波支付、NFC支付、指纹支付等多种创新支付产品,以88.2%的品牌渗透率占据了第三方支付的绝大部分市场份额。另一方面,支付宝以阿里巴巴电商平台为依托,推出了担保交易、淘宝理财、淘宝保险和透支消费等多元互联网金融产品。如今的支付宝平台已经具备网络理财、消费贷款、企业贷款等多种金融服务能力,成为我国最大的互联网金融平台,支付宝的发展可以很好地代表互联网金融目前的发展情况。

但由于互联网金融天生具有虚拟性、多变性等特点,用户不禁担心其安全性和可能带来的风险。面对发展态势如此迅猛的互联网金融产品/服务,用户在接触和使用过程中感受到了哪些风险?可以通过哪些措施降低用户感知到的风险,从而提高用户的接受意愿并增加用户的使用强度?这些问题值得深入的研究。

本章将基于前人的相关研究成果,结合感知风险理论、创新扩散理论、感知价值理论、信息不对称理论以及前景理论,构建互联网金融感知风险构成因素模型及互联网金融感知风险影响因素模型,以期深入探索互联网金融感知风险及其影响因素,主要围绕以下两个问题展开:

---

① 中国人民银行.中国金融稳定报告(2014)[EB/OL].(2014-04-29)[2015-03-31]. http://www.pbc.gov.cn/publish/goutongjiaoliu/524/2014/20140429162156125254533/20140429162156125254533_.html.

(1) 互联网金融感知风险有哪些构成因素？

(2) 互联网金融感知风险的影响因素有哪些，且他们对互联网金融感知风险的各个构成因素是如何影响的？

本章研究目的在于探索互联网金融领域用户感知风险的构成因素和影响因素，丰富该领域用户行为相关的理论研究，并为互联网金融服务提供商的营销管理实践提供参考。

5.1 感知风险构成因素研究

5.1.1 研究假设

在很长一段时期内，学界认为感知风险包括财务风险、功能风险、身体风险、心理风险、社会风险和时间风险六个维度[1][2]，1993年Stone通过实证研究发现这六个风险维度解释了抽象购买过程中感知风险的88.8%，即在非互联网环境下，用户在决策过程中感知到的利失主要体现在以上六个方面。

互联网金融同时具有互联网和金融的双重特性，所以用户感知风险的维度也有着全新的内涵。和传统环境、网络购物环境用户的风险感知一样，用户在使用互联网金融产品时也会感受到心理风险、财务风险、功能风险和社会风险。但是，在互联网金融环境下这些感知风险构成因素有着全新的内涵：心理风险（Psychological Risk, PSR）是指用户在使用互联网金融产品/服务时自身产生的心理压力，如感知的焦虑、不安等；财务风险（Financial Risk, FR）是指用户在使用互联网金融产品时感知到的财务损失的风险，如资金损失、资产（如银行卡、理财产品等）被盗等；功能风险（Performance Risk, PER）是指用户在使用互联网金融产品时，认为产品功能和用户体验无法满足自己需求的风险，尤其是互联网产品发展的今天，用户体验成为用户判别一个产品好坏的重要标准，产品能否有较好的用户体验成为用户对产品功能提出的基本要求；社会风险（Social Risk, SR）是指用户在使用互联网金融产品时，所感知的来自社会的负面舆论和社交网络的不认可，如不被朋友认可等。相比于传统环境的金融交易，互联网金融在时间和空间上有着巨大的优势，所以本节不认为时间风险是互联网金融用户感知风险的一个组成维度。网络购物环境不同，互联网金融产品以业务状态（如收益率、投保成功

---

[1] Jacoby J, Kaplan L B. The components of perceived risk [J]. Advances in Consumer Research, 1972, 3(3): 382-393.

[2] Roselius T. Consumer Rankings of Risk Reduction Methods[J]. Journal of Marketing, 1971, 35(1): 56-61.

等)、服务体验(如支付速度、资金安全等)等方式体现,没有实际的物理接触,所以,身体风险不被认为是互联网金融感知风险的构成因素之一。

随着互联网的发展,网络逐渐改变了用户的工作、学习和生活习惯,在带来快捷互通的便利之余也深刻影响着用户决策过程中的风险感知。Featherman 等在电子服务领域感知风险的研究中也发现隐私风险的重要体现[①]。隐私风险成为网络用户感知风险的重要构面之一。在互联网金融环境下,隐私风险(Privacy Risk,PRR)是一个重要的感知风险构成因素,它是指用户在使用互联网金融产品时,认为失去对其信息控制的风险,如个人联系信息、社交信息、财务信息泄露等。董大海等在研究网上购物时认为,网站真实性风险也是构成用户感知风险的维度之一[②]。互联网金融的所有产品和服务都通过网络实现,尤其是移动互联网。对于用户来说,不仅是网站的真实性,网络环境中黑客、木马病毒、钓鱼网站等的存在,都会让用户在使用产品或服务时感知到网络不安全。因此,网络风险(Internet Security Risk,ISR)也是互联网金融感知风险的构成因素之一。

本研究结合传统感知风险的六维结构、网络环境下学者提出的网站真实性风险、个人隐私风险等和互联网金融本身的特点,认为互联网金融给用户带来的感知风险主要有网络风险、功能风险、财务风险、隐私风险、心理风险和社会风险六个方面,并提出如下假设:

H1a:互联网金融的感知风险主要包括网络安全风险、功能风险、财务风险、隐私风险、心理风险和社会风险,并且这六个维度可以解释互联网金融感知风险的大部分内容。

本研究对所提出的感知风险维度进行重新定义,如表 5.1 所示:

表 5.1　互联网金融感知风险维度定义

感知风险维度	感知风险维度定义
网络风险 Internet Security Risk	互联网金融相关行为决策过程中,用户感知网络的不完全带来的风险,如黑客、钓鱼网站、木马病毒等。
功能风险 Performance Risk	互联网金融相关行为决策过程中,用户感知产品无法满足用户需求的风险,如功能无法实现、用户体验与用户预期有较大差异等。
财务风险 Financial Risk	互联网金融相关行为决策过程中,用户感知财务损失的风险,如资金损失、资产(如银行卡、理财产品等)被盗等。
隐私风险 Privacy Risk	互联网金融相关行为决策过程中,用户感知失去对其信息控制的风险,如个人联系信息、个人社交信息、个人财务信息泄露等。

---

① Featherman M S, Pavlou P A. Predicting e-services adoption: A perceived risk facets perspective [J]. International Journal of Human-Computer Studies,2003,59(4):451-474.
② 董大海,李广辉,杨毅.消费者网上购物感知风险构面研究[J].管理学报,2005,2(1):55—60.

(续表)

感知风险维度	感知风险维度定义
心理风险 Psychological Risk	互联网金融相关行为决策过程中,用户感知的来自自身的心理压力,如感知的焦虑、不安等。
社会风险 Social Risk	互联网金融相关行为决策过程中,用户感知的来自社会的负面舆论和社交网络的不认可,如不被朋友认可等。

互联网金融产品是通过互联网技术进行金融交易,产品的使用直接关系到用户资金的安全。而在产品的使用过程中,网络不安全风险和隐私泄露风险直接体现为用户的财务损失,表现为财务风险,即网络风险和隐私风险是造成互联网金融财务风险的主要因素。因此,提出如下假设:

H1b:互联网金融的网络风险、隐私风险与财务风险有显著的相关性,且网络风险、隐私风险通过财务风险影响整体感知风险。

与其他感知风险构成因素不同,心理风险是用户感知来自自身内心的压力,是感知到的紧张和不安的情绪,而不是对可能出现问题的担忧。因此,心理风险与其他维度风险不同,是用户产生感知风险的内在因素。Stone 等对感知风险构成因素的研究中发现,感知风险的各个构成因素是通过心理风险对整体感知风险进行影响的[①]。因此,本研究提出如下假设:

H1c:互联网金融的心理风险与其他维度的感知风险有显著的相关性,且不同维度的风险通过个体的心理风险影响整体感知风险。

5.1.2 研究模型

基于以上分析,结合互联网金融发展的实际情况,本章提出如图 5.1 所示的互联网金融感知风险构成因素模型。本研究结合传统环境下和互联网金融环境下感知风险的构成因素,认为互联网金融感知风险包括网络风险、功能风险、财务风险、隐私风险、心理风险和社会风险六个方面。

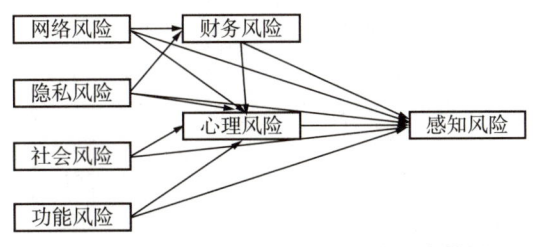

图 5.1 互联网金融感知风险构成因素模型

---

① Stone R N, Gronhug K. Perceived risk: Further considerations for the marketing discipline [J]. European Journal of Marketing, 1993, 27(3): 372 - 394.

5.1.3 数据处理与分析

5.1.3.1 样本收集与描述

(1) 样本收集

为了真实反映研究问题,本次调查问卷紧紧围绕研究目的和主题设计测量项[①]:问卷共包含感知风险、网络风险、功能风险、隐私风险、心理风险、社会风险和财务风险七个变量。研究参考了 Stone R N,Gronhug K(1993)、井淼(2005)、高海霞(2006)实证研究中使用的测量量表,并结合互联网金融的特点和特定产品的特征等因素进行修改制定的适用于本研究的测度项,通过李克特五级量表进行测度。

在调查问卷中设置了反义检测语句,以便判断调查对象的填写是否存在随意性。本次问卷中"我担心将资金放在支付宝平台上没有放在银行安全"是对"我认为资金放在支付宝平台上比放在银行安全"的反义。如果调查对象在指定测量项目上的选择与在反义测量语句相反或与同义测量语句一致,则问卷质量较高,否则问卷不予采用。检测语句的分值不计入量表的总分值,最终问卷见附录3。研究通过电子平台发放问卷,共收回问卷304份,剔除无效问卷51份,最终得到有效问卷253份,问卷的回收率是83.2%。

(2) 样本描述

对有效问卷进行样本数据描述,包括性别、年龄、受教育程度、月收入、使用互联网时间、互联网金融产品使用情况等基本信息,统计结果如表5.2所示。

表 5.2 样本描述性统计

项 目	选 项	频 数	百分比
性 别	男	120	47.4%
	女	133	52.6%
年 龄	18—25 岁	157	62.1%
	26—30 岁	74	29.2%
	大于 30 岁	22	8.7%
受教育程度	专科及以下	19	7.5%
	本科	81	32.0%
	硕士及以上	153	60.5%

---

① 艾尔·巴比.社会研究方法[M]. 邱泽奇,译. 北京:华夏出版社,2006:148—168.

(续表)

项 目	选 项	频 数	百分比
月收入(人民币)	小于1000元	96	37.9%
	1000—5000元	93	36.8%
	大于5000元	64	25.3%
使用互联网时间(年)	不足3年	10	4.0%
	3—5年	28	11.1%
	5—10年	156	61.7%
	超过10年	59	23.3%
使用过的互联网金融产品	网络/手机支付	253	100.0%
	网络理财产品	186	73.5%
	网络保险产品	110	43.5%
	网络融资产品	23	9.1%
	其他	4	1.6%
使用过支付宝平台的产品	第三方支付	223	88.1%
	余额宝	207	81.8%
	招财宝	74	29.2%
	互联网保险	53	20.9%
	其他	4	1.6%
合 计	—	253	100.0%

由表5.2可知,总样本中男性占比47.4%,女性占比52.6%,性别比例均衡。样本的年龄主要分布在18—25岁,占比62.1%,其次年龄在26—30岁的样本占比29.2%;样本的受教育情况主要集中于硕士及以上学历(153,60.5%)和本科学历(81,32.0%);月收入方面,月收入不足1000元、月收入在1000—5000元和月收入大于5000元的用户分布率分别为37.9%、36.8%和25.3%。艾媒咨询(iiMedia Research)的研究显示,目前我国互联网金融的用户大多集中于收入不高,但学历较高的人群中,如月收入高于8000元的不足总人数的20%,学历为本科及以上的约占总人数的70%[①]。本次抽样的样本年龄、学历和收入情况的分布与互联网金融主要用户分布相吻合,对于互联网金融用户人群有一定的代

---

① 艾媒网.2014年中国互联网金融用户研究报告[R/OL].(2014-09-30)[2015-03-31]. http://www.iimedia.cn/37791.html.

表性。

互联网使用方面,96%以上的被调查者的互联网使用年限大于3年,所有的被调查者都使用过互联网金融产品和支付宝平台上的互联网金融产品,其中普及率较高的产品分别为第三方支付产品和网络理财产品,如余额宝、招财宝等。综上所述,本次调查抽样样本都有非常丰富的互联网金融经验,且都对支付宝平台提供的产品较熟悉。

5.1.3.2 信度与效度检验

信度检验是对测量模型进行检验的方法之一,主要验证问卷测量结果的可靠性、稳定性和一致性。本研究利用回收的253份有效问卷的数据,分别计算每个构念以及模型整体的Cronbach's alpha系数来检测问卷的信度,结果如表5.3所示。各个构念的Cronbach's alpha系数均大于0.8,模型整体的Cronbach's alpha系数为0.949,符合问卷信度检验标准,通过了问卷的信度检验。

表5.3 信度检验结果

测量概念	Cronbach's alpha
总体感知风险	0.868
网络完全风险	0.929
功能风险	0.894
财务风险	0.852
隐私风险	0.931
心理风险	0.896
社会风险	0.818
总体信度	0.949

效度是测量模型的另一个检验方法,可以从两个方面进行检验,分别为收敛效度和区分效度。收敛效度是通过衡量相同潜在构念的测验指标落在同一个共同因素上的程度来反映源自相同构念的测量项彼此之间的相关程度,收敛效度的数值越高表示构念的测量项内部一致性越高。收敛效度可利用组合信度(Composite Reliability,CR)和平均方差抽取量(Average Variance Extracted,AVE)检验。组合信度利用标准化的指标因素负荷量与误差变异量来进行估算。有研究显示,组合信度值大于0.60的模型具有较理想的内在质量。表5.4展示了各构念的因子载荷 λ、信度系数 λ^2、误差变异量 $1-\lambda^2$、组合信度CR以及平均方差抽取量(AVE)。有研究显示,组合信度和平均方差抽取量的衡量标准分别为0.6和0.5。由表5.4可知,本研究中所有构念的组合信度都大于0.80,平均方差抽取量均大于0.60,说明模型具有较好的收敛效度。

表 5.4 收敛效度检验结果

潜在变量	测量指标	因子载荷 λ	信度系数 λ^2	误差变异量 $1-\lambda^2$,即 θ	CR	AVE
感知风险 APR	APR1	0.843	0.711	0.289	0.870	0.690
	APR2	0.855	0.731	0.269		
	APR3	0.793	0.629	0.371		
网络风险 ISR	ISR1	0.899	0.808	0.192	0.930	0.815
	ISR2	0.934	0.872	0.128		
	ISR3	0.875	0.766	0.234		
功能风险 PER	PER1	0.829	0.687	0.313	0.895	0.680
	PER2	0.793	0.629	0.371		
	PER3	0.862	0.743	0.257		
	PER4	0.814	0.663	0.337		
财务风险 FR	FR1	0.937	0.878	0.122	0.858	0.753
	FR2	0.792	0.627	0.373		
隐私风险 PRR	PRR1	0.908	0.824	0.176	0.931	0.817
	PRR3	0.91	0.828	0.172		
	PRR4	0.894	0.799	0.201		
心理风险 PSR	PSR2	0.796	0.634	0.366	0.896	0.743
	PSR3	0.874	0.764	0.236		
	PSR4	0.912	0.832	0.168		
社会风险 SR	SR1	0.871	0.759	0.241	0.819	0.695
	SR2	0.794	0.630	0.370		

区分效度通过衡量不同潜在构念的测验指标落在不同共同因素上的可能反映来自不同构念的测量项之间的相关度,区分效度越大表示构念间测量项区别度越低。表 5.5 展示了所有构念间的相关系数以及每个构念对应的 AVE 值和 AVE 平方根取值。根据区分效度的评价条件,每一个变量的 AVE 平方根大于该变量与其他变量的相关系数值的模型有较好的区分效度。由表 5.5 可知,模型中每个构念与其他构念的相关系数均小于该构念的 AVE 平方根取值,符合区分效度的检测要求。

表 5.5 区分效度检验结果

	功能风险	社会风险	网络风险	隐私风险	财务风险	心理风险	感知风险	AVE	AVE平方根
功能风险	0.745							0.680	0.825
社会风险	0.427	0.595						0.695	0.834
网络风险	0.521	0.358	1.093					0.815	0.903
隐私风险	0.408	0.281	0.723	0.910				0.817	0.904
财务风险	0.377	0.259	0.726	0.689	0.749			0.753	0.868
心理风险	0.438	0.468	0.574	0.516	0.496	0.709		0.743	0.862
感知风险	0.390	0.473	0.402	0.385	0.342	0.494	0.662	0.690	0.831

综上所述,本次问卷同时通过了信度检验和效度检验(收敛效度检验和区分效度检验),可以进一步进行模型的拟合和构建。

5.1.3.3 模型拟合与构建

本研究参数估计使用最大似然法(Maximum Likelihood),利用 Amos17.0 软件对样本数据进行验证性因子分析,结构方程模型具有非常多的评价指标,每个指标从不同方面对模型的拟合程度进行衡量。通过对模型评价指标的学习,筛选出以下具有代表性的指标进行模型拟合情况评价:

(1) NC(Normed chi-square),是卡方与自由度的比值,是简约适配度指数的一种。当 NC 小于 1.00 时,表示模型过度适配,当 NC 大于 3.00 时,表示假设模型尚无法反映真实的观察数据,整体契合度不佳,当其处于 1.00—3.00 时,表示模型适配良好。

(2) RMSEA(Root Mean Square Error of Approximation),是每个自由度的平均$\sum$与$\sum(\theta)$间的差异值,通常被视为最重要的是适配指标信息,属于绝对适配度指数。RMSEA 的取值越小,表示适配度越好,一般 RMSEA 小于 0.08,即表示有合理适配。

(3) GFI(Goodness-of-fit Index),表示观察矩阵中的方差与协方差可被复制矩阵预测到的量,即样本观察矩阵与理论构建复制矩阵之差的平方和与观察的方差的比值。GFI 是从绝对适配的角度对模型拟合程度进行衡量的。它的取值越大,表示理论构建的矩阵能解释的观察矩阵的变异量越大,两者契合度越高。一般认为,GFI 大于 0.90,则表示模型有良好的适配度。

(4) IFI(Incremental Fit Index)和 CFI(Comparative Fit Index),这两个指数都属于增值适配度指数,通过将假设提出构建的理论模型与基准线模型的适配度进行比较并进行契合度的判别。这两个指标对良好适配的衡量标准,一般也认为是 0.90。

(5) AIC(Akaike Information Criteria)和 CAIC(Consistent Akaike Information Criteria),这两个指标同为简约适配度指标。其中,AIC 考虑到待估计参数个数,通过对具有不同潜在变量数量的两个模型的精简程度的衡量评估模型的适配程度。而 CAIC 将样本大小的影响也纳入估算公式中。一般认为,理论模型(Default Model)的 AIC&CAIC 值比饱和模型(Saturated Model)和独立模型(Independent Model)的 AIC&CAIC 值小,则模型是可以被接受的。

(6) PNFI(Parsimony-adjusted NFI),作为简约适配度指标,它通过将自由度的数量纳入与其活的适配程度的考虑来判断模型的精简程度。对于单个模型,一般认为 PNFI 取值大于 0.50,则假设理论模型是可以接受的。

本研究中互联网金融感知风险构成因素模型的整体模型适配度指标,如表 5.6 所示。整体而言,感知风险构成模型的整体适配度基本上都达到了拟合优度的要求,由此可以认为本研究所采用的结构模型与实际样本数据拟合良好,可用于所提出假设的验证。

表 5.6 结构模型拟合指标

指标类型	指标名称	评价标准	本模型拟合值	模型适配判断
绝对适配度指数	RMSEA	<0.08	0.062	是
	GFI	>0.90	0.895	极其接近
增值适配度指数	IFI	>0.90	0.966	是
	CFI	>0.90	0.965	是
简约适配度指数	PNFI	>0.50	0.741	是
	χ^2 自由度比 NC	1—3	1.957	是
	CAIC	DM 模型比 SM、IM 取值都小	DM(CAIC)=680.927 SM(CAIC)=1372.012 IM(CAIC)=4494.578	是
	AIC	DM 模型比 SM、IM 取值都小	DM(AIC)=413.457 SM(AIC)=420.000 IM(AIC)=4403.911	是

利用 SPSS17.0 运算出样本数据的协方差矩阵,以此为输入数据运行 Amos 17.0 软件,得到互联网金融感知风险构成因素模型输出结果。

5.1.3.4 模型分析与假设检验

表 5.7 列出了模型的回归系数和标准化路径系数,由表可知,假设提出的六个维度的风险中,只有社会风险和心理风险与互联网金融整体感知风险有直接的显著相关性,相关系数分别为 0.534 和 0.272,P 值分别小于 0.001 和 0.05,并可以解释互联网金融整体感知风险的 76.5%(1—0.235)。所以,假设 H1a 得以部分验证。互联网金融的网络风险、隐私风险与财务风险的相关系数分别为 0.344 和 0.484,且 P 值都小于 0.001,达到显著水平。且从路径图可知,网络风险、隐私风险通过财务风险影响整体感知风险,所以,假设 H1b 得到支持。类似的,互联网金融的财务风险和社会风险与心理风险在 99.9%以上的置信区间内显著相关,所以,假设 H1c 得到支持,如图 5.3 所示。

表 5.7 结构模型回归系数与标准化路径系数

	未标准化回归系数	标准化回归系数	标准误差	临界比(t检验值)	P
财务风险←网络风险	0.344	0.416	0.056	6.188	***
财务风险←隐私风险	0.484	0.534	0.063	7.668	***
心理风险←财务风险	0.293	0.301	0.123	2.375	*
心理风险←社会风险	0.556	0.509	0.082	6.752	***
心理风险←功能风险	0.010	0.011	0.073	0.142	0.887
心理风险←网络风险	0.069	0.085	0.07	0.978	0.328
心理风险←隐私风险	0.114	0.129	0.087	1.305	0.192
感知风险←心理风险	0.272	0.282	0.112	2.424	*
感知风险←社会风险	0.534	0.506	0.116	4.600	***
感知风险←财务风险	0.027	0.029	0.13	0.209	0.834
感知风险←功能风险	0.017	0.018	0.079	0.219	0.827
感知风险←网络风险	−0.055	−0.071	0.075	−0.738	0.460
感知风险←隐私风险	0.119	0.140	0.091	1.314	0.189

注:*、**、***分别代表结果在 90%置信区间显著、结果在 95%置信区间显著、结果在 99%置信区间显著。

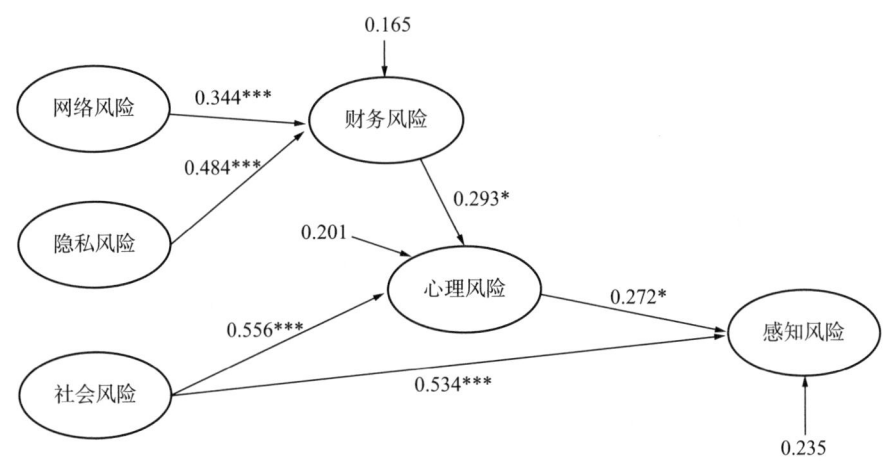

图 5.3 模型拟合路径系数图

注：*、**、*** 分别代表结果在 90% 置信区间显著、结果在 95% 置信区间显著、结果在 99% 置信区间显著。

5.1.4 结果讨论

通过互联网金融感知风险构成因素模型的研究发现，互联网金融的感知风险的构成维度主要有财务风险、心理风险和社会风险三个维度，本节将分别就这三个维度进行详细的讨论。

（1）互联网金融的网络风险和隐私风险是财务风险的两个重要组成部分

互联网金融感知风险构成因素研究发现，互联网金融的网络风险、隐私风险与财务风险有着非常显著的相关关系，且可以解释财务风险的 85%（1—0.15），即对网络安全的担忧和对隐私信息泄露的担忧是用户对互联网金融财务风险感知的最主要的两个方面。这与互联网金融产品本身的特质是紧密相关的。互联网金融是通过网络渠道的资金交易，一方面，与传统金融环境相比，通过网络渠道非面对面的交易环境，有时甚至不知道交易对手是谁，渠道的安全直接关系到在该渠道上运转的资金的安全，是否有病毒侵入、是否有黑客攻击等成为用户资产是否会损失的重要原因，网络风险也直接体现为用户的财务风险，所以网络风险成为用户财务风险的重要组成部分；另一方面，互联网金融的本质是金融交易，资金交易的频率高、金额大，交易过程的每个环节都会涉及用户的个人信息、资产信息（如银行卡账号、支付宝账号、密码等），这些信息的泄露直接导致用户资产的不安全，与资金相关的隐私泄露成为导致财务风险的又一重要诱因。因此，可以得出一个初步结论，互联网金融的网络风险、隐私风险与其财务风险有显著的相关性，且网络风险、隐私风险是财务风险的两个重要的组成部分。

(2) 心理风险是财务风险和社会风险影响整体感知风险的重要中介

互联网金融感知风险构成因素研究发现,对于互联网金融产品而言,其财务风险和社会风险分别通过心理风险解释整体感知风险,即互联网金融的心理风险在感知风险的三个主要维度中起到非常重要的中介作用。当用户认为使用互联网金融产品存在风险时,不论感知的风险是来自对资金损失的担忧,还是来自周围朋友或社会舆论所认为的互联网金融不安全,用户本身都会产生一种紧张、不安或忧虑的情绪,这些说明用户正在体验一种心理上的压力。所以除心理风险以外,感知风险其他维度的风险都会转化成用户的心理风险。

Stone 在研究"非网络环境下用户在未来 12 个月内购买计算机"情景下用户的感知风险时发现,用户感知风险构成维度的结构是通过个体的心理风险对整体感知风险进行中介的。结合前人的研究结果,本研究认为不论在互联网金融环境下还是在传统非网络环境下,用户的心理风险与其他维度的感知风险有显著的相关性,且不同维度的风险通过个体的心理风险影响整体感知风险。

(3) 社会风险和心理风险对感知风险有重要的影响作用

互联网金融感知风险构成因素研究显示,互联网金融的社会风险、心理风险与整体的感知风险有显著相关性,即互联网金融的社会风险、心理风险是整体感知风险的重要构成维度。社会风险,是指用户担心在使用互联网金融产品时不被周围人认可的可能。心理风险,是指用户对于使用互联网金融产品时自己内心会产生的紧张不安等情绪的担心。1967 年 Cunningham 在研究传统环境下用户感知风险时提出,感知风险的两个维度分别是功能风险和社会心理风险,之后他将社会心理风险分拆为心理风险和社会风险。之后很多学者研究证实在网络购物环境下心理风险、社会风险是感知风险的重要构成维度[①]。结合本次论文研究结果认为,网络环境下用户的社会风险和心理风险是感知风险的重要构成因素。

(4) 功能风险对整体感知风险影响不显著

很多学者都将功能风险作为感知风险的一个构成维度。根据本研究发现,支付宝平台产品的功能风险对其感知风险的影响不显著,心理风险对功能风险的中介作用也没有体现。产生这种差异,可能是由于支付宝在目前国内互联网金融平台中发展较成熟,平台上的产品如第三方支付、余额宝、招财宝、账户安全险等都有着大量的用户群,不断改进后,平台上的产品的功能可以很好地被实现,较少会出现产品故障,基本能满足用户对产品功能的需求,对产品功能实现方面的担心已经不在用户感知风险的考量范围内,导致功能风险对整体感知风险的影响不显著。然而对于互联网金融而言,功能风险是否是构成感知风险的

---

① 邵兵家.B2C 电子商务中感知风险降低策略的有效性研究[J].软科学,2006,20(6):131—135.

重要维度还有待进一步研究。

5.2 感知风险影响因素研究

5.2.1 研究假设

前文研究结果表明,互联网金融感知风险的构成维度主要有财务风险、心理风险和社会风险,这三个维度可以解释互联网金融整体感知风险的76.5%的变异量,可以认为是组成支付宝平台感知风险的三个主要因素。本节将在此基础上探究感知风险的影响因素。首先基于感知风险理论、技术接受模型,并借鉴前人的理论研究成果,结合互联网金融发展的实际情况,从用户因素和产品因素两个方面提出研究假设。

(1) 风险态度对感知风险的影响

风险态度是消费者对于金钱的处理方式及对于风险喜恶的程度,根据消费者对于风险喜恶的程度,风险态度可以分成风险规避型、风险型、风险中立型[1]。风险规避型用户对可能存在的不确定性有逃避的特点,倾向于风险较低的选择;风险型用户喜欢追求刺激,倾向于具有较大风险,但感知价值较高的选择;风险中立型用户在行为过程中对风险不敏感,即风险的变化对用户不会产生较大影响。

很多学者在对感知风险的研究中发现,风险态度对用户的感知风险有显著影响,即相比于风险偏好型用户,风险规避型用户能感知到更多的风险[2][3][4][5][6]。支付宝平台的互联网金融产品给用户带来便利性、新颖性和收益性等感知价值的同时,由于其创新性和资金密切关联性,也为用户带来了多样的风险感知。当

---

[1] Wärneryd K E. Risk attitudes and risky behavior[J]. Journal of Economic Psychology, 1996, 17(6): 749-770.

[2] Brockhaus R H. Risk taking propensity of entrepreneurs[J]. Acdemy of Management Journal, 1980, 23(3): 509-520.

[3] Vlek C, Stallen P J. Rational and personal aspect of risk[J]. Acts Psychological, 1980, 45(1-3): 273-300.

[4] 邵兵家,吴传淑,许博.C2C网上交易中感知风险与第三方支付担保服务使用[J].软科学,2007, 21(5):45—48.

[5] 高海霞.消费者的感知风险及减少风险行为研究[D].杭州:浙江大学博士学位论文,2003: 104—105.

[6] 王崇.网络消费者购买意愿影响因素模型研究[D].哈尔滨:哈尔滨工业大学博士学位论文, 2007:49—50.

面对支付宝平台提供的同样的互联网金融产品和服务时,风险规避型用户感知到更多的是产品和服务的技术不安全、资金损失、来自自身心理和周围环境的压力等可能存在的风险,对其带来的价值感知较少;相反,风险型用户感知到的则是产品和服务为用户带来的便捷、收益和全新的体验等感知价值,对其存在的风险感知较少。所以,在支付宝平台上,用户的风险态度对感知风险依旧存在显著影响,而且对感知风险的三个组成维度都有显著的影响。因此,提出如下假设:

H2a:用户的风险态度对使用互联网金融产品产生的财务风险有显著影响,风险型的用户所感知的财务风险较高,风险规避型的用户所感知的财务风险较低。

H2b:用户的风险态度对使用互联网金融产品产生的心理风险有显著影响,风险型的用户所感知的心理风险较高,风险规避型的用户所感知的心理风险较低。

H2c:用户的风险态度对使用互联网金融产品产生的社会风险有显著影响,风险型的用户所感知的社会风险较高,风险规避型的用户所感知的社会风险较低。

(2) 个人经验对感知风险的影响

个人经验是指用户对产品或服务已有的使用经历和熟悉程度。研究表明,用户已有的经历对其感知风险产生影响:Liaw等和井淼等的研究发现,(成功的)网购经历可以降低消费者的感知风险[1][2];王颖等指出产品涉入程度对用户感知风险有负向影响[3]。类似结论在金融产品领域也得到验证[4],孔伟成等认为消费者对第三方支付的熟悉程度会使其对风险的感知有所不同[5]。用户通过对支付工具运行机制的了解,可以有效地解决用户对信用问题的担忧。

支付宝平台通过将互联网技术与金融产品相结合,为用户提供支付、理财、保险等多种类的产品和服务。产品和服务的复杂技术细节和烦琐金融过程被打包在产品内部,向用户展示的则是简单的产品界面和便捷的操作。用户丰富的使用经历或对产品和服务的深度了解可以帮助用户消除对未知的恐惧,降低用

---

[1] Liaw G F, Zhu Z W, Lee Y H. The effects of risk reduction strategies on consumers' risk perceptions and online purchase intention[J]. Pan-Pacific Management Review, 2005, 8(1): 1—37.

[2] 井淼,周颖,吕巍.互联网购物环境下的消费者感知风险维度[J].上海交通大学学报,2006,40(4):607—610.

[3] 王颖,李英.基于感知风险和涉入程度的消费者新能源汽车购买意愿实证研究[J].数理统计与管理,2013,32(5):863—872.

[4] 方艳杰.电子商务中第三方支付对消费者感知风险的影响研究[D].长沙:中南林业科技大学硕士学位论文,2012:23—25.

[5] 孔伟成,陈水芬,綦晓燕.第三方支付过程中的感知风险研究——一种基于消费者对消费者模式的实证分析[J].浙江学刊,2011,(4):174—179.

户使用过程中的感知风险。因此,在支付宝平台上,用户的个人经验对感知风险存在着显著的负向影响,对支付宝平台产品较熟悉或经验丰富的用户,其感知到的财务风险、心理风险和社会风险较低,相反,没有相关经验和对平台产品不熟悉的用户感知到的财务风险、心理风险和社会风险则较高。因此,提出如下假设:

H3a:用户的个人经验对使用互联网金融产品过程中产生的财务风险有显著的负向影响。

H3b:用户的个人经验对使用互联网金融产品过程中产生的心理风险有显著的负向影响。

H3c:用户的个人经验对使用互联网金融产品过程中产生的社会风险有显著的负向影响。

(3) 感知易用性和感知有用性对感知风险的影响

感知有用性和感知易用性是 Davis 研究用户信息系统接受时提出的技术接受模型(TAM)中的核心概念[1]。其中感知有用性是指用户使用技术时感知到的工作绩效的提高;感知易用性是指用户认为使用系统的容易程度。TAM 模型认为感知有用性和感知易用性决定用户对技术的态度和使用意愿[2]。用户对技术的接受程度和使用意愿是在用户综合该技术给自身带来感知价值和感知风险的基础上形成的,即用户的感知易用性和感知有用性对用户的感知风险有影响。

互联网金融作为一种技术革命,给用户带来了完全不一样的金融体验,其基于网络和计算机技术的特点,产品的感知有用性和感知易用性将会使产品更容易被用户理解和使用,降低用户对产品的不确定性,而不确定性正是感知风险的重要构成因素之一。研究表明,感知易用性和感知有用性可以降低用户的感知风险[3][4]。另外,在金融相关的研究中发现,感知易用性与感知信用相关,而感知信用和感知风险都是用户对金融信息系统风险的感知[5],进一步强调了感知易用性对感知风险的影响。所以在支付宝平台上,产品的感知易用性和感知有用性可能对感知风险的三个维度都有显著负向影响。因此,提出如下假设:

---

[1] Davis F D F. Perceived usefulness, perceived ease of use, and user acceptance of information technology [J]. MIS Quarterly, 1989,13(3):319-340.

[2] 雷晶,李霞.基于扩展技术接受模型的移动支付使用意愿信度及效度研究[J].统计与决策,2014,(18):98—100.

[3] Featherman M S, Pavlou P A. Predicting e-services adoption: A perceived risk facets perspective [J]. International Journal of Human-Computer Studies, 2003, 59(4): 451-474.

[4] 方艳杰.电子商务中第三方支付对消费者感知风险的影响研究[D].长沙:中南林业科技大学硕士学位论文,2012:23—25.

[5] 邱均平,杨强,郭丽琳.互联网金融理财产品使用影响因素研究[J].情报杂志,2015,34(1):179—184.

H4a：互联网金融产品的感知易用性对用户使用过程中感知的财务风险有显著负向影响。

H4b：互联网金融产品的感知易用性对用户使用过程中感知的心理风险有显著负向影响。

H4c：互联网金融产品的感知易用性对用户使用过程中感知的社会风险有显著负向影响。

H5a：互联网金融产品的感知有用性对用户使用过程中感知的财务风险有显著负向影响。

H5b：互联网金融产品的感知有用性对用户使用过程中感知的心理风险有显著负向影响。

H5c：互联网金融产品的感知有用性对用户使用过程中感知的社会风险有显著负向影响。

(3) 感知安全性对感知风险的影响

金融行业瞬息万变，是典型的高风险、高收益行业，市场风险、信用风险、流动性风险和操作风险是传统金融行业的常见风险。互联网金融在继承传统金融行业风险的基础上，还产生了新的风险：一方面，互联网金融作为新模式、新技术，为其带来了如监管缺失风险、第三方支付风险、网络借贷风险、违约风险等潜在风险，其中信息不对称带来的违约风险是目前互联网金融最大的信用风险；另一方面，互联网金融的交易模式完全颠覆了传统金融交易模式，仅通过鼠标点击、手指滑动就能完成传统金融环境下面对面的复杂操作，这在为用户带来良好体验的同时，也使得用户担心操作失误带来的财务损失、心理压力等。

许多研究表明，消费者在网络交易中最担心的问题就是交易的安全性。由于互联网金融的创新性和技术复杂性，用户在使用相关产品或服务时凭空产生了新的风险感知，即互联网金融实际存在的风险和用户感知风险存在偏差。方艳杰在研究第三方支付对消费者感知风险影响时发现感知安全性对感知风险有负向影响[①]。支付宝平台作为互联网金融的一个实例，在其产品设计的过程中，通过可视化、可感知的方式向用户呈现其安全性，可以降低用户在使用过程中的感知风险，即支付宝平台产品的感知安全性分别对用户使用过程中感知的财务风险、心理风险、社会风险有显著负向的影响。因此，提出如下假设：

H6a：互联网金融产品的感知安全性对用户使用过程中感知的财务风险有显著负向影响。

H6b：互联网金融产品的感知安全性对用户使用过程中感知的心理风险有

---

① 方艳杰.电子商务中第三方支付对消费者感知风险的影响研究[D].长沙：中南林业科技大学硕士学位论文，2012：23—25.

显著负向影响。

H6c：互联网金融产品的感知安全性对用户使用过程中感知的社会风险有显著负向影响。

5.2.2 研究模型

基于以上分析，形成如图 5.4 所示的互联网金融感知风险影响因素模型：

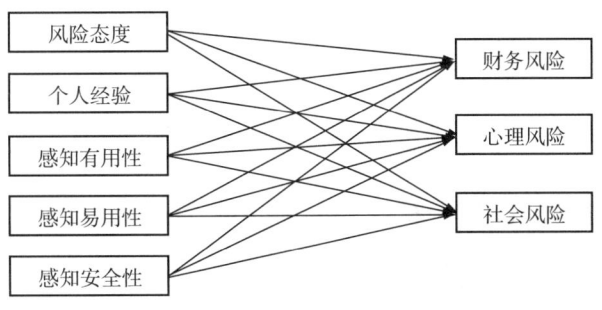

图 5.4 互联网金融感知风险影响因素模型

参考已有量表，并结合支付宝平台产品特征因素，编制问卷测量项，采用李克特五级量表进行测度，各构念测量题项及参考来源如表 5.8 所示。

表 5.8 构念测量题项

研究构念	测量题项	参考量表
风险态度	在决定使用支付宝平台产品前，我会仔细考虑	Warneryd（1996），王崇（2007），关佩仪（2014）
	我会详细了解相关信息再使用支付宝平台产品	
	在使用支付宝平台的产品时，我会非常仔细，宁愿花较多时间也不愿事后后悔	
	我会非常关注支付宝平台产品风险相关信息	
个人经验	我有丰富的支付宝使用经验	綦晓燕（2011），方艳杰（2012）
	我了解支付宝产品的各项功能	
	我对与支付宝有关的信息很关心	
	我经常使用支付宝	
感知有用性	支付宝可以提高我进行金融活动的效率	Venkatesh（2003）
	支付宝使我的金融活动变得更加容易	
	支付宝可以让我更好地完成金融交易	
	支付宝提供了一种很有用的金融方法	

(续表)

研究构念	测量题项	参考量表
感知易用性	我可以很容易地学会用支付宝进行金融活动 支付宝可以进行灵活的金融活动 支付宝的使用过程清晰易懂 用支付宝进行金融交易很简单	Rocaa(2006)
感知安全性	支付宝有着成熟的技术,我用起来很放心 支付宝有完善的安全机制,给我很安全的感觉 支付宝在宣传其支付功能时,非常强调其安全性	方艳杰(2012)

5.2.3 数据处理与分析

5.2.3.1 样本收集与描述

由于本节研究问卷与 5.1.3.1 节中互联网金融感知风险构成因素的问卷合成一份问卷发放,二者数据收集情况一致,在此不做赘述。

通过对回收问卷样本的人口统计学分析发现,用户个体的人口统计特征差异在其风险感知方面有所体现。由于在不同特征取值下的样本分布存在不均匀的情况,进行了样本的方差齐性检验如表 5.9 所示。检验结果显示除了年龄对财务风险和收入对社会风险的方差齐性检验没有通过外,其他全部通过方差齐性检验。

表 5.9 人口统计特征方差齐性检验

	财务风险		心理风险		社会风险	
	Levene统计量	显著性	Levene统计量	显著性	Levene统计量	显著性
性别	3.680	0.056	2.324	0.129	0.004	0.947
年龄	4.441	**0.013**	1.647	0.195	3.020	0.051
学历	0.192	0.825	0.045	0.956	2.639	0.073
收入	2.853	0.060	1.378	0.254	3.298	**0.039**
网龄	1.612	0.187	1.449	0.229	.606	0.612

表 5.10 和表 5.11 展现了不同人口统计学特征下表现出的财务风险、心理风险和社会风险均值,以及利用方差分析法计算出的组间差异的显著性结果。

表 5.10 人口统计特征感知风险平均数

人口统计学特征		财务风险	心理风险	社会风险
性　别	男	3.18	2.74	2.28
	女	3.58	3.16	2.29
年　龄	18—25 岁	3.40	2.89	2.22
	26—30 岁	3.24	2.88	2.30
	大于 30 岁	3.80	3.74	2.66
学　历	专科及以下	4.00	3.70	2.84
	本科	3.43	2.96	2.38
	硕士及以上	3.29	2.87	2.17
月收入	小于 1000 元	3.40	2.90	2.20
	1000—5000 元	3.54	3.08	2.44
	大于 5000 元	3.15	2.88	2.19
网　龄	不足 5 年	3.24	3.07	2.18
	5—10 年	3.44	2.91	2.27
	超过 10 年	3.43	2.98	2.51
合　计		3.39	2.96	2.28

表 5.11 人口统计特征方差分析显著性结果

人口统计学特征		财务风险	心理风险	社会风险
性　别	男 vs 女	**	***	.983
年　龄	18—25 岁 vs 26—30 岁	.243	.972	.524
	18—25 岁 vs 大于 30 岁	.093	***	*
	26—30 岁 vs 大于 30 岁	*①	***	.106
学　历	专科及以下 vs 本科	*	**	*
	专科及以下 vs 硕士及以上	**	***	*
	本科 vs 硕士及以上	.344	.498	.088
月收入	小于 1000 元 vs 1000—5000 元	.338	.217	.078
	小于 1000 元 vs 大于 5000 元	.125	.864	.915
	1000—5000 元 vs 大于 5000 元	*	.202	.092

---

① 由于年龄对财务风险的方差齐性检验没有通过,这里方差差异的显著性不被认为是组间的差异。

	人口统计学特征	财务风险	心理风险	社会风险
	不足 5 年 vs 5—10 年	.993	.695	.137
网　龄	不足 5 年 vs 超过 10 年	.357	.654	.076
	5—10 年 vs 超过 10 年	.206	.284	.510

通过方差分析发现，性别、年龄、教育程度的人口统计特征差异对用户使用互联网金融时风险的感知情况存在影响。女性表现出的对财务损失的担心程度和使用互联网金融产品带来的心理紧张程度均高于男性，但是社会风险方面两者几乎无差异。18—25 岁和 26—30 岁这两个年龄段用户在使用互联网金融产品时感知的风险情况差异不大，但都明显低于 30 岁以上的用户，这一点在心理风险方面表现得最显著。30 岁以上的用户在使用互联网金融产品时内心所感受的紧张和不安明显高于 30 岁以下的用户。受教育程度方面，本科学历的用户感知到的财务风险、心理风险、社会风险均略高于硕士及以上学历的用户，但是差异并不明显，然而专科及以下学历的用户对财务、心理和社会方面的风险的感知程度明显高于其他学历用户，其中对于财务损失的担心程度高达 4.00（满分 5.00 分）。

总体而言，被调查的 253 个样本中，对财务风险的担心得分最高(3.39)，其次为对心理风险的担忧(2.96)，用户对社会风险的担忧相对较低(2.28)。

5.2.3.2　信度与效度检验

采用 Cronbach's alpha 系数检验问卷的信度，结果如表 5.12 所示。由表可知，从回收的有效问卷的结果得到的每个构念的 Cronbach's alpha 系数均大于 0.8，说明问卷具有良好的内部一致性，信度检验通过。

表 5.12　信度检验结果

测量概念	Cronbach's alpha
财务风险	0.852
心理风险	0.896
社会风险	0.818
风险态度	0.853
个人经验	0.843
感知有用性	0.890
感知易用性	0.913
感知安全性	0.860
总体信度	0.806

表 5.13 和表 5.14 分别展示了支付宝平台感知风险影响因素研究模型的收敛效度和区分效度。由表 5.13 可知,所有构念的组合信度(CR)都大于 0.80,平均方差抽取量(AVE)均大于 0.60,说明其具有较好的收敛效度。由表 5.14 可知,模型中每个构念与其他构念的相关系数均小于该构念的 AVE 平方根取值,符合区分效度的检测要求,因而问卷通过了效度检验。

表 5.13 收敛效度检验

潜在变量	测量指标	因子载荷 λ	信度系数 λ^2	误差变异量 $1-\lambda^2$,即 θ	CR	AVE
财务风险 FR	FR1	0.875	0.766	0.234	0.854	0.745
	FR2	0.851	0.724	0.276		
心理风险 PSR	PSR2	0.802	0.643	0.357	0.900	0.750
	PSR3	0.885	0.783	0.217		
	PSR4	0.907	0.823	0.177		
社会风险 SR	SR1	0.881	0.776	0.224	0.822	0.699
	SR2	0.788	0.621	0.379		
风险态度 RA	RA1	0.752	0.566	0.434	0.858	0.670
	RA2	0.857	0.734	0.266		
	RA3	0.842	0.709	0.291		
个人经验 PE	PE1	0.818	0.669	0.331	0.847	0.651
	PE2	0.889	0.790	0.210		
	PE3	0.702	0.493	0.507		
感知安全性 PS	PS1	0.888	0.789	0.211	0.861	0.674
	PS2	0.825	0.681	0.319		
	PS3	0.744	0.554	0.446		
感知易用性 PEU	PEU2	0.884	0.781	0.219	0.913	0.779
	PEU3	0.878	0.771	0.229		
	PEU4	0.885	0.783	0.217		
感知有用性 PU	PU1	0.872	0.760	0.240	0.891	0.732
	PU2	0.797	0.635	0.365		
	PU3	0.894	0.799	0.201		

表 5.14 区分效度检验

	感知安全性	感知易用性	个人经验	感知有用性	风险态度	财务风险	社会风险	心理风险	AVE	AVE开根号
感知安全性	0.412								0.674	0.821
感知易用性	0.236	0.354							0.779	0.883
个人经验	0.200	0.139	0.553						0.651	0.807
感知有用性	0.193	0.252	0.137	0.287					0.732	0.856
风险态度	0.000	0.057	0.110	0.066	0.466				0.670	0.819
财务风险	−0.134	−0.02	−0.128	0.018	0.161	0.931			0.745	0.863
社会风险	−0.139	−0.174	−0.095	−0.141	0.098	0.364	0.589		0.699	0.836
心理风险	−0.171	−0.096	−0.040	−0.076	0.193	0.615	0.482	0.735	0.750	0.866

5.2.3.3 模型拟合与构建

与 5.1.3.3 一致,互联网金融感知风险的影响因素研究模型采用 RMSEA、GFI、IFI、CFI、PNFI、χ^2 自由度比 NC、AIC 和 CAIC 指标进行模型拟合度的检测,检测结果如表 5.15。由表可知,模型的整体适配度基本上都达到了拟合优度的要求,可以认为本研究所采用的结构模型与实际样本数据拟合良好,可用于所提出假设的验证。

表 5.15 结构模型拟合指标

指标类型	指标名称	评价标准	本模型拟合值	模型适配判断
绝对适配度指数	RMSEA	<0.08	0.060	是
	GFI	>0.90	0.892	极其接近
增值适配度指数	IFI	>0.90	0.956	是
	CFI	>0.90	0.956	是
简约适配度指数	PNFI	>0.50	0.718	是
	χ^2 自由度比 NC	1—3	1.895	是
	CAIC	DM 模型比 SM、IM 取值都小	DM(CAIC)=808.713 SM(CAIC)=1652.948 IM(CAIC)=4046.366	是
	AIC	DM 模型比 SM、IM 取值都小	DM(AIC)=486.843 SM(AIC)=506.000 IM(AIC)=3946.631	是

利用SPSS17.0运算出样本数据的协方差矩阵,以此为输入数据运行Amos 17.0软件,得到互联网金融感知风险影响因素模型输出结果。为了使结果更加直观,表5.16列出了两个模型的回归系数和标准化路径系数。

表5.16 结构模型回归系数与标准化路径系数

	未标准化回归系数	标准化回归系数	标准误差	临界比（t检验值）	P
心理风险←风险态度	0.426	0.344	0.092	4.612	***
社会风险←风险态度	0.304	0.274	0.085	3.588	***
财务风险←风险态度	0.354	0.254	0.106	3.338	***
社会风险←感知易用性	−0.367	−0.285	0.179	−2.057	*
财务风险←个人经验	−0.259	−0.199	0.107	−2.421	*
社会风险←个人经验	−0.096	−0.093	0.083	−1.161	0.246
财务风险←感知易用性	−0.057	−0.035	0.222	−0.256	0.798
财务风险←感知有用性	0.386	0.215	0.235	1.643	0.100
心理风险←感知有用性	−0.092	−0.057	0.195	−0.471	0.638
社会风险←感知有用性	−0.204	−0.142	0.182	−1.118	0.263
心理风险←感知易用性	−0.042	−0.029	0.185	−0.229	0.819
心理风险←个人经验	0.001	0	0.089	0.006	0.995
财务风险←感知安全性	−0.348	−0.232	0.159	−2.189	*
心理风险←感知安全性	−0.349	−0.262	0.132	−2.648	**
社会风险←感知安全性	0.014	0.012	0.122	0.114	0.909

由表可知,用户的风险态度显著影响财务风险、心理风险和社会风险,假设H2a、H2b、H2c得到支持。个人经验对互联网金融感知风险的影响主要体现在财务风险上,个人经验在95%的置信区间内显著负向影响用户的感知财务风险,而对心理风险和社会风险无显著影响,假设H3a被验证,H3b和H3c没有被支持。感知安全性对互联网金融用户感知到的财务风险和心理风险分别在95%和99%的置信区间内显著,但是对感知社会风险的影响不显著,假设H6a和H6b得到了验证,假设H6c不成立。用户的感知易用性对使用互联网金融感知到的社会风险有显著的负向影响,假设H4c被验证,但是假设H4a和H4b不成立。通过模型结果发现,感知有用性对感知风险的三个维度的影响都不显著,假设H5a、H5b、H5c都不成立。依据假设检验结果绘制结构模型路径,如图5.6所示。

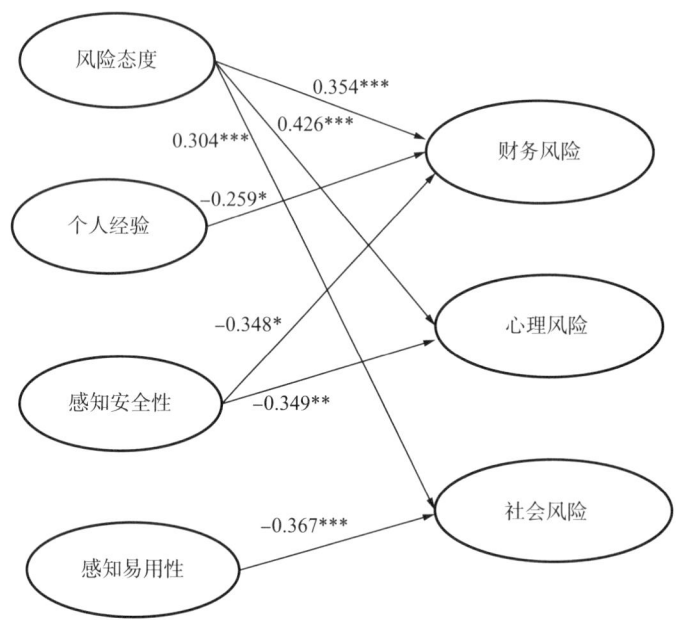

图 5.6 互联网金融感知风险影响因素结构模型路径图

注：*、**、*** 分别表示结果在 90% 置信区间显著、结果在 95% 置信区间显著、结果在 99% 置信区间显著。

5.2.4 结果讨论

（1）性别、年龄、学历对感知风险构成因素的影响

本研究发现，性别对用户使用支付宝平台产品风险感知情况有显著影响，女性用户的风险感知水平明显高于男性，且在心理风险和财务风险方面表现得最显著。这主要是因为男性用户比女性用户有更强的心理风险承担能力，而女性用户对财务的保护意识强于男性。黎科在研究网上银行感知风险影响因素时指出，男性用户感知风险水平明显低于女性用户，且在财务方面的差异最显著[①]。因此，性别对互联网金融的财务风险和心理风险有显著的影响。

数据显示，30 岁以下互联网金融用户的心理风险的感知程度显著低于 30 岁以上用户。这可能是由于互联网金融产品是一个创新产物，将网络和金融进行结合，年轻人对网络的熟悉程度和对网络产品的使用经验远高于年长者，所以年轻人对互联网金融产品的接受能力更强，对风险感知能力更弱。李广辉在研

---

① 黎科. 感知风险对网上银行影响的实证研究[D]. 成都：西南财经大学硕士学位论文，2012：43-46.

究网络购物环境下用户感知风险时也发现,不同年龄用户的感知风险存在差异,用户的感知风险会随着用户年龄的增加而提高[①]。由此可见,年龄对感知风险的影响在网络环境下都存在。

学历对互联网金融产品感知风险的影响显著地体现在财务风险和心理风险两个维度上。随着学历的升高,用户对互联网金融的感知财务风险和心理风险逐步降低,其中从专科及以下学历到本科学历有着一个显著的下降趋势。其主要原因可能是由于学历高的用户在收集产品相关信息、客观预测可能发生的风险以及决策的自信程度等方面都较学历低的用户有明显优势。相反,学历低的用户可能由于对产品和服务不熟悉而放大了对风险的感知程度,导致在财务和心理方面的感知风险明显高于学历高的用户。Slovic 的研究显示,学历与感知风险成反比[②]。因此,用户的学历对感知风险有显著的影响,对于互联网金融产品主要表现在财务风险和心理风险两方面。

(2) 风险态度对感知风险构成因素的影响

本研究发现,用户个体的风险态度对使用互联网金融产品所感知的财务风险、心理风险和社会风险有显著的影响。

由前景理论可知,面对收益时,人们会更加谨慎,面对损失,人们会选择冒险,并且损失产生的痛苦程度远大于收益产生的愉悦程度。互联网金融产品具有低成本、高收益的特征,使得用户在使用时更多地表现出小心谨慎的态度,即呈现风险规避的行为特征。回收的问卷数据也显示,风险态度构念的绝对均值 3.7 分(满分 5 分),其中分值超过 4 分的用户 148 人,占全部人数的近 60%。在互联网金融产品用户的风险规避特点的影响下,用户对互联网金融产品的风险感知程度较高,并且在感知风险的各个构成维度上都有体现,其中对心理风险和财务风险的影响最显著,并成为影响这两个风险的重要因素。

前人对购物环境下感知风险的研究中,也发现风险态度对感知风险有显著影响:高海霞的研究结果均显示,在用户的购买过程中风险规避型用户比风险偏好型用户有更高的感知风险[③]。与购物环境一致,互联网金融环境下,用户感知风险也会受到风险态度的显著影响。另外,根据 Mazumdar 的研究,风险态度显

[①] 李广辉.网络环境下消费者感知风险构面研究[D].大连:大连理工大学硕士学位论文,2005:34-39.

[②] Slovic P. Trust, emotion, sex, politics, and science: Surveying the risk-assessment battlefield [J]. Risk Analysis, 1999, 19(4): 689-701.

[③] 高海霞.消费者的感知风险及减少风险行为研究[D].杭州:浙江大学博士学位论文,2003:103—104.

著影响顾客对新产品的感知风险[①]。随着互联网金融的发展,互联网金融产品越来越被用户所接受。此时,风险态度是否对感知风险依旧存在影响,有待进一步研究。

因此,互联网金融产品自身的特点使得其用户呈现出风险规避的态度,而风险态度是影响用户心理风险、财务风险和社会风险的重要因素。

(3) 个人经验对感知风险构成因素的影响

本研究发现,用户的个人经验对使用互联网金融产品所感知的财务风险有显著的负向影响,而对心理风险和社会风险的影响不显著。

由信息不对称理论可知,处于信息优势的一方通过逆向选择获得额外收益,或利用道德风险对他人造成伤害。普通的用户对互联网金融产品、服务、技术不了解,处于信息劣势地位,非常担心遭遇网络诈骗、信用违约、财务信息泄露等情况,这将直接导致其财务损失。这样的担心,在互联网金融领域是普遍存在的。用户通过了解相关产品、服务和技术知识,尝试使用相关产品,在一定程度上缓解了信息不对称问题,降低了出现逆向选择和道德风险的可能,进而降低了对财务风险的感知。

学者在研究传统环境和第三方支付时,也发现用户的个人经验对感知风险的影响:Rao等在研究用户对产品进行评估时发现,顾客关于产品的认知比较丰富时,感知风险就会降低[②]。方艳杰通过对第三方支付的感知风险研究发现,熟悉程度对感知风险中的经济风险和身体风险有显著的负向影响[③]。根据本研究的结果,在互联网金融环境下与传统环境下相一致,用户的个人经验显著影响着感知风险,尤其是在财务风险上表现得最显著。

因此,用户的个人经验对感知风险有着显著负向影响,在互联网金融环境下主要表现为对财务风险的影响,有着丰富个人经验的用户所感知的财务风险较低。

(4) 感知安全性对感知风险构成因素的影响

在本研究中,感知安全性从用户感知的角度度量了互联网金融产品技术的成熟程度、机制的完善程度和宣传过程中让用户感知到的安全程度三个方面。互联网金融感知风险影响因素研究发现,产品的感知风险对用户使用互联网金融产品时所感知的心理风险和财务风险有着显著的负向影响,而对社会风险的

---

① Mazumdar T. A value-based orientation to new product planning[J]. Journal of Consumer Marketing, 1993, 10(1): 28-41.

② Rao A R, Monroe K B. The moderating effect of prior knowledge on cue utilization in product evaluations [J]. Journal of Consumer Research, 1988, 15(2): 253-264.

③ 方艳杰.电子商务中第三方支付对消费者感知风险的影响研究[D].长沙:中南林业科技大学硕士学位论文,2012:25—29.

影响不显著。

互联网金融是一种创新性产物,产品内部集成了复杂的技术和烦琐的金融过程,以简单便捷的方式向用户展示,用户无法深入了解产品内部的详细情况,但是用户使用的每一个环节都与资金密切相关,安全成为用户最担心的问题。这种对于安全的担心,一部分是对财务损失的担忧,一部分是由于使用过程中内心压力的增加。本研究发现,通过提高用户对产品安全性的切实感知,可以降低用户的感知风险,而且在心理风险和财务风险两方面的担心程度的降低最显著。

学者对网络购物环境和网上银行的感知风险研究发现,感知安全性对感知风险有显著的影响:井淼等研究用户的网络购物过程时发现,网站的安全性对用户的感知风险有显著影响[1];张岳的研究发现交易安全性感知对感知风险有显著的影响[2];黎科研究网上银行时发现,感知安全性对财务风险有着显著影响[3]。结合本研究的结果,我们发现,感知安全性在多种环境下显著影响着用户的感知风险,尤其是在网络环境下,用户的感知风险成为影响用户感知风险的重要因素。

综上所述,在进行与资金相关的行为时,用户的感知安全性对感知风险有显著负向影响。互联网金融环境下,这种负向影响更多地体现在心理风险和财务风险。

(5) 感知易用性对感知风险构成因素的影响

本研究发现,产品的感知易用性对用户使用互联网金融产品所感知的社会风险有显著的负向影响,而对心理风险和财务风险的影响不显著。

互联网金融产品是基于网络技术和计算机技术的产品,产品的感知易用性让用户可以更好地理解和使用,降低用户感知到的不确定性,而不确定性正是感知风险的一个重要组成部分。Featherman等的研究发现,感知易用性可以通过减少消费者的认知负荷,如降低导航时间和对系统质量的担忧,降低产品表现的不确定性来降低感知风险[4]。另外,根据创新扩散理论,相对优势和可观察性是影响用户创新接受速度的重要因素。互联网金融是互联网和金融相结合的创新产物,提高互联网金融产品的易用性有助于加快该产品被用户接受的速度。当易用性的优势被用户显著感知到时,便可以通过具象的方式传播出去,周围人对

---

[1] 井淼,周颖,王方华.网上购物感知风险的实证研究[J].系统管理学报,2007,16(2):164—169.
[2] 张岳.信任与感知风险对客户网络购物意愿的影响研究[J].商业经济,2012,(4):86—88.
[3] 黎科. 感知风险对网上银行影响的实证研究[D].成都:西南财经大学硕士学位论文,2012:57—59.
[4] Featherman M S, Valacich J S, Wells J D. Is that authentic or artificial? Understanding consumer perceptions of risk in e - service encounters[J]. Information Systems Journal, 2006, 16(2): 107‑134.

该产品的接受度可能将会大幅提升,由此可以降低产品使用过程中的感知社会风险。

因此,本研究认为,感知易用性对感知风险有负向影响,即提高产品的感知易用性可以降低用户的感知风险。在互联网金融环境下,感知易用性对感知风险的影响主要体现在社会风险上,即产品的易用性可以降低用户担心不被周围人认可的风险。

5.5 结论与启示

本研究基于感知风险理论、技术接受模型,在借鉴前人的研究成果的基础上以支付宝平台为例构建了互联网金融感知风险的构成因素和影响因素理论模型,并探讨了影响因素对感知风险各个构成因素的影响情况。最终,研究得到以下几点结论和启示:

(1) 用户的性别、年龄和学历对感知风险的构成因素有显著影响,互联网金融企业可以结合相应人群特点进行差异化的营销和产品设计,并构建金融社交网络。

互联网金融产品设计过程中,可以针对不同人群进行产品的差异定制,由于男性在心理和财务方面的感知风险低于女性,年龄小于 30 岁的用户在心理方面的感知风险低于 30 岁以上的用户,而年龄小于 30 岁的男性用户对于产品的操作简便性、系统反馈及时性和产品时髦性有较高的要求。所以,针对这部分用户进行差异化营销时,在强调产品的安全性的基础上还需要强化产品操作的便捷性、系统及时反馈性和产品的时尚性,甚至在产品流程设计时相对弱化密码、安全控件等安全措施,以实现简化产品流程和系统的及时反馈。当然,安全是互联网金融产品在设计时首先要考虑的因素,对于安全措施的弱化程度必须是在技术安全保证的可控范围内的。

另外,由于学历较低的用户在使用互联网金融产品时能感知到更多的社会风险,即他们更在乎周围人对他们的看法,容易受到周围人行为的影响。在互联网金融产品设计时,在保证用户信息安全的前提下,可以引入社交网络概念,构建形成金融方面的社交网。当用户看到他周围的人也在使用某产品,则会降低他对该产品的感知风险,从而提高了他尝试使用的可能。

(2) 用户的风险态度对感知风险的三个构成因素都有显著影响,互联网金融企业需要通过调整用户的风险态度,降低用户的感知风险,进而提高用户使用互联网金融产品的意愿。

用户的风险态度是指用户对风险的喜恶程度,属于用户的本质特性,然而这一本质特征并不是一成不变的。研究发现,个人的风险态度不仅会随着时间、境况的改变而改变[1],还会受到个人性格、经历和价值观的影响,即风险态度受到内因和外因交互作用的影响[2]。因此,互联网金融企业在进行差异化的产品定制和营销时,一方面需要考虑用户不同的风险态度特征,另一方面还需要考虑用户风险态度的动态变化,如年龄、境况、经历等,进行用户风险态度的动态监控。互联网企业可以利用其自身的大数据优势,通过信息的整合和数据的挖掘,构建风险态度评估模型,并基于其强大的运算能力,对模型进行实时调整和刷新,实现对用户风险态度的动态跟踪。

根据前景理论,用户的风险态度表现出参照依赖的特点,即用户的风险态度会随着价值的参照点的调整而改变。与传统金融产品相比,互联网金融产品有着高收益率的特点,然而这种高收益是通过降低交易成本而实现,不是通过增加风险得到的。因此,互联网企业可以通过向用户普及互联网金融原理,提高用户对收益感知的基础,从而影响部分用户对互联网金融的风险态度——由风险规避型向风险偏好型转变,或降低对于风险额的规避程度,间接地降低用户的感知风险,提高使用互联网金融产品的意愿。

(3) 用户的个人经验对感知风险的财务风险因素有显著负向影响,互联网金融企业可以通过主动提高用户的个人经验,来降低用户对财务风险的感知力度。

目前,互联网金融发展迅速,有着非常庞大的用户群,但依然有一部分用户因对互联网金融有较高的感知风险,而不接受互联网金融。用户对互联网金融产品产生的感知风险很大程度上是对产品不了解而不敢尝试使用,造成用户个人经验的缺失。为了扩大市场占有率,促进行业的健康发展,互联网金融企业可以通过主动向用户传输产品的相关信息,让用户对互联网金融产品的技术、机制、使用流程等情况有一个较全面的了解,消除信息不对称给用户带来的压力和风险感知,甚至可以建立试用平台,让用户真实地体验整个交易流程,对产品形成最直观的感觉。

甚至互联网金融企业可以构建实体的体验中心,在这里用户一方面可以通过亲身体验产品,了解产品功能,形成用户习惯,提高日后使用真实产品时的个人经验。另一方面,可以让用户自己进行产品设计或创意设计,通过用户参与的方式,让新产品更容易被用户所接受,将用户原有的习惯转化成用户的个人经验,有助于降低用户对风险的感知。

---

[1] MacCrimmon K R, Wehrung D A. Characteristics of risk taking executives [J]. Management Science, 1990, 36(4): 422-435.
[2] 侯娇峰.员工绩效薪酬感知与薪酬满意度的关系研究[D].南京:南京理工大学硕士学位论文,2013:14—15.

(4)感知安全性对感知风险的财务风险和心理风险两个构成因素有显著负向影响,互联网金融企业需要加强安全措施,提高对安全的承诺力度,并通过用户可感知的方式展现给用户。

互联网金融企业一方面要加强技术研发,提高产品技术的成熟度,不断完善产品的安全性能,使用户发生财务损失、信息泄露等事故的可能降到最低,切实担负起保障用户的财产安全的责任。另一方面,要发挥平台的优势,以完善的机制对该平台上的交易安全进行承诺:对用户的信息进行保密、对用户的财产进行保护等。如果技术的先进程度是企业的硬实力,那么机制的完善程度就是企业的软实力,通过机制的完善可以极大地提高企业的绩效。对于互联网金融企业来说,在提高产品感知安全方面,机制也起到不可或缺的作用。例如,互联网金融企业可以进一步加强对平台上用户的管理,以及对交易过程的管理和约束,一旦出现"网络诈骗""信用违约"等行为,立即在平台上对出现违约的一方的资产进行冻结,并迅速进行事故处理,将用户的损失降到最低,甚至以平台作为交易的背书,为交易过程担保,增加用户对交易安全的感知。

互联网金融企业不仅可以从技术、机制方面提高用户的感知安全性,还需要在宣传过程中体现其安全性,在互联网金融平台宣传过程中强调平台的安全性,在用户心中形成平台的安全形象,体现平台的负责态度,让用户对互联网金融平台的安全性、可靠性有直观的感知。其实,由于目前互联网金融处于法律和监管的缺失阶段,缺乏权威机构对互联网金融企业进行监管和风险评价。从互联网金融长期发展的角度看,将互联网金融企业纳入监管,为用户提供客观的风险评估,有助于行业的健康发展,并为用户提供权威的风险参考,用户将会以更加直观和可信的方式对风险较低的企业产生安全的感知。

(5)感知易用性对感知风险的社会风险因素有显著的负向影响,互联网金融企业可以通过改进产品设计,增加用户提示等方式提高产品的易用性,降低用户感知的社会风险。

虽然目前互联网金融产品已经大大简化了金融交易的复杂过程,但是在使用过程中依旧存在密码过多、过程烦琐等问题,尤其是随着移动互联网的发展,在移动设备上使用互联网金融产品的趋势越来越明显,产品过程的简洁性、界面设计的友好化需要成为互联网金融企业关注的重点之一。

一方面,互联网金融企业可以在现有产品的基础上进行流程优化,使产品的使用过程更加简洁方便。在做好隐私保护的基础上,利用平台信息共享优势,减少用户信息输入次数,尽量以勾选等方式完成必要的信息输入;在整个交易过程中为用户提供提示信息,让用户更加了解整个交易流程,以及每一环节的功能含义,使用户产生对整个交易流程的控制感,有助于提高用户的感知易用性。

另一方面,优化界面设置,互联网金融企业需要将产品界面设置得更加友好,可以通过保持界面一致性和增加用户个性化设置等方式。界面一致性是指当用户在同一平台上、不同细分产品间进行切换时,不会产生陌生感,不需要花费额外的时间成本进行界面及功能的熟悉,这会让用户觉得产品容易使用,也易于学习。个性化设置是指用户可以根据自己的使用习惯进行界面的自定义,如用户自己进行界面色彩搭配,调整界面整体的显示风格,或将自己常用产品设置在固定区域等。个性化的界面设置,可以让用户保留之前使用的痕迹,使用户对该产品产生亲近感,有助于提高其感知易用性。

第三部分
移动支付用户使用意愿与满意度研究

6 移动支付用户使用意愿的影响因素研究——以微信支付为例

近年来,随着移动电子商务的逐渐普及,移动支付也作为一种新兴的支付方式渗透进生活的方方面面,移动支付的灵活性和便捷性使得它进入市场不久便得到了消费者的广泛采纳。起初,银行业充分应用电子服务技术,率先开展了电子银行支付业务,然而由于手续费用和烦琐的操作方式,其在以小额交易为主的移动商务业务中的发展遇到阻力。这时,互联网运营商们试水移动金融服务领域,推出了如支付宝钱包、微信支付等第三方移动支付软件,此类应用软件支付流程简单,使用过程方便快捷,用户花费极少的时间和注意力便可轻松完成小额支付业务,且软件完全免费,极大地降低了交易成本,一经推出便迅速占领市场。

统计数据显示,2019 年我国第三方移动支付交易规模已达 226.2 万亿元,同比增长 18.7%,其中移动消费类占比达 20.8%,移动金融类占比 16.9%,移动支付交易频次和总体交易规模呈现高速增长态势[1]。但这并不意味着每个移动支付的市场参与者都能分到一块蛋糕,为了进一步占据市场,互联网运营商们各出奇招,竞争不断升级。2003 年,阿里巴巴集团首次推出支付宝服务,满足用户线上交易的需求。2013 年年底,腾讯公司利用微信的用户基础推出了"微信支付",这款产品很快就因为其丰富有趣的移动支付体验获得了大众好感。

互联网环境下较低的转换成本,使得互联网运营商们要获得顾客忠诚并不容易。研究表明,超过 50% 的顾客在浏览某网站两次后就会转换到其他网站[2]。因此,面对持续升级的移动支付大战,探索用户采纳移动支付产品的影响因素及各因素对接受意愿的影响程度等问题有助于互联网运营商们针对性地改进产品和服务,从而促进移动支付领域的良性发展。

本章将以微信支付为例,基于已有研究成果,结合技术接受相关理论、感知风险理论和沉浸理论,构建移动支付用户使用意愿影响因素模型,具体解决以下两个问题:

---

[1] 前瞻经济学人. 2020 年中国第三方移动支付行业市场现状及发展趋势分析[EB/OL]. (2020-04-29) [2020-11-28]. https://www.qianzhan.com/analyst/detail/220/200428-ee2ea424.html.

[2] Reichheld F F, Schefter P. E-loyalty: Your secret weapon on the web [J]. Harvard Business Review, 2000, 78(4): 105-113.

(1) 哪些因素影响用户的移动支付使用意愿,各因素影响程度如何?

(2) 移动支付服务提供商应如何改进产品和服务以提升用户的使用意愿?

本章研究目的在于丰富移动支付相关的理论研究,并为移动支付产品和服务优化以及移动支付服务提供商的营销管理实践提供参考。

6.1 研究假设

(1) 便利条件与使用行为的关系

便利条件类似于计划行为理论中的感知行为控制变量,它反映的是用户的知识、能力和拥有的资源所产生的影响①。微信支付作为一种新的移动手机服务要求用户具有一定的技能,例如配置和操作移动智能手机,使用手机连接无线网络等。因此,在移动网络消费环境中,如果用户可以感知到便利的条件和因素来帮助其完成微信支付的业务,那么用户就很可能使用微信支付软件。因此,提出假设:

H1:便利条件对微信支付用户的使用行为有正向影响。

(2) 绩效期望与使用意愿的关系

Venkatesh 等认为,绩效期望是类似于 TAM 模型中的感知有用性变量②。它反映了用户感知到的使用微信支付业务带来的方便付款、快速响应和服务效率方面的性能改进和提高。目前,要使用微信支付功能大多需要手机连接互联网、获取验证码、发送短信等一系列步骤才可以完成,操作过程手续繁多,同时由于微信支付还受限于手机的配置,如屏幕和内存的大小、网络信号的畅通与否等,这些都使得微信支付的操作更复杂。在现有研究中,有学者发现,移动支付等操作系统的简化可以提高用户的使用意愿③。因此,提出如下假设:

H2:绩效期望对微信支付用户的使用意愿有正向影响。

(3) 努力期望与使用意愿的关系

努力期望和 TAM 模型中的感知易用性及创新扩散理论(Innovation diffusion theory,IDT)中的复杂性相似,它反映了用户对于使用微信支付的困难程度的认知。当用户认为微信支付易于使用,并且不需要投入太多努力,他们将比较愿意去使用它,否则他们将不愿意使用。有研究表明,在移动支付的

---

① Venkatesh V,Morris M G,Davis G B,et al. User acceptance of information technology: Toward a unified view[J]. MIS Quarterly,2003,27(3):425-478.

② 同①.

③ 施华康.消费者对移动支付业务使用意愿的影响因素研究——以大学生和年轻上班族为例[D].杭州:浙江大学硕士学位论文,2007:35.

使用中,感知有用性对使用意愿有正向影响,而 TAM 模型中的感知有用性是 UTAUT 中努力期望的原型构念。因此,提出如下假设:

H3:努力期望对微信支付用户的使用意愿有正向影响。

(4) 感知风险与使用意愿的关系

任何一项技术的使用都会给使用者带来不可预知的后果,其中很有可能会产生一些后果是使用者不愿意看到的,会对使用者产生不良的影响。由此,可以得出结论:用户的使用行为是带有风险的。在电子商务领域的文献中发现,对于在线支付或者移动支付者来说,感知风险是一个负面态度,影响使用者对技术的接纳[1]。因此,本章也引入感知风险的概念,提出如下假设:

H4:感知风险对微信支付用户的使用意愿有负向影响。

(5) 社会影响与使用意愿的关系

大量研究[2][3][4]都表明社会影响毫无疑问是一个非常重要的变量,影响用户对信息技术、信息系统的使用意愿。Gruzd 等的研究也表明,社会影响会对社会媒体的用户产生影响,对用户的使用意愿产生影响,但是不一定会影响用户的直接使用意愿[5]。由此可推断,社会影响肯定会对微信用户的使用意愿产生正向影响,很多用户都是在周围朋友、同事、亲戚的推荐下才产生了使用新技术和新工具的想法。据此,提出如下假设:

H5:社会影响对微信支付用户的使用意愿有正向影响。

(6) 感知娱乐性与使用意愿的关系

已有研究证明感知娱乐性对网络用户的使用意愿和使用行为产生影响[6][7],

---

[1] Min Q, Ji S, Qu G. Mobile commerce user acceptance study in China: A revised UTAUT model [J]. Tsinghua Science & Technology, 2008, 13(3): 257-264.

[2] AbuShanab E, Pearson J M. Internet banking in Jordan: The unified theory of acceptance and use of technology (UTAUT) perspective[J]. Journal of Systems and Information Technology, 2007, 9(1): 78-97.

[3] Eckhardt A, Laumer S, Weitzel T. Who influences whom&quest: Analyzing workplace referents' social influence on IT adoption and non-adoption[J]. Journal of Information Technology, 2009, 24(1): 11-24.

[4] Lu J, Yao J E, Yu C S. Personal innovativeness, social influences and adoption of wireless Internet services via mobile technology[J]. The Journal of Strategic Information Systems, 2005, 14(3): 245-268.

[5] Gruzd A, Wellman B, Takhteyev Y. Imagining twitter as an imagined community[J]. American Behavioural Scientist, 2011, 55(10), 1294-1318.

[6] Koufaris M. Applying the technology acceptance model and flow theory to online consumer behavior[J]. Information Systems Research, 2002, 13(2): 205-223.

[7] Dickinger A, Arami M, Meyer D. The role of perceived enjoyment and social norm in the adoption of technology with network externalities[J]. European Journal of Information Systems, 2008, 17(1): 4-11.

如果用户在使用产品时得不到快乐,那么该用户也不会使用该产品。同样,如果用户觉得在使用产品或者信息系统时感觉到愉快,那么他就会产生使用的意愿,并且有可能持续使用。如果微信支付用户在使用过程中感受到愉快,那么他就会产生使用微信支付的意愿。因此,提出如下假设:

H6:感知娱乐性对微信支付用户的使用意愿有正向影响。

(7) 使用意愿与使用行为的关系

技术使用意愿在 TAM 和 UTAUT 模型中都是一个核心概念,进一步说,用户的使用意愿可以解释大部分用户的实际使用行为。用户使用意愿这一概念在理性行为理论中也被研究过,认为用户对一种行为的态度会成为影响用户产生实际使用行为的因素。因此,在这项研究中,使用意愿作为一个因变量,同时也是一个中介变量,提出如下假设:

H7:使用意愿对微信支付用户的使用行为有正向影响。

6.2 研究模型

基于上述研究假设,提出如图 6.1 所示的移动支付用户使用意愿研究模型。

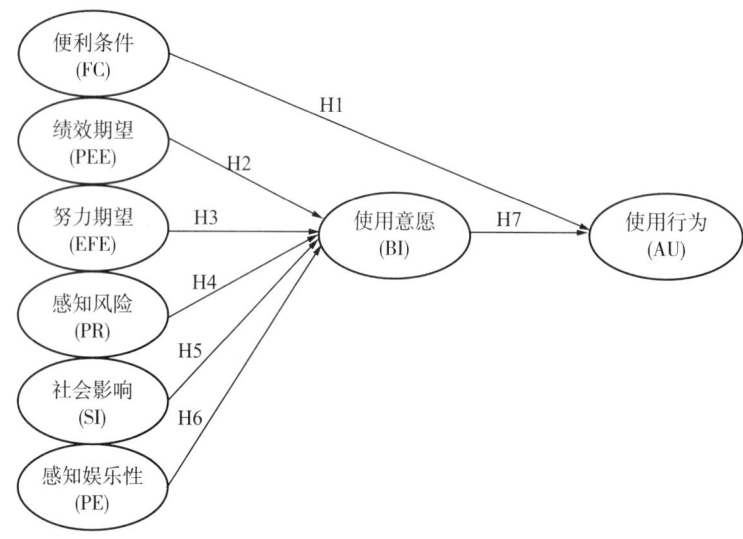

图 6.1 移动支付用户使用意愿研究模型

本模型涉及 8 个研究变量:便利条件、绩效期望、努力期望、感知风险、社会影响、感知娱乐性、使用意愿和使用行为,各变量测量题项如表 6.1 所示。

6 移动支付用户使用意愿的影响因素研究——以微信支付为例

表 6.1 构念测量题项及参考来源

研究变量	指标名称	测量题项	参考来源
便利条件	FC1	我拥有使用微信支付所必需的能力和知识	Agarwal 等①，Venkatesh 等②
	FC2	快速稳定的数据传输速度让交易便利，使得我愿意使用微信支付	
	FC3	当我在使用微信支付的过程中遇到困难时，我可以获得微信朋友的帮助	
	FC4	我认为使用微信支付可以让支付变得简单	
绩效期望	PEE1	我发现微信支付对我来说很有用	Vankatesh 等③，Koufanis④
	PEE2	使用微信支付能够节省我完成交易的时间	
	PEE3	使用微信支付可以免去我必须携带现金或信用卡才能支付的不便	
	PEE4	使用微信支付可以让我获得更多优惠	
	PEE5	使用微信支付可以让我获得更多收益（如使用微信理财通）	
努力期望	EFE1	我学会使用微信支付不需要花很多时间	Agarwal 等⑤
	EFE2	我认为微信支付的流程非常简单且容易操作	
	EFE3	我完全清楚并且了解如何使用微信支付	
	EFE4	现在我开通微信支付很容易	
感知风险	PR1	我觉得微信支付系统的技术还不是很成熟	Stone 等⑥
	PR2	我不太信任或者支持微信支付服务的商家	
	PR3	使用微信支付可能造成财物损失，如系统出错导致扣掉的比我实际应该付的多	
	PR4	我担心使用微信支付花很长时间却不能成功	
	PR5	我觉得开通和使用微信支付要花费很长时间	
	PR6	使用微信支付，我担心个人信息和交易信息被泄露，或银行账号被盗	

---

① Agarwal R, Karahanna E. Time flies when you're having fun: Cognitive absorption and beliefs about information technology usage[J]. MIS quarterly, 2000, 24(4): 665-694.

② Venkatesh V, Davis F D. A theoretical extension of the technology acceptance model: four longitudinal field studies[J]. Management science, 2000, 46(2): 186-204.

③ 同②.

④ Koufaris M. Applying the technology acceptance model and flow theory to online consumer behavior[J]. Information systems research, 2002, 13(2): 205-223.

⑤ 同①.

⑥ Stone R N, Grønhaug K. Perceived risk: Further considerations for the marketing discipline[J]. European Journal of marketing, 1993, 27(3): 39-50.

(续表)

研究变量	指标名称	测量题项	参考来源
社会影响	SI1	周围的人都在使用微信支付(比如抢红包),如果我不用会感到不自在	Vankatesh 等①,Dholakia 等②
	SI2	若亲朋好友向我推荐微信支付,我会尝试使用	
	SI3	各种媒体的宣传,鼓励我使用微信支付	
	SI4	我觉得用微信支付能提高我的社会形象	
感知娱乐性	PE1	我觉得使用微信支付软件很有趣	Koufaris③,Dickinger 等④
	PE2	使用微信支付软件让我觉得很快乐	
	PE3	我很享受使用微信支付软件的过程	
	PE4	使用微信支付软件可以让我和朋友有更多的互动,让我觉得很开心	
	PE5	使用微信支付后,我感到十分高兴	
使用意愿	BI1	我愿意学习如何使用微信支付	Venkatesh 等⑤
	BI2	有需要的时候我会愿意使用微信支付	
	BI3	我打算去尝试使用微信支付	
	BI4	如果微信支付效果很好,我会向身边的亲朋好友推荐	
使用行为	AU1	我曾经开通过微信支付	Agarwal 等⑥,Venkatesh 等⑦,Koufanis⑧
	AU2	我曾经使用过微信支付	
	AU3	未来一年,我会继续使用或开通微信支付业务	
	AU4	我会在自己使用微信支付的同时,向其他人推荐使用微信支付	

---

① Venkatesh V, Davis F D. A theoretical extension of the technology acceptance model: Four longitudinal field studies[J]. Management science, 2000, 46(2): 186 - 204.

② Dholakia U M, Bagozzi R P, Pearo L K. A social influence model of consumer participation in network and small-group-based virtual communities[J]. International Journal of Research in Marketing, 2004, 21(3): 241 - 263.

③ Koufaris M. Applying the technology acceptance model and flow theory to online consumer behavior[J]. Information systems research, 2002, 13(2): 205 - 223.

④ Dickinger A, Arami M, Meyer D. The role of perceived enjoyment and social norm in the adoption of technology with network externalities[J]. European Journal of Information Systems, 2008, 17(1): 4 - 11.

⑤ Venkatesh V, Sykes T A, Zhang X. 'Just what the doctor ordered': A revised UTAUT for EMR system adoption and use by doctors[A]// 44th Hawaii International Conference on System Sciences (HICSS)[C]. New York: IEEE, 2011: 1 - 10.

⑥ Agarwal R, Karahanna E. Time flies when you're having fun: Cognitive absorption and beliefs about information technology usage[J]. MIS quarterly, 2000, 24(4):665 - 694.

⑦ 同①.

⑧ 同③.

6.3 数据处理与分析

6.3.1 样本收集与描述

(1) 样本收集

根据上述的研究模型设计调研问卷,本研究采用在线平台发放问卷,在问卷星(http://www.sojump.com)和问卷网(http://www.wenjuan.com)上设计并发布了《微信支付用户使用意愿研究》调查问卷(问卷详见附录4)。共收集到345份完整问卷。为保证数据的可靠性,将填写内容前后矛盾、填写答案过于一致、填写时间过短的问卷剔除,共得到286份有效问卷,有效问卷率为82.9%,以这286份问卷为样本探究移动支付用户使用意愿的影响因素。

(2) 样本描述

我们对有效问卷进行样本数据描述,包括答卷人的性别、年龄、学历、居住地区、每月可支配收入、使用微信支付的次数及微信支付的最大交易金额等项目,通过测量这些项目可以获得测量样本的特征数据。将符合条件的有效样本数据输入统计分析软件 SPSS19.0 中统计相关数据,得到的结果如表6.2所示。

表6.2 样本描述性统计

样本统计特征	分 类	频 次	有效百分比	累计百分比
性 别	男	92	32.2%	32.2%
	女	194	67.8%	100%
年 龄	≤20岁	22	7.7%	7.7%
	21—25岁	105	36.7%	44.4%
	26—30岁	80	28.0%	72.4%
	31—35岁	32	11.2%	83.6%
	36—40岁	19	6.6%	90.2%
	≥41岁	28	9.8%	100%
学 历	高中及以下	29	10.1%	10.1%
	大专	43	15.1%	25.2%
	大学本科	127	44.4%	69.5%
	硕士及以上	87	30.4%	100%

（续表）

样本统计特征	分 类	频 次	有效百分比	累计百分比
居住地区	北京地区	29	10.1%	10.1%
	长三角地区	149	52.1%	62.2%
	珠三角地区	35	12.2%	74.4%
	其他地区	73	25.5%	100%
可支配月收入	≤1000元	53	18.5%	18.5%
	1001—3000元	101	35.3%	53.8%
	3001—5000元	73	25.5%	79.4%
	≥5000元	59	20.6%	100%
累计使用次数	1—5次	103	36.0%	36.0%
	6—10次	37	12.9%	48.9%
	10次以上	40	14.0%	62.9%
	从未使用	106	37.1%	100%
最大交易金额	≤100元	165	57.7%	57.7%
	101—300元	68	23.8%	81.5%
	301—500元	29	10.1%	91.6%
	≥501元	24	8.4%	100%

由表可知，从性别上看，男女使用者的比例约为1∶2，这可能是因为女性用户使用网络产品的动机为交流，这与男性用户以搜集信息和娱乐为主要动机有很大不同[1]。而微信首先是一款以即时交流为主要功能的软件，所以女性用户在数量上多于男性用户；从年龄上看，用户年龄段主要集中在21—30岁，占72.4%，以年轻群体为主；从学历上看，学历为大学本科和硕士及以上的用户较多，分别占总数量的44.4%和30.4%；从地域上看，北京地区、珠三角地区和长三角地区的用户共占74.4%，以经济较发达区域为主；从每月可支配收入来看，用户样本以5000元以下的收入人群为主，占79.4%，这也与样本的年龄段和学历相匹配；从累计使用微信支付的次数来看，使用次数为10次以下的用户较多，占样本的48.9%，其中1—5次的用户较多(36%)。此外，还有大部分微信用户没

---

[1] Chen Y, Bai L. Gender classification research on web forum users' posting behaviors and posting contents [A]//2014 International Conference on Information, Business and Education Technology (ICIBET 2014) [C]. Beijing: Atlantis Press, 2014:200-203.

有使用过微信支付,占到总样本的 37.1%,这说明该样本可以用作微信支付用户的使用意愿研究;在进行过的最大交易额方面,用户大都倾向于小额交易,300元以下的交易尽然占到了样本的 81.5%,而大额交易(500 元以上)的数量仅占总样本的 8.4%。

6.3.2 信度与效度检验

信度检验的目的是验证问卷中的测量指标是否具有可靠性和可信度,被调查对象在作答中反映的结果是否具有一致性。由于本问卷问题的提出多以前人研究为依据,前人研究中证实了问卷问题具有较好的外部一致性,且让被调查者在不同时间段多次回答问卷具有一定的操作难度,本节主要测量的是内部信度,采用 Cronbach's alpha 信度系数来检验,通常认为内在信度在 0.70 以上较好,0.60 至 0.70 之间可以接受,而低于 0.60 则须考虑增减测量指标或者重新修订。表 6.3 中列出了模型中各因素测量指标的信度,由表可知,各因素测量指标的 Cronbach's alpha 信度系数全部在 0.9 以上,问卷通过信度检验。

表 6.3 信度检验结果

因 素	测量指标的数目	Cronbach's alpha 信度系数
便利条件	4	0.943
绩效期望	5	0.967
努力期望	4	0.961
感知风险	6	0.965
社会影响	4	0.937
感知娱乐	5	0.966
使用意愿	4	0.967
使用行为	4	0.953

效度检验主要测量的是问卷的有效性,即问卷中设计的问题是否可以很好地聚合效度测量被研究变量的含义。效度分析主要包括聚合效度和区分效度两类,其中聚合效度是指相同构念的测量项彼此之间的相关程度,常通过组合信度(Composite Reliability,CR)和平均方差抽取量(Average Variance Extracted,AVE)来检验。区分效度是指不同构念各自所包含的问项之间是否可以很好地区分,不同构念之间的问项相关性较小,检验区分效度通常有信赖区间法、相关系数设定法和平均方差抽取量三种方法。

表 6.4 展示了构念的收敛效度检验结果,由表可知,测量指标的 λ 值在 0.5 以上,说明模型配适度较好;CR 值大于 0.6,AVE 值大于 0.5,表明潜变量的

内部数据具有一致性，即收敛效度通过检验。

表 6.4 收敛效度检验结果

因　素	测量指标	因子载荷 λ	信度系数 λ^2	误差变异量 $1-\lambda^2$	CR	AVE
便利条件 FC	FC1	0.772	0.596	0.404	0.889	0.668
	FC2	0.864	0.746	0.254		
	FC3	0.740	0.548	0.452		
	FC4	0.885	0.783	0.217		
绩效期望 PEE	PEE1	0.843	0.711	0.289	0.931	0.731
	PEE2	0.927	0.859	0.141		
	PEE3	0.871	0.759	0.241		
	PEE4	0.845	0.714	0.286		
	PEE5	0.793	0.629	0.371		
努力期望 EFE	EFE1	0.862	0.743	0.257	0.934	0.779
	EFE2	0.933	0.870	0.130		
	EFE3	0.85	0.723	0.278		
	EFE4	0.882	0.778	0.222		
感知风险 PR	PR1	0.738	0.545	0.455	0.916	0.645
	PR2	0.846	0.716	0.284		
	PR3	0.873	0.762	0.238		
	PR4	0.833	0.694	0.306		
	PR5	0.772	0.596	0.404		
	PR6	0.701	0.491	0.509		
社会影响 SI	SI1	0.696	0.484	0.516	0.869	0.626
	SI2	0.769	0.591	0.409		
	SI3	0.9	0.81	0.19		
	SI4	0.786	0.618	0.382		
感知娱乐 PE	PE1	0.889	0.790	0.210	0.961	0.832
	PE2	0.949	0.901	0.099		
	PE3	0.928	0.861	0.139		
	PE4	0.924	0.854	0.146		
	PE5	0.868	0.753	0.247		

(续表)

因素	测量指标	因子载荷 λ	信度系数 λ^2	误差变异量 $1-\lambda^2$	CR	AVE
使用意愿 BI	BI1	0.898	0.806	0.193	0.956	0.844
	BI2	0.932	0.869	0.131		
	BI3	0.928	0.861	0.139		
	BI4	0.917	0.849	0.159		
使用行为 AU	AU1	0.876	0.767	0.233	0.931	0.772
	AU2	0.879	0.773	0.227		
	AU3	0.897	0.805	0.195		
	AU4	0.863	0.745	0.255		

将各个测量指标的 AVE 值开平方,将 AVE 值开平方的值替换相关因子矩阵中的对角线中的值,得到表 6.5。由表可知,AVE 值开平方的值均大于各个因子的相关系数,即表明测量指标通过了区分效度的检验。

表 6.5 区分效度检验结果

	PE	SI	PR	EFE	PEE	FC	BI	AU
PE	0.912							
SI	0.573	0.791						
PR	0.366	0.444	0.803					
EFE	0.586	0.623	0.370	0.882				
PEE	0.502	0.413	0.372	0.611	0.855			
FC	0.666	0.526	0.366	0.535	0.607	0.817		
BI	0.406	0.455	0.409	0.665	0.508	0.523	0.919	
AU	0.588	0.634	0.334	0.673	0.409	0.631	0.579	0.878

6.3.3 模型拟合

在问卷的测量指标即各个问项均通过信度检验和效度检验之后,可以评估模型的拟合,评估模型主要参考一些拟合指标。研究模型的拟合各项指标数值较理想,说明模型的拟合程度较好,具体评价指标及参考值详见表 6.6。由表可知,研究模型的所有指标都在可接受的标准范围区间,可以认为结构方程模型与样本数据拥有比较优的拟合度,无须进行模型修正。

表 6.6 模型拟合结果

指标名称	评价标准	本模型拟合值	模型适配判断
卡方自由度比(χ^2/DF)	$\chi^2/DF<3$	2.524	拟合
近似误差均方根(RMSEA)	RMSEA<0.08	0.077	拟合
非常规拟合度(TLI)	TLI>0.9	0.931	拟合
常规拟合度(NFI)	NFI>0.9	0.925	拟合
比较拟合指数(CFI)	CFI>0.9	0.953	拟合
相对拟合指数(RFI)	RFI>0.8	0.891	拟合
拟合优度(GFI)	GFI>0.8	0.846	拟合
增量拟合指数(IFI)	IFI>0.9	0.953	拟合
调整拟合优度(AGFI)	AGFI>0.7	0.744	拟合

6.3.4 模型分析与假设检验

据 Amos20.0 分析得出的变量之间的路径数据结果,表 6.7 展示了各个测量变量之间的标准路径系数、标准误差、t 值以及 P 值检验的结果。由表可知,假设 H4(感知风险对微信支付用户的使用意愿有负向影响)和假设 H6(感知娱乐性对微信支付用户的使用意愿有正向影响)检验不通过,其他假设均成立。据此绘制模型拟合路径系数图,如图 6.2 所示。

表 6.7 结构模型标准化路径系数

路径	标准路径系数	标准误差	t 值(t 值>1.96)	P 值
PEE → BI	0.252	0.079	3.199	***
BI → EFE	0.304	0.066	4.580	***
PR → BI	−0.032	0.115	−0.282	0.778
SI → BI	0.336	0.104	3.23	***
PE → BI	0.046	0.077	0.596	0.551
FC → AU	0.419	0.105	4.009	***

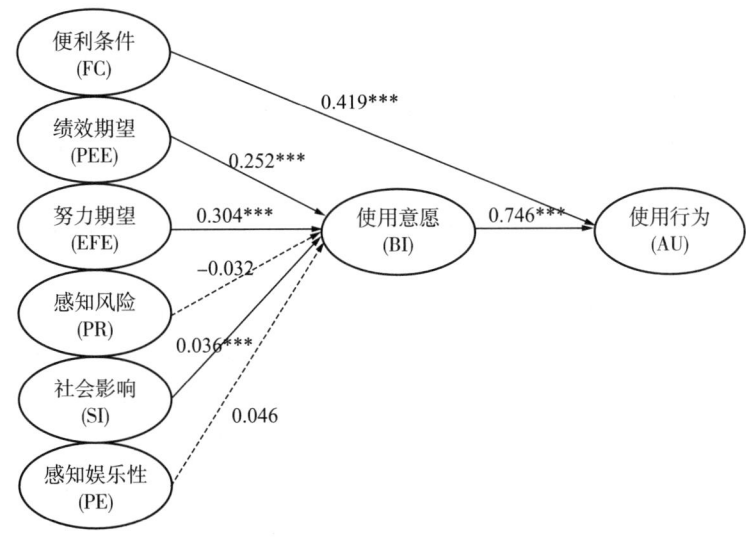

图 6.2 模型拟合路径系数图

注：***表示结果在 99％置信区间显著。

6.4 结果讨论

（1）绩效期望、努力期望对使用意愿的影响

研究结果表明，绩效期望（r=0.252, p<0.001）和微信支付用户使用意愿显著正相关，这说明用户如果认为微信支付可以让他们产生绩效收益（如金钱、时间等），那么其微信支付使用意愿也会变得强烈；同时，努力期望（r=0.304, p<0.001）和使用意愿也具有显著正相关关系，这说明如果用户觉得微信支付软件的易用性强、操作简单，那么其微信支付使用意愿也会随之增强。

大量移动支付、服务业务或移动技术相关的研究都表明绩效期望和努力期望对用户的使用意愿会产生明显的正相关关系，且在大部分研究模型中，这两个影响因素都是被同时设计并研究的，因此我们将其放在一起讨论。例如，Carlsson研究了欧洲用户对移动终端和移动设备接受较缓慢的原因，结果发现UTAUT模型可以很好地解释用户接纳问题，同时，绩效期望和努力期望对用户接受的影响力最大，绩效期望占了更高的比重[①]；在移动银行服务的用户采纳研

---

① Carlsson C, Carlsson J, Hyvonen K, et al. Adoption of mobile devices/services—Searching for answers with the UTAUT[A]// Proceedings of the 39th Annual Hawaii International Conference on System Sciences (HICSS)[C]. New York: IEEE, 2006, (6): 132a.

究中,Luarn 等也证实了绩效期望和努力期望对用户使用移动支付服务的巨大影响[1];Park 等以中国消费者为调查对象,对移动技术的采纳展开研究,结果表明,绩效期望与努力期望对用户使用意愿产生了最显著的影响[2];Yang 以新加坡地区用户为调查对象,研究了用户接受移动商务的影响因素,结果表明,感知有用性和感知易用性会对用户接纳产生最直接和显著的影响[3],绩效期望和努力期望由感知有用性和感知易用性发展而来,所以,该结论与我们的研究结论是一致的。

上述研究对象均为用户初次接受和使用,在移动商务、移动技术持续使用意愿相关研究中,学者们也有类似发现,即绩效期望和努力期望将影响用户的持续使用意愿[4],同时也有学者认为满意度作为一个连接绩效、努力期望和持续使用意愿的中间变量,在用户持续使用和重复购买中产生了非常重要的影响[5][6]。Bhattacherjee 于 2001 年提出了完善的"期望-确认"模型(Expectation Confirmation - IT Model,ECM - IT),该模型认为用户对技术的持续使用意愿类似于重复购买行为,其中感知有用性不仅直接对持续使用意愿有正向影响,同时也通过满意度这一中间变量作用于用户的持续使用意愿[7]。同年,Bhattacherjee 开发了一个研究模型来预测用户的网上银行服务持续使用意愿,并结合数据进行分析。研究表明,网上银行的感知有用性和服务满意度将对用户的持续使用意愿产生正向影响,并受到用户预测销售、服务和市场期望的影响[8]。Yang 等将传统的 TAM 模型和 ECM - IT 模型相结合,研究用户的信息系统持续使用意愿,发现感知有用性直接作用于持续使用意愿,同时感知易用性和感知有用性又

---

[1] Luarn P, Lin H H. Toward an understanding of the behavioral intention to use mobile banking [J]. Computers in Human Behavior, 2005, 21(6): 873 - 891.

[2] Park J K, Yang S J, Lehto X. Adoption of mobile technologies for Chinese consumers [J]. Journal of Electronic Commerce Research, 2007, 8(3):196 - 206.

[3] Yang K C C. Exploring factors affecting the adoption of mobile commerce in Singapore [J]. Telematics and informatics, 2005, 22(3): 257 - 277.

[4] Konana P, Balasubramanian S. The social - economic - psychological model of technology adoption and usage: An application to online investing [J]. Decision Support Systems, 2005, 39 (3): 505 - 524.

[5] Anderson E W, Sullivan M W. The antecedents and consequences of customer satisfaction for firms[J]. Marketing Science, 1993,12 (2):125 - 143.

[6] Oliver R L. A cognitive model of the antecedents and consequences of satisfaction decisions[J]. Journal of Marketing Research, 1980,17 (4): 460 - 469.

[7] Bhattacherjee A. Understanding information systems continuances: An expectation-confirmation model [J]. MIS Quarterly, 2001, 25(3): 351 - 370.

[8] Bhattacherjee A. An empirical analysis of the antecedents of electronic commerce service continuance[J]. Decision support systems, 2001, 32(2): 201 - 214.

都通过态度,即满意间接作用于持续使用意愿[①]。

综上所述,在以移动商务、移动服务业务或者移动技术为主要使用对象时,绩效期望、努力期望对消费者的使用和持续使用意愿均产生重要影响。区别在于,绩效期望和努力期望直接作用于用户的使用意愿;绩效期望对用户持续使用意愿产生直接影响,同时,绩效期望和努力期望通过满意(或态度)这一中间变量间接影响用户持续使用意愿。

(2) 便利条件对使用行为的影响

实证分析结果表明,便利条件($r=0.419$, $p<0.001$)和微信支付用户的实际使用行为显著正相关。这说明用户认为周围环境、随身携带的设备、现有技术等外在条件比较有利时,更易产生实际使用行为。

多数研究表明,便利条件对用户的实际使用行为产生直接的正向影响。例如,Carlsson 等通过研究欧洲用户对移动设备或移动服务的接受,发现便利条件对用户接受有直接的正向影响,很多用户因为设备使用经验不足、设备更新等问题不愿意使用移动业务,造成了部分欧洲用户对移动业务的接受比较缓慢[②]。AlAwadhi 等 Morris 以科威特用户为调查对象,研究其电子政务使用意愿,结果表明便利条件是作用于用户接受的关键因素[③]。然而也有研究表明,便利条件与用户使用并不存在显著相关关系,例如,Lin 等指出,对于在线学习用户来说,便利条件与他们的使用行为并无明显的相关关系[④],这可能是因为在线学习的设备已经普及,用户也比较了解使用方法,便利条件对使用行为不会产生显著影响。然而,随着智能手机和移动支付的受众越来越多样化,老年用户、低受教育水平用户对于移动支付的使用或许并不熟悉,如注册、连网等操作。同时,用户也需承担一定的使用费用,例如使用微信支付的网络流量费用,如果用户不具备一定的操作技巧和经济基础,就不会接受和使用微信支付。因此,我们认为,便利条件对微信支付用户的使用行为产生了显著正向影响。

综上所述,在以移动商务、移动服务和移动技术为使用对象时,便利条件在大多数情况下对用户使用意愿具有显著的正向影响。然而,在一些使用对象已

[①] Yang H, Yoo Y. It's all about attitude: Revisiting the technology acceptance model[J]. Decision Support Systems, 2004,38 (1): 19 - 31.

[②] Carlsson C, Carlsson J, Hyvonen K, et al. Adoption of mobile devices/services—Searching for answers with the UTAUT[A]// Proceedings of the 39th Annual Hawaii International Conference on System Sciences (HICSS)[C]. New York: IEEE, 2006, (6): 132a.

[③] AlAwadhi S, Morris A. The use of the UTAUT model in the adoption of e-government services in Kuwait[A]// Proceedings of the 41st Annual Hawaii International Conference on System Sciences[C]. New York: IEEE, 2008: 219.

[④] Lin C P, Anol B. Learning online social support: An investigation of network information technology based on UTAUT[J]. Cyber Psychology & behavior, 2008, 11(3): 268 - 272.

经发展得较成熟,用户的经验和设备比较丰富的情况下,便利条件对用户使用意愿不产生影响。

(3) 社会影响对使用意愿的影响

本研究结果表明,社会影响($r=0.036$, $p<0.001$)与微信支付用户的接受显著正相关,这说明如果用户周围的亲朋好友或其身处的环境中大家都在使用微信支付,那么用户使用微信支付的愿望也会更强烈。

回顾有关移动服务、移动技术或者移动支付的有关文献发现,社会影响会对用户使用意愿产生重要影响。社会影响类似于理性行为理论中的主观规范,它反应的是环境因素对用户的影响,即用户周围的亲朋好友、上司的意见对用户接纳或者使用技术的影响;同时,社会影响也类似于计划行为理论中的感知行为控制,反映了用户的知识、能力和资源,在 Venkatesh 提出的原始 UTAUT 模型中,社会影响是对用户的使用意愿产生正向影响的关键因素。Lopez-Nicolas 等研究了用户对于移动服务的采纳,指出社会影响对用户使用意愿有显著正向影响[1];龚主杰等同样发现,在用户持续使用的研究中,社会影响仍会通过感知价值间接影响用户使用意愿[2]。由上述研究可知,社会影响对于用户的初次使用和持续使用都具有显著的正向影响。

随着 web2.0 时代的到来,人与人之间的交流和沟通变得更加便捷,用户在与他人交流时,会受到周围人群的影响去接受和使用某种技术或者业务,这样可以与周围的人保持同步和互动,以提高自己在周围人群心目中的地位。因此,任何时候,个人用户的行为均会受到周围群体的影响。如果用户周围的人群都有使用微信支付的经历,那么用户也会去尝试使用;如果周围的人有积极的反馈,那么用户可能会多次使用。相反,用户也会受周围人群的影响而不去使用微信支付。

总结发现,社会影响会正向影响用户的移动支付使用意愿,同时,在研究用户持续使用的文献中我们发现,社会影响仍然对移动服务、移动技术或者移动支付的使用意愿具有重要影响。

(4) 感知风险对使用意愿的影响

实证分析结果表明,感知风险($r=-0.032$, $p=0.778$)和用户使用意愿之间不具有明显的相关关系,即假设 H4(感知风险对微信支付用户的使用意愿有负向影响)不成立。研究假设 H4 是根据前人研究提出的,虽然在本章研究中没有

---

[1] Lopez-Nicolas C, Molina-Castillo F J, Bouwman H. An assessment of advanced mobile services acceptance: Contributions from TAM and diffusion theory models[J]. Information & Management, 2008, 45(6): 359-364.

[2] 龚主杰,赵文军,熊曙初.基于感知价值的虚拟社区成员持续知识共享意愿研究[J].图书与情报, 2013, (5):89—94.

通过验证,但这并不能证明感知风险这一维度与消费者的接纳之间不存在明显关系。

大量研究表明,感知风险对用户使用意愿具有强烈的负向影响。Chen 以移动支付为调查对象,发现感知风险对移动支付用户的接受态度产生消极影响[①];Mallat 通过定性研究分析了影响用户接纳的关键因素,其中感知风险是最重要的因素之一[②];Laukkanen 等对芬兰的用户进行了大规模调查,发现缺乏指导和缺乏对手机银行信息的了解是使用移动银行的阻碍因素,该研究还表明,用户会因为感知风险而拒绝使用手机银行,尽管他们认为移动银行很有价值[③]。然而,也有研究结果表明感知风险与满意度和使用意愿之间没有直接关系。例如 Suh 等将风险这个概念整合进 TAM 模型,最后发现,感知易用性对客户的使用产生更大的影响[④];李茜在研究移动即时通信软件用户的使用意愿时发现,感知风险与用户的使用意愿之间不存在明显的相互关系[⑤]。

由于微信支付需要与用户的银行卡绑定,涉及用户的账户信息、手机信息等个人敏感数据,感知风险必然成为用户考虑是否使用微信支付的一个重要因素。结合本章的研究结果,发现微信支付的潜在群体都偏向使用小额支付,同时大部分用户只使用过 1—5 次或者从未使用。可以推断,用户对于微信支付的安全性仍有顾虑。笔者随机采访了 15 位被调查对象,他们表示其仍然对微信支付的安全性持保守意见,如果微信支付被报道存在安全隐患,那么用户可能会放弃使用微信支付。同时,大部分用户表示,微信支付的有用性和易用性才是他们最关心的因素,尤其是易用性得到最多的关注。

综上所述,感知风险会对移动服务、移动业务的用户使用意愿产生影响,不仅是在初次使用中,对用户的持续使用意愿也会产生影响,感知风险仍然是我们研究需要考虑的重要因素。

(5) 感知娱乐性对使用意愿的影响

本研究结果表明,感知娱乐性($r=0.046$,$p=0.551$)和用户使用意愿间不具有显著相关性,即假设 H6(感知娱乐性对微信支付用户的使用意愿有正向影响)不成立,然而并不能就此说明感知娱乐性与消费者采纳之间不存在明显关系。

---

① Chen L. A model of consumer acceptance of mobile payment[J]. International Journal of Mobile Communications,2008,6(1):32-52.

② Mallat N. Exploring consumer adoption of mobile payments - A qualitative study[J]. The Journal of Strategic Information Systems,2007,16(4):413-432.

③ Laukkanen T,Kiviniemi V. The role of information in mobile banking resistance[J]. International Journal of Bank Marketing,2010,28(5):372-388.

④ Suh B,Han I. Effect of trust on customer acceptance of Internet banking[J]. Electronic Commerce Research and Applications,2003,1(3):247-263.

⑤ 李茜. 移动 IM 使用意愿的影响因素研究[D]. 杭州:浙江大学硕士学位论文,2008:56.

叶云在对移动支付用户使用态度的调查中发现,感知娱乐性和用户使用态度之间存在直接的正向关系[①];杜惠英也指出,用户对网络业务采纳的影响因素中,感知娱乐性占据了重要位置[②];唐炜东的研究也表明,娱乐性是推动用户对网络业务满意并且消费的关键因素[③]。针对本章的研究结论,笔者随机采访了15位被调查对象,他们表示娱乐性确实是微信的一个明显属性,但是微信支付作为一种支付软件,用户对其娱乐性要求并不高。因此,研究结果也反映了用户对于微信支付的真实看法,可以被其他学者在今后的研究中参考借鉴。

(6) 使用意愿对使用行为的影响

本章实证研究发现,用户使用意愿($r=0.746$, $p<0.001$)和微信支付用户实际使用行为呈现显著正相关关系。这说明如果用户产生了使用微信支付的想法,那么他就会产生实际使用微信支付的行为,用户产生的使用微信支付的念头越强烈,用户实际去使用微信支付的可能性就越大。

在最初的 UTAUT 原始模型中,Venkatesh 就通过实证研究证明了使用意愿对使用行为的正向、直接的影响,这也在之后的研究中被学者们广泛地证实。Min 等研究了我国用户对于移动商务的接受,实证结果表明使用意愿正向影响用户使用行为[④];Shafinah 等研究了用户移动服务使用行为的影响因素,结果表明,使用意愿与使用行为之间存在明显的正向关系[⑤];Wang 等研究了用户对于电子政务的接纳,同样发现了使用意愿对于使用行为的正向显著影响[⑥]。因此可以推断,移动支付用户使用意愿正向影响实际使用行为,这与之前的以移动服务业务、移动商务为研究对象的研究结果一致。

综上所述,绩效期望、努力期望、社会影响对微信支付用户的使用意愿产生直接的正向影响作用。感知风险和感知娱乐性虽然与微信支付用户使用意愿和持续使用意愿不具有相互关系,但是在以移动商务、移动服务业务和移动技术为研究对象的研究中仍被证实与用户使用意愿具有相关性。便利条件和用户使用

---

① 叶云.基于感知价值的用户移动支付使用意愿影响因素研究[D].杭州:浙江工商大学硕士学位论文,2012:48.

② 杜惠英.3G 增值业务采纳行为及安全信任机制研究[D].北京:北京邮电大学博士学位论文,2011:53.

③ 唐炜东.无线音乐消费行为研究[D].大连:大连理工大学博士学位论文,2010:59.

④ Min Q, Ji S, Qu G. Mobile commerce user acceptance study in China: A revised UTAUT model[J]. Tsinghua Science & Technology, 2008, 13(3): 257-264.

⑤ Shafinah K, Sahari N, Sulaiman R, et al. Determinants of User Behavior Intention (BI) on Mobile Services: A Preliminary View[J]. Procedia Technology, 2013, (11): 127-133.

⑥ Wang Y S, Hung Y H, Chou S C T. Acceptance of E-government service: A validation of the UTAUT[A]//Proceedings of the 5th WSEAS International Conference on E-ACTIVITIES[C]. Venice: WSEAS, 2006: 165-170.

意愿两个影响因素直接作用于微信支付用户的实际使用行为,并对微信支付用户的实际使用行为产生正向影响。

6.5 结论与启示

(1) 绩效期望对微信支付用户使用意愿有显著的正向影响

本章研究结果显示,绩效期望对微信支付的使用意愿具有显著的正向影响。因此,移动支付软件的互联网运营商需要充分考虑用户需求,针对性地改进产品和服务;同时应该充分结合市场调查,针对不同的人群开发不同的移动支付产品功能。

首先,应充分考虑用户需求,开发能够满足用户需求的产品和功能。微信支付现有功能包括微信钱包、金融理财、生活服务、交通出行、购物消费共五大模块23项功能。这些服务功能中有一些服务使用频次和用户规模并不大,例如腾讯公益服务,该功能旨在方便用户通过手机参与慈善活动,然而考虑到活动的真实性、后续信息追踪等因素,用户通常不会通过微信支付平台使用此功能。因此,在今后的功能开发中微信支付应该更多地推出如滴滴打车、理财通这样的贴近用户生活需求的产品,从而满足用户日常生活的便捷性,提高用户的产品使用频率。

其次,可以利用大数据分析技术构建用户画像,针对不同用户群体的典型特征和特殊需求开发不同的产品功能。当前微信支付的大部分功能都是面向年轻用户群体,例如 Q 币充值、电影票、AA 收款等功能,而针对更大年龄群体的多样化服务并不常见。微信支付的用户基础来源于微信、QQ 聊天等即时通信软件的庞大用户群体,用户年龄跨度较大。因此,可以适当考虑较大年龄用户群体的需求,例如针对现在闹市区停车难的问题,微信支付可以推出提前预订停车位服务;再例如中老年用户经常需要看病就医,大医院挂号不便,微信支付可以开发出类似南京 12320 网站提供的在线挂号、预约服务,抓住中老年用户的需求,切实提高用户的绩效期望。

(2) 努力期望对微信支付用户使用意愿存在显著正向影响,是影响用户使用意愿的最主要因素

随着通信技术和互联网络的发展,微信支付、微博支付等移动支付产品迅速走进用户的视线,并有了爆炸式的高速发展,但目前微信支付的很多功能在使用过程中仍然会遇到很多不便,例如,滴滴打车每次使用时都需要用户手动输入验证码;使用微信支付提供的任何一款服务都需要绑定用户的银行卡账号,同时要求该银行卡必须开通网上支付等一系列相关功能。因此,可以采取如下措施:

第一,在技术方面简化使用流程,方便用户的身份验证和使用。调查数据发现,用户使用微信支付多半处理的是小额交易,如果使用过程还如此烦琐,用户很有可能会放弃使用微信支付。因此,微信支付相关业务中的每一服务模块都应该在技术上尽量简化操作步骤,减少使用过程中频繁的身份验证,方便用户使用。

第二,互联网运营商可以尝试和银行合作,在保证安全的情况下简化业务的使用流程,方便用户开通银行卡的相关功能模块,降低用户的操作难度。同时,互联网商家也可以和网络运营商合作,提高数据传输、加密等技术,使用户可以在账户安全的情况下,提高交易速度,从而提升使用者的努力期望。例如,支付宝的快捷支付功能实现了用户支付的操作简化,但是一般都限定了用户的每日交易金额,这对以小额交易为主的微信支付很有借鉴意义;同时,招商银行的客户服务就将用户信息和账户信息两个系统很好地结合,当用户有需要打通客服电话时,只要输入账户安全的相关信息,客服就可以立刻查询到用户信息,用户还未开口,客服已经知道用户姓名,反馈十分迅速。微信支付也可以效仿,利用腾讯的强大资源优势,做好用户服务工作,随时解决用户的使用问题。

(3) 便利条件直接对微信支付用户使用行为有显著正向影响

有学者研究证实,年轻并且受过良好教育的银行客户认为网上银行业务非常有用且易于使用。此外,他们认为网上银行提供的服务更具有优势[①]。这可能是因为年轻用户群体对于手机、平板电脑这样的移动终端的使用更加熟悉,对于移动在线支付业务非常了解,可以轻松地利用移动设备进行移动支付。但是对于中老年群体来说,熟练操作移动支付产品可能会存在一定困难。为了给此类用户提供使用移动支付的便利条件,移动支付服务商可以与手机运营商携手,开发内部嵌入微信支付的定制机。例如,NOKIA 新推出的"Lumia 系列"智能机,就是一款与微软合作,加载 Windows Phone 系统,内部嵌入其自助研发的一系列 App 软件的智能机,当用户使用"NOKIA 导航"这款 App 时,手机会自动连接互联网,用户只需输入目的地即可轻松导航,这样的功能很大程度方便了用户使用,使得对智能手机操作不熟悉的用户也可以立即体验。

(4) 社会影响与用户使用意愿之间存在显著正相关关系,微信支付用户的使用意愿会受到熟悉的人群的影响

信息化的今天,传播无处不在,任何人对任何产品的任何评价都很快会在网络上传播,并且影响其他潜在用户群体对该产品的看法。对于从未使用过微信支付的用户而言,如果周围的人对此款产品做出很多正面的评价,那么该用户去

---

① Polatoglu V N, Ekin S. An empirical investigation of the Turkish consumers' acceptance of Internet banking services[J]. International Journal of Bank Marketing, 2001,19(4): 156-165.

使用微信支付的可能性就很大;同样,对于有使用经验的人而言,如果产品得到的积极反馈越多,那么该用户很可能会再次使用;反之,用户就会放弃尝试使用该产品,或者不再持续使用微信支付。因此,可以通过网络媒体进行口碑营销;同时,也要利用电视、报纸这样覆盖面较大的媒体,充分介绍和宣传产品强大、便捷的功能,让更多的用户知道和了解微信支付。

具体地,在口碑营销方面,应该充分利用社交媒体的特性,开发出相应的交流版块。方便用户对微信支付业务的功能做出评价、发表看法,让使用过的用户畅所欲言。这样,既使得潜在用户可以了解微信支付的各方面信息,激发用户的使用意愿,也可以了解使用过的用户的真实需求,改进产品功能。在宣传推广方面,可以在多种媒体渠道上投放产品广告,宣传其功能特点及良好的用户使用体验。此外,还可以在一些热门的电视剧中植入广告、扩大产品的社会影响和知名度,从而提升用户的使用意愿。

(5)使用意愿会对用户使用行为产生正向影响,是影响使用行为的最关键因素

使用意愿对用户的实际使用行为产生显著的正向影响,因此,移动支付的服务提供商应努力增强用户对于产品的认知,提高用户的使用意愿。

除了上述提到的方便用户使用、扩大在用户中的知名度等措施之外,还应该注意用户对产品的反馈和想法,这样既可以吸引新用户,也可以保留住老用户。此外,对比相关研究结果,结合用户访谈发现,感知风险对移动支付的使用意愿具有一定负面的影响,用户在使用过程中仍然担心交易存在安全风险,只是微信支付多处理的是小额交易,用户对这类问题的敏感度不高。因此,针对上述问题可以采取以下措施:

第一,建立微信支付的用户反馈系统,及时了解用户需求,回答新用户的疑问。如果用户在使用过程中遇到了任何不满意的地方,都能及时投诉并得到解决。这样,用户对产品会更加信任、更加满意,也就产生了更强的使用意愿。

第二,加强网络运营商、手机提供商、银行服务业等多方参与。在最大程度上保证用户的交易安全,防止手机被植入木马病毒、交易中数据被篡改、银行账号管理不善被盗等情况的发生。加强手机安全软件的开发,提高防火墙技术、应用手势识别、生物识别等更高层次的安全技术。

第三,加快制定相关行业的政策法规。如果出现问题,微信支付中的一系列上下游参与者都应该承担责任,相信这样的措施,会促使用户会放下支付安全这样问题的顾虑,提高用户的使用意愿。

7 移动支付用户持续使用意愿的影响因素研究

娱乐功能在互联网应用中一直非常突出,然而随着互联网飞速发展,娱乐类应用在网民互联网生活中的重要性逐步降低,商务类应用呈现出迅猛的发展势头,以网络购物、网上支付、网上银行为代表的交易类应用用户规模高速增长,在互联网用户中的渗透率逐步上升,网民网络生活的重心已经由单纯的信息获取、媒体娱乐转向电子商务,互联网产业发展已经进入商务化阶段。在移动信息化浪潮下,智能手机、平板电脑等移动终端走入大众生活,为互联网商务化注入新的活力,开启了移动电子商务的新篇章,移动支付应运而生并得以快速发展。

当前我国移动支付市场竞争激烈,支付宝因背靠淘宝、天猫等电商平台成了用户的移动支付首选工具。报告显示,2019 年前三季度蚂蚁金服税前利润高达 116 亿元。同样的,微信支付由于内嵌于微信,拥有微信的超级流量优势,使其成为移动支付行业的佼佼者,苏宁支付以苏宁全场景零售为突破口,也被广泛应用于线上线下零售场景。2019 年 11 月 13 日,央行公告称法定数字货币正处于研究测试过程中,意味着国有银行也加入移动支付的市场竞争[①]。伴随着激烈的竞争格局,全球移动支付市场正快速扩张,用户的交易规模、交易频率和交易金额日益增大,然而移动支付应用的用户流失现象也屡见不鲜,如何提高用户黏性并保持用户对于特定移动支付应用的持续使用是企业避免用户流失不容忽视的问题。研究用户持续使用意愿的影响因素有助于企业了解用户需求、发掘产品不足并进行针对性的改进,从而拓展用户范围,推动移动支付市场的良性竞争。

本章基于前人的相关研究成果,结合技术接受相关理论、感知风险理论、情景理论和满意度理论,以 UTAUT 模型为基础构建移动支付用户持续使用意愿影响因素模型,明确各因素与用户持续使用意愿的相互关系和作用机理,具体解决以下三个问题:

(1)哪些因素可能会影响移动支付的用户持续使用意愿?
(2)各影响因素间的相互关系及其对用户持续使用意愿的作用程度和作用

---

① 艾媒网.2019 中国移动支付市场研究报告.[EB/OL].(2020-03-02)[2020-12-14]. https://www.iimedia.cn/c400/69467.html.

方向如何？

（3）移动支付产业链的各方可以采取哪些可操作性措施留住现有用户并吸引潜在用户？

本章研究目的在于探索移动支付应用持续使用意愿的影响因素，并为移动支付产品和服务优化以及产品营销管理实践提供参考。

7.1 研究假设

（1）绩效期望与持续使用意愿的关系

Venkatesh 等指出，用户使用某种特定的新技术后，该技术带来的绩效表现将正向影响个体的使用意愿[①]。在移动银行业务中，感知有用性被认为是对使用意愿最具有影响力的因素[②]。Lee 等指出，感知有用性对移动手机用户使用多媒体信息服务的使用意愿起到关键的正向影响[③]。持续使用意愿是建立在使用意愿的基础上，绩效期望对持续使用意愿也具有影响。因此，我们假设：

H1：绩效期望对移动支付用户的持续使用意愿有正向影响。

（2）绩效期望与满意度的关系

Swan 等认为，产品的绩效包括产品的操作性绩效和表达性绩效，前者是指产品的物理绩效是否满足实际需要（也称物理绩效），后者是指该产品所带来的心理上的满足感（也称心理绩效）[④]。当产品的操作性绩效小于原来对它的期望时，消费者就可能产生不满；但当产品的操作性绩效大于原来的期望时，消费者不一定就会满意，只有在表达性绩效等于或超过原来的期望时，消费者才可能满意。因此，要想使移动支付的用户满意，必须使产品在操作和表达上都达到用户的期望，否则消费者就会产生不满。据此，提出如下假设：

H2：绩效期望对移动支付用户的满意度有正向影响。

（3）努力期望与持续使用意愿的关系

Wang 等在移动服务的使用意愿研究中发现，感知易用性对使用意愿有显

---

① Venkatesh V, Davis F. D. A theoretical extension of the technology acceptance model: Four longitudinal studies [J]. Management Science, 2000, 46(2):186-204.

② Wang Y.S., Lin H.H, Luam P. Predicting consumer intention to use mobile service [J]. Information Systems Journal, 2006, (16):157-179.

③ Lee M K O, Cheung C M K, Chen Z H. Understanding user acceptance of multimedia messaging services: An empirical study [J]. Journal of the American Society for Information Science and Technology, 2007, 58(13):2066-2077.

④ Swan J E, Combs L J. Product performance and consumer satisfaction: A New Concept [J]. Journal of Marketing, 1976, (40): 25-33.

著正向影响[1]。Shin发现感知易用性正向影响消费者使用移动电子钱包的态度[2]。Park等以UTAUT模型为基础,研究了中国消费者对移动技术的接受情况,结果表明绩效期望对消费者的使用意愿有直接的显著正向影响[3]。用户使用移动支付越容易,其再次使用的意愿就会增强。因此,提出如下假设:

H3:努力期望对移动支付用户的持续使用意愿有正向影响。

(4)努力期望与满意度的关系

由于移动支付业务是需要移动用户独立通过终端的操作来使用的,业务使用的难易程度、终端设置的繁简程度均对用户的满意度效用产生很大影响。整合型技术接受模型(UTAUT)的努力期望主要来自各大理论的易用性指标,而Yoo等[4]、Swinder等[5]、Parasuraman等[6]、Jun等[7]均通过研究指出,易用性指标对顾客满意度有显著影响。因此,提出假设:

H4:努力期望对移动支付用户的满意度有正向影响。

(5)感知风险与持续使用意愿的关系

Forsythe等的研究结果表明,感知风险对消费者进行网络购物时的购买态度和意愿有直接的负向影响[8]。在移动支付使用现状的调查中,有73%的被访用户认为影响其接受移动支付业务的主要问题是安全机制不健全和交易风险大[9]。吴先锋等将感知风险分解成四个构面:感知技术风险、感知经济风险、感知行为风险和感知功能风险,提出基于感知风险的移动支付使用行为研究模型,并采用问卷调查方法和结构方程模型方法对研究模型进行了实证检验,结果表明感知风险对消费者的使用意愿有非常显著的负向影响[10]。因此,提出如下假设:

---

[1] Wang Y.S., Lin H.H, Luam P. Predicting consumer intention to use mobile service [J]. Information Systems Journal, 2006, (16):157-179.

[2] Shin D. H. Towards an understanding of the consumer acceptance of mobile wallet [J]. Computers in Human Behavior, 2009, (25):1343-1354.

[3] Park J.K, Yang S.J, Lehto X. Adoption of mobile technologies for Chinese consumers [J]. Journal of Electronic Commerce Research, 2007, 8(3):196-207.

[4] Yoo B, Donthu N. Developing a scale to measure the perceived service quality of internet shopping sites (sitequal)[J]. Quarterly Journal of Electronic Commerce, 2001, (1):31-47.

[5] Swinder J, Philip J.T, Kevin P.G. Consumer perceptions of Internet retail service quality [J]. International Journal of Service Industry Management, 2002, 5(13):412-432.

[6] Parasuraman A, Zeithaml V. A, Malhotra A. A Multiple-item scale for assessing electronic service quality [J]. Journal of Service Research, 2005, 7(3):213-233.

[7] Yang Z, Jun M.J. Consumer perception of e-service quality: From internet purchaser and non-purchaser perspectives [J]. Journal of Business strategies, 2002, 19(1):19-41.

[8] Forsythe S.M, Shi B. Consumer patronage and risk perceptions in Internet shopping [J]. Journal of Business Research, 2003, 56(11):867-875.

[9] 石增玖.移动支付业务现状调查报告[J].通信世界,2008,(17):28-30.

[10] 吴先锋,樊吉宏.基于感知风险的移动支付使用行为实证研究[J].统计与决策,2010,(20):145—148.

H5：感知风险对移动支付用户的持续使用意愿有负向影响。

（6）感知风险与满意度的关系

Cardozo 的研究发现，用户的体力、精力、财务等付出对其满意度有影响作用[1]，而感知风险在感知价值理论中就被视为一种精神付出。安全风险和隐私风险是感知风险的体现，Wolfinbarger 等指出安全性和隐私性影响顾客对产品和服务的满意度[2]。在用户使用移动支付的整个过程中，用户会对每一个环节的风险进行评估，风险越小，预期收益越大，其满意度越强。据此，提出如下假设：

H6：感知风险对消费者的移动支付满意度有负向影响。

（7）社会影响与持续使用意愿的关系

Anderson 等运用 UTAUT 模型研究了无线局域网技术使用意愿，结果表明社会影响对无线局域网使用具有显著影响[3]。Nysveen 等的研究表明，在公众环境下，个体使用某项移动服务时，必然会先观察周围环境中其他人的行为，且受其他人的影响[4]。Mao 等在中国文化背景下的研究显示，带有服从或顺从概念的主观规范被证实，在强制的和无经验的系统环境中，对使用该系统的使用意愿有显著影响[5]。持续使用意愿同样也会受到周围人和社会氛围的影响，因此，提出假设：

H7：社会影响对消费者的移动支付持续使用意愿有显著的正向影响。

（8）使用情景与绩效期望和努力期望的关系

使用情景常被认为是影响移动创新接受的一个重要因素[6]，若一项技术或服务与使用情景不匹配，那么很难获得用户的正面反馈。Mallat 等的研究发现使用情景与感知有用性显著相关[7]。Gao 等在研究移动服务接受时，发现情景通过影

---

[1] Cardozo R.N. An experimental study of customer effort, expectation and satisfaction[J]. Journal of Marketing Research, 1965, 2(3): 244-249.

[2] Wolfinbarger M, Gilly M. Dimensional zing, measuring and predicting quality [J]. Journal of Retailing, 2003, 79(3): 183-198.

[3] Anderson J E, Schwager P H. SMS adoption of wireless LAN technology: Applying the UTAUT model[A]// Proceedings of the 7th Annual Conference of the Southern Association for Information System[C]. SAIS, 2003: 39-43.

[4] Nysveen H, Pedersen H, Thorbjornsen H, et al. Mobilizing the brand[J]. Journal of Service Research, 2005, 7(3): 257-276.

[5] Mao E, Palvia P. Testing an extended model of IT acceptance in the Chinese cultural context [J]. ACM SIGMIS Database, 2006, 37(2-3): 20-32.

[6] Liu, LI H X. Exploring the impact of use context on mobile hedonic services adoption: An empirical study on mobile gaming in China[J]. Computers in Human Behavior, 2011, 27(2): 890-898.

[7] Mallat N, Rossi M, Tuunainen V.K, Oorni A. The impact of use context on mobile services acceptance: The case of mobile ticketing[J]. Information & Management, 2009, 46(3): 190-195.

响用户的感知有用性和感知易用性而间接地影响用户的使用意愿[①]。Liu 等发现使用情景是接受移动游戏最强有力的影响因素,它通过感知易用性和感知有用性直接或间接地影响了对移动游戏的所有不同的认知[②]。因此,提出如下假设:

H8:使用情景对移动支付用户的绩效期望有正向影响。

H9:使用情景对移动支付用户的努力期望有正向影响。

(9) 满意度与持续使用意愿的关系

众多文献指出,满意度会显著影响重复购买行为或持续使用意愿。科特勒认为,顾客购买商品或服务后,心理会有某种程度上的满意或不满意,这种满意态度会强烈地影响再消费倾向。Parasuraman 等[③]的研究也证实满意度对用户的再次行为意向有显著的正向影响。因此,提出如下假设:

H10:满意度对移动支付用户的持续使用意愿有正向影响。

7.2 研究模型

UTAUT 模型被广泛运用于预测 IT 技术的消费者接受和使用,本研究以 UTAUT 模型为基础,根据移动支付的自身特点以及持续使用意愿的相关理论,结合上述假设分析,构建如图 7.1 所示的研究模型:

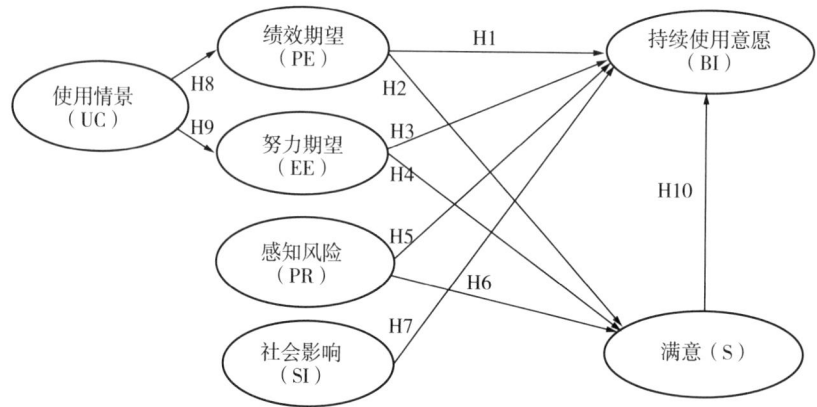

图 7.1 移动支付用户持续使用意愿研究模型

---

① Gao S, Moe S.P, Krogstie J. An empirical test of the mobile services acceptance model [A]// Ninth International Conference on Mobile Business[C]. Athens: IEEE Computer Society, 2010: 168-175.

② Liu Y, LI H X. Exploring the impact of use context on mobile hedonic services adoption: An empirical study on mobile gaming in China[J]. Computers in Human Behavior, 2011, (27): 890-898.

③ Parasuraman A, Zeithaml V. A, Malhotra A. A multiple-item scale for assessing electronic service quality[J]. Journal of Service Research, 2005, 7(3): 213-233.

研究模型包含7个主要构念:绩效期望、努力期望、感知风险、社会影响、使用情景、满意度和持续使用意愿,各构念内容解释及测量指标如下:

(1) 绩效期望

UTAUT模型中的绩效期望与其他模型中的概念有所相似,如TAM、TAM2理论中的感知有用性、激励理论中的外部激励以及个人计算机利用模型中的工作匹配等。本研究的绩效期望,是指用户感知到移动支付业务能够提供以帮助其获得更好绩效或满足更多需求的程度,根据Vankatesh等的研究设定了3个指标来衡量绩效期望。[①]

表7.1 绩效期望的测量指标

指标名称	内容
PE1	我发现移动支付在我的生活中很有用
PE2	使用移动支付能够使我更快地完成各种交易和买卖
PE3	使用移动支付可以免去我必须携带现金或信用卡才能支付的不便

(2) 努力期望

努力期望是由三个来自其他理论中的指标整合而成:技术接受模型中的感知易用性、个人计算机利用模型中的复杂性和创新扩散理论中的易用性。本章的努力期望,是指用户感知移动支付是否容易使用的程度,根据Vankatesh等的研究,设定了3个指标来衡量努力期望。[②]

表7.2 绩效期望的测量指标

指标名称	内容
EE1	我很容易就能学会使用移动支付,不需要花费很多时间
EE2	对我而言,移动支付的流程非常简单且容易操作
EE3	我完全清楚和了解如何使用移动支付

(3) 感知风险

Bauer指出,消费者在进行任何购买行为时都存在风险承担,这是因为消费者的每一次购买行为,都可能存在无法预知的结果,而在这些结果中有些是可能令消费者感觉到不愉快的。[③] 移动支付作为一种新型的支付方式,不可避免地

---

① Venkatesh V., Davis, F. D. A theoretical extension of the technology acceptance model: Four longitudinal studies [J]. Management Science, 2000, 46(2): 186-204.

② 同①.

③ Bauer, R A. Consumer Behavior as Risk Taking [C]// Dynamic Marketing for a Changing World: Proceedings of the 43rd Conference of the American Marketing Association. Chicago: American Marketing Association, 1960: 389-398.

涉及相关的个人信息和账户信息等敏感资料,所以风险是用户考虑是否接受或者使用移动支付时所必然不能忽视的一个关键性因素。本章的感知风险是指用户在使用移动支付业务时对使用过程中将可能发生的各种风险的主观预测和判断,根据Luarn等的研究,本章的感知风险将从财务风险、绩效风险、心理风险、时间风险和安全风险五个维度进行分析。[①]

表7.3 感知风险的测量指标

指标名称	内容
PR1(财务风险)	使用移动支付可能造成财物损失,如系统出错导致扣掉多余金额或交易额很小而服务费很高
PR2(绩效风险)	使用移动支付可能无法达到我原来的预期效果
PR3(心理风险)	使用移动支付使我心里紧张或焦虑
PR4(时间风险)	使用移动支付需要耗费很长时间
PR5(安全风险)	使用移动支付可能有安全方面的问题,如信息泄露、密码被盗、交易数据被篡改等

(4) 社会影响

社会影响在UTAUT模型中是使用意愿的直接决定因素之一,其整合了TRA、TPB和TAM等理论中的主观规范、个人计算机利用模型中的社会因素以及创新扩散理论的概念。本章的社会影响是指用户感知到周围对其重要的人,认为其应该或不应该使用移动支付的程度,利用如表7.4所示的指标来衡量社会影响。

表7.4 社会影响的测量指标

指标名称	内容
SI1	对我来说很重要的人影响我使用移动支付的决定
SI2	使用移动支付的人比不使用的人看起来更有能力
SI3	使用移动支付是潮流,我要跟上时代的步伐,我会使用

(5) 使用情景

不同于传统技术,移动技术的使用随着其使用情景的变化而不同。移动支付的接受行为是个动态的过程,依赖于特定的环境因素,例如,缺乏其他支付方式或紧急情况[②]。本章的使用情景是指用户在不同地点、不同时间使用移动支付时所面临的具体环境或条件,根据Mallat的研究设定了5个指标来衡量使用情景。

---

① Luarn P, Lin H H. Toward an understanding of the behavioral intention to use mobile banking [J]. Computers in Human Behavior, 2005, 21(6): 873-891.
② Mallat N. Exploring consumer adoption of mobile payments-a qualitative study [J]. The Journal of Strategic Information Systems, 2007, 16(4): 413-427.

7 移动支付用户持续使用意愿的影响因素研究

表 7.5 使用情景的测量指标

指标名称	内　容
UC1	当消费场所需要排队时,我愿意选择使用移动支付
UC2	当身上没有现金时,我愿意选择使用移动支付
UC3	当没有其他可选的支付方式时,我愿意选择使用移动支付
UC4	当售票处距离我当前位置很远时,我愿意使用移动支付
UC5	当无暇抽身(如工作、上课)又需要消费或订购(如缴纳水电费、订购电影票等)时,我愿意使用移动支付

(6) 满意度

在 UTAUT 模型研究领域,研究者们通常将满意度作为继续使用服务的前因[1],研究发现高水平的满意度可增加用户对于产品的偏爱,从而增加重复购买或使用意向。依据 Oliver 的定义,满意度是消费者对先前消费经验的感受所形成的期望与现在消费产品或服务的实际绩效是否符合所产生的心理状态。本研究将满意度定义为用户在使用移动支付后,由于使用前的期望得到确认或超出而产生的心理愉悦程度,选取如表 7.6 所示的指标测量用户对移动支付的满意度。

表 7.6 满意度的测量指标

指标名称	内　容
S1	使用移动支付后,我感到十分高兴
S2	我很喜欢使用移动支付

(7) 持续使用意愿

移动支付的发展依赖的不是一次性使用行为,而是用户持续性地再次乃至多次使用。如前所述,本章中所提的再次使用意愿是指移动支付用户在使用过移动支付(初次或初次以上)后,将来愿意第二次或持续使用移动支付的主观意愿,并选取如表 7.7 所示的测量指标:

表 7.7 持续使用意愿的测量指标

指标名称	内　容
BI1	我会将移动支付作为一种常用的支付方式
BI2	我会继续使用移动支付业务
BI3	我愿意向身边的亲朋好友推荐移动支付业务

---

[1] Bhattacherjee A. Understanding information systems continuance-an expectation-confirmation model [J]. MIS Quarterly, 2001, 25(3): 351-370.

7.3 数据处理与分析

7.3.1 样本收集与描述

(1) 样本收集

基于上述研究模型,本研究在问卷星(http://www.sojump.com)在线调查平台上制作并发布了《移动支付用户持续使用意愿的影响因素研究调查问卷》(问卷详情请参见附录5)。10天调研时间内共收集到300份问卷。为保证数据的可靠性,剔除填写不完整和时间过短的问卷,共得到275份有效问卷,问卷有效率为91.67%,基于这275份问卷的调查数据展开后续分析。

(2) 样本描述

本问卷主要分两部分,即个人基本信息和各变量的测量问项量表部分。第一部分是对被调查者的个人基本信息和使用移动支付相关信息的收集,包括性别、年龄、学历、居住地区、可支配月收入、累计使用次数和最大交易金额,表7.8是将样本数据输入SPSS18.0统计分析软件后得到的结果。从性别和年龄来看,男女比例接近1:1,年龄段主要在21—30岁,占样本总量的92%;在地域方面,长三角、珠三角和北京周边三个地区共占74.55%,以经济较发达区域为主;从每月可支配收入来看,以3000元以下的消费群为主,占68.73%;从累计使用移动支付的次数来看,使用超过一次的用户占71.64%,其中2—30次的用户最多(51.64%),说明该样本适合于移动支付用户持续使用意愿研究;从进行过的最大交易额来看,300元以下的小额交易占50.18%,500元以上的大额交易仅占33.09%。

表7.8 样本描述性统计

样本统计特征	分 类	频 次	有效百分比	累计百分比
性 别	男	148	53.82%	53.82%
	女	127	46.18%	100%
年 龄	≤20岁	6	2.18%	2.18%
	21—25岁	168	61.09%	63.27%
	26—30岁	85	30.91%	94.18%
	31—40岁	13	4.73%	98.91%
	≥40岁	3	1.09%	100%

（续表）

样本统计特征	分 类	频 次	有效百分比	累计百分比
学 历	高中及以下	1	0.36%	0.36%
	大专	13	4.73%	5.09%
	大学本科	106	38.55%	43.64%
	硕士及以上	155	56.36%	100%
居住地区	北京地区	25	9.09%	9.09%
	长三角地区	140	50.91%	60.00%
	珠三角地区	40	14.55%	74.55%
	其他地区	70	25.45%	100%
可支配月收入	≤1000元	91	33.09%	33.09%
	1001—3000元	98	35.64%	68.73%
	3001—5000元	41	14.91%	83.64%
	≥5000元	45	16.36%	100%
累计使用次数	1次	78	28.36%	28.36%
	2—10次	109	39.64%	68.00%
	10—30次	33	12%	80.00%
	≥30次	55	20%	100%
最大交易金额	≤100元	64	23.27%	23.27%
	101—300元	74	26.91%	50.18%
	300—500元	46	16.73%	66.91%
	≥500元	91	33.09%	100%

7.3.2 测量指标的统计分析

根据研究模型，本研究在问卷中针对绩效期望、努力期望、社会影响、感知风险、使用情景、满意度和持续使用意愿这7个构念共设计了24个测量指标。表7.9是借助SPSS统计分析软件得到的这些测量指标的描述性统计分析结果。

表7.9 各测量指标的统计分析结果

因 素	测量指标	N	极小值	极大值	平均值	标准差	方 差
绩效期望 PE(5.32)	PE1	275	1	7	5.29	1.633	2.665
	PE2	275	1	7	5.44	1.506	2.269
	PE3	275	1	7	5.24	1.563	2.444

（续表）

因　素	测量指标	N	极小值	极大值	平均值	标准差	方　差
努力期望 EE(3.95)	EE1	275	1	7	4.57	1.859	3.457
	EE2	275	1	7	4.02	1.829	3.346
	EE3	275	1	7	3.26	1.770	3.134
社会影响 SI(4.09)	SI1	275	1	7	4.52	1.703	2.900
	SI2	275	1	7	3.68	1.663	2.767
	SI3	275	1	7	4.07	1.528	2.335
感知风险 PR(4.67)	PR1	275	1	7	4.60	1.780	3.169
	PR2	275	1	7	4.73	1.561	2.438
	PR3	275	1	7	3.07	1.683	2.834
	PR4	275	1	7	5.42	1.503	2.259
	PR5	275	1	7	5.53	1.451	2.104
使用情景 UC(5.25)	UC1	275	1	7	5.64	1.385	1.917
	UC2	275	1	7	5.55	1.617	2.614
	UC3	275	1	7	5.69	1.428	2.041
	UC4	275	1	7	4.73	1.484	2.203
	UC5	275	1	7	4.65	1.532	2.346
满意度 S(4.995)	S1	275	1	7	4.87	1.515	2.294
	S2	275	1	7	5.12	1.581	2.500
持续使用意愿 BI(5.20)	BI1	275	1	7	4.88	1.620	2.624
	BI2	275	1	7	5.29	1.633	2.665
	BI3	275	1	7	5.44	1.506	2.269

由表7.9可知，被调查者对移动支付的持续使用意愿较强，其满意度也在较高的水平；绩效期望平均得分为5.32，是所有调查因素中得分最高的，被调查者普遍认为移动支付可以帮助其获得更好的绩效或满足更多的需求；虽然被调查者认为移动支付是简单易用的，但努力期望的平均得分较低，可见被调查者对于移动支付的努力期望的感知情况参差不齐；被调查者对移动支付的感知风险得分较高，其中对安全风险（如信息泄露、密码被盗、交易数据被篡改等）最在意，这与目前移动支付的安全性较低等现实情况是相符的；主观规范平均得分大于4分，说明被调查者认为其周围重要的人或媒介更推荐其使用移动支付。

7.3.3 信度与效度检验

(1) 信度检验

信度衡量测量指标所测得结果的一致性或稳定性,反映被测特征的真实程度。按照所测信度的范围不同,又分为内在信度和外在信度。内在信度是指对一组问题是否测量同一概念,同时组成量表项的内在一致性程度如何,常用 Cronbach's alpha 系数检验。外在信度是指对相同的测试者在不同时间测得的结果是否一致,再测信度是外在信度最常用的检验法。一般而言,两次或两个测验的结果越一致,则误差越小,信度越高。通常认为内在信度在 0.70 以上较好,0.60 至 0.70 之间可以接受,而低于 0.60 则须考虑重新修订或增删测量指标。由于研究条件限制,本研究用 Cronbach's alpha 信度系数仅对内在信度进行检验。表 7.10 列出模型中各因素测量指标的信度。由表可知,各因素测量指标的内在信度均在 0.70 以上,且大部分达到 0.85 以上,因此本研究所选取的测量指标具有较高的信度。

表 7.10 测量指标的 Cronbach's alpha 值统计

因 素	测量指标的数目	Cronbach's alpha
绩效期望	3	0.865
努力期望	3	0.856
社会影响	3	0.716
感知风险	5	0.759
使用情景	4	0.912
满意度	2	0.885
持续使用意愿	3	0.930

(2) 效度检验

效度衡量测量指标所测得结果是否能真实反映被测特征的程度,通常分为聚合效度和区分效度。聚合效度要求同属一个因素的测量指标间具有高度相关性,常用综合因子可靠性和 Cronbach's alpha 系数进行检验,两种方法基本原理相似。聚合效度检验结果如表 7.11 所示,由表可知,测量指标的 λ 值都大于 0.5,基本适配指标理想;CR 值均在 0.6 以上,AVE 值均在 0.5 以上,表明测量指标具有内部一致性,模型整体聚合效度检验通过。

区分效度要求不同因素所对应的测量指标之间的相关性小,其检验方法一般有三种:① 信赖区间法,即求出构面的相关系数信赖区间,如果不包含 1,即有区别效度;② 相关系数设定法,即构面的相关系数设为 1,检定是否拒绝,如果拒绝,表示相关系数不为1,即有区别效度;③ 平均方差抽取量(Average Variance Extracted,简称 AVE),即将构面的相关系数,在对角线放入 AVE 的根号值,如果相关系数并未大于 AVE 的根号值,即有区别效度。本研究采用目前最常用的平均方差抽取量方法,区分效度检验结果如表 7.12 所示,由表可知,各因子间的相关系数均小于各因子的解释的平均方差的根,因此测量指标通过了区分效度检验。

表 7.11　测量指标的聚合效度检验结果

因　素	测量指标	因子载荷 λ	信度系数 λ^2	误差变异量 $1-\lambda^2$	CR	AVE
绩效期望 PE	PE1	0.751	0.564	0.436	0.850	0.654
	PE2	0.829	0.687	0.313		
	PE3	0.843	0.711	0.289		
努力期望 EE	EE1	0.751	0.564	0.436	0.794	0.562
	EE2	0.714	0.510	0.490		
	EE3	0.783	0.613	0.387		
社会影响 SI	SI1	0.752	0.566	0.434	0.782	0.545
	SI2	0.767	0.588	0.412		
	SI3	0.694	0.482	0.518		
感知风险 PR	PR1	0.652	0.425	0.575	0.861	0.555
	PR2	0.796	0.634	0.366		
	PR3	0.843	0.711	0.289		
	PR4	0.698	0.487	0.513		
	PR5	0.721	0.520	0.480		
使用情景 UC	UC1	0.754	0.569	0.431	0.845	0.521
	UC2	0.665	0.442	0.558		
	UC3	0.739	0.546	0.454		
	UC4	0.717	0.514	0.486		
	UC5	0.732	0.536	0.464		
满意度 S	S1	0.786	0.618	0.382	0.725	0.570
	S2	0.722	0.521	0.479		

(续表)

因　素	测量指标	因子载荷 λ	信度系数 λ^2	误差变异量 $1-\lambda^2$	CR	AVE
持续使用意愿 BI	BI1	0.710	0.504	0.496	0.803	0.576
	BI2	0.802	0.643	0.357		
	BI3	0.763	0.582	0.418		

表 7.12　测量指标的区分效度检验结果

	PE	EE	SI	PR	UC	S	BI
PE	0.809						
EE	0.401	0.750					
SI	0.543	0.582	0.738				
PR	0.358	0.474	0.681	0.745			
UC	0.547	0.544	0.525	0.458	0.722		
S	0.532	0.559	0.560	0.386	0.572	0.755	
BI	0.527	0.563	0.643	0.590	0.664	0.408	0.759

7.3.4　模型拟合与评估

由于测量指标已经通过信度和效度检验，对模型拟合可以进行评估，检测本研究的模型是否与数据拟合。评估模型拟合程度的指标被称为拟合度指标，不同的拟合度指标会受到不同影响，如自由度、模型复杂性或拟合方法等，并且每种指标的侧重点不同，所反映的信息也不相同。因此，在研究中通常采用一系列不同的指标共同评估模型的拟合程度。由表 7.13 可知，模型的所有适配指标均达到可以接受的标准范围，可以判断本研究的结构方程模型与样本数据达到了较好的拟合度，因此不需要再进行模型修正。

表 7.13　模型拟合度指标检验结果

指标名称	评价标准	本模型拟合值	模型适配判断
卡方自由度比（λ^2/DF）	λ^2/DF＜3	2.273	是
近似误差均方根（RMSEA）	RMSEA＜0.08	0.026	是
残差均方根（RMR）	RMR＜0.05	0.017	是
拟合优度（GFI）	GFI＞0.9	0.953	是

（续表）

指标名称	评价标准	本模型拟合值	模型适配判断
调整拟合优度（AGFI）	AGFI＞0.9	0.957	是
常规拟合度（NFI）	NFI＞0.9	0.941	是
相对拟合指数（RFI）	RFI＞0.9	0.936	是
增量拟合指数（IFI）	IFI＞0.9	0.948	是
非常规拟合度（TLI）	NNFI＞0.9	0.971	是
比较拟合指数（CFI）	CFI＞0.9	0.986	是

7.3.5 模型分析与假设检验

根据 Amos17.0 的路径分析结果，表 7.14 展示的是各个潜变量之间的路径系数、标准误差、t 检验值和 P 检验值。在路径分析中，t 检验值和 P 检验值有以下含义，其中：

(1) t 检验值：当 t 检验值为负数，说明两个变量之间存在负相关性；当 t 检验值为正数，说明两个变量之间存在正相关性。

(2) P 检验值：当 $0<p<0.001$，说明两个变量之间的相关性显著程度最高，用"＊＊＊"表示；当 $0.001<p<0.010$，说明两个变量之间的相关性显著程度次高，用"＊＊"表示；当 $0.010<p<0.050$，说明两个变量之间的相关性显著程度比较弱，用"＊"表示；当 $0.05<p<0.100$，说明两个变量之间的相关性存在弱显著程度，弱相关性，用"＋"表示；当 $p>0.100$，说明两个变量之间无显著相关性。

表 7.14 结构模型标准化路径系数

路径	标准化路径系数	标准误差	t 值	P 值
UC→PE	0.996	0.079	12.534	＊＊＊
UC→EE	0.824	0.083	9.985	＊＊＊
PE→S	0.481	0.052	9.304	＊＊＊
EE→S	0.281	0.051	5.467	＊＊＊
PR→S	−0.041	0.069	−0.601	0.548
PE→BI	0.202	0.050	4.033	＊＊＊
EE→BI	0.003	0.040	0.087	0.931
PR→BI	−0.210	0.058	−3.627	＊＊＊
SI→BI	0.190	0.045	4.215	＊＊＊
S→BI	0.502	0.068	7.417	＊＊＊

7 移动支付用户持续使用意愿的影响因素研究

根据表 7.14 中的标准化路径系数和显著性 p 值,可以判断本研究模型所提出的研究假设中,除了假设 H3(努力期望对移动支付用户的持续使用意愿有正向影响)和假设 H6(感知风险对移动支付用户的满意度有负向影响)不成立,其他假设均成立。为了更清楚地表现各个变量之间的路径系数和显著程度,绘制如图 7.2 所示的模型拟合路径系数图,直观反映了各因素对持续使用意愿的影响作用。

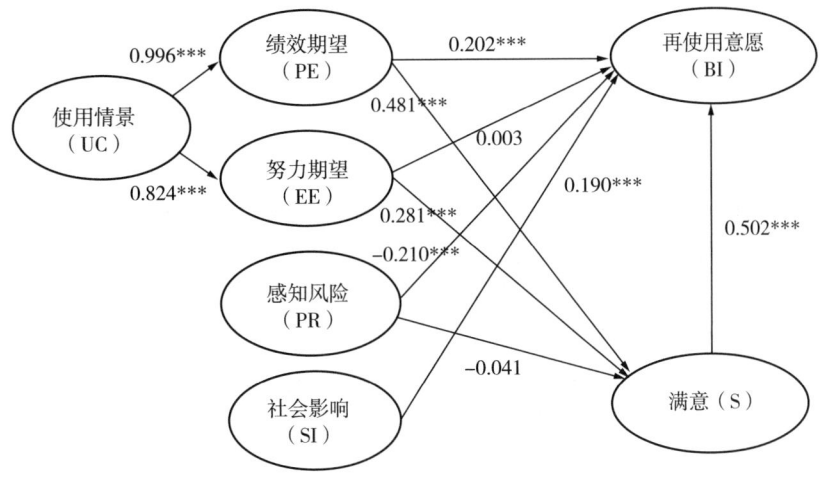

图 7.2 模型拟合路径系数图

7.4 结果讨论

(1)绩效期望、努力期望对持续使用意愿的影响

本研究实证分析结果表明,绩效期望($r=0.202,p<0.001$)对移动支付用户的持续使用意愿有显著的正向影响,即用户对移动支付有用性感知程度越强,那么其再次使用移动支付业务的意愿也随之增强;同时绩效期望($r=0.481,p<0.001$)对移动支付用户的满意度有显著的正向影响,即用户认为移动支付越能满足其绩效期望,那么其满意度也越高,通过满意度间接影响持续使用意愿。努力期望($r=0.003,p=0.931$)对移动支付用户的持续使用意愿不存在显著影响,即用户对移动支付易用性感知程度并没有对持续使用意愿产生直接影响;但是努力期望($r=0.281,p<0.001$)对移动支付用户的满意度有显著的正向影响,即使用移动支付越容易,用户满意度就越高,通过对满意度的影响间接影响持续使用意愿。

在移动支付接受意愿的相关研究中,研究结果表明绩效期望与努力期望对使用意愿有显著的正向影响。例如 Luarn 等以移动银行服务为研究对象,证明了绩效期望、努力期望对移动支付的接受和使用有显著影响[1];Wu 等的实证证明了绩效期望、努力期望和社会影响对移动支付的接受均有显著影响[2];在移动支付持续使用意愿的研究中,Bhattacherjee 于 2003 年提出了期望确认-技术接收模型,该模型指出感知有用性对于继续使用意愿既有正向影响,又通过满意度间接影响继续使用意愿[3],这一模型已经被众多研究者的实证研究所证明。同时,一些学者的研究结果表明感知有用性这一变量对用户继续使用影响最显著,而感知易用性则随着用户使用经验的增加而变得不太重要,感知易用性通过对满意度的影响间接影响持续使用意愿,如 Hong 等研究了 TAM、ECM-IT 模型对移动网络用户的继续使用意愿的解释度,结果表明用户感知有用性直接影响用户的继续使用意愿,感知有用性和感知易用性又会通过满意这一中介变量间接影响用户继续使用意愿[4]。通过上述对比发现,对于没有使用过移动支付的用户来说,只有他们认为移动支付业务提供商为其提供的移动支付相关服务是有用的,移动支付业务能帮助他们提高交易的效率,并且带来便利,用户才会考虑使用移动支付;对于具有使用经验的用户来说,使用移动支付能够强化其绩效效果,并且简单便利,可以轻松快捷地完成交易,那么用户的满意度就会提升,进而持续使用意愿受到影响。

因此我们可以得出结论,绩效期望、努力期望在对于用户接受以及持续使用移动支付时都会产生影响,不同之处在于这两个因素对于接受意愿的影响是直接的,而在持续使用意愿研究中,绩效期望直接影响持续使用意愿,绩效期望和努力期望又会通过满意这一中介变量间接影响用户持续使用意愿。

(2) 使用情景对绩效期望、努力期望的影响

本研究实证分析结果表明,使用情景对移动支付用户的绩效期望和努力期望有显著的正向影响,进而间接影响消费者的移动支付业务使用意愿,其对使用意愿的影响作用仅次于满意度。用户处在某些特定的情景或环境之中时,会被当时的情况所影响,从而导致其对移动支付的有用性和易用性的感知程度提高。

---

[1] Luarn P, Lin H H. Toward an understanding of the behavioral intention to use mobile banking [J]. Computers in Human Behavior, 2005, 21(6): 873-891.

[2] Wu J H, Wang S C. What drives mobile commerce: An empirical evaluation of the revised technology acceptance model? [J]. Information & Management, 2004, 42(5): 719-729.

[3] Bhattacherjee A. Understanding information systems continuances: An expectation-confirmation model [J]. MIS Quarterly, 2001, 25(3): 351-370.

[4] Hong S J, Thong J Y L, Tam K Y. Understanding continued information technology usage behavior: A comparison of three models in the context of mobile internet [J]. Decision Support Systems, 2006, 42(3): 1819-1834.

在接受意愿相关研究中，使用情景对绩效期望、努力期望有显著正向影响。Mallat 称移动支付的接受行为是个动态的过程，依赖于特定的环境因素，例如，缺乏其他支付方式或者紧急情况[1]。Mallat 等发现使用情景与感知有用性有明显的相关性[2]。Gao 等在研究移动服务接受时，发现使用情景通过影响用户的感知有用性和感知易用性间接影响用户的使用意愿[3]。由此可知，使用情景是用户选择移动支付的一个重要影响因素。本章通过对持续使用意愿的研究发现，用户持续使用移动支付也是具有使用情景的，如消费场所需要排队、身上没有现金、距离售票处较远和无暇抽身（如工作、上课）又需要消费或订购（如缴纳水电费、订购电影票等）时，这些情景都体现了移动支付的主要特点，即随时随地支付的便捷性。不同于现金支付、信用卡支付等，用户可以通过手持移动设备在任何时间和任何地点进行支付活动，这一特点大大地减少了用户进行支付交易时的各种外在限制条件，如距离和地域的限制等。没有了时间和地点的限制，用户能获取更及时的信息，可以随时查询账户、转账或进行购物消费。

由上述可知，不论对于移动支付用户的接受意愿还是持续使用意愿，使用情景对绩效期望、努力期望都具有正向影响，移动支付的使用情景对于用户的接受和持续使用意愿都会产生间接影响。

(3) 社会影响对持续使用意愿的影响

本研究的实证分析结果表明，社会影响($r=0.28$，$p<0.001$)对移动支付持续使用意愿有显著的正向影响，即用户所感知到的对其重要的人认为其应该使用移动支付的程度越强，那么其再次使用移动支付业务的意愿也会随之增强。

在移动支付的相关研究中，社会影响是对使用意愿产生影响的重要因素。最初在 Venkatesh 等提出的 UTAUT 模型及其实证研究中，社会影响就被证实对用户的使用意愿产生显著正向影响。曹媛媛等对我国移动支付用户的接受意愿的研究结果表明，社会影响对移动支付使用意愿有着最显著的正向影响[4]。可见，社会影响对于持续使用意愿的影响力并未随着用户使用次数的增加而消失。在本研究中，社会影响被证实对用户的持续使用意愿产生显著的正向影响。个人的行为会受到与之有密切关系的人或组织的影响，特别在一个讲究社会关

---

[1] Mallat N. Exploring consumer adoption of mobile payments-a qualitative study[J]. The Journal of Strategic Information Systems，2007，16(4)：413-427.

[2] Mallat N，Rossi M，Tuunainen V K，et al. The impact of use context on mobile services acceptance：The case of mobile ticketing [J]. Information & Management，2009，46(3)：190-195.

[3] Gao S，Moe S.P，Krogstie J. An empirical test of the mobile services acceptance model[A]//Ninth International Conference on Mobile Business[C]. New York：IEEE Computer Society，2010：168-175.

[4] 曹媛媛，李琪.移动支付使用者使用意向与使用行为模型及实证研究[J].统计与信息论坛，2009，24 (2)：72—77.

系的国家中,不论是移动支付业务的使用者还是未使用者,在对移动支付的使用意愿上,都将受到周围的人或组织的影响。如果周围的人或组织传递出的信息是正面的,那么信息接收者有很大的可能性会尝试使用或继续使用移动支付业务;反之,信息接收者将很可能对移动支付业务产生一种非理性的主观判断,先入为主地认为移动支付是一种不值得考虑或选择的交易方式,不愿意再次使用。

因此,社会影响对于移动支付持续使用意愿会产生正向影响。对比发现,社会影响对于移动支付用户的接受意愿也具有正向影响。

(4) 感知风险对满意度及持续使用意愿的影响

本研究基于前人研究提出了假设 H6(感知风险对移动支付用户的满意度有负向影响),然而该假设未通过检验。而假设 H5 则得到验证,即感知风险($r=-0.210, p<0.001$)对移动支付用户的持续使用意愿有显著负向影响。

多数学者的研究表明,感知风险对于满意度和使用意愿具有负向影响。朱学红对移动互联网用户消费行为意向的研究指出,感知风险对满意度有显著负向影响[1]。Forsythe 等的研究结果表明,感知风险对消费者进行网络购物时的购买态度和意愿有直接负向影响[2];吴先锋等针对移动业务消费者接受行为进行研究,发现感知经济风险对消费者的使用意愿有非常显著的负向影响[3]。也有研究结果表明,感知风险与满意度和使用意愿之间没有直接关系。例如,盛玲玲在移动商务用户的继续使用意向研究中发现,感知风险对满意度并没有影响作用[4]。由于移动支付不可避免地涉及用户个人信息、财务信息等敏感资料,感知风险是用户考虑是否再次使用移动支付时所必然不能忽视的一个关键因素。在本研究中,66.91%的被调查者都倾向于使用小额支付,且大多数人使用次数较少,他们的移动支付业务相关风险承受能力和意愿较弱。由于感知风险与满意度之间不存在相关关系,针对此结论,我们对 20 位被调查者进行了深入访谈,发现大部分受访者认为如果在使用移动支付过程中存在风险,那么他们再次使用的可能就会降低,但是感知风险并不是影响其满意度的主要原因。在他们看来,移动支付是否易用以及是否能够满足其需求才是更重要的原因,这也有助于佐证感知风险并不影响移动支付用户的满意度。

上述研究表明,感知风险对于移动支付持续使用意愿会产生负向影响,对比发现感知风险对于移动支付用户的接受意愿也具有负向影响。

---

[1] 朱学红.移动互联网用户消费行为意向研究[D].南京:南京邮电大学硕士学位论文,2011:3.

[2] Forsythe S.M, Shi B. Consumer patronage and risk perceptions in Internet shopping [J]. Journal of Business Research, 2003, 56(11): 867-875.

[3] 吴先锋,樊吉宏.基于感知风险的移动支付使用行为实证研究[J].统计与决策,2010,(20):145—148.

[4] 盛玲玲.移动商务用户的继续使用意向研究[D].杭州:浙江大学硕士学位论文,2008:4.

(5) 满意度对持续使用意愿的影响

本研究根据前人研究提出了假设 H10(满意度对移动支付用户的持续使用意愿有正向影响),实证结果表明满意度($r=0.502, p<0.001$)对持续使用意愿的影响最强烈。

这一结果得到了学者的证实,即用户再次购买某个产品或继续使用某项服务主要由其之前消费经历的满意程度所决定[①②]。信息系统的相关研究也表明,当用户满意于一个系统的使用,则消费者可能再去使用该系统[③④]。Turel 等对加拿大的 210 位年轻用户的移动支付用户进行了实证研究,结果表明满意度是影响用户持续使用意愿的重要因素[⑤]。本研究的用户对于移动支付的满意度总体处于较满意的水平,因此稳定并提升现有用户的满意度,可以明显增强其持续使用意愿;当用户满意度降低时,要及时查明造成不满意情绪的原因,通过提高用户的绩效期望和努力期望,完善服务质量,提高用户的满意度,进而提高用户对移动支付的持续使用意愿。

因此,本研究的结果与持续使用意愿的研究结果相符,即满意度是影响移动支付用户持续使用意愿的一个重要因素。

综上所述,使用情景通过对绩效期望和努力期望的正向影响来间接影响接受和持续使用意愿,绩效期望、感知风险、社会影响对于移动支付用户的接受意愿和持续使用意愿都具有正向影响,努力期望对于用户的接受意愿具有直接影响,而对于持续使用意愿的影响则是通过对满意度的正向作用而产生。

7.5 结论与启示

(1) 绩效期望对移动支付用户的持续使用意愿有显著的正向影响,同时通过对满意度的显著正向影响而间接影响持续使用意愿,绩效期望对于满意度的

---

① Patterson P, SPreng R. Modeling the relationship between perceived value satisfaction and repurchase intentions in a business-to-business, services context: An empirical examination [J]. International Journal of Service Industry Management, 1997, 8(5): 414-434.

② Chiu C, Wang E T G. Understanding web-based learning continuance intention: The role of subjective task value [J]. Information & Management, 2008, 45(3): 194-201.

③ Dodds W, Monroe K B, Grewal D. Effects of price, brand and store information on buyers' product evaluation [J]. Journal of Marketing Research, 1991, 28(3): 307-319.

④ Inseong L. Culture-technology fit to effects of cultural characteristics on the post-adoption beliefs of mobile internet users [J]. International Journal of Electronic Commeree, 2007, 11(4): 11-51.

⑤ Turel O, Serenko A. Satisfaction with mobile services in Canada: An empirical investigation [J]. Telecommunications Policy, 2006, 30(5): 314-331.

影响程度大于对持续使用意愿的影响程度。

本研究结果显示绩效期望对移动支付的持续使用意愿和满意度都具有十分显著的正向影响。因此,移动支付服务提供商都需要切实考虑到用户到底需要何种移动支付服务,充分地收集相关的用户需求数据,并针对不同用户提供不同服务,例如招商银行针对企业手机银行的用户提出了涵盖全时财务管理、移动支付结算、移动投融资、全时电子商务、贴身金融助理五大类别的业务[①],而中国农业银行则通过与中国联通合作,为广大农村用户提供手机银行、移动支付、电子商务等服务[②]。另外,我国移动支付服务提供商还应该认真研究和借鉴欧美日韩等移动支付发达的国家的成功经验,并依据我国移动支付市场的特殊性,不断拓展和符合我国国情的移动支付业务的种类和范围,例如,阿里巴巴集团借鉴美国信用移动支付将推出"信用支付"服务,覆盖所有支付宝移动支付用户,通过对用户注册时间、消费记录、实名认证、信用等级等核心指标将用户分成不同的层级,并决定最后的授信额度,最低为200元,最高可达5000元,相当于一张普通信用卡的透支额度,这一举措将大大扩展移动支付的市场范围[③]。

(2) 努力期望对移动支付用户的持续使用意愿不存在显著影响,但是努力期望对移动支付用户的满意度有显著的正向影响,通过对满意度的影响间接影响持续使用意愿。

虽然近年来我国的移动支付业务有了蓬勃发展,但目前的大部分移动支付业务仍然为远程支付方式,交易过程大多通过发送短消息验证和手机上网完成,操作过程较烦琐,且受到网络速度的限制,这在一定程度上影响了使用者的持续使用意愿。因此,应该注重简化移动支付业务的操作流程,提升用户的操作便捷性。从运营商的角度来说,要进一步普及3G乃至4G网络服务,并针对上网流量进行合理收费,例如用户可以根据自己的实际情况选择合适的上网套餐,中国移动、中国联通的3G业务都提供不同价位的上网套餐供用户选择。银行及第三方支付平台应注重简化移动支付业务的操作流程,降低操作的复杂度,并利用先进的技术提高操作速度,在保证安全的前提下,使交易能快速完成,提高使用者的努力期望,例如支付宝移动客户端的快捷支付业务就是对移动支付流程的简化,得到用户的广泛使用;而财付通与移动QQ客户端进行了紧密的合作,财付通率先在iPhone版QQ上实现转账支付,目前手机用户已经通过快捷键为

---

① 招商银行.企业手机银行[EB/OL].(2013-02-28)[2020-11-28].http://live.cmbchina.com/webpages/mobilefirmbank/ywtd.html.

② 网易财经.农行与联通达成战略合作,推进移动支付[EB/OL].(2010-08-20)[2020-11-28].http://money.163.com/10/0820/14/6EHOJ4R50025335L.html.

③ RFID世界网.移动支付空间广阔,银行需提升服务把握商机[EB/OL].(2013-04-02)[2020-11-28].http://news.rfidworld.com.cn/2013_04/8c938d386eaf1262.html.

QQ 用户进行小面额的现金转账①。

（3）使用情景对移动支付用户持续使用意愿不具有显著影响,但是通过对绩效期望和努力期望的正向影响作用间接影响到移动支付用户的持续使用意愿,并且使用情景对于绩效期望的影响大于对努力期望的影响。

用户在某些特定的情景下会被当时的情况所影响,从而导致其对移动支付的有用性和易用性的感知程度提高。目前,移动支付业务的推广进展远低于业界预期,还有大批消费者对移动支付持有一种观望的态度,如果移动支付提供商能够充分利用使用情景,必将能稳定用户群体并吸引潜在用户。因此,移动支付提供商与商家应该加强合作,推广移动支付业务时应优先考虑在售票处、购物中心、超市、高校、写字楼等这些用户最有可能遇到特殊使用情景的场所和地点进行布局,为用户提供高速、便捷、有效的移动支付途径,减少因时间、空间上的限制而造成的支付不便,提升用户对移动支付的绩效期望和努力期望,从而促使用户持续使用移动支付。例如,2012 年 5 月底第三方支付企业拉卡拉推出拉卡拉刷卡器而进入个人移动支付领域,支持遍布 300 个城市的 6 万个便利店的移动支付②;中国移动与浦发银行合作推出了 NFC 定制手机,利用无线通信技术,用户通过刷手机即可实现移动支付,中国移动计划 2013 年销售 1000 万部支持 NFC 功能的 TD-SCDMA 手机③,这些举措满足了用户在使用情景上的需求。

（4）社会影响对移动支付用户的持续使用意愿均具有显著的正向影响,用户移动支付持续使用意愿会受到周围环境的影响。

在互联网时代,用户对于移动支付的任何评价都可能在网络上有所体现,对于有使用经验的用户而言,有关产品的正面评价越多,那么其越有可能再次选择使用移动支付,反之则会动摇其使用移动支付的决心而促使其使用其他支付方式。因此应该充分利用移动互联网社交媒体,扩大移动支付的社会影响力。对潜在用户而言,如果有关移动支付的正面信息通过已使用者或已接触者的口碑传递给未使用者,那么使得未使用者在使用该商品或服务之前,就已经对其产生了良好的第一印象,这对未使用者使用移动支付将会产生正面影响。移动支付服务提供商借助于移动互联网,构建一个移动支付用户之间的交流平台,通过这一网络互动平台,让更多的潜在用户能够从已使用的用户那里获取他们认为值得信赖的关于移动支付业务的真实评价和信息,让更多已使用者能分享使用移

---

① 和讯银行.中国移动支付交易规模走向万亿级,快捷支付成为竞争焦点[EB/OL].(2013-04-01)[2020-11-28]. http://bank.hexun.com/2013-04-01/152711472.html? from=rss.

② 网易财经.移动支付:拉卡拉们的涅槃[EB/OL].(2013-02-26)[2020-11-28].http://money.163.com/13/0226/08/8OKK173T00253G87.html.

③ 搜狐财经. 中移动入股浦发 将加强后者移动支付业务[EB/OL].(2012-11-27)[2020-11-28].http://business.sohu.com/20121127/n358727552.shtml.

动支付业务给自身带来的快乐心情、便捷服务等。例如,各大银行、金融机构纷纷通过设立官方微博来为移动支付用户提供交流平台,用户不仅可以互相交流,还可以将使用疑问或使用感受进行反馈;而支付宝的微信平台账号不仅可以为移动支付用户提供7×24小时的全方位实时咨询,用户还可以通过平台结识移动支付达人与好友[①]。

(5) 感知风险对移动支付用户的持续使用意愿产生直接负向影响;感知风险对满意度不具有影响,不会通过满意度这一中介变量间接影响持续使用意愿。

研究结果显示,感知风险对移动支付持续使用意愿具有显著的负面影响,而安全风险是用户使用移动支付过程中最大的风险。应该加强移动支付产业链合作,确保支付过程的低风险性。手机作为移动支付的主要工具存在很多安全隐患,如手机丢失、密码被篡改、手机中病毒等都会给用户造成重大损失,我国在移动支付方面的法律法规还不完善,对交易各方权利和义务的规定也不明确,安全风险使金融欺诈成为可能。银行、电信运营商和第三方支付平台应加强各自系统的安全建设,保证整个支付过程的安全,例如使用防火墙、侵入窃密检测系统、监视控制系统等保证用户数据的安全性,移动支付的产业链的各方应紧密合作、优势互补,形成利益共享、风险共担的链条关系,与政府携手制定相关法律法规,共同努力降低移动支付的安全风险[②]。

(6) 满意度对移动支付用户的持续使用意愿的影响程度最大,是关键的影响因素。

由于满意度对用户的持续使用意愿具有巨大影响,移动支付服务商为了留住老用户,需要定期对用户使用移动支付之后的满意度进行评价并且建立跟踪监测系统,一旦发现用户满意度降低,应该迅速调查影响用户满意度降低的原因,例如可以在相关网站上建立用户满意度档案,定期提醒用户更新自己的档案。不论是运营商、银行还是第三方支付平台,都应该迅速建立用户反馈系统,通过用户反馈及时解决用户移动支付出现的问题,对于用户不满意的服务及时进行改进,提高企业与用户的沟通与交流质量,实现用户至上,确保用户满意度的提升。这样,移动支付服务商才能够把新用户转变为忠诚用户,将忠诚用户维护好,才能为移动支付的服务商带来利润的增长。

(7) 对移动支付的新用户和老用户区分推广策略,细化用户分类和个性化用户需求。

通过对比发现,移动支付的接受意愿和使用意愿的影响因素具有差异性,主

---

① 支付宝.支付宝微信平台,为您排忧解难[EB/OL].(2013-3-28)[2020-11-28]. http://abc.alipay.com/carnival/weixin.htm.

② 新华网."手机钱包"流行,移动支付需防三类风险[EB/OL].(2012-10-24)[2020-11-28].http://news.xinhuanet.com/fortune/2012-10/24/c_113483419.htm.

要的影响因素就在于努力期望,努力期望对于接受意愿具有直接影响。对于移动支付的用户应该细分,对于新老用户采取不同的策略。对于新用户而言,应该强化其努力期望,通过在移动营业厅、银行、商场等人流量较多的地点设置一些移动支付体验柜台,并配备一些解说员,向没有使用经验的消费者进行解说,引导其快速掌握移动支付,方便新用户体验移动支付。对于老用户而言,努力期望对于其持续使用意愿的影响较小,而绩效期望和满意度对其影响更大,可以收集老用户在移动支付的功能上的需求,强化其绩效期望,综合提升移动支付各个环节的服务质量和用户体验,增强其满意度。

8 移动支付用户满意的影响因素研究——以支付宝为例

随着互联网络和移动通信技术的发展,移动网络的应用逐渐由原先的信息检索、新闻浏览、多媒体娱乐等延伸到网络营销和网上支付等领域,其功能也由方便、娱乐化过渡到实用、商务化,这俨然成为第三方支付平台快速发展的温床。目前,我国电子商务已逐渐发展成熟,用户对电子商务的关注由"实惠的价格"转移到"优质的服务",为第三方支付平台的发展开启了新篇章。一方面,越来越多的用户习惯并熟练使用网上支付,第46次《中国互联网络发展状况统计报告》显示,截至2020年6月,我国网络支付用户规模达8.05亿,占网民整体的85.7%,其中手机网络支付用户达8.02亿,占手机网民的86.0%[1];另一方面,以阿里巴巴、腾讯和京东等为代表的互联网企业通过加大支付平台的投入力度,加快新产品的研发、新业务的拓展等方式,有效促进了第三方支付平台的持续发展[2][3]。艾瑞咨询调研数据显示,2019年第一季度线上电商支付交易规模为19820.9亿元,较2016年增长了105.3%,同时线下扫码支付交易规模为73805.3亿元,较2016年增长了8792.2%,中国第三方支付已具备相当的规模[4]。

目前,第三方支付市场已形成支付宝、财付通两大巨头垄断的市场格局,2019年支付宝市场份额占第三方支付交易规模的54.4%,在支付市场中占据绝对优势。随着用户规模的不断扩大,用户对于第三方支付平台的需求不再仅仅满足于快速、便捷的支付功能,影响用户满意度的因素越来越多元化,那么哪些因素会影响第三方支付平台的用户满意?哪些因素的改进能提高用户的忠诚度和持续使用?研究此类问题,有助于深入用户视角了解第三方支付平台发展过

---

[1] 中华人民共和国中央人民政府.第46次中国互联网络发展状况统计报告[EB/OL].(2020-9-29)[2020-12-1].http://www.gov.cn/xinwen/202009/29/5548176/files/1c6b4a2ae06c4ffc8bccb49da353495e.pdf.

[2] 腾讯科技.腾讯与京东建立战略合作关系 将获京东15%股份[EB/OL].(2014-3-10)[2015-4-17].http://tech.qq.com/a/20140310/005903.htm.

[3] 腾讯科技.阿里巴巴宣布未来5年向支付宝追加投资50亿[EB/OL].(2010-4-12)[2015-4-17].http://tech.qq.com/a/20140310/005903.htm.

[4] 艾瑞网.中国第三方支付行业研究报告[EB/OL].(2020-4-7)[2020-12-1].http://report.iresearch.cn/report_pdf.aspx?id=3552.

程中应重点关注的内容,并为平台提升用户满意、提高用户黏性建言献策。本章以支付宝为例,研究第三方支付平台用户满意的影响因素,具体解决以下问题:

(1) 哪些因素可能对第三方支付平台的用户满意产生直接或间接的影响,各个因素之间的影响方向和影响程度如何?

(2) 从实践的角度出发,企业应该在哪些方面改进以及今后应该采取什么样的发展战略来提高第三方支付平台的用户满意?

本章研究目的在于丰富第三方支付平台用户满意相关研究的理论体系,并为移动支付产品和服务优化以及服务提供商的营销管理实践提供参考。

8.1　研究假设

(1) 产品形象与用户满意的关系

产品形象指的是用户在使用产品前对该产品的总体印象,属于产品隐性内容,包含产品价值观和品位等,属于产品内在质量[1]。产品形象在满意度理论中的应用,主要来源于欧洲客户满意度指数和中国客户满意测量模型。张祥对网购平台顾客满意度进行研究时,发现平台形象对用户满意产生显著的影响[2]。满富委为了研究O2O模式下团购用户的顾客满意时,发现产品形象对用户满意有影响[3]。王刚刚在研究手机支付用户满意时,发现产品形象对手机支付用户满意有影响[4]。此外,周伟忠在研究地板满意度时发现产品品牌形象对顾客满意产生直接的正向影响[5]。可见,不管是互联网领域产品,还是线下实体产品,产品形象均显著影响用户满意。因此,本研究提出如下假设:

H1:产品形象对用户满意产生正向影响。

(2) 感知有用性、感知易用性与用户满意

Davis自1989年提出技术接受模型以来,该模型就被广泛应用到互联网领域,尤其该模型中的感知有用性和感知易用性是研究互联网用户的态度、接受、

---

[1] 张静波.顾客满意度测评研究及实例分析[D].长春:吉林大学硕士学位论文,2006:21.
[2] 张祥.淘宝平台购物顾客满意度实证研究[D].阜新:辽宁工程技术大学硕士学位论文,2012:47.
[3] 满富委.O2O模式下团购顾客满意度研究——以经济型酒店为例[D].上海:东华大学硕士学位论文,2014:62.
[4] 王刚刚.基于双因素理论的手机支付用户满意度研究[D].北京:北京邮电大学硕士学位论文,2012:41.
[5] 周伟忠.木地板产品顾客满意度理论与实证研究[D].南京:南京林业大学博士学位论文,2011:108—109.

采纳和使用的主要研究变量[1]。Wu 等在研究在线购物行为时,发现感知有用性和感知易用性与在线购物的信任正相关,并显著影响在线购物的使用态度和使用意愿[2]。对于感知有用性,Toft 等强调,感知有用性是指用户在使用某种特定的技术时能够提高价值目标实现的速度[3]。Verhagen 等认为,感知有用性是用户满意的一个主要驱动因素,他在研究虚拟世界满意度时,发现在虚拟世界中感知有用性对满意度产生积极的正向影响[4]。Lee 等使用期望确认等理论研究基于网络服务的用户满意时,证明了感知有用性与用户满意正相关[5]。用户越认为产品或服务有用,那么对产品或服务就越会感到满意。对于感知易用性,Oh 等认为感知易用性是指用户使用某个系统不需要花费太大的努力[6]。Hong 等在研究用户对灵敏信息系统接受时,实证证明了感知易用性对用户满意产生正向影响[7]。Hong 等在研究移动互联网持续信息技术使用行为时,也赞同感知易用性对互联网信息技术的满意度有积极的正向作用[8]。因此,本研究提出如下假设:

H2:感知有用性对第三方支付平台的用户满意产生显著的正向影响。

H3:感知易用性对第三方支付平台的用户满意产生显著的正向影响。

在技术接受模型中,感知易用性与感知有用性显著正相关。Muk 等在研究用户对手机短信服务(SMS)广告的接受态度时发现,手机短信服务广告的感知

---

[1] Ashraf A R, Thongpapanl N, Auh S. The application of the technology acceptance model under different cultural contexts: The case of online shopping adoption[J]. Journal of International Marketing, 2014, 22(3): 68-93.

[2] Wu W Y, Ke C C. An online shopping behavior model integrating personality traits, perceived risk, and technology acceptance[J]. Social Behavior and Personality: An International Journal, 2015, 43(1): 85-97.

[3] Toft M B, Schuitema G, Thøgersen J. Responsible technology acceptance: Model development and application to consumer acceptance of Smart Grid technology[J]. Applied Energy, 2014, 134: 392-400.

[4] Verhagen T, Feldberg F, Hooff van den B, et al. Satisfaction with virtual worlds: An integrated model of experiential value[J]. Information & Management, 2011, 48(6): 201-207.

[5] Lee Y, Kwon O. Intimacy, familiarity and continuance intention: An extended expectation-confirmation model in web-based services[J]. Electronic Commerce Research and Applications, 2011, 10(3): 342-357.

[6] Oh J, Yoon S J. Validation of haptic enabling technology acceptance model (HE-TAM): Integration of idt and TAM[J]. Telematics and Informatics, 2014, 31(4): 585-596.

[7] Hong W, Thong J Y L, Chasalow L C, et al. User acceptance of agile information systems: A model and empirical test[J]. Journal of Management Information Systems, 2011, 28(1): 235-272.

[8] Hong S J, Thong J Y L, Tam K Y. Understanding continued information technology usage behavior: A comparison of three models in the context of mobile internet[J]. Decision Support Systems, 2006, 42(3): 1819-1834.

易用性显著影响感知有用性并对手机短信服务广告的使用意愿有显著影响[1]。Moores 在研究医疗信息技术时,证明了感知易用性对医疗信息技术的感知有用性会产生显著的正向影响[2]。Palvia 在研究因特网交易信任时,实证证明感知易用性对感知有用性产生强烈的正向影响[3]。Saadé 等也证明了在在线学习过程中,感知易用性正向影响在线学习系统的感知有用性[4]。支付平台越容易使用,用户会越认为其有用。据此,本研究提出如下假设:

H5:感知易用性对第三方支付平台的感知有用性产生正向影响。

(3) 感知风险和用户满意

《南方周末》2013 年调查报告显示,安全是用户对互联网金融的主要关注点[5]。此外,2015 年 4 月的一份网络犯罪数据调查报告显示,2015 年第一季度,北京网络安全反诈骗联盟共接到 4920 例网络诈骗报案,报案总金额高达 1772.3 万元,人均损失 3602 元,包括 PC 用户和 360 手机用户,这使许多互联网企业和用户感到非常困扰[6]。因此,学界和业界对互联网的风险给予高度的重视。Cardozo 在研究用户期望、努力与满意度关系时,验证了产品的不确定性,包括用户所购产品的价值、用户花费的精力等会影响用户满意[7]。据此,本研究提出如下假设:

H4:感知风险对第三方支付平台的用户满意产生显著的负向影响。

(4) 系统质量与感知有用性和感知易用性

系统质量源自 DeLone & McLean 模型。Ecer 认为,系统质量是用来测量信息处理系统本身的一种测量方式或者用来反映系统性能特点的一种技术,较高的系统质量能够给用户提供更多的便利和安全性,系统质量可以用可达性(accessibility)、适航性(navigability)和响应时间(response time)等来测量[8]。

---

[1] Muk A, Chung C. Applying the technology acceptance model in a two-country study of SMS advertising[J]. Journal of Business Research, 2015, 68(1): 1-6.

[2] Moores T T. Towards an integrated model of IT acceptance in healthcare[J]. Decision Support Systems, 2012, 53(3): 507-516.

[3] Palvia P. The role of trust in e-commerce relational exchange: A unified model[J]. Information & Management, 2009, 46(4): 213-220.

[4] Saadé R, Bahli B. The impact of cognitive absorption on perceived usefulness and perceived ease of use in on-line learning: An extension of the technology acceptance model[J]. Information & Management, 2005, 42(2): 317-327.

[5] 和讯网.解析南方周末《2013 年互联网金融顾客满意度调查报告》[EB/OL].(2013-11-12)[2015-4-28].http://iof.hexun.com/2013-11-12/159601976.html.

[6] 人民网.首都网络安全日发布首个网络犯罪数据报告[EB/OL].(2015-4-28)[2015-4-28]. http://politics.people.com.cn/n/2015/0428/c70731-26917690.html.

[7] Cardozo R N. An experimental study of customer effort, expectation and satisfaction[J]. Journal of Marketing Research, 1965, 2(3): 244-249.

[8] Ecer F. A hybrid banking websites quality evaluation model using AHP and COPRAS-G: A Turkey case[J]. Technological and Economic Development of Economy, 2014, 20(4): 758-782.

Kapoor 等在研究图书馆中用户对射频识别系统的使用态度时,验证了系统质量对图书馆中射频识别系统的接受和使用有正向影响[1]。Venkatesh 等在前人的研究基础上进行研究,提出系统设计等相关特性会对感知有用性和感知易用性产生影响[2]。Rai 等在评估信息系统成功模型时,实证证明了系统质量和信息质量对感知有用性产生积极的正向影响[3]。所以,本研究提出如下假设:

H6:系统质量对第三方支付平台的感知有用性产生显著的正向影响。

H7:系统质量对第三方支付平台的感知易用性产生显著的正向影响。

(5) 信息质量与感知有用性和感知易用性

信息质量也来自 DeLone & McLean 模型。Letzring 等认为应该从数量和质量这两个方面来测量信息质量,对信息质量的度量能够帮用户做出准确的判断[4]。Setia 等提出信息质量对知识分享行为、移动设备的采纳、用户忠诚度和用户满意均会产生积极的影响[5]。Shih 在研究互联网使用行为时,验证了信息质量对互联网的感知有用性和感知易用性有积极的正向影响[6]。Moores 在整合技术接受模型和 DeLone & McLean 模型时,实证证明了信息质量对感知有用性和感知易用性产生积极的正向影响[7]。因此,本研究提出如下假设:

H8:信息质量对第三方支付平台的感知有用性产生显著的正向影响。

H9:信息质量对第三方支付平台的感知易用性产生显著的正向影响。

(6) 服务质量与感知有用性和感知易用性

DeLone 等认为系统质量和服务质量不能够全面测量信息系统成功,在之后的 DeLone & McLean 修正模型中引入服务质量[8]作为修正模型中一个重要的

---

[1] Kapoor K, Dwivedi Y, C. Piercy N, et al. RFID integrated systems in libraries: Extending TAM model for empirically examining the use[J]. Journal of Enterprise Information Management, 2014, 27(6): 731-758.

[2] Venkatesh V, Goyal S. Expectation disconfirmation and technology adoption: Polynomial modeling and response surface analysis[J]. MIS Quarterly, 2010, 34(2): 281-303.

[3] Rai A, Lang S S, Welker R B. Assessing the validity of IS success models: An empirical test and theoretical analysis[J]. Information Systems Research, 2002, 13(1): 50-69.

[4] Letzring T D, Human L J. An examination of information quality as a moderator of accurate personality judgment[J]. Journal of Personality, 2014, 82(5): 440-451.

[5] Setia P, Venkatesh V, Joglekar S. Leveraging digital technologies: How information quality leads to localized capabilities and customer service performance[J]. Mis Quarterly, 2013, 37(2): 565-590.

[6] Shih H P. Extended technology acceptance model of Internet utilization behavior[J]. Information & Management, 2004, 41(6): 719-729.

[7] Moores T T. Towards an integrated model of IT acceptance in healthcare[J]. Decision Support Systems, 2012, 53(3): 507-516.

[8] Delone W H, Mclean E R. The DeLone and McLean model of information systems success: A ten-year update[J]. Journal of Management Information Systems, 2003, 19(4): 9-30.

测量指标。Chang等认为,服务质量源于用户对服务的期望与用户对服务感知之间的差距[①]。Xu等认为,服务质量是用户对卖家和用户之间的互动产生的主观的、整体的评价,并实证证明了服务质量对用户满意产生直接的正向影响,对买家提供服务的感知有用性和感知易用性产生间接的正向影响[②]。周涛等研究移动商务网站关键成功因素时发现,服务质量对移动商务网站的感知易用性产生积极的影响,对感知有用性作用不明显[③]。考虑到移动商务网站与本研究内容的差异,本节提出如下假设:

H10:服务质量对第三方支付平台的感知有用性产生显著的正向影响。

H11:服务质量对第三方支付平台的感知易用性产生显著的正向影响。

8.2 研究模型

根据第三方支付平台的自身特性以及满意度相关理论和模型,本章在研究假设基础上提出如图8.1所示的第三方支付平台用户满意的影响因素研究模型。

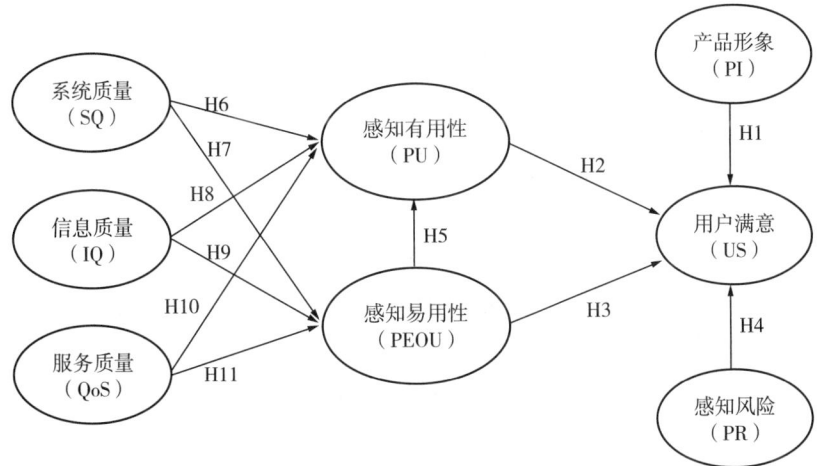

图8.1 第三方支付平台用户满意的影响因素研究模型

---

① Chang S S, Lou S J, Cheng S R, et al. Exploration of usage behavioral model construction for university library electronic resources[J]. The Electronic Library, 2015, 33(2): 292-307.

② Xu J D, Benbasat I, Cenfetelli R T. Integrating service quality with system and information quality: An empirical test in the e-service context[J]. MIS Quarterly, 2013, 37(3): 777-794.

③ 周涛,鲁耀斌,张金隆.移动商务网站关键成功因素研究[J].管理评论,2011,23(6):61—67.

模型中共包含8个构念,分别为:产品形象、感知有用性、感知易用性、感知风险、系统质量、信息质量、服务质量和用户满意,下面对每一构念的含义进行解释并展示其测量指标。

(1) 产品形象

本章的研究对象是第三方支付平台,由于支付宝在第三方支付的市场份额中拔得头筹,所以以支付宝用户作为主要研究对象。继"互联网思维"提出后,互联网产品除了满足基本需求之外,也越来越往人性和社会价值上靠拢。因此,本研究增加产品形象这一指标来研究第三方支付平台的用户满意以及对用户满意产生怎样的影响。

对于产品形象,学界比较赞同著名经济学家哈耶克的观点,即形象是寰宇和人类社会"外在秩序"之形状与"内在秩序"之象征的统一,是自然科学、社会科学、人文科学这三大科学的顶端领域[1]。形象具有超强的沟通和表达能力,因此,产品形象能让用户从功能和情感上获得利益并且在用户心中有着特殊的地位,是人们心中印象的总和。根据Ferreira等和周伟忠的研究,提出以下3个指标来衡量产品形象[2][3]。

表8.1 产品形象的测量指标

指标名称	内　容
PI1	与其他支付产品相比,我认为支付宝知名度最高
PI2	与其他支付产品相比,我认为支付宝的信誉最好
PI3	与其他支付产品相比,我认为支付宝很有特色

(2) 感知有用性(Perceived Usefulness)

在TAM模型中,感知有用性是指用户认为使用专门的产品或服务能够增强他/她的工作效率的程度。感知有用性与绩效期望、感知效益以及网络外部性相似。本研究中的感知有用性是指用户使用第三方支付能够提高他/她的购物和支付效率。根据Bhattacherjee和Rochet等的研究,提出以下指标测量感知

---

[1] 百度百科.形象[EB/OL].(2013-11-21)[2015-3-16].http://baike.baidu.com/link?url=_UYZwm_6g9Cq_IBkV87bReFtaUS3wDOGcuRpN6OOf_aaI2dBeAWiaSJntGVDrCId1dwusCvCxYDG44n1-9ZyAK.

[2] Ferreira I, Cabral J, Saraiva P. An integrated framework based on the ECSI approach to link mould customers' satisfaction and product design[J]. Total Quality Management, 2010, 21(12): 1383-1401.

[3] 周伟忠.木地板产品顾客满意度理论与实证研究[D].南京:南京林业大学博士学位论文,2011:60—62.

有用性[1][2]。

表 8.2　感知有用性的测量指标

指标名称	内　　容
PU1	与其他支付产品相比,我认为支付宝对我很有用
PU2	与其他支付产品相比,我认为使用支付宝方便了我的生活
PU3	与其他支付产品相比,我认为使用支付宝给我带来了很多价值

(3) 感知易用性(Perceived Ease of Use)

在 TAM 模型中,感知易用性是指用户认为使用专门的系统能够不花费太多的努力。感知易用性与创新扩散理论中的易用性相似。在本研究中,感知易用性指用户认为第三方支付平台操作简单,使用时不会花费太多的时间。根据 Wolfinbarger 等和 Meuter 等的研究,提出以下指标来测量感知易用性[3][4]。

表 8.3　感知易用性的测量指标

指标名称	内　　容
PEOU1	与其他支付产品相比,我认为支付宝很容易使用
PEOU2	与其他支付产品相比,我认为学会使用支付宝不需要花费我很多时间
PEOU3	与其他支付产品相比,我认为支付宝使用过程很顺畅

(4) 感知风险(Perceived Risk)

感知风险,是指用户对所购买产品或服务的消极方面产生的不确定性和焦虑。本研究的感知风险是指用户在使用第三方支付平台时产生的焦虑和不确定性,即用户对风险的主观判断和预测。根据 Jensen 等和 Chang 等的研究,从以下几点来测量感知风险[5][6]。

---

[1] Bhattacherjee A. Understanding information systems continuance: An expectation-confirmation model[J]. MIS Quarterly, 2001, 25(3): 351 - 370.

[2] Rochet J C, Tirole J. Two-sided markets: A progress report[J]. The RAND Journal of Economics, 2006, 37(3): 645 - 667.

[3] Wolfinbarger M, Gilly M C. eTailQ: Dimensionalizing, measuring and predicting etail quality[J]. Journal of Retailing, 2003, 79(3): 183 - 198.

[4] Meuter M L, Ostrom A L, Roundtree R I, et al. Self-service technologies: Understanding customer satisfaction with technology-based service encounters[J]. Journal of Marketing, 2000, 64(3): 50 - 64.

[5] Jensen G F, Erickson M L, Gibbs J P. Perceived risk of punishment and self-reported delinquency[J]. Social Forces, 1978, 57(1): 57 - 78.

[6] Chang C H, Chen Y S. Managing green brand equity: The perspective of perceived risk theory[J]. Quality & Quantity, 2014, 48(3): 1753 - 1768.

表 8.4 感知风险的测量指标

指标名称	内　　容
经济风险 PR1	使用支付宝可能造成钱财损失，如账户余额被盗用、收取较高的手续费
绩效风险 PR2	使用支付宝可能没有我期望的效果
隐私风险 PR3	使用支付宝可能会泄露我的账号、交易和个人信息等

(5) 系统质量(System Quality)

系统质量用来测量系统本身的特性，例如系统响应时间(response time)、功能(function)、系统可达性(system accessibility)等。本研究的系统质量是指第三方支付平台的系统特性，根据 DeLone 等和 Bailey 等的研究从以下几点来测量系统质量[1][2][3]。

表 8.5 系统质量的测量指标

指标名称	内　　容
SQ1	使用支付宝基本没有遇到故障
SQ2	使用支付宝付款不需要花费我太多时间
SQ3	我喜欢支付宝界面的设计风格

(6) 信息质量(Information Quality)

信息质量测量的是系统输出(或者产生)内容的特征，例如，信息的准确程度(information accuracy)、可信赖程度(reliability)、完整性(completeness)和相关性(relevance)等。本研究的信息质量反映的是第三方支付平台的系统输出内容特性。根据 Xu 等和 Wu 等的研究，从以下几点来测量信息质量[4][5]。

---

[1] Delone W H, Mclean E R. Information systems success: The quest for the dependent variable [J]. Information Systems Research, 1992, 3(1): 60-95.

[2] Delone W H, Mclean E R. The DeLone and McLean model of information systems success: A ten-year update[J]. Journal of Management Information Systems, 2003, 19(4): 9-30.

[3] Bailey J E, Pearson S W. Development of a tool for measuring and analyzing computer user satisfaction[J]. Management Science, 1983, 29(5): 530-545.

[4] Xu J D, Benbasat I, Cenfetelli R T. Integrating service quality with system and information quality: An empirical test in the e-service context[J]. MIS Quarterly, 2013, 37(3): 777-794.

[5] Wu J H, Wang Y M. Measuring KMS success: A respecification of the DeLone and McLean's model[J]. Information & Management, 2006, 43(6): 728-739.

表 8.6 信息质量的测量指标

指标名称	内　容
IQ1	我认为支付宝界面上显示的信息比较全面
IQ2	我认为支付宝界面上显示的信息是可信的
IQ3	我认为支付宝界面上显示的信息对我是有帮助的

(7) 服务质量(Service Quality)

服务质量作为一个重要的测量构念,被广泛应用到互联网、市场营销以及其他各种领域中。服务质量用来测量系统本身的特性,例如,服务质量包括可靠性、响应性和移情性等。本研究的服务质量反映的是第三方支付平台的服务特点,根据 DeLone 等和王文韬等的研究,从以下几点来测量服务质量[1][2]。

表 8.7 服务质量的测量指标

指标名称	内　容
QoS1	我认为使用支付宝不会泄露我的个人信息
QoS2	我认为使用支付宝遇到任何产品问题,客服都能及时帮我处理
QoS3	我认为支付宝是可靠的支付产品
QoS4	我使用支付宝时,客服能够提供贴心的服务

(8) 用户满意(User Satisfaction)

Oliver 认为,满意度是消费者对产品消费前的期望与产品实际效用之间的感知差异的回应态度。本研究中的用户满意,指的是第三方支付平台的用户在使用该平台之后的心理状态。根据前人的研究,本章从以下几点来测量用户满意[3]。

表 8.8 用户满意的测量指标

指标名称	内　容
US1	总的来说,支付宝没有低于我对它的期望,我比较满意
US2	总的来说,支付宝用起来比我预期得要好,我感到十分高兴
US3	总的来说,支付宝带给我一些惊喜

---

[1] Delone W H, Mclean E R. The DeLone and McLean model of information systems success: A ten-year update[J]. Journal of Management Information Systems, 2003, 19(4): 9-30.

[2] 王文韬,谢阳群,谢笑. 关于 D&M 信息系统成功模型演化和进展的研究[J]. 情报理论与实践, 2014,37(6):73—76.

[3] Oliver R. L. A cognitive model of the antecedents and consequences of satisfaction decisions[J]. Journal of Marketing Research, 1980,17(4): 460-469.

8.3 数据处理与分析

8.3.1 样本收集与描述

(1) 样本收集

本研究基于以上模型及构念的测量指标设计了《第三方支付平台用户满意影响因素研究问卷》(问卷内容详见附录6)。使用问卷网(http://www.wenjuan.com)平台进行问卷的设计和发放,共回收247份问卷,剔除无效问卷22份,最终有效问卷共225份,问卷回收率为91.09%。以下内容基于这225份问卷的调查数据展开分析。

(2) 样本描述

本问卷主要从两个方面来进行设计:第一部分是人口统计特征测量,第二部分是各个构念的测量。第一部分主要考察支付宝用户的基本信息和使用支付宝的相关情况,例如性别、年龄、学历、用支付宝进行购物或支付或转账或汇款的频率、登录支付宝的频率(不一定进行支付,可能是查看余额宝收益、浏览推送信息等)以及大交易金额等。表8.9是上述调查问题的基本统计数据。

表8.9 人口统计特征的样本描述性统计

样本统计特征	分类	频次	有效百分比	累计百分比
性别	男	115	51.11%	51.11%
	女	110	48.89%	100%
年龄	19岁及以下	3	1.33%	1.33%
	20—29岁	212	94.23%	95.56%
	30—39岁	9	4.00%	99.56%
	40—49岁	1	0.44%	100%
	50岁及以上	0	0.00%	100%
学历	高中、中专、技校及以下	6	2.66%	2.66%
	大专	8	3.56%	6.22%
	大学本科	89	39.56%	45.78%
	硕士及以上	122	54.22%	100%

(续表)

样本统计特征	分类	频次	有效百分比	累计百分比
支付宝交易频率	每月超过5次	110	48.89%	48.89%
	每月5—4次	32	14.22%	63.11%
	每月3—2次	53	23.56%	86.67%
	每月≤1次	30	13.33%	100%
登录支付宝频率	每天都会登录	49	21.78%	21.78%
	每周登录3—5次	61	27.11%	48.89%
	每周登录1—2次	32	14.22%	63.11%
	每周登录<1次	8	3.56%	66.67%
	只有进行购物、支付、转账或汇款的时候才登录	75	33.33%	100%
最大交易金额	≤100元	11	4.89%	4.89%
	101—499元	50	22.22%	27.11%
	500—999元	44	19.56%	46.67%
	1000—4999元	68	30.22%	76.89%
	5000—9999元	34	15.11%	92.00%
	1万元及以上	18	8.00%	100%

由表8.9可知,在性别上,男性用户略多于女性。从年龄上看,用户年龄大多集中在20—29岁,占总人数的94.23%,这与我国网络购物用户的年龄分布是相似的。从交易频率来看,约有一半(48.89%)的用户每月使用支付宝次数超过5次,说明大多是支付宝的深度用户。从登录频率上来看,只有进行购物、支付、转载或汇款的时候才登录的用户数最多,约占1/3,这说明用户黏性还不够高,支付宝需借助其他途径来吸引用户登录,从而促成交易。从最大交易金额来看,1000元及以下的交易人数约占47%,1000—4999元的交易人数约占30%,5000元及以上的交易人数约占23%,分布情况比较合理,这说明本研究的用户包含低端、终端和高端的消费者,涵盖的人群比较全面。

8.3.2 测量指标的统计分析

本研究中各变量的描述性统计分析结果,如表8.10所示。

表 8.10 各测量指标的描述性统计分析

因素	测量指标	N	极小值	极大值	均值	标准差	方差
产品形象 PI(6.16)	PI1	225	1	7	6.37	0.932	0.869
	PI2	225	1	7	6.08	0.994	0.988
	PI3	225	1	7	6.04	1.021	1.043
感知有用性 PU(6.07)	PU1	225	1	7	6.16	0.973	0.947
	PU2	225	1	7	6.28	0.860	0.740
	PU3	225	1	7	5.76	1.116	1.246
感知易用性 PEOU(5.95)	PEOU1	225	1	7	6.00	.943	.888
	PEOU2	225	1	7	6.00	1.067	1.138
	PEOU3	225	1	7	5.86	.990	.980
感知风险 PR(4.21)	PR1	225	1	7	4.35	1.566	2.452
	PR2	225	1	7	3.70	1.490	2.219
	PR3	225	1	7	4.57	1.466	2.148
系统质量 SQ(5.34)	SQ1	225	1	7	5.23	1.220	1.489
	SQ2	225	2	7	5.62	.979	.959
	SQ3	225	1	7	5.16	1.236	1.528
信息质量 IQ(5.45)	IS1	225	1	7	5.48	1.057	1.117
	IS2	225	1	7	5.46	1.039	1.080
	IS3	225	1	7	5.40	1.102	1.215
服务质量 QoS(4.51)	SQL1	225	1	7	4.53	1.366	1.866
	SQL2	225	1	7	4.53	1.333	1.777
	SQL3	225	1	7	4.47	1.309	1.715
	SQL4	225	1	7	4.50	1.299	1.689
用户满意 PR(5.64)	US1	225	1	7	5.89	1.059	1.122
	US2	225	1	7	5.64	1.133	1.284
	US3	225	1	7	5.39	1.325	1.756

由表可知，产品形象在所有研究变量中平均得分最高，说明用户对支付宝的品牌形象比较认可。感知风险得分最低，说明大部分用户在使用支付宝时没有遇到风险问题，对支付宝比较信任。此外，感知有用性得分也比较高，这反映出

用户普遍认为支付宝提高了用户绩效。感知易用性得分也比较高,说明支付宝方便用户使用。同时,系统质量和信息质量得分较高,服务质量得分较低,这说明多数用户对支付宝的系统和信息是认可的,但有相当一部分用户对支付宝的服务质量不认可,支付宝需要改进其服务。最后,用户满意也处于较高的水平,这体现了大部分用户对支付宝持满意态度。

8.3.3 信度与效度检验

(1) 信度检验

信度是指对数据进行多次测量所测得结果的稳定性或一致性,或者估量误差范围,来反映数据真实程度的一种指针。信度检验是为了了解问卷数据的有效性与可靠性。在李克特量表中,常用的检验方法有折半信度(Split-half reliability)和Cronbach's alpha系数。本章选择Cronbach's alpha系数检验方法来测量问卷信度。

表8.11 信度检验结果

变 量	测量题项数	Cronbach's alpha 系数
产品形象(PI)	3	0.867
感知有用性(PU)	3	0.816
感知易用性(PEOU)	3	0.885
感知风险(PR)	3	0.815
系统质量(SQ)	3	0.719
信息质量(IQ)	3	0.836
服务质量(QoS)	4	0.899
用户满意(US)	3	0.839
总 体	25	0.906

Cronbach's alpha系数的值在0至1之间,这个值越接近1,说明数据信度较高,一致性较好,具有较高的稳定性,问卷结果比较可靠。如果Cronbach's alpha小于0.3,说明数据不可信;当$0.3 \leqslant$Cronbach's alpha<0.4,说明数据随机误差较大,数据不可信;$0.4 \leqslant$Cronbach's alpha<0.5,说明数据不好,不可接受;$0.5 \leqslant$Cronbach's alpha<0.7,说明数据一般可信;$0.7 \leqslant$Cronbach's alpha<0.9,说明数据比较可信;Cronbach's alpha$\geqslant 0.9$,说明数据非常可信。

由表8.11可知,本研究各变量的Cronbach's alpha系数全部在0.7以上,大部分Cronbach's alpha系数值在0.8以上,其中服务质量的Cronbach's alpha系数值最高,为0.899,系统质量的Cronbach's alpha系数值最低,为0.719。因此,本研究的各变量系数均通过检验,测量指标具有较高的信度。

(2) 效度检验

效度是指测量值和真实值之间的接近程度。效度研究从内在效度和外在效度两个角度进行分析,内在效度是指研究叙述的真实性和正确性,外在效度是指研究推论的准确性[①]。

效度的分类有三种,分别是内容效度、效标关联效度和建构效度。内容效度也称逻辑效度,是指问卷的内容与题项是否具有代表性和适当性。效标关联效度在学界也称实证性效度,是指量表与其中作为标准的指标进行对比,相关度越高,效标关联度就越高。建构效度是指量表能够在多大程度上测量出理论的内涵或概念。如果经过统计分析,测试数据能够合理反映被测试人员的心理状态,那么这足够解释该量表的建构效度较好。一般从两个角度来综合反映建构效度,分别是聚合效度和区分效度。如果同一个构念下的不同测量项之间的相关度较高,那么说明量表具有较好的聚合效度;如果不同构念之间是有显著差异的,那么说明量表具有较好的区分效度。通常使用验证性因子分析对量表单个构念进行评价[②],本研究的验证性因子分析结果如表 8.12 所示。

在验证性因子分析中,平均方差萃取值(AVE)主要测量因子解释方差与误差解释方差之间的比率,该比率要大于 0.5。由表 8.12 可知,AVE 的值均大于 0.5,说明指标能够反映构念的潜在特征。CR 值均大于 0.6,说明模型较好。因此,研究模型聚合效度检验通过。

表 8.12 聚合效度检验结果

因 素	测量指标	因子载荷	信度系数	误差变异量	CR	AVE
产品形象 PI	PI1	0.906	0.821	0.179	0.871	0.694
	PI2	0.822	0.676	0.324		
	PI3	0.765	0.585	0.415		
感知有用性 PU	PU1	0.779	0.607	0.393	0.796	0.566
	PU2	0.791	0.626	0.374		
	PU3	0.683	0.466	0.534		
感知易用性 PEOU	PEOU1	0.809	0.654	0.346	0.868	0.687
	PEOU2	0.791	0.626	0.374		
	PEOU3	0.883	0.780	0.220		

---

① 张文彤主编.SPSS统计分析高级教程[M].北京:高等教育出版社,2004:364—365.
② 吴明隆编著.SPSS统计应用实务 问卷分析与应用统计[M].北京:科学出版社,2003:62—63.

（续表）

因　素	测量指标	因子载荷	信度系数	误差变异量	CR	AVE
感知风险 PR	PR1	0.861	0.741	0.259	0.818	0.601
	PR2	0.723	0.523	0.477		
	PR3	0.733	0.537	0.463		
系统质量 SQ	SQ1	0.605	0.366	0.634	0.764	0.522
	SQ2	0.780	0.608	0.392		
	SQ3	0.770	0.593	0.407		
信息质量 IQ	IS1	0.722	0.521	0.479	0.841	0.639
	IS2	0.862	0.743	0.257		
	IS3	0.808	0.653	0.347		
服务质量 QoS	SQL1	0.986	0.972	0.028	0.872	0.647
	SQL2	0.577	0.333	0.667		
	SQL3	0.990	0.980	0.020		
	SQL4	0.550	0.303	0.698		
用户满意 PR	US1	0.818	0.669	0.331	0.823	0.610
	US2	0.839	0.704	0.296		
	US3	0.675	0.456	0.544		

本研究区分效度检验结果如表 8.13 所示，由表可知，各个变量间的相关系数都小于相应变量的平均方差萃取值（AVE）的平方根，这说明所有变量间均具有较好的区分效度，即研究模型通过区分效度检验。

表 8.13　区分效度检验结果

	PI	SQL	IS	SQ	PR	PEOU	PU	US
PI	0.833							
SQL	0.000	0.804						
IS	0.000	0.000	0.799					
SQ	0.000	0.000	0.000	0.722				
PR	0.000	0.000	0.000	0.000	0.775			
PEOU	0.000	0.060	0.368	0.439	0.000	0.829		
PU	0.000	0.037	0.455	0.513	0.000	0.814	0.752	
US	0.070	0.035	0.341	0.391	−0.078	0.708	0.749	0.781

8.3.4 模型拟合

上述研究表明,本研究模型已经通过信度和效度检验,可以进行模型拟合来对模型进行评估。根据评估结果,来判断问卷收集的数据是否与研究模型拟合。本研究使用 AMOS20.0 来进行模型拟合。模型拟合的一些主要指标及拟合结果,如表 8.14 所示。一般学界认为,当 GFI、RFI 和 NFI 等拟合指标的值大于 0.9 时,说明模型较理想。但也有一些学者认为,受到模型复杂程度、自由度等因素的影响,这些指标大于 0.8 也是可以接受的[①]。此外,学界界定卡方自由度比的值不高于 4,即可认为模型拟合较好,并且近似误差均方根的值不高于 0.08,说明模型契合程度是合理的。由表可知,本研究的各项拟合指标均通过检验,说明模型契合度较高,拟合效果较好。

表 8.14 模型拟合结果

模型拟合统计值	适配标准	结构模型指数
卡方自由度比(CMIN/DF)	<4	2.413
增量拟合指数(IFI)	>0.8	0.928
非常规拟合度(TLI)	>0.8	0.914
比较拟合指数(CFI)	>0.8	0.928
近似误差均方根(RMSEA)	<0.08	0.079
常规拟合度(NFI)	>0.8	0.884
相对拟合指数(RFI)	>0.8	0.861
拟合优度(GFI)	>0.8	0.847

8.3.5 模型分析与假设检验

本研究使用 AMOS20.0 来进行路径检验,结果如表 8.15 所示。在路径检验中,若 t 值小于 0,说明这两个变量负相关;若 t 值大于 0,则变量正相关。p 值,是指两个测量变量之间相关关系的显著程度。如果 $0<p<0.001$,说明两个测量变量之间相关关系较显著,用"***"来表示;如果 $0.001<p<0.01$,说明两个变量之间相关关系比较显著,用"**"来表示;如果 $0.01<p<0.05$,说明两个变量之间相关关系显著程度较弱,用"*"来表示;如果 $0.05<p<0.10$,说明两个变量之间存在弱相关性,用"+"来表示;如果 $p>0.10$,说明两个变量之间不存在相关性。

[①] Richard A S, Scott B M, Richard W O. A reexamination of the determinants of consumer satisfaction[J]. Journal of Marketing, 1996, 60(3): 15-18.

8 移动支付用户满意的影响因素研究——以支付宝为例

表 8.15 结构模型标准化路径系数

路径	标准路径系数	标准误差	t值	P
PEOU ← SQL	0.094	0.068	1.392	0.164
PEOU ← IQ	0.265	0.068	3.906	***
PEOU ← SQ	0.510	0.113	4.509	***
PU ← SQL	0.030	0.033	0.891	0.373
PU ← IQ	0.119	0.042	2.804	**
PU ← PEOU	0.632	0.073	8.636	***
PU ← SQ	0.131	0.066	1.991	*
US ← PU	0.661	0.540	3.078	**
US ← PR	−0.097	0.046	−2.111	*
US ← PEOU	0.477	0.423	1.128	0.259
US ← PI	0.080	0.076	1.051	0.293

由表 8.15 可以判断本研究构建的模型中所提出的假设检验情况,假设 H1(产品形象对用户满意产生正向影响)、假设 H3(感知易用性对用户满意产生正向影响)、假设 H10(服务质量对感知有用性产生正向影响)和假设 H11(服务质量对感知易用性产生正向影响)不成立,其余假设均成立。据此,本研究绘制出路径关系图(详见图 8.2),实线表示变量间关系显著,虚线表示关系不显著。

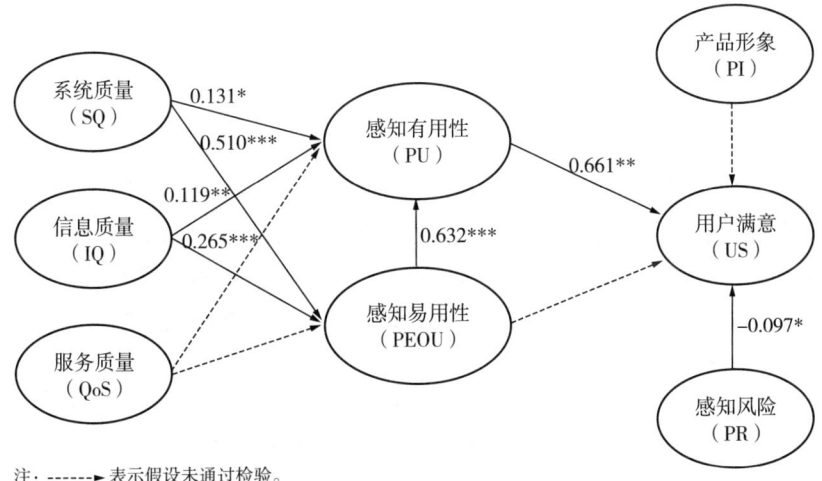

注:------▶ 表示假设未通过检验。
*、**、***分别表示结果在90%置信区间显著、结果在95%置信区间显著、结果在99%置信区间显著。

图 8.2 模型拟合路径系数图

8.4 结果讨论

(1) 产品形象对用户满意的影响

实证研究结果表明,假设 H1(产品形象对用户满意产生正向影响)未通过检验(P=0.146),说明产品形象对第三方支付平台的用户满意没有显著影响。

部分研究表明,产品形象与用户满意正相关。例如,Kristensen 等在研究实体商品交易过程中购买行为对用户满意的影响时,发现形象对用户满意产生积极的影响[①]。张祥对网购平台顾客满意度进行研究时,发现平台形象对用户满意产生显著的影响[②]。满富委在研究 O2O 模式下团购用户的顾客满意时,发现产品形象对用户满意有影响[③]。这说明在网络购物情景下,产品形象对用户满意是有影响的。然而,本章没有发现第三方支付平台的产品形象显著影响用户满意。为了探明结果不一致的原因,笔者对一些被调查者进行专访。调查发现,大部分被调查者表示他们愿意去尝试使用产品形象较好的产品,但是对产品是否满意取决于使用过程中用户对产品的实际体验,如平台是否支持多种支付方式、使用该平台是否能给用户带来价值等因素。因此,在未来研究中,既可以考虑将产品形象纳入第三方支付平台使用意愿相关研究中去,也可以考虑将产品体验纳入第三方支付平台用户满意相关研究中去,从而完善相关研究。此外,本研究结果并不代表第三方支付企业可以忽视产品形象,本章以支付宝为例,其自身的产品特性会对研究结果产生影响,在其他方面的研究中应该考虑产品形象是否会对用户满意产生影响。

(2) 感知有用性、感知易用性对用户满意的影响

实证研究结果表明,假设 H2(感知有用性对用户满意产生正向影响)通过了检验(p=0.002,p<0.05),并且相关性较强,这说明感知有用性与用户满意显著正相关。也就是说,用户对第三方支付平台的有用性感知越强,其对第三方支付平台就越满意。此外,假设 H3(感知易用性对用户满意产生正向影响)未通过检验(p=0.259),说明在本研究中感知易用性对用户满意没有显著作用。

在前人的相关研究中,他们的结果都表明感知有用性对用户满意产生影响。

---

① Kristensen K, Martensen A, Gronholdt L. Measuring customer satisfaction: A key dimension of business performance[J]. International Journal of Business Performance Management, 2000, 2(1): 157-170.

② 张祥.淘宝平台购物顾客满意度实证研究[D].阜新:辽宁工程技术大学硕士学位论文,2012:47.

③ 满富委.O2O 模式下团购顾客满意度研究——以经济型酒店为例[D].上海:东华大学硕士学位论文,2014:62.

Amin 等在研究移动互联网应用(包括移动支付、移动商务、移动数据服务以及移动应用)时,实证了感知有用性对移动互联网应用的用户满意产生显著的正向影响[①]。Ong 等在对问答系统中的用户满意进行测量时,证明了有用性和感知易用性对问答系统的用户满意产生正向影响[②]。Bhattacherjee 使用期望确认理论研究信息系统使用意愿,验证了感知有用性显著影响信息系统的用户满意和使用意愿[③]。Limayem 等在基于互联网的学习技术中,通过拓展 Bhattacherjee 信息系统持续模型实证证明了感知有用性与用户满意正相关[④]。跟移动支付、移动互联网以及信息系统等领域得出感知有用性对用户满意产生显著影响的结论一致,在第三方支付平台研究情景下,感知有用性对用户满意也产生显著的影响。可见,感知有用性是用户满意的一个重要测量指标。

前人在不同的研究情景下得出感知易用性对用户满意产生显著影响,本研究在第三方支付平台研究情景下没有发现感知易用性对用户满意产生显著的影响。Doll 等在终端用户计算研究情景下认为感知易用性是测量满意度的一个重要指标,并通过对 11600 个人进行调查,验证了这一结论[⑤]。Hong 等整合 TAM 和 ECM‑IT 模型,通过对 1826 名移动互联网用户进行调查,证明了在移动互联网情景下感知易用性对移动互联网的用户满意有积极的正向影响[⑥]。上述研究中,被调查用户使用的系统比较新颖或者他们大多使用年限还比较短。文献调研还发现,部分学者认为感知易用性对用户满意不产生影响,如 Hong 等在研究灵敏信息系统时,强调如果用户已经有使用经验,那么当再次使用时,感知易用性对用户满意的影响甚微[⑦]。基于此,本研究中感知易用性对用户满意没有影响的原因可能是:首先,本研究的调查对象几乎都是大专及以上学历,他们熟

---

① Amin M, Rezaei S, Abolghasemi M. User satisfaction with mobile websites: The impact of perceived usefulness (PU), perceived ease of use (PEOU) and trust[J]. Nankai Business Review International, 2014, 5(3): 258-274.

② Ong C S, Day M Y, Hsu W L. The measurement of user satisfaction with question answering systems[J]. Information & Management, 2009, 46(7): 397-403.

③ Bhattacherjee A. Understanding information systems continuance: An expectation-confirmation model[J]. MIS Quarterly, 2001, 25(3): 351-370.

④ Limayem M, Cheung C M K. Understanding information systems continuance: The case of Internet-based learning technologies[J]. Information & Management, 2008, 45(4): 227-232.

⑤ Doll W J, Deng X, Raghunathat T S, et al. The meaning and measurement of user satisfaction: A multigroup invariance analysis of the end-user computing satisfaction instrument[J]. Journal of Management Information Systems, 2004, 21(1): 227-262.

⑥ Hong S J, Thong J Y L, Tam K Y. Understanding continued information technology usage behavior: A comparison of three models in the context of mobile internet[J]. Decision Support Systems, 2006, 42(3): 1819-1834.

⑦ Hong W, Thong J Y L, Chasalow L C, et al. User acceptance of agile information systems: A model and empirical test[J]. Journal of Management Information Systems, 2011, 28(1): 235-272.

练掌握计算机和智能手机的基本操作方法,很容易学会使用支付产品,因此产品的易用性对他们来说不太重要;其次,不管是网页版还是手机端的支付产品,大多设计简单,用户易于使用,因此感知易用性不是他们衡量对一个产品是否满意的主要指标;最后,根据本研究的人口统计数据可以看出用户每月使用支付宝次数超过 5 次的人数占调查总人数的 48.89%,几乎占总人数的一半,说明许多用户都是支付宝的资深使用用户。当对支付产品熟悉之后,用户会降低对产品易用性的关注度。综上所述,本研究得出感知易用性对用户满意没有影响这一结论是合理的。

基于上述讨论,与移动支付、移动互联网以及信息系统等领域得出感知有用性对用户满意产生显著影响的结论一致,在第三方支付平台研究情景下感知有用性对用户满意也产生显著的影响,而感知易用性会随着用户特征的不同以及不同的使用情景对用户满意产生不同的影响。

(3) 感知风险对用户满意产生的影响

实证研究结果表明假设 H4 成立($p=-0.035, p<0.05$),即感知风险与用户满意负相关。一些研究者认为感知风险会影响用户行为和用户态度,例如,Stuart 在研究电话购物时,证实感知风险是影响满意度的主要影响因素[1];王刚刚在研究手机支付用户满意时,认为用户安全感会影响用户满意[2]。Cocosila 等实证发现 3G 手机的感知健康风险会间接影响用户使用意愿[3]。Lee 等对韩国电子文件认证服务的用户接受进行研究,证明了感知风险对用户使用意愿产生显著负向影响[4]。本研究发现感知风险对用户满意产生影响,即用户在使用支付宝支付时感知的风险越大,那么用户对产品的满意度就会下降。支付宝关系到用户最直接的利益,如钱财、隐私等,因此用户对金融类的互联网产品的感知风险十分重视。

综上所述,与电话购物、手机支付以及 3G 手机使用等领域得出感知风险对用户满意产生负向影响的结论一致,在第三方支付平台研究情景下感知风险对用户满意也产生负向影响。

(4) 感知易用性对感知有用性产生的影响

本研究实证结果表明,假设 H5 成立($p=***$,p 小于 0.001),即感知易用

---

[1] Stuart R. Perceived risk and consumer decision making[J]. Journal of Marketing Research, 1964, (1): 32-39.

[2] 王刚刚. 基于双因素理论的手机支付用户满意度研究[D]. 北京: 北京邮电大学硕士学位论文, 2012: 22.

[3] Cocosila M, Turel O, Archer N, et al. Perceived health risks of 3G cell phones: Do users care [J]. Communications of the ACM, 2007, 50(6): 89-92.

[4] Lee J H, Song C H. Effects of trust and perceived risk on user acceptance of a new technology service[J]. Social Behavior and Personality: An International Journal, 2013, 41(4): 587-597.

性对感知有用性产生影响,并且相关性较强。这符合修正后的 TAM 理论。

Davis 在 1989 年提出的改进的技术接受模型中认为某个系统越容易使用,那么系统对用户就越有用,因此认为感知易用性与感知有用性正相关[①]。之后研究者从不同领域对该理论进行验证。在 IT 领域,Venkatesh 等为了研究如何让用户持续使用信息系统,整合了期望不一致理论和技术接受模型,发现感知易用性对感知有用性产生显著影响[②]。在互联网商务领域,Shih 在研究互联网用户获取信息行为时,证明了感知易用性会显著正向影响感知有用性[③]。在电子医疗领域,Moores 为了改进现有医疗信息系统并提高对病人的护理,对诊所管理系统进行实证研究,验证了感知易用性对感知有用性产生显著的正向影响[④]。在第三方支付领域,本研究也实证发现了感知易用性对感知有用性产生显著的正向影响。用户在使用第三方支付中花费的时间越少、损耗的精力越少,那么用户就越认为该支付提高了其支付效率、带来的帮助就越大。由此可见,与信息技术和互联网等领域得出感知易用性对感知有用性产生显著影响的结论一致,在第三方支付平台研究情景下感知易用性对感知有用性有显著的正向影响。

(5) 系统质量对感知有用性和感知易用性的影响

实证结果表明,假设 H6(系统质量对感知有用性产生正向影响并间接影响用户满意)通过了检验(p 小于 0.05),说明系统质量对感知有用性有显著正向影响。即第三方支付平台的系统性能越好(响应时间、界面设计等),则用户对平台的有用性感知就越强。此外,假设 H7(系统质量对感知易用性产生正向影响)通过了检验(p 小于 0.001),并且相关性较强,这说明系统质量对感知易用性有显著正向影响。即第三方支付平台的系统界面越友好,平台就越易使用。

系统质量是感知有用性和感知易用性的主要测量指标。系统质量一般包括精确性、可达性、响应时间和稳定性等。Bailey 等认为,计算机用户满意与系统的利用程度和成功是紧密相连的,一个系统如果有弹性、反应灵敏、具备极强的容错能力,那么用户会认为该系统很容易使用并且能提高其工作绩效[⑤]。Ben-Zvi 在研究决策支持系统性能时,证明了达到期望的系统对感知效益和绩效有

[①] Davis F D. Perceived usefulness, perceived ease of use, and user acceptance of information technology[J]. MIS Quarterly, 1989, (13): 319-340.

[②] Venkatesh V, Goyal S. Expectation disconfirmation and technology adoption: Polynomial modeling and response surface analysis[J]. MIS Quarterly, 2010, 34(2): 281-303.

[③] Shih H P. Extended technology acceptance model of Internet utilization behavior[J]. Information & Management, 2004, 41(6): 719-729.

[④] Moores T T. Towards an integrated model of IT acceptance in healthcare[J]. Decision Support Systems, 2012, 53(3): 507-516.

[⑤] Bailey J E, Pearson S W. Development of a tool for measuring and analyzing computer user satisfaction[J]. Management Science, 1983, 29(5): 530-545.

显著的正向影响[①]。Kim 等为了研究韩国网购市场的用户重复购买意愿及其影响因素,对 293 名用户进行调查,证明了系统质量的子维度(安全和精确程度)显著影响用户的使用价值[②]。本研究也证实了第三方支付平台的系统质量显著影响支付平台的感知有用性和感知易用性。这一结论与我们的认知也是相符的,如果一个支付系统具有定位精准、交互性好、安全性强、响应及时、设计简洁等特点,那么良好的交互性让用户很容易操作,优越的安全性降低了用户使用过程中的担忧,响应及时、设计简洁保证了良好的用户体验,精准的定位功能给用户提供了更加便捷的服务,使用户无须担心发生银行卡等跨区跨行的手续费甚至无法办理的烦恼,总之用户不需要花费太多的时间和精力去使用并且满足用户支付需求、增强体验,进而提高用户对支付产品的满意度。综上所述,不管是在网上购物领域、第三方支付领域还是信息系统领域中,系统质量对感知有用性和感知易用性产生显著的影响,从而间接影响用户满意。

(6) 信息质量对感知有用性和感知易用性的影响

本研究实证分析结果表明,信息质量对感知易用性有显著的正向影响($p<0.001$),对感知有用性也有积极影响并间接影响用户满意($p<0.01$)。

前人许多研究证明了信息质量显著影响感知有用性和感知易用性。Yang 等从两个子维度研究信息质量,信息内容的有用性和信息的准确性,信息内容的有用性反映了系统提供的信息给用户带来价值,信息的准确性反映的是系统信息的完整程度[③]。Shih 认为,如果用户使用信息质量较好(信息准确、完整全面等)的系统能够提高他/她的工作绩效,那么用户就认为这个系统是有用的;如果用户使用信息质量较好(信息准确、完整全面等)的系统不花费他/她的太多的努力,那么用户就认为这个系统是易用的[④];Rai 等通过对 274 名调查者进行调查,证明在 SIS 系统中,系统质量和信息质量显著影响感知有用性,系统中提供准确的信息能够帮助用户有效地解决其所遇到的问题[⑤]。在第三方支付研究情景下,本研究也得出信息质量显著影响第三方支付平台的感知有用性和感知易用

---

① Ben-zvi T. Measuring the perceived effectiveness of decision support systems and their impact on performance[J]. Decision Support Systems, 2012, 54(1): 248-256.

② Kim C, Galliers R D, Shin N, et al. Factors influencing Internet shopping value and customer repurchase intention[J]. Electronic Commerce Research and Applications, 2012, 11(4): 374-387.

③ Yang Z, Cai S, Zhou Z, et al. Development and validation of an instrument to measure user perceived service quality of information presenting Web portals[J]. Information & Management, 2005, 42(4): 575-589.

④ Shih H P. Extended technology acceptance model of Internet utilization behavior[J]. Information & Management, 2004, 41(6): 719-729.

⑤ Rai A, Lang S S, Welker R B. Assessing the validity of IS success models: An empirical test and theoretical analysis[J]. Information Systems Research, 2002, 13(1): 50-69.

性。信息质量一般从准确性、内容的丰富程度、呈现的形式和时效性等方面来度量[1]。结合前人研究可以发现,准确性和内容的丰富程度有效地帮助用户解决问题,提高用户感知有用性;呈现的形式和时效性既给用户提供多种选择,又方便用户进行信息查找和阅读,提高了用户感知易用性。基于此,跟信息系统领域得出信息质量对感知有用性和感知易用性有显著的正向影响一样,在第三方支付情景下,信息质量对感知有用性和感知易用性也有显著正向影响。

(7) 服务质量对感知有用性和感知易用性的影响

假设 H10 没有通过检验（p＝0.373）,即服务质量对感知有用性没有影响,且假设 H11 没有通过检验（p＝0.164）,即服务质量对感知易用性也没有影响。

服务质量包含多个维度,如服务响应的速度、用户是否可以感受到、系统更新的频率、是否值得信赖、是否有保证和移情性等。由于测量维度较多,在不同的研究背景下得出不同的结论。Landrum 等使用马伽尔（Magal）服务质量方法对来自两个研究中心的用户进行研究,从 4 个维度考量,发现服务响应的速度、用户是否可以感受到、是否值得信赖以及移情性对感知有用性有显著正向影响,而"服务是否有保障"对感知有用性没有影响[2]。Shih 在进行互联网电子购物用户接受相关研究中,实证证明服务质量对感知有用性没有显著的影响,对感知易用性也没有显著的影响[3]。此外,还有一些服务质量与满意度相关研究表明,服务质量对用户满意影响也随着研究目的的不同而显著性不同。Hsieh 等在研究委托的客户关系管理系统中,证明了员工的服务质量对用户满意有显著的正向影响[4];Tian 等在研究网购用户接受度和满意度时,发现服务质量对用户满意没有显著影响,但是对用户使用意愿有显著影响[5]。由于服务质量维度较多,且跨度较大,针对不同的产品或服务,对感知有用性和感知易用性的影响会不同。本研究结果显示,在第三方支付平台下服务质量对感知有用性和感知易用性均没有显著影响。以支付宝客户服务为例,本章从以下几点分析造成此理论的原因:第一,服务响应的速度较慢,效率较低。以支付宝手机客户端为例,手机端客户服务指引路径模糊、标识不明显,打开手机端支付宝首页没有发现客户服务功

---

[1] Delone W H, Mclean E R. The DeLone and McLean model of information systems success: A ten-year update[J]. Journal of Management Information Systems, 2003, 19(4): 9-30.

[2] Landrum H, Prybutok V R, Zhang X. A comparison of Magal's service quality instrument with SERVPERF[J]. Information & Management, 2007, 44(1): 104-113.

[3] Shih H P. Extended technology acceptance model of Internet utilization behavior[J]. Information & Management, 2004, 41(6): 719-729.

[4] Hsieh J J P A, Rai A, Petter S, et al. Impact of user satisfaction with mandated CRM use on employee service quality[J]. MIS Quarterly, 2012, 36(4): 1065-1080.

[5] Tian S J, Sun P Z. Analysis of on-line shopping acceptance and satisfaction using DeLone & McLean model[J]. Journal of Industrial Technology Education, 2010, (3): 25-32.

能,通过"服务窗—支付宝服务中心—遇到问题"路径层层点击才能正确找到服务项,当用户遇到困难时,无法快速联系到客服,效率和易用性降低。第二,客服的用户体验较差。以支付宝网页版为例,点击支付宝服务大厅,可以发现有在线客服、电话客服和无线客服。网页显示电话客服繁忙,无线客服针对手机用户需要额外下载安装,只有在线客服可用,所以用户可选择的服务渠道较少,用户体验较差。第三,移情性。支付宝的在线客服分为自助服务和人工服务。自助服务是机器自动回复,回复的内容较多,相关性极差,用户容易产生烦躁感。人工服务是一对一服务,需要用户等待,对于用户提出的一些疑问,有的客服不能够从客户角度出发或者不理解客户语言。此外,还有一些客服为了方便,只给用户一些提示线索,不能提供完整的服务。总之,无论是语音服务还是人工服务,客户体验感均较差。

8.5 结论与启示

(1)感知有用性对第三方支付平台的用户满意有比较显著的正向影响,感知易用性对第三方支付平台的用户满意没有显著影响,但是感知易用性通过影响感知有用性对用户满意产生间接影响。

在用户满意的影响因素分析中,本研究发现感知有用性对第三方支付平台用户满意的影响最大。支付宝的感知有用性,指的是支付宝满足用户的支付需求并提高用户的支付绩效。Davis认为,当用户相信使用该产品能够增加工作绩效时,便形成了使用意图[①]。因此,感知有用性对第三方支付平台提高用户满意及增强用户使用意愿至关重要。本研究的调查显示,绝大多数用户对第三方支付平台感知有用性的打分较高,但是仍有部分用户认为支付宝在给用户带来价值等方面还有所欠缺。综上,第三方支付平台可以采取以下措施改进服务:

首先,利用数据挖掘、云计算等大数据技术精准地把握第三方支付平台的用户需求。一方面,分析用户消费金额,探索用户花费规律,帮助用户预测未来的消费金额,并主动提醒用户,既可以避免用户在消费时因余额不足而引起焦虑,又可以给余额充盈的用户提供最佳的理财方案。另一方面,将用户进行市场细分,确定不同细分市场中用户主要的支付需求,在现有功能基础上针对不同的人群提供个性化服务,以增加用户黏性和用户数量并提高用户满意。

其次,扩大支付平台的适用范围,方便用户在不同的情景下使用。目前,第

---

① Davis F D. Perceived usefulness, perceived ease of use, and user acceptance of information technology[J]. MIS Quarterly, 1989,13(3): 319-340.

三方支付平台已经应用到许多领域,如餐饮、电影、美容、租车、租房等,但是仍有一些领域尚未普及,如医院缴费、学校缴费、公交系统以及线下大型商铺和奢侈品店等。以公交系统为例,我国的公交有刷公交卡和投币两种模式:一方面,公交卡有工本费、补办难和丢磁等各种缺陷;另一方面,投币需要随身携带零钱极不方便。将第三方支付应用到此类系统中,通过扫二维码去支付车费,就能够很好地解决这样的问题,方便用户乘车。

再者,支付宝提供多种理财产品,促使更多的高端用户将钱存入其中。目前,支付宝主要的理财产品是余额宝。不管用户存入多少钱,余额宝的收益率都是相同的。针对这一种情况,支付宝应该将用户按照存入金额的多少进行分类,然后根据用户金额的大小提供不同收益率的理财产品,即用户存入的金额越多,就能够购买更高收益率的理财产品,从而有效地吸引高端用户。

最后,支付宝应该在完善基本支付功能的基础上,开发新的功能帮助用户提高生活服务效率的功能,增加用户在平台的停留时间和使用频率。本研究的调查显示,仅有21.78%的人选择每天都登录支付宝,却有33.33%的用户只在进行付款行为时才使用支付宝。所以,支付宝应该制定有效的引流策略,如开发记账功能,帮助用户记录每天的消费流水账或者收支明细,帮助用户改善财务状况,加强加深与用户的互动,主动推送用户感兴趣的金融信息,从而让用户主动登录并使用支付宝。

感知易用性对用户满意没有直接的影响,但通过感知有用性间接影响用户满意,支付宝仍要对感知易用性给予关注。当两个产品功能、性能几乎一样时,用户从效率的角度考虑,几乎会首选易用性较好的支付产品。举一个例子,两种功能相似并且安全性相当的支付产品,其中一种产品完成支付过程只需要两步,另外一种产品完成支付需要四步,用户从省时方便的角度肯定会首选第一种产品进行支付,第二种支付方式还有可能因为步骤烦冗,用户在支付过程中选择放弃支付。此外,本研究中选取的对象都是使用过支付宝的并且大部分是深度用户,当用户熟练使用支付产品之后对感知易用性的关注度会下降,但是当用户第一次使用的时候对易用性的关注度仍是较高的。因此,在保证安全和正常支付的情况下,支付产品的支付流程应当越简洁越好。此外,开发和完善新型密码输入技术并有效推广,例如指纹、人脸、虹膜等方式代替传统字符密码进行输入操作等。

(2)感知风险对用户满意有微弱的负向影响

本研究发现感知风险对用户满意有负向影响。虽然其对用户满意的影响没有其他因素大,但是第三方支付平台仍要重视感知风险对用户满意的影响。

本研究的数据显示,42.66%的被调查者认为支付宝会产生金钱损失,51.11%的被调查者认为支付宝会泄露其账号、隐私等相关信息。这说明,有一半的用户在使用支付宝时仍对其不信任。本章对部分被调查者专访时发现:一些被调查者认为支付宝与天猫、淘宝等购物网站绑在一起,而在购物的物流环节需要用户提交姓名、地址和电话等信息,这些信息在物流环节不能够得到有效保护;互联网的安全风险让一些被调查者联想到支付宝也存在被黑客攻击、病毒入侵等风险。因此,第三方支付平台可以从以下几个方面进行改进:

首先,阿里巴巴要将支付宝账号与公司旗下其他网站账号区分,避免一个账号网内通吃的现象。目前支付宝的登录方式除了支付宝账号之外,用户通过淘宝账号也可以登录。在这样的情况下,淘宝网的账号泄露就会导致用户支付宝相关信息的泄露,使其存在极大的隐患。

其次,支付宝账号应避免用手机号、邮箱等方式来命名。目前,支付宝账号的设置方式过于单调,仅有邮箱和手机号两种命名方式。邮箱和手机号是用户经常使用并且极易泄露的隐私信息,如果用户密码设置简单,那么知道用户邮箱或者手机号的人,就很容易猜出用户的账户信息,从而造成信息泄露或者钱财损失。

第三,由于支付宝账号与网购网站绑定在一起,并且用户在购物时,物流单上会填写用户的淘宝账号 ID、姓名、手机号和地址等隐私信息,企业要加强对物流的管理。一方面,建立自己的物流体系,由企业自己来管理;另一方面,加快以电子物流信息的方式代替传统纸质物流信息的变革。

最后,支付宝要加强员工对用户信息保密的管理机制。支付宝账户的泄露,除了被黑客非法窃取之外,还有小部分来自电商平台入驻商家和阿里巴巴内部员工泄密。一方面要引导入驻商家对用户信息进行保密;另一方面要加强对员工的管理。要从多种渠道堵住泄密缺口,保障用户支付宝账户信息的安全性。

此外,支付宝要正确引导和提醒用户注意账户安全。曾有新闻报道,用户账户内 32 万元不翼而飞,究其原因是犯罪分子通过"拖库""撞库"以及"扫号"等方式窃取用户信息,然后与支付宝的账号密码进行匹配登录[①]。以这一事件为例,应该提醒广大用户将支付宝账户密码与其他账户密码进行区分。还应当将过去到现在所有用户损失、泄露、被诈骗等案例进行总结并提出有效的应对策略,与用户分享。

(3) 系统质量显著影响第三方支付平台的感知有用性和感知易用性,并且通过感知有用性和感知易用性间接影响第三方支付平台的用户满意。

系统是用户进行支付活动的基础,系统质量是提高产品有用性和易用性以及影响用户满意的重要因素。一个支付产品的研发,最主要的部分就是支付系

---

① 网易财经.第 35 次中国互联网络发展状况统计报告[EB/OL]. (2014-8-6) [2015-4-28]. http://money.163.com/14/0806/14/A2VM66NP00253B0H.html.

统的搭建。本研究的调查数据显示,虽然大部分用户对支付宝的系统质量比较满意,但是仍有部分用户认为支付宝的系统不够稳定、支付宝响应的时间过长以及系统界面不够美观。基于此,支付宝可以从以下三点进行改进:

第一,支付平台要不断进行平台维护和更新。支付宝要及时收集用户对支付产品的反馈信息,针对用户反映的问题及时做出改进。尤其需要指出的是,在网络不稳定的情况下,许多应用会出现故障,容易引起用户的焦虑,支付宝要加强技术开发,保证在此情况下也能正常打开。随着用户需求的扩大、变化以及系统自身的健壮性和有效性,企业要定期对支付系统进行维护和更新,保证系统的稳定性。

第二,缩短用户等待和查找时间,增加用户参与时间。一方面,系统要将主要功能和用户常用功能放在界面显眼的位置,避免用户因无法一眼看见而引起不必要的查找,浪费过多的时间,引起用户的不满,进而降低了用户满意;另一方面,增强系统安全性和健壮性的同时可能会造成支付应用响应时间、安装时间以及打开的时间比较长。在这种情况下,支付宝可以将用户等待页面设置成互动的小游戏,让用户从心理上认为没有花费过多时间等待。

第三,支付系统界面的设计要简洁易用并加以分类,总体上要符合美感。界面设计典雅简洁会让用户产生怡情悦性的心理状态,而复杂和混乱的界面则会让用户产生烦躁心理。目前,网页版支付宝的设计过于凌乱、文字过多,不管是排版、字体还是背景都缺乏美感;移动端支付宝界面功能没有进行合理分类,仅简单罗列各项功能,这不仅不符合美学要求,也使用户不易找到其需要的功能。

(4) 信息质量显著影响第三方支付平台的感知有用性和感知易用性,并且通过感知有用性和感知易用性间接影响第三方支付平台的用户满意。

信息质量也是影响感知有用性和感知易用性的重要影响因素,并间接对用户满意产生作用。由于用户对涉及自身金钱、隐私方面的信息非常敏感,他们一般对第三方支付平台发布的信息非常重视。本研究的调查结果显示,绝大多数的用户对信息质量比较满意,但仍有部分用户对支付宝的信息质量不太满意,例如,对支付宝上发布的信息不信任,认为信息不全面,对用户没有帮助等。

首先,支付平台要保证信息的准确性。一方面,支付平台先要确保信息来源的权威性和合法性,然后要对信息进行核对检查以确保准确;另一方面,支付平台要保证信息的完整性,既没有残缺信息,又能避免信息冗余。

其次,支付平台发布信息要及时。支付平台要保证发布信息的时效性,即要保证信息在第一时间及时发布,又要更新、删除或者隐藏过时信息。

第三,支付平台信息能够实现多种呈现方式。支付平台要能够提供图、文、声或者视频等多种呈现形式,当用户基于不同的使用情景和端口使用支付平台信息时,自动帮助用户选择恰当的呈现形式;此外,在同一种使用情景和平台下,能用图片表达的信息尽量不要用文字表达,以提高用户的阅读效率,从而提高有用性和易用性,最终让用户满意。

最后,根据用户需求提供个性化信息服务。一方面对用户进行调查,准确了解用户在支付宝界面上希望看见哪些信息;另一方面,根据用户的支付习惯、需求等,利用大数据技术主动推送其可能感兴趣的信息。但是,尽量不要在支付界面上发布广告等信息,以免引起用户反感。

第四部分
移动理财用户使用
意愿研究

9 移动理财平台投资者使用意愿的影响因素研究

金融最重要的作用在于对社会财富的再分配，而理财是实现社会财富再分配的重要手段[①]。当前我国个人财富整体规模平稳增长，至2016年年底，国内个人可投资金融资产总额约为126万亿人民币，较2015年增长15%；预计到2021年年底，我国个人财富将保持12%的年均复合增长率，达到220万亿人民币[②]，财富市场释放出可观的增长潜力和巨大的市场价值。

传统理财业务以服务中高净值的客户为主，而互联网突破物理地域、信息屏障的特性使得互联网理财业务能够以边际成本递减的方式覆盖长尾用户。近年来，互联网企业依托移动设备、大数据、云计算等新一代互联网技术，将服务逐渐渗透到传统金融领域，也为广大网民带来了新颖的互联网理财产品。2013年6月17日，余额宝正式上线，迅速积累了大量的用户和资金规模，成为互联网理财进入迅速发展阶段的重要推动力量，同时也进行了一次大规模的理财普及教育，激发了年轻网民的理财意识。更低的门槛、更高的收益、更灵活的方式、更快捷的赎回让互联网理财真正成为全民参与的风潮，并呈现出爆发式增长的态势。依托于我国个人财富市场可观的增长潜力，大数据、云计算、人工智能等互联网技术的发展以及国家政策层面的引导鼓励，近年来我国互联网理财市场发展如火如荼，各大互联网公司和传统金融机构争相进入，纷纷推出自己的移动理财平台。互联网理财，尤其是移动互联网理财，已经成为投资者理财的常规渠道。了解投资者使用移动理财平台意愿的影响因素，有助于平台针对要素制定相应策略提高投资者的使用意愿，扩大投资者及交易的规模，进而促进行业的健康快速发展。

本章以移动理财平台作为研究对象，基于技术接受模型、信息不对称理论和感知价值理论构建移动理财平台投资者使用意愿研究模型，具体解决以下问题：

(1) 哪些因素可能直接或间接地影响投资者的使用意愿，以及各因素的影响方向和影响程度如何？

---

① 付峥嵘，倪维立. 互联网金融红利，移动互联网时代你该这么活[M]. 北京：人民邮电出版社，2016：151.

② 兴业银行，波士顿咨询公司. 中国私人银行2017：十年蝶变、十年展望[R/OL]. (2017-4-27) [2017-4-30]. http://download.cib.com.cn/netbank/download/cn/20170427.pdf.

（2）从实践角度，企业应该采取怎样的平台设计和运营策略来提高投资者的使用意愿？

本研究目的在于丰富互联网理财平台用户行为意愿的理论研究，并从实践出发为相关企业提供具有现实价值的参考建议。

9.1　研究假设

（1）平台声誉与感知利益、感知风险

企业声誉是利益相关者对企业做出的社会评价，是企业行为和用户评价所产生的结果[1]。声誉是企业的一项重要无形资产，它是一个向用户传递产品质量、策略优势和发展前景的强信号[2]。在市场营销领域，声誉通常和品牌资产或企业信任联系在一起[3]，企业拥有良好的声誉，表明它能够兑现对用户的承诺。在信息不对称的环境下，声誉作为一种强信号，能够有效地降低不确定性，提高用户的使用积极性。许多互联网金融服务和交易相关的研究表明，声誉能够对用户的行为意愿产生显著影响。Jarvenpaa等和Pavlou等发现在电子商务交易中，声誉能够提高用户的信任程度，降低用户对交易行为的感知风险[4][5]。Flavian等对实体银行和网络银行的研究表明，对良好声誉的实体银行来说，用户采纳其网络银行的意愿更加强烈[6]。类似的结论在网络支付的研究中也得到证实，Mallat等发现拥有良好的声誉能够降低用户的感知风险[7]，进而提高其使用意愿[8]。段磊也发现，企业声誉与互联网理财产品的消费者感知风险有显著

---

[1] Portmann E, Meier A, Cudré-mauroux P, et al. FORA – A fuzzy set based framework for online reputation management[J]. Fuzzy Sets and Systems, 2015, 269(15): 90-114.

[2] Fombrun C, Shanley M. What's in a name? Reputation building and corporate strategy[J]. Academy of Management Journal, 1990, 33(2): 233-258.

[3] Casalo L V, Flavián C, Guinalíu M. The role of security, privacy, usability and reputation in the development of online banking[J]. Online Information Review, 2007, 31(5): 583-603.

[4] Jarvenpaa S L, Tractinsky N, Vitale M. Consumer trust in an Internet store[J]. Information Technology and Management, 2000, 1(1): 45-71.

[5] Pavlou P A, Gefen D. Building effective online marketplaces with institution-based trust[J]. Information Systems Research, 2004, 15(1): 37-59.

[6] Flavian C, Guinaliu M, Torres E. How bricks-and-mortar attributes affect online banking adoption[J]. International Journal of Bank Marketing, 2006, 24(6): 406-423.

[7] Mallat N. Exploring consumer adoption of mobile payments – A qualitative study[J]. Journal of Strategic Information Systems, 2007, 16(4): 413-432.

[8] Köster A, Matt C, Hess T. Carefully choose your (payment) partner: How payment provider reputation influences m-commerce transactions[J]. Electronic Commerce Research and Applications, 2016, 15(1): 26-37.

负相关关系①。

移动理财是一种信息不对称程度较高的情景,声誉可以作为一种明确的信号,减少投资者在使用平台过程中的不确定性,进而影响他们对平台的态度和行为意愿。对投资者来说,选择一家值得信赖的平台是其进行投资决策的首要因素,理财平台的声誉越好,投资者感知到的收益、便捷程度等就越高;反之,投资者感知到的资金损失、信息泄露等风险就越大。基于以上论述,本研究提出假设:

H1a:平台声誉对投资者的感知利益有显著的正向影响。

H1b:平台声誉对投资者的感知风险有显著的负向影响。

(2) 易用性与感知利益、感知风险

易用性是指用户对使用信息系统的难易程度的感知②,本研究中,易用性是指投资者感知到的使用移动理财平台所需要付出的努力程度。在信息系统领域,感知易用性是解释用户态度和使用意愿的重要因素③,在网络服务(e-service)的研究中,学者发现易用性能够降低用户的感知风险,并对感知有用性和使用意愿有显著的正向影响④⑤。此外,在互联网金融相关的研究中,邱均平等和方艳杰发现感知易用性能够降低用户的风险顾虑⑥⑦,Luarn 等和 Wang 等研究表明网络银行的易用性可以提高用户的感知可信度和使用意愿⑧⑨,唐力等则通过基于余额宝的研究发现操作便捷程度显著正向影响互联网金融理财产品

---

① 段磊. 互联网理财产品采纳意愿研究[D]. 成都:电子科技大学硕士学位论文,2015:22-48.

② Davis F D. A technology acceptance model for empirically testing new end-user information systems: Theory and results[D]. Boston: Ph.D. thesis of Massachusetts Institute of Technology,1986:26.

③ Davis F D. A technology acceptance model for empirically testing new end-user information systems: Theory and results[D]. Boston: Ph.D. thesis of Massachusetts Institute of Technology,1986:24.

④ Featherman M S, Pavlou P A. Predicting e-services adoption: A perceived risk facets perspective[J]. International Journal of Human-Computer Studies,2003,59(4):451-474.

⑤ Featherman M S, Miyazaki A D, Sprott D E. Reducing online privacy risk to facilitate e-service adoption: The influence of perceived ease of use and corporate credibility[J]. Journal of Services Marketing,2010,24(3):219-229.

⑥ 邱均平,杨强,郭丽琳,等. 互联网金融理财产品使用影响因素研究[J]. 情报杂志,2015,34(1):179—184.

⑦ 方艳杰. 电子商务中第三方支付对消费者感知风险的影响研究[D]. 长沙:中南林业科技大学硕士学位论文,2012:55—57.

⑧ Luarn P, Lin H H. Toward an understanding of the behavioral intention to use mobile banking[J]. Computers in Human Behavior,2005,21(6):873-891.

⑨ Wang Y S, Wang Y M, Lin H H, et al. Determinants of user acceptance of Internet banking: An empirical study[J]. Management Science Letters,2003,14(5):501-519.

的顾客满意度[1]。

线上操作强调简单和傻瓜化,在移动理财平台中,给投资者提供简洁的注册和操作流程,提供便捷、高效的工具让投资者能够快速投资或提现,有利于投资者快速掌握平台的使用,节约投资者的时间并使其产生愉快的心理感受,同时可以降低投资者对平台的风险顾虑。理财平台越容易被投资者理解和使用,其感知到的便捷、良好的体验等利益就越高,感知不确定性就越低。基于以上论述,本研究假设:

H2a:易用性对投资者的感知利益有显著的正向影响。

H2b:易用性对投资者的感知风险有显著的负向影响。

(3) 隐私与资金安全与感知利益、感知风险

本研究中的隐私与资金安全是指投资者在使用移动理财平台过程中,个人隐私信息和财产受到平台保护的心理感知。移动互联网虽然使得理财投资变得更加便捷,但也对安全性提出了更高的要求,互联网本身的缺陷,如开放式的网络系统、不完善的加密技术、计算机病毒以及电脑黑客高手的攻击等,都可能引起投资者的资金损失和信息泄露。加之理财平台需要投资者提供自己的身份证、银行卡等重要信息,并涉及敏感的资金交易,因此隐私与资金安全已经成为投资者关注的重要问题。

基于此,许多学者研究了互联网理财领域的安全性问题,Loh 等的实证调查发现,安全和隐私顾虑是阻碍投资者采纳网络证券的重要因素[2];Wang 等的研究表明,平台提供有效的隐私和资金安全保护,能够有效地缓解投资者的安全顾虑和感知风险[3];另有研究发现,感知安全性能够提高投资者的信任[4]、感知有用性[5]和投资意愿[6]。因此,移动理财平台提供周密的安全保障机制,使投资者形成较高的隐私和资金安全感知,有利于增强投资者对理财平台的感知利益,降低

---

[1] 唐力,卞琦娟,罗力.互联网金融理财产品顾客满意度研究——以余额宝为例[J].电子商务,2016,(5):64—65.

[2] Loh L, Ong Y S. The adoption of Internet-based stock trading: A conceptual framework and empirical results[J]. Journal of Information Technology, 1998, 13(2): 81-94.

[3] Wang M, Wang T, Kang M, et al. Understanding perceived platform trust and institutional risk in peer-to-peer lending platforms from cognition-based and affect-based perspectives[A]//Proceeding of the 19th Pacific Asia Conference on Information Systems (PACIS 2014)[C]. Chengdu: PACIS, 2014: 208-222.

[4] Pi S M, Li S H, Chen T Y, et al. A study of intention on continuous use of online financial services: The mediated effects of website trust[A]//Proceedings of the 40th Annual Hawaii International Conference on System Sciences[C].New York: IEEE, 2007: 151-160.

[5] 唐力,卞琦娟,孙梦娇.平台经济视角下互联网金融理财产品扩散影响因素研究——以余额宝为例[J].科技和产业,2016,16(5):122—124.

[6] 刘单.P2P网络借贷投资者偏好研究[D].长沙:湖南大学硕士学位论文,2017:43—44.

投资者的感知经济和隐私风险。基于以上论述,本研究假设:

H3a:隐私与资金安全对投资者的感知利益有显著的正向影响。

H3b:隐私与资金安全对投资者的感知风险有显著的负向影响。

(4) 系统响应性与感知利益、感知风险

系统响应性是用户对系统能否以较快的速度处理请求和反馈结果的感知,在信息系统领域,系统响应性是系统质量的一个重要维度[①]。Watson 等通过实验法发现,系统响应性显著地影响用户的绩效,响应时间过长会对用户绩效产生不利影响[②];Dellaert 等的研究表明,响应性会影响用户对网站的评价,等待时间越长,用户对网站的负面评价就越高[③];Lin 等认为,系统响应性对网站的感知有用性和感知易用性有正向影响[④];陈斯杰的实证研究表明科技信息服务网站的系统响应性能够降低用户对网站的感知风险[⑤];DeLone 等发现,系统快速响应能够提高用户的使用意愿[⑥];此外,甘利人等的研究表明系统响应性有助于提高用户满意度[⑦]。

在移动理财平台情景下,系统响应性至关重要,由于金融市场瞬息万变,交易价格时时刻刻都存在着微小的差别,特别是对于股票、期货等要求高实时性和同步性的理财产品来说,速度差可能代表着利润差。因此,平台系统能够快速实时响应,有利于帮助投资者更好地捕捉投资机会。此外,系统能够即时返回搜索结果、处理交易等可以保证投资者使用顺畅,提高其使用效率。相反,如果系统延滞或页面加载出现问题,投资者可能会产生信息丢失等方面的担忧,等待时间越长,用户感知的不确定性就会越高。基于以上论述,本研究假设:

H4a:系统响应性对投资者的感知利益有显著的正向影响。

H4b:系统响应性对投资者的感知风险有显著的负向影响。

---

① Delone W H, Mclean E R. Information systems success: The quest for the dependent variable[J]. Information Systems Research, 1992, 3(1): 60-95.

② Watson B, Walker N, Ribarsky W, et al. Effects of variation in system responsiveness on user performance in virtual environments[J]. Human Factors: The Journal of the Human Factors and Ergonomics Society, 1998, 40(3): 403-414.

③ Dellaert B G C, Kahn B E. How tolerable is delay? Consumers' evaluations of Internet web sites after waiting[J]. Journal of Interactive Marketing, 1999, 13(1): 41-54.

④ Lin J C C, Lu H. Towards an understanding of the behavioural intention to use a web site[J]. International Journal of Information Management, 2000, 20(3): 197-208.

⑤ 陈斯杰.基于用户视角的科技信息服务网站影响力评估研究[D].南京:南京理工大学硕士学位论文,2009:56-57.

⑥ Delone W H, Mclean E R. Measuring e-commerce success: Applying the DeLone & McLean information systems success model[J]. International Journal of Electronic Commerce, 2004, 9(1): 31-47.

⑦ 甘利人,谢兆霞,李莉.基于宏观测评与微观诊断的图书馆网站满意测评研究[J]. 情报理论与实践,2009,32(5):44—48.

(5) 产品丰富度与感知利益、感知风险

产品丰富度在本研究中指移动理财平台提供的理财产品范围,包含产品种类的多样性和产品数量的丰富性。不同的投资者在收入、风险偏好等方面存在差异,因而会有不同的理财产品需求和偏好。对于中低收入阶层来说,他们的风险承受能力较差,可能会倾向于收益率不高但有固定收益率的货币基金产品。对于收入相对较高且稳定的中产阶级,他们会更愿意购买有一定风险同时收益较高的多样化理财产品。而对于高收入人群,他们风险承受能力较强,会更偏好高风险、高收益的产品,如私募、信托、海外投资等。

因此,移动理财平台提供丰富的产品有利于充分发挥互联网的长尾效应,让不同类型的理财人群各取所需。同时,合理的投资强调 Portfolio,即不同风险特征和流动性特征资产的投资组合,多样化的理财产品有利于投资者通过分散投资来降低投资风险。此外,丰富的产品能够让投资者在一个平台内得到一站式的全方位服务,避免其因切换不同的平台而导致的时间精力损耗和心情不愉快等。李萍发现,电子商务中用户会倾向选择产品丰富的网站进行购物[1];刘俊认为,产品丰富性是金融平台服务质量的一个重要指标[2];Krishnan 等和 Ding 等的研究也证明,在互联网金融服务中,提供丰富的产品有利于提高投资者的满意度[3]和平台使用意愿[4]。基于以上论述,本研究假设:

H5a:产品丰富度对投资者的感知利益有显著的正向影响。

H5b:产品丰富度对投资者的感知风险有显著的负向影响。

(6) 收益性与感知利益、感知风险

收益性是投资者对移动理财平台的理财产品可能产生的收益的感知。对理性的投资者来说,他们使用移动理财平台首要考虑的就是能否在其风险承受范围内得到尽可能高的收益,以追求盈利的最大化[5]。收益性是影响投资者行为决策的重要因素,刘一乐、郭亦涵和陶珍发现,期望收益对投资者购买互联网理

---

[1] 李萍. C2C 电子商务中影响消费者网上购物态度的因素分析[D]. 哈尔滨:哈尔滨工业大学硕士学位论文,2007:45.

[2] 刘俊. 场景金融平台服务质量评价研究——以支付宝9.0平台为例[D]. 南京:南京大学硕士学位论文,2016:34.

[3] Krishnan M S, Ramaswamy V, Meyer M C, et al. Customer satisfaction for financial services: The role of products, services, and information technology[J]. Management Science,1999,45(9): 1194-1209.

[4] Ding X D, Huang Y, Verma R. Customer experience in online financial services: A study of behavioral intentions for techno-ready market segments[J]. Journal of Service Management,2011,22(3): 344-366.

[5] Black F. Capital market equilibrium with restricted borrowing[J]. The Journal of Business, 1972,45(3):444-455.

财产品的意愿有显著的正向影响①②③;唐力等的研究表明,投资收益性越高,投资者的感知有用性也会越高④;此外,申益美的研究证明收益率是影响投资者选择 P2P 网络借贷平台和余额宝的重要影响因素⑤。

投资者使用移动理财平台的行为背后,蕴含着投资者对资产保值增值的诉求。平台产品的感知收益性越高,投资者感知到的实现资产增值的概率就越大,对使用平台带来的利益感知就越强,同时对经济和隐私等风险的关注会减少,感知风险也就越低。基于以上论述,本研究假设:

H6a:收益性对投资者的感知利益有显著的正向影响。

H6b:收益性对投资者的感知风险有显著的负向影响。

(7) 信息质量与感知利益、感知风险

信息质量是用户感知到的信息获取满足其心理预期的程度⑥,在本研究中,信息质量指投资者通过移动理财平台获取的信息内容符合其需求和心理预期的程度,包括信息的准确性、即时性、全面性和有效性几个维度。准确性是指信息内容来源可靠且真实无误导性,即时性是指信息更新即时、内容新颖,全面性是指信息类型齐全、内容覆盖范围广泛,有效性是指信息内容有用,有教育或引导作用⑦。

国内外许多学者研究了互联网理财领域信息质量的影响,发现在网络证券⑧、P2P⑨、众筹⑩和保险⑪等领域,信息质量能够有效地降低投资者的感知风险,正面影响其信任、态度和行为意愿。在移动理财平台中,财经资讯、公告、专

---

① 刘一乐. 互联网理财产品的购买意愿研究[D]. 天津:天津大学硕士学位论文,2014:33.

② 郭亦涵. 投资者选择互联网金融理财产品影响因素研究[D]. 北京:北京邮电大学硕士学位论文,2015:50.

③ 陶珍. 互联网理财产品购买意愿影响因素的实证研究[D]. 合肥:安徽大学硕士学位论文,2016:33.

④ 唐力,卞琦娟,孙梦娇. 平台经济视角下互联网金融理财产品扩散影响因素研究——以余额宝为例[J]. 科技和产业,2016,16(5):122—124.

⑤ 申益美. 投资者选择 P2P 网络借贷平台影响因素的实证分析[J]. 求索,2016,(8):88—92.

⑥ Hilligoss B, Rieh S Y. Developing a unifying framework of credibility assessment: Concept, heuristics, and interaction in context[J]. Information Processing & Management, 2008, 44(4):1467-1484.

⑦ 李海涛,宋琳琳. 政府门户网站公众满意度测评模型的构建研究[J]. 图书情报知识,2013,(3):110—121.

⑧ 李志宏,白雪,马倩,等. 基于 TAM 的移动证券用户采纳影响因素研究[J]. 管理学报,2012,9(1):124—131.

⑨ 倪泽浩. 我国 P2P 网络借贷投资决策影响因素研究[D]. 上海:东华大学硕士学位论文,2014:109.

⑩ 张耀东. 基于消费者视角众筹项目融资影响因素研究[D]. 镇江:江苏科技大学硕士学位论文,2015:48.

⑪ Lim S H, Hur Y, Lee S, et al. Role of trust in adoption of online auto insurance[J]. Journal of Computer Information Systems, 2009, 50(2):151-159.

家解读等信息是辅助投资者决策的重要内容,这些信息越准确、即时、全面和有效,越能降低信息的不对称性,投资者越能了解投资市场的最新动态并做出交易决策,这有利于缩减投资者交易的信息成本和时间成本,帮助他们更好地进行理财投资。基于以上论述,本研究假设:

H7a:信息质量对投资者的感知利益有显著的正向影响。

H7b:信息质量对投资者的感知风险有显著的负向影响。

(8) 个性化与感知利益、感知风险

个性化是指平台基于用户的个人和偏好信息、历史记录等为用户提供定制化的服务或信息内容①,它体现了平台理解用户个人需求的能力。平台不仅需要把握用户共性的、基本的、显性的需要,而且需要识别用户个性的、特殊的和隐性的需求②,将服务做到个性化和具有针对性,能够让用户感觉到自己被当作独特的个体特殊对待。在信息系统领域,个性化感知对用户的态度评价具有重要影响。Tam等通过实验法发现,和控制小组相比,"个性化"小组的成员花在随意浏览上的时间更少,即他们更容易找到自己需要的产品和信息,这有助于提高他们的使用意愿③;杨凤和孙鸿飞等发现个性化能够对感知价值产生直接的正向影响④⑤;Xu等也证明个性化能够提高用户的感知利益和感知价值⑥。

在移动理财平台中,投资者间由于投资金额、风险偏好、现有投资品等存在差异,存在差异化的需求,不同的投资者会偏好不同的理财产品类型和资讯信息。因此,平台为投资者提供个性化定制的产品、信息、活动等服务,可以使投资者更加方便、快捷地获取所需产品和资讯,也能使其体会到平台对自身需求的重视,进而增强投资者的感知利益并降低其感知不确定性。基于以上论述,本研究假设:

H8a:个性化对投资者的感知利益有显著的正向影响。

H8b:个性化对投资者的感知风险有显著的负向影响。

(9) 智能化与感知利益、感知风险

受益于近年来金融科技和人工智能的快速发展,一种新兴的理财方式——

---

① Chellappa R K, Sin R G. Personalization versus privacy: An empirical examination of the online consumer's dilemma[J]. Information Technology and Management, 2005, 6(2): 181—202.

② 周亚庆. 聚焦顾客价值的旅游企业定制化服务模式探究[J]. 北华大学学报(社会科学版), 2016, 17(2): 102—107.

③ Tam K Y, Ho S Y. Web personalization: Is it effective? [J]. IT Professional, 2003, 5(5): 53-57.

④ 杨凤. 基于顾客价值的电子商务网站竞争优势的构建[J]. 现代情报, 2015, 35(1): 120—127.

⑤ 孙鸿飞, 张海涛, 宋拓,等. 电子商务个性化信息服务用户满意影响因素实证研究[J]. 情报杂志, 2016, 35(4): 195—203.

⑥ Xu H, Luo X R, Carroll J M, et al. The personalization privacy paradox: An exploratory study of decision making process for location-aware marketing[J]. Decision Support Systems, 2011, 51(1): 42-52.

智能投顾(Robo-Advisor)出现在国内外的理财市场并受到广泛热捧。智能投顾也被称为机器人投资顾问、智能理财、自动化理财等,根据美国金融业管理局(FINRA)的官方定义,它是指利用大数据分析、量化金融模型以及智能化算法,根据投资者的风险承受水平、预期收益目标以及投资风格偏好等要求,运用一系列智能算法,投资组合优化等理论模型,为用户提供投资参考,并监测市场动态,对资产配置进行自动再平衡。FINRA 指出,智能投顾工具应该可以支持一项或多项投资管理价值链的功能,包括客户分析(Customer Profiling)—大类资产配置(Asset Allocation)—投资组合选择(Portfolio Selection)—交易执行(Trade Execution)—投资组合再平衡(Portfolio Rebalancing)—税收规划(Tax-Loss Harvesting)—投资组合分析(Portfolio Analysis)[1]。

智能化能够帮助投资者合理、科学地将资产投到股票、债券、保险和现金及货币等金融品种中,分散度高,满足投资者对收益与风险的不同要求;同时,在资产配置方面机器人的成本远远低于人工顾问的成本,这有利于降低投资者的交易费用[2]。Traff 通过实证调查发现,智能化投资能够帮助投资者实现更好的收益,更加方便地获取投资建议,同时实现投资目标的概率也更大[3]。因此,移动理财平台提供智能化服务,能够提升投资者收益、便捷等利益的感知,减少资金损失等风险的感知。基于以上论述,本研究假设:

H9a:智能化对投资者的感知利益有显著的正向影响。

H9b:智能化对投资者的感知风险有显著的负向影响。

(10) 互动性与感知利益、感知风险

互动性从感知的角度被定义为交流双方可以跨越时空障碍进行沟通交流,并且可以接收到对方反应的感知[4],从过程观的角度,互动是一个双方相互沟通并进行信息交换的过程[5]。在移动理财平台中,互动性不仅包括投资者之间的沟通和交流,也包括投资者和平台方/项目方之间的沟通。互动性对用户态度和行为意愿的正向影响已有多位学者的实证研究表示支持,Wu 发现在网站中,感知

---

[1] FINRA. Report on Digital Investment Advice[R/OL]. (2016-03-17) [2017-01-04]. http://www.finra.org/sites/default/files/digital-investment-advice-report.pdf.

[2] 魏珺. 当投资理财遇上人工智能——金融科技新蓝海:智能投顾[J]. 金融电子化,2016,(9):14—15.

[3] Traff J D. The future of the wealth management industry: Evolution or revolution? [D]. Boston: M.B.A. Thesis of Massachusetts Institute of Technology, 2016:71.

[4] Ghose S, Dou W. Interactive functions and their impacts on the appeal of Internet presence sites [J]. Journal of Advertising Research, 1998, 38(2): 29-44.

[5] 赵宏霞,王新海,周宝刚. B2C 网络购物中在线互动及临场感与消费者信任研究[J]. 管理评论,2015,27(2):43—54.

互动性与用户的态度呈正相关关系[1],叶青的研究表明互动性有助于提高用户的感知价值[2]。此外,Lee 和周宏等的研究表明互动性对用户信任[3][4]、用户满意度[5]和用户忠诚[6]均有显著正向影响。

移动互联网理财环境下,投资者面临着较多的不确定性。理财平台为投资者提供信息交流和沟通的渠道,如社区和论坛,投资者可以方便、快捷地与其他投资者进行互动,了解其他投资者的观点,并就某个话题展开深入的讨论;此外,投资者可以和平台方/项目方进行交互活动,了解更多的产品和项目信息,解决自身的疑虑和问题。因此,良好的互动环境能够降低投资者在使用过程中的信息搜索成本和感知不确定性;同时,互动交流能够使投资者感知到外部的精神支持并产生愉快的心理感受,最终获得较高的利益感知。基于以上论述,本研究假设:

H10a:互动性对投资者的感知利益有显著的正向影响。

H10b:互动性对投资者的感知风险有显著的负向影响。

(11) 感知利益与感知价值

感知利益是用户对产品和服务能带来的利益和满足其需求的感知,它包括产品的内在和外在属性、感知质量以及良好的体验等因素[7]。具体到本研究中,感知利益主要是指投资者对移动理财平台能带来的经济利益和理财便捷性的感知。用户对利益的感知会直接影响其感知价值和行为决策,多项研究表明,在电子商务中,感知利益是用户感知价值和购买意愿的重要驱动力[8][9];类似的结论

---

[1] Wu G. Perceived interactivity and attitude toward web sites[A]//Proceedings of the Conference-American Academy of Advertising[C]. Gainesville, Florida: American Academy of Advertising, 1999: 254-262.

[2] 叶青. 社会化媒体特征对消费者购买意愿的影响研究[D]. 上海:华东理工大学硕士学位论文, 2014:47.

[3] Lee T M. The impact of perceptions of interactivity on customer trust and transaction intentions in mobile commerce[J]. Journal of Electronic Commerce Research, 2005, 6(3): 165-180.

[4] 周宏,张晓晴,栗素娟. 企业与消费者间网络交易互动关系对初始信任的影响[J]. 商业研究, 2016, 62(1): 144—150.

[5] 罗通行. 互联网环境下基于感知互动性的证券服务满意度对客户忠诚度的影响研究[D]. 北京:中国人民大学硕士学位论文, 2011:2.

[6] Cyr D, Head M, Ivanov A. Perceived interactivity leading to e-loyalty: Development of a model for cognitive-affective user responses[J]. International Journal of Human-Computer Studies, 2009, 67(10): 850-869.

[7] Zeithaml V A. Consumer perceptions of price, quality, and value: A means-end model and synthesis of evidence[J]. The Journal of Marketing, 1988, 52(3): 2-22.

[8] Kim D J, Ferrin D L, Rao H R. Trust and satisfaction, two stepping stones for successful e-commerce relationships: A longitudinal exploration[J]. Information Systems Research, 2009, 20(2): 237-257.

[9] 王崇,王祥翠. 网络环境下基于价值理论的我国消费者购买意愿影响因素研究[J]. 数理统计与管理, 2011, 30(1):127—135.

在互联网金融的相关研究中也得到证实,Lee 的研究表明,感知利益能够提升用户对网络银行的态度和使用意愿[①],杨永清等认为,在移动支付中感知利益对用户的感知价值有正向影响[②],刘玥和魏明侠等发现,在互联网理财中感知利益和投资者的态度[③]、使用意愿之间均有正相关关系[④]。

在移动理财平台中,投资者对可能的收益、投资便捷等利益的感知程度越高,其对平台的评价和态度就越正面,即感知价值越高。基于以上论述,本研究假设:

H11:感知利益对投资者的感知价值有显著的正向影响。

(12) 感知风险与感知价值

感知风险是用户由于无法预测行为结果而产生的一种不确定性和担忧[⑤],本研究中,感知风险是指投资者对于使用移动理财平台的不确定性,以及对可能引发的财产损失、隐私泄露等结果的担心。由于移动互联网理财同时具有互联网和金融的双重特性,金融天生具有较高的风险性,加之互联网本身的缺陷,我国的移动理财发展还不够成熟,相关的法律和监管政策仍在不断完善之中等因素,投资者具有风险顾虑是普遍性问题。《2015 年互联网金融消费白皮书》数据显示,在对互联网理财说"不"的用户中,风险高和网络不安全为首要原因。张成虎等发现,感知多维风险对投资者的接受意愿有显著的负面影响,且以感知经济风险和感知安全风险为主[⑥];孙瑾和解锡梅认为,感知风险与投资者的感知价值是负相关关系[⑦⑧];一些学者的研究表明,感知风险是阻碍用户使用网

---

① Lee M C. Factors influencing the adoption of internet banking: An integration of TAM and TPB with perceived risk and perceived benefit[J]. Electronic Commerce Research and Applications,2009,8(3):130-141.

② 杨永清,张金隆,李楠,等. 近距离移动支付用户接受行为研究:基于消费者视角[J]. 图书情报工作,2012,56(2):142—148.

③ 刘玥. 基于 TAM 模型的互联网金融产品用户采纳影响因素研究[D]. 贵阳:贵州师范大学硕士学位论文,2016:15—30.

④ 魏明侠,黄林,夏雨. 基于不同平台的网上理财行为致因研究[J]. 商业研究,2015,61(11):97—103.

⑤ Bauer R A. Consumer behavior as risk taking[A]// Dynamic Marketing for a Changing World,Proceedings of the 43rd Conference of the American Marketing Association[C]. Chicago:American Marketing Association,1960:389-398.

⑥ 张成虎,李霖魁. 我国互联网金融客户接受意愿影响因素研究[J]. 华东经济管理,2015,29(10):161—167.

⑦ 孙瑾. 顾客忠诚驱动机制分析——基于个人理财服务的研究[J]. 山西财经大学学报,2010,(11):86—93.

⑧ 解锡梅. 互联网金融产品采用行为的影响因素研究[D]. 北京:北京邮电大学硕士学位论文,2015:45.

络银行[1][2]、移动支付[3]和互联网理财产品[4]的重要因素。

在移动理财平台中,平台信誉、理财产品、平台技术故障等多方面的不确定性都有可能引发投资者对财务、隐私等风险的感知。当投资者认为使用平台的风险较低时,才会愿意使用该平台。当投资者对财产损失、隐私信息泄露等风险感知越强烈,他对平台的评价就会越负面,认为该平台带来的价值就越低。基于以上论述,本研究假设:

H12:感知风险对投资者的感知价值有显著的负向影响。

(13)感知价值与使用意愿

感知价值是用户对感知的利益和付出的成本权衡后对产品进行的整体评价[5]。在本研究中,感知价值是指投资者基于对使用移动理财平台的感知利益和感知风险,而对移动理财平台效用的整体评价。用户购买产品或使用服务的过程就是一个价值传递的过程,对用户来说,获取价值是其进行使用或交易决策最基本和最重要的原因[6]。感知价值能够直接影响用户的态度和行为意愿,有些学者发现,在电子商务、网络银行等网络服务中,感知价值是用户购买意愿[7]、使用意愿[8]、满意度[9]和忠诚[10]最重要的驱动因素;在互联网理财的相关研究中,有些学者发现,投

---

[1] Laforet S, Li X. Consumers' attitudes towards online and mobile banking in China[J]. International Journal of Bank Marketing, 2005, 23(5): 362-380.

[2] Lee M C. Factors influencing the adoption of internet banking: An integration of TAM and TPB with perceived risk and perceived benefit[J]. Electronic Commerce Research and Applications, 2009, 8(3): 130-141.

[3] 杨永清, 张金隆, 李楠, 等. 近距离移动支付用户接受行为研究:基于消费者视角[J]. 图书情报工作, 2012, 56(2): 142—148.

[4] 邱均平, 杨强, 郭丽琳, 等. 互联网金融理财产品使用影响因素研究[J]. 情报杂志, 2015, 34(1): 179—184.

[5] Zeithaml V A. Consumer perceptions of price, quality, and value: A means-end model and synthesis of evidence[J]. The Journal of Marketing, 1988, 52(3): 2-22.

[6] Patterson P G, Spreng R A. Modelling the relationship between perceived value, satisfaction and repurchase intentions in a business-to-business, services context: An empirical examination[J]. International Journal of Service Industry Management, 1997, 8(5): 414-434.

[7] Chen Z, Dubinsky A J. A conceptual model of perceived customer value in e-commerce: A preliminary investigation[J]. Psychology & Marketing, 2003, 20(4): 323-347.

[8] Kim H W, Chan H C, Gupta S. Value-based adoption of mobile internet: An empirical investigation[J]. Decision Support Systems, 2007, 43(1): 111-126.

[9] Mcdougall G H G, Levesque T. Customer satisfaction with services: Putting perceived value into the equation[J]. Journal of Services Marketing, 2000, 14(5): 392-410.

[10] Edward M, Sahadev S. Role of switching costs in the service quality, perceived value, customer satisfaction and customer retention linkage[J]. Asia Pacific Journal of Marketing and Logistics, 2011, 23(3): 327-345.

资者的感知价值越高,购买互联网理财产品的意愿就越强[①②];刘彬斌的实证研究表明,感知价值与投资者的满意度有显著的正相关关系[③]。在移动理财平台中,当投资者对利益的感知远远高过对风险的感知,即感知价值程度较高时,其使用移动理财平台的动机和意愿就会更加强烈。基于以上论述,本研究假设:

H13:感知价值对投资者的使用意愿有显著的正向影响。

9.2 研究模型

借鉴前人的研究成果,并充分考虑移动理财平台自身的特点,最终提取了"平台声誉、易用性、隐私与资金安全、系统响应性、产品丰富度、收益性、信息质量、个性化、智能化和互动性"十个影响因素作为前因变量。这些影响因素通过"感知价值"影响"使用意愿",而"感知价值"是投资者对"感知利益"和"感知风险"的权衡,最终构建了如图 9.1 所示的移动理财平台投资者使用意愿研究模型。

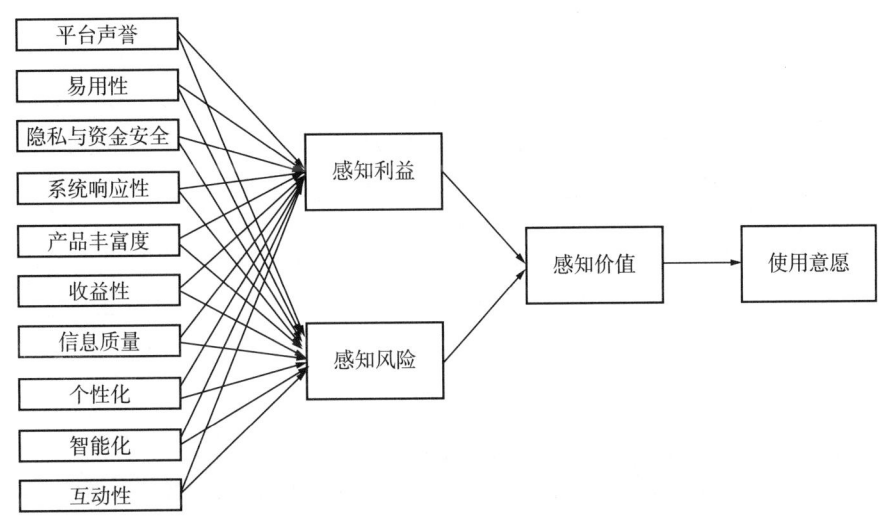

图 9.1 移动理财平台投资者使用意愿研究模型

---

① 关佩仪. 互联网现金管理类理财产品使用意愿的影响因素研究[D]. 广州:华南理工大学硕士学位论文,2014:29—57.

② 陈玉钗. 感知价值、感知风险与互联网金融产品购买意愿的关系研究[D]. 广州:暨南大学硕士学位论文,2015:25—59.

③ 刘彬斌. 互联网金融理财用户忠诚致因——双平台对比视角[J]. 金融理论与实践,2016,(4):56—59.

本研究模型共包含 14 个变量,各变量的测度均以国内外相关实证研究中所使用的测量量表为基础,结合移动理财的特点和本研究需要改编而成,各变量的测量问项和参考文献来源如表 9.1 所示,问卷应用五分制李克特量表。

表 9.1 测量指标设计

变 量	测量问项	参考文献
平台声誉 PR	该平台在行业中有良好的声誉 与竞争对手相比该平台具有较高的声誉 该平台能够提供良好的产品和服务 我认为该平台是可靠和值得信赖的	Casalo 等[1] Pavlou[2]
易用性 EOU	学习使用该平台对我来说很容易 在该平台我可以很容易地进行注册、投资和提现等操作 在该平台我可以很容易地找到自己所需要的产品和服务 该平台的交互界面是清晰且易于理解的 总的来说,我认为该平台很容易使用	Davis[3]
隐私与资金安全 SE	我认为该平台能够保证交易的安全性 该平台能够有效地保护投资者的个人隐私信息安全 该平台能够保护数据不被第三方机构修改或窃取 我认为将信息和资金提供给该平台是安全的	Casalo 等[4]
系统响应性 SR	当我发出请求时,该平台能够快速响应 该平台搜索、页面加载等速度很快 该平台响应性很好,我能够及时得到反馈 当我使用该平台时,通常需要等待很长时间(反测项)	Lin 等[5] Goodhue 等[6]
产品丰富度 PV	该平台的理财产品覆盖了多种产品类型 该平台提供数量众多的理财产品 该平台提供的理财产品丰富多样	李筱康[7]

---

[1] Casalo L V, Flavián C, Guinalíu M. The role of security, privacy, usability and reputation in the development of online banking[J]. Online Information Review, 2007, 31(5): 583-603.

[2] Pavlou P A. Consumer acceptance of electronic commerce: Integrating trust and risk with the technology acceptance model[J]. International Journal of Electronic Commerce, 2003, 7(3): 101-134.

[3] Davis F D. A technology acceptance model for empirically testing new end-user information systems: Theory and results[D]. Boston: Ph.D. Thesis of Massachusetts Institute of Technology, 1986:258.

[4] 同[1].

[5] Lin J C C, Lu H. Towards an understanding of the behavioural intention to use a web site[J]. International Journal of Information Management, 2000, 20(3): 197-208.

[6] Goodhue D L, Thompson R L. Task-technology fit and individual performance[J]. MIS Quarterly, 1995, 19(2): 213-236.

[7] 李筱康. 基于游客体验的旅游电子商务网站评价体系研究[D]. 沈阳:沈阳大学硕士学位论文,2014:60.

（续表）

变　量	测量问项	参考文献
收益性 PRO	该平台提供的理财产品收益性较高 与行业平均水平相比,该平台具有更高的产品收益率 购买该平台的理财产品能够帮我实现资金的保值增值 该平台理财产品的收益率对我有吸引力	陶珍[①]
信息质量 IQ	通过该平台获取的信息是真实可靠的 该平台提供的信息是最新和及时的 该平台提供的信息非常全面和丰富 该平台提供的信息很有用 总的来说,我认为该平台的信息质量很高	Kim 等[②]
个性化 PE	该平台能够针对性地提供适合我的产品和资讯 该平台能够针对性地提供适合我的活动和其他服务 该平台能够基于我的偏好进行相应推荐 该平台能够较好地满足我的个性化需求	Lee[③] Cyr 等[④] 姜参等[⑤]
智能化 RA	该平台提供智能化的理财服务 该平台能够根据我的情况提供适合我的资产配置建议 我能够通过该平台一键购买和动态调整投资组合方案	改编自美国金融业管理局（FINRA）对智能投顾的定义
互动性 IN	在该平台我能够和其他人员进行沟通和交流 投资者通过该平台能够分享彼此的知识和经验 我能够从该平台的社区中得到有用的意见和建议 该平台开设的社区能够让我得到其他人员的帮助 该平台开设的社区能够让我和其他人员建立联系	Lee[①] Cyr 等[②] 姜参等[③]

---

① 陶珍.互联网理财产品购买意愿影响因素的实证研究[D].合肥:安徽大学硕士学位论文, 2016:43.

② Kim D J, Ferrin D L, Rao H R. A trust-based consumer decision-making model in electronic commerce: The role of trust, perceived risk, and their antecedents[J]. Decision Support Systems, 2008, 44(2): 544-564.

③ Lee T M. The impact of perceptions of interactivity on customer trust and transaction intentions in mobile commerce[J]. Journal of Electronic Commerce Research, 2005, 6(3): 165-180.

④ Cyr D, Head M, Ivanov A. Perceived interactivity leading to e-loyalty: Development of a model for cognitive-affective user responses[J]. International Journal of Human-Computer Studies, 2009, 67(10): 850-869.

⑤ 姜参,赵宏霞,孟雷.B2C网络购物在线互动与消费者冲动性购买行为研究[J].经济问题探索, 2014(5):64—73.

(续表)

变量	测量问项	参考文献
感知利益	该平台能够帮助我实现理财需求 该平台能够提供我需要的理财产品和服务 该平台能够帮助我节约时间,提高理财效率 该平台能够帮助我实现资本增长 总的来说,该平台给我带来了利益	Liang 等[1] 王瑶[2] 张童[3]
感知风险	我担心该平台的理财产品会造成我的资金损失 我担心该平台的理财产品达不到我的预期收益 我担心该平台不可靠而给我带来经济损失 我担心该平台会泄露我的个人信息 总的来说,我认为使用该平台风险较大	Jarvenpaa 等[4] 张童[3] 孙军锋等[5]
感知价值	权衡利益和风险,我认为该平台给我带来了价值 相对于可能的风险,该平台能给我带来更高的利益 我认为使用该平台的利益比风险更大 总的来说,我认为该平台有较高的价值	Kim 等[6] 杨永清等[7]
使用意愿	当我有理财需求时,我愿意使用该平台 我愿意选择该平台提供的产品和服务 需要理财时,我使用该平台的可能性很大 我愿意向其他人推荐使用该平台	Lee[8] Al-Somali 等[9]

---

[1] Liang C, Wang W, Farquhar J D. The influence of customer perceptions on financial performance in financial services[J]. International Journal of Bank Marketing, 2009, 27(2):129-149.

[2] 王瑶.基于感知价值的银行理财顾客行为倾向研究[D].北京:北京工业大学硕士学位论文, 2013:55—56.

[3] 张童.银行理财顾客感知价值权衡因素的测评体系[J].山西财经大学学报,2012,34(6):42—52.

[4] Jarvenpaa S L, Todd P A. Consumer reactions to electronic shopping on the World Wide Web[J]. International Journal of Electronic Commerce,1997, 1(2):59-88.

[5] 孙军锋,姜友文,王慧娟,等.消费者网上理财感知风险构面研究[J].石家庄学院学报,2015,(2): 38—43.

[6] Kim H W, Chan H C, Gupta S. Value-based adoption of mobile internet:An empirical investigation[J]. Decision Support Systems, 2007, 43(1): 111-126.

[7] 杨永清,张金隆,满青珊,等.移动互联网用户采纳研究——基于感知利益、成本和风险视角[J].情报杂志, 2012, 31(1):200—206.

[8] Lee M C. Factors influencing the adoption of internet banking:An integration of TAM and TPB with perceived risk and perceived benefit[J]. Electronic Commerce Research and Applications, 2009, 8 (3): 130-141.

[9] Al-somali S A, Gholami R, Clegg B. An investigation into the acceptance of online banking in Saudi Arabia[J]. Technovation,2009, 29(2): 130-141.

9.3 数据处理与分析

9.3.1 样本收集与描述

(1) 情景设计

本研究采用情景式问卷调查法,该方法结合了问卷调查法和实验法,不仅能发挥两种方法各自的优点,而且在一定程度上能克服各自的局限性,帮助研究者获得更加有效的样本数据①。本研究共有 10 个情境变量,每个变量设置 2 个属性水平(高低/有无)。若将每一个属性水平组合作为一个情景设计问卷,则需 $2^{10}=1024$ 种情景式问卷,因此做全面的情景问卷在操作上存在很大的难度,本研究采用正交设计科学地从所有情景方案中选取一部分代表性强的方案进行操作②。通过 SPSS 21.0 的正交设计,共生成 12 种情景,具体分组如表 9.2 所示。

表 9.2 情景分组

情景	PR	EOU	SE	SR	PV	PRO	IQ	PE	RA	IN
1	高	高	高	高	高	高	高	有	有	高
2	高	高	高	低	低	低	高	无	无	高
3	高	高	低	高	低	高	低	有	无	低
4	高	低	高	低	低	低	低	无	无	低
5	高	低	低	低	高	高	低	无	有	高
6	高	低	低	低	高	低	高	有	有	低
7	低	高	高	低	高	高	低	无	无	低
8	低	高	低	高	高	低	高	无	有	低
9	低	高	低	高	低	低	低	有	有	高
10	低	低	高	高	高	低	低	有	无	高
11	低	低	低	低	低	高	高	有	有	低
12	低	低	低	高	低	高	高	无	无	高

注:PR、EOU、SE、SR、PV、PRO、IQ、PE、RA、IN 分别代表平台声誉、易用性、隐私与资金安全、系统响应性、产品丰富度、收益性、信息质量、个性化、智能化、互动性。

---

① 廖文亮. 感知风险视角下的网络消费者购买意愿研究[D]. 杭州:浙江大学硕士学位论文,2012: 48—49.

② 凌能祥. 数理统计[M]. 合肥:中国科学技术大学出版社,2014:152.

为了直观地展现情景中的属性水平,本研究利用文字加图片的方式对每个变量的属性进行描述,具体描述内容详见附录7-2。

(2) 样本收集

研究问卷由三部分组成:第一部分是被调查者的基本信息,包括性别、年龄、互联网使用年限、移动理财平台使用经历等;第二部分是情景变量,即本研究的自变量;第三部分是内生潜变量,即根据总体情景材料回答感知利益、感知风险、感知价值和使用意愿问项。

为检验调查样本数据的准确性,本研究采用反义检测项和情景检测问题两种检验方法,如"当我使用该平台时通常需要等待很长时间"是对"当我发出请求时,该平台能够快速响应"的反义,"根据图中数据,该平台部分固定收益理财产品的收益率比行业平均水平更高/更低"是情景材料检测问题。若被调查对象对正反项测量题的态度倾向一致,或是情景材料检测问题回答错误,则说明该问卷质量存在问题,剔除该问卷不予采用。

在正式发放问卷前本研究进行了小范围的预调研,根据预调研对象的反馈信息,以及数据的信度和效度检验时发现的不足,对问卷进行修正与改进,包括问项的删减和情景描述的修正(确保情景材料通俗易懂),最终形成正式问卷(调查问卷详见附录7-1)。

本研究主要通过微信、QQ和论坛来传播由问卷星制作的调查问卷,为了获取已使用过理财平台的样本数据,本研究在理财相关的微信群、QQ群、理财论坛均发放了问卷,并尽量保证各情景问卷样本数量均衡。各情景问卷数量在24至43区间,共收集问卷383份。为保证问卷的真实有效性,本研究对获得的样本数据进行筛选,无效问卷标准为:(1) 存在问卷缺失值,填写不完整问卷;(2) 问卷选项全部一致问卷;(3) 正反项测量题的答案一样的问卷;(4) 情景材料检测问题回答错误的问卷。经过对无效问卷的剔除,本研究共得到337份有效问卷样本,问卷有效率为87.9%。Gorsuch建议问卷样本数量应为测量项的5倍及以上,且应大于100,本研究测量项65个,最终有效问卷337份,样本数量满足研究需要。

(3) 样本描述

本研究调查对象的人口统计特征,如表9.3所示。由表可知,总样本中男性占比53.71%,女性占比46.29%,男性略多于女性,总体基本均衡。从年龄分布上看,被调查者主要集中在18—25岁,占比63.50%,其次是26—30岁,占比为27.30%,即大多数样本为"80后"和"90后"。学历方面,大部分被调查者为硕士及以上(51.63%)和本科(40.95%)学历,说明本研究样本绝大多数接受了良好的教育,知识素养较高。这符合我国知名互联网金融研究机构零壹研究院的调查结果,即我国互联网理财用户具有"年轻"和"学历高"的特点,这些用户70%

以上是"80后"与"90后",他们熟悉网络操作,对新鲜事物的接受能力强①;且学历越高,对理财的兴趣越大,实际理财的比例也越高②。

此外,在互联网使用经验方面,42.43%的被调查者使用互联网的时间为6—10年,32.05%的被调查者使用互联网10年以上。样本中有65.58%的用户使用过移动理财平台,被调查者使用最多的前三位移动理财平台为蚂蚁聚宝、理财通和陆金所,与我国互联网理财平台的排行情况较一致③。综上,本研究样本符合我国互联网理财用户的特点,且拥有丰富的互联网经验,大部分用户使用过移动理财平台,对移动理财较熟悉,因而本样本对于移动互联网理财人群具有一定代表性,适合移动理财平台的使用意愿研究。

表9.3 样本人口统计特征

样本统计特征	分类	频次	百分比
性别	男	181	53.71%
	女	156	46.29%
年龄段	18岁以下	5	1.48%
	18—25岁	214	63.50%
	26—30岁	92	27.30%
	31—40岁	17	5.04%
	40岁以上	9	2.67%
学历	高中/中专及以下	12	3.56%
	大专	13	3.86%
	本科	138	40.95%
	硕士及以上	174	51.63%
使用互联网年限	2年及以下	11	3.26%
	3—5年	75	22.26%
	6—10年	143	42.43%
	10年以上	108	32.05%

---

① 零壹研究院.百变互联网理财,互联网金融理财类产品体验报告——P2P网贷理财篇[M].北京:东方出版社,2015:7—10.

② 零壹研究院.2015年互联网金融消费白皮书[R/OL].(2015-12-29)[2017-02-08].http://www.199it.com/archives/423321.html.

③ 互联网周刊.2016年度中国互联网金融百强排行榜[EB/OL].(2016-12-26)[2017-02-08].http://mt.sohu.com/20161226/n476998015.shtml.

(续表)

样本统计特征	分类	频次	百分比
是否使用过移动理财平台	是	221	65.58%
	否	116	34.42%

为了检验不同情景样本在性别、年龄、学历等方面是否存在显著差异,利用 SPSS 对不同情景分组的性别、年龄、学历和使用互联网年限进行单因素方差分析,结果如表 9.4 所示。数据表明,性别、年龄、学历和使用互联网年限在显著性 0.05 水平下未能通过检验,因此每个情景分组的用户特征不存在显著差异。

表 9.4 样本用户特征单因素方差分析

用户特征	F	显著性
性　别	0.827	0.613
年　龄	0.320	0.981
学　历	0.504	0.900
使用互联网年限	1.127	0.341

此外,利用 SPSS 进行 Harman 单因素分析,通过未旋转所抽取的第一个因素的解释方差为 39.7%,小于 50%,说明本研究样本不存在共同方法偏差。本研究利用方差膨胀因子(VIF)进行多重共线性检验,所有变量的 VIF 在 1 至 1.4 之间,经验判断方法表明,当 $0<VIF<10$ 时,说明不存在多重共线性问题。因此,本研究样本没有共同方法偏差和多重共线性问题,可进行下一步分析。

9.3.2 信度检验与效度检验

(1) 信度检验

信度是指根据测量指标所测结果的一致性或稳定性,是反映被测特征真实程度的指标。常用的信度检测方法是 Cronbach' Alpha 系数,一般来说,如果 Cronbach' Alpha 系数大于 0.7,则说明该变量信度较高;介于 0.6 和 0.7 之间,该变量信度尚可接受;小于 0.6,则须考虑重新修订或增删测量指标。本研究利用 SmartPLS 3 对测量指标的信度进行检验,各指标的 Cronbach' Alpha 系数如表 9.5 所示。由表可知,本研究各变量的测量指标 Cronbach' Alpha 系数均大于 0.70,说明本研究变量的测量项具有良好的一致性和稳定性,测量指标具有较高的信度。

表 9.5　信度检验结果

变　量	Cronbach' Alpha
平台声誉	0.978
易用性	0.934
隐私与资金安全	0.965
系统响应性	0.965
产品丰富度	0.957
收益性	0.941
信息质量	0.969
个性化	0.966
智能化	0.966
互动性	0.971
感知利益	0.923
感知风险	0.924
感知价值	0.921
使用意愿	0.935

(2) 效度检验

效度是指衡量测量指标所测结果是否能真实反映被测特征的程度的统计指标，通常分为内容效度和结构效度两种。其中，内容效度是指测量量表中各测量指标在多大程度上体现了变量的含义，反映的是测量内容或测量项目与测量目标之间的适合性和逻辑相符性。本问卷中各测量指标是在国外同类研究文献的基础上，经过专家的指导编制而成，因此本问卷的测量指标具有良好的内容效度。

结构效度是指在对构念进行操作化时，各测量指标测量的内容和构念的含义是否一致，它包含收敛效度和区分效度。其中，收敛效度旨在测量同一变量的测量指标之间的相关关系，而区分效度反映的是不同变量间是否显著不同。

收敛效度可利用组合信度(Composite Reliability, CR)和平均方差抽取量(Average Variance Extracted, AVE)检验。组合信度主要是评价一组测量指标的一致性程度，若变量的组合信度值大于 0.60，则表示该变量的测量指标的组合信度良好；平均方差抽取量表示变量所能解释其测量指标变异量的程度，若平均方差抽取量的大小在 0.5 以上，则表示测量指标可以有效地反映变量。

利用 SmartPLS 3 进行指标效度检验，结果如表 9.6 所示。本研究中所有测量指标的组合信度均大于 0.6,平均方差抽取量值在 0.5 以上,表明这些测量指标具有良好的收敛效度。

表 9.6 收敛效度检验结果

变 量	组合信度 CR	平均方差抽取量 AVE
平台声誉	0.984	0.939
易用性	0.950	0.791
隐私与资金安全	0.974	0.904
系统响应性	0.977	0.934
产品丰富度	0.972	0.921
收益性	0.958	0.850
信息质量	0.976	0.889
个性化	0.975	0.907
智能化	0.978	0.937
互动性	0.978	0.897
感知利益	0.942	0.764
感知风险	0.943	0.768
感知价值	0.944	0.809
使用意愿	0.954	0.838

通过比较各变量 AVE 开方值和该变量与其他变量相关系数的大小,即可进行区分效度的检验。本研究区分效度检验结果如表 9.7 所示,各变量间的相关系数均小于各变量 AVE 的开方,表明量表具有良好的区分效度。

9.3.3 模型评估

SmartPLS 结构方程模型中通常使用 R^2、Q^2 指标进行模型评估,R^2 是内生潜变量和对应的解释变量之间的因子载荷与相关系数的乘积之和,反映了内生潜变量能被解释变量解释的程度。当 R^2 大于 0.67 时,说明模型的解释能力强;当 R^2 介于 0.33 和 0.67 之间时,说明模型具有中度的解释能力;当 R^2 介于 0.19 和 0.33 之间时,说明模型的解释能力较弱。Q^2 表示模型的预测相关性,当 $Q^2 > 0$ 时,说明模型具有较强的预测相关性[1]。

---

[1] Wong K K K. Partial least squares structural equation modeling (PLS-SEM) techniques using SmartPLS[J]. Marketing Bulletin,2013,24(1):1-32.

9 移动理财平台投资者使用意愿的影响因素研究

表 9.7 区分效度检验

	PR	EOU	SE	SR	PV	PRO	IQ	PE	RA	IN	PB	PRI	PVA	IU
PR	0.969													
EOU	0.366	0.889												
SE	0.429	0.263	0.951											
SR	0.228	0.193	0.135	0.967										
PV	0.134	0.173	0.122	0.157	0.959									
PRO	0.122	0.339	0.184	0.231	0.187	0.922								
IQ	0.141	0.216	0.151	0.134	0.129	0.230	0.943							
PE	0.182	0.201	0.185	0.105	0.116	0.227	0.284	0.952						
RA	0.234	0.058	0.216	0.151	0.184	0.122	0.066	0.267	0.968					
IN	0.133	0.173	0.025	0.154	0.079	0.116	0.272	0.144	0.184	0.947				
PB	0.451	0.377	0.459	0.296	0.193	0.561	0.266	0.366	0.264	0.233	0.874			
PRI	−0.621	−0.352	−0.597	−0.309	−0.247	−0.206	−0.193	−0.231	−0.310	−0.244	−0.494	0.876		
PVA	0.503	0.455	0.508	0.090	0.221	0.414	0.333	0.363	0.322	0.287	0.738	−0.530	0.899	
IU	0.520	0.430	0.488	0.166	0.240	0.414	0.348	0.359	0.411	0.291	0.675	−0.578	0.798	0.915

注:平台声誉简称 PR,易用性简称 EOU,隐私与资金安全简称 SE,系统响应性简称 SR,产品丰富度简称 PV,收益性简称 PRO,信息质量简称 IQ,个性化简称 PE,智能化简称 RA,互动性简称 IN,感知利益简称 PB,感知风险简称 PRI,感知价值简称 PVA,使用意愿简称 IU。

本研究内生潜变量的 R^2 和 Q^2 值,如表 9.8 所示,其中使用意愿的 R^2 为 0.637,即能够解释使用意愿 63.7% 的变异,R^2 接近 0.67,说明模型整体具有较强的解释能力。所有内生潜变量的 Q^2 值均大于 0,表示结构模型具有良好的预测效果。

表 9.8 模型评估结果

内生潜变量	R^2	Q^2
感知利益	0.561	0.395
感知风险	0.588	0.420
感知价值	0.581	0.439
使用意愿	0.637	0.501

9.3.4 模型分析与假设检验

通过 SmartPLS 3 的 Bootstrapping(N=500)功能进行模型路径分析,得到各路径的路径系数、标准差、T 值和 P 值,结果见表 9.9。由表可知,假设 H2a、H2b、H4a、H5a、H5b、H6b、H7a、H7b、H8b、H9a 和 H9b 未通过显著性检验,即在十个前因变量中,易用性、产品丰富度、信息质量和智能化对感知利益和感知风险均没有显著影响,系统响应性能够显著降低感知风险,但对感知利益没有影响;收益性和个性化对感知利益有正向影响,但对感知风险没有显著作用。平台声誉、隐私与资金安全、互动性则对感知利益和感知风险均有直接显著的影响。为了直观显示假设检验结果,绘制结构模型路径系数图,如图 9.2 所示。

表 9.9 假设检验结果

路　径	路径系数	标准差	T 值	P 值
平台声誉→感知利益	0.220	0.050	4.371	0.000
平台声誉→感知风险	−0.375	0.049	7.586	0.000
易用性→感知利益	0.030	0.058	0.529	0.597
易用性→感知风险	−0.052	0.048	1.079	0.281
隐私与资金安全→感知利益	0.233	0.051	4.562	0.000
隐私与资金安全→感知风险	−0.372	0.048	7.698	0.000
系统响应性→感知利益	0.077	0.049	1.548	0.122
系统响应性→感知风险	−0.128	0.042	3.045	0.002
产品丰富度→感知利益	0.010	0.046	0.216	0.829
产品丰富度→感知风险	−0.069	0.041	1.661	0.097

9 移动理财平台投资者使用意愿的影响因素研究

（续表）

路　径	路径系数	标准差	T值	P值
收益性→感知利益	0.392	0.053	7.399	0.000
收益性→感知风险	0.006	0.050	0.131	0.896
信息质量→感知利益	0.026	0.058	0.445	0.657
信息质量→感知风险	−0.014	0.042	0.339	0.735
个性化→感知利益	0.147	0.055	2.670	0.008
个性化→感知风险	−0.039	0.043	0.907	0.365
智能化→感知利益	0.043	0.045	0.947	0.344
智能化→感知风险	−0.034	0.041	0.842	0.400
互动性→感知利益	0.108	0.047	2.286	0.023
互动性→感知风险	−0.120	0.043	2.758	0.006
感知利益→感知价值	0.630	0.043	14.508	0.000
感知风险→感知价值	−0.218	0.054	4.057	0.000
感知价值→使用意愿	0.798	0.027	29.053	0.000

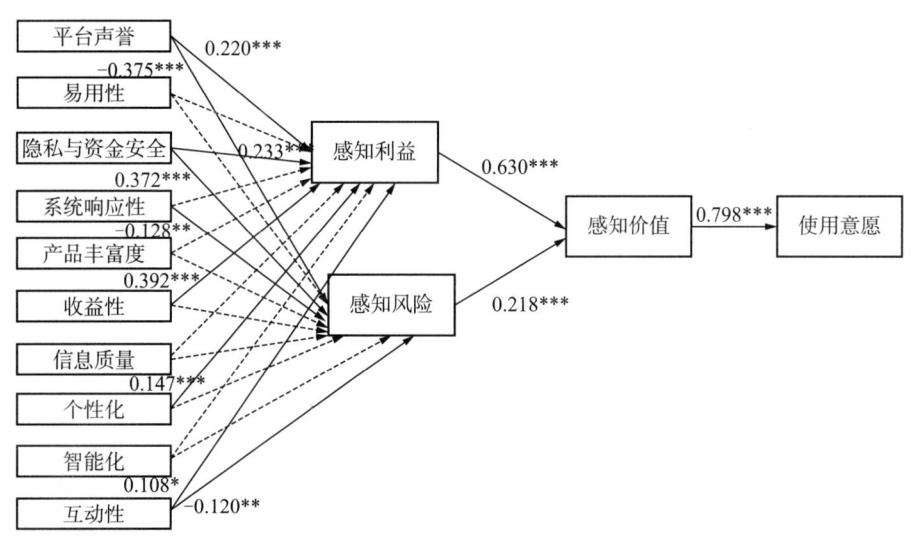

注：------▶表示假设未通过检验。***表示P＜0.001，**表示P＜0.01，*表示P＜0.05。

图9.2　移动理财平台使用意愿影响因素结构模型路径图

为了进一步检验部分假设没有通过的原因，本研究拟将样本数据分为实际投资者样本和潜在投资者样本两大部分进行路径分析。根据问卷题项"您是否使用过移动理财平台"可将研究样本进行划分，其中实际投资者有221条样本数据,潜在投资者为 116 条数据。首先利用单因素方差分析对两组的性别、年龄、学历和使用互联网年限进行对比,分析结果见表 9.10。根据分析数据,显著性均大于 0.05,即实际投资者和潜在投资者的性别、年龄、学历和使用互联网年限没有显著差异。此外,根据之前的检验,本研究样本不存在共同方法偏差,因此可将样本数据分为实际投资者和潜在投资者两部分分别进行路径分析[①]。

表 9.10 实际投资者和潜在投资者特征单因素方差分析

用户特征	F	显著性
性别	2.302	0.131
年龄	1.988	0.160
学历	0.069	0.794
使用互联网年限	3.521	0.062

将实际投资者的数据和潜在投资者的数据分别导入模型进行路径分析,通过 Bootstrapping(N 均设为 500)分别得到实际投资者和潜在投资者的路径系数、标准差、T 值和 P 值,数据见表 9.11 和表 9.12。

表 9.11 实际投资者假设检验

路径	路径系数	标准差	T 值	P 值
平台声誉→感知利益	0.186	0.054	3.439	***
平台声誉→感知风险	−0.364	0.064	5.719	***
易用性→感知利益	−0.109	0.072	1.519	不显著
易用性→感知风险	−0.022	0.063	0.344	不显著
隐私与资金安全→感知利益	0.298	0.060	4.946	***
隐私与资金安全→感知风险	−0.382	0.069	5.523	***
系统响应性→感知利益	0.153	0.060	2.524	*
系统响应性→感知风险	−0.145	0.056	2.569	*
产品丰富度→感知利益	0.057	0.061	0.935	不显著
产品丰富度→感知风险	−0.076	0.059	1.274	不显著
收益性→感知利益	0.443	0.065	6.789	***
收益性→感知风险	−0.081	0.066	1.232	不显著

---

① Kankanhalli A, Ye H J, Teo H H. Comparing potential and actual innovators: An empirical study of mobile data services innovation[J]. MIS Quarterly, 2015, 39(3): 667-682.

(续表)

路　径	路径系数	标准差	T值	P值
信息质量→感知利益	−0.042	0.069	0.605	不显著
信息质量→感知风险	−0.020	0.060	0.334	不显著
个性化→感知利益	0.161	0.069	2.341	*
个性化→感知风险	−0.033	0.061	0.546	不显著
智能化→感知利益	0.058	0.054	1.078	不显著
智能化→感知风险	−0.060	0.057	1.052	不显著
互动性→感知利益	0.076	0.067	1.147	不显著
互动性→感知风险	−0.071	0.061	1.162	不显著
感知利益→感知价值	0.614	0.059	10.382	***
感知风险→感知价值	−0.228	0.067	3.396	**
感知价值→使用意愿	0.810	0.033	24.675	***

表9.12　潜在投资者假设检验

路　径	路径系数	标准差	T值	P值
平台声誉→感知利益	0.215	0.077	2.785	**
平台声誉→感知风险	−0.350	0.082	4.264	***
易用性→感知利益	0.303	0.090	3.362	**
易用性→感知风险	−0.132	0.093	1.417	不显著
隐私与资金安全→感知利益	0.163	0.072	2.271	*
隐私与资金安全→感知风险	−0.379	0.086	4.418	***
系统响应性→感知利益	−0.111	0.069	1.613	不显著
系统响应性→感知风险	−0.098	0.080	1.228	不显著
产品丰富度→感知利益	0.065	0.077	0.847	不显著
产品丰富度→感知风险	−0.106	0.095	1.117	不显著
收益性→感知利益	0.265	0.075	3.562	***
收益性→感知风险	0.222	0.095	2.344	*
信息质量→感知利益	0.215	0.081	2.655	**
信息质量→感知风险	−0.035	0.073	0.483	不显著
个性化→感知利益	0.169	0.069	2.444	*
个性化→感知风险	−0.051	0.092	0.556	不显著

(续表)

路　径	路径系数	标准差	T值	P值
智能化→感知利益	－0.004	0.075	0.050	不显著
智能化→感知风险	0.047	0.091	0.514	不显著
互动性→感知利益	0.176	0.061	2.856	**
互动性→感知风险	－0.169	0.076	2.226	*
感知利益→感知价值	0.654	0.058	11.350	***
感知风险→感知价值	－0.199	0.081	2.465	*
感知价值→使用意愿	0.755	0.049	15.531	***

数据显示，影响实际投资者感知利益或感知风险的因素有平台声誉、隐私与资金安全、系统响应性、收益性和个性化；影响潜在投资者感知利益或感知风险的因素，包括平台声誉、易用性、隐私与资金安全、收益性、信息质量、个性化和互动性。值得注意的是，在整体样本中，易用性和信息质量的影响并不显著，但它们能够对潜在投资者的感知利益产生显著的正向作用。

9.4　结果讨论

(1) 平台声誉对感知利益、感知风险的影响

本研究实证分析结果表明，平台声誉对感知利益有显著的正向影响（r＝0.220，p＜0.001），对感知风险有显著的负向影响（r＝－0.375，p＜0.001），即平台声誉愈佳，投资者感知到的利益越强，感知到的风险越低。

在移动理财情景下，投资者面临着较高程度的不确定性，选择一家值得信赖的平台是其做出行为决策的首要因素，而声誉正是企业向投资者传递质量的一个强信号。企业声誉的建立需要一个漫长的过程[1]，它不仅是对其过去表现的评价，也是对未来的一种保障。研究表明，已经获得良好声誉的企业投机的可能性更小，如果他们实施不恰当的行为，将付出巨大的代价，包括损害声誉这项重要的无形资产[2]。因此，在移动理财平台，良好的声誉能够保证平台提供的产品和服务是值得信赖的，它不仅能够降低投资者的风险顾虑，也有助于增强收益、便捷等利益的感知。

---

[1] Cai S, Lin X, Xu D, et al. Judging online peer-to-peer lending behavior: A comparison of first-time and repeated borrowing requests[J]. Information & Management, 2016, 53(7): 857-867.

[2] Jarvenpaa S L, Tractinsky N, Vitale M. Consumer trust in an Internet store[J]. Information Technology and Management, 2000, 1(1): 45-71.

在传统的线下购物情景中,企业声誉是影响用户信任企业的重要因素[①],在互联网的诸多领域,Pavlou 发现在电子商务中,声誉对感知风险有显著的负向影响,对用户的信任和交易意向则有显著的正向影响[②];Köster 等的研究亦表明,在网络支付中,良好的声誉能够降低用户的感知风险[③];Flavian 等发现用户倾向于采纳声誉更好的网络银行[④]。本章拓展了声誉的研究情景,结合前人的研究成果,说明在线下购物和电子商务、网络支付、网络银行、互联网理财等线上情景中,声誉都是影响用户决策的重要因素,它能够增强用户的正向态度和意愿,并抑制负面的感知;同时,它也能够解释为什么声誉良好的企业在行业中能够取得竞争优势,而声誉不佳的企业则往往处于不利地位[⑤]。

(2) 易用性对感知利益、感知风险的影响

就本研究调查对象整体来说,易用性对感知利益和感知风险的影响并不显著,但对于调查对象中的潜在投资者而言,易用性能够对其感知利益($r=0.303$,$p<0.01$)产生显著的正向影响。

本章的易用性是指使用移动理财平台的难易程度,包括界面友好性、流程简单便捷性和功能丰富性等维度。对部分被调查者的访谈和文献调研,本章探究了产生该结论的可能原因。对实际投资者来说,由于他们已经有过移动理财平台的使用经历,对平台常见的功能较熟悉,能够更加熟练地操作移动理财平台,他们会更趋于"目标导向",并更多地依赖易用性之外的信号。注册、购买多几个步骤,或是定投、预约等辅助交易功能较少,虽然会产生一定的负面感知,但不足以显著影响投资者的感知利益和感知风险。对于潜在投资者而言,由于拥有的相关知识较少,他们使用移动理财平台需要经历一个"探索性使用"的过程,如果平台注册或购买过于烦琐,或是页面设计和布局较凌乱,会给他们造成较大的心理压力和认知负荷。相反,如果页面简洁清晰,潜在投资者能够便利地进行注册、投资和提现等操作,快速找到自己需要的产品和服务,则能够令他们对自己熟练掌握平台使用产生良好的预期,进而加快接受该平台的速度。类似的发现

---

① Jarvenpaa S L, Tractinsky N, Vitale M. Consumer trust in an Internet store[J]. Information Technology and Management,2000,1(1):45-71.

② Pavlou P A. Consumer acceptance of electronic commerce: Integrating trust and risk with the technology acceptance model[J]. International Journal of Electronic Commerce,2003,7(3):101-134.

③ Köster A, Matt C, Hess T. Carefully choose your (payment) partner: How payment provider reputation influences m-commerce transactions[J]. Electronic Commerce Research and Applications,2016,15(1):26-37.

④ Flavian C, Guinaliu M, Torres E. How bricks-and-mortar attributes affect online banking adoption[J]. International Journal of Bank Marketing,2006,24(6):406-423.

⑤ Fombrun C, Shanley M. What's in a name? Reputation building and corporate strategy[J]. Academy of Management Journal,1990,33(2):233-258.

也在前人研究中得到证实,Taylor 等、Ramayah 和 Castañeda 等发现,在信息系统和网站使用中,对经验更少的用户而言,感知易用性对其态度和行为意愿的影响会更加显著[1][2][3]。由此可见,在信息系统领域,经验较少的用户相较经验丰富的用户会更加关注易用性这一因素。此外,由于本章中的感知风险侧重于资金和隐私的风险,和易用性没有直接密切的相关关系,这可能是本章易用性对感知风险没有显著影响的原因。

(3) 隐私与资金安全对感知利益、感知风险的影响

本研究实证分析结果表明,隐私与资金安全对感知利益有非常显著的正向影响($r=0.233, p<0.001$),对感知风险有非常显著的负向作用($r=-0.372, p<0.001$),即投资者感知到的隐私与资金安全性越高,其感知到的利益就越多,风险则越低。

对投资者来说,理财投资涉及敏感的资金交易,且需要提供银行卡号、身份证号等重要的个人信息,在考虑获得投资收益前,需要保证本金和敏感信息的安全。只有平台能够提供良好的资金和隐私保护,包括平台经营符合监管规定、拥有良好的安全性保障机制、技术实力获得行业认可等,投资者才能够打消顾虑放心地进行理财交易。如果平台存在安全漏洞,极有可能被不良分子利用而引发投资者账户被盗和直接的资金损失;此外,投资者信息被第三方公司获取,也会使投资者陷入财务诈骗或过度推销等困扰。新浪财经发布的一份互联网理财投资行为的研究报告显示,资金安全(54%)和个人信息安全(40.4%)是受访者最关注的指标[4],因此隐私与资金安全能够对投资者的感知利益和感知风险产生直接显著的影响。

在前人的相关研究中,Kim 等发现在电子商务情景下,感知安全和隐私保护能够提高消费者的信任和降低消费者的感知风险[5];Loh 等发现安全和隐私

---

[1] Taylor S, Todd P. Assessing IT usage: The role of prior experience[J]. MIS Quarterly, 1995, 19(4): 561-570.

[2] Ramayah T. Course website usage among distance learning business students: The role of prior experience[J]. International Journal of Learning, 2005, 11: 1507-1517.

[3] Castañeda J A, Muñoz-leiva F, Luque T. Web acceptance model (WAM): Moderating effects of user experience[J]. Information & Management, 2007, 44(4): 384-396.

[4] 新浪财经. 国民理财报告:互联网理财崛起 90 后理财态度积极[R/OL]. (2015-12-01)[2017-02-16]. http://finance.sina.com.cn/money/lczx/2015-12-02/detail-ifxmazmy2312340.shtml.

[5] Kim D J, Ferrin D L, Rao H R. A trust-based consumer decision-making model in electronic commerce: The role of trust, perceived risk, and their antecedents[J]. Decision Support Systems, 2008, 44(2): 544-564.

是投资者采纳网络证券时考虑的重要因素[1];部分学者的研究表明,安全性是影响网络银行用户的信任、感知风险和使用意愿的重要因素[2][3][4];还有些学者发现,感知安全性能够提高互联网理财投资者的感知有用性和想用态度[5][6]。结合本章研究成果和前人的相关研究,可以发现在互联网的诸多情景中,特别是本质上仍为互联网的金融领域,安全性是影响用户态度和行为意愿的重要因素。

(4) 系统响应性对感知利益、感知风险的影响

根据本文实证分析结果,系统响应性对感知风险有显著的负向影响($r=-0.128$, $p<0.01$),但对感知利益的影响并不显著。根据实际投资者和潜在投资者的路径分析结果,系统响应性与实际投资者的感知利益($r=0.153$, $p<0.05$)和感知风险($r=-0.145$, $p<0.05$)有显著的相关关系,但对潜在投资者的感知利益、感知风险没有显著作用。

系统响应性直接体现了系统性能,投资者发出请求后,通常希望能够使用顺畅和得到快速反馈。如果平台出现刷新慢、闪退、页面卡住等情况,很容易引发投资者产生信息丢失的担忧和焦虑的情绪。此外,在互联网理财市场,平台的系统响应性较差,可能会导致投资者错失投资机会或更好的投资价格,造成某种程度上的"资金损失"。因此,系统响应性与投资者的感知风险有直接的负向相关关系。此外,本章发现系统响应性对实际投资者和潜在投资者的影响存在差异,根据对部分被调查者的访谈,原因可能是实际投资者有过理财平台的使用经验,对于系统延滞、页面加载不顺畅等有更加直观真切的感受,能够更加深刻地理解"速度差可能代表着利润差",或是有过因为系统响应性问题而错失投资机会的经历,实际投资者会更加关注系统响应性这一因素。而潜在投资者由于没有实际的使用经历,其对于系统响应几秒之间的差异所产生的结果缺乏直观的认知,对操作等待时间的容忍度更高。

---

[1] Loh L, Ong Y S. The adoption of Internet-based stock trading: A conceptual framework and empirical results[J]. Journal of Information Technology, 1998, 13(2): 81-94.

[2] Yousafzai S Y, Pallister J G, Foxall G R. A proposed model of e-trust for electronic banking[J]. Technovation, 2003, 23(11): 847-860.

[3] Wang Y S, Wang Y M, Lin H H, et al. Determinants of user acceptance of Internet banking: An empirical study[J]. Management Science Letters, 2003, 14(5): 501-519.

[4] Kim D J, Ferrin D L, Rao H R. A trust-based consumer decision-making model in electronic commerce: The role of trust, perceived risk, and their antecedents[J]. Decision Support Systems, 2008, 44(2): 544-564.

[5] 唐力,卞琦娟,孙梦娇. 平台经济视角下互联网金融理财产品扩散影响因素研究——以余额宝为例[J]. 科技和产业, 2016, 16(5): 122—124.

[6] 李彭忠. 个人互联网理财行为影响因素分析——以南昌市数据为例[D]. 南昌:江西财经大学硕士学位论文, 2015: 11—29.

在相关研究中不少成果也证明了系统响应性对感知风险的作用,DeLone等和Dellaert等发现在信息系统和网站情景中,用户需要等待的时间越长,其感知到的不确定性就越高[①②];陈斯杰的研究表明,科技信息服务网站的系统响应性能够降低用户对网站的感知风险[③]。结合本章结论和前人研究成果可以发现,无论是在早期的信息系统,还是之前占据主导地位的网站,以及现在主流的移动互联网情景中,系统响应性都是系统质量的一个重要维度,保证系统的顺畅使用能够降低用户的感知不确定性和风险,且经验更丰富的用户对系统响应性的要求则更高。

(5) 产品丰富度对感知利益、感知风险的影响

本研究实证分析结果表明,产品丰富度对感知利益、感知风险的影响并不显著,对实际投资者和潜在投资者的数据进行路径分析,发现产品丰富度既不是实际投资者,也不是潜在投资者关注的因素。

根据对部分实际投资者和潜在投资者的访谈,产生这一结论背后的原因可能是,和电子商务交易不同,理财情景中投资者进行交易是因为某个理财产品符合其收益、流动性和风险承受能力等方面的要求,他们关注的是平台是否能提供令其满意的理财产品,而不是理财产品的数量。在本研究的问卷调查中,产品丰富度包含"支持9大类资产类型,接入100余家保险、基金、信托,为用户提供种类丰富的产品及服务""提供2种资产类型产品,可投资项目十几个"两种情景。在产品丰富度低的情景中,尽管平台可能只提供十几个投资项目,但是该平台安全性较高且项目的收益性较好,投资者也有很大概率会在该平台进行交易;相反,平台提供的理财产品较丰富,但是这些项目的收益性相对并不理想,投资者也很可能不会进行投资。换言之,投资者更加看重理财产品的"质量"而非"数量"。此外,本章研究的是投资者的使用意愿,如果将研究对象改为投资者的满意度、忠诚度或持续使用意愿,投资者在体验过一定的产品之后会想要尝试更多的理财产品,或是构建自己的投资组合,因此产品丰富度有助于提高投资者的留存率,此时产品丰富度的影响也许会更加显著。

(6) 收益性对感知利益、感知风险的影响

本研究实证分析结果表明,收益性对感知利益有非常显著的正向作用($r=0.392, p<0.001$),但对感知风险的影响并不显著。说明平台提供的理财产品的

---

① Delone W H, Mclean E R. Information systems success: The quest for the dependent variable [J]. Information Systems Research, 1992, 3(1): 60-95.

② Dellaert B G C, Kahn B E. How tolerable is delay? Consumers' evaluations of Internet web sites after waiting[J]. Journal of Interactive Marketing, 1999, 13(1):41-54.

③ 陈斯杰. 基于用户视角的科技信息服务网站影响力评估研究[D]. 南京:南京理工大学硕士学位论文, 2009:56—57.

收益性越高,投资者感知到的利益就越多。

于投资者而言,他们使用移动理财平台的主要需求就是实现资产的保值增值,因此收益性直接关系到投资者的利益。如果平台提供的类固定收益产品的年化收益率高于行业平均水平或是竞争对手,平台能够推荐优质的理财产品,如业绩表现良好的基金,抑或通过良好的结构化设计,都有助于提高投资者对于自身资产保值增值的信心。因此,收益性能够对投资者的感知利益产生显著的直接影响;收益性带给投资者的第一直观感受是资本的增加并非资本的减少,这可能是收益性对感知风险作用并不显著的原因。

其他学者的实证研究亦发现,在传统的理财情景——银行中,收益性是客户非常关注的一个指标[1],是感知质量的重要组成部分,能够影响客户的感知价值[2]。郭亦涵和陶珍发现这一结论在互联网理财情景中亦适用,即期望收益能够正向影响投资者的购买意愿[3][4];唐力等的研究也表明,互联网理财产品的投资收益性越高,投资者的感知有用性也越高[5];申益美也证实在P2P网络借贷平台,平台的综合利率是投资者决策的主要影响因素[6]。由此可见,不管是传统理财还是互联网理财,不管理财的情景、方式如何变化,收益性都是投资者做出理财决策的重要驱动因素。

(7) 信息质量对感知利益、感知风险的影响

根据实证分析数据,信息质量对感知利益和感知风险的影响并不显著,但通过实际投资者和潜在投资者的路径分析结果发现,信息质量与潜在投资者的感知利益有显著的正相关关系($r=0.215, p<0.01$)。

本研究中的信息主要包括平台公告、新闻资讯、财经直播、理财学堂等内容,信息质量则主要指平台信息是否准确、是否更新及时、是否全面和有用。一般来说,信息能够帮助投资者进行交易决策,但本章发现信息质量对潜在投资者和实际投资者产生的影响存在差异性。通过对部分被调查者的访谈和文献调研,其原因可能是,实际投资者已经有一定的理财经验,他们拥有自己的投资理财体系,因而具备更强的自我效能。如果平台的信息更新稍有延迟、不够全面,或是

---

[1] 田晖. 商业银行个人理财产品影响因素分析[D]. 成都:西南财经大学硕士学位,2013:24.
[2] 韩玲. 银行个人理财业务客户满意度影响因素分析[D]. 南京:南京理工大学硕士学位论文,2010:40.
[3] 郭亦涵. 投资者选择互联网金融理财产品影响因素研究[D]. 北京:北京邮电大学硕士学位论文,2015:50.
[4] 陶珍. 互联网理财产品购买意愿影响因素的实证研究[D]. 合肥:安徽大学硕士学位论文,2016:33.
[5] 唐力,卞琦娟,孙梦娇. 平台经济视角下互联网金融理财产品扩散影响因素研究——以余额宝为例[J]. 科技和产业,2016,16(5):122—124.
[6] 申益美. 投资者选择P2P网络借贷平台影响因素的实证分析[J]. 求索,2016,(8):88—92.

内容偶有失真,实际投资者也能够根据自身知识经验识别出有误的信息,并能充分利用已有信息做出主要投资决策,因而信息质量的一些差异,并不会对实际投资者产生显著的影响。相反,潜在投资者缺乏实际投资经验,他们会更多地依赖外部信号,比如平台提供的理财教育知识、专家对市场的解读、财经新闻等,在投资前进行多方面的信息收集以及多方咨询调查以帮助他们进行决策。因此,他们对平台信息的准确性、全面性、即时性和有用性的要求会更高。类似地,马钦海等发现,在C2C情景中,网上购物经验对感知信用评分、感知客户评论和初始信任的关系具有调节作用,即网上购物经验更少的顾客会更加依赖"外部信号"(信用评分和在线客户评论)来评价产品质量[1]。由此可见,在C2C电子商务和互联网理财情景中,对于经验丰富的用户来说,信息质量对经验较少的用户的影响会更加显著。

(8) 个性化对感知利益、感知风险的影响

实证分析结果表明,个性化对感知利益有显著的正向影响($r=0.147$,$p<0.01$),对感知风险的影响则并不显著。说明相对没有个性化功能的平台来说,投资者在使用有个性化功能的平台时感知到的利益更多。

个性化体现了平台理解用户需求的能力[2],投资者在使用移动理财平台的过程中,通常希望能够快速找到其需要的产品、信息和服务。移动理财平台基于投资者个人信息和风险偏好,向不同类型的投资者推荐适合他们的理财项目,有助于投资者更高效地锁定目标理财产品;平台推送其投资项目或关注产品的有关资讯,有助于投资者在碎片化的时间内就了解相关内容,从而做出是否要调整投资策略的决策。平台个性化算法越精确,个性化功能越友好,越能有效地帮助投资者节约时间、精力等隐性成本,提高理财效率,个性化能够直接增强投资者的感知利益;个性化最主要的作用在于提高使用效率,对降低投资者的资金和隐私等担忧作用有限,这可能是本文中个性化对感知风险影响并不显著的原因。

在早期有关个性化的研究中,有些学者发现个性化能够提高网络用户的信任和满意度,进而提高其采纳意愿[3]和忠诚度[4];其他部分学者的研究表明,在电

---

[1] 马钦海,赵佳,张跃先,等. C2C环境下顾客初始信任的影响机制研究:网上购物经验的调节作用[J]. 管理评论,2012,24(7):70—81.

[2] Komiak S Y X, Benbasat I. The effects of personalization and familiarity on trust and adoption of recommendation agents[J]. MIS Quarterly, 2006, 30(4): 941-960.

[3] 同[2].

[4] Ball D, Coelho P S, Vilares M J. Service personalization and loyalty[J]. Journal of Services Marketing, 2006, 20(6): 391-403.

子商务中,个性化对感知价值和用户满意有正向影响[①],是提高网站竞争优势的驱动因素[②];在资讯媒体中,"今日头条"凭借个性化推荐成为我国最具成长性的新闻信息服务产品[③]。结合本章和前人研究可以发现,在互联网理财、电子商务、资讯媒体等诸多互联网领域,用户都希望被当作独特个体被特殊对待,个性化已成为他们关注的一个重要因素。

(9) 智能化对感知利益、感知风险的影响

本研究实证分析结果表明,智能化对感知利益和感知风险均没有显著影响;根据实际投资者和潜在投资者的路径分析结果,智能化对两个群体的感知利益、感知风险影响均不显著。

智能化理财是指平台通过建立一套算法和模型使得系统可以自动帮助投资者进行理财决策,它主要针对的是用户的被动型理财需求,不需要用户花费大量时间、精力,由平台代为自动管理其财务和投资。智能化理财源于现代金融最发达的美国且在当地发展较成熟,其典型代表 Wealthfront 在 2011 年上线,主要功能是根据用户填写的调查问卷生成针对该用户投资偏好的组合方案,并对其选择的方案提供自动投资、监控和调整服务。2014 年智能化的理念被引入中国[④],但目前我国市场上能够进行智能配置的移动理财平台较少,且智能理财的应用层次较浅。究其原因,除了我国智能化发展较晚之外,智能化对应的技术门槛也很高,其现实面临的诸多问题仍未得到解决,如基于大量历史数据分析不断优化用户刻画模型、资产配置模型,开拓大量的资产来源实现配置的可操作性;打通多个账号或对接多个平台完成理财产品的"一键购买"等[⑤],因此我国移动互联网理财的智能化程度较低,投资者对于智能理财的认知尚浅。本研究部分实际投资者和潜在投资者在受访时表示,他们没有使用过移动理财平台的智能理财功能,且对相关信息了解较少。因此,投资者无法实际体验到根据系统推荐一键购买和调整投资组合所带来的交易便捷、交易费用降低等好处,收益能否得到提升于他们而言也是未知。在我国移动互联网理财平台的发展阶段,智能化对投资者感知利益和感知风险没有显著作用。然而,随着大数据和人工智能的

[①] 孙鸿飞,张海涛,宋拓,等. 电子商务个性化信息服务用户满意影响因素实证研究[J]. 情报杂志,2016,35(4):195—203.

[②] 杨凤. 基于顾客价值的电子商务网站竞争优势的构建[J]. 现代情报,2015,35(1):120—127.

[③] 于黎冰. 从"今日头条"看个性化新闻推荐系统的优劣[J]. 传媒,2016,(19):44—45.

[④] 零壹研究院. 百变互联网理财,互联网金融理财类产品体验报告——更多网络理财篇[M]. 北京:东方出版社,2015:5.

[⑤] 零壹研究院. 一站式互联网理财研究报告[R/OL]. (2016-04-14) [2016-02-17]. http://www.01caijing.com/article/3271.htm.

快速发展,智能理财呈现出巨大的爆发力,业已成为我国券商的一个重要发力方向和互联网理财的新蓝海①,如平安证券和东吴证券在其平台分别推出"资产配置"和"量身定制"功能,招商银行在2016年12月推出"摩羯智投",还有专注智能理财的理财魔方、蓝海智投等平台出现。因此,待今后我国智能化理财发展更加成熟时,可再次探究智能化对投资者决策的影响。

（10）互动性对感知利益、感知风险的影响

本研究实证分析结果表明,互动性对感知利益有显著的正向影响($r=0.108$,$p<0.05$),对感知风险有显著的负向影响($r=-0.120$,$p<0.01$)。其中,互动性对潜在投资者的感知利益($r=0.176$,$p<0.01$)和感知风险($r=-0.169$,$p<0.05$)有显著的相关关系,但对实际投资者的感知利益、感知风险没有显著作用。

根据马斯洛需求层次理论,人类有沟通的需求。同一个平台上的投资者通常有着相似的诉求,对投资者来说,与其他投资者及平台方/项目方进行沟通交流也是一种重要的需求。如果移动理财平台能够提供诸如社区、论坛、即时通信等互动渠道,投资者之间就能进行沟通交流、查看同类投资者或投资达人的资产配置情况、与项目方沟通解答疑问、了解更多项目信息等。因此,良好的互动性能够帮助投资者更好地做出理财决策,增强其感知到的利益,并降低感知不确定性。此外,本研究发现互动性对实际投资者和潜在投资者的感知利益、感知风险的影响存在差异。根据对部分受访者的访谈,其原因和信息质量的影响差异相似,即相对实际投资者,潜在投资者由于投资经验的缺乏会更多地依赖于外部信号,他们会更多地想要了解其他投资者发布的观点、关注理财达人的投资组合,并且在解读项目信息时存在更多疑问,需要更多的外部支持,因而与其他投资者、项目方/平台方沟通的需求也会更加强烈。

早期不少学者也探究了互动性的作用,Wu发现在网站上,感知互动性与用户的态度呈正相关关系②;Lee等发现社交平台良好的互动性有助于提高用户的感知价值③;还有学者的研究表明在电子商务和移动电子商务中,互动性有助于

---

① 蓝鲸财经.2016年券商智能投顾现状盘点:寻找国内最强智能投顾[EB/OL].(2017-01-09)[2017-02-18]. http://mt.sohu.com/20170109/n478116975.shtml.

② Wu G. Perceived interactivity and attitude toward web sites[A]//Proceedings of the Conference-American Academy of Advertising[C]. Albuquerque: American Academy of Advertising ,1999:254-262.

③ Lee Y L, Chiang S B, Wu C J, et al. The influences of perceived interactivity and perceived value on the loyalty of using social network services[A]//The Asian Conference on Psychology & the Behavioral Sciences Official Conference Proceedings[C]. Osaka: ACP, 2012:144-154.

提高用户的信任和购买意愿[1][2][3];罗通行亦证明在网络证券情景中,互动性对用户满意度和忠诚度有显著正向影响[4]。结合本章和前人研究成果,更有理由相信在互联网时代,互动性业已成为诸多领域用户关注的一个重要因素,且对经验较少的用户而言互动性的影响更加显著。

(11) 感知利益、感知风险对感知价值的影响

本研究实证分析结果表明,感知利益对感知价值有显著的正向影响($r=0.630, p<0.001$),感知风险对感知价值有显著的负向影响($r=-0.218, p<0.001$)。即投资者的感知利益越高,感知风险越低,其感知到的价值就越高。

传统经济学中的"效用理论"认为每一个人所采取的经济行为都力图以最小的代价去获得利益的最大化,同理在移动理财平台,投资者都希望承受最低的风险(经济损失、信息泄露等)和得到最大的利益(投资便捷、资本增值等)。因此,在竞争激烈的移动理财领域,能够提供投资者需要的理财产品和服务,最大限度地优化理财效率,同时能够有效地降低投资者的风险感知,投资者对该平台的整体评价就会很高。本研究结论再一次证明了感知价值理论的适用性,即感知价值是感知利得(本研究情景指感知利益)和感知利失(本研究情景指感知风险)的权衡,其中感知利得对感知价值有显著的正向影响,感知利失对感知价值有显著的负向影响。

前人研究发现了许多类似的结论,王崇等发现在电子商务中感知价值是消费者感知利益和感知代价的权衡[5];针对付费在线学习,欧阳映泉也证明了感知价值是用户通过对比感知利得和感知利失形成的一种判断[6];在移动支付领域,杨永清等发现用户通过感知利益和感知利失形成移动支付价值的感知[7];针对银行理财,张童的研究表明顾客感知价值的核心权衡因素是感知利益和感

---

[1] Lee T M. The impact of perceptions of interactivity on customer trust and transaction intentions in mobile commerce[J]. Journal of Electronic Commerce Research, 2005, 6(3): 165-180.

[2] 叶青. 社会化媒体特征对消费者购买意愿的影响研究[D]. 上海: 华东理工大学硕士学位论文, 2014: 47.

[3] 周宏, 张晓晴, 栗素娟. 企业与消费者间网络交易互动关系对初始信任的影响[J]. 商业研究, 2016, 62(1): 144—150.

[4] 罗通行. 互联网环境下基于感知互动性的证券服务满意度对客户忠诚度的影响研究[D]. 北京: 中国人民大学硕士学位论文, 2011: 2.

[5] 王崇, 李一军, 叶强. 互联网环境下基于消费者感知价值的购买决策研究[J]. 预测, 2007, 26(3): 21—25.

[6] 欧阳映泉. 付费在线学习采纳意愿影响因素研究[D]. 成都: 西南财经大学硕士学位论文, 2014: 31—34.

[7] 杨永清, 张金隆, 李楠, 等. 近距离移动支付用户接受行为研究:基于消费者视角[J]. 图书情报工作, 2012, 56(2): 142—148.

知风险[1]。由此可见,感知价值的二维论在诸多领域均具有适用性。

(12) 感知价值对使用意愿的影响

本研究实证分析结果表明,感知价值对投资者的使用意愿有非常显著的正向影响($r=0.798, p<0.001$),即投资者的感知价值越高,其使用该移动理财平台的意愿就越强。

用户使用产品和服务的过程是一个价值传递的过程,对用户来说,获取价值是其做出行为决策最根本的原因[2]。在移动理财平台,投资者最主要的目标是实现"收益相同时风险最小化"或"风险相同时收益最大化",投资者在平台感知到的价值较高,即需要承受的风险较低,同时可以获得的资本增长、投资便捷等利益较高,那么投资者就会愿意在该平台进行理财投资或使用其他服务。反之,如果投资者的感知价值较低,即需要承担的风险高于可能获得的利益时,投资者会倾向于拒绝使用该平台;这也符合经济学中理性人的观点。

在前人的相关研究中,McDougall 等发现在传统的服务行业,感知价值是影响顾客满意度[3]最重要的驱动因素;Chen 等的研究表明,在电子商务中消费者的感知价值对购买意愿有正向影响[4];Pura 发现在移动互联网服务中,感知价值能够提高用户的忠诚和行为意愿[5];熊曾静的研究证实较高的感知价值能够促进网络游戏顾客的重复购买行为[6];陈启权发现用户对移动支付的感知价值正向显著影响其使用意愿[7];关佩仪和陈玉钗亦证实投资者的感知价值越高,购买互联网理财产品的意愿就越强[8][9]。由此可见,在传统服务行业、电子商务、网络

---

[1] 张童.银行理财顾客感知价值权衡因素的测评体系[J].山西财经大学学报,2012,34(6):42—52.

[2] Patterson P G, Spreng R A. Modelling the relationship between perceived value, satisfaction and repurchase intentions in a business-to-business, services context: An empirical examination[J]. International Journal of Service Industry Management, 1997, 8(5): 414-434.

[3] Mcdougall G H G, Levesque T. Customer satisfaction with services: Putting perceived value into the equation[J]. Journal of Services Marketing, 2000, 14(5): 392-410.

[4] Chen Z, Dubinsky A J. A conceptual model of perceived customer value in e-commerce: A preliminary investigation[J]. Psychology & Marketing, 2003, 20(4): 323-347.

[5] Pura M. Linking perceived value and loyalty in location-based mobile services[J]. Managing Service Quality: An International Journal, 2005, 15(6): 509-538.

[6] 熊曾静.网络游戏顾客感知价值对重复购买行为的影响研究[D].合肥:安徽大学硕士学位论文,2010:41—42.

[7] 陈启权.基于感知价值的移动支付使用意愿影响因素研究[D].北京:北京邮电大学硕士学位论文,2015:35.

[8] 关佩仪.互联网现金管理类理财产品使用意愿的影响因素研究[D].广州:华南理工大学硕士学位论文,2014:29—57.

[9] 陈玉钗.感知价值、感知风险与互联网金融产品购买意愿的关系研究[D].广州:暨南大学硕士学位论文,2015:25—59.

游戏、移动支付、互联网理财等诸多情景下,感知价值对用户的使用意愿、购买意愿、满意度、忠诚和重复购买等均具有正向影响,是用户行为决策最重要的驱动因素。

9.5 结论与启示

(1) 平台声誉对投资者的感知利益有显著的正向影响,对感知风险有显著的负向影响

声誉作为一种隐性的公司资产,良好的声誉是移动理财平台吸引投资者的筹码,积极的声誉管理也应当纳入公司战略层面的思考。要打造良好的声誉,首先需要明确声誉主要来源于哪些方面,声誉资本是由口碑、形象、美誉、表现、行业地位、舆论反应、社会责任等组成的综合性名声指标的统称[①],因此移动理财平台可从自身实力、行业认可、媒体曝光、网络口碑四个方面制定专业的策略。

其一,投资者往往倾向于选择知名度更高的理财平台,因此,移动理财平台可充分利用自身母体公司的知名度优势。如蚂蚁聚宝依托于阿里巴巴集团,理财通的母体公司是腾讯,陆金所是平安集团旗下的投资理财平台,这些平台已具有先天的优势,可在平台设计和营销活动中进行品牌介绍和宣传,提高投资者对平台的认知度。对于一些出身没有"名企背景"的平台,也可通过获得知名 VC 机构的投资,与知名金融机构或互联网公司建立战略合作关系而获利。其二,移动理财平台可通过获得行业认可和较高的行业地位来传递自己的声誉信号,一方面平台应当积极申请成为我国互联网金融协会及其他行业协会的会员,由于中国互联网金融协会的入会门槛较高,必须是行业内比较知名、成立时间较久且经营规范的平台,在投资者眼中,成为中国互联网金融协会会员将极大地增强平台的信誉;另一方面平台可积极争取行业奖项,如最具实力互联网金融平台、中国互联网金融创新奖等,行业认可也是投资者可参考性较高的投资风向标。其三,移动理财平台可进行适当的广告宣传和媒体曝光,利用线上线下,特别是互联网途径对平台产品、服务、功能等进行宣传推广。在互联网时代,投资者在行为决策前很有可能会利用搜索引擎服务或其他途径了解更多该平台的信息,因此进行恰当的媒体曝光和广告宣传是必要的,通过互联网快速传播的效应将其正面信息扩散出去,增加曝光率、树立良好的形象,才能让投资者了解、信任,然后进行选择和体验。其四,移动理财平台应进行网络口碑的监测和管理,投资者

---

① Fombrun C, Shanley M. What's in a name? Reputation building and corporate strategy[J]. Academy of management Journal, 1990, 33(2): 233—258.

往往对于负面的声誉信息更加敏感,容易造成平台的声誉受损甚至引发声誉危机,因此平台需要在第一时间识别负面声誉信息并进行应对。通过积极的网络搜索或系统自动监测获得投资者和其他利益方发布的关注热点、疑问和抱怨情绪,对热点和疑问进行分析和耐心解答,疏导投资者的不良情绪,并制定专业的公关政策应对声誉危机等,以维护平台的正面形象。

(2)易用性对潜在投资者的感知利益有显著的正向影响

本章研究结果表明,易用性是潜在投资者关注、实际投资者却并没有很在意的因素,由于整体样本中实际投资者的比例更高,导致整体结果中易用性的影响并不显著。然而企业想要扩展新的市场空间和保持增长,就必须不断获取新的用户,事实上任何老用户都是由新用户发展而来,易用性也是移动理财平台需要关注的一个重要因素。具体策略方面,移动理财平台可从界面设计、流程设计、功能设计三个维度出发提高平台的易用性。

其一,平台需要提高界面设计的友好性,设置合理的整体布局、板块划分和功能分类,使投资者能够迅速定位其想要查找的产品或信息。若平台页面设计和布局较凌乱,页面呈现信息较多,很容易给投资者造成较大的心理负荷和较差的浏览体验,难以熟练掌握平台的使用。因此保证界面友好有助于投资者花费较低的学习成本进行界面及功能的熟悉,尽快学会使用该平台。其二,平台在流程设计上应做到过程简洁,减少用户信息的输入,并尽量以勾选等方式完成必要的信息输入。笔者在体验理财平台的过程中发现部分平台注册时需要填写联系地址、邮箱、银行分行等不必要的信息,或是多次重复输入相同的个人信息,易用性体验较差;而个别平台在输入银行卡和身份证信息时只需对着卡片扫描系统,即可自动识别填充,或是注册了一个平台之后,该平台所属公司旗下的其他平台均可用该账号进行操作和管理,十分便捷。在移动互联网产品中,每个页面的跳转都会有对应的一个转化率,即在任意一个页面用户都有退出的可能,流程越长,跳转的次数越多,用户流失的可能性越大。因此,移动理财平台应当让投资者在注册、投资和提现的任一流程都只填写必要的信息。其三,除了基本的必备功能之外,移动理财平台应当提供尽可能多的辅助功能帮助投资者进行操作。一方面平台应提供多项筛选条件、实用排序规则和强大的搜索功能,使投资者较容易地就可以找到自己的目标产品或服务;另一方面平台应该提供便捷的辅助投资功能,包括但不限于定投、预约、模拟炒股、理财计算器等,如蚂蚁聚宝、涨乐财富通提供基金产品的定投和关注(自选)功能,拍拍贷可以根据投资者设定的条件,自动选择与之相匹配的标准并完成后续相关的所有操作,这些都有利于投资者便捷地进行操作。此外,平台应提供尽可能多的提示信息,比如投资者在购买固定收益类理财产品时提示预期收益、投资者可随时查看购买和赎回进度、产品成本价提示、回款自动提醒等。

(3) 隐私与资金安全对投资者的感知利益有显著的正向影响,对感知风险有显著的负向影响

一般来说,线上操作强调简单、便捷,但有别于一般的互联网平台,移动理财平台涉及投资者最宝贵的资产——大额资金及敏感的个人信息,投资者在追求方便快捷的同时,对隐私与资金的安全性也提出了更高的要求。2017年1月,集支付和理财功能于一体的支付宝被曝出"熟人可以篡改密码"的致命漏洞,引起互联网媒体的报道和社交媒体的广泛传播。究其原因,支付宝为了保证用户的使用便捷,当用户忘记密码时,可通过选择认识的人、与其有关的地址来识别身份从而重新设置密码,造成熟人有机会篡改密码的漏洞。相关事件被曝光后,用户纷纷表示出对自身账户的资金安全和隐私安全的担忧,由此可见,不断坚持、优化对投资者资金安全和隐私安全的保障,是移动理财平台声誉的生命线。

在保障和优化投资者隐私与资金安全保护方面,移动理财平台首先需要明确一个前提,哪怕平台的安全保障率达到99.99%,那也说明还存在0.01%的安全隐患,概率虽小,一旦发生,那就是百分之百。因此,平台要重视每一个投资者的安全,考虑平台的每一个功能可能会导致什么样的风险,把安全隐患扼杀在每一个源头。具体策略实施上,移动理财平台可从合规、技术、安全机制三个层面进行考虑。

其一,平台运营要符合国家监管的相关政策规定。互联网金融是一个"戴着镣铐起舞"的行业,这个镣铐就是行业发展的"规矩"。和传统金融类似,移动理财需要以国家的监管政策为导向,包括平台要取得相关的业务牌照和经营资质,涉及网贷的项目要实施资金银行存管,平台不直接经手投资者资金,不违规发行和销售理财产品等。总之,平台应该严格自律并按照监管的规章制度执行,这是保证投资者资金和隐私安全的基础。

其二,平台需要从传统技术层面进行强控制。首先平台要搭建安全的架构和完善的风控体系,重视安全架构师、风控人员的招聘和培训,构建完善的防火墙、入设检测、灾难恢复等互联网信息安全管理体系。其次个人信息、交易信息等数据在传输的过程中要注意加密,防止投资者数据在交易和网络传输过程中被截取。再次要保证信息存储的安全,通过系统访问限制、防止外部入侵者恶意攻击、数据加密等措施保护投资者信息在存储过程中的安全性。此外,有实力的平台应争取相关的认证,如ISO27001信息安全认证,认证也是一种平台能够妥善保护投资者信息资产的重要信号。

其三,除却技术保障,严谨、强大的安全机制是保护投资者资金和隐私安全最有效的方式。首先,在密码和认证方面,平台应对登录密码和交易密码进行分离,在密码的设置上,引导投资者设置安全性较高的密码,比如必须包含3种类型的字符,长度最少是6位;在投资者退出短期未登录的情况下,允许其通过手

势密码快捷登录,在长期未登录时,则应让其重新输入登录密码或配合手机验证码登录。在密码输入的过程中,应对登录密码错误限定次数,同时验证过程中配合图片验证码或短信验证码,防止他人对投资者账号及密码的反复尝试猜测。同时,平台可探索以生物识别技术为基础的声波、指纹、人脸识别等支付方式,既能提升便捷性,也能有效地加强安全性。其次,平台应该注意投资者个人信息的保护,比如快钱、陆金所在展示投资者身份证号、银行卡号等敏感或者重要的信息时会进行遮罩处理,涨乐财富通在查看身份证号时需要输入交易密码,这些方式均能有效地避免非投资者本人获取投资者的私人信息。再次,平台可以把一部分非敏感的安全性问题的选择权交给投资者,如投资者在蚂蚁聚宝可进行部分隐私设置,在涨乐财富通可绑定第三方账户等,这些设置由投资者权衡自己对安全和便捷的要求之后自行操作,在保证安全性的同时兼具一定灵活性和友好度,能够满足不同风险承受能力的投资者对安全性和易用性的偏好。最后,平台可依据自身产品和用户特性提供合理的安全赔付策略,如玖富和蚂蚁聚宝提供账户资金安全险,即投资者个人账户若因他人盗刷、盗用而导致资金损失,平台合作的保险公司将按约定进行赔偿,这可将投资者发生资金损失的风险进行转移,也有助于进一步提升投资者对平台安全的信心。

(4) 系统响应性对投资者的感知风险有显著的负向影响

本章发现,平台快速响应能够降低投资者对信息丢失等方面的不确定性,且对实际投资者的作用更加明显,使用流畅是用户对 App 的基本要求。此外,由于移动理财平台通常涉及多个系统间的对接,如证券交易所、基金公司、保险公司、银行结算系统等,这对平台系统的性能提出了更高的要求。系统响应性主要受系统性能如带宽、服务器及产品策略的影响,移动理财平台可从以下两个方面改善系统的响应性:

其一,系统响应性受网速、硬件设备质量因素的影响,平台需要重视硬件设备的投入,在成本允许的情况下,选购尽量大的带宽和性能佳的服务器,确保平台能够承受业务系统的最大吞吐量和最大并发用户数,并定时进行服务器的更新维护。此外,平台要重视进程优先级和业务逻辑并行化,优化链路、增强服务器并发处理能力,并通过异步加载、缓存等技术提高系统处理效率。其二,平台可从产品策略上提高平台的响应性,如关于页面类型,Native 比 H5 页面的响应和加载速度更快,针对较稳定的业务平台应尽量采用 Native 页面;加载机制方面,预加载和分步加载相较全屏加载能够更好地解决网页打开等待问题。此外,在进行产品线扩充或是重大市场活动之前,平台产品和技术人员应做好相关规划和准备,确保系统届时仍然能够实时响应。其三,平台可以通过趣味性的动图加载、进度展示等方式改善投资者对系统响应时间的感知,这些提示能够在系统处理完成之前让投资者了解到系统已经接到请求,在一定程度上能够分散其注意力并降低不确定性。

(5) 收益性对投资者的感知利益有非常显著的正向影响

收益性关系到投资者的直接利益,本章研究结果表明,投资者感知到的收益性越高,投资者的感知利益和使用意愿就越强,因此提供收益性较好的理财产品,是移动理财平台吸引投资者使用和获取竞争优势的重要途径。

其一,平台可从产品供给和创新角度出发采取相关措施。对固定收益类的理财产品来说,收益率可以看作它的价格,理财产品收益率的确定过程,实质上是理财产品的定价过程。收益率的确定主要受利率政策的影响,兼顾平台自身的收益。平台要吸引新的投资者和扩大交易规模,可根据利率、行业、竞争对手平台和自身战略等情况,提供收益率较好的固定收益类理财产品;或是在推广获客、提升交易量的关键时刻,让渡部分价值给投资者和适度提高产品的年化收益率。其次,平台应加大理财产品的创新力度,结合保险、基金证券、信托等多个金融领域打造多元化的理财产品,实现分散化投资、降低非系统风险的同时实现收益率的增长[①]。此外,按照收益类型,理财产品分为保本固定收益、保本浮动收益、非保本浮动收益三种,其风险和收益率按顺序依次增强。由于投资者有不同的风险偏好和收益需求,保守的投资者会偏好购买保本固定收益和保本浮动收益的理财产品,而风险承受能力较强的投资者可能倾向于投资保本浮动收益和非保本浮动收益产品,如基金、股票、黄金等,因此平台可提供不同收益类型的理财产品以满足不同投资者差异化的收益需求。

其二,移动理财平台可通过一些结构化的设计增强投资者的收益性感知。譬如,平台首页可推荐一些优质的理财产品,如年化收益率较高的固定收益类产品和以往业绩表现良好的基金,并将收益率或涨幅以显眼的颜色和大号字体展现,通过视觉效果让投资者在打开平台时产生收益性良好的第一印象。还有一种创新的做法是部分理财平台提供按月递增式计息的理财产品,如产品持有第一个月的当月年化收益率为 4.5%,第二个月为 5%,以此类推至第八个月及之后为 8%,收益逐月上涨,这种收益区间的展示能够让投资者聚焦在最高的收益率上,且每个月都比之前赚得更多,从而产生较高的收益感知。再次,投资者账户的收益应进行实时更新,包括总资产、昨日收益、各类理财产品的收益等,让投资者每天都能感受到自己资产的增长情况;部分平台还会以动态的形式显示收益,即从零逐步增加至相应收益数据,设计灵动活泼。此外,收益场景化和对比也是一种值得关注的做法,如投资获得收益1万元,可在描述中加上诸如可以买一个 iPhone 或来一次说走就走的旅行的人性化文案,还有部分券商平台会将投

---

① 徐明月. 我国商业银行理财产品收益影响因素研究[D]. 昆明:云南财经大学硕士学位论文,2013:48.

资者的收益与大盘涨跌幅进行对比,这种场景化和对比的做法能够让投资者产生更多的成就感和价值感。

(6) 信息质量对潜在投资者的感知利益有显著的正向影响

与易用性类似,本研究发现信息质量对整体被调查者没有显著影响,但与潜在投资者的感知利益有显著的正相关关系。拉取新用户是移动理财平台运营活动中最重要的工作之一,平台仍需要提供高质量的信息辅助投资者的决策。在本研究中,信息主要指平台公告、新闻资讯、专家解读、投资者教育等内容,如蚂蚁聚宝中的聚宝头条、大咖驾到、理财学堂、理财日夜谈模块。信息质量包括信息的准确性、即时性、全面性和有效性几个维度,接下来本章将从这四个方面为移动理财平台提供相关建议。

其一,根据研究结果,经验少的投资者对信息质量的关注程度更高,若平台发布具有误导性的信息,此类投资者的辨别能力较弱,可能会间接造成其经济损失,因此平台首先需保证信息内容的准确性。根据信息来源,平台信息主要分为自产和第三方两类,其中自产信息的准确性更好把控,可对公司相关人员进行专业培训,同时对信息在发布前进行审核。针对第三方入驻的机构,如第一财经、华尔街见闻、证券时报等,首先机构在申请平台资讯发布权限时,应保证入驻的第三方是权威机构,严格审查其相关资质,审核通过后再给它开放权限;其次针对第三方机构提交的内容,要制定一套严格的审核标准,若发现内容有误或失真,则将其驳回;最后平台需要制定相关的检举和惩罚机制,信息发布后,若有投资者举报信息不实,且经核查属实,可对该机构进行提醒;发布不实信息超过一定次数,可将平台拉入黑名单,禁止其在一定时间内发布信息;若该机构反复多次发布的信息都有问题,则不再与其进行合作。

其二,平台要提供即时性强的信息,及时更新保证信息的时效性和新颖性。金融市场瞬息万变,财经资讯不断产出,特别是股票行情的刷新速度对投资者交易至关重要。因此,平台应及时发布和更新信息,并在服务器可承受范围内缩短页面的刷新间隔。资讯方面,国外媒体早在2012年就开始尝试使用电脑程序来生成报道,即所谓的机器人写新闻,目前国内的腾讯财经和新华社研发的自动化新闻写作机器人也能根据算法在第一时间自动生成稿件,将重要资讯和解读送达用户。移动理财平台在资讯领域也可以进行这方面的探索,或是待相关技术成熟后直接加以应用。

其三,信息越全面,越能帮助投资者做出最有效的投资决策,平台应提供覆盖范围广泛、类型齐全的信息。首先平台可加大自身内容的生产,或是购买和引入第三方权威信息,凡是对投资者理财决策有帮助的内容,如公告、财经新闻、专家解读、公司研究、专题报告等,都可进行产出。其次平台可以进一步划分提供分类垂直信息,比如按照理财产品类型将内容划分为基金、黄金、债券、期货等细分信息,帮助投资者更有针对性地选择有效信息。此外,平台应提供多种媒体形式的信息,如文字、图文、音频和视频,并在不同的场景对应不同的形式,如公告简短精练,可直接采用文字格式;财经资讯采用图文形式会更加生动有趣;早报用FM进行播报,有利于解放投资者的眼睛,在上班途中就进行收听;专家解读采用视频直播的方式,能够使投资者更好地理解内容,并进行实时互动,给投资者提供更好的体验。

其四,平台应提供对投资者有效和有用的信息,首先平台应提供尽可能多的对投资者决策有用的信息,包括但不限于新闻、公告和研报等;其次由于经验少的投资者会更加关注平台提供的信息,平台应积极地进行投资者教育,开设专门的板块向投资者普及理财知识。目前蚂蚁聚宝、涨乐财富通均提供"理财学堂",陆金所设有专门的陆投社页面,投资者可在这些板块学习理财的基础知识,如理财产品的分类、股票基本知识、如何选择基金等,这些指导不仅有利于提高投资者的理财能力,同时也能为投资者购买平台理财产品奠定良好的基础。

(7) 个性化对投资者的感知利益有显著的正向影响

本研究发现,相对没有个性化功能的移动理财平台,投资者更加偏好有个性化功能的平台。提供个性化和具有针对性的服务,能够让投资者感觉到自己被当作独特的个体得到特殊对待,进而有助于提高其使用意愿。移动理财平台,可从以下几个方面入手优化个性服务:

其一,平台可以依据其风险测试中投资者的资产状况、投资经验、收益需求、投资期限和风险承受能力综合评估,向不同类型的投资者推荐适合他们的理财产品。除了能够表明投资者"态度"的风险测试,平台可结合投资者的实际行为和数据情况(如历史投资行为和点击浏览行为数据)进行更加精准的判断和预测,蚂蚁聚宝和京东金融甚至可以利用投资者在电子商务中的消费流水情况,进一步评估投资者的实际情况和需求。个性化算法越精确,平台推荐的理财产品就越能符合其投资者的潜在需求。此外,平台可制定推荐算法评估和监测的指标体系,以根据实时数据和反馈不断优化模型,提高推荐精度。

其二,平台应向投资者提供个性化的资讯内容,一方面在平台上应设置专门的板块展示或推送投资者已经投资的和关注的产品资讯,这类资讯一般而言是投资者最关注的信息,它能够帮助投资者了解产品最新的情况并形成对未来的一个判断,进而做出等待、投资或是卖出的决策。另一方面平台可根据投资者的浏览记录形成符合投资者偏好的资讯流,由于平台需要提供尽可能全面的资讯,但繁多复杂的信息也会给投资者带来选择困难的困扰,加之移动互联网时代投资者的时间趋于碎片化,平台可通过数据挖掘向投资者提供个性化的资讯,以便投资者利用碎片化的时间了解其关注和感兴趣的内容。

其三,移动理财平台应为投资者提供个性化的功能服务,如在华泰证券的涨乐财富通平台，投资者可进行功能定制，即在平台提供的几十个功能中，选择 15 个展示在首页，其他则隐藏起来。一般来说，这 15 个会是投资者使用最频繁或最感兴趣的功能，它既实现了平台功能的个性化，也有效避免了界面"臃肿"，值得其他平台参考借鉴。此外，陆金所的投资理财页面也能根据投资者类别，如新手、Vip、普通用户，自动展示不同的功能，这也是一种个性化的功能服务。

（8）互动性对投资者的感知利益有显著正向影响，对感知风险有显著负向影响

移动理财平台是社会性较强的平台，不同投资者能聚集到同一平台，说明其具有相似的背景或投资需求，与其他投资者沟通交流的需求较强烈。此外，部分人群对线上购买理财产品的决策过程并不熟悉，他们可能不了解某类理财产品，或是在解读项目信息时存在疑问，这就需要移动理财平台提供线上交互功能方便投资者交流讨论和解答疑惑。具体策略，可从以下几个方面着手制定：

其一，移动理财平台应搭建投资者之间沟通交流的渠道，包括但不限于社区、论坛及转发、评论、点赞等功能。一方面平台可以针对不同类型的理财产品设置专门的交流板块，如定期理财、基金、股票、债券等，有利于每个产品类型对应的投资者在该板块下进行互动；或在单个理财产品页面提供交流入口，使投资者能够就这一个理财产品发表自己的观点、提问或了解其他投资者的看法。另一方面平台可以定期发起一些话题供投资者们讨论，可以是干货型，如基金操作指南，也可以是趣味性的，如晒收益、找达人，通过话题讨论提高投资者互动的积极性。除此之外，平台可设置一定的激励机制鼓励投资者们积极互动，如新人首次提问奖励加油红包、对优质回答的投资者进行奖励、社区活跃达人奖励平台积分等，通过制定合理的社区运营奖励规则，打造良好的社区氛围和活跃度。

其二，理财是一个复杂的决策过程，需要较多的金融知识，移动理财平台可以引进一些投资达人、理财专家等意见领袖丰富社区的交流层次。引入理财专家，对投资者的疑惑进行更专业的解答，还可以推出专家号订阅功能，及时获取资讯。此外，理财专家通过构建或分享自身的投资组合能够为普通投资者提供决策参照。挖财宝平台在社区引进了一批专业理财师为投资者答疑解惑，还邀请了一些自媒体达人入驻社区交流互联网金融话题，大大提高了社区的信息质量。

其三，移动理财平台也需促进投资者和项目方及平台方的交流，以解决投资者在购买产品或使用平台过程中的问题。平台可定期邀请项目方嘉宾，如基金经理，针对投资者的提问进行解答；也可不定期邀请项目方嘉宾与投资者进行直播互动。另外，平台应提供完善的在线客服功能，包括智能客服和人工客服，以便及时解决投资者在使用过程中遇到的操作问题，同时方便获取投资者建议，保证良好的使用体验。

10　游戏化设计对移动理财 App 用户使用意愿的影响研究

随着社会文化和科技日新月异的发展，人们对社会、经济和信息的基本需求逐渐得到满足，对体验和情感的需要日益增长。对于在互联网和社交网络环境中成长起来的年轻一代，乐趣、挑战和社交更是他们的不懈追求[①]。为了刺激用户参与并提高用户体验，营销人员和信息系统开发者汲取游戏的理念，将其设计元素广泛应用于市场营销、电子商务、医疗健康和教育等各个领域。这种"将游戏设计元素纳入非游戏环境中"的理念被 Deterding 等称为"游戏化"（Gamification）。在 2011 年的游戏开发者大会上，游戏化作为一个崭新的议题被纳入讨论。近年来，随着互联网金融的飞速发展，移动金融 App 的设计和开发者尝试将游戏化设计应用到产品和服务中。如支付宝推出的蚂蚁森林，鼓励用户通过绿色出行、线上线下支付、给同伴浇水和采集能量等行为参与种树游戏，从而提高使用频率和社交互动；平安金管家推出"平安 run"功能结合了用户运动健康需求和金融业务特点，设置奖励机制激励客户每天记录、上传步数，参与活动以获取相应奖励。显然，信息系统产品和实践中的游戏化设计已经越来越普遍。

一些机构预测，80%以上的游戏化系统都会因对游戏化设计认识不足而注定失败。这类系统仅仅停留在简单粗暴地引入游戏机制，而较少关注用户采纳和使用游戏化系统的心理动机。另外，一些人担心游戏化可能会和游戏一样导致用户的过分依赖；同时，游戏化系统通过获取尽可能多的数据以提高准确的反馈和个性化服务，隐私安全问题也值得关注，这种风险在互联网金融平台更突出。事实上，信息系统的游戏化设计除了系统开发需求外，还要如心理学、人机交互、管理学等学科的知识。因此，在保障信息系统可用性的基础上，如何通过高质量的游戏化设计来激励和影响用户行为，并且在技术上兼顾用户的数据和隐私保护力度，是信息系统的管理者和设计者所面临的重大挑战。

本章将以示能性理论、自我决定理论、技术接受模型和感知风险理论为基础，提取移动理财 App 中的关键游戏化设计要素以及促成游戏化功能实现的目

[①] O'donohoe S, Vedrashko I. Game-based marketing: Inspire customer loyalty through rewards, challenges, and contests[J]. International Journal of Advertising, 2011, 30(1):189-190.

标系统要素,构建移动理财 App 游戏化设计影响用户感知因素以及感知因素影响其使用意愿的假设模型,具体解决以下问题:

(1) 移动理财 App 的游戏化功能机制为何?促成游戏化功能实现的目标系统要素有哪些?这些机制和要素对用户感知和使用意愿有何影响?

(2) 如何整合不同的游戏设计元素来提高信息系统用户的使用意愿?如何平衡游戏化设计策略与系统目标的一致性?游戏化设计在信息系统的开发中应发挥哪些作用,又应遵循哪些重要原则?

10.1 研究假设

10.1.1 用户需求动机满足和感知对使用意愿的影响

(1) 需求动机满足对使用意愿的影响

自我决定理论假设个体天生具有挑战自我、追求成长、从事自己感兴趣活动的内在动机需求,如果周围环境能满足个体的自主权、胜任力和归属感这三种基本心理需要,个体就会表现出强烈的内在动机,从而在活动中产生更加积极的行为[1]。根据自我决定理论,自主权是个体在从事各项活动的过程中能够自主地按照个人意愿进行选择的需要;现有研究已证明,如果外界环境能让用户感觉到能够控制自己的行为,即用户感知自主权越强,其采纳和使用新技术的意愿就越强烈[2]。在使用移动理财 App 时,如果该信息系统的功能和游戏化设计能提供一个支持用户自主权的环境,即成员感知到自己可以不受外部压力的影响来控制自己的行为,例如自主决定使用该信息系统的频率、选择与自己需求相关的内容和功能、自由地表达态度和意见等,就能激发用户较强的使用意愿。胜任力是指个体在从事某项活动的过程中感觉自己可以完成任务或要求的需要,它描述的是个体对自身是否具备完成一项特定任务所需能力的心理评估,与个体本身的能力或具备的技能无关。自我决定理论中的胜任力与自我效能理论中的自我

---

[1] 刘丽虹,张积家. 动机的自我决定理论及其应用[J]. 华南师范大学学报(社会科学版),2010,(4):53—59.

[2] Pearson A, Pearson J M, Griffin C. Innovating with technology:The impact of overload, autonomy, and work and family conflict[J]. Research Journal of Information Technology,2008,9(4):41-65.

效能感是相通的,现有研究已证明自我效能感对用户的行为意愿的影响[1][2]。可以假设,如果信息系统的设计能提高用户胜任某项任务的信心,例如通过合理的目标任务设定、适度的挑战机制、及时的证明反馈等,用户对其胜任力的感知会增强,进而提升参与和使用意愿。归属感指个体在所处环境中感受到来自他人的关心和支持,用户在使用信息系统,尤其是在带有社交元素或功能的平台,一方面可以通过点赞、评论、关注等与他人形成互动,一方面通过发布动态、分享观点和信息等展示自身社交形象,与他人建立联系,满足内心归属感。据此,提出如下假设:

H1a:用户的感知自主权满足正向影响其系统使用意愿

H1b:用户的感知胜任力满足正向影响其系统使用意愿

H1c:用户的归属感满足正向影响其系统使用意愿

(2) 感知愉悦性对使用意愿的影响

愉悦性指个体在除去预期的绩效结果后能感觉到的,在与系统交互过程中的乐趣和享受程度[3]。目前,大多数研究都将愉悦性视为一种单维构念,通过乐趣、快乐、兴奋等情感状态进行评估;另一些研究则将愉悦性视为包含情感、认知和行为等多种因素的复杂结构[4];还有学者基于自我决定理论将愉悦性定义为"基本心理需求的满足"[5]。Davis 等认为,用户使用信息系统的内在动机是由与系统相互作用所带来的收益所驱动的,感知愉悦性是信息系统的持续使用意愿的重要影响因素[6]。感知愉悦性对态度和持续使用意愿的影响在在线学习[7]、知

---

[1] Yi M Y, Hwang Y. Predicting the use of web-based information systems: Self-efficacy, enjoyment, learning goal orientation, and the technology acceptance model[J]. International Journal of Human Computer Studies, 2003, 59(4): 431-449.

[2] Chen S S, Chuang Y W, Chen P Y. Behavioral intention formation in knowledge sharing: Examining the roles of KMS quality, KMS self-efficacy, and organizational climate[J]. Knowledge-Based Systems, 2012, 31(4): 106-118.

[3] Vorderer P, Klimmt C, Ritterfeld U. Enjoyment: At the heart of media entertainment[J]. Communication Theory, 2004, 14(4): 388-408.

[4] Nabi R L, Krcmar M. Conceptualizing media enjoyment as attitude: Implications for mass media effects research[J]. Communication Theory, 2004, 14(4): 288-310.

[5] Tamborini R, Bowman N D, Eden A, et al. Defining media enjoyment as the satisfaction of intrinsic needs[J]. Journal of Communication, 2010, 60(4): 758-777.

[6] Davis F D, Bagozzi R P, Warshaw P R. Extrinsic and intrinsic motivation to use computers in the workplace[J]. Journal of Applied Social Psychology, 1992, 22(14): 1111-1132.

[7] Lee M K, Cheung C M, Chen Z. Acceptance of Internet-based learning medium: The role of extrinsic and intrinsic motivation[J]. Information & Management, 2005, 42(8): 1095-1104.

识共享社区①、社交网络②等多种情景的研究中已经被反复验证。在游戏化相关的研究中,Wu 等的研究表明感知愉悦性对在线游戏玩家的态度和行为意愿具有显著的正向影响③;Hsu 等证明了感知愉悦性对在线游戏社区中用户忠诚度的影响作用④。为进一步验证感知愉悦性的影响,本章提出以下假设:

H2:用户的感知愉悦性正向影响其系统使用意愿

(3)感知风险对使用意愿的影响

Bauer 认为,消费者感知到风险是因为他们在决策时面临着不确定性以及可能产生的不良后果。Kim 等将在线购物背景下的感知风险定义为消费者在进行在线交易行为时担心可能产生潜在负面结果的心理状态⑤。一些研究表明,用户在使用相对较新的技术来完成任务时会感受到高度的风险,因而影响他们的采纳意愿⑥;同时,如果一项技术未能实现其预期的效果,消费者使用该技术的行为意向将受到负面影响⑦。此外,Miyazaki 等提出隐私风险是消费者网上购物行为的重要影响因素,并将隐私风险定义为在线商家不合理地收集和使用消费者信息的可能性⑧;Chen 等研究了不确定性对在线游戏玩家的社交、时间、绩效、心理等多维度的风险感知的影响⑨。尽管互联网金融 App 的使用日益成为普遍现象,但与传统的金融服务相比,以人工智能、大数据等金融科技为核心的互联网金融 App 明显代表着新兴的技术,例如更迅速的响应、崭新的界面交互形式、精准的个性化推荐以及可以定制化的服务等,用户在与互联网金融

---

① Kim B, Han I. The role of trust belief and its antecedents in a community - driven knowledge environment[J]. Journal of the Association for Information Science & Technology, 2009, 60(5): 1012 - 1026.

② Kim B. Understanding antecedents of continuance intention in social-networking services[J]. Cyberpsychology Behavior & Social Networking, 2011, 14(4): 199 - 205.

③ Wu J, Liu D. The effects of trust and enjoyment on intention to play online games[J]. Journal of Electronic Commerce Research, 2007, 8(2): 128 - 137.

④ Hsu C L, Lu H P. Consumer behavior in online game communities: A motivational factor perspective[J]. Computers in Human Behavior, 2007, 23(3): 1642 - 1659.

⑤ Kim D J, Ferrin D L, Rao H R. A trust-based consumer decision-making model in electronic commerce: The role of trust, perceived risk, and their antecedents[J]. Decision Support Systems, 2008, 44(2): 544 - 564.

⑥ Ozturk A B. Customer acceptance of cashless payment systems in the hospitality industry[J]. International Journal of Contemporary Hospitality Management, 2016, 28(4): 801 - 817.

⑦ Im I, Kim Y, Han H J. The effects of perceived risk and technology type on users' acceptance of technologies[J]. Information & Management, 2008, 45(1): 1 - 9.

⑧ Miyazaki A D, Fernandez A. Consumer perceptions of privacy and security risks for online shopping[J]. Journal of Consumer Affairs, 2001, 35(1): 27 - 44.

⑨ Chen L S, Lee Y H, Wang S T. Impact of intangibility on perceived risk associated with online games[J]. Behavior & Information Technology, 2012, 31(10): 1021 - 1032.

App 交互过程中会不可避免地感知到风险,并对其使用意愿形成消极的影响。基于此,本章提出以下假设:

H3:用户的感知风险对其系统使用意愿具有负面影响

用户对信息系统的持续使用意愿取决于其内在动机和外在动机的满足。信息系统通过其各项构件或元素的合理设计有效地传达其示能性,让用户感知到动机的满足并产生使用意愿。因此,在研究信息系统中的用户行为意愿时,将信息系统的各项功能示能性纳入考量是十分必要的。通过大量的文献回顾,本章提取了移动理财 App 中可能影响用户感知和使用意愿的四种游戏化设计要素或机制,即界面美学、成长进度机制、激励反馈机制和社交机制。

10.1.2　游戏化元素及机制对用户需求动机满足和感知的影响

(1) 界面设计对用户需求动机满足和感知的影响

尽管游戏化设计的各种元素和机制会从整体上对用户的心理、认知和情感形成影响,但是单独的游戏化设计元素或机制在人机交互不同阶段的情景中体现出来的作用和影响很可能会有明显的差异。Beardsley 的美学理论提出,视觉吸引力和感官元素是创造愉悦感和满足感的前提。信息系统的界面一般以色彩、声音、图像、文字内容、网站布局等呈现,贯穿于人机交互的所有过程,其美学设计是用户体验的重要因素[1]。在人机交互领域的研究中,界面美学对用户感官体验和心理的影响已得到大量研究[2],例如,Hsu 等对交互性网站的研究发现视觉吸引力会鼓励用户参与在线游戏、在线浏览以及在线购物等行为[3];Van 等针对角色扮演游戏模拟人生2的玩家的行为意愿的研究发现,游戏的美学设计和界面功能示能性对用户的行为意愿和满意度有显著影响[4];Cyr 的实证研究表明,网站的视觉设计对用户的信任、满意度和忠诚度均有影响[5];王作伟基于认知负荷理论的实证研究表明,界面设计的合理性对学习者的认知负

---

[1] Mccarthy J, Wright P, Wallace J, et al. The experience of enchantment in human-computer interaction[J]. Personal and Ubiquitous Computing, 2006, 10(6): 369-378.

[2] Huang M H. Designing website attributes to induce experiential encounters[J]. Computers in Human Behavior, 2003, 19(4): 425-442.

[3] Hsu C L, Lu H P. Why do people play on-line games? An extended TAM with social influences and flow experience[J]. Information & Management, 2004, 41(7): 853-868.

[4] Van vugt H, Hoorn J F, Konijn E A, et al. Affective affordances: Improving interface character engagement through interaction[J]. International Journal of Human Computer Studies, 2006, 64(9): 874-888.

[5] Cyr D. Modeling web site design across cultures: Relationships to trust, satisfaction, and e-loyalty[J]. Journal of Management Information Systems, 2008, 24(4): 47-72.

荷有显著的影响,进而影响用户的自我效能和参与意愿[①]。游戏化的组件元素可以通过可视的界面内容,让用户按照自己的意愿自主地使用产品并融入其中,例如,可以自主选择自己的头像和主题背景,在点击界面上的图标时会收到震动、声音、flash 动画等动态反馈从而指导用户进行特定的行为,本章提出如下假设:

H4a:界面设计对用户的感知自主权具有正面影响

H4b:界面设计对用户的感知愉悦性具有正面影响

(2) 成长进度对用户需求动机满足和感知的影响

成长进度指的是游戏化设计利用挑战、演变、渐进等动力元素不断增加用户的任务,引导用户完成每一阶段的目标的机制。与现实中的成长进度不同的是,用户在游戏化信息系统中的成长路径一开始就是被清晰地设定的,任务和挑战的复杂性也随着时间的推移而增加。用户在成长进度刚开始时完成基本挑战就可以获得奖励,随着等级的提高,其完成任务的难度会越来越大。当信息系统提供了合理渐进的任务挑战机制时,用户可以感知到更高的示能性,进而渴望完成更高级别的任务和挑战。另外,当用户认为他们的技能足以完成任务或挑战时,其对成长进度示能性的感知会更明显;因此,如果信息系统针对不同等级和技能水平的用户调整任务或挑战水平,或者允许用户根据自己的情况自主地选择任务或调整,那么用户会感知到更高的示能性;否则,用户在一段时间后会产生厌倦心理,失去完成任务或挑战的活动[②]。基于上述讨论可以得出,成长进度机制的设计直接决定了用户对其示能性的感知,而用户的感知示能性对其需求动机的满足以及后续的行为意愿有着重要影响。基于此,本章提出如下假设:

H5a:成长进度机制对用户的感知自主权具有正面影响

H5b:成长进度机制对用户的感知胜任力具有正面影响

Li 等认为,个体会在使用信息技术的同时对自己本身进行探索和思考,从而感觉到自己的行为是有意义的[③];类似地,Rapp 等提出,信息系统的游戏化机

---

① 王作伟. 移动学习对大学生学习表现影响因素研究——基于认知负荷理论[D]. 上海:东华大学硕士学位论文,2016:18.

② Przybylski A K, Rigby C S, Ryan R M. A motivational model of video game engagement[J]. Review of General Psychology, 2010, 14(2):154 – 166.

③ Li I, Dey A K, Forlizzi J. Understanding my data, myself: Supporting self-reflection with ubicomp technologies[A]// International Conference on Ubiquitous Computing[C]. Beijing:ACM, 2011:405 – 414.

制需要用户持续地关注自己的表现,使得用户能够体验到自我进步和成长[1]。根据示能性理论,当游戏化设计具有较高的示能性能够满足用户的动机需求时,用户会感知到愉悦性并追求更多的愉悦。实证研究表明,在目标导向的活动中,任务和挑战对用户的感知愉悦性有显著的正向影响[2]。在游戏化信息系统中,成长进度机制能够鼓励用户设定目标挑战更难的任务,从而体验到自己的进步和成长;当用户的这种行为动机得到满足,用户的愉悦感就越强烈。基于此,提出如下假设:

H5c:成长进度机制对用户的感知愉悦性具有正面影响

(3) 奖励反馈对用户需求动机满足和感知的影响

奖励反馈指的是用户在游戏化系统中完成规定任务后获得的虚拟物品等回报,通常包括点数、徽章、高级权限等。游戏化系统提供的奖励越丰富,反馈越及时,用户对系统示能性的感知就越强烈[3]。一个提供良好的奖励机制的游戏化系统,能让用户意识到他们可以通过努力提高自己的表现;随着时间的推移,用户获得的奖励越来越多,价值也越来越高,其对胜任力的感知也会更加强烈。游戏化系统激励用户参与的方式是多种多样的,除了以等级、徽章等方式奖励用户完成常规的任务和挑战,一些系统还会对用户的社交行为和知识共享行为提供积分奖励。在一些游戏化众包平台中,任务完成质量较高并获得任务方好评的用户会受到额外奖励;当用户在收到来自任务方的好评时,他们会在一定程度上认为任务方愿意与其建立社交联系[4]。也就是说,用户感知到自己与平台上其他人的联系,并且有动力与任务方进行更密切的互动。此外,研究发现,用户在完成目标获得奖励后会体验到持续的成就感和更高的个人价值,从而产生一种积极的心理状态;由于游戏化系统的奖励反馈通常是实时的,用户能够从这种反馈中获得一种掌控感并沉浸其中[5]。因此,我们提出如下假设:

H6a:奖励反馈对用户的感知胜任力满足具有正面影响

---

[1] Rapp A, Cena F. Self-monitoring and technology: Challenges and open issues in personal informatics [A]// International Conference on Universal Access in Human-Computer Interaction [C]. Heraklion: Springer International Publishing, 2014: 613-622.

[2] Abuhamdeh S C M. The importance of challenge for the enjoyment of intrinsically motivated, goal-directed activities[J]. Personality & Social Psychology Bulletin, 2012, 38(3): 317-330.

[3] Przybylski A K, Rigby C S, Ryan R M. A motivational model of video game engagement[J]. Review of General Psychology, 2010, 14(2): 154-166.

[4] Massung E, Coyle D, Cater K F, et al. Using crowdsourcing to support pro-environmental community activism[A]// Proceedings of the SIGCHI Conference on Human Factors in Computing Systems [C]. Paris: ACM, 2013: 371-380.

[5] Hsu S H, Chang J W, Lee C C. Designing attractive gamification features for collaborative storytelling websites[J]. Cyberpsychology Behavior & Social Networking, 2013, 16(6): 428-435.

H6b：奖励反馈对用户的归属感满足具有正面影响

H6c：奖励反馈对用户的感知愉悦性具有正面影响

(4) 社交联结对用户需求动机满足和感知的影响

社交联结指的是用户在游戏化信息系统中与他人的互动以及可能形成的竞争和合作关系。社交联结机制和元素在整体上帮助用户完成了个人形象的构建，例如，点赞、评论、关注等社交功能给用户提供了自主地表达观点和态度的机会；点数、徽章、排行榜等高低作为用户展示能力并将自己与其他人的表现进行比较的标准。此外，一些游戏化系统还鼓励用户之间以竞争合作的方式完成任务和挑战，使用户主动或被动地成为特定团体的一员。当信息系统提供上述完整的社交联结机制和元素时，用户可以感知到更高的示能性，并感知到特定动机需求的满足；同时，对信息系统中社交联结示能性的感知会增强用户的感知胜任力和个人身份认知，进而提升用户内心的愉悦性[1]。另外，游戏化信息系统的社交互动功能使得用户可以方便地与系统的其他用户交流信息，从而降低对不确定性的感知。因此，我们提出以下假设：

H7a：社交联结机制对用户的归属感具有正面影响

H7b：社交联结机制对用户的感知胜任力具有正面影响

H7c：社交联结机制对用户的感知愉悦性具有正面影响

H7d：社交联结机制有助于降低用户的感知风险

10.1.3 系统功能元素对用户需求动机满足和感知的影响

(1) 个性化对用户需求动机满足和感知的影响

个性化已经在包括计算机科学[2]、营销[3]、信息系统[4]等多个学术领域得到研究，并以许多不同的方式被定义[5]。Hirsh 等认为，个性化可以定义为机器学习算法，目的是识别用户在与计算机系统交互时的独特模式[6]；张秀伟等认为，个

---

[1] Sonia F, Mathias F, Paolo R, Niklas S. Rethinking Gamification[M]. Lüneburg: Meson Press, 2014: 305-331.

[2] Riecken D. Personalized views of personalization[J]. Commun of ACM, 2000, 43(8): 26-28.

[3] Vesanen J, Raulas M. Building bridges for personalization: A process model for marketing[J]. Journal of Interactive Marketing, 2010, 20(1): 5-20.

[4] Kramer J, Noronha S, Vergo J. A user-centered design approach to personalization[J]. Communication of the ACM, 2000, 43(3): 44-48.

[5] Hong S, Nah F H, Siau K. An experimental study on u-commerce adoption: The impact of personalization and privacy concerns[J]. Journal of the Association for Information Systems, 2008, 9(6): 344-377.

[6] Hirsh H, Basu C, Davison B D. Learning to personalize[J]. Communications of the ACM, 2000, 43: 102-106.

性化是根据用户不同的需求、兴趣、动机等个性化因素,因人而异地向用户提供差异化的服务①。在游戏化信息系统中,尽管信息系统设计者和管理者可以利用各种游戏化机制和要素来激励用户的行为以实现既定的目标,这种对用户的兴趣和动力的影响通常只能维持较短的时间。因此,游戏化系统需要提供更强大的示能性以不断强化用户的动机和行为习惯②。近年来,不少学者在游戏化设计的相关研究中融入对个性化技术应用的探讨,如 Gonzalez 等提出了一个高度个性化的能够适应学习者特征的游戏化智能辅导系统的设计框架③。在游戏领域的研究中,Khoshkangini 等提出了一种基于个性和情景的游戏化内容生成方法,根据用户的偏好、历史行为、状态和表现来生成个性化的挑战和推荐内容。他们将该方法应用于一款智能城市交通游戏,并对数千名玩家的表现进行评估,结果表明这种个性化内容生成方法对玩家参与游戏挑战的行为有显著正向影响④。信息系统中用户的情感是通过与系统的深度交互来建立的,用户的投入程度越深,系统的个性化的空间就越大,用户的体验和感知价值也就越高⑤。基于上述研究,本章提出以下假设:

H8a:个性化对用户的感知愉悦性具有正面影响

随着个性化的深入发展,隐私问题已经得到越来越多人的关注⑥。为了给用户提供更优质体验的产品和服务,信息系统会挖掘用户大量的个人信息,从而导致用户产生隐私和信息安全的忧虑。现有的研究表明,尽管个性化推荐能够为用户提供最优信息来辅助其决策,移动购物平台的消费者在接受个性化推荐服务时也会担心可能出现的隐私风险⑦;这种隐私与个性化的两难困境在基于

---

① 张秀伟,何克清,王健,等. Web 服务个性化推荐研究综述[J]. 计算机工程与科学,2013,35(9):132—140.

② Weiser P, Bucher D, Cellina F, et al. A taxonomy of motivational affordances for meaningful gamified and persuasive technologies[A]// Third International Conference on ICT for Sustainability[C]. Paris: Atlantis Press 2015:271-278.

③ Gonzalez C S, Toledo P, Muñoz V. Enhancing the engagement of intelligent tutorial systems through personalization of gamification[J]. International Journal of Engineering Education, 2016, 33(1): 532-541.

④ Khoshkangini R, Valetto G, Marconi A. Generating personalized challenges to enhance the persuasive power of gamification [A]// Proceedings of the Personalization in Persuasive Technology Workshop[C]. Amsterdam: Persuasive Technology, 2017:71-82.

⑤ 刘新民,傅晓晖,王松. 个性化推荐系统的感知价值对用户接受意愿的影响研究——基于心理资本的调节作用[J]. 技术与创新管理,2017,38(4):403—411.

⑥ Wang S T, Lin R L. Perceived quality factors of location-based apps on trust, perceived privacy risk, and continuous usage intention[J]. Behavior & Information Technology, 2017, 36(1):2-10.

⑦ Dai H. An integrative framework of mobile commerce consumers' privacy concerns and willingness to use: An empirical study[J]. International Journal of Electronic Business, 2012, 10(1):79-100.

位置的营销服务场景中也得到体现①。在以大数据和人工智能等技术为核心的互联网金融 App 中,用户对个性化所伴随的风险的感知会更加强烈。基于此,本章提出以下假设:

H8b:个性化会提升用户的感知风险

(2) 信息透明度对用户需求动机满足和感知的影响

在人机交互领域的研究中,数据监控和挖掘技术已被用于分析用户行为和构建用户画像,以开发更好的人机交互界面和系统②。游戏化应用程序使得企业可以更方便地收集和挖掘用户的信息,并基于此提供更加个性化的产品和服务。这种大规模的数据收集和利用行为是否合理,以及如何控制其滥用和侵犯行为仍存在广泛的争论。在研究个性化的服务平台中用户的信息分享意愿时,Awad 等提出了信息透明度(information transparency)的概念,与这一概念相关的是企业用来收集、访问和利用消费者个人信息的各种系统功能;他们的研究结果表明,隐私政策和隐私关注会影响用户对信息透明度的感知;用户对信息透明度的重视程度越高,其对企业个性化服务和定向广告的信息披露的意愿就越低③。作为一项建立在海量数据挖掘基础上的互联网技术,个性化推荐及透明度在学界受到大量关注。Hertzum 等研究了用户对个性化推荐技术的信任意向,发现个性化推荐技术的透明度会正向影响用户对其胜任力、善意和正直的信任,进而影响用户的整体认知和信任④。显然,当感受到较高的信息透明度示能性时,用户更可能有信心控制自己的信息披露程度以及自主使用系统的方式。基于此,提出如下假设:

H9a:信息透明度对用户的感知自主权具有正面影响

H9b:信息透明度有助于降低用户的感知风险

(3) 技术新颖性对用户需求动机满足和感知的影响

在技术创新相关的文献中,技术新颖性(technology novelty)通常以用户对

---

① Xu H, Luo X, Carroll J M, et al. The personalization privacy paradox: An exploratory study of decision making process for location-aware marketing[J]. Decision Support Systems, 2011, 51(1): 42-52.

② Fischer G. User modeling in human - computer interaction[J]. User Modeling and User-Adapted Interaction, 2001, 11(1-2): 65-86.

③ Awad N F, Krishnan M S. The personalization privacy paradox: An empirical evaluation of information transparency and the willingness to be profiled online for personalization[J]. MIS Quarterly, 2006, 30(1): 13-28.

④ Hertzum M, Andersen H H K, Andersen V, et al. Trust in information sources: Seeking information from people, documents, and virtual agents[J]. Interacting with Computers, 2002, 14(5): 575-599.

一项技术的熟悉程度(familiarity)来衡量[1],熟悉度则是个体基于与某一实体的交互经历和个人经验形成的对某一实体的理解[2]。随着互联网的快速发展和新兴技术的不断涌现,用户正在寻求更加个性化的独特体验,而这种体验往往伴随着多重的感官和心理刺激[3];有学者指出,虚拟现实技术、增强现实技术等新兴的技术可以作为一种技术介导来提高用户的参与和体验[4];例如,Neuhofer等讨论了包括游戏在内的技术如何帮助顾客共同创造体验[5];Balog等实证证明了增强现实技术对在线学习平台用户的感知愉悦性、感知有用性和使用意愿具有显著的正向影响[6]。人工智能和大数据等技术的应用正在为用户带来各种新兴的体验,例如,一些应用程序通过接入智能电视、手环、手表等设备,极大地丰富了用户的使用场景;在移动理财App中,手势密码、声纹识别、人脸识别、指纹支付等登录和支付方式的使用降低了用户的风险,并提高了用户的使用效率。目前,学界对这种信息系统的技术新颖性、示能性以及其作用影响机制的研究仍然较少。基于前文的有关讨论,本章提出如下假设:

H10:技术新颖性对用户的感知愉悦性具有正面影响

10.2 研究模型

本研究关注移动理财App游戏化设计对用户动机满足和感知因素影响,以及对用户使用意愿的影响。本章根据示能性理论、自我决定理论、技术接受模型和感知风险理论首先提出用户动机满足和感知因素影响其使用移动理财App

---

[1] Tatikonda M V, Rosenthal S R. Technology novelty, project complexity, and product development project execution success: A deeper look at task uncertainty in product innovation[J]. Engineering Management IEEE Transactions on, 2000, 47(1): 74-87.

[2] Gefen D, Karahanna E, Straub D W. Trust and TAM in online shopping: An integrated model [J]. MIS Quarterly, 2003, 27(1): 51-90.

[3] Kounavis C D, Kasimati A E, Zamani E D. Enhancing the tourism experience through mobile augmented reality: Challenges and prospects[J]. International Journal of Engineering Business Management, 2012, 4:10-15.

[4] Korn O. Industrial playgrounds: How gamification helps to enrich work for elderly or impaired persons in production[A]// ACM Sigchi Symposium on Engineering Interactive Computing Systems[C]. New York: ACM, 2012: 313-316.

[5] Neuhofer B, Buhalis D, Ladkin A. Conceptualizing technology enhanced destination experiences [J]. Journal of Destination Marketing & Management, 2012, 1(1-2): 36-46.

[6] Balog A, Pribeanu C. The role of perceived enjoyment in the students' acceptance of an augmented reality teaching platform: a structural equation modelling approach[J]. Studies in Informatics & Control, 2010, 19(3): 319-330.

意愿的研究假设;其次,提取移动理财 App 的游戏化设计要素以及促成游戏化功能实现的目标系统要素,深入研究游戏化设计功能示能性影响用户动机满足和感知因素的机制,本研究概念模型如图 10.1 所示,研究模型如图 10.2 所示。

游戏化设计的示能性 → 用户的动机满足和感知因素 → 用户的行为意愿

图 10.1 研究概念模型

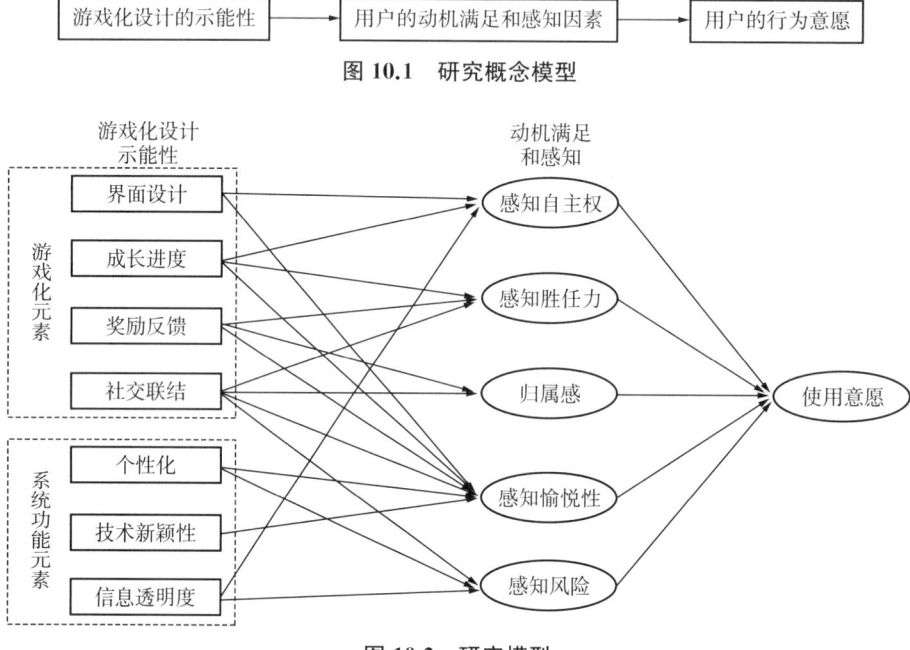

图 10.2 研究模型

在编制移动理财 App 游戏化设计示能性以及用户动机感知和行为意愿的量表时,本研究以国内外相关研究所使用的量表为基础,并结合移动理财 App 自身的特点和本研究的需要进行调整。其中,游戏化设计元素和机制的测量题项结合了 Apple 公司的用户设计指南[1],以及 Palmer 对游戏化元素的分类[2];个性化的测量题项借鉴了 Venkatesh 等的研究,以及 Awad 等的研究[3][4];信息透

---

[1] APPLE. iOS Developer Library—User Experience Guidelines[M/OL]. [2018-03-04]. http://developer.apple.com/library/ios/documentation/userexperience/conceptual/mobilehig/MobileHIG.pdf.

[2] Palmer D, Lunceford S, Patton A J. The engagement economy: How gamification is reshaping businesses [EB/OL]. [2018-02-23]. https://dupress.deloitte.com/dup-us-en/deloitte-review/issue-11/the-engagement-economy-how-gamification-is-reshapingbusinesses.html.

[3] Venkatesh V, Ramesh V. Web and wireless site usability: Understanding differences and modeling use[J]. MIS Quarterly, 2006, 30(1): 181-206.

[4] Awad N F, Krishnan M S. The personalization privacy paradox: An empirical evaluation of information transparency and the willingness to be profiled online for personalization[J]. MIS Quarterly, 2006, 30(1): 13-28.

明度的测量题项参考了 Awad 等的研究,以及 Raftopoulos 的研究[①][②];技术新颖性借鉴并调整于 Tatikonda 等的研究[③];感知需求动机满足部分,采用自我决定理论系列量表中的内在动机量表和感知胜任量表中的核心题项(自我决定理论官方网站对 17 套量表给出了详细介绍)并借鉴了自我决定理论测量量表在运动、社交等领域研究中的题项设计改动[④][⑤];感知愉悦性量表来自 Childers 等的研究[⑥];感知风险的量表来自 Venkatesh 等的研究[⑦];最后,使用意愿的测量题项借鉴了 Davis 等的量表进行设计[⑧]。具体测量题项,如表 10.1 所示。

表 10.1 模型中各构念的测量项

构　念		题　项
界面设计 (ING)	ING1	界面内容是可定制的
	ING2	界面交互是友好的
	ING3	界面元素设计在视觉上是令人愉悦的
	ING4	总体而言,具有高质量的用户界面设计
成长路径 (PRO)	PRO1	简单明确地阐明了活动规则
	PRO2	用户在不同阶段有相对应的不同任务挑战
	PRO3	用户能够了解自己的进展
	PRO4	赋予用户一定的使命,用户可完成在现实中不方便完成的事情

---

① Awad N F, Krishnan M S. The personalization privacy paradox: An empirical evaluation of information transparency and the willingness to be profiled online for personalization[J]. MIS Quarterly, 2006, 30(1): 13-28.

② Raftopoulos M. Towards gamification transparency: A conceptual framework for the development of responsible gamified enterprise systems[J]. Journal of Gaming & Virtual Worlds, 2014, 6(2): 159-178.

③ Tatikonda M V, Rosenthal S R. Technology novelty, project complexity, and product development project execution success: A deeper look at task uncertainty in product innovation[J]. Engineering Management IEEE Transactions on, 2000, 47(1): 74-87.

④ 王丽琴. 自我决定理论下动机量表在运动领域的使用[J]. 当代体育科技, 2014, (10): 180—181.

⑤ 孟猛,朱庆华. 移动社交媒体用户持续使用行为研究[J]. 现代情报, 2018, (1): 5—18.

⑥ Childers T L, Carr C L, Peck J, et al. Hedonic and utilitarian motivations for online retail shopping behavior[J]. Journal of Retailing, 2002, 77(4): 511-535.

⑦ Venkatesh V, Aloysius J, Hoehle H, et al. Design and evaluation of auto-id enabled shopping assistance artifacts in customers' mobile phones: Two retail store laboratory experiments[J]. MIS Quarterly, 2017, 41(1): 83-114.

⑧ Davis F D, Bagozzi R P, Warshaw P R. User acceptance of computer technology: A comparison of two theoretical models[J]. Management Science, 1989, 35(8): 982-1003.

(续表)

构　念		题　项
激励反馈 （REW）	REW1	用户可以收集奖励和权益
	REW2	提供的奖励和权益对用户是有价值的
	REW3	用户能通过努力提高自己的成绩
	REW4	会在用户实现目标时，提供正面的反馈
	REW5	总体而言，A 平台认可用户的努力
社　交 （SOC）	SOC1	用户可以与他人互动
	SOC2	用户可能与他人形成竞争的关系
	SOC3	用户有机会与他人合作实现目标
	SOC4	总体而言，社区氛围是和谐的
个性化 （PER）	PER1	能够提供符合用户特征的信息或服务
	PER2	能够提供符合用户需求的信息或服务
	PER3	提供的信息符合用户的个人偏好
	PER4	总之，充分利用了用户的个人信息
透明度 （TRA）	TRA1	活动规则是公开透明的
	TRA2	阐明了如何获取和使用用户信息
	TRA3	在规则执行方面拥有良好的声誉
	TRA4	总体而言，用户的知情权是有保证的
技术新颖性 （TEC）	TEC1	功能是新颖的
	TEC2	功能是令人兴奋的
	TEC3	关注用户使用效率的提升
	TEC4	总体而言，提供了良好的技术体验
自主权满足 （AUT）	AUT1	我可以自主决定完成任务的方式和进度
	AUT2	我可以自主控制如何披露自己的信息
	AUT3	我可以自由地表达态度（例如，点赞、评论、分享）
	AUT4	我无法自主地表达我的态度
胜任力满足 （COM）	COM1	我可以很容易地掌握 A 平台的规则
	COM2	我认为自己有能力完成 A 平台的任务
	COM3	我可以在使用 A 平台的过程中感受到成就
	COM4	我能通过 A 平台展示自己的形象

(续表)

构　念		题　项
归属感满足 (RE)	REL1	我可以了解 A 平台上的其他用户
	REL2	A 平台上的其他用户可能会注意到我
	REL3	我与他人的联系增强了
	REL4	我喜欢 A 平台，因为它让我感觉身处于和自己有相似体验的群体中
愉悦性 (ENJ)	ENJ1	给我带来乐趣
	ENJ2	给我带来刺激
	ENJ3	我在参与 A 平台活动的过程中获得了享受
	ENJ4	总体来看，我在 A 平台的体验是愉快的
感知风险 (PR)	PR1	会未经我的允许将我的信息用作其他目的
	PR2	功能无法实现我预期的效果
	PR3	可能造成我的忧虑和不安
	PR4	总体而言，A 平台会给我造成某方面的风险
使用意愿 (UI)	UI1	我愿意学习如何使用 A 平台
	UI2	相比同类型的其他平台，我会优先选择使用 A 平台
	UI3	我预测未来我使用 A 平台的可能性很大
	UI4	我愿意推荐其他人使用 A 平台

10.3　数据处理与分析

10.3.1　样本收集与描述

(1) 情景设计

本研究的实验情景设计包括情景分组设计和情景材料设计两部分，情景分组设计将综合运用正交设计和析因设计两种实验方案设计方法，并借助 IBM SPSS 22.0 软件实现；情景材料设计主要基于对移动理财 App 游戏化机制和功能的分类提取以及对游戏相关研究的借鉴，以图片材料和文字描述的形式提供给受试者。

本研究假设移动理财 App 的不同游戏化设计机制和功能之间不存在交互作用；根据前文提出的游戏化设计对用户动机感知和使用意愿的影响模型，将界面设计元素(高 vs 低)、成长进度机制(高 vs 低)、奖励反馈机制(高 vs 低)、社交联结功能(高 vs 低)、个性化(高 vs 低)、信息透明度(高 vs 低)、技术新颖性(高 vs 低)这 7 个游戏化设计方面的变量体现在情景材料对移动理财 App 游戏化设计的描述中。每个变量各存在高/低 2 个取值,通过正交降维后生成八种组合,具体情景分组情况如表 10.2 所示。

在通过正交降维后生成八种具有代表性的特征变量组合后,本研究设计八组情景资料来模拟用户在与某款移动理财 App 的游戏化设计功能和机制的交互过程,详细情景描述见附录 8。为了避免用户基于对特定 App 的使用历史或偏好来作答导致问卷结果受到主观情绪影响而造成偏差,我们在问卷中对相关产品的名称进行了虚拟。

表 10.2 问卷调查情景组设计方案

情 景	1	2	3	4	5	6	7	8
界面设计	高	高	高	高	低	低	低	低
成长进度	高	低	高	低	低	高	低	高
奖励反馈	低	高	低	高	低	高	低	高
社交联结	高	高	低	低	高	高	低	低
个性化	低	高	高	低	高	高	低	低
信息透明度	高	低	低	高	高	高	低	低
技术新颖性	低	低	高	高	高	低	低	高

(2) 问卷预调查与改进

在设计情景分组和问卷题型后,本研究对部分情景问卷进行了小范围的预调查工作。通过问卷星网站发放问卷,发放对象以移动理财 App 的游戏化设计有过了解的同学为主。预调查的目的包括:一是为了确保题目描述准确,没有令人误解的题项,必要情况下会剔除部分无效题项;二是为了确保情景描述不会让人费解。预调查共回收问卷 52 份,剔除无效问卷后剩余 49 份。综合受访者反馈和问卷结果,对问卷情景材料描述和个别题项的表述中存在的问题进行了调整:一是情景描述部分的文字材料太多,部分文字描述不够具体,因此在正式问卷的情景描述中添加了部分图片来传达文字描述的内容,并且通过颜色和字号对文字材料中的重点内容进行突出强调,以方便受试者更好地阅读和理解;二是问卷题项太多且部分描述存在歧义,因此结合克隆巴赫系数和因子载荷将其中 4 个信度较低的测量题项(REW3、TRA3、COM4 和 REL2)从正式问卷中剔除。最终问卷详见附录 8。

(3) 样本收集

研究采用网络问卷的形式收集所需数据。使用问卷星网站制作问卷,通过微信、QQ、电子邮件等途径将 8 种问卷随机发放给受访者,10 天时间内共收集 342 份问卷。结合问卷题项内容和情景材料长度,对问卷进行了筛选,筛选条件为:① 答题时间小于 4 分钟;② 反义项问题的答案没有差异;③ 所有题项回答明显相同。剔除无效问卷后最终回收 270 份问卷,有效回收率为 79.2%。结构方程模型要求样本量超过测量题项数量的 5 倍或超过 200 份,以保证分析的准确性。本研究的问卷共包含 48 个测量题项,样本量满足结构方程模型分析要求。

(4) 样本描述

对有效样本数据描述,包括性别、年龄、学历、互联网使用年限等指标。通过 SPSS 22.0 软件对 270 份有效问卷的数据进行描述性统计分析,具体结果如表 10.3 所示。根据问卷数据的描述性统计,本研究问卷样本的性别接近 1∶1,年龄主要分布于 18 至 35 岁之间,占比超过 85%;教育背景以本科和硕士为主,占比超过 90%;多数受访者的月消费支出超过 2000 元,并拥有 6 年以上的互联网使用经验。另外,几乎所有受访者都对移动平台的游戏化设计功能有所了解,90% 以上的受访者接触过目前知名的理财 App 的游戏化设计,大部分受访者对健身 App 和手机社区 App 的游戏化设计也不陌生。因此,该样本拥有接近真实水平的性别比例,并能够很好地代表具有高等教育背景、消费能力处于中等水平以上且具有丰富互联网使用经验的人群,符合移动理财 App 对核心目标消费者和潜在市场的定位,能够较好地满足本研究的需要。

表 10.3 样本人口统计特征描述

人口统计特征	取值	样本数	样本占比
性别	男	128	47.4%
	女	142	52.6%
年龄	18 岁以下	3	1.1%
	18—25 岁	72	26.7%
	26—35 岁	163	60.4%
	35 岁以上	32	11.9%
教育背景	高中及以下	3	1.1%
	专科及本科	97	35.9%
	硕士	153	56.7%
	博士	17	6.3%

(续表)

人口统计特征	取值	样本数	样本占比
月可支配收入	2000 元以下	97	35.9%
	2000—5000 元	84	31.1%
	5001—10000 元	61	22.6%
	10000 以上	28	10.4%
互联网使用年限	3 年以下	4	1.5%
	3—5 年	21	7.8%
	6—10 年	112	41.5%
	10 年以上	133	49.3%
了解过那些平台的游戏化设计功能	支付宝	246	91.1%
	陆金所	122	45.2%
	京东金融	145	53.7%
	平安金管家	88	32.6%
	健身 App,如 Nike+	182	67.4%
	手机社区,如小米社区	92	34.1%
	其他	18	6.7%
	从未了解过	11	4.1%

本研究共 8 个情景组,每个情景组至少拥有 30 个样本,问卷数量分布较均衡,整体符合数据分析要求。

表 10.4 各情景组的样本分布

情 景	有效样本数	样本占比	情 景	有效样本数	样本占比
1	35	13.0%	5	32	11.9%
2	31	11.5%	6	31	11.5%
3	36	13.3%	7	38	14.1%
4	33	12.2%	8	34	12.6%

为了检验各个情景分组样本间的性别、年龄、学历等用户特征是否存在差异,对性别、年龄、学历、月可支配收入、互联网使用年限进行单因素方差分析,结果如表 10.5 所示。根据单因素方差分析,各个人口统计特征在显著性 0.01 水平下未能通过检验,因此用户特征在 0.01 水平下不具有显著性差异,即每个情景分组的样本用户特征不存在显著差异。

表 10.5 各情景组间的人口统计特征单因素方差检验结果

人口统计特征	F 值	显著性
性　别	3.266	0.020
年　龄	1.979	0.016
教育背景	1.769	0.038
月可支配收入	1.114	0.346
互联网使用年限	1.355	0.173

10.3.2　样本正态分布检验

在进行数据分析之前,首先对样本数据是否符合正态分布进行检验,以选择合适的数据分析方法。正态分布检验共有两种思路:(1) 计算数据的偏度系数和峰度系数,若两者均近似为 0,则数据符合正态分布;(2) 进行 Kolmogorov-Smirnov 检验(D 检验),显著性大于 0.05 表示无法拒绝数据符合正态分布的原假设,即数据符合正态分布。本研究中对界面设计、成长进度、奖励反馈、社交联结、个性化、透明度、技术新颖性、感知自主权、感知胜任力、归属感、感知愉悦性、感知风险和使用意愿这 13 个构念设计 48 个测量项,通过 SPSS 22 计算样本数据的相应参数值,如表 10.6 所示。结果显示,各题项的偏度系数和峰度系数均不为 0,K-S 检验的显著性均小于 0.05。因此,本问卷的样本数据不符合正态分布,在后续数据分析阶段中选择分析方法时需进行特殊考虑。偏最小二乘法可以在变量不符合正态分布的情况下建模,因此本研究选择偏最小二乘法理论的结构方程模型,并运用 SmartPLS 3.0 进行后续的模型分析。

表 10.6　样本数据正态分布检验

测量项	均　值	方　差	偏　度	峰　度	Kolmogorov-Smirnov Z	显著性
ING1	2.993	1.530	−1.586	−0.018	3.627	0.000
ING2	3.109	1.441	−1.411	−0.126	3.823	0.000
ING3	3.065	1.374	−1.289	−0.161	4.545	0.000
ING4	2.975	1.564	−1.619	−0.044	5.297	0.000
PRO1	3.102	1.508	−1.552	−0.097	5.404	0.000
PRO2	3.007	1.504	−1.530	−0.070	5.973	0.000
PRO3	3.058	1.601	−1.646	−0.074	4.621	0.000
PRO4	2.913	1.509	−1.542	−0.004	4.588	0.000

（续表）

测量项	均值	方差	偏度	峰度	Kolmogorov-Smirnov Z	显著性
REW1	2.840	1.624	−1.667	0.112	4.763	0.000
REW2	2.684	1.515	−1.549	0.169	3.957	0.000
REW3	2.815	1.232	−1.047	0.147	4.816	0.000
REW4	2.902	1.564	−1.598	0.118	3.666	0.000
SOC1	3.098	1.552	−1.604	−0.041	2.714	0.000
SOC2	2.905	1.583	−1.624	0.051	3.431	0.000
SOC3	2.931	1.472	−1.489	0.037	2.556	0.000
SOC4	3.167	1.399	−1.458	−0.021	3.967	0.000
PER1	3.018	1.553	−1.595	0.011	5.434	0.000
PER2	2.971	1.492	−1.500	−0.003	3.537	0.000
PER3	2.836	1.310	−1.210	0.032	4.123	0.000
PER4	2.956	1.583	−1.627	0.067	3.522	0.000
TRA1	2.942	1.543	−1.582	0.086	4.503	0.000
TRA2	2.884	1.485	−1.522	0.101	5.203	0.000
TRA3	2.771	1.47	−1.454	0.167	4.936	0.000
TEC1	2.807	1.436	−1.444	0.142	4.816	0.000
TEC2	2.964	1.250	−1.116	−0.043	4.176	0.000
TEC3	3.098	1.274	−1.139	−0.217	5.038	0.000
TEC4	2.945	1.485	−1.520	−0.013	3.627	0.000
AUT1	2.996	1.314	−1.251	0.045	3.823	0.000
AUT2	2.945	1.389	−1.374	0.024	4.545	0.000
AUT3	3.025	1.358	−1.301	−0.046	5.297	0.000
COM1	3.011	1.347	−1.298	0.007	4.367	0.000
COM2	3.007	1.310	−1.247	−0.043	3.733	0.000
COM3	2.851	1.371	−1.323	0.118	4.712	0.000
REL1	3.349	1.425	−1.338	−0.329	3.651	0.000
REL2	3.207	1.392	−1.296	−0.294	4.896	0.000
REL3	3.215	1.420	−1.325	−0.300	4.989	0.000

(续表)

测量项	均值	方差	偏度	峰度	Kolmogorov-Smirnov Z	显著性
ENJ1	3.022	1.236	−1.203	−0.030	3.434	0.000
ENJ2	2.818	1.183	−0.939	0.105	4.567	0.000
ENJ3	2.895	1.293	−1.249	0.015	3.793	0.000
ENJ4	2.989	1.311	−1.255	−0.028	3.896	0.000
PR1	2.793	1.382	−1.337	0.136	4.560	0.000
PR2	3.124	1.530	−1.573	−0.075	4.165	0.000
PR3	2.713	1.200	−0.974	0.150	4.312	0.000
PR4	2.989	1.358	−1.340	0.116	3.979	0.000
UI1	3.109	1.263	−1.293	−0.022	4.503	0.000
UI2	2.724	1.211	−0.963	0.049	5.203	0.000
UI3	2.775	1.203	−1.018	0.051	4.936	0.000
UI4	2.822	1.268	−1.144	0.102	5.471	0.000

10.3.3 信度检验与效度检验

(1) 信度检验

信度是指测量结果具有一致性或稳定性的程度,用于验证测量结果是否稳定、精确地测量了研究中受关注的构念,分为外在信度和内在信度。前者指不同时间进行测量时问卷结果的一致性程度,后者指问卷中的一组问题是否测量的是同一个构念,即问题间的一致性。信度的测量一般包括内在信度测量和外在信度测量,其中内在信度表示一个变量的所有测量项的内在一致性,这也是本研究中所需要评估的,因此进行内在信度检验,常用 Cronbach's alpha 系数进行检验。利用 SmartPLS3 软件计算测量项的因子载荷和构念的 Cronbach's alpha 系数,结果如表 10.7 和表 10.8 所示。

表 10.7 问卷测量项的因子载荷

测量项	因子载荷	测量项	因子载荷	测量项	因子载荷	测量项	因子载荷
ING1	0.952	SOC1	0.966	TEC2	0.898	ENJ1	0.892
ING2	0.946	SOC2	0.959	TEC3	0.964	ENJ2	0.888
ING3	0.938	SOC3	0.947	TEC4	0.961	ENJ3	0.914
ING4	0.963	SOC4	0.959	AUT1	0.944	ENJ4	0.933
PRO1	0.959	PER1	0.967	AUT2	0.917	PR1	0.917
PRO2	0.966	PER2	0.948	AUT3	0.935	PR2	0.920
PRO3	0.961	PER3	0.908	COM1	0.947	PR3	0.884

(续表)

测量项	因子载荷	测量项	因子载荷	测量项	因子载荷	测量项	因子载荷
PRO4	0.957	PER4	0.961	COM2	0.938	PR4	0.929
REW1	0.966	TRA1	0.978	COM3	0.921	UI1	0.930
REW2	0.960	TRA2	0.969	REL1	0.961	UI2	0.898
REW3	0.895	TRA3	0.959	REL2	0.960	UI3	0.904
REW4	0.962	TEC1	0.930	REL3	0.960	UI4	0.930

表 10.8 构念的 Cronbach's alpha 系数

构　念	缩　写	Cronbach's alpha	构　念	缩　写	Cronbach's alpha
界面设计	ING	0.964	感知自主权	AUT	0.924
成长路径	PRO	0.972	感知胜任力	COM	0.929
奖励反馈	REW	0.961	归属感	REL	0.958
社交联结	SOC	0.970	感知愉悦性	ENJ	0.928
个性化	PER	0.961	感知风险	PR	0.933
信息透明度	TRA	0.967	使用意愿	UI	0.936
技术新颖性	TEC	0.956			

信度判断的依据并无统一标准,一般情况下,当因子载荷大于 0.7 且 Cronbach's alpha 系数大于 0.7 时,数据的信度可以被接受[①]。本研究使用 SmartPLS 3.0 软件计算问卷各题项的因子载荷和各构念的 Cronbach's alpha 系数,如表 10.7 和 10.8 所示:各题项因子载荷均超过 0.8,大部分超过 0.9;各构念的 Cronbach's alpha 系数均超过 0.85,表明本研究指标有很高的内部一致性,问卷的测量质量较高。

(2) 效度检验

效度是指测量工具能够正确测量出所需测量问题的程度,是问卷指标能真实反映潜变量特征程度的指标,测量问卷的正确性和有效性。效度检验主要包括内容效度和结构效度两方面。内容效度指测量工具内容的适合性,一般作为较主观的定性判定,采用德尔菲法进行,由于本研究中选用的量表是基于国内外相关领域成熟量表并经过本领域专家指导修正,可认为具有较高的内容效度[②]。

[①] 陈晓萍,徐淑英,樊景立. 组织与管理研究的实证方法[M]. 北京:北京大学出版社,2012:338—339.

[②] 陈晓萍,徐淑英,樊景立. 组织与管理研究的实证方法[M]. 北京:北京大学出版社,2012:338—339.

结构效度又称构造效度,指测量工具的内容能够推论或衡量抽象概念的能力,主要由聚合效度(又称收敛效度)和区分效度组成。

聚合效度是指通过不同的测量方法测定相同的潜变量时测量结果的相关程度,即检验不同测量方法应用在相同变量的测定中是否能聚合在一起。聚合效度越高,表示构念的所有测量项内部一致性越高。聚合效度使用不同方式测量相同构念时,测量结果应当高度相关。一般通过组合信度(Composite Reliability,CR)和平均方差抽取(Average Variance Extraction,AVE)两个指标来检验问卷中测量项的聚合效度。利用SmartPLS3软件计算CR值和AVE值,结果如表10.9所示,CR值均大于0.8,AVE值均大于0.6,体现了较好的聚合效度。

表 10.9 聚合效度检验结果

构　念	缩　写	CR	AVE
界面设计	ING	0.974	0.902
成长进度	PRO	0.980	0.923
奖励反馈	REW	0.972	0.896
社交联结	SOC	0.978	0.917
个性化	PER	0.972	0.895
透明度	TRA	0.978	0.938
技术新颖性	TEC	0.967	0.881
自主权	AUT	0.952	0.869
胜任力	COM	0.955	0.875
归属感	REL	0.973	0.922
愉悦性	ENJ	0.949	0.823
感知风险	PR	0.952	0.833
使用意愿	UI	0.954	0.838

区分效度是指在应用不同的测量项来测量不同构念时,测量结果应当得以区分。一般检验特定构念区分效度的方式是将其平均方差提取进行开方,并计算该构念与其他构念间的相关系数,若该构念平均方差提取的开方值大于其与其他构念的相关系数,则通过区分效度检验[①]。通过SmartPLS3软件计算,表10.10中将构念间的相关系数和构念对应的AVE值的平方根列出,各构念间的相关系数均小于构念的平均方差根,说明满足区分效度检验的要求。

---

① 陈晓萍,徐淑英,樊景立.组织与管理研究的实证方法[M].北京:北京大学出版社,2012:341.

表 10.10 区分效度检验结果

构念	AUT	COM	ENJ	ING	PER	PR	PRO	REL	REW	SOC	TEC	TRA	UI
AUT	**0.932**												
COM	0.177	**0.936**											
ENJ	0.508	0.458	**0.907**										
ING	0.924	0.116	0.518	**0.950**									
PER	0.046	−0.015	−0.377	−0.024	**0.946**								
PR	−0.349	−0.325	−0.382	−0.357	0.270	**0.913**							
PRO	0.260	0.555	0.150	0.175	0.006	−0.278	**0.961**						
REL	0.025	0.651	0.265	−0.114	0.242	−0.117	0.242	**0.960**					
REW	0.034	0.535	0.472	0.070	0.003	−0.329	0.025	0.189	**0.946**				
SOC	0.147	0.380	0.426	0.046	0.043	0.027	0.015	0.812	−0.009	**0.958**			
TEC	0.064	−0.293	0.163	0.073	0.073	0.025	0.016	−0.249	0.129	−0.080	**0.939**		
TRA	0.092	0.059	0.061	0.043	0.036	−0.695	0.067	0.299	0.020	0.189	0.050	**0.968**	
UI	0.460	0.499	0.464	0.468	−0.013	−0.786	0.183	0.330	0.479	0.157	−0.241	0.548	**0.916**

综上所述,本研究调查问卷的信度和效度均通过检验,可作为研究假设检验的数据依据。

10.3.4 模型拟合与评估

路径模型的验证包含三个层次:测量模型的质量、结构模型的质量和每个结构回归方程的质量。参考 Tenenhaus 等对偏最小二乘法路径模型的研究[①],本章主要通过以下几个步骤对模型进行检验:

首先,计算各测量模型的共同性指数(又称共性方差,Communality),它代表所有可观测变量的变异程度可以被解释变量解释的程度[②],用以衡量测量模型的质量。共性方差的数值和功能与平均方差抽取(AVE)一致,在上一节聚合效度的检验中已证明通过。

其次,计算每个内生变量的拟合系数(R^2)。偏最小二乘法中 R^2 是潜变量和对应的解释变量之间的因子载荷与相关系数的乘积之和,反映了内生潜变量能被解释变量解释的程度,因此 PLS 模型主要通过 R^2 来验证模型的解释力度。利用 SmartPLS3 绘制模型后,将最终的问卷数据导入 PLS Algorithm 计算。一般情况下,当 R^2 大于 0.5 时,模型的预测能力较强。本研究的因变量的 R^2 计算结果如表 10.11 所示,发现 R^2 值均大于 0.5,模型中最重要的持续使用意愿构念的 R^2 值达到 0.729,证明整体模型的解释力度较强。另外,利用 SmartPLS3 提供的 Blindfolding 算法计算 Q^2 检验模型的预测相关性,一般情况下构念 Q^2 大于 0 则证明模型有预测相关性。表 10.11 中 Q^2 均大于 0,证明模型有预测相关性。

表 10.11 模型检验

构 念	R^2	Q^2
AUT	0.866	0.711
COM	0.724	0.596
ENJ	0.796	0.613
PR	0.596	0.464
REL	0.698	0.607
UI	0.729	0.571

最后,计算整体模型的拟合优度,用于评价模型的整体预测效果,它同样综

---

① Tenenhaus M, Vinzi V E, Chatelin Y M, et al. PLS path modeling[J]. Computational Statistics & Data Analysis, 2005, 48(1): 174-176.

② 郭涛. 高校教师敬业度影响因素及其与工作绩效的关系研究[D]. 天津: 天津大学博士学位论文, 2012: 69.

合考虑了测量模型和结构模型,其计算公式是先根据题项数加权计算模型所有构念的平均共同性指数,再计算模型中所有内生变量的平均拟合系数,取两者的几何平均数。本模型的平均共同性指数为0.886,平均拟合系数为0.731,两者的几何平均数为0.809,在同类研究中属于较高水平。

10.3.5 模型分析与假设检验

偏最小二乘法的结构方程模型不假设数据正态分布,无法使用参数估计以验证路径系数是否显著,因此其依赖于非参数的 Bootstrap 步骤来检验模型中路径系数的显著性。Bootstrapping 方法由 Bradley Efron 教授提出,通过从原样本中不断随机抽取样本以创建子样本,用于估计 PLS 的路径模型[1]。从子样本中得到的估计参数将通过 T 检验的方式接受显著性检验[2]。本研究利用 SmartPLS3 的 Bootstrapping 方法(N=1000)进行参数估计,检验结果如表10.12所示。

表 10.12 路径检验结果

路径	原样本均属	抽样均数	标准差	T值	P值
ING → AUT	0.605	0.605	0.011	9.024	0.000
ING → ENJ	0.439	0.438	0.025	7.537	0.000
PRO → AUT	0.098	0.097	0.023	4.200	0.000
PRO → COM	0.536	0.536	0.031	7.328	0.000
PRO → ENJ	0.056	0.056	0.030	2.370	0.042
REW → COM	0.524	0.523	0.031	7.078	0.000
REW → ENJ	0.427	0.427	0.027	5.980	0.000
REW → REL	0.196	0.196	0.037	5.331	0.000
SOC → COM	0.379	0.379	0.033	3.584	0.000
SOC → ENJ	0.437	0.436	0.025	5.629	0.000
SOC → PR	0.158	0.158	0.039	4.012	0.000
SOC → REL	0.814	0.814	0.024	4.524	0.000
PER → ENJ	0.397	0.398	0.025	5.929	0.000

---

[1] Efron B. The bootstrap and modern statistics[J]. Journal of the American Statistical Association,2000,95(452):1293-1296.

[2] SmartPLS 3 - Bootstrapping[EB/OL].[2017-02-28]. https://www.smartpls.com/documentation/bootstrapping.

（续表）

路径	原样本均属	抽样均数	标准差	T值	P值
PER → PR	0.286	0.288	0.040	7.111	0.000
TRA → AUT	0.046	0.047	0.023	1.983	0.058
TRA → PR	−0.738	−0.739	0.030	4.203	0.000
TEC → ENJ	0.139	0.139	0.031	4.462	0.000
AUT → UI	0.200	0.200	0.044	4.593	0.000
COM → UI	0.155	0.156	0.046	3.382	0.001
REL → UI	0.147	0.146	0.040	3.705	0.000
ENJ → UI	0.105	0.105	0.047	3.107	0.001
PR → UI	−0.647	−0.646	0.039	6.747	0.000

一般情况下，T Statistics 值大于 2 且 P 值小于 0.05，则通过显著性检验。从表 10.12 路径检验结果可知，TRA → AUT 路径未能通过显著性检验，说明信息透明度对感知自主权满足的影响未显示出显著性。另一方面，在通过显著性检验的路径中，SOC → PR 路径通过显著性检验并且其路径系数为正，表明二者是正相关的，这一结论与假设 H7d 是相悖的。综上，本研究共有 22 条假设，其中 2 条未通过检验，20 条通过检验，依据路径检验结果绘制了模型路径图 10.3，以清晰地展示研究模型中各个变量之间的路径系数和显著程度。

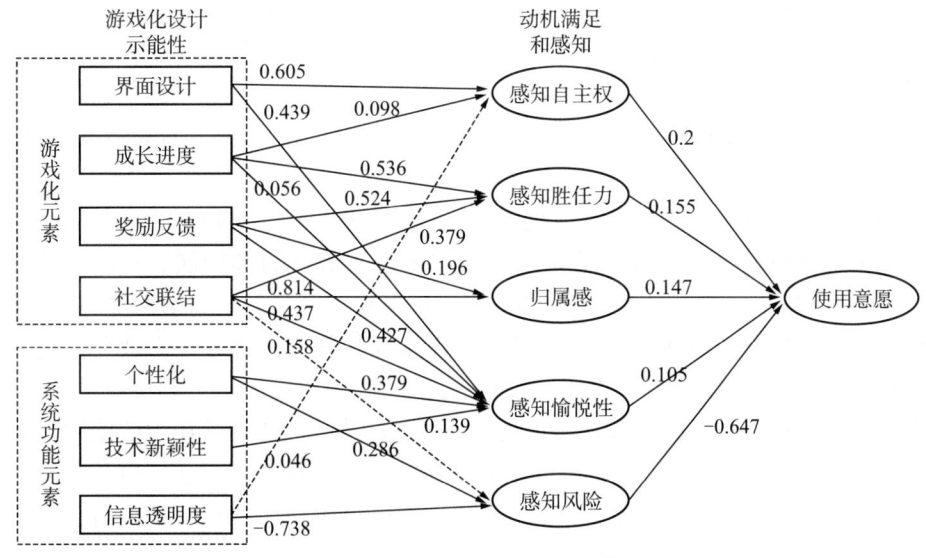

图 10.3 结构模型路径系数图

10.4 结果讨论

10.4.1 游戏化设计对用户需求动机满足和感知的影响

(1) 游戏化机制对感知需求动机满足的影响

界面设计示能性对移动理财 App 用户的感知自主权具有显著的正向影响(路径系数为 0.605;P 值小于 0.001);即用户感知到的界面设计示能性越高,其自主权的需求就越能得到满足。

界面设计通常包括色彩、声音、图像、文字内容、网站布局等,贯穿于人机交互的所有过程,其示能性的高低必然对用户的感官体验和心理有影响。在大多数信息系统中,用户可以自主选择头像和背景上传到个人页面中以作为一种个人形象的展示途径;游戏化信息系统通常希望给用户提供沉浸的体验感,因此会通过声音、动画等动态效果来提高用户对自己与系统交互的行为结果的感知。界面设计尤其是界面的交互形式设计不仅可以提高用户的体验和乐趣,还可以让用户对自己的行为有更及时的掌控,从而自主权得到满足。

成长进度示能性对移动理财 App 用户的感知自主权和感知胜任力具有显著的正向影响(路径系数分别为 0.098 和 0.536;P 值分别为 0.000 和 0.042,小于 0.05);即用户感知到的成长进度示能性越高,其自主权和胜任力的需求就越能得到满足。在游戏化信息系统中,成长进度机制从一开始清晰地设定用户在每个成长阶段中需要完成的任务和挑战,并通过进度条等功能告知用户所处的阶段;也就是说,用户可以根据自己的情况自主地决定完成任务和挑战的进度。另外,任务和挑战的难度是随着用户等级的提高而增加的;因此,当信息系统提供了合理渐进的成长进度机制时,用户可以感知到他们的技能和能力在不断提升,从而能够胜任每一阶段的任务或挑战,也就是说,用户的感知胜任力会越高。

奖励反馈示能性对移动理财 App 用户的感知胜任力和归属感具有显著的正向影响(路径系数分别为 0.524 和 0.196;P 值小于 0.001);即用户感知到的奖励反馈示能性越高,其胜任力和归属感的需求就越能得到满足。游戏化系统的奖励反馈机制通常以积分、等级、徽章等方式奖励用户完成任务和挑战,用户获得的奖励的数量和价值会随着等级的提升而越来越高,其对胜任力的感知也会更加强烈;这种奖励不仅来自平台的认可,在一些系统中,用户还可以从与其他成员的互动中获得积分奖励。因此,奖励反馈机制能够让用户感知到自己与平台上其他人的联系而感知到归属感。

社交联结示能性对移动理财 App 用户的感知胜任力和归属感具有显著的

正向影响(路径系数分别为 0.379 和 0.814;P 值小于 0.001);即用户感知到的社交联结示能性越高,其胜任力和归属感的需求就越能得到满足。游戏化信息系统的社交功能和元素允许用户通过点赞、评论、关注等方式表达观点和态度,从而有能力完成自我形象的构建;通过点数、徽章、排行榜等功能,用户可以了解到系统中其他用户的能力和表现,从而对自身是否具备完成一项特定任务所需能力形成较合理的心理评估。也就是说,社交联结机制对用户的感知胜任力有直接的影响。此外,用户在游戏化系统中通常需要以合作的方式完成特定的任务和挑战,因此会主动或被动加入与其有共同体验的群体,从而感知到归属感。

(2) 信息透明度对感知需求动机满足的影响

信息透明度示能性对移动理财 App 用户的感知自主权的影响不显著(路径系数为 0.046,P 值为 0.058,大于 0.05),假设 H9a 未通过检验。一些研究表明,信息技术的透明度会正向影响用户对该技术的能力的信任,进而影响用户对信息系统的信任[1];此时,用户可能有信心控制自己的信息披露程度以及自主使用系统的方式,即感知自主权得到部分满足。在对部分被访者进行访谈后,我们了解到,用户对信息系统透明度的感知并非能够完全转移到对游戏化设计机制的感知中,信息透明度示能性不会直接地影响到用户的感知自主权。可见,移动理财 App 用户的感知自主权可能受到系统透明度,即与系统收集、使用信息的方式和用户信息控制权限相关的隐私政策的影响,还可能受到游戏化机制的透明度,即进度、奖励和反馈等机制的公开透明和保证实施的影响,并且这种影响并非是直接的。

(3) 游戏化机制对感知愉悦性的影响

界面设计示能性、成长进度示能性、奖励反馈示能性和社交联结示能性均对移动理财 App 用户的感知愉悦性具有显著的正向影响(路径系数分别为 0.438、0.056、0.427 和 0.437;P 值均小于 0.001)。

信息系统的界面设计包括色彩、声音、图像等多种交互形式的呈现,是用户体验的重要因素。现有研究已证明媒体丰富性[2]、图标设计[3]、头像设计[4]等界面

---

[1] Hertzum M, Andersen H K, Andersen V, et al. Trust in information sources: Seeking information from people, documents, and virtual agents[J]. Interacting with Computers, 2002, 14(5): 575-599.

[2] Hess T J, Fuller M A, Mathew J. Involvement and decision-making performance with a decision aid: The Influence of social multimedia, gender, and playfulness[J]. Journal of Management Information Systems, 2005, 22(3):15-54.

[3] Kang S H. The impact of digital iconic realism on anonymous interactants' mobile phone communication[A]// CHI' 07 Extended Abstracts on Human Factors in Computing Systems[C]. New York: ACM, 2007: 2207-2212.

[4] Cyr D, Head M, Larios H, et al. Exploring human images in website design: A multi-method approach[J]. MIS Quarterly, 2009, 33(3): 539-566.

设计元素对用户形成积极的感官和心理体验有重要影响。游戏通过让玩家置身于一系列独特和具有挑战性的情景来创造愉悦,这些情景通过精心的等级和障碍设计为玩家提供积极的游戏体验。同样地,游戏化信息系统的用户也可以通过与游戏情景中类似的机制和元素来获得认知、情感和社会体验。在信息系统领域的研究中,学者着重关注了游戏化的奖励反馈机制对用户参与度(engagement)的影响,例如,Cheong 等的研究表明用户在使用游戏化学习软件后,学习体验、愉悦性和参与度有了显著提高[①];Bittner 等提出将游戏化设计应用于广告中,可以使用户获得更多的愉悦性和心流体验[②]。目前,关于游戏化机制对用户感知愉悦性的研究多停留在理论探索的阶段,本研究通过实证的方式验证了移动金融 App 游戏化设计对用户感知愉悦性的影响,丰富了这一领域的研究成果。

(4) 个性化、技术新颖性对感知愉悦性的影响

个性化示能性和技术新颖性示能性均对移动理财 App 用户的感知愉悦性具有显著的正向影响(路径系数分别为 0.397 和 0.139,P 值小于 0.001)。

一般情况下,游戏玩家的兴趣和动力会随着时间的推移而减弱。类似地,游戏化信息系统用户的动机和行为习惯也难以始终维持在特定的水平。在信息系统中,用户的情感是通过与系统的深度交互来建立的,用户的投入程度越深,系统的个性化的空间就越大,用户的体验和感知价值也就越高。为此,游戏化系统的设计者必须使用个性化和情景化的内容来吸引用户的投入,个性化推荐技术即系统目标的实现途径之一。已有研究表明,个性化的内容对玩家参与游戏挑战的行为有显著正向影响[③]。另外,在信息系统中采用与系统功能相关的新颖的技术也是一种提高用户体验的方式;有学者研究证明,在线学习平台中使用增强现实技术显著地影响到用户的内在动机(感知愉悦性)和外在动机(感知有用性和易用性)的满足,进而正向影响用户的参与意愿[④]。本研究通过实证的方式验证了个性化示能性和技术新颖性示能性对用户感知愉悦性的影响,为信息系统中用户动机和行为意愿方面的研究提供了新的角度。

---

① Cheong C, Cheong F, Filippou J. Quick quiz: A gamified approach for enhancing learning[A]// Proceedings of Pacific Asia Conference on Information Systems[C]. Jeju Island: PACIS, 2013: 206.

② Bittner J V, Schipper J. Motivational effects and age differences of gamification in product advertising[J]. Journal of Consumer Marketing, 2014, 31(5): 391-400.

③ Khoshkangini R, Valetto G, Marconi A. Generating personalized challenges to enhance the persuasive power of gamification [A]// Proceedings of the Personalization in Persuasive Technology Workshop[C]. Amsterdam: Persuasive Technology, 2017: 71-82.

④ Balog A, Pribeanu C. The role of perceived enjoyment in the students' acceptance of an augmented reality teaching platform: A structural equation modelling approach[J]. Studies in Informatics & Control, 2010, 19(3): 319-330.

(5) 游戏化机制对感知风险的影响

社交联结示能性对移动理财 App 用户的感知风险具有显著的正向影响(路径系数为 0.158,P 值小于 0.001),即用户感知到的社交联结示能性越高,那么感知到的风险也越高,这一结果与假设 H7 相反。

社交联结示能性,指的是系统能够为用户提供与他人互动、竞争和合作等机会的属性。现有文献主要针对在线社交平台和虚拟社区的环境中的社交联结机制与用户感知风险关系进行研究,实证结果显示用户通过社交联结机制实现的互动能够显著降低其感知风险,如章希春的实证研究表明,C2C 购物网站的买卖双方之间以及买方之间的互动会显著降低消费者的感知风险[①];常亚平、邱媛媛和阎俊等在研究知识虚拟社区中的知识共享行为时,发现用户与共享主体之间的关系强度与用户感知风险间存在着负相关的关系[②]。在本研究中,用户感知到的社交联结示能性与用户的感知风险是正相关的,这一结果似乎与前人的研究结果相悖。

事实上,这种差异出现的原因是由不同类型信息系统的目标实现机制决定的。在以社交和分享为主要目的的虚拟社区中,用户通过与社区中其他成员不断地交流和分享能够使双方都获得知识上的收益和情感性的支持[③],建立起一种信任和合作的关系;而在游戏化的信息系统中,包括成长进度机制和奖励反馈机制在内的游戏化机制,往往通过分数、排行榜、权益等始终提醒和激励用户提升自己的等级以获得更高级别的收益,潜移默化地在用户之间营造了攀比和竞争的氛围。另外,针对在线游戏玩家的研究发现,社交机制,尤其是游戏玩家之间的竞争机制,对不同特征玩家的感知胜任力和行为绩效的影响存在着较大差异[④]。在游戏化系统中,那些表现相对较差的由于长期暴露在点数、徽章、排行榜等竞争元素中,其自我效能感可能会受到持续的消极影响,从而导致心理的忧虑和不安。因此,社交联结示能性与感知风险会产生正向的关联。可见,社交联结在传统的社交平台和知识分享社区中存在对感知风险的削弱作用,对于采用游戏化机制的移动理财 App 并不完全适用。本研究的结果表明,在不同的研究情景下,社交联结会对用户的风险感知产生不同方向和程度的影响,未来可以基于更广泛的情景进一步深入研究社交联结对感知风险的影响。

---

① 章希春. 基于互动性视角的 C2C 模式下感知风险研究[J]. 价值工程,2009,28(9):98—102.

② 常亚平,邱媛媛,阎俊,等. 虚拟社区知识共享主体对首购意愿的作用机理研究[J]. 管理科学,2011,24(2):74—84.

③ Liang T P, Ho Y T, Li Y W, et al. What drives social commerce: The role of social support and relationship quality[J]. International Journal of Electronic Commerce, 2011, 16(2): 69-90.

④ Liu D, Li X, Santhanam R. Digital games and beyond: What happens when players compete? [J]. MIS Quarterly, 2013, 37(1): 111-124.

(6) 个性化和信息透明度对感知风险的影响

个性化示能性对移动理财 App 用户的感知风险具有显著的正向影响(路径系数为 0.286;P 值小于 0.001),即用户感知到的个性化示能性越高,那么感知到的风险也越高;信息透明度示能性对移动理财 App 用户的感知风险具有显著的负向影响(路径系数为-0.738;P 值小于 0.001),即用户感知到的信息透明度示能性越高,那么感知到的风险就越低。

目前,国内外学者对信息系统中感知风险的影响因素的研究主要围绕系统质量[1]、社会环境[2]和用户特征[3]等方面展开,研究场景多局限在网络购物平台,有关游戏化信息系统中用户感知风险的研究较少。随着互联网技术发展,与信息系统相关的技术、服务、信息安全等对用户感知风险的影响日益成为感知风险影响因素研究的一个关注点,如 Cheung 等认为网站的安全控制和隐私控制等因素会通过影响用户信任进而影响感知风险[4];肖海清针对电子商务领域用户的个性化推荐采纳行为的研究发现,用户使用个性化推荐技术时的隐私关注程度对其感知风险存在正向影响[5]。现有研究表明,尽管个性化推荐能够为用户提供最优信息来辅助其决策,但其可能的隐私风险是难以避免的;这种隐私与个性化的两难困境在本章对互联网金融 App 中支撑游戏化设计功能的系统相关要素,即个性化技术的研究中也得到了体现。信息透明度示能性则为缓解这种隐私与个性化的冲突提供了可能。游戏化信息系统的信息透明度体现在两个方面:游戏化机制的透明度,即进度、奖励和反馈等机制的公开透明和保证实施;系统的透明度,即与系统收集、使用信息的方式和用户信息控制权限相关的隐私政策。显然,如果游戏化信息系统能够提供合理的游戏机制规则和完善的用户隐私政策并且保证实施,用户在与系统的交互过程中就能感受到较高的信息透明度示能性,从而有信心控制自己的信息披露程度以及自主使用系统的方式,降低自身对隐私风险和信息安全风险的顾虑。

---

[1] Hsieh M T, Tsao W C. Reducing perceived online shopping risk to enhance loyalty: A website quality perspective[J]. Journal of Risk Research, 2014, 17(2): 241-261.

[2] Keh H T, Sun J. The complexities of perceived risk in cross-cultural services marketing[J]. Journal of International Marketing, 2008, 16(1): 120-146.

[3] Garbarino E, Strahilevitz M. Gender differences in the perceived risk of buying online and the effects of receiving a site recommendation[J]. Journal of Business Research, 2004, 57(7): 768-775.

[4] Cheung C M K, Lee M K O. Understanding consumer trust in Internet shopping: A multidisciplinary approach[J]. Journal of the Association for Information Science & Technology, 2014, 57(4): 479-492.

[5] 肖海清.电商个性化推荐采纳中用户隐私风险感知的影响因素分析[D].武汉:华中师范大学硕士学位论文,2015:47—53.

10.4.2 需求动机满足和感知对使用意愿的影响

（1）需求动机满足对使用意愿的影响

根据实证结果可知,假设 H1a、H1b、H1c 均通过了检验。用户的感知自主权满足对其使用移动理财 App 的意愿具有显著的正向影响(路径系数为 0.200,P 值小于 0.001),即用户的自主权需求被满足的程度越高,用户使用移动理财 App 的意愿就越强;感知胜任力满足对其使用移动理财 App 的意愿具有显著的正向影响(路径系数为 0.155,P 值小于 0.001),即用户的胜任力需求被满足的程度越高,用户使用移动理财 App 的意愿就越强;感知归属感对其使用移动理财 App 的意愿具有显著的正向影响(路径系数为 0.147,P 值小于 0.001),即用户的归属感需求被满足的程度越高,用户使用移动理财 App 的意愿就越强。

自我决定理论认为,社会环境可以通过支持人类对自主权、胜任力和归属感三种基本心理需要的满足来增强人类的内在动机。内在动机满足是互联网服务用户采纳意愿的重要影响因素,如孟猛和朱庆华证实用户使用移动社交媒体时的感知关系性和胜任性正向影响内在动机并对用户的持续使用意愿和行为具有显著影响,而感知自主性对内在动机的影响不显著[1];Roca 等基于自我决定理论构建了一个拓展的信息系统持续使用模型,研究了在线学习平台用户的持续使用意愿模型,研究表明,用户的感知自主权、感知胜任力和归属感正向影响用户的感知有用性、感知可玩性和感知易用性,进而影响用户的持续使用意愿[2]。类似地,Søreb 等针对在线教育平台中教师的持续使用意愿的研究发现,感知自主权、感知胜任力和归属感对用户的内在动机、期望确认和感知有用性(外在动机)均产生正向影响,并且用户的内在动机满足进一步影响其满意度和持续使用意愿[3]。Chen 等以自我决定理论为基础提出了在线课程学习者的动机模型,结果表明,在线学习者的感知需求满足(perceived need satisfaction)在情景支持与用户的行为结果的关系中起着中介效应作用[4]。在游戏领域的研究中,Przybylski 等基于自我决定理论提出了一个检验用户参与视频游戏对其心理过程和幸福感的影响的动机模型,他们认为,视频游戏的各种机制设定满足了

---

[1] 孟猛,朱庆华.移动社交媒体用户持续使用行为研究[J].现代情报,2018,38(1):5-18.

[2] Roca J C, Gagné M. Understanding e-learning continuance intention in the workplace: A self-determination theory perspective[J]. Computers in Human Behavior, 2008, 24(4): 1585-1604.

[3] Søreb Ø, Halvari H, Gulli V F, et al. The role of self-determination theory in explaining teachers' motivation to continue to use e-learning technology[J]. Computers & Education, 2009, 53(4): 1177-1187.

[4] Chen K C, Jang S J. Motivation in online learning: Testing a model of self-determination theory[J]. Computers in Human Behavior, 2010, 26(4): 741-752.

用户的心理需求(自主权、胜任力和归属感),并且对用户的行为驱动力(成就、社交、沉浸)有一定程度的影响①。在本研究中,用户的感知自主权、感知胜任力和感知归属感的满足不出所料地对其使用移动理财 App 的意愿产生显著的正向影响。本章通过对移动金融 App 用户使用意愿的实证研究不仅丰富了信息系统游戏化设计的研究成果,也再一次印证了内在动机对用户使用信息系统使用意愿的驱动。

(2) 感知愉悦性对使用意愿的影响

根据实证结果可知,用户的感知愉悦性对其使用移动理财 App 的意愿有显著的影响(路径系数为 0.105,P 值为 0.001,小于 0.05),即用户的感知愉悦性越强,用户使用移动理财 App 的意愿就越强。

愉悦性是互联网服务用户采纳意愿的重要影响因素,如陈明红等证实感知趣味性对用户的移动搜索意向具有显著影响②,Qiu 等研究了用户与推荐系统的交互过程,发现用户对推荐系统的感知愉悦性和社会临场感将影响其对推荐系统的感知有用性和影响采纳意愿③;Kim 研究发现,感知愉悦性和感知有用性对 SNS 持续使用意向均产生正向影响,且感知愉悦性的影响作用更强④。对于移动游戏和即时通信等以休闲娱乐为目的的网络服务而言,愉悦性对用户使用意愿的作用更是被反复讨论⑤⑥⑦。本研究证实了愉悦性在移动理财 App 中对用户使用意愿的影响,结合前人理论可推测愉悦性的价值不仅局限于享乐型信息系统中,而且是对互联网用户在复杂的信息系统使用情景中接受新技术或采纳新服务的意愿,是研究互联网用户行为的重要角度。

(3) 感知风险对使用意愿的影响

根据实证结果可知,用户的感知风险对其使用移动理财 App 的意愿具有显

---

① Przybylski A K, Rigby C S, Ryan R M. A motivational model of video game engagement[J]. Review of General Psychology, 2010, 14(2): 154-166.

② 陈明红,漆贤军,李妍慧. 基于 TAM 与 TTF 整合模型的移动搜索行为影响因素研究[J]. 情报杂志, 2014, 33(6): 179—186.

③ Qiu L, Benbasat I. A study of demographic embodiments of product recommendation agents in electronic commerce[J]. International Journal of Human-Computer Studies, 2010, 68(10): 669-688.

④ Kim B. Understanding antecedents of continuance intention in social-networking service[J]. Cyberpsychology Behavior & Social Networking, 2011, 14(4): 199-205.

⑤ Ha I, Yoon Y, Choi M. Determinants of adoption of mobile games under mobile broadband wireless access environment[J]. Information & Management, 2007, 44(3): 276-286.

⑥ Fang X, Chan S, Brzezinski J, et al. Moderating effects of task type on wireless technology acceptance[J]. Journal of Management Information Systems, 2005, 22(3): 123-157.

⑦ Lu Y, Zhou T, Wang B. Exploring Chinese users' acceptance of instant messaging using the theory of planned behavior, the technology acceptance model, and the flow theory[J]. Computers in Human Behavior, 2009, 25(1): 29-39.

著的负向影响（路径系数为－0.647，P 值小于 0.001），即用户感知风险程度越高，其使用移动理财 App 的意愿就越低。

感知风险对信息系统用户使用意愿的消极影响已在多个领域得到证实，如周涛等证实感知隐私风险和感知安全风险负向地影响移动商务用户的信任和感知价值，进而影响其接受行为[①]；张喆等基于感知风险理论和技术接受模型建立消费者网络团购参与意愿模型，实证证明了消费者对网络团购的感知风险显著影响消费者对网络团购的态度和参与意愿[②]；熊莎证实了感知风险会对用户使用移动互联网社交服务的意愿产生负面的影响[③]。在游戏化的信息系统中，用户的感知风险不仅来自系统的技术和功能性风险、信息安全和隐私风险，而且会受到游戏化设计的竞争和社交等机制带来的心理风险，因此用户感知风险对使用意愿的影响将更突出。本章实证证明了移动理财 App 用户的感知风险对其系统使用意愿的影响，推广了前人关于感知风险研究成果在信息系统领域的使用范围。

10.5 结论与启示

本研究以示能性理论、自我决定理论、技术接受模型和感知风险理论为研究基础，结合前人的研究成果，构建了移动理财 App 游戏化设计对用户动机满足和感知的影响以及动机满足和感知对用户使用意愿的影响模型，使用基于偏最小二乘法的结构方程模型对问卷调查的结果进行分析，得出以下结论：(1) 移动理财 App 用户的使用意愿受到用户的感知自主权、感知胜任力和归属感这三种动机需求满足的直接作用，感知愉悦性对用户的使用意愿有直接的促进作用，感知风险负向地影响用户的使用意愿；(2) 移动理财 App 的游戏化设计包括游戏化元素和机制的设计，以及支撑游戏化功能实现的系统相关元素的设计，其中，界面设计示能性对用户的感知自主权满足和感知愉悦性具有正面影响；(3) 成长进度示能性对用户的感知自主权满足、感知胜任力满足均有直接的正面影响，并且会增强用户的感知愉悦性；(4) 奖励反馈示能性对用户的感知胜任力满足、归属感满足均有直接的正面影响，并且会增强用户的感知愉悦性；(5) 社交联结

---

① 周涛,鲁耀斌,张金隆.基于感知价值与信任的移动商务用户接受行为研究[J].管理学报,2009,6(10):1407—1412.

② 张喆,卢昕昀.基于 TAM 模型和感知风险的消费者网络团购参与意愿分析[J].市场营销导刊,2009,(1):13—19.

③ 熊莎.国内移动社交用户使用意愿的影响因素研究[D].北京:北京邮电大学硕士学位论文,2013:41—46.

示能性对用户的感知胜任力满足、归属感满足均有直接的正面影响,并且会增强用户的感知愉悦性,但同时社交联结示能性也会增加用户的感知风险;(6)个性化示能性会增强用户的感知愉悦性,但同时也会提高用户的感知风险;(7)信息透明度示能性有助于降低用户的感知风险;(8)技术新颖性示能性有助于提高用户的感知愉悦性。

基于上述结论,本研究提出以下启示。

在学术研究层面,基于设计科学和行为科学的相关理论对游戏化设计展开多层次、多视角的探讨。目前,游戏化领域的研究大多数仍以单案例分析和质性访谈为主;一些定量的研究由于未建立在成熟的理论基础之上,针对游戏化设计元素对用户心理和行为的影响机制的探讨尚停留在较浅层的讨论。在针对游戏化信息系统用户行为及意愿进行的实证研究中,大多数学者采用自我决定理论作为理论基础研究用户的使用动机或意愿,心流理论则通常出现在用户持续使用意愿的研究中,其他理论几乎很少提及。实际上,游戏化设计与人机交互、心理学、组织行为、市场营销等领域的研究密切相关,未来的游戏化研究也应该结合多个学科领域的理论视角,如可用性设计理论、用户体验理论、社会认知理论、内在动机理论、心流理论等来对游戏化系统的设计和游戏化系统的用户行为展开研究。另外,游戏化的研究还可以借鉴信息系统领域的主流研究方向,如技术接受与使用、在线虚拟社区、用户生成内容、说服式设计等。

在游戏化行业实践层面,对游戏化元素和机制进行局部和整体的完善以更好地实现游戏化的目标。尽管越来越多的游戏化应用不断被创建,但是正如一些机构指出,绝大多数游戏化系统都会由于对游戏化设计的认识不足而注定失败。如果系统的管理者和设计者仅仅停留在简单粗暴地引入游戏机制(如积分、徽章和排行榜),或者不顾自身的实际情况而盲目利用游戏化的噱头,那么游戏化设计将仅停留于表面,无法对目标用户的行为产生深刻的影响。游戏化元素和机制的设计,可以从以下几个方面逐个击破。首先,通过提升界面设计元素的质量来提升用户的感官体验和心理体验。游戏行业的实践表明,优质的界面设计,如精美的游戏画面、引人入胜的背景音乐、及时灵敏的动态反馈,能够创造出一种上瘾的体验让用户沉浸在游戏的叙事中。尽管大多数游戏化信息系统以实现系统的主要目标为导向,无意于引导用户进入高度参与和上瘾的状态,但是高质量的界面设计可以创造愉悦性,从而对用户的初始采纳和持续参与形成积极影响。其次,通过设置合理的成长进度机制来提高用户的感知自主权满足和感知胜任力满足。游戏化设计利用挑战、演变、渐进等动力元素给用户持续提供任务和挑战,任务和挑战的复杂性也随着时间的推移而增加。一般情况下,新用户只需完成简单的任务挑战就可以成功进入下一阶段,随着等级的提高其完成任务的难度会越来越大。因此,游戏化信息系统需要针对不同等级和技能水平的用户调整任务或挑战水平，或者允许用户根据自己的情况自主地选择任务或调整，让用户有信心能够完成当前任务并顺利进入下一阶段；否则，用户会在一段时间后产生厌倦心理，失去完成任务或挑战的动力。再次，设置合理的奖励反馈机制来提高对用户的感知胜任力满足和归属感满足。游戏化系统的奖励反馈通常包括积分、等级、徽章等形式，在不同特征的信息系统中，目标用户对这些虚拟奖励的偏好也是不同的。例如，知识虚拟社区通常希望用户对社区尽可能多次数的贡献，那么积分和等级徽章奖励可能是一个合适的选择；在运动健身 App 中，系统会希望用户持续参与到不同主题的营销活动中，那么特色主题的限定徽章相比常规积分更能够吸引用户的兴趣；而如果系统预期的结果是用户建立社交联系，那么可以选择诸如虚拟礼物和团体身份奖励等设计元素。最后，要因地制宜地设置社交联结元素和机制。游戏化系统中社交联结功能通常是与成长进度和奖励反馈功能同时存在的，通过点赞、评论、关注等功能，用户可以表达观点和态度，从而完成自我形象的构建；通过点数、徽章、排行榜等功能，用户可以对系统中其他用户的能力和表现形成认知。在一些系统中，用户之间的互动一方面能够增进信息的交流，降低决策的不确定性，从而削弱用户的感知风险，另一方面双方都可以获得情感性的支持；而在另一些系统中，分数、排行榜、权益等会在用户之间营造出攀比和竞争的氛围，因此无法避免地影响到部分用户的自我效能感产生并导致心理的忧虑和不安。

在信息系统设计与开发层面，游戏化系统的设计要注重用户个性化体验与风险的平衡。游戏化研究为深入地了解人类寻找挑战、参与竞争与合作、获取地位等行为及动机提供了一种有益的视角，这反过来也促使游戏化系统设计者更加注重个体用户的特征和个性化体验。目前，这种趋势在教育系统的开发中表现得尤为明显，例如，有学者开发的游戏化学习软件可以匹配不同背景和层次用户的需要，并通过人工智能方法不断优化系统的性能以充分适应用户的行为变化[1]。游戏化信息系统一方面要充分利用个性化技术来了解用户的需求，改善用户与系统的交互体验；另一方面要保证与系统收集、使用信息的方式和用户信息控制权限相关的隐私政策的透明度，提高用户在系统使用过程中的控制感。

---

[1] Garcia-cabot A, De-marcos L, Garcia-lopez E. An empirical study on m-learning adaptation: Learning performance and learning contexts[J]. Computers & Education, 2015, 82(4): 450-459.

11 移动理财用户持续使用意愿的影响因素研究——以余额宝为例

近年来,互联网、移动支付和计算机技术的快速发展使得它们为传统行业开辟了全新的发展道路,而传统金融业与互联网的融合也触发了倍受热捧的新兴行业——互联网金融,其中,网络理财以其高出银行存款的收益率,零存零取的灵活性、实时性,在线服务的便捷性和低风险、低门槛等特点受到散户理财者的广泛关注。最早的网络理财平台始于美国,早在1999年,著称全球的支付工具Paypal就设立了账户余额基金,用户只需经过简便快捷的操作,存放在PayPal账户中不计息金的余额就将自行转入货币基金池,从而取得相应的利率收益。随后,网络理财被运用于网络众筹借贷平台,早在2005—2006年,英国、美国就分别推出了Zopa和Prosper两个网络理财网站。

2013年6月13日,由阿里巴巴集团推出的余额理财业务余额宝上线,标志着网络理财服务正式进入我国互联网金融领域。次日,余额宝就与天弘基金联手取得了13万用户数量和5000万元申购金额的庞大规模,在第12天后,天弘增利宝就迅速一跃而成我国拥有客户数量最多的理财基金,堪称是互联网联手理财公司"扭转"市场格局的标志性节点。随后,腾讯、百度、京东等互联网公司纷纷效仿。余额宝2014年年报数据显示,截至2014年年底,余额宝的融资规模为5789.36亿元,用户数达到1.85亿人,人均持有3133元[1],其首屈一指的客户群体和融资规模,使余额宝成为我国最具代表性的网络理财产品。

互联网行业内的竞争不断升级,用户也变得日益挑剔,相关数据显示,网络理财产品的多种因素都会影响用户的选择结果,并且,在网络环境中较低的转移成本会更容易造成用户流失。因此,究竟哪些因素会影响网络理财用户的持续使用意愿,是各大互联网和金融理财公司所迫切须知的。本章研究以余额宝为例,探究影响用户持续使用网络理财产品的关键性影响因素及其相互关系,具体解决以下问题:

(1) 哪些因素会影响网络理财用户的持续使用意愿?

---

[1] 中商情报网. 余额宝用户数达1.85亿 人均持有3133元[EB/OL]. (2015-3-27)[2015-4-3]. http://www.askci.com/news/2015/03/27/1516226m9l.shtml.

(2) 不同因子在多大程度上或直接或间接地对网络理财用户持续使用意愿产生影响？各个因子对网络理财用户持续使用意愿的影响路径又是如何？

(3) 网络理财产品供应商应该设计出怎样的产品才能吸引更多用户的青睐？该采取什么样的营销渠道和业务模式才能改善用户口碑、增加用户黏性？

本研究目的在于丰富互联网理财平台用户行为意愿的理论研究，并为网络理财业务供应商的市场策略和产品改进提供参考和建议。

11.1 研究假设

(1) 绩效期望与满意度的关系

一项产品或技术的绩效主要是由表达性绩效和操作性绩效组成，根据前人在满意度领域的研究可以得出，当产品或技术的绩效与用户的期望绩效相匹配甚至超越时，用户就会因此而感到满意[1]。此外，用户对产品的满意程度将直接决定他们的使用意愿，当产品的绩效越能满足用户的期望绩效时，他们的满意度也可能会随之增加，从而改变其使用意愿。因此，要使用户满意，就必须使得产品在表达性绩效和操作性绩效上都满足用户期望。据此，提出如下假设：

H1：绩效期望对网络理财用户的满意度具有正向影响。

(2) 绩效期望与持续使用意愿的关系

关于绩效期望与使用意愿的关系，有学者研究指出，某些技术或产品的绩效表现将会直接地对用户使用意愿产生正向影响[2]。此外，Wang 等也证实，在技术接受模型中的感知有用性是影响用户使用意愿程度最大的关键性因素，用户的感知有用性将会极大地促进用户去使用某种技术和产品[3]。对于持续使用意愿而言，是建立在用户使用意愿的基础之上的，用户只有在产生初次的使用意愿之后，才会产生持续使用意愿，我们认为，用户的绩效期望对持续使用意愿也是具有显著影响的，据此，提出如下假设：

H2：绩效期望对网络理财用户的持续使用意愿具有正向影响。

(3) 努力期望与满意度的关系

网络理财业务是需要用户通过在计算机或手机登录网络终端的独立操作而

---

[1] Swan J E, Combs L J. Product performance and consumer satisfaction: A new concept[J]. The Journal of Marketing, 1976, (3): 25-33.

[2] Venkalcsh V, Davis F D. A theoretical extension of the technology acceptance model: Four longitudinal studies[J]. Management Science, 2000, 46(2): 186-204.

[3] Wang Y S, Lin H H, Luam P. Predicting consumer intention to use mobile service[J]. Information Systems Journal, 2006, (2): 157-179.

完成的,因此操作流程的难易度、操作页面的友好性、终端设备的设置模式都对用户使用过程中的满意程度具有很大的影响作用。在 UTAUT 模型中的努力期望,主要是由感知易用性(来自技术接受模型)、复杂性(来自个人计算机使用模型)以及易用性(来自创新扩散理论)这几个易用性变量整合而来的,在 Yang 等[1]、Swinder 等[2]、Parasuraman 等[3]的研究中均指出,技术接受中的易用性对用户的满意度具有重要影响。据此,提出如下假设:

H3:努力期望对网络理财用户的满意度具有正向影响。

(4) 努力期望与持续使用意愿的关系

努力期望衡量的是用户对于使用网络理财业务的难易程度的认知,当用户认为使用网络理财业务并不需要花费太多努力较轻松时,他们去使用的欲望就更强烈,否则,将不愿意去使用该产品。Shin 通过研究用户对网络钱包的接受行为发现,感知易用性会正向影响用户的使用意愿[4]。Park 等利用 UTAUT 模型研究了我国用户对于网络终端的接受行为发现,努力期望对我国用户会产生正向影响[5]。因此,我们认为当用户使用网络理财业务越简单方便时,他们的再次使用意愿也就越强。据此,提出如下假设:

H4:努力期望对网络理财用户的持续使用意愿具有正向影响。

(5) 社会影响与持续使用意愿的关系

学者在技术接受领域的研究表明,社会影响这一指标对用户信息技术的使用意愿具有十分重要的影响作用[6][7][8][9],并且有研究指出,社会媒体对用户的使

---

[1] Yang Z, Jun M J. Consumer perception of e-service quality: from Internet purchaser and non-purchaser perspectives [J]. Journal of Business Strategies, 2002, 19(1): 19–41.

[2] Swinder J, Philip J T, Kevin P G. Consumer perceptions of Internet retail service quality [J]. International Journal of Service Industry Management, 2002, 5(13): 412–432.

[3] Parasuraman A, Zeithami V A, Malhotra A. A multiple-item scale for assessing electronic service quality [J]. Journal of Service Research, 2005, 7(3): 213–233.

[4] Shin D H. Towards an understanding of the consumer acceptance of mobile wallet [J]. Computers in Human Behavior, 2009, 25(6): 1343–1354.

[5] Park J K, Yang S, Lehto X. Adoption of mobile technologies for Chinese consumers [J]. Journal of Electronic Commerce Research, 2007, 8(3): 196–206.

[6] Lu J, Yao J E, Yu C S. Personal innovativeness, social influences and adoption of wireless Internet services via mobile technology [J]. The Journal of Strategic Information Systems, 2005, 14(3): 245–268.

[7] Eckhardt A, Laumer S, Weitzel T. Who influences whom&quest: Analyzing workplace referents' social influence on IT adoption and non-adoption [J]. Journal of Information Technology, 2009, 24(1): 11–24.

[8] Wang Y S, Wu M C, Wang H Y. Investigating the determinants and age and gender differences in the acceptance of mobile learning [J]. British Journal of Educational Technology, 2009, 40(1): 92–118.

[9] Abushanab E, Pearson J M. Internet banking in Jordan: The unified theory of acceptance and use of technology (UTAUT) perspective [J]. Journal of Systems and Information Technology, 2007, 9(1): 78–97.

用行为将会产生影响,而这种影响往往都是间接而潜在的[①]。此外,Nysveen等[②]的研究显示,用户在使用某种技术或服务的同时会观察他人的使用情况,并会受到他人使用状况以及社会氛围的影响。因此,我们认为社会影响这一因素可以在一定程度上正向影响用户的持续使用意愿,在周围使用的人越多、产品的口碑越好、社会影响力越大的情况下,用户更加具备继续使用的意愿。据此,提出假设如下:

H5:社会影响对网络理财用户的持续使用意愿具有正向影响。

(6) 感知风险与满意度的关系

在技术接受研究领域中,有学者认为感知风险与满意度之间是存在相关关系的。例如,Wolfinbarger 等认为,产品的隐私性和安全性会影响用户对需要接受的产品或服务的满意度,而隐私风险和安全风险都是用户感知风险的体现,进而得出用户的感知风险对他们在技术接受过程中的满意度具有影响作用[③]。此外,在感知风险相关研究理论中,感知风险本身就被视作一种付出,同样也说明了感知风险是会影响到用户满意度的。据此,提出假设如下:

H6:感知风险对网络理财用户的满意度具有负向影响。

(7) 感知风险与持续使用意愿的关系

在电子商务技术接受的研究领域中发现,对于网络理财的购买者来说感知风险是一个负面态度,这种态度将会降低用户对电子商务技术的接纳[④]。Forsythe 等的研究发现,感知风险对用户在线消费和购买行为会产生负向影响[⑤]。据此,本章将感知风险引入研究模型,提出假设如下:

H7:感知风险对网络理财用户的持续使用意愿具有负向影响。

(8) 满意度与持续使用意愿的关系

大量文献表明,用户满意度对其重复使用意愿和行为具有直接且显著的影响。营销学大师科特勒指出,用户在购买某个产品或享受某项服务之后,心理上

---

① Gruzd A, Wellman B, Takhteyev Y. Imagining Twitter as an imagined community[J]. American Behavioral Scientist, 2011, 55(10): 1294-1318.

② Nysveen H, Pedersen P E, Thorbjørnsen H, et al. Mobilizing the brand: The effects of mobile services on brand relationships and main channel use[J]. Journal of Service Research, 2005, 7(3): 257-276.

③ Wolfinbarger M, Gilly M C. eTailQ: Dimensionalizing, measuring and predicting etail quality[J]. Journal of Retailing, 2003, 79(3): 183-198.

④ Min Q, Ji S, Qu G. Mobile commerce user acceptance study in China: A revised UTAUT model[J]. Tsinghua Science & Technology, 2008, 13(3): 257-264.

⑤ Forsythe S M, Shi B. Consumer patronage and risk perceptions in Internet shopping[J]. Journal of Business Research, 2003, 56(11): 867-875.

会产生不同程度的满意和不满意的感知情绪,这种情绪会对用户的再次购买倾向产生强烈的影响。此外,Lee 等[1]和 Parasuraman 等[2]在他们的研究中也证实了,用户的满意程度对他们产生再次行为的意向具有显著的积极影响。据此,满意度在本研究中作为因变量和中介变量,将探讨网络理财用户的满意度对其持续使用意愿的影响关系,提出假设如下:

H8:满意度对网络理财用户的持续使用意愿具有正向影响。

11.2 研究模型

本研究基于整合技术接受模型(UTAUT),结合满意度理论和感知风险理论,构建如图 11.1 所示的移动理财用户持续使用意愿研究模型。

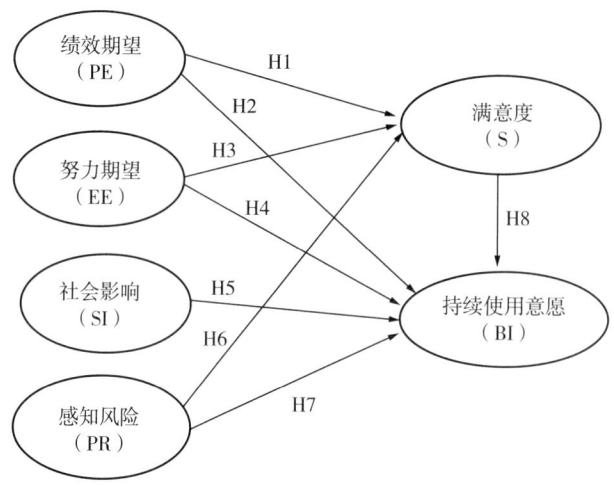

图 11.1 移动理财用户持续使用意愿研究模型

研究模型共包含 6 个研究变量:绩效期望(PE)、努力期望(EE)、社会影响(SI)、感知风险(PR)、满意度(S)和持续使用意愿(BI)。其中,满意度和持续使用意愿是因变量,其余均为自变量。各变量内容解释及测量指标如下:

---

[1] Lee G G, Lin H F. Customer perceptions of e-service quality in online shopping[J]. International Journal of Retail & Distribution Management, 2005, 33(2): 161-176.

[2] Parasuraman A, Zeithaml V A, Malhotra A. ES-QUAL: A multiple-item scale for assessing electronic service quality[J]. Journal of Service Research, 2005, 7(3): 213-233.

(1) 绩效期望

UTAUT 研究模型中的绩效期望是整合了感知有用性(来自技术接受模型)、外部激励(来自激励理论)和工作匹配(来自个人计算机利用模型)这几个变量而来的。本研究中的绩效期望是基于 UTAUT 的模型理论,具体指的是用户感知到使用网络理财业务能够在多大程度上支持帮助他们,从而满足更多的需求或者获得更好的绩效。根据 Koufaris[1]、Vankatesh 等[2]的研究,本章设定了 4 个指标来衡量绩效期望。

表 11.1　绩效期望的测量指标

指标名称	内容
PE1	使用余额宝可以让我获得更高的收益
PE2	我发现使用余额宝是很有用的
PE3	使用余额宝能够帮助我节省交易和买卖的时间
PE4	使用余额宝可以免去我必须去实体营业点才能购买理财产品的不便

(2) 努力期望

UTAUT 研究模型中的努力期望是整合了感知易用性(来自技术接受模型)、复杂性(来自个人计算机使用模型)以及易用性(来自创新扩散理论)这几个变量而来的。本研究中的努力期望,指的是用户感知到的网络理财使用的难易程度。本研究将根据前文 Koufaris、Venkatesh 以及 Agarwal 等[3]的研究设计 4 个用于衡量努力期望的指标。

表 11.2　努力期望的测量指标

指标名称	内容
EE1	我认为使用余额宝十分简单,不需要花费很多时间去学习使用
EE2	我认为余额宝的操作流程很容易
EE3	我完全了解如何使用余额宝
EE4	我认为开通余额宝业务很简单

---

[1] Koufaris M. Applying the technology acceptance model and flow theory to online consumer behavior[J]. Information Systems Research,2002,13(2):205-223.

[2] Venkatesh V, Davis F D. A theoretical extension of the technology acceptance model: Four longitudinal field studies[J]. Management Science,2000,46(2):186-204.

[3] Agarwal R, Karahanna E. Time flies when you're having fun: Cognitive absorption and beliefs about information technology usage[J]. MIS Quarterly,2000,24(4):665-694.

(3) 社会影响

UTAUT研究模型中的社会影响主要整合了主观规范(来自技术接受模型、理性行为理论)和社会因素(来自个人计算机使用模型)这两个变量而来的。本研究中的社会影响是基于UTAUT的模型理论,具体指的是用户感知到其周围的个人或组织认为是否会使用网络理财的程度。本研究将根据Dholakia等[①],以及前文Vankatesh和Davis的研究设计4个用于衡量社会影响的指标。

表11.3 社会影响的测量指标

指标名称	内　容
SI1	如果对我重要的人推荐我使用余额宝,我会考虑使用
SI2	我周围的人都在使用余额宝,我不使用会感到自己很不潮流
SI3	我认为使用余额宝会提升我在其他人心里的形象
SI4	社会媒体的宣传会增加我使用余额宝的欲望

(4) 感知风险

研究认为,用户在技术接受过程中的每一次操作都可能产生无法预知的后果,有些负面的后果会给用户带来风险。网络理财作为理财方式的一种,不可避免地存在一定程度的风险。结合前人在技术接受和理财领域的研究发现,用户对于风险的感知是影响他们持续使用意愿的关键性因素之一,因此,本章将依据感知风险理论引入感知风险作为变量进行测量。本研究中的感知风险,指的是用户在使用网络理财业务的过程中,对产生各种风险的可能性的主观判断和预测。本研究将依据Stone等[②]的研究设计5个衡量指标。

表11.4 感知风险的测量指标

指标名称	内　容
PR1(绩效风险)	我认为使用余额宝可能无法达到我的预期收益和效果
PR2(财务风险)	我认为使用余额宝可能会造成我的财务损失,如利率下跌、操作失误、系统出错等

---

① Dholakia U M, Bagozzi R P, Pearo L K. A social influence model of consumer participation in network and small-group-based virtual communities[J]. International Journal of Research in Marketing, 2004, 21(3): 241-263.

② Stone R N, Grønhaug K. Perceived risk: Further considerations for the marketing discipline[J]. European Journal of marketing, 1993, 27(3): 39-50.

(续表)

指标名称	内　容
PR3(安全风险)	我认为使用余额宝可能会出现安全问题,如信息泄露、数据篡改、密码被盗等
PR4(心理风险)	我不太信任余额宝商家,使用余额宝会让我产生焦虑情绪
PR5(时间风险)	我认为开通和使用余额宝可能会耗费很长时间

(5) 满意度

在技术接受领域的研究中,满意度通常被作为衡量用户是否会继续使用服务或技术的主要原因[①]。根据 Oliver 对满意度的定义,认为满意度是用户对先前使用经验的感受所导致的绩效期望与使用产品或服务后所产生的实际绩效是否符合的心理判断。本研究的满意度,指的是用户在使用网络理财业务后,所产生的实际感受符合或超出使用前的期望,而产生的心理愉悦感。根据前人对满意度理论的研究,本研究将设计 3 个用于衡量用户满意度的指标。

表 11.5　满意度的测量指标

指标名称	内　容
S1	我认为余额宝可以满足我在理财方面的需求
S2	在使用余额宝后,我感到非常满意
S3	我很认同并喜欢使用余额宝

(6) 持续使用意愿

网络理财的发展依赖的是用户的长期信任和持续性的使用行为,用户的持续使用意愿是促使用户发生使用行为的先决条件,并且受到众多因素影响,有利因素会提高用户的使用忠诚度,而不愉悦的使用体验会降低用户的使用意愿。本研究中的持续使用意愿,指的是网络理财用户在初次使用后,是否愿意继续使用的主观意愿。本研究将依据 Venkatesh 等[②]的研究设计 3 个衡量指标。

---

① Bhattacherjee A. Understanding information systems continuance-an expectation-confirmation model [J]. MIS Quarterly, 2001, 25(3): 351-370.
② Venkatesh V, Sykes T A, Zhang X. 'Just what the doctor ordered': A revised UTAUT for EMR system adoption and use by doctors[A]// 44th Hawaii International Conference on System Sciences (HICSS)[C]. New York: IEEE, 2011: 1-10.

表 11.6 持续使用意愿的测量指标

指标名称	内　容
BI1	我会选择余额宝作为我常用的理财方式
BI2	我会继续使用余额宝
BI3	我愿意向周围的人推荐余额宝

11.3　数据处理与分析

11.3.1　样本收集与描述

(1) 样本收集

基于以上的研究模型和假设,本研究在问卷网(http://www.wenjuan.com/)在线调研平台上设计并发布了《余额宝用户的持续使用意愿研究》调查问卷(详情见附录9)。10天内共成功收集329份完整问卷。同时,为了保证问卷数据的可靠性和可信度,初步对问卷数据结果进行筛选,将答案过于一致、前后矛盾和答题时间过短的问卷剔除,最终得到288份有效问卷,占问卷总体的87.54%。下文将以这288份问卷作为样本进行深入的分析和研究。

(2) 样本描述

本次问卷设计主要分两个部分,其中样本信息的描述性统计分析为第一部分,各测量指标的统计分析为第二部分。第一部分调查的主要是样本群体的个人信息和余额宝的大致使用情况,包括被调查者的性别、年龄、学历、收入、使用余额宝的时间和使用余额宝投资的累积最高金额这几个测量指标,这些信息的收集将有助于统计和分析样本的特征数据。通过软件SPSS19.0对有效样本数据的统计,得到的结果如表11.7所示。性别方面,样本中男女比例为5.5∶4.5,基本接近1∶1;年龄段方面,样本群体年龄主要集中在20至30岁之间,所占比例为77.1%,说明调查对象以年轻群体为主;学历方面,样本群体中大学本科和研究生以上的学历占绝大多数,达到91.7%以上,这是本章研究的主要学历范围;月收入金额方面,样本群体中月收入在3000元以上的占77.1%,其中月收入在5000元以上的占54.2%,以上特征与我国网民结构特征相符;余额宝的使用时间方面,使用时间在1年以上的样本数量较多,占总数的48.6%,可见大多数被调查者对余额宝的使用已经处于较熟练的程度,使用时间为1个月以下的占总数的19.1%,这部分被调查者属于余额宝新加入的使用者;余额宝的投资金额方面,投资金额在1千元至1万元之间的人数比例最高,达到33.3%,与之前的月收入相比,虽然被调查者中很大一部分人的收入水平较高,但是在余额宝中的投资额度仍然有限,说明样本群体中对于余额宝的信任程度仍然偏低,同时投资金额在5万元以上的群体占据了16.3%,可见也有一部分群体对余额宝的投资较信任和依赖。

表 11.7 样本描述性统计

样本统计特征	分类	频次	有效百分比	累计百分比
性别	男	158	54.86%	54.86%
	女	130	45.14%	100%
年龄	<20岁	2	0.69%	0.69%
	20—25岁	123	42.71%	43.40%
	26—30岁	99	34.38%	77.78%
	31—40岁	51	17.71%	95.49%
	>40岁	14	4.86%	100%
学历	高中及以下	7	2.43%	2.43%
	大专	17	5.90%	8.33%
	大学本科	137	47.57%	55.90%
	硕士及以上	128	44.44%	100%
目前月收入	<1000元	4	1.39%	1.39%
	1000—3000元	63	21.88%	23.26%
	3001—5000元	156	54.17%	77.08%
	>5000元	66	22.92%	100%
使用余额宝的时间	1个月及以下	55	19.10%	19.10%
	1—3个月	35	12.15%	31.25%
	3—12个月	58	20.14%	51.39%
	1年及以上	140	48.61%	100%
使用余额宝投资的累积最高金额	<1000元	63	21.88%	21.88%
	1000—10000元	96	33.33%	55.21%
	10001—50000元	84	29.17%	84.38%
	>50000元	47	16.32%	100%

11.3.2 测量指标的统计分析

本研究在调查问卷中针对绩效期望(PE)、努力期望(EE)、社会影响(SI)、感知风险(PR)、满意度(S)和持续使用意愿(BI)这 6 个构念设计了 23 个指标予以测量,采用李克特七级量表量化答案。利用 SPSS19.0 软件对测量结果进行统计分析,表 11.8 显示了经处理后各个测量指标的描述性统计分析数据。

表 11.8 测量指标的统计分析

因素	测量指标	N	极小值	极大值	平均值	标准差	方差
绩效期望 PE(5.08)	PE1	288	1	7	5.17	1.24	1.54
	PE2	288	1	7	4.78	1.28	1.63
	PE3	288	1	7	5.26	1.41	1.99
	PE4	288	1	7	5.10	1.55	2.40
努力期望 EE(5.73)	EE1	288	1	7	5.96	1.19	1.41
	EE2	288	1	7	5.74	1.29	1.67
	EE3	288	1	7	5.52	1.44	2.09
	EE4	288	1	7	5.70	1.32	1.73
社会影响 SI(4.15)	SI1	288	1	7	5.59	1.24	1.55
	SI2	288	1	7	3.73	1.68	2.82
	SI3	288	1	7	3.15	1.60	2.57
	SI4	288	1	7	4.11	1.56	2.43
感知风险 PR(3.79)	PR1	288	1	7	4.44	1.31	1.71
	PR2	288	1	7	3.90	1.53	2.35
	PR3	288	1	7	4.63	1.55	2.41
	PR4	288	1	7	3.33	1.41	2.01
	PR5	288	1	7	2.67	1.22	1.51
满意度 S(4.68)	S1	288	1	7	3.99	1.26	1.60
	S2	288	1	7	5.10	1.09	1.18
	S3	288	1	7	4.96	1.15	1.32
持续使用意愿 BI(5.02)	BI1	288	1	7	4.60	1.39	1.94
	BI2	288	1	7	5.51	1.29	1.66
	BI3	288	1	7	4.94	1.41	1.98

根据以上测量指标的描述性统计分析结果可知,参与调查者的绩效期望和努力期望均很强,其中努力期望的得分最高,平均得分为 5.73,可见被调查的余额宝用户普遍认为使用余额宝的过程是十分顺畅且便利的,不需要花费太多的学习成本,很容易进行操作。与此同时,各项得分中,平均分高于 5 的还有绩效期望、满意度和持续使用意愿,这些说明了:(1) 被调查者大多认为用余额宝理财能够为他们带来更高的物质收益或满足他们更大程度上的绩效需求;(2) 虽然被调查者对于余额宝的满意度不是很高,但还是会在很大程度上继续使用余额宝理财,可能因为市场上还尚未出现能够使用户更满意的余额宝同类产品,可见被调查的余额宝用户群体已经具备一定的忠诚度。在剩余的 3 个变量中,用户满意度的得分为 4.68,表明总体满意但偏向中立,可见受调查者对余额宝的使用尚存在不满情绪;社会影响的得分为 4.15,可见社会舆论和广告宣传对于用户使用余额宝的态度影响不大,被调查者较少会受到周围环境的影响而选择使用余额宝;感知风险的平均得分最低,只有 3.79,由此可见被调查的余额宝用户普遍认为余额宝上存在的风险性较小,用户对于余额宝风险的信任程度较高,这可能与品牌效应以及余额宝本身的低事故率有关。

11.3.3 信度检验与效度检验

(1) 信度检验

信度检验是根据测量指标对结果进行一致性和稳定性检验的一种方式,是问卷结果可靠性和真实性的验证指标。根据信度检验测量范围的不同,信度检验又被分为内部检验和外部检验。内部检验,指的是同一个构念下的不同问题之间的联系性,即一个构念的一组问题是否测量了同一概念,且这些问题的内在一致性如何,最普遍的测量问卷内部一致性的方法是 Cronbach's alpha 系数。外部检验,指的是同一群被调查者在不同时间段内,面对同一份问卷是否能够做出一致的回答,外在检验最普遍的方法是再测信度法,通常认为,两次或多次信度检验的结果越是接近,则外部误差越小,继而外部信度也就越高。本研究问卷中的问题大多是根据前人的研究总结而提出的,在前人研究中已被证实这些问题具有较高的外部一致性,因此本研究主要是采用 Cronbach's alpha 系数来检验问卷的内部信度。一般情况下,学界认为 Cronbach's alpha 系数值在 0.7 以上表示信度较好,介于 0.6 和 0.7 之间时表示信度尚可接受,低于 0.6 时认为信度检验不通过,需要考虑修改或增减测量指标。由于受到研究条件的限制,本研究仅测量问卷的内部信度。测量结果如表 11.9 所示,各构念测量指标的内在信度达到 0.7 以上,并且大部分都达到 0.8 以上,因此表明本研究选取的测量指标是具备较高可信度和可靠性的。

表 11.9 研究构念的 Cronbach's alpha 系数

构　念	测量指标的数目	Cronbach's alpha
绩效期望	4	0.810
努力期望	4	0.875
社会影响	4	0.784
感知风险	5	0.806
满意度	3	0.754
持续使用意愿	3	0.859

(2) 效度检验

效度检验是对问卷有效性的测量,验证问卷中所包含的问题是否可以较好地用于测量研究变量的含义,而效度指的是测量指标所测得结果能够真实地反映被测特征的程度。通常情况下分为聚合效度(convergent validity)和区分效度(discriminate validity)。其中,聚合效度是指同一构念之下不同测量指标间的相关性程度,本研究构念的聚合效度检验结果如表 11.10 所示。由表可知,所有测量指标的 λ 值均达到 0.5 以上,且大多达到 0.7 以上,说明此模型的适配度较理想;同时,CR 值均在 0.6 以上,且均大于 0.8,AVE 值均大于 0.5,这样的检验结果说明各个构念的测量指标均具有内部一致性,即聚合效度检验通过。区分效度检验问卷中不同构念之下的问项之间可以进行区分的程度,要求不同构念下的测量指标间的相关性较小。通常情况下,可以利用信赖区间法、相关系数设定法和平均方差抽取量(Average Variance Extracted,即 AVE)来衡量,本研究采用 AVE 值衡量模型中变量的区分效度,检验结果如表 11.11 所示。由表可知,所有 AVE 开平方的值都大于同列上相应的因子相关系数,表明各测量构念均通过了区分效度检验。

表 11.10 研究构念的聚合效度检验

因　素	测量指标	因子载荷 λ	信度系数 λ^2	误差变异量 $1-\lambda^2$	CR	AVE
绩效期望 PE	PE1	0.782	0.612	0.388	0.801	0.503
	PE2	0.702	0.493	0.507		
	PE3	0.625	0.391	0.609		
	PE4	0.718	0.516	0.484		

（续表）

因　素	测量指标	因子载荷 λ	信度系数 λ^2	误差变异量 $1-\lambda^2$	CR	AVE
努力期望 EE	EE1	0.838	0.702	0.298	0.878	0.646
	EE2	0.891	0.794	0.206		
	EE3	0.717	0.514	0.486		
	EE4	0.756	0.572	0.428		
社会影响 SI	SI1	0.703	0.494	0.506	0.848	0.586
	SI2	0.828	0.686	0.314		
	SI3	0.848	0.719	0.281		
	SI4	0.666	0.444	0.556		
感知风险 PR	PR1	0.821	0.674	0.326	0.863	0.559
	PR2	0.689	0.475	0.525		
	PR3	0.814	0.663	0.337		
	PR4	0.689	0.475	0.525		
	PR5	0.710	0.504	0.496		
满意度 S	S1	0.741	0.549	0.451	0.861	0.676
	S2	0.808	0.653	0.347		
	S3	0.909	0.826	0.174		
持续使用意愿 BI	BI1	0.737	0.543	0.457	0.842	0.641
	BI2	0.846	0.716	0.284		
	BI3	0.814	0.663	0.337		

表11.11　研究构念的区分效度检验

	PE	EE	SI	PR	S	BI
PE	0.709					
EE	0.096	0.804				
SI	0.00	0.453	0.766			
PR	0.497	0.578	0.233	0.748		
S	0.604	0.055	0.034	0.645	0.822	
BI	0.591	0.064	0.127	0.209	0.588	0.801

11.3.4 模型拟合与评估

目前有多种拟合度指标可以用于评估模型的拟合程度,且不同的拟合指标反映的都是模型拟合不同角度的信息,其侧重点也各不相同。在本研究中,将采用多种拟合指标综合检测的方法,从多方面判断模型的拟合程度,如表 11.12 所示为常用拟合指标的检测结果。

表 11.12 模型拟合指标适配结果

指标名称	评价标准	本模型拟合值	模型适配判断
卡方自由度比(DF)	DF<3	2.647	拟合
近似误差均方根(RMSEA)	RMSEA<0.08	0.059	拟合
残差均方根(RMR)	RMR<0.05	0.037	拟合
拟合优度(GFI)	GFI>0.8	0.854	拟合
调整拟合优度(AGFI)	AGFI>0.8	0.865	拟合
常规拟合度(NFI)	NFI>0.9	0.936	拟合
增量拟合指数(IFI)	IFI>0.9	0.954	拟合
非常规拟合度(TLI)	NNFI>0.9	0.945	拟合
比较拟合指数(CFI)	CFI>0.9	0.917	拟合

由表可知,模型的各项适配指标都基本达到拟合范围。其中,GFI 的值为 0.854 虽然没有达到 0.9 的理想标准,但依据前人研究证实,在模型拟合指标中 GFI 值大于 0.8 也可证明模型已经较理想。因此,本研究模型被证实与现实数据具有良好的拟合程度,无须再进行模型修正。

11.3.5 模型分析与假设检验

使用 AMOS17.0 对各个潜变量之间进行路径分析,计算出各个潜变量之间的标准路径系数、标准误差、t 值和 p 值,具体结果如表 11.13 所示。

表 11.13 模型假设路径分析结果

路径	标准路径系数	标准误差	t 值	P 值
PE → S	0.612	0.057	4.585	***
PE → BI	0.381	0.071	3.252	***
EE → S	0.260	0.073	3.568	***
EE → BI	0.011	0.057	0.193	0.847

(续表)

路　　径	标准路径系数	标准误差	t 值	P 值
SI ⇢ BI	0.174	0.043	4.714	***
PR ⇢ S	−0.198	0.033	−3.500	***
PR ⇢ BI	−0.032	0.043	−0.738	0.460
S ⇢ BI	0.824	0.081	10.145	***

在以上的路径分析结果中,各项指标数值所代表的含义如下:

(1) t 值检验:在路径检验标准中,t 值的绝对值需要达到 1.96 以上,方可表示误差变异达到显著水平。当 t 值小于 0 时,说明两个相关变量之间为负相关关系;当 t 值大于 0 时,说明两个相关变量之间为正相关关系。

(2) p 值检验:当 0<p<0.001,说明两个变量之间有着最明显的相关性,用"***"表示;当 0.001<p<0.010,说明两个变量之间有着次明显的相关性,用"**"表示;当 0.010<p<0.050,说明两个变量之间有着较弱的相关性,用"*"表示;当 0.05<p<0.100,说明两个变量之间有着很弱的相关性,用"+"表示;当 p>0.100,说明两个变量之间没有显著相关性。

由此可知,假设 H4(努力期望对网络理财用户的持续使用意愿具有正向影响)和假设 H7(感知风险对网络理财用户的持续使用意愿具有负向影响)没有通过验证,其他的假设均成立。为了更好地体现本研究中理论模型及假设的检验结果,同时更加直观地展示各个潜变量之间的路径系数和显著性水平,图 11.2 将假设的检验结果通过模型路径图表示。

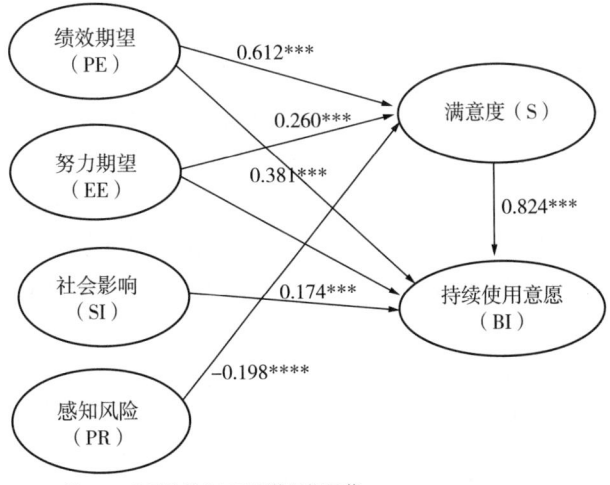

注:***表示结果在99%置信区间显著。

图 11.2　结构模型路径系数图

11.4 结果讨论

(1) 绩效期望、努力期望对网络理财用户持续使用意愿的影响

假设检验结果显示,绩效期望($r=0.612$,$p<0.001$)对网络理财产品用户的满意度有显著正向影响,即网络理财用户认为余额宝越能在更高程度上满足他们的绩效期望,他们对余额宝使用的满意程度就越高,用户满意度的变化会间接影响持续使用意愿;另外,绩效期望($r=0.381$,$p<0.001$)对网络理财产品用户的持续使用意愿有着显著正向影响,即网络理财用户对余额宝有用性的感知程度越高,他们愿意继续使用余额宝的意愿也就越强。与此同时,努力期望($r=0.260$,$p<0.001$)对网络理财产品用户的满意度也具备显著正向影响,即用户对余额宝易用性的感知程度越高,他们对余额宝使用的满意程度也就随之提高,进而间接影响用户的持续使用意愿;但是,努力期望($r=0.011$,$p=0.193$)对网络理财产品用户的持续使用意愿不具备显著影响作用,即用户对于余额宝易用性的感知程度不会直接影响其持续使用意愿。

在调查有关网络理财、互联网金融和银行理财服务的相关文献时,大量研究表明,绩效期望和努力期望对用户的满意度和持续使用意愿都会产生显著的正向影响作用。另外,在大部分用户持续使用意愿研究模型中,绩效期望和努力期望都是同时出现的,因此本章中将这两个影响因素放在一起进行讨论。例如,Riffai 等在研究阿曼的电子银行用户接受度时发现,使用技术接受模型很好地解释了用户对网络银行理财行为的接受意愿,并且研究结果显示绩效期望和努力期望是影响用户接受行为的主要驱动因素,同时对于宗教性国家来说文化因素也具有相当大的影响作用[1];Mäenpää 等通过抽样调查研究了芬兰用户的网络银行熟悉程度对于其满意度的影响,结果显示用户对于网络银行的熟悉程度越高就越有利于提高其使用满意度,从而使得操作效率更高,这同时说明用户的努力期望对其满意度会形成正向影响,与本研究结果一致[2];Montazemi 等使用了扎根理论方法和两阶段随机效应荟萃分析的方法调查了影响消费者采用线上银行的主要因素,在他们所研究的 10 项主要因素中,绩效期望对用户的行为影

---

[1] Riffai M, Grant K, Edgar D. Big TAM in Oman: Exploring the promise of on-line banking, its adoption by customers and the challenges of banking in Oman[J]. International Journal of Information Management, 2012, 32(3): 239-250.

[2] Mäenpää K, Kale S H, Kuusela H, et al. Consumer perceptions of Internet banking in Finland: The moderating role of familiarity[J]. Journal of Retailing and Consumer Services, 2008, 15(4): 266-276.

响是最重要的,同时易用性也在很大程度上对用户的满意度具有显著影响[1]。

在网络理财产品持续使用意愿研究中,学者们也发现,满意度作为连接用户绩效期望、努力期望和用户持续使用意愿的中间变量,在用户持续使用的过程中具有非常重要的影响作用,这一结论得到了广泛证实[2][3]。Bhattacherjee 于 2001 年提出了完善的"期望-确认"模型(Expectation Confirmation - IT Model,即 ECM - IT),研究提出,用户对一种技术或服务的持续使用意愿类似于用户的重复购买行为,其中感知有用性不仅对持续使用意愿具有直接的正向影响,也会通过满意度这一中间变量间接地对用户持续使用意愿产生正向影响[4]。Bhattacherjee 还开发了用来预测用户对于网络银行服务的持续使用意愿的研究模型,数据分析表明,用户对网络银行服务的感知有用性和满意度对他们的持续使用意愿具有正向影响的作用,同时持续使用意愿还受到用户的销售预期和市场期望的影响[5]。另外,Yang 等也研究了满意度对用户持续使用意愿的间接影响,他们整合了 TAM 模型和 ECM - IT 模型中的部分变量,用来研究信息系统的持续使用意愿。结果显示,用户的感知有用性对持续使用意愿具有直接正向影响,而感知有用性和感知易用性又通过满意度间接作用于用户的持续使用意愿[6]。

通过以上对比发现,不论在电子银行还是在其他理财相关的研究领域,绩效期望和努力期望在用户接受和持续使用方面都会产生影响,而本章的研究同样显示,在网络理财领域,绩效期望和努力期望会影响用户的满意度和持续使用意愿。二者影响的不同之处在于,两个因素对于初次使用用户的接受意愿会产生直接影响,而在有关持续使用意愿研究中表明,绩效期望会直接影响用户的持续使用意愿,努力期望并不会对用户的持续使用意愿产生直接影响,绩效期望和努力期望都会经过满意度这一中介变量从而间接影响到用户的持续使用意愿。

---

[1] Montazemi A R, Qahri S H. Factors affecting adoption of online banking: A meta-analytic structural equation modeling study[J]. Information & Management, 2014, (4):210 - 226.

[2] Anderson E W, Sullivan M W. The antecedents and consequences of customer satisfaction for firms[J]. Marketing Science, 1993,12 (2): 125 - 143.

[3] Oliver R L. A cognitive model of the antecedents and consequences of satisfaction decisions[J]. Journal of Marketing Research, 1980,17 (4): 460 - 469.

[4] Bhattacherjee A. Understanding information systems continuances: An expectation-confirmation model [J]. MIS Quarterly, 2001, 25(3): 351 - 370.

[5] Bhattacherjee A. An empirical analysis of the antecedents of electronic commerce service continuance[J]. Decision Support Systems, 2001, 32(2): 201 - 214.

[6] Yang H, Yoo Y. It's all about attitude: Revisiting the technology acceptance model[J]. Decision Support Systems, 2004,38 (1): 19 - 31.

(2) 社会影响对网络理财用户持续使用意愿的影响

假设检验结果表明,社会影响(r=0.174,p<0.01)对网络理财用户的持续使用意愿有着较显著的正向影响,即用户周围人文环境或者亲朋好友中对余额宝的使用会在一定程度上影响用户对余额宝的持续使用意愿,周围使用的人越多,用户持续使用的意愿也就更强烈。

回顾前人有关网络理财用户使用意愿影响因素的研究发现,社会影响的确会对用户的持续使用意愿产生重要的作用。社会影响是学者对理性行为理论中的主观规范维度的另一种表述方式,反映的是用户周围环境对他所形成的影响;同时,社会影响也是学者对计划行为理论中的感知行为控制维度的另一种表述,这种感知行为反映的是用户自身的资源和能力。在最初由 Venkatesh 提出的 UTAUT 模型中,社会影响对用户的持续使用意愿有着关键性的正向影响作用。Al-somali 等在研究沙特阿拉伯用户对于网络银行的接受程度时,使用技术接受模型并引入信任、社会影响、沟通成本等因素,结果显示社会影响对用户的接受行为有着十分重要的作用[1];Lin 利用模糊层次分析法研究了用户对于移动理财应用的使用接受行为,研究发现移动理财应用的社会性所占比重较大,且社会性能够在一定程度上影响用户的信任程度,从而影响其使用意愿[2]。

web2.0 技术的不断深化和普及进一步减少了用户间的沟通壁垒,用户受到他人影响去接受和使用技术或服务的同时,也对他人的使用行为造成了反向影响,从而形成了人际圈的闭环互动,实现了个人行为与集体行为的交流与融合。因此,社会影响对网络理财用户的持续使用意愿具有显著的正向影响作用。同时,在前人有关网络理财用户持续使用行为的研究中发现,社会影响对移动终端理财应用和网络银行的用户使用意愿也具有重要影响。

综上所述,个人的行为会受到周围人或组织的影响,特别在我国这样一个注重人情关系的文化氛围之下,不论是网络理财的使用者还是未使用者,在他们的使用行为上,都会受到社会影响。若周边环境所传递给用户关于网络理财方面的信息是正面的,那么该信息接收者尝试使用或再次使用的意愿也就越强;反之,信息接收者可能受到周围影响而对网络理财业务产生一种负面的主观判断,先入为主地认为这是一种不值得选择或继续使用的理财方式,便减少了其使用意愿。因此,社会影响对于网络理财用户的持续使用意愿会产生直接的正向影响。

---

[1] Al-somali S A, Gholami R, Clegg B. An investigation into the acceptance of online banking in Saudi Arabia[J]. Technovation, 2009, 29(2): 130 - 141.

[2] Lin H F. Determining the relative importance of mobile banking quality factors[J]. Computer Standards & Interfaces, 2013, 35(2): 195 - 204.

(3) 感知风险对网络理财用户满意度和持续使用意愿的影响

假设检验结果显示,感知风险($r=-0.198$,$p<0.001$)对余额宝用户的满意度具有显著负向影响,即用户感知到的风险程度越高,他们对于余额宝的满意度便会随之降低,假设 H6(感知风险对网络理财用户的满意度具有负向影响)成立。而假设 H7(感知风险对网络理财用户的持续使用意愿具有负向影响)没有得到验证($r=-0.032$,$p=0.460$)。

前人在互联网金融领域的大量研究表明,感知风险对于用户的满意度和持续使用意愿都具有负向影响作用。Tassabehji 等的研究表明,日益增长的网络犯罪行为加剧了用户对互联网金融安全性的疑虑,从而降低了用户使用过程中的满意度,并建议使用生物识别技术来规避网络金融的操作性风险[1];Lee 等研究了韩国用户对于在线金融平台的接受行为,研究结果显示,不安全的电子商务环境和个人信息的泄露风险对用户的使用行为将会造成最直接的负向影响,并建议使用加密技术、数字签名和法律监管的手段来改良网络金融的安全环境[2];Subsorn 等通过对泰国和澳大利亚银行网络理财系统安全性的对比研究发现,澳大利亚的安全性比泰国更强,且对用户信息的保密程度更高,这也是造成澳大利亚网络理财普及率更高的原因之一,说明用户的感知风险对使用意愿有负向影响[3];Litter 等在研究互联网创新产品的用户满意度时发现,用户的感知风险会提高他们的不确定性从而产生焦虑情绪,这将直接影响到他们对新产品的满意程度[4];Agarwal 等在研究了印度用户对电子银行的接受程度时发现,安全性和信任是影响其满意程度最主要的因素[5]。

与此同时,也有少数学者研究发现,用户感知风险对于其满意度或持续使用意愿是没有显著影响的。例如,Eriksson 等使用结构方程模型研究了影响网络银行用户持续使用意愿的影响因素,发现相较于新客户而言,老客户的风险感知

---

[1] Tassabehji R, Kamala M A. Evaluating biometrics for online banking:The case for usability[J]. International Journal of Information Management, 2012, 32(5):489-494.

[2] Lee J H, Lim W G, Lim J I. A study of the security of Internet banking and financial private information in South Korea[J]. Mathematical and Computer Modelling, 2013, 58(1):117-131.

[3] Subsorn P, LimwiriyakuL S. A comparative analysis of Internet banking security in Thailand:A customer perspective[J]. Procedia Engineering, 2012, 32(1):260-272.

[4] Littler D, Melanthiou D. Consumer perceptions of risk and uncertainty and the implications for behaviour towards innovative retail services:The case of Internet banking[J]. Journal of Retailing and Consumer Services, 2006, 13(6):431-443.

[5] Agarwal R, Rastogi S, Mehrotra A. Customers' perspectives regarding e-banking in an emerging economy[J]. Journal of Retailing and Consumer Services, 2009, 16(5):340-351.

对其使用意愿的影响更微弱①;Sohail 等研究马来西亚用户在接纳网络银行理财的行为时发现,用户对于安全性的关注并未到达影响其使用意愿的程度②;Alsajjan 等在修整后的技术接受模型的基础之上提出网络银行接受模型(IBAM)。根据来自 618 所英国和沙特阿拉伯大学的样本数据检验表明,用户的感知有用性和信任对其使用意愿影响最大,但是信任与感知风险并无直接关系③。

上述研究表明,在互联网金融的大环境下,用户的感知风险普遍会对其接受意愿和持续使用意愿产生负向影响,当然也不乏少数研究发现感知风险与用户的使用行为并未有明显关系。在本研究中,实证结果表明,感知风险对网络理财用户的满意度具有显著负向影响,对用户持续使用意愿无明显影响作用,但是会通过对用户满意度的影响而间接影响到用户的持续使用意愿。

目前,网络理财产品在我国市场上还属于新兴的理财方式,处于初期起步阶段,其当前的用户群体和市场普及率还较有限。用户群体对于这种新型的理财方式尚且缺乏理性认识和使用经验,同时用户在进行网络理财时将不可避免地需要透露部分的个人信息、财务信息等较敏感的资料。因此,我们认为感知风险是用户在考虑是否会继续购买某种网络理财产品或使用网络理财平台时所必不可少的关键性影响因素。在本研究的样本对象中,大部分人在购买网络理财产品方面尚且较保守,投资在 5 万元以下的样本用户占到 83.68%,他们对于承受网络理财业务相关风险的能力和意愿较弱。由于感知风险与持续使用意愿之间不存在显著的相关关系,针对此结果,本章选取了 18 位用户进行了专门访问,大部分受访者认为在使用余额宝过程中可能存在的风险的确会降低他们的满意程度,但是由于目前市场上可替代产品的缺失,以及对于阿里巴巴和支付宝口碑的信任,这种满意度的略微降低并不会影响到他们持续使用的意愿,他们依然会选择使用余额宝进行网络理财。访谈有效地解释了本研究的验证结果。

(4) 满意度对网络理财用户持续使用意愿的影响

假设检验结果表明,满意度($r=0.824$,$p<0.001$)对网络理财产品用户持续使用意愿正向影响程度最大,是其最关键的影响因素。这一假设结果已经在前

---

① Eriksson K, Nilsson D. Determinants of the continued use of self-service technology: The case of Internet banking[J]. Technovation, 2007, 27(4): 159-167.

② Sohail M S, Shanmugham B. E-banking and customer preferences in Malaysia: An empirical investigation[J]. Information sciences, 2003, 150(3): 207-217.

③ Alsajjan B, Dennis C. Internet banking acceptance model: Cross-market examination[J]. Journal of Business Research, 2010, 63(9): 957-963.

人的研究中得到了多次证实,研究普遍认为,用户持续使用某项服务或再次购买某项产品的主要驱动是其先前消费行为中的满意程度[1][2]。技术接受相关研究也显示,当用户对一种技术或系统的满意程度越高时,他们再次使用的可能性也就越大[3][4]。Ariff 等通过研究马来西亚商业银行网络理财的用户行为时,随机采集了 265 位网络银行用户作为数据样本,实证表明理财平台的美学、效率、安全性、可用性等均会影响用户的满意度,而用户的满意度将会直接对用户的忠诚度产生影响,从而正向作用于用户的持续使用意愿[5];Ho 等学者使用数据包络分析和主成分分析方法研究了用户使用网络银行理财的主要影响因素,结果表明用户对于某个产品较高的满意度将会成为该网络理财平台的优势之一,从而正向影响他们的使用行为[6]。

通过以上对比发现,不论在电子银行还是其他理财相关的研究领域,满意度在用户接受以及持续使用方面都会产生正向影响,本章的研究也同样显示,在网络理财领域,满意度会正向影响用户的接受和持续使用意愿。本研究的样本用户对于余额宝的满意度整体而言处于较高水平,因此在稳定基础上提升现有用户的满意度,可以显著增强其持续使用意愿;而当用户的满意度水平降低时,要及时改进引起用户不满意情绪的根源,并尽量提高其绩效期望和努力期望,降低感知风险,从而提升产品和服务质量并吸引用户的再次使用。

综上所述,绩效期望、努力期望和感知风险都会对网络理财用户的满意度产生直接影响,绩效期望和社会影响会对用户的持续使用意愿产生显著的直接影响,而努力期望和感知风险与网络理财用户的持续使用意愿之间无明显的相关关系,但会通过影响用户满意度来间接影响用户的持续使用意愿,在其他学者的研究中曾被证实它们之间确实存在一定的相关性。

---

[1] Patterson P G, Spreng R A. Modelling the relationship between perceived value, satisfaction and repurchase intentions in a business-to-business, services context: An empirical examination[J]. International Journal of Service Industry Management, 1997, 8(5): 414-434.

[2] Chiu C M, Wang E T G. Understanding Web-based learning continuance intention: The role of subjective task value[J]. Information & Management, 2008, 45(3): 194-201.

[3] Dodds W B, Monroe K B, Grewal D. Effects of price, brand, and store information on buyers' product evaluations[J]. Journal of Marketing Research, 1991, (6): 307-319.

[4] Lee I, Choi B, Kim J, et al. Culture-technology fit: Effects of cultural characteristics on the post-adoption beliefs of mobile Internet users[J]. International Journal of Electronic Commerce, 2007, 11(4): 11-51.

[5] Ariff M S M, Yun L O, Zakuan N, et al. The impacts of service quality and customer satisfaction on customer loyalty in internet banking[J]. Procedia-Social and Behavioral Sciences, 2013, 81(4): 469-473.

[6] Ho C T B, Wu D D. Online banking performance evaluation using data envelopment analysis and principal component analysis[J]. Computers & Operations Research, 2009, 36(6): 1835-1842.

11.5 结论与启示

(1) 绩效期望对网络理财用户的满意度有着最重要的正向影响,且绩效期望正向影响网络理财用户的持续使用意愿

本研究显示,绩效期望对网络理财用户的满意度和持续使用意愿都具有显著正向影响,且对满意度的影响程度大于其对持续使用意愿的影响。同时,绩效期望还通过对满意度的影响而间接正向影响用户的持续使用意愿,在影响用户满意度的众多因素中,绩效期望的影响程度是最大的。鉴于此,余额宝等网络理财平台应该更加充分地重视用户的绩效需求,切实可行地推出符合用户绩效期望的网络理财产品,并结合市场情况,开发出适用于不同群体的网络理财产品。

第一,充分重视用户的绩效需求,切实可行地推出符合用户期望的理财产品。对比百度白赚、理财通、苏宁零钱宝等与余额宝同质的无门槛、低风险、无投资期限的网络理财产品,年化收益率在4.5%—5.0%[①],余额宝在绩效方面并没有突显出优势。从本研究结果来看,网络理财用户对于理财产品的收益率是十分关注的,而网络理财产品想要提高绩效表现,就必须在收益率上把握先机。余额宝类理财平台今后的发展重点应在推出具有较高且稳定的收益率、低门槛、灵活性高的理财产品上,依靠产品取胜,赢得市场份额,这样才能真正满足用户的绩效期望,提高用户的满意度和忠诚度,从而吸引用户持续使用。

第二,结合市场情况,推出适用于不同群体的网络理财产品。根据对支付宝上现有的理财产品调查可知,主要产品包括余额宝、招财宝和娱乐宝。其中,余额宝的年化收益率最低为4.5%左右,但是无准入门槛和投资期限,基本无风险;招财宝的年化收益率为4.5%—5.9%,有3—6个月、6—12个月和12—24个月这三种短期、中期和长期的理财产品,同时有名额限制,需要预约购买或者准点抢购,基本无风险;而娱乐宝的年化收益率最高达到6.5%—7%,是投资周期为一年以上的长期投资项目,且有一定对额投资上限,不保本不保底。以上调查显示,虽然支付宝目前已经推出了除余额宝以外的更多类别的理财产品以满足不同用户群体的需求,但是对比其他专门从事理财工作的金融机构而言,支付宝现有的理财产品仍集中在低风险、低回报率、低门槛的初级理财阶段,还不足以满足风险承受能力更高和资金实力更强的用户。虽然目前互联网金融的主要目标

[①] 好买网. 公募基金宝类产品排名[EB/OL]. (2015-4-17) [2015-4-18]. http://www.howbuy.com/fund/treasure/index.htm.

群体仍然是长尾用户,但是只有在更高层次上满足不同群体的需要才能领先地抢占市场份额,从而将用户从线下迁移至线上。

(2) 努力期望对满意度有显著正向影响,但对持续使用意愿无显著影响

余额宝从 2013 年 6 月才正式进入用户视野,早在 2009 年 10 月支付宝钱包手机客户端就已经上架了苹果软件下载商店 App Store,至今支付宝钱包的活跃用户已经超过 2 亿人①。余额宝属于支付宝钱包的子模块,且自其上线后就一直秉承着支付宝钱包的操作模式,对于使用支付宝并不陌生的用户来说,使用余额宝进行网络理财也不是难事。从这一层面来看,用户对于余额宝的努力期望是不难得到满足的,这是努力期望对用户的持续使用意愿没有显著影响的原因之一。当然,我们并不排除余额宝本身仍然存在某些不够完善的操作流程,对用户的使用会在一定程度上形成不便,降低了用户体验,影响了用户满意度。因此,本章建议可从以下几方面采取改进措施,进一步满足用户的努力期望:

第一,简化操作流程,优化用户体验。在确保操作安全性的前提下简化业务流程和用户使用步骤,方便用户开通余额宝和资金的转入转出,降低操作难度。在余额宝的转入限额说明中,明确表示单笔转入不得超过 5000 元,单日不得超过 50000 元,单月转入也不得超过 50000 元,这对于有着大额转入需求的用户来说就需要多次转入操作,无疑增加了用户操作的烦琐性,且余额转出时当天也不得超过 3 次,虽然这是从安全性的角度出发,但也从一定程度上限制了用户的使用自由。因此建议支付宝后台可以根据用户的信用等级分类,给信用等级较高的人开通更高的转入转出权限,通过个性化体验的优化来提高用户满意度。

第二,从技术层面缩减步骤,加强人性化生物体征设计。借鉴苹果公司使用指纹识别技术在 POS 机上实现付款这一经验,可见生物识别技术已经开始更多地被运用于互联网金融领域。使用指纹识别、人脸识别、瞳孔识别和声线识别等技术可以免去用户在开通和转入转出过程中重复多次输入密码的麻烦,对用户来说无疑是更人性化的设计。在保证安全的前提下,这将在很大程度上提高用户的满意度并吸引用户持续使用。

通过简单的教学示意,引导用户使用。虽然调查普遍反映了余额宝的操作步骤是较简单流畅的,但是仍不排除一些年长且对互联网并不熟悉的群体无法正确使用。因此,应该予以必要的帮助措施,如将简洁的操作示意图插入余额宝的使用帮助页面,或者植入媒体广告等,可以帮助这部分群体更加容易地了解余额宝的使用流程,从而提高他们的使用意愿。

---

① 中国网. 支付宝钱包活跃用户超 6 亿[EB/OL]. (2015 - 2 - 27) [2015 - 4 - 18]. http://news.china.com.cn/live/2015 - 02/27/content_31531594.htm.

（3）社会影响对网络理财用户的持续使用意愿有着显著的正向影响，网络理财用户的持续使用意愿会受到周围人群的左右

在信息化快速发展的今天，任何产品的使用评价和口碑都会快速在网络上扩散开来，用户出于自我实现的需求，也更加愿意在互联网上分享自己的产品使用经验和评价，且以此影响着广大其他用户群体的看法。对于从未使用过的用户而言，正品优质的评价会促使他们激发使用产品的意愿；对于已经使用过的用户而言，周围使用的人越多口碑越好，就越能促进使用人群的社交和群聚效应，从而增加其持续使用意愿；相反，如果周围朋友对产品的体验和评价较低，也会从一定程度上影响用户的忠诚度和潜在的从众心理，降低了其持续使用的意愿。可见提高余额宝等网络理财产品的公众影响、加强口碑营销、发展潜在客户是非常必要的。因此，本章建议可以从以下方面采取改进措施：

第一，寻找口碑正能量，形成更多业务亮点，规避产品天然死角。任何一种产品或服务的瑕疵都可能引起市场上的一场口碑风暴，只有更优质的用户体验才会激发用户发出正面评论，这是口碑营销的基石所在。因此，对于余额宝而言，应该尽量改进用户体验，从产品的绩效期望、努力期望等多方面挖掘可能存在的潜在优势，形成核心竞争力亮点。同时，经研究表明，当消费者对产品或者服务产生不满情绪时，只有4%的人会向供应商抱怨，而高达80%的人会选择向自己的亲戚朋友倾诉。因此，余额宝也应当加强安全性、稳定性等方面的建设，减少用户资损，尽可能地规避产品本身可能存在的天然死角。只有真正提高了余额宝产品本身的质量，才能从根本上提高用户满意度，从而形成用户口碑的正向影响作用。

第二，寻找意见领袖，加强社交媒体宣传。对于广大的互联网用户而言，一个论坛的热帖、一位明星的微博头条或是一次朋友圈里的高频分享，都可能掀起意见领袖带来的从众效应。在Web2.0时代，每个人都可能是自己朋友圈子里的意见领袖，关键是能否慧眼识珠地找到这些意见领袖。对于余额宝这种面向广大长尾用户的网络理财产品来说，应该紧紧抓住普通人群中意见领袖的眼球，让他们从基础层面为产品宣传。因此，应该充分利用微博、微信、qq等这些网络社交工具，利用名人效应的影响力为网络理财产品打造良好的网络形象。

实施奖励措施，改善客户关系。根据数据统计，2015年除夕当天，全国微信红包的收发总量高达10.1亿次，而春晚中微信"摇一摇"互动高达110亿次；同时，支付宝通过口令红包的形式和"捉红包"等小游戏，使得除夕当天共有6.8亿人次参与了红包收发，收发金额总量高达40余亿元。以上事实表明，一次奖励策略的营销将会在很短时间内快速吸引用户注意并大量积攒用户基数。对于网络理财产品而言，也一样可以学习这一营销方式，让更多人参与进来，让更多人反馈积极评论。例如，购买余额宝一定数额以上，奖励一次抽取红包的机会，相

信广大用户一定更加喜闻乐见。

（4）感知风险对满意度存在显著负向影响，但是对持续使用意愿无显著影响，感知风险会通过对用户满意度的作用而间接影响持续使用意愿

随着货币数字化和网购便捷化的发展，在线支付的安全性也愈加受到关注，虽然本章研究结果显示，余额宝用户的感知风险并不会直接影响到用户的持续使用意愿，但是仍然对用户使用的满意度具有显著的负向影响作用，并且通过满意度间接影响着用户的持续使用意愿。因此，从以下几个方面给出建议以降低用户对余额宝的感知风险，增强用户的安全感：

第一，建立健全风险监管机制，完善对用户操作行为的实时监控。目前，在线支付的风险类型主要包括盗卡、盗账户、个人欺诈等，这里面的任何一项风险的发生都可能会引发极大的资损。因此，必须加强对风险的实时监控，并采取最优化的风险处罚措施，例如提醒、发送验证码、发送安保信息和限制支付权限等。当用户账户出现异常时，余额宝系统提供给用户的及时处理界面能够在一定程度上使得用户依赖系统的监管，从而建立内心的安全感，减少感知风险。同时，实时有效的后台风险监控可以在异常操作发生时及时制止，降低风险发生。

第二，对不同信用等级的用户，采取个性化风险管控。目前，阿里巴巴集团已经根据用户在淘宝域内的买卖信息建立了用户的信用等级，用户基于自己信用等级可以享受到不同的服务范围，例如目前阿里信用评分在600分以上的客户在神州租车时，即可享受免信用卡预授权的权利，这就是基于用户信用的个人化服务体现。同理，在风险管控方面，也一样可以将用户分为可信和不可信两类，相应地建立黑名单和白名单的用户池，对于黑名单的用户需要严格进行风险把关，而白名单的用户则可以相应地放松风险管控。这样，一方面对于安全性的管理更有针对性，另一方面从一定程度上改善了白名单用户操作体验的流畅性。

（5）满意度对网络理财用户的持续使用意愿具有最重要的显著正向影响

研究结果显示，在影响网络理财用户持续使用意愿的众多因素中，满意度是最关键的影响因素。因此，想要提高网络理财用户的持续使用意愿，就必须全面采集用户对产品和系统的反馈意见，并以用户评价中心开展优化工作。因此，本章建议可从以下几个方面着手以提高用户满意度：

第一，立足用户需求，关注用户感受。对用户需求的了解，即要依据对用户需要和期望的把握，把产品本身想传播的信息或提供的服务变成用户想要接收的信息和服务。对用户感受的关注，即在用户实施购买的过程中，为用户全程及全面地提供优质流畅的服务，把握好售前、售中、售后三个操作环节，协助用户顺利地完成一次优质的购买体验。对于网络理财用户而言，首要的是挖掘和引导用户的潜在需求，以用户需求为导向制定优化方案。

第二，增强用户交互的智能化，体现感情服务价值。人机交互的友好性，不

仅体现在交互界面友好语气的对话中,更加需要对用户的行为做出预判,作为网络理财平台,还需要及时判断出用户的下一步动作是什么,从而给予必要的支持和引导,实现人机交互的智能化。同时,有人情味的友好交互文本能够让客户在操作时感受到服务的感情色彩,充分考虑到用户的心理感受,设计亲切友好的文本词组,相比冷冰冰、硬邦邦的话语更能收获用户的好感和共鸣,从而提高用户使用过程中的满意度。

第三,健全用户反馈机制,提高反馈响应及时性。目前,在余额宝的应用界面中,并没有出现明确的用户意见反馈模块,用户在使用过程中遇到的问题和困难也只能通过拨打客服电话或通过客服机器人解决,还无法达到完善的用户反馈机制水准。因此,建议在页面中添加反馈模块和人工客服功能,以帮助用户更好地开展余额宝业务。同时,用户体验的优化还体现在系统响应速度的及时性,不论用户意见是否被采纳都应该给予一定的响应结果,才能促进用户继续进行评价。

第五部分
网络借贷用户使用意愿研究

12 在线旅游代理(OTA)平台信贷出行采纳意愿影响因素研究

近年来,随着人民生活水平不断提高,物质文化生活日益丰富,我国文化和旅游产业发展迅速。统计数据显示,2019年国内旅游市场和出境旅游市场稳步增长,入境旅游市场基础更加牢固。全年国内旅游人数达60.06亿人次,比上年同期增长8.4%;入境旅游人数14531万人次,比上年同期增长2.9%;出境旅游人数15463万人次,比上年同期增长3.3%;全年实现旅游总收入6.63万亿元,同比增长11.1%。我国已进入全民旅游时代,并成为全世界拥有数量最多的国内游客的国家[①]。

伴随着互联网的高速发展以及人们日益增长的旅游需求,我国涌现出大批优秀的在线旅游代理机构(以下简称OTA平台),改变了传统旅游市场格局。相关数据显示,从2017年到2019年,航空和景区板块代表公司的净利率明显下滑,酒店板块有小幅提升,而大多OTA平台商的净利率却出现大幅提升。其间,携程净利率从8.07%上升到19.62%;美团从-55.97%上升到2.29%,跨过盈亏平衡点;而同程艺龙的净利率也由2018年同期的18.7%上升至2019年的20.9%[②]。经历了最初蓝海期后,OTA平台开始引入多元化服务来解决获客成本过高、用户忠诚度低等由于市场严重同质化而产生的问题。信贷出行服务就是其中一项引人注目的新服务。该服务允许游客提前享受旅游产品,再分期还款。该业务的开展一方面解决了游客"闲""钱"不能恰时对接的矛盾,另一方面对OTA平台寻找新盈利点、构建新的旅游生态体系等有很大帮助,如何更好地推进信贷旅游的使用成为我们关注的重点。

本章以感知价值理论、感知风险理论和创新扩散理论为基础,结合OTA平台信贷产品特点和用户特征,探究OTA平台信贷出行采纳意愿的影响因素及各影响因素间关系,重点解决以下问题:

(1) 信贷出行业务的感知价值影响因素为何?各因素分别产生了怎样的

---

① 中华人民共和国文化和旅游部.2019年文化和旅游发展统计公报[R/OL].(2020-06-20)[2020-12-06].https://www.mct.gov.cn/whzx/ggtz/202006/t20200620_872735.htm.

② 中国产经新闻网.在线旅游平台复苏进行时[R/OL].(2020-12-02)[2020-12-07].http://www.cien.com.cn/2020/1202/109636.shtml.

影响？

（2）游客感知价值是否会对信贷出行采纳意愿产生影响？游客自身消费习惯在其间是否起到调节作用？

本研究目的在于丰富在线旅游场景下的互联网金融行为相关研究，探索OTA平台信贷出行服务用户采纳意愿的影响因素，为促进OTA平台的信贷出行服务提供可行建议。

12.1　研究假设

（1）感知价值与信贷出行采纳意愿的关系

根据经济学最大化效用理论，消费者在资源一定的情况下追求效用最大化，本研究中的采纳意愿受到感知利得和感知利失的影响，即游客在决定选择信贷出行业务过程中对效用最大化的追求。在传统的服务研究文献中，学者普遍认为消费者在面临购买或使用决策时，更倾向于选择感知价值最大的产品或者服务。感知价值是行为意愿的重要决定因素，已在多个领域得到实证支持：Dodds等在研究品牌价格对消费者评价的影响时发现消费者对产品或者服务的感知价值越高，购买意愿就越强[1]；潘丽丽等以西溪国家湿地公园为例探讨旅游景区门票价格支付意愿的影响因素，研究发现支付价值感知与标准相关因素对游客支付意愿具有重要影响[2]。在网络保险领域，周新发等证明了消费者对网络保险的感知价值正向影响其购买意愿[3]，这一结论也在社交网站订阅意向中得到证实[4]。关于感知价值对采纳意愿的影响研究相对较少，但Kim等在2005年提出的基于感知价值的移动互联网采纳模型中，也证实了感知价值对采纳意愿有显著正向影响[5]。

在采纳OTA平台的信贷出行服务时，用户能够提前享受旅行服务，同时也要付出成本。本研究认为使用该服务获得大于所付成本时，更愿意使用OTA

---

[1] DoddS W, Monroe K. The effect of brand and price information on subjective product evaluations[J]. Advances in Consumer Research, 1985, 12(3): 85-90.

[2] 潘丽丽,孙玉勤.旅游景区门票价格支付意愿研究——以西溪国家湿地公园为例[J].地理科学,2015,35(4): 440—447.

[3] 周新发,王姐.基于TPB视角的消费者网络财产保险购买意愿研究[J].保险研究,2014,(7): 51—60,86.

[4] Lu H P, Hsiao K L. The influence of extro/introversion on the intention to pay for social networking sites[J]. Information & Management, 2010, 47(3): 150-157.

[5] Kim H W, Chan H C, Gupta S. Value-based adoption of mobile internet: An empirical investigation[J]. Decision Support Systems, 2007, 43(1): 111-126.

平台信贷出行服务。因此,本研究提出以下假设:

H1:感知利得会对OTA平台信贷出行采纳意愿产生正向影响。

H2:感知利失会对OTA平台信贷出行采纳意愿产生负向影响。

(2) 业务宣传水平与感知价值的关系

本研究所指的业务宣传水平表示OTA平台在主流传统媒体、新媒体以及户外等渠道投放广告的力度大小,也包括平台主页对自身信贷业务的宣传力度大小。普通产品购买方面,罗云平从消费者的角度探索广告的投入和品牌资产关系时,发现广告投入对消费者品牌意识、感知质量和感知价值有较强的正面影响[1]。郑文清等以家具业为例,构建企业营销对顾客价值驱动模型,验证了广告支出和价格促销对企业提高顾客感知价值有重要意义[2]。互联网电子商务上,洒聪敏在基于感知价值研究广告对消费者网购影响时,发现广告宣传会正向影响感知利得[3],这一点在网络保险领域、移动支付领域的研究中也得到了证实[4][5][6],这种消费者会受到广告宣传影响的现象符合心理学中的从众心理。龚尚花对互联网环境下的消费信贷行为进行研究发现,广告宣传能提升消费者对消费信贷的认知,从而增加消费者对消费信贷业务的感知价值[7]。因此,本研究提出以下假设:

H3:业务宣传水平会对感知利得产生正向影响。

(3) 交易成本与感知价值的关系

根据效用最大化原则,消费者在选择商品时,依据收入约束追求效用最大化。对于耐用消费品的分期购买而言,货物的使用价值是满足人们的剩余价值。因此,每单位商品的使用价值也是产品的边际效用,而消费者一般认为分期付款商品可以持续很长时间,这有助于提升感知边际效用[8]。但旅游产品属于体验型产品,不存在此类边际效用,然而当前单位货币与未来单位货币的购买力存在差异,且利率也能为提前消费提供补偿,因此消费者可以通过分期支付来达到效

---

[1] 罗云平. 广告投入影响品牌资产的实证研究[D].长春:吉林大学硕士学位论文,2006:47.

[2] 郑文清,李玮玮. 营销策略对顾客感知价值的驱动研究[J]. 当代财经,2012,(11):80—89.

[3] 洒聪敏. 基于顾客感知价值的品牌、广告、口碑对购买意愿的影响研究[D].广州:华南理工大学硕士学位论文,2011:52—53.

[4] 周新发,王姐. 基于TPB视角的消费者网络财产保险购买意愿研究[J]. 保险研究,2014,(7):51—60.

[5] 易佳. 基于计划行为理论的网络寿险投保意愿的影响因素研究[D].长沙:湖南大学硕士学位论文,2016:44.

[6] 奚中阳. 第三方移动支付影响因素研究[D].昆明:云南财经大学硕士学位论文,2015:47.

[7] 龚尚花. 互联网环境下消费信贷行为研究[J]. 经济数学,2013,30(4):21—25.

[8] Song J. Analysis of influencing factors of college students installment purchase [A]// Proceeedings of the 2015 International Conference on Humanities and Social Science Research[C]. France:Atlantis Press, 2015:24-26.

用最大化,价格优惠也能减少消费者的感知成本①。

本研究中的交易成本不涉及具体旅行产品的价格,而是 OTA 平台提供信贷出行时收取的服务费。商业银行开展贷款旅游业务有一段历史,但因手续繁杂、选择有限等原因限制其发展,而 OTA 平台提供信贷出行服务属于新兴事物,用户尚未养成消费习惯,故而对收费还是很敏感的。消费者都期望在一次购买过程中获得最大的顾客让渡价值,因此他们总是设法减少包括所支付的货币在内的顾客总成本②,合理的价格会削弱消费者的成本感知,并提升其对消费价值的感知,进而影响消费决策③。一项对医学生贷款意向的研究发现,现行的贷款利率对不同收入的家庭贷款意愿均有显著影响④,而关于汽车信贷的联合实验中,利率也是受访者的贷款属性偏好的第一考虑因素⑤,借款人的借款偏好也受到借款利息的影响⑥。同时成本也是影响信息系统采纳的重要因素⑦,郭帅兵在对个人云存储服务使用意向的研究中发现用户对个人云存储服务价格公平性的感知对感知价值有负向影响⑧,吴锦峰等在对 O2O 零售系统顾客采纳意愿的实证研究中也发现,顾客使用该系统能够省钱时,会对该系统产生好感⑨。

因此,本研究提出如下假设:

H4:交易成本会对感知利得产生负向影响。

H5:交易成本会对感知利失产生正向影响。

(4) 支付安全性与感知价值的关系

支付安全可以被定义为 OTA 平台在消费者使用信贷出行服务时给予的支付保护。王玉杰就在线购物过程中消费者个人安全感知的研究中,分析了购物

---

① Chandon P, Wansink B, Laurent G. A benefit congruency framework of sales promotion effectiveness[J]. Journal of Marketing, 2000, 64(4):65—81.

② 江友农. B2C 在线折扣对消费者购买行为的影响探析[J]. 商业时代, 2013, (6):53—55.

③ 李志兰,牛艺保,李东进.文化消费支出决策:价值感知、参照群体影响和资源约束[J].经济经纬, 2019,36(6):117—124.

④ Sánchez J F M, Lechuga G P. Assessment of a credit scoring system for popular bank savings and credit[J]. Contaduría Y Administración, 2016, 61(2):391—417.

⑤ Wonder N. The financial rationality of consumer loan choices: Revealed preferences concerning interest rates, down payments, contract length, and rebates[J]. Journal of Consumer Affairs, 2008, 42(2):243-270.

⑥ Smith D J. The borrower's choice between fixed and adjustable rate loan contracts[J]. Real Estate Economics, 1987, 15(2):110-116.

⑦ Mathieson K, Peacock E, Chin W W. Extending the technology acceptance model: the influence of perceived user resources[J]. Data Base for Advances in Information Systems, 2001, 32(3):86—112.

⑧ 郭帅兵. 基于感知价值的个人云存储服务使用意愿影响因素研究[D].北京:北京邮电大学硕士学位论文,2014:55.

⑨ 吴锦峰,常亚平,侯德林.O2O 零售系统顾客采纳意愿实证研究——基于网络购物经验的调节作用[J]. 中国流通经济,2016, 30(5):72—80.

各环节对消费者感知安全的影响,并发现支付环节的安全保障对消费者感知安全有重要影响,进而影响消费者的在线购物体验[①],另有许多学者也发现感知支付安全通过影响信任,继而影响消费者的感知价值[②③],王新丽在第三方支付平台的自助游用户持续使用意愿研究中发现感知安全对用户满意度的影响最大[④]。因此,本研究提出如下假设:

H6:支付安全性会对感知利得产生正向影响。

(5) 促成条件与感知价值的关系

促成条件指平台在游客信贷出行操作过程中提供的技术及资源条件,如可绑定借记卡种类是否丰富、还款方式是否灵活、系统是否稳定等。在早期消费者行为研究中,通常被作为政策环境、法律环境等外部变量,随着该因素内涵的不断延伸,学者发现其对消费者行为态度以及意向有重要影响[⑤]。例如,徐建政调研大学生网上银行使用意愿影响因素时发现,促成条件与使用行为有正向相关关系[⑥],莫亦乐与张佳鸿在不同领域的用户行为研究中也得到了一致结论[⑦⑧]。

因此,本研究提出以下假设:

H7:促成条件会对感知利得产生正向影响。

(6) 操作便利性与感知价值的关系

操作便利性指以时间、精力作为相关投入时的投入产出比[⑨]。OTA 平台的操作便利性意味着游客在进行信贷出行操作时能够花费较少的时间和精力,许多学者证实感知易用性(操作便利性)会提高用户使用新系统的积极性[⑩⑪]。消

---

① 王玉杰. 在线购物过程中的消费者个人信息安全及其感知研究[D]. 合肥:安徽大学硕士学位论文,2016:64.

② 唐芙蓉. 移动支付技术采纳的影响因素研究[D]. 成都:电子科技大学硕士学位论文,2008:62.

③ 宋晓玉. 中国 C2C 网络购物消费者信任问题研究[D]. 北京:北京化工大学硕士学位论文,2007:58—59.

④ 王新丽. 第三方支付平台自助游用户继续使用意愿研究[D]. 杭州:浙江大学硕士学位论文,2014:93.

⑤ Venkatesh V, Davis F D. A theoretical extension of the technology acceptance model: Four longitudinal field studies[J]. Management Science, 2000, 46(2):186 - 204.

⑥ 徐建政. 影响大学生网上银行使用因素实证研究[D]. 大连:大连理工大学硕士学位论文,2013:30.

⑦ 莫亦乐. 消费者移动互联业务使用意愿影响因素研究[D]. 杭州:浙江大学硕士学位论文,2007:69.

⑧ 张佳鸿. 消费者信用卡使用意愿影响因素研究[D]. 杭州:浙江大学硕士学位论文,2008:71—76.

⑨ Rintamäki T, Kanto A, Kuusela H, et al. Decomposing the value of department store shopping into utilitarian, hedonic and social dimensions: Evidence from Finland[J]. International Journal of Retail & Distribution Management, 2006, 34(1): 6 - 24.

⑩ Moon J W, Kim Y G. Extending the TAM for a world-wide-web context[J]. Information & Management, 2001, 38(4): 217 - 230.

⑪ 车文玉. 社交网站对游客决策行为意向的影响因素研究[D]. 合肥:安徽财经大学硕士学位论文,2014:46.

费信贷有关研究中,龚尚花在线下消费信贷行为中发现,操作便利性正向影响消费者使用线上信用卡支付的态度[①]。Maier在调查企业借款人为何从传统银行融资转向人口众筹时发现便利性是直接影响因素[②]。在旅游消费信贷有关的研究上,杨丽娟也引入感知易用性,将其定义为消费者感知到的学习使用旅游信贷消费的容易程度,证实了感知易用性(操作便利性)会正向影响消费信贷意愿,意愿越强烈的人群对感知易用性(操作便利性)越关注[③]。当游客发现使用信贷出行服务过于浪费时间和精力时,会认为付出成本变大。因此,提出如下假设:

H8:操作便利性会对感知利得产生正向影响。

H9:操作便利性会对感知利失产生负向影响。

(7)消费激励体系与感知价值的关系

社会心理学家Kelman在1961年提出态度形成的三阶段学说,分别为服从、认同和内化。服从阶段指的就是人们为避免某种惩罚或为获得物质或者精神上的满足,表现出某种情感和行为倾向,它是消费者进行认同和内化的基础。已有研究多集中在消费激励对顾客忠诚度的影响,比如刘中学研究信用卡积分激励计划对顾客品牌、顾客忠诚有显著正向影响,促使消费者重复消费[④]。孙巧利则对网络沟通工具的会员积分激励进行实证研究,发现会员积分特权激励能够提高会员的感知价值,从而避免会员流失[⑤]。

OTA平台给出的物质和精神激励会刺激游客对信贷出行业务产生积极的情感反应。"理性经济人"假设指出,经济决策的主体都充满理性,追求自身的利益最大化。对于要购买旅行产品的游客,在付出同样成本的情况下,如果使用消费信贷能获得更多的物质和精神激励,就会产生对信贷出行更大的行为倾向。因此,本研究提出如下假设:

H10:消费激励体系会对感知利得产生正向影响。

(8)风险与感知价值的关系

信贷出行中的风险主要包括游客在使用信贷出行服务过程中,各种无法预知的后果或者结果,导致其必须要面对的不确定性或可能造成的损失。

---

① 龚尚花.互联网环境下消费信贷行为研究[J].经济数学,2013,30(4):21—25.

② Maier E. Supply and demand on crowdlending platforms: Connecting small and medium-sized enterprise borrowers and consumer investors[J]. Journal of Retailing & Consumer Services, 2016, 33: 143-153.

③ 杨丽娟.基于聚类的旅游消费信贷使用意愿影响因素研究[D].长沙:湖南师范大学硕士学位论文,2012:34.

④ 刘中学.信用卡积分激励计划的顾客不同感知价值与计划忠诚、品牌忠诚的关系研究[D].沈阳:东北大学硕士学位论文,2009:49.

⑤ 孙巧利.基于感知价值的网络沟通工具用户使用意愿研究[D].成都:电子科技大学硕士学位论文,2013:31.

本研究依据消费信贷特征,将风险维度分为财务风险与隐私风险,财务风险指游客在利用信贷出行服务时可能会面临的经济损失,而在使用消费信贷服务中,涉及姓名、银行卡、支付密码、手机号码等一系列十分敏感的个人信息,消费者会担心这些信息未经授权被非法买卖或使用。当隐私风险高的时候,消费者会认为使用该服务损失较大,进而影响对消费信贷服务的采纳。

Ostlund 在对消费者接受新产品的行为进行研究时,证实感知风险是影响创新采纳的重要因素[1],这点在互联网理财产品的购买研究中被多次证实[2][3];系统使用方面,Huang 等在基于计划行为理论对员工系统使用行为研究结果,发现感知风险的增加导致员工对系统评价更消极,从而影响使用意向[4]。个人债务行为方面,Liao 等对中国成人消费者的风险感知与债务行为之间的关系,通过层次分析法发现风险感知、风险厌恶和风险寻求意识能够预测债务态度[5]。

因此,本研究提出以下假设:

H11:财务风险会对感知利失产生正向影响。

H12:隐私风险会对感知利失产生正向影响。

(9) 消费习惯兼容性与感知价值、信贷出行采纳意愿的关系

本研究的消费习惯兼容性参考 Rogers 关于创新扩散理论中的兼容性,Rogers 定义的兼容性指潜在使用者的创新与现有价值观、以往经验和目前需要的一致性程度。[6] 本研究中的消费习惯兼容性,结合信贷出行的特征,是指信贷出行服务与其潜在采用者的消费习惯、生活理念的一致性。已有许多学者研究论证了相容性会影响采纳态度[7][8],Hoffc 等运用创新扩散理论研究用户对资料库系统的采纳行为时,发现兼容性能够影响潜在使用者的使用意愿[9]。Lea 等对

---

[1] Ostlund L E. Perceived innovation attributes as predictors of innovativeness[J]. Journal of Consumer Research,1974,1(2):23-29.

[2] 陶珍. 互联网理财产品购买意愿影响因素的实证研究[D]. 合肥:安徽大学硕士学位论文,2016:43.

[3] 傅婕. 消费者互联网理财产品采纳意愿的影响因素及实证研究[D]. 成都:西南财经大学硕士学位论文,2014:88.

[4] Huang E, Meng H C. Extending the theory of planned behaviour as a model to explain post-merger employee behaviour of IS use[J]. Computers in Human Behavior,2007,23(1):240-257.

[5] Liao J, Liu X. Risk and consumer debt behaviors in China[J]. Social Behavior & Personality: An International Journal,2012,40(8):1263-1270.

[6] Rogers E M. Diffusion of Innovations[M]. NewYork: Simon and Schuster,1983:5.

[7] Weber R. Why don't men ever stop to ask for directions? Gender, social influence, and their tole in technology acceptance and usage behavior[J]. MIS Quarterly,2000,24(1):115-139.

[8] Ostlund L E. Perceived Innovation attributes as predictors of innovativeness[J]. Journal of Consumer Research,1974,1(2):23-29.

[9] Hoffer J A, Alexander M B. The diffusion of database machines[J]. Acm Sigmis Database,1992,23(2):13-19.

美国一家公共事业公司过去两年有借贷消费行为的人群进行调查,发现消费心理影响借贷行为[①]。Oosterbeek 等在以大学生借贷行为的研究中,也指出影响借款选择的一个重要非标准因素是债务厌恶[②]。因此,本研究提出以下假设:

H13:消费习惯兼容性会调节感知利得的正向影响。

H14:消费习惯兼容性会调节感知利失的负向影响。

12.2 研究模型

基于上述研究和假设分析,结合 OTA 平台特点和目标用户特征,本研究提出如图 12.1 所示的 OTA 平台信贷出行服务采纳意愿影响因素的概念模型。

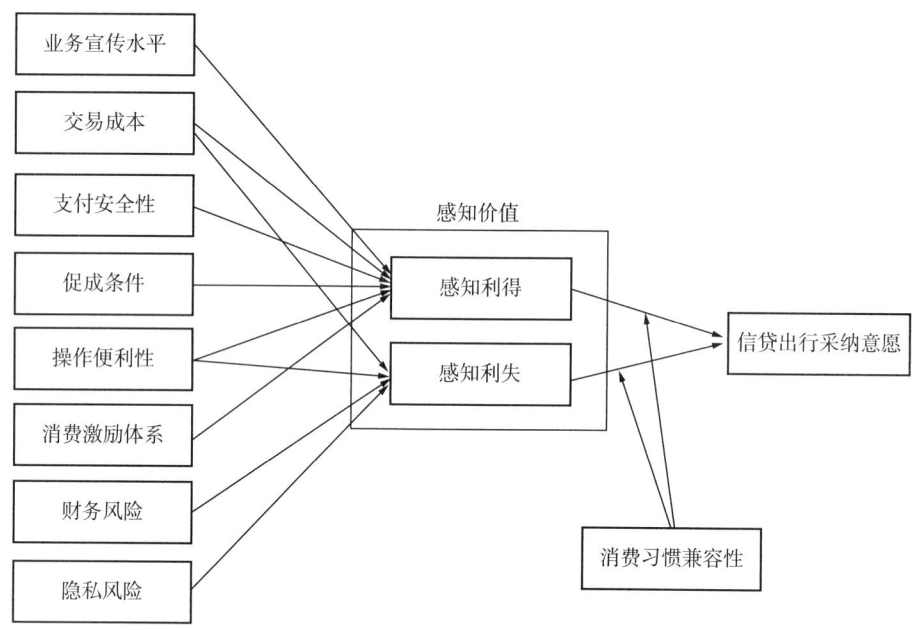

图 12.1 OTA 平台信贷出行服务采纳意愿影响因素模型

模型中包含业务宣传水平、交易成本、支付安全性、促成条件、操作便利性、消费激励体系、财务风险、隐私风险、感知利得、感知利失、信贷出行采纳意愿、消

---

① Lea S E G, Webley P, Walker C M. Psychological factors in consumer debt: Money management, economic socialization, and credit use[J]. Journal of Economic Psychology, 1995, 16(4):681-701.

② Oosterbeek H, Broek A V D. An empirical analysis of borrowing behaviour of higher education students in the Netherlands[J]. Economics of Education Review, 2009, 28(2):170-177.

费习惯兼容性共 12 个变量,用李克特五级量表来对相关变量进行测量,变量测量题项及参考来源如表 12.1 所示。

表 12.1 变量测量项

研究变量	测量问项	参考来源
业务宣传水平	我觉得该平台宣传的力度很大 我觉得该平台在推荐我使用信贷出行服务 我觉得该平台能充分展示信贷出行服务的优势 我觉得该平台很注重信贷出行服务的宣传和推广	Grewal 等[1]、Zeithaml[2]
交易成本	我觉得该平台信贷出行服务收取的费用是不合理的 我觉得该平台信贷出行服务收取的费用无法接受 我觉得该平台信贷出行服务收取的费用无法令我满意 我觉得该平台信贷出行服务收取的费用不符合预期	Cheong 等[3]
支付安全性	利用信贷方式购买旅行产品过程中,该平台有技术确保交易安全 利用信贷方式购买旅行产品过程中,该平台有严格的密码保护机制 利用信贷方式购买旅行产品过程中,我的账号信息不会被他人非法截取 利用信贷方式购买旅行产品过程中,我的交易信息不会被他人非法截取	洪煜昌[4]
促成条件	该平台信贷出行服务操作可绑定银行卡的种类令我满意 该平台信贷出行服务操作系统稳定快速,很少出现问题 该平台信贷出行服务操作能支持我更灵活地完成还款	何彦[5] Lu 等[6]

---

[1] Grewal D, Monroe K B, Krishnan R. The effects of price-comparison advertising on buyers' perceptions of acquisition value, transaction value, and behavioral intentions[J]. Journal of Marketing, 1998, 62(2): 46-59.

[2] Zeithaml V A. Consumer perceptions of price, quality, and value: A means-end model and synthesis of evidence[J]. Journal of Marketing, 1988, 52(3): 2-22.

[3] Cheong J H, Park M. Mobile internet acceptance in Korea[J]. Internet Research, 2005, 15(2): 125-140.

[4] 洪煜昌.网站信任及其影响因素评估模式[D].台北:台湾科技大学,2003: 22.

[5] 何彦. 政府公务员 oa 系统使用意愿影响因素研究[D].杭州:浙江大学硕士学位论文,2006: 42.

[6] Lu J, Yu C S, Liu C. Facilitating conditions, wireless trust and adoption intention[J]. Journal of Computer Information Systems, 2005, 46(1): 17-24.

(续表)

研究变量	测量问项	参考来源
操作便利性	该平台的信贷出行服务操作如果在使用中出现任何问题，我都可以马上得到帮助 该平台的信贷出行操作简单方便 该平台的信贷出行操作并不会花费太多时间 我能很快学会该平台的信贷出行操作 我能轻易完成该平台的信贷出行操作	Davis[①]
消费激励体系	我觉得该平台能通过信贷出行提升我的信用额度 我觉得该平台能通过信贷出行增加我的信用评分和平台积分 我觉得该平台能通过信贷出行给予我物质奖励 我觉得该平台能通过信贷出行给予我收益激励	Hippel[②] Wasko 等[③]
财务风险	我担心使用信贷出行服务，会造成不明资费损失 我担心使用该平台信贷出行服务，会产生高额利息 我担心使用该平台信贷出行服务，最终付出的金钱会多于应付的 我担心使用该平台信贷出行服务，可能会导致财务损失	Wood 等[④]
隐私风险	该平台隐私条款会让我担心个人信息被泄露或转卖 该平台隐私条款会让我担心我的交易数据被泄露或转卖 该平台隐私条款会让我担心收到垃圾短信或骚扰电话 该平台隐私条款会让我担心商家或银行在未告知我的情况下，不当搜集我的个人资料并不法使用	Pavlou[⑤]

---

① Davis F D. Perceived usefulness, perceived ease of use, and user acceptance of information technology[J]. MIS Quarterly,1989,13(3):319-340.

② Hippel E V. Innovation by user communities: Learning from open-source software[J]. Mit Sloan Management Review, 2001, 42(4): 82-86.

③ Wasko M L, Faraj S. Why should I share? Examining social capital and knowledge contribution in electronic networks of practice[J]. MIS Quarterly, 2005, 29(1): 35-57.

④ Wood C M, Scheer L K. Incorporating perceived risk into models of consumer deal assessment and purchase intent[J]. Advances in Consumer Research, 1996, 23: 399-404.

⑤ Pavlou P A. Consumer acceptance of electronic commerce: Integrating trust and risk with the technology acceptance model[J]. International Journal of Electronic Commerce, 2003, 7(3): 101-134.

(续表)

研究变量	测量问项	参考来源
感知利得	使用该平台信贷出行服务能够为我省钱 使用该平台信贷出行服务能够为我节约时间和精力 使用该平台信贷出行服务能够让我更高效地实现旅行产品的购买 使用该平台信贷出行服务能够给我带来价值 使用该平台信贷出行服务总体来说对我是有用的	Davis[1]、 Moorthy 等[2]、 Moon 等[3]、 Eriksson 等[4]
感知利失	我担心使用该平台信贷出行服务会浪费我的时间和精力 我担心使用该平台信贷出行服务会让我多花很多钱 我担心使用该平台信贷出行服务不安全 我担心使用该平台信贷出行服务会给我造成心理压力 使用该平台信贷出行服务总体来说付出的成本是高的	Wu 等[5]、 周涛等[6]
信贷出行采纳意愿	我认为使用该平台信贷出行服务是一个明智的主意 我愿意在未来学习如何在该平台进行信贷出行 我认为使用该平台信贷出行服务是一个不明智的主意 我愿意接受该平台信贷出行服务,并开始使用 我会向我身边的亲朋好友推荐该平台的信贷出行服务	Davis[7]、 柳葳[8]
消费习惯兼容性	我愿意先消费后还款 我觉得使用贷款能提前享受生活 我觉得贷款先拥有一件东西以后再付款是个好主意 提前消费再慢慢还款的生活方式对我来说是适用的	

---

[1] Davis F D. Perceived usefulness, perceived ease of use, and user acceptance of information technology[J]. MIS Quarterly, 1989, 13(3): 319-340.

[2] Moorthy S, Ratchford B T, Talukdar D. Consumer information search revisited: Theory and empirical analysis[J]. Journal of Consumer Research, 1997, 23(4): 263-277.

[3] Moon J W, Kim Y G. Extending the TAM for a World-Wide-Web context[J]. Information & Management, 2001, 38(4): 217-230.

[4] Eriksson K, Nilsson D. Determinants of the continued use of self-service technology: The case of Internet banking[J]. Technovation, 2007, 27(4): 159-167.

[5] Wu J H, Wang S C. What drives mobile commerce? An empirical evaluation of the revised technology acceptance model[J]. Information & Management, 2005, 42(5): 719-729.

[6] 周涛,鲁耀斌,张金隆.基于感知价值与信任的移动商务用户接受行为研究[J].管理学报,2009,6(10):1407—1412.

[7] Davis F D. Perceived usefulness, perceived ease of use, and user acceptance of information technology[J]. MIS Quarterly, 1989, 13(3): 319-340.

[8] 柳葳. 移动支付业务用户接受影响因素研究[D].成都:西南交通大学硕士学位论文,2013:40.

12.3 数据处理与分析

12.3.1 正交实验设计与预调查

(1) 正交实验设计

以往与消费者行为有关的研究方法,大致分为实证主义与阐释主义。近些年消费者行为研究以实证主义为主流,最典型的方法是以问卷或访谈形式收集量化数据,再通过数据的处理、分析来描述、检验和解释推理总体特征。传统的问卷难以确保个体不会因理解偏差或者心理水平不同而导致问卷数据填写有误,因此本研究决定采用实验法与问卷调查法相结合的情景式问卷,对提取出的影响因素进行组合构建,建立能够引起被试者产生采纳意愿决策的模拟场景。

根据前文对感知利得、感知利失影响因素的分析,提取出 8 个影响因素,每个影响因素有 2 个属性水平,如果将每个属性水平彼此组合进行问卷设计,将会有 $2\times2\times2\times2\times2\times2\times2\times2=256$ 种问卷,实际操作难度较大。因此,本研究决定选用市场营销学中常用的,研究多因素、多水平的一种设计方法——正交实验设计进行降维,正交实验设计会根据正交性从全部实验中挑选出有代表的、具备"均匀分散、齐整可比"特点的来进行实验。具体到本研究,我们在使用 SPSS22.0 生成正交表后,得到 12 种情景组合,且都符合实际,如表 12.2 所示。本研究结合 OTA 平台已有信贷出行服务特征,对影响因素属性的描述进行界定,并交由多位同学阅读,二次修正后的阅读材料基本能够被清晰准确地理解。问卷将由情景材料按照正交结果进行属性组合而成。

表 12.2 正交实验情景设计

情 景	业务宣传水平	交易成本	支付安全性	促成条件	操作便利性	消费激励体系	财务风险	隐私风险
情景 1	低	高	高	不完善	低	健全	低	低
情景 2	低	低	高	完善	高	健全	低	低
情景 3	高	低	低	不完善	高	健全	低	高
情景 4	高	低	高	不完善	低	不健全	高	低
情景 5	低	低	低	不完善	低	健全	高	高
情景 6	低	低	低	完善	高	不健全	高	低
情景 7	高	高	低	完善	低	健全	高	低

(续表)

情　　景	业务宣传水平	交易成本	支付安全性	促成条件	操作便利性	消费激励体系	财务风险	隐私风险
情景 8	低	高	高	不完善	高	不健全	高	高
情景 9	低	高	低	完善	低	不健全	低	高
情景 10	高	高	高	完善	高	健全	高	高
情景 11	高	低	高	完善	低	不健全	低	高
情景 12	高	高	低	不完善	高	不健全	低	低

(2) 预调查

本研究基于上述情景设计出问卷后,先进行了小范围的预调查,利用问卷星网站进行问卷的发放和回收,发放形式以向身边朋友随机发放为主。预调查的目的主要是为了确保题目描述的准确性,删除令人不解或有歧义的题项,并确定情景材料的描述清晰、易理解。

预调查回收问卷 45 份,对答题时间过短、题项回答均一致以及反向测量项回答有误的问卷剔除后,剩余 40 份,信度检验结果都通过。根据受访者的反馈,发现设计的问卷存在以下问题:一是部分情景材料描述过于烦琐,增加了受访者的理解难度;二是题项文字描述太长,增加了受访者的烦躁感。

结合上述反馈,对正式问卷的情景材料进行精简,并标上序号增加可读性,题项设置尽量短平快,减少受访者的阅读时间。将修改完善后的问卷用作正式调查。最终问卷与情景材料,详见附录 10-1 和附录 10-2。

12.3.2　样本收集与描述

(1) 样本收集

本研究将以上问卷通过线上渠道发放。利用问卷星网站进行制作问卷,生成链接后通过社交网络工具(微信、QQ 等)以每个情景 30 份问卷的数量,共发放 360 份问卷给受访者。6 天时间共回收 326 份问卷。为保证有效性,按照以下原则筛选问卷:一是做题时间过短(小于 200 秒);二是问卷选项回答全部一致;三是反义测量项填写一致。通过删除无效问卷,最终获得 273 份问卷,问卷有效率为 83.7%。本研究测量项共计 50 个,有效问卷数目大于测量项 5 倍,数量可以接受,且每份情景下的问卷数量相差不大,符合研究需要。

(2) 样本描述

利用 SPSS22.0 对有效样本进行描述性统计,指标包括性别、年龄、最高学历、月可支配收入、信贷经验和月还款额占比接受度,结果如表 12.3 所示。由表可知,样本男女比接近 1∶1,性别比例均衡。被访者年龄集中在 19 至 30 岁之间,大多为青年人,与我国互联网消费金融使用者的年龄范围基本保持一致[①],说明样本在年龄分布上一定程度可以代表使用互联网消费信贷的用户群体。从最高学历上看,样本受访者普遍在大专及以上学历,其中硕士及以上学历的更是占73%。互联网业态的消费信贷属于新兴事物,OTA平台的信贷出行服务更是处于起步阶段,对使用者的综合财务知识、网络使用经验以及理解能力要求较高,高学历用户会对本研究情景材料感知更深刻,利于本研究的展开。从月收入看,1500—5000元收入的样本人数占将近半数,基本符合中国网民收入结构[②]。

表12.3 样本人口统计特征描述性统计

项目	分类	频次	百分比
性别	男	117	42.90%
	女	156	57.10%
年龄	18岁及以下	1	0.40%
	19—25岁	146	53.50%
	26—30岁	107	39.20%
	31—40岁	15	5.50%
	41—60岁	4	1.50%
最高学历	高中及以下	4	1.50%
	大专及本科	70	25.60%
	硕士研究生	175	64.10%
	博士研究生	24	8.80%
月可支配收入	800元及以下	22	8.10%
	801—1500元	59	21.60%
	1501—2000元	50	18.30%
	2001—3000元	37	13.60%
	3001—5000元	40	14.70%
	5000元及以上	65	23.80%

---

① 艾瑞集团.iResearch-2016年中国互联网消费金融市场研究报告[R/OL].(2016-03-21)[2017-03-15]. http://www.iresearch.com.cn/report/2554.html.
② 中国互联网络信息中心.第39次中国互联网络发展状况统计报告[R/OL].(2017-01-22)[2017-03-17]. http://www.cnnic.cn/gywm/xwzx/rdxw/20172017/201701/t20170122_66448.htm.

(续表)

项　目	分　类	频　次	百分比
信贷经验	有	180	65.90%
	无	93	34.10%
月还款额占比接受度	10%及以下	120	44.00%
	11%—20%	88	32.20%
	21%—30%	38	13.90%
	31%及以上	27	9.90%

在信贷经验方面,本样本访问对象65%以上具有类似蚂蚁花呗、京东白条、趣分期等新型互联网消费信贷经历,占样本的大多数,该类群体对OTA平台的信贷出行服务的理解和使用会相对更容易。在月还款额占比接受度上,将近一半的受访者表示如果有还贷,能接受的月还贷额度不高于10%,表明保守的信贷态度,这与中国国民整体不惯于提前消费的社会现状基本一致[①]。

12.3.3　信度与效度检验

(1) 信度检验

本研究使用Cronbach's alpha系数对量表信度进行检验,表12.4表明各构念的Cronbach's alpha系数均大于0.7,问卷整体Alpha系数也超过0.7,可见问卷具有良好的内部一致性。

表 12.4　信度检验结果

测量构念	Cronbach's alpha
业务宣传水平	0.938
交易成本	0.957
支付安全性	0.960
促成条件	0.950
操作便利性	0.958
消费激励体系	0.951
财务风险	0.951
隐私风险	0.961

---

① 王云枫.发展我国个人消费信贷的难点与对策研究[D].上海:复旦大学硕士学位论文,2008:27.

（续表）

测量构念	Cronbach's alpha
感知利得	0.891
感知利失	0.885
信贷出行采纳意愿	0.929
消费习惯兼容性	0.936
整体信度	0.861

(2) 效度检验

效度是指问卷测试结果的有效性，分内容效度与结构效度。鉴于本研究变量测量参照了前人成熟量表，具有相当程度的内容效度，故本研究重点检验量表的结构效度。结构效度分收敛效度和区分效度。收敛效度反映同一构念测量项彼此之间的相关度，数值越高证明各测量项内部一致性越高，问卷质量越好。而区别效度反映了不同构念测量项之间相关度，数值越低越代表构念间测量项区别度越高，问卷质量越高。本研究使用组合信度和平均方差抽取量检验问卷的收敛信度，检验结果如表 12.5 所示。由表可知，本研究的各构念组合信度都大于 0.70，平均方差抽取量也都高于 0.60，可见问卷结果通过收敛效度检验。

表 12.5 收敛效度检验结果

测量项	组合信度	平均方差抽取量
业务宣传水平	0.908	0.713
交易成本	0.942	0.8
支付安全性	0.944	0.808
促成条件	0.929	0.765
操作便利性	0.938	0.791
消费激励体系	0.925	0.757
财务风险	0.94	0.797
隐私风险	0.948	0.819
感知利得	0.893	0.626
感知利失	0.888	0.617
信贷出行采纳意愿	0.928	0.763

区分效度需要检验每个构念平方差抽取量的开方值是否大于该构念与其他构念间相关系数,本研究区分效度结果如表12.6所示,对角线为相应构念平均方差抽取量的开方值,其他数据为两个构念相关系数,同行本构念平均方差抽取量的开方值均大于该构念与其他构念的相关系数值。此表可说明,问卷测量结果通过区别效度检验。

表 12.6 区分效度检验结果

测量构念	业务宣传水平	交易成本	支付安全性	促成条件	操作便利性	消费激励体系	财务风险	隐私风险	感知利得	感知利失	信贷出行采纳意愿
业务宣传水平	0.84										
交易成本	0.06	0.894									
支付安全性	0.12	−0.03	0.90								
促成条件	0.10	−0.01	0.19	0.88							
操作便利性	0.26	−0.04	0.16	0.11	0.89						
消费激励体系	0.09	−0.04	0.14	0.11	0.10	0.87					
财务风险	0.06	−0.01	0.09	0.03	0.05	0.13	0.89				
隐私风险	0.05	0.087	−0.05	−0.06	−0.02	0.06	0.249	0.91			
感知利得	0.14	−0.21	0.30	0.51	0.29	0.26	0.06	−0.04	0.79		
感知利失	0.03	0.186	0.01	−0.01	−0.05	0.05	0.44	0.385	−0.04	0.79	
信贷出行采纳意愿	0.08	−0.19	0.20	0.34	0.206	0.16	−0.09	−0.14	0.669	−0.31	0.87

由此,问卷测量结果通过了信度和效度的检验,可以进行下一步模型拟合。

12.3.4 模型拟合与评估

在对 OTA 平台信贷出行采纳意愿影响因素模型有关假设进行检验之前,我们需要对模型整体的拟合优度进行评价。由于本研究的有效样本数为 273 份,超过 200 份,且通过 SPSS 的描述统计发现本研究数据符合正态分布,可以使用 AMOS 进行模型验证。因此本研究将数据输入 AMOS 21,运用最大似然法对其进行验证性因子分析,结合结构方程模型中评价拟合优劣的方法和原理,本研究使用表 12.7 所示的 8 个指标对该模型的拟合优度进行评价[①]。

[①] 吴明隆.结构方程模型:AMOS 的操作与应用[M].重庆:重庆大学出版社,2009:40—53.

表 12.7 结构方程模型拟合优度

适配指标	适配标准	本研究模型拟合值	模型适配判断
NC	1—3	2.46	通过
RMSEA	<0.08	0.073	通过
IFI	>0.80	0.899	通过
CFI	>0.80	0.898	通过
PNFI	>0.50	0.77	通过
PGFI	>0.50	0.63	通过
CAIC	DM(CAIC)<SM(CAIC) & DM(CAIC)<IM(CAIC)	Saturated mode(CAIC)=7144.839 Default mode(CAIC)= 3260.766 Independence model(CAIC)=14911.567	通过 通过 通过
BIC	DM(BIC)<SM(BIC) & DM(BIC)<IM(BIC)	Default mode(BIC)=3074.766 Saturated mode(BIC)=6063.839 Independence model(BIC)=14865.567	通过 通过 通过

本研究的 OTA 平台信贷出行采纳意愿影响因素模型的整体拟合优度如上表所示,从拟合指标上看,模型整体适配度基本都达到了拟合优度的要求,可以认为本研究提出的假设模型与实际样本数据拟合良好,可以进行后续假设检验。

12.3.5 模型分析与假设检验

(1) 模型路径系数检验

表 12.8 给出该模型的路径系数、临界比值以及 P 值。标准化路径系数代表当自变量发生一个标准差的变化时因变量或中间变量的变化值,用来评估结果变量对预测变量的相对贡献;临界比值就是 T 检验的 T 值,P 值为路径的显著性水平。由该表可知:业务宣传水平正向影响感知利得,但影响不显著;交易成本负向影响感知利得,影响显著;支付安全性、促成条件、操作便利性、消费激励体系正向影响感知利得,且影响显著;操作便利性负向影响感知利失,但影响不显著;交易成本、财务风险、隐私风险正向影响感知利失,影响显著;感知利得正向显著影响信贷出行采纳意愿,感知利失负向显著影响信贷出行采纳意愿。因此,除了 H3 与 H9,模型中的其他假设都通过检验,图 12.2 为检验结果的模型路径图。

表 12.8 结构模型路径系数检验

			标准化路径系数	临界比值	P 值
感知利得	←	业务宣传水平	0.014	0.39	0.696
感知利得	←	交易成本	−0.139	−3.566	***
感知利得	←	支付安全性	0.125	2.979	**
感知利得	←	促成条件	0.301	7.687	***
感知利得	←	操作便利性	0.136	3.396	***
感知利得	←	消费激励体系	0.13	3.059	**
感知利失	←	财务风险	0.313	6.202	***
感知利失	←	隐私风险	0.216	4.673	***
感知利失	←	交易成本	0.121	2.865	**
感知利失	←	操作便利性	−0.044	−1.07	0.284
信贷出行采纳意愿	←	感知利得	0.692	10.873	***
信贷出行采纳意愿	←	感知利失	−0.296	−5.54	***

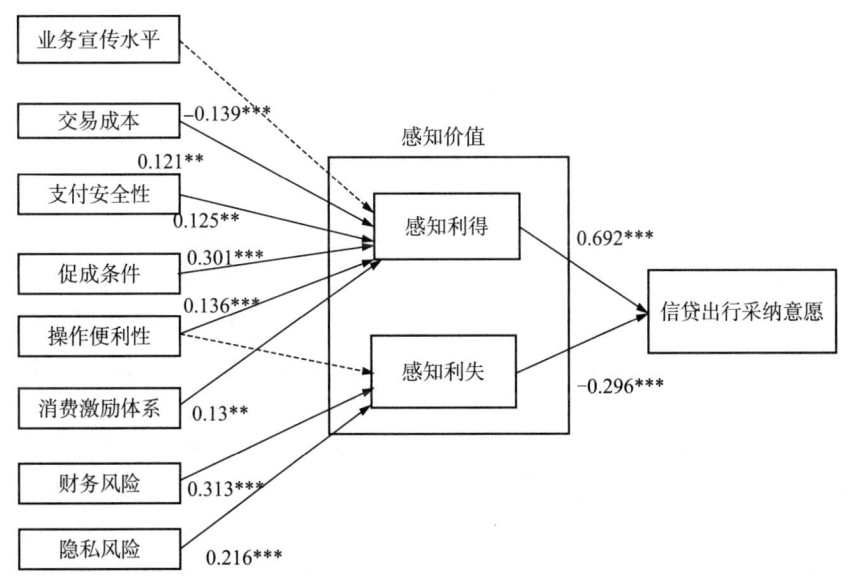

注：*、**、***分别表示结果在90%置信区间显著、结果在95%置信区间显著、结果在99%置信区间显著。

图 12.2　OTA 平台信贷出行意愿影响因素模型路径图

(2) 消费习惯兼容性的调节效应检验

本研究要对消费习惯兼容性对感知利得和感知利失各自的正向影响和负向影响的调节效应进行检验。在 AMOS 软件中我们利用多群组因果分析的方法来进行该检验,共分四个步骤:第一步,根据消费习惯兼容性的取值对样本进行高低子样本的划分(按照中分法,分为高兼容性与低兼容性两个群组)。两个群组的数量分别为 166 和 107。第二步,在 AMOS 中建立高兼容性与低兼容性群组,分别将各自群组的数据导入各群组模型。第三步,将两组子样本的路径系数都设置为自由估计,得到无约束模型,分别将感知利得→信贷出行采纳意愿的两组间路径系数设置为恒等、感知利失→信贷出行采纳意愿两组间路径系数设置为恒等,建立调节效应模型 1 和调节效应模型 2。第四步,进行分析,观察数据。调节模型 1 模型比较值(假设自由估计模型是正确的),与调节模型 2 的模型比较值(假设自由估计模型是正确的),结果见表 12.9。

由表 12.9,调节效应模型 1 的改变值的显著性,即表 12.9 中对应于调节效应 1 中的 P 值大于 0.05,改变不显著。而调节效应模型 2 的改变值的显著性小于 0.05,之后 NFI、IFI、RFI、TLI 的显著性值都小于 0.05,代表消费习惯兼容性对感知利失的负向影响有调节作用。

表 12.9 调节效应检验

模 型	DF	CMIN	P	NFI	IFI	RFI	TLI
				Delta-1	Delta-2	rho-1	rho2
调节效应模型 1	1	0.464	0.496	0	0	−0.001	−0.001
调节效应模型 2	1	8.046	0.005**	0.003	0.003	0.002	0.002

注:* 代表 P<0.05;** 代表 P<0.01;*** 代表 P<0.001。

为了进一步检验消费习惯兼容性对感知利失的负向影响是怎样的调节作用,本研究决定采用层次回归分析进一步检验。使用回归分析之前,需要先检验回归分析各自变量与因变量之间的相关关系。本研究采用皮尔森相关系数对相关关系进行检验,将信贷出行采纳意愿作为因变量,感知利得、感知利失作为自变量进行相关分析,结果显示感知利得、感知利失与信贷出行采纳意愿显著相关。

由于消费习惯兼容性与感知利得、感知利失、信贷出行采纳意愿都是连续性变量,在进行层次回归分析之前,先对数据进行中心化处理,并分别构造消费习惯兼容性与感知利得交互项和消费习惯兼容性与感知利失交互项,再使用层次回归分析法,通过检验 R^2 的变化是否显著来验证消费习惯兼容性对感知利得和感知利失调节作用是否显著,结果如表 12.10 所示。由表可知,感知利得调节作用中模型 2 的 R^2 变更不显著,表示消费习惯兼容性对感知利得的正向影响调节作用不显著,假设 H13 不通过。而感知利失调节作用中,模型 4 的 R^2 变更显著,说明消费习惯兼容性会显著影响感知利失与信贷出行采纳意愿之间的负向关系。在对层次回归进行共线性诊断时,发现前者允差 0.948,VIF 值为 1.054,后者允差 0.899,VIF 值为 1.112,同时观测各自特征值与条件指标后,根据特征值和条件指标的值区间,发现不存在多重共线性问题。

表 12.10 层次回归检验

模型	R	R^2	调整后 R^2	标准误差	R^2 变更	F 值变更	变更显著性
1	0.697[a]	0.485	0.48	0.65834577	0.485	84.529	0
2	0.697[b]	0.486	0.478	0.65922601	0.001	0.282	0.596

a. 预测变量:(常数),消费习惯兼容性,感知利失,感知利得
b. 预测变量:(常数),消费习惯兼容性,感知利失,感知利得,感知利得消费习惯兼容性交互项

模型	R	R^2	调整后 R^2	标准误差	R^2 变更	F 值变更	变更显著性
3	0.697[a]	0.485	0.48	0.65834577	0.485	84.529	0
4	0.706[b]	0.499	0.492	0.65071082	0.014	7.35	0.007**

a. 预测变量:(常数),消费习惯兼容性,感知利失,感知利得
b. 预测变量:(常数),消费习惯兼容性,感知利失,感知利得,感知利失消费习惯兼容性交互项

注:* 代表 $P<0.05$;** 代表 $P<0.01$;*** 代表 $P<0.001$。

表 12.11 给出交互项的回归分析结果细节,根据回归系数我们知道,对于更不适应信贷生活方式的人,感知利失对他们信贷出行的采纳意愿的负向影响更大,因此假设 H14 通过检验。

表 12.11 交互细节

	非标准化系数		标准化系数	T	显著性
	B	标准误差	Beta		
感知利失消费习惯交互项	−0.127	0.047	−0.124	−2.711	0.007**

注:* 代表 $P<0.05$;** 代表 $P<0.01$;*** 代表 $P<0.001$。

综上,本研究 14 个假设的检验结果,如表 12.12 所示。

表 12.12 假设检验结果

假设编号	研究假设	检验结果
H1	感知利得会对 OTA 平台信贷出行采纳意愿产生正向影响	成立
H2	感知利失会对 OTA 平台信贷出行采纳意愿产生负向影响	成立
H3	业务宣传水平会对感知利得产生正向影响	不成立
H4	交易成本会对感知利得产生负向影响	成立
H5	交易成本会对感知利失产生正向影响	成立

(续表)

假设编号	研究假设	检验结果
H6	支付安全性会对感知利得产生正向影响	成立
H7	促成条件会对感知利得产生正向影响	成立
H8	操作便利性会对感知利得产生正向影响	成立
H9	操作便利性会对感知利失产生负向影响	不成立
H10	消费激励体系会对感知利得产生正向影响	成立
H11	财务风险会对感知利失产生正向影响	成立
H12	隐私风险会对感知利失产生负向影响	成立
H13	消费习惯兼容性会调节感知利得的正向影响	不成立
H14	消费习惯兼容性会调节感知利失的负向影响	成立

(3) 人口属性及信贷经验的影响

利用回归分析,对不同性别的群组,分别以感知利得、感知利失、信贷出行采纳意愿作为因变量进行回归分析,结果如表12.13所示,通过对允差值(接近1)、VIF值(介于1至10之间)的观察,认为不存在多重共线性。由表可知,对于男性而言,业务宣传水平、支付安全性、促成条件、消费激励体系对感知利得影响显著,但业务宣传水平负向影响感知利得,交易成本、操作便利性对感知利得影响不显著,财务风险、隐私风险对感知利失影响显著,交易成本、操作便利性对感知利失影响不显著;对于女性而言,业务宣传水平、交易成本、促成条件、操作便利性对感知利得有显著影响,支付安全性、消费激励体系对感知利得影响不显著,交易成本、操作便利性、财务风险、隐私风险对感知利失的影响显著。对不同性别的受访者而言,感知利得、感知利失对信贷出行采纳意愿的影响并无明显区别,结果呈现与整体AMOS结果一致。

表12.13 性别群组的回归结果

		标准化系数 Beta	T	显著性	共线性允差	统计资料 VIF
男	(常数)		3.565	0.001		
感知利得影响因素	业务宣传水平	−0.147	−1.858	0.066	0.826	1.21
	交易成本	−0.106	−1.447	0.151	0.962	1.039
	支付安全性	0.187	2.42	0.017*	0.872	1.147
	促成条件	0.496	6.564	0.000***	0.91	1.099
	操作便利性	0.061	0.762	0.448	0.819	1.221
	消费激励体系	0.209	2.847	0.005**	0.964	1.037

（续表）

		标准化系数 Beta	T	显著性	共线性允差	统计资料 VIF
感知利失影响因素	交易成本	0.099	1.231	0.221	0.971	1.029
	操作便利性	0.03	0.379	0.705	0.99	1.01
	财务风险	0.357	4.312	0.000***	0.919	1.089
	隐私风险	0.312	3.819	0.000***	0.942	1.061
	（常数）		5.389	0		
采纳意愿影响因素	感知利得	0.596	8.753	0.000***	0.972	1.028
	感知利失	−0.276	−4.058	0.000***	0.972	1.028
女	（常数）		6.834	0		
感知利得影响因素	业务宣传水平	0.207	3.267	0.001**	0.957	1.045
	交易成本	−0.274	−4.381	0.000***	0.983	1.018
	支付安全性	0.086	1.359	0.176	0.963	1.038
	促成条件	0.259	4.057	0.000***	0.946	1.057
	操作便利性	0.37	5.702	0.000***	0.915	1.093
	消费激励体系	0.046	0.727	0.468	0.947	1.056
	（常数）		8.176	0		
感知利失影响因素	交易成本	0.18	2.518	0.013*	0.943	1.061
	操作便利性	−0.202	−2.86	0.005**	0.964	1.038
	财务风险	0.345	4.659	0.000***	0.881	1.136
	隐私风险	0.257	3.534	0.001**	0.911	1.097
	（常数）		3.774	0		
采纳意愿影响因素	感知利得	0.574	8.388	0.000***	0.727	1.376
	感知利失	−0.189	−2.768	0.006**	0.727	1.376

注：*代表 P＜0.05；**代表 P＜0.01；***代表 P＜0.001。

同理，对不同年龄群组，分别以感知利得、感知利失和信贷出行采纳意愿作为因变量进行回归分析，结果见表12.14。通过对允差值、VIF值的观察，认为不存在多重共线性。根据回归结果（18岁以下以及40岁以上样本过少，结果不再展示），对于19—25岁年轻人，交易成本、支付安全性、促成条件、操作便利性、消费激励体系对感知利得影响显著，而业务宣传水平对感知利得影响不显著；操作便利性、财务风险、隐私风险对感知利失影响显著，交易成本对感知利失影响不显著。对于26—30岁人群，交易成本、支付安全性、促成条件、操作便利性、消费激励体系对感知利得影响显著，业务宣传水平同样没有通过；交易成本、财务风险、隐私风险对感知利失影响显著，操作便利性对他们感知利失的影响不显著。而对于31—40岁，这部分人群的感知利得、感知利失受到已有因素影响，但是促成条件对感知利得影响不显著。19—30 岁人群,感知利得、感知利失对信贷出行采纳意愿的影响都是显著的,而 31—40 岁中青年群体感知利得、感知利失受到很多因素的影响,但促成条件对他们的感知利得影响不显著,且该群体感知利得和感知利失对信贷出行采纳意愿的影响全都不显著。

表 12.14　年龄群组的回归结果

		标准化系数 Beta	T	显著性	共线性允差	统计资料 VIF
19—25 岁	(常数)		4.705	0		
感知利得影响因素	业务宣传水平	0.005	0.075	0.94	0.919	1.089
	交易成本	−0.153	−2.223	0.028**	0.99	1.011
	支付安全性	0.169	2.396	0.018**	0.945	1.059
	促成条件	0.349	4.967	0.000***	0.945	1.058
	操作便利性	0.251	3.501	0.001**	0.911	1.098
	消费激励体系	0.184	2.669	0.009**	0.982	1.019
	(常数)		8.081	0		
感知利失影响因素	交易成本	0.096	1.314	0.191	0.967	1.034
	操作便利性	−0.183	−2.523	0.013**	0.992	1.008
	财务风险	0.216	2.877	0.005**	0.926	1.08
	隐私风险	0.36	4.751	0.000***	0.907	1.102
	(常数)		4.444	0		
采纳意愿影响因素	感知利得	0.661	11.699	0.000***	0.925	1.081
	感知利失	−0.236	−4.169	0.000***	0.925	1.081
26—30 岁	(常数)		5.179	0		
感知利得影响因素	业务宣传水平	0.068	0.965	0.337	0.901	1.11
	交易成本	−0.417	−5.959	0.000***	0.925	1.081
	支付安全性	0.194	2.78	0.006**	0.932	1.073
	促成条件	0.269	3.862	0.000***	0.934	1.07
	操作便利性	0.179	2.512	0.014**	0.891	1.122
	消费激励体系	0.23	3.238	0.002**	0.898	1.113
	(常数)		2.207	0.03		

		标准化系数 Beta	T	显著性	共线性允差	统计资料 VIF
感知利失影响因素	交易成本	0.285	3.724	0.000***	0.94	1.064
	操作便利性	−0.08	−1.038	0.302	0.934	1.071
	财务风险	0.407	5.143	0.000***	0.882	1.134
	隐私风险	0.34	4.313	0.000***	0.891	1.122
	(常数)		5.45	0		
采纳意愿影响因素	感知利得	0.53	6.943	0.000***	0.979	1.021
	感知利失	−0.286	−3.747	0.000***	0.979	1.021
31—40 岁	(常数)		7.088	0		
感知利得影响因素	业务宣传水平	−0.904	−9.407	0.000***	0.925	1.081
	交易成本	1.246	9.636	0.000***	0.882	1.134
	支付安全性	1.813	9.327	0.000***	0.786	1.273
	促成条件	−0.117	−1.206	0.262	0.988	1.012
	操作便利性	−1.63	−11.172	0.000***	0.952	1.05
	消费激励体系	0.502	5.57	0.001**	0.634	1.577
	(常数)		0.367	0.021		
感知利失影响因素	交易成本	−0.491	−3.038	0.013**	0.952	1.05
	操作便利性	0.302	1.867	0.091	0.892	1.122
	财务风险	0.64	3.751	0.004**	0.877	1.14
	隐私风险	0.437	2.85	0.017*	0.713	1.402
	(常数)		1.9	0.032		
采纳意愿影响因素	感知利得	−0.263	−0.455	0.657	0.838	1.194
	感知利失	−1.003	−1.736	0.108	0.838	1.194

注：＊代表 P＜0.05；＊＊代表 P＜0.01；＊＊＊代表 P＜0.001。

利用回归分析，对不同学历群组，分别以感知利得、感知利失和信贷出行采纳意愿作为因变量进行回归分析，结果见表 12.15。

通过对允差值、VIF 值的观察，认为不存在多重共线性。由表格分析可知（高中及以下样本过少不再展示），无论是大专生及本科生，还是硕士生、博士生，业务宣传水平对感知利得的影响都不显著，与 AMOS 分析结果一致。对于大专及本科毕业生而言，交易成本、支付安全性、促成条件、操作便利性、消费激励体系对感知利得影响显著,交易成本与隐私风险对感知利失有显著负向影响,操作便利性与财务风险并未对感知利失造成显著影响,且感知利失对信贷出行采纳意愿影响不显著;而博士研究生作为学历较高人群,交易成本对感知利得影响也不显著,交易成本、财务风险、隐私风险对感知利失的影响不显著,且感知利得对信贷出行采纳意愿影响不显著。硕士生的回归分析结果与整体差异不大,最明显的差异是操作便利性对感知利失影响显著。

表 12.15 学历群组的回归结果

		标准化系数 Beta	T	显著性	共线性允差	统计资料 VIF
大专及本科	(常数)		2.806	0.007		
感知利得影响因素	业务宣传水平	0.036	0.427	0.671	0.763	1.311
	交易成本	−0.182	−2.189	0.032*	0.786	1.273
	支付安全性	0.373	3.983	0.000***	0.721	1.387
	促成条件	0.178	1.961	0.054	0.887	1.128
	操作便利性	0.236	2.696	0.009**	0.71	1.409
	消费激励体系	0.217	2.258	0.027*	0.831	1.203
感知利失影响因素	(常数)		2.093	0.04		
	交易成本	0.38	3.923	0.000***	0.837	1.194
	操作便利性	−0.033	−0.367	0.715	0.986	1.014
	财务风险	0.146	1.489	0.141	0.818	1.222
	隐私风险	0.407	4.323	0.000***	0.887	1.127
采纳意愿影响因素	(常数)		0.04	0.028		
	感知利得	0.862	13.61	0.000***	0.988	1.012
	感知利失	0.067	1.063	0.292	0.988	1.012
硕士研究生	(常数)		5.458	0		
感知利得影响因素	业务宣传水平	0.062	0.947	0.345	0.964	1.038
	交易成本	−0.226	−3.509	0.001**	0.994	1.006
	支付安全性	0.11	1.707	0.090*	0.993	1.007
	促成条件	0.319	4.948	0.000***	0.988	1.012
	操作便利性	0.273	4.161	0.000***	0.96	1.041
	消费激励体系	0.168	2.621	0.010*	0.998	1.002

(续表)

		标准化系数 Beta	T	显著性	共线性允差	统计资料 VIF
感知利失影响因素	（常数）		7.918	0		
	交易成本	0.163	2.535	0.012 *	0.984	1.017
	操作便利性	−0.199	−3.104	0.002**	0.997	1.003
	财务风险	0.327	4.989	0.000***	0.952	1.05
	隐私风险	0.302	4.606	0.000***	0.952	1.05
采纳意愿影响因素	（常数）		5.55	0		
	感知利得	0.578	10.344	0.000***	0.815	1.227
	感知利失	−0.29	−5.195	0.000***	0.815	1.227
博士研究生	（常数）		4.901	0		
感知利得影响因素	业务宣传水平	−0.013	−0.104	0.919	0.887	1.128
	交易成本	−0.127	−1.022	0.321	0.818	1.222
	支付安全性	−0.291	−2.284	0.036*	0.718	1.393
	促成条件	0.593	5.713	0.000***	0.847	1.18
	操作便利性	−0.539	−4.259	0.001**	0.634	1.577
	消费激励体系	0.209	1.752	0.098	0.644	1.553
感知利失影响因素	（常数）		1.736	0.099		
	交易成本	−0.263	−1.361	0.189	0.963	1.038
	操作便利性	0.374	1.861	0.078	0.888	1.126
	财务风险	0.323	1.669	0.112	0.958	1.044
	隐私风险	0.091	0.461	0.65	0.914	1.094
采纳意愿影响因素	（常数）		10.534	0		
	感知利得	−0.05	−0.411	0.685	0.922	1.084
	感知利失	−0.858	−7.065	0.000***	0.922	1.084

注：* 代表 P<0.05；** 代表 P<0.01；*** 代表 P<0.001。

利用回归分析，对不同月收入群体，分别以感知利得、感知利失和信贷出行采纳意愿作为因变量进行回归分析，结果见表12.16，通过对允差值、VIF值的观察，认为不存在多重共线性。业务宣传水平对感知利得的影响，在1500元以下月收入和3000—5000元月收入的人群中是显著的，其他收入群体并不显著。对于1500元以下人群来说，促成条件、操作便利性、消费激励体系对感知利得影响显著,支付安全性与交易成本对感知利得的影响不显著,交易成本、操作便利性、财务风险对感知利失的影响不显著,隐私风险对感知利失的影响显著。1500—3000元群体,除了业务宣传,支付安全性、促成条件对感知利得影响也不显著,感知利失对信贷出行采纳意愿影响不显著,其他影响因素影响情况并无明显差异。3000—5000元群体,业务宣传水平、交易成本、促成条件、消费激励体系对感知利得影响显著,支付安全性、操作便利性对感知利得影响不显著,交易成本、操作便利性对感知利失影响不显著,其他影响因素影响状况与AMOS整体结果无明显差异。5000元以上较高收入群体,只有支付安全性和促成条件对感知利得影响显著,其他因素影响均不显著,而交易成本和操作便利性对感知利失影响不显著。

表 12.16　月收入群组的回归结果

		标准化系数 Beta	T	显著性	共线性允差	统计资料 VIF
1500元以下	(常数)		3.655	0		
感知利得影响因素	业务宣传水平	−0.21	−2.139	0.036*	0.765	1.306
	交易成本	−0.025	−0.253	0.801	0.634	1.577
	支付安全性	0.159	1.656	0.102	0.769	1.3
	促成条件	0.479	4.811	0.000***	0.582	1.718
	操作便利性	0.182	1.804	0.075	0.718	1.393
	消费激励体系	0.119	1.177	0.243	0.804	1.243
感知利失影响因素	(常数)		4.942	0		
采纳意愿影响因素	(常数)		0.931	0.034		
	感知利得	0.78	11.191	0.000***	0.85	1.177
	感知利失	−0.019	−0.28	0.78	0.85	1.177
3001—5000元	(常数)		3.748	0		
感知利得影响因素	业务宣传水平	0.288	2.804	0.007**	0.683	1.463
	交易成本	−0.31	−3.105	0.003**	0.909	1.1
	支付安全性	0.115	1.062	0.293	0.765	1.306
	促成条件	0.295	2.708	0.009**	0.826	1.21
	操作便利性	0.076	0.735	0.465	0.622	1.609
	消费激励体系	0.229	2.172	0.034*	0.733	1.364

		标准化系数 Beta	T	显著性	共线性允差	统计资料 VIF
感知利失影响因素	（常数）		3.343	0.001		
	交易成本	−0.026	−0.218	0.828	0.94	1.064
	操作便利性	−0.083	−0.764	0.448	0.934	1.071
	财务风险	0.484	3.968	0.000***	0.887	1.128
	隐私风险	0.201	1.795	0.078	0.875	1.143
采纳意愿影响因素	（常数）		2.596	0.012		
	感知利得	0.669	7.956	0.000***	0.997	1.003
	感知利失	−0.242	−2.88	0.005**	0.997	1.003
5000元以上	（常数）		1.882	0.019		
感知利得影响因素	业务宣传水平	0.073	0.511	0.613	0.845	1.183
	交易成本	−0.012	−0.082	0.935	0.831	1.203
	支付安全性	0.329	2.373	0.024*	0.713	1.402
	促成条件	0.641	4.739	0.000***	0.879	1.138
	操作便利性	−0.157	−1.025	0.313	0.634	1.577
	消费激励体系	0.082	0.595	0.556	0.789	1.267
感知利失影响因素	（常数）		−0.281	0.01		
	交易成本	−0.033	−0.237	0.814	0.721	1.387
	操作便利性	0.123	1.05	0.301	0.874	1.145
	财务风险	0.597	4.344	0.000***	0.769	1.3
	隐私风险	0.419	3.626	0.001***	0.804	1.243
采纳意愿影响因素	（常数）		5.083	0		
	感知利得	0.281	1.856	0.071	0.741	1.349
	感知利失	−0.26	−1.717	0.094	0.741	1.349

注：* 代表 P<0.05；** 代表 P<0.01；*** 代表 P<0.001。

利用回归分析，不同信贷经验下，分别以感知利得、感知利失和信贷出行采纳意愿作为因变量进行回归分析，结果如表 12.17，通过对允差值、VIF 值的观察，认为不存在多重共线性。由表格所示，对于有信贷经验的受访者而言，交易成本、支付安全性、促成条件、操作便利性、消费激励体系对感知利得影响显著，业务宣传水平对感知利得影响不显著，交易成本、财务风险、隐私风险对感知利失影响显著,操作便利性对感知利失影响不显著,感知利得、感知利失对信贷出行采纳意愿影响显著;对无信贷经验的受访者而言,业务宣传水平、交易成本、促成条件、支付安全性、操作便利性对感知利得有显著影响,消费激励体系对感知利得影响不显著,交易成本、操作便利性、财务风险、隐私风险对感知利失的影响显著,感知利得对信贷出行采纳意愿影响显著,感知利失对信贷出行采纳意愿的影响不显著。

表 12.17 不同信贷经验的回归结果

		标准化系数 Beta	T	显著性	共线性允差	统计资料 VIF
有经验	(常数)		5.467	0		
感知利得影响因素	业务宣传水平	−0.068	−1.086	0.279	0.936	1.068
	交易成本	−0.201	−3.305	0.001**	0.984	1.017
	支付安全性	0.16	2.573	0.011*	0.937	1.067
	促成条件	0.44	7.166	0.000***	0.963	1.039
	操作便利性	0.106	1.69	0.093	0.918	1.089
	消费激励体系	0.192	3.126	0.002**	0.962	1.039
感知利失影响因素	(常数)		4.59	0		
	交易成本	0.114	1.768	0.079	0.996	1.004
	操作便利性	−0.007	−0.113	0.91	0.995	1.005
	财务风险	0.369	5.61	0.000***	0.953	1.049
	隐私风险	0.285	4.338	0.000***	0.956	1.046
采纳意愿影响因素	(常数)		6.668	0		
	感知利得	0.583	10.816	0.000***	0.925	1.081
	感知利失	−0.298	−5.535	0.000***	0.925	1.081
无经验	(常数)		5.457	0		
感知利得影响因素	业务宣传水平	0.269	2.99	0.004**	0.759	1.318
	交易成本	−0.193	−2.323	0.023*	0.891	1.122
	支付安全性	0.157	1.761	0.082*	0.771	1.298
	促成条件	0.205	2.339	0.022*	0.803	1.245
	操作便利性	0.379	4.185	0.000***	0.749	1.336
	消费激励体系	−0.017	−0.206	0.837	0.885	1.13

(续表)

		标准化系数 Beta	T	显著性	共线性允差	统计资料 VIF
感知利失影响因素	（常数）		5.718	0		
	交易成本	0.165	1.776	0.079	0.929	1.077
	操作便利性	−0.266	−2.754	0.007**	0.855	1.17
	财务风险	0.381	3.713	0.000***	0.759	1.317
	隐私风险	0.247	2.536	0.013*	0.843	1.186
采纳意愿影响因素	（常数）		2.22	0.029		
	感知利得	0.606	6.789	0.000***	0.842	1.188
	感知利失	−0.052	−0.579	0.564	0.842	1.188

注：* 代表 P＜0.05；** 代表 P＜0.01；*** 代表 P＜0.001。

12.4　结果讨论

12.4.1　OTA 信贷出行采纳意愿影响因素结果讨论

（1）感知价值对信贷出行采纳意愿的影响

感知利得（r＝0.692,P＜0.001）对信贷出行采纳意愿有显著正向影响,感知利失（r＝−0.296,P＜0.001）对信贷出行采纳意愿有显著负向影响。这说明,游客的感知利得越高,采纳 OTA 平台信贷出行服务的意愿越强烈,感知利失越高,采纳 OTA 平台信贷出行服务的意愿越低,且游客的感知利得对 OTA 平台信贷出行服务采纳意愿影响更强。

OTA 平台经过激烈厮杀后,形成巨头分立格局,在旅游产品趋于同质化时,如何提高服务质量吸引用户成为 OTA 平台首要任务,通过信贷出行服务拉动游客出行客单价的提升、增强业务实力,这也是 OTA 平台近两年纷纷涉足信贷出行服务的主要原因。这项服务能够有效地解决游客"闲"与"钱"不能恰时对接的主要矛盾,游客的感知利得能通过使用服务的费用低廉、支付安全、方便高效而获得,而使用信贷出行服务过程中所面临的交易成本过高、财务风险、隐私风险则会使游客产生经济成本和心理成本。一个理性的游客会选择以最小的代价换取最大的利益,当他感知到的成本（经济成本、心理成本等）高于获取的利益（高效购买旅行产品等）,将不愿采纳信贷出行服务。

前人基于感知价值理论在许多领域进行了学术研究,孙巧利在总结了常用网络沟通工具及主要功能后,基于感知价值归纳了影响用户感知的关键因素,发现用户的感知价值直接影响使用意向[1],李雅筝在以商业化在线教育平台为研究对象对在线教育用户持续使用意向研究时,得到相似结论[2]。在社会化电子商务领域[3]、移动服务等[4]领域也有许多研究表明感知利得会对服务或者产品的采纳和使用意愿产生正向影响,感知利失会对服务或者产品的采纳和使用意愿产生负向影响。本章对OTA平台的信贷出行采纳意愿的研究也论证了这一观点,说明无论是在线教育领域、网络工具使用领域、社会化电子商务领域等还是信贷出行领域,感知价值对行为意愿的显著影响这一结论都是适用的。

(2) 感知利得的影响因素

① 交易成本会对感知利得产生正向影响

本研究实证分析结果表明,交易成本($r=-0.139, p<0.001$)对感知利得有显著的负向影响,即当信贷出行服务的交易成本增加时,游客的感知利得会降低,交易成本降低时,游客的感知利得会增加。

本章中信贷出行服务的交易成本,指的是进行信贷出行要支付的利息以及服务费用。一般来说,顾客总是希望在一次购买过程中获得最大的让渡价值,他会尽量减少包括货币在内的所有成本[5],所以成本高低会影响到游客的感知利得。但观察标准化系数后,我们发现在本研究影响感知利得的因素中,交易成本虽有显著影响,但并非是最大影响。这与孙东升等在利用探索性因子分析法对手机银行App顾客感知价值维度与消费者使用意愿之间关系进行实证研究的结论一致,他们发现感知成本对消费者使用手机银行App的意愿影响显著,但影响程度低于功能价值和情感价值[6]。也有一些学者得到过不同结论:叶云在使用感知价值理论对用户移动支付使用意愿的研究中,发现感知费用对移动支付意愿影响不显著,我们认为可能的原因是其研究样本主要是以具有一定消费实力的青年白领和政府工作人员为主[7]。但杨水清等在对移动支付服务初始

---

[1] 孙巧利. 基于感知价值的网络沟通工具用户使用意愿研究[D]. 成都: 电子科技大学硕士学位论文, 2013: 50.

[2] 李雅筝. 在线教育平台用户持续使用意向及课程付费意愿影响因素研究[D]. 合肥: 中国科学技术大学博士学位论文, 2016: 66.

[3] 梦非. 社会化商务环境下意见领袖对购买意愿的影响研究[D]. 南京: 南京大学博士学位论文, 2012: 153.

[4] 赵峰. 基于顾客感知价值的移动彩铃消费者购买意愿影响因素研究[D]. 杭州: 浙江工商大学硕士学位论文, 2011: 98.

[5] 江友农. B2C在线折扣对消费者购买行为的影响探析[J]. 商业经济研究, 2013, (6): 53—55.

[6] 孙东升, 才凤玲, 王肖, 等. 手机银行App顾客感知价值的研究[J]. 对外经贸, 2016, (10): 85—88.

[7] 叶云. 基于感知价值的用户移动支付使用意愿影响因素研究[D]. 杭州: 浙江工商大学硕士学位论文, 2012: 85.

采纳模型的实证研究中,发现感知成本对采纳意愿有显著影响,而且相比其他因素影响最大,这主要是由于其研究背景是在中国移动支付刚起步的2012年,其时成本费用影响较大[①]。结合本章的研究结论,说明交易成本对感知利得的影响显著与否以及影响程度与当下时代背景、研究主体和研究对象有密切关系。

② 支付安全性会对感知利得产生正向影响

实证结果发现,支付安全性($r=0.125$, $p<0.01$)对感知利得有显著正向影响。这表明当游客感觉信贷出行服务的支付过程是安全的,其感知利得会增加。本章中的支付安全性包括在进行信贷出行服务的开通过程中,游客要进行借记卡的绑定、身份的验证、支付密码的设置、账户异常平台提示等。

消费者在进行心理决策过程时,尤其与金钱有关的决策时会需要安全感,安全感这一概念最早由弗洛伊德提出:当个体接收到的刺激超过本身的控制和能量界限时,个体会产生创伤感和危险感,伴随这些出现的是焦虑。而安全感是从恐惧和焦虑中脱离出来的信心、安全和自由之感。这点在与金钱支付有关的业务领域表现更突出,比如刘超在对微信支付消费者持续使用意愿的实证分析中就指出,用户对微信支付过程安全的信任程度在影响满意度的因素中影响最大[②]。叶全福从行为科学视角研究移动支付时提出,感知支付安全是影响用户手机支付采纳意愿的重要因素[③]。本研究中的OTA平台的信贷出行服务与用户的姓名、手机号码、身份证号码、银行卡号等私密信息相关,涉及金钱、资金交易,顾客对其敏感度很高,这就决定了游客使用该服务会对安全产生顾虑,因此信贷出行服务的支付安全性能够增强游客的使用信心。不管是移动支付、微信支付,还是本研究中的信贷出行,支付安全性都是重要因素,这也说明了支付安全性在支付领域的重要性。

③ 操作便利性、促成条件会对感知利得产生正向影响

本研究基于前人研究提出了假设H7(促成条件会对感知利得产生正向影响)、H8(操作便利性会对感知利得产生正向影响),结果表明促成条件($r=0.301$, $p<0.001$)和操作便利性($r=0.136$, $p<0.001$)对感知利得产生显著正向影响,说明当游客感觉在信贷出行服务中得到足够的技术和资源支持,游客的感知利得会增加,当游客感觉信贷支付操作简单易行时,感知利得也会增加。本研究涉及的促成条件主要是开通信贷出行服务过程中绑定借记卡的种类、客服的获得等平台提供的技术资源支持,操作便利性主要是指开通信贷出行服务的操

---

① 杨水清,鲁耀斌,曹玉枝.移动支付服务初始采纳模型及其实证研究[J].管理学报,2012,9(9):1365—1372.

② 刘超.微信支付的消费者持续使用意愿实证分析[D].大连:东北财经大学硕士学位论文,2015:49.

③ 叶全福.手机支付采纳影响因素的实证研究[D].成都:电子科技大学硕士学位论文,2012:60.

作步骤简便。促成条件的提供以及操作的便利性能够使游客在开通信贷出行服务时感受到时间的节约、效率的提升,从而增强了游客的感知利得。观察AMOS的标准化系数还发现,支付便捷性和促成条件对游客采纳信贷出行服务的意愿影响比交易成本更大。

究其原因,这种现象与OTA平台的产品属性相关,旅游产品购买属于高涉入度决策,根据尼科西亚对决策过程的划分,在游客做出购买行为之前,要经过接收信息、态度形成、评价、消费动机产生几个阶段,最终做出购买决定,而鉴于旅游产品的复杂性,前几个阶段的形成已经消耗了游客许多的时间和精力,到了最终支付阶段,选择支付方式时就希望尽可能简单快捷。因此,OTA平台提供的信贷出行服务过程中保障足够的操作便捷性会带给游客更好的信贷支付体验,加之信贷支付旅行产品本身有利于缓解游客的现金流动约束,便于游客更快地实现旅行产品的购买,从而使游客感觉到使用该服务能够提高旅行产品购买效率。操作便捷的重要性在不同领域分别得到验证,比如零售系统采纳意愿[1]、移动游戏[2]、第三方移动支付[3]等。这表明操作便利性对于用户服务采纳、技术使用等有着重要影响。

鉴于OTA平台经过白热化竞争,已存留的都是发展成熟的大平台,这些平台在服务提供流程、操作便利性上具备基本保障,游客也养成使用习惯,相比操作便捷性,OTA平台提供的技术资源条件对游客是否采纳信贷出行服务影响更大,这些促成条件的提供能从多角度为游客提供涉及信贷出行服务有关的全方位的帮助,解决游客使用信贷出行服务所遇到的困难,提高游客采纳意愿。其他研究者也证实了这一结论,比如李勇等在基于UTAUT模型研究政务微博接受度时,发现促成条件维度对用户政务微博使用意愿有显著正影响[4];在关于3G业务接受行为概念模型[5]和手机视频用户接受模型[6]中的研究,也发现相比其他因素感知促成条件对3G业务接受意愿影响最大。上述研究表明,促成条件在许多领域都是影响用户对相应业务接受使用的关键因素。

④ 消费激励体系会对感知利得产生正向影响

---

[1] 吴锦峰,侯德林,张译井.多渠道零售系统顾客采纳意愿的影响因素研究——基于网络购物经验的调节作用[J].北京工商大学学报(社会科学版),2016,31(4):51—59.

[2] 蒋雨贝.移动游戏用户接受度影响因素的国际对比研究[D].成都:西南财经大学硕士学位论文,2019:31.

[3] 曾球.第三方移动支付使用意愿影响因素研究[D].徐州:中国矿业大学硕士学位论文,2016:76.

[4] 李勇,田晶晶.基于UTAUT模型的政务微博接受度影响因素研究[J].电子政务,2015,(6):39—48.

[5] 王莉.基于UTAUT模型的3G业务用户接受影响因素研究[D].北京:北京邮电大学硕士学位论文,2009:67.

[6] 吴雅娟.手机视频用户接受模型研究[D].北京:北京邮电大学硕士学位论文,2010:72.

本研究发现消费激励体系($r=0.13$,$p<0.01$)会对感知利得产生显著正向影响,即当平台给予游客消费激励,游客的感知利得会增加。消费激励体系通过提升游客的信用额度、信用积分和平台积分来吸引游客使用信贷出行服务,正向影响游客的感知利得,但与其他因素相比影响相对较小。

根据期望效益理论,理性人总是希望获取最大的期望效益,消费激励体系的引入使得游客在付出服务费用、利息费用之余收获其他价值,符合消费者的预期效用最大化原则,故而消费激励体系会正向影响游客的感知利得,但是激励措施毕竟是信贷支付的副产品,并非首要目标,故而它的影响最小。与本研究相关的信用卡消费领域对信用卡积分奖励计划研究较多,王大海等提出信用卡积分奖励计划通过影响顾客感知价值、满意度和转换成本等影响顾客忠诚度[1],刘中学从感知价值角度发现信用卡激励机制通过激励顾客计划忠诚来促进消费者品牌忠诚[2]。该结论在不同的应用领域有不一样的结果,在万君等对移动互联网业务使用意愿影响因素的研究中,就发现激励对移动互联网业务的使用意愿影响不明显,这是由于运营商或者业务提供商所提供的现有的激励措施有限,对用户的使用意愿增强效果不明显,但在知识学习、知识分享领域用户受到的激励影响比较大[3]。由此可见,消费激励在不同领域的影响是有一定差别的。

在所有感知利得的影响因素中,H11(业务宣传水平会对感知利得产生正向影响)未通过检验,即业务宣传水平($r=0.014$,$p>0.1$)对感知利得没有显著影响。究其原因,一方面是观察问卷中数据显示69.5%的受访者具有信贷消费的经验,对其有一定了解,不容易受到宣传水平的影响;另一方面可能是OTA平台的信贷出行服务尚属于起步阶段,普通游客并未完全接受这种服务,思想上保持观望态度,虽然能感受到信贷出行业务的大力宣传,但不能影响到游客的感知利得;同时,本研究出于描述精准性目的对情景材料的描述以文字为主,受访者或许无法充分感知到OTA平台的宣传手段与宣传力度,这在一定程度上可能影响了问卷中业务宣传水平对感知利得的结果收集。本章发现的结果与许多学者在其他领域的研究结论不太相同,曹兵等通过研究顾客参与程度,发现广告可以提高顾客购买参与度,从而增强顾客购买意愿[4]。另外,李银双的高校创业活

---

[1] 王大海,姚唐,白琼.信用卡积分计划中顾客忠诚的影响因素[J].现代财经(天津财经大学学报),2013,33(3):106—118.

[2] 刘中学.信用卡积分激励计划的顾客不同感知价值与计划忠诚、品牌忠诚的关系研究[D].沈阳:东北大学硕士学位论文,2009:52.

[3] 李明辉.网络环境下学习满意度、知识掌握及使用意愿的影响因素分析[D].上海:复旦大学硕士学位论文,2010:46.

[4] 曹兵,陈杰.利用广告提高顾客的购买参与程度[J].商业研究,2003,(1):152—154.

动研究[1]、周盛的消费者汽车购买意愿研究[2]等也都发现宣传能够促进用户行为意愿。本研究的结论与上述研究结果不一致,代表业务宣传水平在不同研究情景中影响具有差异。

(3)感知利失的影响因素

本研究发现交易成本($r=0.121,p<0.01$)、财务风险($r=313,p<001$)和隐私风险($r=216,p<0.001$)会对感知利失产生显著正向影响,而操作便利性($r=-0.044,p>0.1$)对感知利失的负向影响不显著,说明当游客对使用信贷出行服务要付出较多的交易成本、对造成的财物损失的担心增加,使用过程中或过程后隐私安全有风险时,游客感知利失会增加,但操作便利性程度降低并不会造成游客的损失感。操作便利性对感知价值的影响在前文中也进行过讨论,本研究发现从整体样本上看,受访者对开通信贷出行服务的操作便捷容忍度较高,操作便利性降低不会导致游客感知利失的增加。这点与信息技术手段的日渐成熟、人们对互联网技术产品的熟悉度增强有着密不可分的关系。

本研究中交易成本对感知利失产生负向影响,这点在前文中已有所论述,该结论在许多领域也得到验证,比如自助游游客移动互联网使用意愿[3]、移动网络购物意愿[4]、在线评论参与行为[5]等,但也有一些学者有不一样的观点,王崇对数码视听类产品的消费者购买意愿进行研究时,发现购买成本与感知价值的负相关关系不显著[6],我们认为这种结果的产生是由于该研究选择了数码视听类产品为研究对象。通常人们更在意这类消费品的品牌、质量、售后等,所付成本或许不再是影响感知价值的最关键因素;在刘遗志等对消费者移动购物意愿的影响因素研究中发现,利用移动渠道进行购物要支付的费用(包括通信费用、设备费用等)与移动购物意愿有负相关关系,但影响不显著[7]。造成这种结果的原因与移动智能设备的普及有关,近年来,移动互联网发展迅速,智能手机广泛普及,移动支付得到大幅推广,这就导致消费者在移动购物过程中感知到的设备费用、通信费用等占比较少。

---

[1] 李银双. 高校创业活动对大学生创业意愿影响研究[D].天津:天津大学硕士学位论文,2014:51.
[2] 周盛. 中国消费者对日本品牌汽车的购买意愿研究[D].重庆:重庆大学硕士学位论文,2011:37.
[3] 陆均良,孙怡,王新丽. 移动互联网用户继续使用意愿研究——基于自助游者的视角[J]. 旅游学刊,2013,28(4):104—110.
[4] 胡佳佳. 移动网络购物用户接受模型研究[D].北京:北京林业大学硕士学位论文,2012:64.
[5] 张晓燕. 大学生在线产品评价参与意向影响因素的实证研究[D].重庆:重庆大学硕士学位论文,2008:45.
[6] 王崇. 网络消费者购买意愿影响因素模型研究[D].哈尔滨:哈尔滨工业大学博士学位论文,2007:121.
[7] 刘遗志,汤定娜. 感知价值对消费者移动购物意愿的影响研究——基于TAM和VAM理论模型[J]. 兰州学刊,2015(4):169—175.

许多学者对风险会影响产品购买、服务采纳进行了研究,比如周豫湘对旅行产品购买感知风险的研究[①]、赵冬梅等对消费者网络购买意愿影响因素的研究[②],都发现感知风险是影响他们的购买态度和意愿的重要因素。李淑燕以B2C电子商务平台为背景,研究发现隐私保护会通过消费者满意度和信任显著影响消费者持续使用平台的意愿[③],杨水清等通过实证研究发现包括隐私风险、财务风险等维度的感知风险会对消费者采纳移动支付产生显著负面影响[④]。但在王冰川关于消费者网络团购行为的研究中发现感知风险对团购意向没有显著影响,这可能是由于团购模式发展日趋完善,无论是评价体制还是支付平台都较成熟,消费者关于财款损失、隐私风险等的购物感知风险被大大弱化[⑤]。

本研究中的财务风险是指在使用信贷出行服务时,由于服务本身可能会造成的金钱损失,具体到 OTA 平台,主要以逾期滞纳费用为主,逾期滞纳费用是游客因操作失误或者延期还款而要支付的额外金钱,该支出的支付条件、支付方式以及费率会对游客产生影响,当游客感知到的财务风险越高,越担心未来可能造成的损失,从而增强游客的感知利失。信贷出行需要绑定银行卡、验证手机号码、定期进行还款操作等,该过程会涉及许多顾客的隐私信息,如果平台的隐私保障体系不完整,隐私政策有瑕疵,会增加游客的隐私泄露顾虑,从而增加游客对信贷出行服务的感知利失。这说明在涉及用户个人财务信息的大多领域中,隐私风险和财务风险通常是重要影响因素。

(4) 消费习惯兼容性对感知价值影响的调节作用

本研究通过多群组分析发现消费习惯兼容性(R^2 变更的 p 值小于 0.01)调节感知利失的负向影响,并不会调节感知利得的正向影响(R^2 变更的 p 值大于 0.1)。这代表不同消费习惯兼容性的人的感知利得对信贷出行采纳意愿的影响并无显著差别,而对于更不适应信贷生活方式的人,感知利失对信贷出行的采纳意愿的负面影响作用更大。消费习惯兼容性对感知利得正向影响的调节作用不显著,这表明个人是否适应信贷出行方式并不会影响其是否选用 OTA 信贷出行服务。这在一定程度上说明人们整体对信贷出行这种新服务抱有积极乐观的

---

① 周豫湘.消费者对旅行社产品的感知风险及购买意愿研究[D].长沙:湖南师范大学硕士学位论文,2011:70.

② 赵冬梅,纪淑娴.信任和感知风险对消费者网络购买意愿的实证研究[J].数理统计与管理,2010,29(2):305—314.

③ 李淑燕.B2C电子商务平台的交易保障机制对消费者持续使用意愿的影响研究[D].长春:吉林大学硕士学位论文,2015:61.

④ 杨水清,鲁耀斌,曹玉枝.移动支付服务初始采纳模型及其实证研究[J].管理学报,2012,9(9):1365—1372.

⑤ 王冰川.基于UTAUT模型的消费者网络团购行为研究[D].济南:山东大学硕士学位论文,2013:51.

态度。而消费习惯兼容性调节感知利失的负向影响显著,说明如果消费者在生活中本身并非信贷喜好者,对于信贷出行要付出的代价更加敏感,继而会影响信贷出行采纳意愿,OTA平台如果要发展信贷出行业务,一定要尽量减少可能带给游客的感知利失。这种消费习惯的调节作用在其他研究中也有相关讨论,如桂媚君在研究个人网上银行使用意愿因素时,按照个人相容性将用户分为可能用户和不可能用户,并发现两个类别用户对使用意愿的影响显著不同[①]。本研究中的OTA平台的信贷出行采纳意愿也发现消费习惯兼容性的调节影响,这说明在很多情景中消费习惯能够调节用户行为。

12.4.2 不同用户特征对信贷出行采纳意愿的影响结果讨论

(1) 人口属性对信贷出行采纳意愿的影响

通过对不同性别的受访者进行的回归分析发现,交易成本对男性感知利得($r=-0.106, p>0.1$)和感知利失($r=-0.099, p>0.1$)影响都不显著,但对女性影响($r=-0.274, p<0.001$)是显著的;业务宣传水平($r=0.207, p=0.001$)正向影响女性的感知利得,但对男性的感知利得($r=-0.147, p>0.1$)影响不显著;而操作便利性对男性的感知利得($r=0.061, p>0.1$)和感知利失($r=0.03, p>0.1$)影响不显著,但对女性的感知利得($r=0.370, p<0.001$)与感知利失($r=-0.202, p<0.01$)都显著。这可能与男女思维差异相关,男性对金钱的关注度和敏感度弱于女性,故而对交易成本不太敏感,且男性思维偏理性化,导致该群体通常对广告宣传的信任度较小,而女性相对感性、容易受到业务宣传的吸引,同时男性的实际操作能力较强,对信贷出行业务的操作便利性容忍度也相对较高,所以操作便利性对男性感知利得与感知利失影响不显著。支付安全性、消费激励体系对女性感知利得影响不显著,一方面是女性思维偏感性,对于理性的数据以及处理过程感知程度不如男性,另一方面是相对于未来可能获得的利益,女性群体可能更关注眼下的交易成本。而感知利得和感知利失对最后的信贷出行采纳意愿的影响,并没有因性别不同而产生显著差异。

通过对不同年龄段人群的回归分析发现,业务宣传水平($r=0.004, P>0.1$; $r=0.068, p>0.1$)对19—30岁年轻人的感知利得影响不显著,交易成本对25岁以下年轻人($r=0.096, p>0.1$)的感知利失影响不显著,可能是这部分年轻人非常熟悉网络环境以及各种推广方式,对信贷业务的宣传手段和宣传力度就不再敏感,导致业务宣传水平对他们的感知利得影响不显著,同时当下年轻人拥有较前卫的消费观,经济水平相对较低,流动性约束较高,更能接受支付适当利息或

---

① 桂媚君. 个人网上银行使用意愿影响因素的实证研究[D]. 杭州:浙江大学硕士学位论文,2007:70.

者服务费来缓解流动性约束现状,这也是该年龄段的年轻人成为消费信贷的主要对象[①][②]的原因。虽然31—40岁中青年群体感知利得、感知利失受到很多因素的影响,但促成条件对31—40岁人群感知利得($r=-0.117, p>0.1$)影响不显著,操作便利性对感知利失的影响($r=0.302, p<0.1$)是显著的,表示这部分人相对于细节性的技术资源条件,更在意其他直观的因素,但他们对操作便捷要求较高,无法忍受操作过程的烦琐。值得关注的是,该群体的感知利得($r=-0.263, p>0.1$)和感知利失($r=-1.003, p>0.1$)对信贷出行采纳意愿的影响全都不显著,这与这部分群体消费习惯相对保守有关,即便从信贷出行业务中能够感受到利益、价值或者损失,也不影响他们的采纳意愿的高低。

通过对不同学历人群的回归,业务宣传水平对所有学历人群感知利得的影响都不显著,这与AMOS的结果一致。对于大专及本科毕业生,操作便利性($r=-0.033, p>0.1$)与财务风险($r=0.146, p>0.1$)对感知利失影响不显著,且感知利失($r=0.067, p>0.1$)对信贷出行采纳意愿影响不显著,硕士生的操作便利性($r=-0.199, p<0.01$)对感知利失的影响是显著的,对于博士学历人群,交易成本对感知利得($r=-0.127, p>0.1$)和感知利失($r=0.374, p>0.05$)的影响都不显著。这说明普通学历人群对操作过程的便捷性容忍度较高,而且信贷出行给他们带来的损失感知并不会影响到其采纳意愿;如果信贷出行操作烦琐,会让硕士学历群体产生损失感,从而降低他们的采纳意愿;而高学历的博士人群,他们对信贷出行要付出的成本接受度较高,不会因为成本的高低而改变感知价值,而且博士群体的感知利得对信贷出行采纳意愿影响不显著,这可能是因为博士研究生相对谨慎,对信贷出行服务的使用持保守心理,与环境因素无关,依然有较强的感知利失,已获的感知利得也不会对信贷出行采纳意愿产生显著影响。

通过对不同收入人群的回归分析发现,业务宣传水平对中低收入群感知利得的影响显著,其他收入群体并不显著。支付安全性对中低收入人群的感知利得的影响都不显著,消费激励体系对低收入(1500元以下)与高收入(5000元以上)人群的感知利得的影响都不显著,证明收入两端不容易受到消费激励体系的影响,同时对于5000元以上收入人群,交易成本与操作便利性对感知利得的影响也不显著,但是财务风险、隐私风险影响还是显著的,证明高收入人群相比交易成本和操作便利,更为关注自己的财务风险和隐私风险。

(2) 信贷经验对信贷出行采纳意愿的影响结果

通过对不同信贷经验人群的回归分析发现,业务宣传水平对拥有信贷经验

[①] 艾瑞集团.iResearch—2016年中国互联网消费金融市场研究报告[R/OL].(2016-03-21)[2017-03-15]. http://www.iresearch.com.cn/report/2554.html.

[②] Banasik J, Crook J, Thomas L. Sample selection bias in credit scoring models[J]. Journal of the Operational Research Society, 2003, 54(8): 822-832.

的人群感知利得影响(r=-0.068,p>0.1)不显著,可能是这部分人群对信贷业务相对了解,所以业务宣传水平的高低就不再直接影响受访者的态度,而本研究中发现业务宣传水平对整体感知利得的影响不显著,与样本中大部分受访对象都有信贷经验有关。但在对信贷经验分组分析时,发现业务宣传水平在无信贷经验受试者群组中,对感知利得的影响(r=-0.269,p<0.01)是显著的。可见,业务宣传能够影响无信贷经验的游客的感知利得,而消费激励体系(r=-0.017,p>0.1)对他们则并没有那么重要。这点也是由于信贷经验的缺乏,对信贷出行本身缺乏了解而使他们不会过于关注信贷出行的副产品-消费激励体系了。

12.5　结论与启示

(1) 促成条件通过影响感知利得影响信贷出行采纳意愿

在影响感知利得的几大要素中,促成条件是影响感知利得的最重要因素,OTA平台可以从多方面完善促成条件。

第一,保证基本功能,满足支付多样化需求。对一款消费信贷产品,最重要的就是能够允许用户自主选择贷款方式和还款方式,OTA平台在产品分期中应该给予游客多种方案以供选择,目前大多开通信贷出行服务功能的OTA平台还款行为不支持未绑定借记卡或者第三方支付进行还款,对游客还款行为产生不便。OTA平台应该允许多种还款方式,支持主流第三方支付接入,一方面满足了那些不愿意绑定太多借记卡或者个人账户的游客的多样化需求,另一方面OTA平台还可以为主流第三方支付用户开放分期支付权限,并借助第三方支付平台为本平台进行业务宣传,从而形成彼此互惠的流量交换。

第二,完善产品设计,保证服务品质。首先,平台应保障信贷出行业务过程中系统页面的稳定流畅,尽量减少卡顿、反复验证等不利于用户体验的情况;其次,OTA平台应该建立和完善专业客户关系管理系统,完善与游客的沟通交流与服务,客服应该保持高效响应性,可以将自动应答系统与人工客服结合使用,但是要利用科技革新保证自动应答系统的智能性,能够对游客问题进行有效识别,在游客对自动应答系统结果不满意时快速切换到人工客服,同时保障留言功能的使用,对未及时回应的游客进行留言的反馈,提高服务质量,尽量减少游客不快感。

第三,创新服务,扩大信贷使用范围。首先,现今已开通信贷出行的OTA平台多无退费机制,即便游客提前还款也无法取消未进入周期的服务费用或者利息,这对游客自主权造成损害。OTA平台应该在允许游客提前还款的同时,支持退回游客未进入周期的期数服务费用或者利息,如果将服务费用或者利息的计算周期以周计或日计,则能更大限度地打消游客使用顾虑,激发游客对该服务的采纳意愿。其次,目前OTA平台仅支持对特定旅游线路进行信贷出行业务的使用,服务范围有限,而普通出行中的机票、火车票、酒店、出境游中涉及的保证金等许多领域尚未引入,OTA平台未来可以对不同信用级别的游客在这些领域逐渐开放信贷支付,进一步培养用户信贷出行习惯。

(2) 交易成本通过影响感知利得、感知利失影响信贷出行采纳意愿

本研究发现交易成本对感知利得和感知利失有显著影响。OTA平台在进行旅游产品信贷出行服务交易价格定价时,首先,应该转变盈利观念、灵活定价,擅与银行合作、灵活利用利率期权[①]、免息期等要素组合实现对利率灵活收取。其次,促进技术革新,提高业务风控水平,减少服务费用,从成本上给予游客最大的优惠。再次,有文献曾指出零售商应该尽量给予游客物美价廉的省钱感[②],Zeithaml也提出影响消费者行为意愿的应是主观的感知价格水平而非客观的商家资费大小[③],即价格的呈现形式能够影响用户的价格感知。有学者在对企业应如何表达价格来降低感知价格的研究中指出,如果是享乐型产品,应该采用相对数的定价方式,关注整体价格的比较;如果是实用型产品,应采用绝对数的定价方式,关注局部优惠。鉴于信贷出行服务属于享乐品衍生物,对其交易价格进行定价时,可以采用相对定价的方式,从主观上减弱游客的感知成本。

(3) 支付安全性通过影响感知利得影响信贷出行采纳意愿

本研究发现支付安全性对感知利得影响显著,在绑定借记卡或其他支付账户时平台给予的安全性会对游客是否愿意使用该服务产生直接影响。首先,OTA平台在提高支付安全性方面应在支付过程中增加标准密钥和数字证书,关注最新技术,引进吸收信息技术最新成果,不断完善平台防火墙,减少相关漏洞,对用户账户信息进行多重保护。其次,要建立有效的检测体系,定期更新,对网络安全隐患能够做到第一时间的预测与防范,同时设置完善的提醒机制,一旦发现异常应该立刻冻结账户并马上联系用户,核实信息。再次,这些为保障游客支付安全的努力也应以简洁明朗的条款形式出现在支付页面,向游客建立可靠、值得信赖的形象,使游客能够放心地使用信贷出行服务。

[①] 利率期权是一项关于利率变化的权利。买方支付一定金额的期权费后,就可以获得这项权利:在到期日按预先约定的利率,按一定的期限借入或贷出一定金额的货币。这样当市场利率向不利方向变化时,买方可固定其利率水平;当市场利率向有利方向变化时,买方可获得利率变化的好处。利率期权的卖方向买方收取期权费,同时承担相应的责任。

[②] 吴锦峰,常亚平,侯德林. O2O零售系统顾客采纳意愿实证研究——基于网络购物经验的调节作用[J]. 中国流通经济,2016,30(5):72—80.

[③] Zeithaml V A. Consumer perceptions of price, quality, and value: A means-end model and synthesis of evidence[J]. Journal of Marketing, 1988, 52(3): 2-22.

(4) 操作便利性通过影响感知利得影响信贷出行采纳意愿

本研究发现操作便利性对感知利得影响显著，OTA 平台在提高操作便利性上可以通过加快技术革新，来提高信贷出行操作便利性。

第一，简化流程，引入轻量级操作指引。首先，OTA 平台应该在网页以及移动客户端的设计上充分考虑用户体验，通过对信贷出行业务流程的梳理，优化操作步骤，务必使信贷出行操作方式灵活、简便，本研究中发现女性对操作便利性要求更高，所以在流程设计过程中可以多参考女性思维，以便更好地满足女性游客的需求。其次，目前虽然大多数用户具备一定的网络经验和使用经验，但是对于部分不太熟悉普通应用的潜在用户，可以采用时下流行的短语音或者 GIF 图来进行操作指导。再次，平台可以将热门问题做成相关链接，使其导向表达通俗、简单具象化的解答，以便游客能够自主解决所遇的各种疑问。通过网站全方位引导，使游客快捷、准确地理解信贷条款以及完成信贷出行的操作，缓解游客的心理障碍，节约游客的时间。

第二，信息及时更新，提供费率试算工具。游客进行在线交易时，缺乏传统旅行社或者银行客服人员的讲解，需要靠自己提炼重要信息，因此与信贷有关的重要信息标识是否清楚易懂显得格外重要。OTA 平台要注意与信贷有关的信息（比如利率与服务费用收取方式、收取金额等）的更新及时性，可以提供费率试算工具，为游客提供一站式信息展示，实现 OTA 平台与游客需求的有效对接，增强游客与页面的互动，提高游客的便利性感知。

(5) 消费激励体系通过影响感知利得影响信贷出行采纳意愿

本研究发现消费激励体系对感知利得影响显著，OTA 平台目前基本都有会员积分等制度，未来可以通过多种方式使消费激励体系发挥出最大用处。

第一，消费激励体系激励方式灵活化。目前 OTA 平台已有的消费激励包括会员积分的增加，与信贷出行有关的激励措施包括个人信用额度、信用分数的提升，但是信用额度与信用分数并未挂钩。未来 OTA 平台可以拓宽思路，将激励方式更加多元化，引入功能特权与乐趣性。例如，设定信用分数级别划分，高等级用户能够为他人进行身份验证、积分转正，或者向强关系亲友转赠信用额度，既满足高等级用户的虚荣心，也满足低等级用户受信用额度限制而无法进行信贷出行的需求，这是功能性层面。而乐趣性层面，可以借鉴网络沟通工具发展中使用较多[①]的激励措施，OTA 平台可以为高等级用户设置鲜明而有质感的身份标识，拥有该标识的用户具备平台其他业务特权，比如评论可以带气泡、头像可以搭配装饰等。

第二，积分兑换不再是"面子工程"。游客通过 OTA 平台消费或者信贷出

---

① 孙巧利.基于感知价值的网络沟通工具用户使用意愿研究[D].成都：电子科技大学硕士学位论文，2013：57.

行后提前还款,会得到平台的积分回馈,这种积分通常可以兑换一定的礼品。然而近些年各种电商平台对积分可兑换的礼品越来越"面子化",多是滞销产品的促销券,或者使用门槛较高的优惠券等。商家这种行为无法使顾客感受到切实的利益回报和自我满足,反而丧失了积分设置的初衷。首先,OTA平台应该发放可以转赠的起用门槛适度的火车票、飞机票、酒店优惠券,以免造成积分兑换的"领了也白领"的后果。其次,OTA平台可以将积分与自身平台特征结合,可以与地方旅游业进行合作,提供游客定制的旅游明信片、纪念品、特产试吃等,既能够使顾客得到实惠,也能够带动地方旅游业发展。再次,积分兑换渠道要保持通畅便捷,为游客兑换行为提供良好的体验,进一步鼓励游客对平台激励措施的参与。通过以上方式,实现消费激励体系的真正的人性化和个性化。

(6) 财务风险、隐私风险通过影响感知利失影响信贷出行采纳意愿

本研究发现财务风险对感知利失影响显著。OTA平台信贷出行业务相关的财务风险主要是逾期滞纳金的收费条件、收取方式和收取费率,OTA可以通过两方面来尽量降低游客的财务风险:一方面,逾期滞纳费用的关键信息(包括收费条件、收费方式等)要放在页面的显眼位置,进行清晰标识,并通过周密计算,对逾期滞纳费用收取利率进行合理定价,对逾期行为可以实行阶梯收费,最大限度地保护因遗忘而非有意逾期偿还贷款的游客利益;另一方面,建立完善的还款提醒机制,游客可以自主定义即将到还款日时接受的提醒方式(短信或邮件,提前一天还是提前一周),对超过还款日未还款的用户尽快进行电话提醒,以防用户遗忘。

本研究发现隐私风险对感知利失影响显著,回归分析的结果也发现学历越高、收入越高的游客对隐私风险越在意,这部分游客也是信贷出行服务的潜在优质用户,更说明OTA平台提高隐私保护的必要性。事实上,在游客进行注册或者购物行为过程中,OTA平台已经掌握了用户的账户和身份信息,但是不能非法收集和商用游客的个人信息,不要发送垃圾邮件,也不要过于频繁地发送无关推广信息。同时注重管理体系的建立与保障条款的声明,在展示隐私保护声明时,要对重要信息进行着重标识,提醒游客查看平台对游客隐私保护的重要承诺,增加游客对OTA平台的信赖。

另外,虽然本研究发现业务宣传水平对感知利得影响不显著,但是对于无信贷经验的游客,业务宣传水平对感知利得的影响是显著的。这说明OTA平台不能放松业务宣传,要有的放矢。

OTA平台在进行信贷出行业务宣传时应该注意锁定目标用户,建立高效的信息传播途径,找准宣传语言与宣传风格,增强信贷出行业务的认可度。通过《2016年中国互联网消费金融市场研究报告》,消费信贷的主要受众集中于20—

30岁、具备一定教育程度的年轻用户[①]，这类群体对新鲜事物具有良好的接受能力，敢于尝试新事物，且具备良好的学习能力。因此，OTA平台在进行推广宣传时，可以选择高校、商业区或者年轻人社区等青年群体集中地，或者针对旅游爱好者互动社区等因共同兴趣而集合的人群进行营销策略的制定。宣传手段也要考虑该群体年轻人的社交习惯，要定位于年轻人关注度较高的网络媒体、微信、微博等，并通过关系营销、病毒式营销等方式实现该群体之间的相互影响，同时宣传语言是一种重要语言，代替产品率先跟消费者见面，应该兼具时效性并符合现代人审美[②]。而宣传内容，由于旅游产品属于享乐型产品，在进行营销传播时可以主打感性诉求方式进行广告设定[③]，且信贷出行属于利用借贷方式购买非耐用品的消费不太符合中国消费者的传统理念，所以业务宣传中要将信贷出行的形象塑造为轻松、时尚、娱乐的形象，结合旅行爱好者的喜好，则更能贴近年轻消费者的消费心理。通过以上方式来达成信贷出行业务的宣传推广，来提高该平台信贷出行业务的认知度。

---

① 艾瑞集团.iResearch—2016年中国互联网消费金融市场研究报告[R/OL].(2016-03-21)[2017-03-19]. http://www.iresearch.com.cn/report/2554.html.

② 武晨淇.旅游宣传语言对消费者购买意愿的影响研究[D].兰州：兰州财经大学硕士学位论文，2015:9.

③ 郭国庆，周健明，邓诗鉴.广告诉求与购买意愿：产品类型、产品涉入的交互作用[J].中国流通经济，2015，(11)：87—95.

13 负面信息对 P2P 网络借贷平台贷方持续使用意愿的影响研究

在现有的互联网金融模式中,P2P 网络借贷有着非常迅猛的发展势头。2005 年,全球首家 P2P 网络借贷平台 Zopa 在英国诞生。2007 年,我国第一家 P2P 网络借贷平台拍拍贷成立。随后几年,公众对 P2P 借贷的认知度尚低,我国 P2P 网络借贷发展缓慢,直到 2012 年,我国小微企业融资需求难以从传统金融机构得到满足,P2P 网络借贷发展进程加速,2014 年我国 P2P 网络借贷平台数量达 2238 家,同比增长 335.4%,2017 年交易额达 28048.5 亿元人民币,活跃投资者数量 450.8 万人,行业呈现爆发式增长[1]。如今,P2P 网贷业务作为互联网金融的重要组成部分已经成为一股不容小觑的金融服务力量。

然而,在 P2P 网络借贷迅速发展的同时,由于其性质不明确,法律监管缺失,内部治理不完善,导致各种风险事件层出不穷。2011 年 9 月,贝尔创投成为我国首家涉嫌诈骗的 P2P 网络借贷平台,涉案资金约 300 万元。随后,国内 P2P 网络借贷行业掀起一股"倒闭潮"和"跑路风"。统计数据显示,截至 2016 年 11 月末,全国 P2P 网络借贷累计停业及问题平台总数高达 3345 家,涉及投资人数 42.9 万人,涉及贷款余额约 243.4 亿元,这些平台问题大都集中在卷款跑路、提现困难、停业和经侦介入等问题[2]。问题事件的频频发生,使得公众对 P2P 网络借贷平台的关注度持续上涨,随之而来的是大量的负面舆论,在这样的背景下,了解负面信息如何影响 P2P 网络借贷平台贷方的持续使用意愿对于平台维持用户黏性,减少用户流失具有重要意义。本研究借鉴前人已有成果,基于感知风险理论、前景理论、信息处理理论和信息论分析负面信息对 P2P 网络借贷平台贷方持续使用意愿的影响,重点解决以下两个问题:

(1) 哪些因素会对 P2P 网络借贷平台贷方的持续使用意愿产生影响,各因素影响程度如何?

(2) P2P 网络借贷平台应如何改进其产品/服务以及采取哪些业务发展策

---

[1] 中文互联网数据资讯网.2019 年中国 P2P 借贷行业市场研究报告[EB/OL].(2019 - 10 - 16)[2020 - 12 - 08]. http://www.199it.com/archives/949676.html.

[2] 网贷之家.前 11 月停业及问题平台激增 1645 家,年末或迎退出潮[EB/OL].(2016 - 12 - 2)[2020 - 12 - 08]. https://www.wdzj.com/zhuanlan/guancha/17 - 3232 - 1.html.

略,从而帮助平台在负面信息存在的情况下减少平台用户的流失?

本研究目的在于从 P2P 网络借贷的负面信息出发,探究其对用户持续使用意愿的影响作用,以期丰富互联网金融领域网络借贷研究相关的理论体系,为平台方的服务改进和实践管理策略提供参考意见。

13.1　研究假设

(1) 信息说服力对感知风险的影响

Petty 等认为负面信息的逻辑性越强,说服力也就越强[1]。Fragale 等则认为,当负面信息解释详细且引用定量数据时,信息就越容易被用户接受,从而对用户的影响就越大[2]。Lee 等的研究表明负面信息质量会影响用户态度的形成[3],Lee 等指出在线购物中,消费者的感知在线评论质量会影响消费者的情绪状态,进而影响消费者的行为[4]。同样的,国内有学者证实了在网络购物环境下,负面信息质量会负向影响感知风险[5]。由于高质量信息比低质量信息更有说服力,基于此,本章认为在出现有关 P2P 网络借贷的负面信息时,信息说服力越高,则用户感知到的风险越高。据此,提出如下假设:

H1:负面信息说服力会对用户购买 P2P 网络借贷平台产品带来的感知风险有显著的正向影响。

(2) 信息负面程度对感知风险的影响

信息负面程度,是指信息否定态度的强烈程度。黎小林认为,可从信息给人的印象、信息表达的语气等角度衡量信息的负面程度,即信息给人的印象越深、语气越坚定,则信息的负面程度越强[6]。庄爱玲等认为,负面信息表达的感情的强烈、反映的事件的严重性以及给信息相关者带来的伤害的大小也可以用来衡

---

[1] Petty R E, Wegener D T, Fabrigar L R. Attitudes and attitude change[J]. Annual Review of Psychology, 1997, 48(1): 609-647.

[2] Fragale A R, Heath C. Evolving informational credentials: The (mis) attribution of believable facts to credible sources[J]. Personality and Social Psychology Bulletin, 2004, 30(2): 225-236.

[3] Lee J, Park D H, Han I. The effect of negative online consumer reviews on product attitude: An information processing view[J]. Electronic Commerce Research & Applications, 2008, 7(3): 341-352.

[4] Lee M B, Suh K S, Whang J. The impact of situation awareness information on consumer attitudes in the Internet shopping mall[J]. Electronic Commerce Research & Applications, 2003, 2(3): 254-265.

[5] 孙若凡. C2C 环境下消费者网络购物的决策模型[D]. 四川:西南财经大学硕士学位论文, 2011:54.

[6] 黎小林. 负面口碑对顾客购买意愿的影响[J]. 科技经济市场, 2007, (4):268—269.

量信息的负面程度①。

不同严重程度的负面信息会使用户产生不同程度的恐惧感,而研究发现恐惧感会带来用户态度的改变②。一些研究证实了信息的负面程度会影响用户对品牌的评估以及感知风险。黎小林认为,信息负面程度会影响用户的态度和决策行为③。Chiou 等的研究也证实,网络负面信息的负面程度越强,其对信息接收者的影响就越大④。由此可以推测,在 P2P 网络借贷存在负面信息的情况下,信息的负面程度越强,投资者感知到的风险就越大。基于此,提出如下假设:

H2:信息负面程度会对用户购买 P2P 网络借贷平台产品所带来的感知风险有显著的正向影响。

(3) 信息相关性对感知风险的影响

信息相关性,是指信息接收者感知到信息与自身相关的程度。Einwiller 等认为,信息接收者感知到信息所涉及的事件与自己高度相关时,那么信息对他们的影响就越大⑤。类似的,Bordia 等指出,当用户感知到负面信息涉及的事件对自己是重要的且相关时,用户则更容易受负面信息影响⑥。此外,研究也发现,当信息的相关性越高时,用户会变得更加的焦虑与痛苦,从而感知风险会增加⑦。据此可以推测,在出现有关 P2P 网络借贷的负面信息时,若用户感知到更高的信息相关性,那么他会变得焦虑、紧张,从而带来更高的感知风险。基于此,提出如下假设:

H3:负面信息相关性会对用户购买 P2P 网络借贷平台产品所带来的感知风险有显著的正向影响。

---

① 庄爱玲,余伟萍. 道德关联品牌负面曝光事件溢出效应实证研究——事件类型与认知需求的交互作用[J]. 商业经济与管理,2011,(10):60—67.

② An P, Keller, Block L G. Increasing the persuasiveness of fear appeals: The effect of arousal and elaboration[J]. Journal of Consumer Research,1996,22(4):448-590.

③ 黎小林. 负面口碑对顾客购买意愿的影响[J]. 科技经济市场,2007,(4):268—269.

④ Chiou J S, Hsu C F, Hsieh C H. How negative online information affects consumers' brand evaluation: The moderating effects of brand attachment and source credibility[J]. Online Information Review,2013,37(6):910-926.

⑤ Einwiller S A, Kamins M A. Rumor has it: The moderating effect of identification on rumor impact and the effectiveness of rumor refutation1[J]. Journal of Applied Social Psychology,2008,38(9):2248-2272.

⑥ Bordia P, Difonzo N, Haines R, et al. Rumors denials as persuasive messages: Effects of personal relevance, source, and message characteristics[J]. Journal of AppliedSocial Psychology,2005,35(6):1301-1331.

⑦ Chiou W B, Chang M H, Chen C L. The moderating role of personal relevance on differential priming of anxiety and sadness on perceived travel risk: a replication[J]. Psychological Reports,2009,104(2):500-508.

(4) 来源渠道可靠性对感知风险的影响

Tseng 等将来源渠道可靠性定义为信息接收者对信息来源主体相信的程度,是信息接收者对信息源可靠程度的主观认知[①]。一些学者认为,信息来源的专业性和来源偏差是来源可靠性的两个影响因素[②③]。来源专业性,是指提供信息的主体或者平台是否有能力提供该信息;来源偏差也就是来源的可信度,知识来源信息可能存在的偏差。当提供信息的主体或者平台拥有较高的专业性并且所提供的信息不易产生偏差时,则认为来源渠道的可靠性较高。除了上述这两个因素外,Gelfert 认为权威性和熟悉度也是判断来源可靠性的重要因素[④],具体而言,来自官方或权威的机构的信息更理性,相比于匿名或者陌生的信息来源,来自自己所熟悉的群体的信息更容易被人接受。

研究发现,用户在看到来自某信息发布平台上的信息时,都会花些时间来评估发布该信息的主体以及发布该信息的平台本身,然后再做出反应[⑤]。吴思等发现负面信息来源渠道的可靠性越高,则用户感知到的风险越大[⑥]。基于此,本研究认为当 P2P 网络借贷用户在某一信息发布平台上看到有关 P2P 网络借贷平台的负面信息时,首先会判断该信息来源主体和来源平台的可靠性,然后才会在该信息的基础上判断自己投资 P2P 网络借贷所带来的感知风险的大小,即来源平台或主体越可靠,用户感知到的风险就越大。基于此,提出如下假设:

H4a:来源平台可靠性会对用户购买 P2P 网络借贷平台产品所带来的感知风险有显著的正向影响。

H4b:来源主体可靠性会对用户购买 P2P 网络借贷平台产品所带来的感知风险有显著的正向影响。

(5) 参照群体意见对感知风险和感知收益的影响

Kotler 等提出,参照群体是指对一个人的态度或行为有直接或间接影响的所有群体[⑦]。参照群体可分为成员群体和非成员群体,成员群体是指个人所从

[①] Tseng S, Fogg B J. Credibility and computing technology[J]. Communications of the ACM, 1999, 42(5): 39-44.

[②] Buda R. Consumer product evaluation: The interactive effect of message framing, presentation order, and source credibility[J]. Journal of Product & Brand Management, 2000, 9(4): 229-242.

[③] Birnbaum M H, Stegner S E. Source credibility in social judgment: Bias, expertise, and the judge's point of view[J]. Journal of Personality and Social Psychology, 1978, 37(1): 48-74.

[④] Gelfert A. Coverage-reliability, epistemic dependence, and the problem of rumor-based belief[J]. Philosophia, 2013, 41(3): 763-786.

[⑤] Brown J, Broderick A J, Lee N. Word of mouth communication within online communities: Conceptualizing the online social network[J]. Journal of Interactive Marketing, 2007, 21(3): 2-20.

[⑥] 吴思,廖俊云. 产品伤害信息来源可信度对感知风险的影响[J]. 商业研究, 2013, (12): 90—96.

[⑦] Kotler P, Armstrong G. 市场营销原理(第9版)[M]. 赵平,王霞,译. 北京:清华大学出版社, 2003: 162.

属并对他有着直接影响的群体,包括家人、朋友等;非成员群体分为渴望群体(aspirational groups)和规避群体(dissociative groups),渴望群体是指用户通过观察其行为与动态,并以此为标准作为自己追求目标的群体,如明星等公众人物及其追随者所构成的群体;规避群体则是指用户想要与其划清界限的群体。本研究结合P2P网络借贷的特性,将参照群体分为专家群体和有类似投资经验的投资者群体。

研究表明,在金融市场中,人的投资行为是非理性的,他们的投资决策极容易受到其他群体提供的信息的影响。出于风险规避的考虑,投资者会尽可能地搜集相关信息来减少投资的不确定性,这就促使投资者更加关注参照群体的信息。尤其是在信息不充分的情况下,投资者往往不会依赖自己所拥有的信息,而是根据参照群体的意见、态度和行为等做出决策[1]。本研究认为,P2P网络借贷作为一种新型的金融投资方式,在出现有关其负面信息时,投资者往往更加关注参照群体的意见,当参照群体认同负面信息的观点时,投资者会感知到更高的风险;相反,当参照群体不认同负面信息的观点时,投资者则可能会感知到更高的收益。基于此,提出如下假设:

H5a:参照群体对负面信息的意见对用户购买P2P网络借贷平台产品所带来的感知风险有显著影响,参照群体对信息的认同度越高,用户的感知风险越高。

H5b:参照群体对负面信息的意见对用户购买P2P网络借贷平台产品所带来的感知收益有显著影响,参照群体对信息的认同度越低,用户的感知收益越高。

(6) 风险态度对感知风险的影响

Wärneryd提出,风险态度是指投资者对资金的处理方式以及对风险的喜恶程度,根据投资者对风险的喜恶程度,可将风险态度分为风险规避型、风险偏好型和风险中立型[2]。风险规避型投资者偏向于逃避风险,在购买投资产品时以尽可能降低风险为原则,喜欢风险较低的方案;风险偏好型投资者则喜欢追求刺激,在购买投资产品时偏向于选择产品价值较高而不惜冒一定风险的方案;风险中立型投资者对风险的大小不敏感,风险的变化对其影响不大。

在互联网金融领域,一些学者实证研究发现,风险态度对用户的感知风险有

---

[1] 刘婷. 参考群体的不同信息对金融投资者行为模式差异的影响研究[D]. 四川:西南财经大学硕士学位论文,2011:58.

[2] Wärneryd K E. Risk attitudes and risky behavior[J]. Journal of Economic Psychology, 1996, 17(17): 749-770.

着显著的正向影响,风险规避型的用户感知风险会越高[①②]。P2P 网络借贷作为一种新型的互联网金融模式,目前正处于爆发式发展阶段,征信体系不完善,监管体制不健全,P2P 网络借贷平台问题百出,网络上有关 P2P 网络借贷的负面信息频现,给用户带来了多样的风险感知。在面对有关 P2P 网络借贷平台的负面信息时,风险规避型的投资者可能会增加心理压力,并且感知到更多的资金损失可能、自己所投资的平台跑路等可能存在的风险;相反,风险偏好型投资者则会更多地关注 P2P 网络借贷平台会给自己带来的高收益,而感知到较少的风险。基于此,提出如下假设:

H6:用户对负面信息的风险态度会对购买 P2P 网络借贷平台产品所带来的感知风险有显著影响,风险规避型用户的感知风险越高,风险偏好型用户的感知风险越低。

(7) 知识丰富度对感知风险和感知收益的影响

知识丰富度,是指拥有某方面知识或者经验的丰富程度。Chaiken 指出,用户的经验和知识是态度形成的关键因素[③]。研究表明,用户更愿意接受与自己态度相一致的信息[④⑤⑥]。Einwiller 等在研究中也指出,人们对于自己已有的知识信念具有强烈的自我防护意识,因而更愿意接受与已有的知识经验不违背的信息[⑦]。

在金融市场中,信息往往是不确定的、高速变化的和不对称的,由于投资者的知识构成结构各不相同,他们对所获得信息的准确性的判断也会有很大的差异。Kiel 等研究发现,产品经验较少的用户会感知到更高的风险[⑧]。同样的,在出现 P2P 网络借贷相关的负面信息时,有丰富知识或者经验的投资者往往会质

---

① 关佩仪.互联网现金管理类理财产品使用意愿的影响因素研究[D]. 广州:华南理工大学学位论文,2014:68.

② 章以金.互联网金融感知风险及其影响因素研究——以支付宝平台为例[D]. 南京:南京大学硕士学位论文,2015:47.

③ Chaiken S. Heuristic versus systematic information processing and the use of source versus message cues in persuasion[J]. Journal of Personality & Social Psychology, 1980, 39(5): 752-766.

④ Ditto P H, Scepansky J A, Munro G D, et al. Motivated sensitivity to preference-inconsistent information[J]. Journal of Personality & Social Psychology, 1998, 75(1): 53-69.

⑤ Kunda Z. The case for motivated reasoning[J]. Psychological bulletin, 1990, 108(3): 480-498.

⑥ Lord C G, Ross L, Lepper M R. Biased assimilation and attitude polarization: The effects of prior theories on subsequently considered evidence[J]. Journal of personality and social psychology, 1979, 37(11): 2098-2109.

⑦ Einwiller S A, Kamins M A. Rumor has it: The moderating effect of identification on rumor impact and the effectiveness of rumor refutation1[J]. Journal of Applied Social Psychology, 2008, 38(9): 2248-2272.

⑧ Kiel G C, Layton R A. Dimensions of consumer information seeking behaviour[J]. Journal of Marketing Research, 1981, 18(2): 233-239.

疑负面信息内容的准确性,不愿意接受与其知识或者经验相违背的信息,从而他们感知到的风险也较低,并且知识或者经验较丰富的投资者往往会感知到较高的收益。基于此,提出如下假设:

H7a:用户对负面信息所涉及知识的丰富度会对购买 P2P 网络借贷平台产品所带来的感知风险有显著的负向影响。

H7b:用户对负面信息所涉及知识的丰富度会对购买 P2P 网络借贷平台的产品所带来的感知收益有显著的正向影响。

(8) 感知风险对持续使用意愿的影响

国内外许多学者研究发现,感知风险会对用户的使用意愿或者持续使用意愿产生显著的负向影响。Forsythe 等研究发现感知风险会负向影响消费者的在线购物态度和购买意愿[1]。董婷通过实证研究发现,感知风险会负向影响移动支付用户的持续使用意愿[2]。同样的,沈莉在研究手机银行持续使用意愿时也发现,感知风险对用户的持续使用意愿会有显著的负向影响[3]。鉴于此,本章有理由认为投资者购买 P2P 网络借贷平台产品时的感知风险越大,其后继续使用该平台投资的概率就越小。基于此,提出如下假设:

H8:用户购买 P2P 网络借贷平台的产品所带来的感知风险会对持续使用意愿有显著的负向影响。

(9) 感知收益对持续使用意愿的影响

目前,学者对于感知收益的定义略有差异,通常情况下,学者将其定义为是个人通过权衡相对回报(如质量和优势)与获得这种回报所需要的牺牲(如金钱、时间和精力)后,对产品或者服务的财务和非财务收益的综合评价;也在有的情况下,学者将感知收益定义为纯粹的财务上的收益。本研究沿用第一种定义,从所获得的利润、付出的时间、精力以及心理上的愉悦等角度综合衡量了使用 P2P 网络借贷所带来的感知收益。

提高用户的感知收益是一个企业长期业务成功的制胜策略。当用户感知到较高的收益时,他们往往会产生强大的动机促使他们做出对企业有利的决策,从而促进他们跟企业之间保持长久的关系,即他们会长期购买该企业的产品。大量学者通过研究证实,感知收益会正向影响用户的购买意愿以及持续购买意愿。本章认为用户购买 P2P 网络借贷平台的产品后感知到的收益越高,则他再次购买该平台产品的概率就越大。基于此,提出如下假设:

---

[1] Forsythe S M, Shi B. Consumer patronage and risk perceptions in Internet shopping[J]. Journal of Business Research, 2003, 56(11): 867 - 875.

[2] 董婷. 移动支付用户持续使用意愿研究[D]. 南京:南京大学硕士学位论文, 2013: 48.

[3] 沈莉. 基于 UTAUT 与感知风险模型的手机银行持续使用意愿研究[D]. 北京:北京邮电大学硕士学位论文, 2015: 41.

H9：用户购买 P2P 网络借贷平台的产品所带来的感知收益会对持续使用意愿有显著的正向影响。

13.2 研究模型

本研究基于前景理论构建研究模型，P2P 网络借贷贷方看到有关 P2P 网络借贷的负面信息并搜集整理信息，即编辑阶段；在这些负面信息的基础上，对所使用 P2P 网络借贷平台的感知风险进行评价，并决定是否继续使用为评价阶段。本研究从信息传播的角度，将第一阶段的负面信息拆分成信源、信道、信宿和传播环境四个方面。信源是指所传播的负面信息本身，从信息内容说服力、信息负面程度和信息相关性三个方面进行研究；信道是指信息传播的渠道，大量学者认为来源渠道的可靠性是评价在线信息的重要因素，来源渠道的可靠性会影响信息接收者对信息价值的判断，因此本研究模型引入来源渠道可靠性，具体从来源平台可靠性和来源主体可靠性这两个角度进行研究；信宿是指信息接收者，即指本研究中的 P2P 网络借贷的贷方，在研究 P2P 网络借贷这种高风险、高收益的投资形式时，信息接收者自身的风险态度和知识丰富度会影响他们自身对负面信息的判断，因此本研究从信息接收者的这两个方面进行考量；除了信息传播的三大关键因素，即信源、信道、信宿之外，传播环境对于贷方对信息的感知也是至关重要的，其中参照群体意见是投资者投资过程中的一个重要参考依据，可能会显著影响投资者对负面信息的感知，因此将其纳入本研究模型中来探究其对 P2P 网络借贷平台持续使用意愿的影响。本研究的研究模型如图 13.1 所示，模型中各变量测量指标及参考来源见表 13.1。

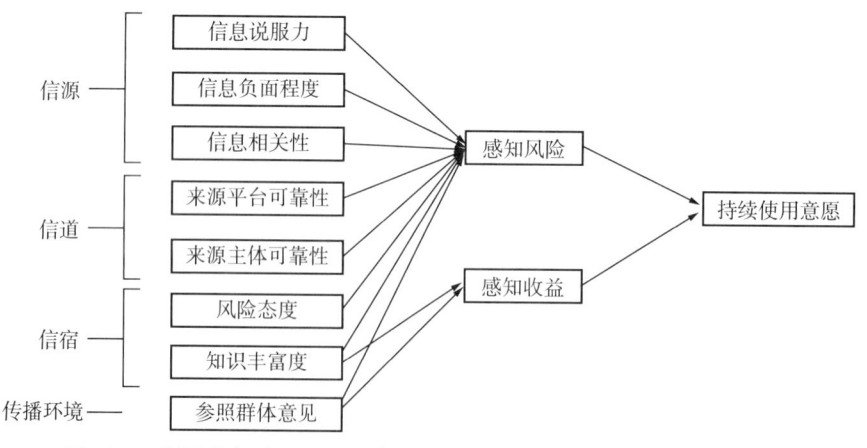

图 13.1 负面信息对 P2P 网络借贷平台贷方持续使用意愿影响研究模型

表 13.1 构念测量指标及参考来源

研究变量	测量指标	参考来源
信息说服力（IP）	IP1:该负面信息具有详细的细节呈现 IP2:该负面信息引用了定量数据 IP3:该负面信息是客观的 IP4:该负面信息是全面的	Hilligoss(2008); Gelfert(2013); Tamjidyamcholo 等(2013)
信息负面程度（ND）	ND1:该负面信息的语气是十分坚定的 ND2:该负面信息所表达的感情是强烈的 ND3:该负面信息所反映的事件是严重的 ND4:该负面信息的内容让我感到印象深刻	庄爱玲等(2011); 黎小林(2007)
信息相关性（IR）	IR1:该负面信息涉及的内容是我关心的 IR2:该负面信息涉及的内容或可能导致的后果是与我相关的 IR3:该负面信息涉及的内容对我是重要的 IR4:该负面信息涉及的内容对我是有价值的	Bordia 等(2005); Rosnow(1991)
来源平台可靠性（PRⅠ）	PRⅠ1:我对发布该负面信息的平台是熟悉的 PRⅠ2:我认为获取该负面信息的平台是可信赖的 PRⅠ3:我认为获取该负面信息的平台是专业的 PRⅠ4:我认为获取该负面信息的平台是有高知名度的	Grewal 等(1994); Harmon 等(1982)
来源主体可靠性（SR）	SR1:我对发布该负面信息的主体是熟悉的 SR2:我认为发布该负面信息的主体是可信赖的 SR3:我认为发布该负面信息的主体是专业的 SR4:我认为发布该负面信息的主体具有较高知名度	
参照群体意见（RO）	RO1:我身边有过投资经验的亲朋好友都对该负面信息持肯定态度 RO2:我所在或熟悉的投资者群体对该负面信息持肯定态度 RO3:主流媒体或投资专家对该负面信息持肯定态度	Peterson 等(1951)

（续表）

研究变量	测量指标	参考来源
风险偏好（RP）	RP1：在决定购买 P2P 网络借贷平台的产品前，我会先仔细考量 RP2：在购买 P2P 网络借贷平台的产品前，我会详细了解该平台及产品的相关信息 RP3：在购买 P2P 网络借贷平台的产品前，我宁愿花较多的时间考虑，也不愿事后后悔 RP4：当出现 P2P 网络借贷平台产品风险的信息时，我会非常关注	Warneryd(1996)；王崇(2007)
知识丰富度（KR）	KR1：我有丰富的 P2P 网络借贷投资经验 KR2：我熟悉或掌握 P2P 网络借贷相关的知识 KR3：我可以运用已有的知识或经验提出问题或找出负面信息中存在的漏洞 KR4：我所拥有的知识或经验足以明确判断负面信息的对错	Finlay(1996)；Bansal 等(2000)
感知风险（PRⅡ）	PRⅡ1：在使用 P2P 网络借贷平台的产品时，我担心平台跑路等问题而引起资金损失 PRⅡ2：如果购买的 P2P 网络借贷平台的产品遭受损失，我会有心理压力 PRⅡ3：如果使用的 P2P 网络借贷平台提现困难，我会感到心烦意乱 PRⅡ4：在购买 P2P 网络借贷平台产品后，我会变得紧张焦虑	Bhattacherjee(2001)
感知收益（PB）	PB1：购买 P2P 网络借贷产品会获得较高的利润 PB2：购买 P2P 网络借贷产品会减少资金损失 PB3：购买 P2P 网络借贷产品会让我心情愉悦 PB4：购买 P2P 网络借贷产品可以省时省力	Han 等(2013)
持续使用意愿（CW）	CW1：我会将 P2P 网络借贷作为一种常用的投资方式	Bhattacherjee(2001)

13.3 数据处理与分析

13.3.1 问卷情景设计

考虑负面信息的多样性以及样本量的均衡,本章采用情景式问卷,从负面信息的 9 个构念中选择了信息说服力、信息负面程度、信息相关性、来源平台可靠性、来源主体可靠性和参照群体意见这 6 个可控的构念作为情景因素。利用 SPSS 软件做正交实验,对 2(信息说服力:高 vs 低)×2(信息负面程度:高 vs 低)×2(信息相关性:高 vs 低)×2(来源平台可靠性:高 vs 低)×2(来源主体可靠性:高 vs 低)×2(参照群体意见:认同 vs 不认同)这 64 种情景做正交实验,提取了 8 种能够代表这 64 种情景特性的情景来检验上述假设,实验组具体情况如表 13.2 所示。

表 13.2 情景分组情况

情景分组	信息说服力	信息负面程度	信息相关性	来源平台可靠性	来源主体可靠性	参照群体意见
1	低	低	低	低	低	不认同
2	高	低	高	高	低	不认同
3	高	高	低	低	高	不认同
4	高	高	高	低	低	认同
5	高	低	低	高	高	认同
6	低	高	高	高	高	不认同
7	低	低	高	低	高	认同
8	低	高	低	高	低	认同

针对这 8 种情景,本章设计出 8 组阅读材料,每组阅读材料均以情景描述加信息文本的形式出现。阅读材料的开始给出了情景描述,情景描述中介绍了负面信息的来源平台特征和来源主体特征,随后给出的是负面信息内容文本以及参照群体意见文本。负面信息的内容和参照群体意见的内容都是参考了各大 P2P 论坛、新闻报道以及微博上关于 P2P 网络借贷的负面信息后,对其进行设计和编制而成。情景中,对上述 6 个因素的控制措施如下:

(1) 信息相关性的控制

考虑到调查对象所使用的 P2P 网络借贷平台各不相同,因而情景中负面信息所涉及的具体 P2P 网络借贷平台统一用"**平台"代替,并且将信息相关性的高低放在情景描述中加以控制。本章对信息的高相关性和低相关性的设定,如表 13.2 – 1 所示。

表 13.2 – 1 高、低信息相关性的表述

控制变量值	情景表述
相关性高	在信息发布平台上看到一些有关您目前正在投资的 P2P 网络借贷平台的负面信息
相关性低	在信息发布平台上看到一些您曾经投资过(非目前正在投资)的 P2P 网络借贷平台的负面信息

(2) 来源渠道可靠性和来源主体可靠性的控制

由于被调查对象心目中可靠性高(或者低)的平台各不相同,因此本章将来源平台可靠性放在情景描述中进行控制。根据 Harmon 等提出的测量维度,本章从可信赖程度、专业性、权威性、知名度和熟悉度这五个方面控制了来源平台的可靠性[①]。同理,来源主体可靠性的高低也是在情景描述中以同样的方式进行控制。来源平台可靠性和来源主体可靠性高、低的设定,如表 13.2 – 2 所示。

表 13.2 – 2 高、低可靠性的表述

控制变量值	情景表述
来源平台可靠性高	在业内是权威的、专业的、有较高知名度的,并且您也经常访问的平台
来源平台可靠性低	很少被人提及、非官方的,不专门发布投资理财相关的信息,并且您很少访问该平台
来源主体可靠性高	在业内是知名的投资专家,并且您对他也很了解
来源主体可靠性低	信息发布者是不知名的普通投资者,您也不认识这个人

(3) 信息说服力和信息负面程度的控制

信息说服力的高低和信息负面程度的高低统一在负面信息内容文本中控制。信息说服力主要参考了 Tamjidyamcholo 等提出的测量维度,从信息的客

---

① Harmon R R, Coney K A. The persuasive effects of source credibility in buy and lease situations [J]. Journal of Marketing Research, 1982, 19(2): 255 – 260.

观性、逻辑性、全面性、是否有引用定量数据和是否详细这五个方面进行控制①。信息负面程度主要参考了黎小林提出的测量维度,从感情强烈、语气坚定、事件的严重性、所产生后果的伤害力和是否让人印象深刻这五个方面进行控制②。纵观上述情景分组的情况,信息说服力和信息负面程度共有四种不同的组合,具体组合及其表述的设定见表 13.2－3。由于受情景中其他因素的控制,实际问卷中的情况不限于表中的四种。

表 13.2－3　信息说服力和信息负面程度高低表述

控制变量值	情景描述
信息说服力高 vs 信息负面程度高	我在**理财 16 号提现 80.3 元,18 号还没有到账就进网站看了下,显示提现失败,但是 80.3 元也没有退回到我的余额账户。于是我打电话过去,客服问了我的用户名后说回电话给我。过了 1 小时左右给我电话,告诉我公司现在规定"要是提现成功,就需要再投资 10000 元"。我当时就震惊了,表示不解,客服说没办法,公司现在就是这样规定的,然后就挂了我的电话。我想说,这种奇葩的平台我是不敢再投资 10000 元的,你敢吗?而且就算是提现失败,我余额里当时提现的钱却不见了,也没返还至我的余额账户!最后我想问一下,这种情况我打 315 举报会管吗?虽然才 80 多元,但是这种平台太气人了!
信息说服力高 vs 信息负面程度低	P2P 曝"刷单"问题,折射虚假繁荣。高额的成交量和用户量一度是网贷平台实力的象征,但随着网贷行业一些潜规则被曝光,这些指标就多了不少水分。根据央视 3.15 晚会的画面,融金所、借贷宝、网信理财、唐小僧等 P2P 平台通过刷单形成虚拟成交量,误导投资者等行为被曝光。P2P 行业的刷单分为平台主动为之和被刷单两种情况。对于平台主动刷单行为,一方面是平台恶意为之,虚构平台用户数据,伪造出平台受到热捧的假象,从而迷惑普通投资者或者风投;另一方面则是"羊毛党"的刷单行为。据了解,一些平台采用"拆标"手段进行刷单,长期通过拆短期、大额拆小额的方式提高平台成交量,例如,一个平台短期债权较多,14 天甚至 7 天、1 天等债权,那此类平台的成交量就非常容易虚高。
信息说服力低 vs 信息负面程度高	很多朋友反映,**平台资金到期,申请提现,客服不处理!运营也不理会,官群咨询后,无人理会,并踢人!**平台不处理提现,还踢人就已经触犯了投资人的底线!不管投多投少,不给提现,就是诈骗!

---

① Tamjidyamcholo A, Baba M S B, Tamjid H, et al. Information security - professional perceptions of knowledge-sharing intention under self-efficacy, trust, reciprocity, and shared-language[J]. Computers & Education, 2013, 68(4): 223 - 232.

② 黎小林. 负面口碑对顾客购买意愿的影响[J]. 科技经济市场, 2007,(4): 268—269.

(续表)

控制变量值	情景描述
信息说服力低 vs 信息负面程度低	今天有朋友向我反映,**理财承诺的高收益没有兑现,在这里提醒广大投资朋友们,不要被平台推出的高收益产品吸引而盲目投资。

(4) 参照群体意见的控制

参考群体认同与否在参考群体意见中控制。参照群体意见主要参考了Peterson等提出的测量维度[①],从有投资经验的亲朋好友、所在或熟悉的投资者群体、主流媒体或投资专家这三方面进行控制。参照群体认同、不认同的设定如表13.2-4所示,由于每组情景中的情况不同,表中只给出两个具体的例子。

表13.2-4 参照群体认同与不认同的表述

控制变量值	情景描述
参照群体认同	网络投资理财,一不小心,被骗的就是你。**友情提醒:远离非法融资,拒绝高利诱惑,警惕各类网络借贷产品。
参照群体不认同	为什么不说出实情,你们是撸羊毛的,网站已经公告了对你们这种羊毛客实行新的政策,我们投资人提现都是正常的,这是网站为防你们这种羊毛客的。

13.3.2 样本收集与描述

(1) 样本收集

基于研究模型及测量题项,本研究在"问卷星-专业的在线问卷调查、测评、投票平台"(http://www.sojump.com/)上制作和发布了本次调查问卷《负面信息对P2P网络借贷平台贷方的持续使用意愿研究调查问卷》(问卷详情见附录11-1),并以P2P网络借贷论坛、QQ、微信、贴吧、邮件等多种线上渠道为主,结合线下渠道进行推广传播。10天内共收回问卷555份。为保证回收问卷的质量,本研究将规律性作答和回答时间过短的问卷(小于100秒)进行剔除。此外,由于本章研究的是P2P网络借贷的持续使用意愿,将问卷第6小题回答未使用过P2P网络借贷平台进行投资的问卷剔除,共计得到428份有效样本,问卷有效率为77.12%。

(2) 样本描述

本研究利用SPSS18.0软件进行样本描述性统计,统计结果如表13.3所示。

---

① Peterson W A, Gist N P. Rumor and public opinion[J]. American Journal of Sociology, 1951, 57(2): 159-167.

从样本描述性统计结果中可以看出,本研究样本的男女比例接近1∶1,基本达到男女比例的均衡。从年龄分布来看,本研究被调查对象的年龄主要集中在21—39岁的学生群体和年轻上班族,约占样本总数的89.8%,这与我国网民的平均年龄分布相一致[①]。另外,有研究表明,"80后"和"90后"人群是P2P网络借贷投资的主力军,因此本研究的样本具有一定的代表性。从被调查对象的受教育水平来看,拥有本科学历的受访者的占比最多,约为样本总数的50%,其次是硕士研究生,超过90%的受访者拥有本科以上学历,因此本研究的调查对象拥有较高的学历,对P2P网络借贷这种新型投资方式的认知可能更深刻,有利于本研究的调查。从调查对象的月收入水平和所投资过的最大金额来看,超过80%的调查对象月薪和投资P2P网络借贷的最大金额均低于5000元,P2P网络借贷是一种"小额分散"的网贷模式,这种投资模式较适合收入不高的群体,因此本研究的样本具有一定的代表性。从调查对象使用互联网的时间来看,接近80%的受访者使用互联网的时间超过5年,因此本研究的调查对象拥有丰富的网络经验,而P2P网络借贷正是依托于互联网诞生的,调查对象能够满足样本需求。从一年内购买P2P网络借贷平台产品的次数来看,超过90%的调查对象购买频次低于10次,对于P2P网络借贷这种新型的互联网金融模式来说,研究购买频次较低的投资者的持续购买意愿的影响因素显得尤为重要,因此调查对象较符合样本需求。

表13.3 样本描述性统计

	分类指标	频率	有效百分比	累积百分比
性 别	男	186	43.5	43.5
	女	242	56.5	100.0
年 龄	≤20岁	34	7.9	7.9
	21—25岁	228	53.3	61.2
	26—30岁	120	28.0	89.2
	31—35岁	23	5.4	94.6
	36—40岁	13	3.1	97.7
	≥41岁	10	2.3	100.0

---

① 中国互联网信息中心. 第37次中国互联网络发展状况报告[R/OL]. (2016-01-22)[2016-04-14]. http://www.cnnic.cn/hlwfzyj/hlwxzbg/hlwtjbg/201507/P020150723549500667087.pdf.

(续表)

	分类指标	频率	有效百分比	累积百分比
学 位	大专及以下	19	4.4	4.4
	大学本科	211	49.4	53.8
	硕士研究生	179	41.8	95.6
	博士研究生	19	4.4	100.0
月收入	≤1000元	205	47.9	47.9
	1000—3000元	100	23.4	71.3
	3000—5000元	57	13.3	84.6
	5000—10000元	56	13.1	97.7
	≥10000元	10	2.3	100.0
网 龄	≤1年	4	0.9	0.9
	1—5年	74	17.3	18.2
	5—10年	248	57.9	76.1
	≥10年	102	23.9	100.0
使用频次	≤5	264	61.7	61.7
	5—10次	132	30.8	92.5
	10—20次	24	5.6	98.1
	≥20次	8	1.9	100.0
投资金额	≤500元	155	36.2	36.2
	500—1000元	24	5.6	41.8
	1000—5000元	169	39.5	81.3
	5000—10000元	45	10.5	91.8
	≥10000元	35	8.2	100.0

13.3.3 测量指标的统计分析

本研究利用SPSS18.0对42个测量指标进行单样本K-S检验及描述统计,表13.4给出了各测量指标统计分析结果以及K-S检验结果。由表可知,所有测量指标的渐进显著性均为0.000,非常显著,拒绝原假设(数据符合正态分布),因此本研究中的数据呈现非正态分布。由于样本数据呈非正态分布,本研究后续研究均利用 SmartPLS3.0 软件,使用最小二乘法进行参数估计及路径检验。

表 13.4 测量指标的统计分析结果

测量变量	测量指标	N	均值	标准差	极小值	极大值	K-S 值	渐近显著性(双侧)
信息说服力 (2.948)	IP1	428	3.1589	1.06577	1.00	5.00	5.681	0.000
	IP2	428	2.9496	1.21854	1.00	5.00	4.918	0.000
	IP3	428	3.0426	0.97449	1.00	5.00	4.710	0.000
	IP4	428	2.6395	1.00383	1.00	5.00	4.506	0.000
信息负面程度 (3.511)	ND1	428	3.4961	0.97840	1.00	5.00	7.110	0.000
	ND2	428	3.5543	1.00820	1.00	5.00	6.609	0.000
	ND3	428	3.5620	0.95634	1.00	5.00	6.299	0.000
	ND4	428	3.4302	1.01493	1.00	5.00	6.153	0.000
信息相关性 (3.457)	IR1	428	3.4806	1.12587	1.00	5.00	6.678	0.000
	IR2	428	3.4922	1.10160	1.00	5.00	5.971	0.000
	IR3	428	3.4109	1.10506	1.00	5.00	5.668	0.000
	IR4	428	3.4457	1.09676	1.00	5.00	5.272	0.000
来源平台可靠性 (2.996)	PRⅠ1	428	2.9109	1.07748	1.00	5.00	4.637	0.000
	PRⅠ2	428	3.0620	0.94305	1.00	5.00	5.215	0.000
	PRⅠ3	428	2.9845	0.94085	1.00	5.00	5.432	0.000
	PRⅠ4	428	3.0271	1.00254	1.00	5.00	4.773	0.000
来源主体可靠 (2.922)	SR1	428	2.8372	1.01094	1.00	5.00	4.263	0.000
	SR2	428	2.9767	0.89412	1.00	5.00	5.430	0.000
	SR3	428	2.9341	0.91986	1.00	5.00	5.403	0.000
	SR4	428	2.9380	0.94305	1.00	5.00	5.262	0.000
参照群体意见 (3.214)	RO1	428	3.2907	0.82955	1.00	5.00	5.049	0.000
	RO2	428	3.1860	0.83392	1.00	5.00	5.527	0.000
	RO3	428	3.1667	0.83569	1.00	5.00	5.669	0.000

(续表)

测量变量	测量指标	N	均值	标准差	极小值	极大值	K-S值	渐近显著性（双侧）
知识丰富度 (2.392)	KR1	428	2.1202	1.09947	1.00	5.00	4.951	0.000
	KR2	428	2.3295	1.13718	1.00	5.00	4.291	0.000
	KR3	428	2.4884	1.11906	1.00	5.00	4.355	0.000
	KR4	428	2.6279	1.09417	1.00	5.00	4.784	0.000
风险态度 (4.228)	RP1	428	4.3178	0.84057	1.00	5.00	6.445	0.000
	RP2	428	4.3178	0.80758	1.00	5.00	6.746	0.000
	RP3	428	4.2209	0.86890	1.00	5.00	5.924	0.000
	RP4	428	4.0543	0.93941	1.00	5.00	5.464	0.000
感知风险 (3.602)	PRⅡ1	428	3.8488	0.93428	1.00	5.00	6.741	0.000
	PRⅡ3	428	3.7403	0.83515	2.00	5.00	6.911	0.000
	PRⅡ4	428	3.4922	1.03245	1.00	5.00	4.724	0.000
	PRⅡ5	428	3.3256	1.00610	1.00	5.00	4.592	0.000
感知收益 (3.112)	PB1	428	3.2752	0.83483	1.00	5.00	5.135	0.000
	PB2	428	3.0736	0.85355	1.00	5.00	6.087	0.000
	PB3	428	2.9225	0.86001	1.00	5.00	5.658	0.000
	PB4	428	3.1783	0.93642	1.00	5.00	4.750	0.000
持续使用意愿 (2.952)	CW1	428	2.9612	0.96464	1.00	5.00	4.590	0.000
	CW2	428	2.9070	1.00439	1.00	5.00	5.593	0.000
	CW3	428	2.9884	1.02202	1.00	5.00	5.210	0.000

13.3.4 情景分组有效性检验

为检验本研究中的各变量是否受到情景分组的影响，本章对收集到的数据进行单因素方差分析，结果如表13.5所示。由表可知，不同情景分组中的信息说服力、信息负面程度、信息相关性、来源平台可靠性、来源主体可靠性、参照群体意见、知识丰富度、风险态度、感知风险、感知收益和持续使用意愿等变量之间存在显著差异，说明情景分组对于这些变量的控制是有效的。由于P2P网络借贷是一种新型的互联网金融模式，从表13.4可见知识丰富度得分均值只有2.392分（总共5分），目前投资者P2P网络借贷投资经验和知识普遍匮乏，因此知识丰富度不受情景分组控制，在各情景中没有显著的差异。

13 负面信息对P2P网络借贷平台贷方持续使用意愿的影响研究

表 13.5 情景分组对各测量变量的影响

变量名称	F 值	显著性
信息说服力	18.189	0.000
信息负面程度	7.300	0.000
信息相关性	5.200	0.000
来源平台可靠性	7.318	0.000
来源主体可靠性	5.926	0.000
参照群体意见	5.555	0.000
知识丰富度	1.887	0.070
风险态度	3.330	0.002
感知风险	6.726	0.000
感知收益	2.741	0.008
持续使用意愿	2.264	0.028

此外,本研究使用单因素方差分析检验了不同情景中人口统计变量是否存在显著差异,结果如表 13.6 所示。从表中可以看出各情景中被调查对象的年龄、性别、学位、月收入、网龄,以及使用 P2P 网络借贷的频次和投资金额均没有显著差异,说明各情景中样本的分布比较均衡,无显著差异。

表 13.6 情景分组对人口统计变量的影响

变量名称	F 值	显著性
年　龄	1.552	0.159
学　位	1.848	0.086
月收入	1.731	0.111
网　龄	1.538	0.163
使用频次	1.731	0.110
投资金额	1.881	0.057
性　别	1.827	0.090

13.3.5 信度检验与效度检验

(1) 信度检验

信度是指测量结果具有一致性或稳定性的程度,主要验证问卷所收集的数据的可靠性,信度越高,调查结果越可靠。信度测量包括内在信度和外在信度测量,内在信度是指测量同一构念的所有测量题项具有内在一致性,通常用

Cronbach's alpha 值进行检测。外在信度是指不同时间对同一测试者测试结果的一致性。本研究是希望检验问卷中的测量项是否能够真实地反映所需测量的构念,因此只进行内在的信度检验。各构念的 Cronbach's alpha 系数检验结果,如表 13.7 所示。

当 Alpha 系数大于 0.7 时,表示信度可被接受,当 Alpha 系数大于 0.8 时,表示比较可信,当 Alpha 系数大于 0.9 时,表示非常可信。由表 13.7 可以看出,本研究中所有测量构念的 Alpha 系数均在 0.8 以上,甚至有些测量构念达到 0.9 以上,表明问卷的测量指标均体现出较高的内部一致性,符合问卷信度检验标准,通过信度检验。

表 13.7 Cronbach's alpha 系数检验结果

测量构念	Cronbach's alpha
信息相关性	0.912
信息说服力	0.859
信息负面程度	0.798
参照群体意见	0.820
来源主体可靠性	0.914
来源平台可靠性	0.913
知识丰富度	0.892
风险偏好	0.900
感知收益	0.801
感知风险	0.821
持续使用意愿	0.892

(2) 效度检验

效度是指测量工具能够正确测量出所要测量问题的程度,主要验证问卷测量结果的有效性,效度越高,表明测量指标反映测量变量的程度越高,测量结果的有效性就越强。效度的测量通常包括两个方面,即内容效度和结构效度。内容效度是指测量题项能够满足测量目的的程度,本研究的调查问卷的设计是基于大量国内外前人实证研究的量表,在一定程度上保证了本研究调查问卷的内容效度。结构效度是指测量题项能够反映测量变量的概念或特征的程度,可以从两个方面进行检验,即收敛效度和区分效度。

收敛效度是用来检验同一个潜在变量通过多个不同的测量指标进行测量的有效程度,收敛效度越高,表示潜在变量的多个测量指标的内部一致性较高。收敛效度可以用组合信度(Composite Reliability,CR)和平均方差抽取量

(Average Variance Extracted，AVE)检验。组合信度是利用标准化的指标因素负荷量与误差变异量来进行估算，组合信度的值越大，表示测量模型具有较好的内部质量。平均方差抽取量是指所测量潜变量的各测量指标对该潜变量的平均方差解释量，其数值越大，表示测量指标越能有效地反映该测量构念的潜在特质。Smartpls 工具的 pls 算法可直接计算出 CR 值和 AVE 值，本研究中各变量的组合信度和平均方差抽取量的数值如表 13.8 所示。由表可知，本研究中所有测量变量的组合信度都大于 0.8，并且平均方差抽取量均在 0.6 以上，符合 CR 值大于 0.6 和 AVE 值大于 0.5 的标准，表明本问卷中所有变量的测量指标均具有较好的内部一致性，各测量指标均能很好地解释其对应的潜变量，收敛效度较好。

表 13.8 收敛效度检验结果

测量构念	CR	AVE
信息相关性	0.938	0.79
信息说服力	0.904	0.701
信息负面程度	0.867	0.619
参照群体意见	0.893	0.736
来源主体可靠性	0.935	0.783
来源平台可靠性	0.934	0.780
知识丰富度	0.925	0.756
风险偏好	0.930	0.768
感知收益	0.870	0.626
感知风险	0.880	0.648
持续使用意愿	0.933	0.822

区分效度是通过衡量不同潜在变量的测量指标落在不同共同因素上的可能，它反映了不同变量的测量项之间的相关度，区分效度越大，表示各变量的测量项之间的相关度就越小。区分效度主要是通过两种指标来评估：一是判断各变量的平均方差抽取量（AVE）的平方根是否大于该变量与其他变量之间的相关系数值；二是判断各测量项的因子载荷是否大于该测量项与其他测量变量之间的交叉系数[①]。从表 13.9 可以看出，各变量 AVE 的平方根均大于该变量与其他变量之间的相关系数，从表 13.10 也可以看出，各测量项的因子载荷也都大于该测量项与其他测量项之间的交叉系数，表明本研究中调查问卷所使用的测量题项是合理的，具有很好的区分效度。

---

① Gefen D, Straub D. A practical guide to factorial validity using PLS-Graph: Tutorial and annotated example[J]. Communications of the Association for Information Systems, 2005, 16(1): 91-109.

表 13.9 各变量 AVE 平方根及相关系数矩阵

	信息相关性	信息说服力	信息负面程度	参照群体意见	感知收益	感知风险	持续使用意愿	来源主体可靠性	来源平台可靠性	知识丰富度	风险态度
信息相关性	**0.889**										
信息说服力	0.324	**0.837**									
信息负面程度	0.417	0.350	**0.787**								
参照群体意见	0.425	0.412	0.308	**0.858**							
感知收益	0.211	0.036	0.044	0.149	**0.791**						
感知风险	0.386	0.247	0.399	0.375	−0.005	**0.805**					
持续使用意愿	0.129	−0.045	−0.069	0.048	0.720	−0.106	**0.907**				
来源主体可靠性	0.333	0.395	0.224	0.455	0.250	0.128	0.194	**0.885**			
来源平台可靠性	0.303	0.352	0.138	0.300	0.171	0.103	0.156	0.492	**0.883**		
知识丰富度	0.200	0.147	0.140	0.214	0.359	0.050	0.345	0.270	0.228	**0.869**	
风险态度	0.306	0.043	0.194	0.119	0.000	0.361	0.004	−0.035	0.037	−0.161	**0.876**

13 负面信息对P2P网络借贷平台贷方持续使用意愿的影响研究

表13.10 变量负荷系数和交叉系数

测量构念	测量指标	信息说服力	信息相关性	知识丰富度	信息负面程度	来源平台可靠性	参照群体意见	风险偏好	来源主体可靠性	感知收益	感知风险	持续使用意愿
信息说服力	IP1	**0.850**	0.306	0.109	0.347	0.285	0.289	0.065	0.274	0.030	0.239	−0.083
	IP2	**0.834**	0.262	0.115	0.335	0.232	0.334	0.063	0.323	0.039	0.196	−0.026
	IP3	**0.854**	0.270	0.131	0.226	0.324	0.384	0.011	0.363	−0.001	0.215	0.002
	IP4	**0.812**	0.237	0.144	0.256	0.348	0.392	−0.004	0.385	0.063	0.162	−0.040
信息相关性	IR1	0.279	**0.903**	0.172	0.358	0.292	0.389	0.279	0.262	0.175	0.354	0.067
	IR2	0.224	**0.879**	0.165	0.353	0.250	0.372	0.241	0.268	0.190	0.353	0.097
	IR3	0.300	**0.896**	0.206	0.375	0.264	0.337	0.234	0.313	0.197	0.298	0.147
	IR4	0.351	**0.878**	0.172	0.395	0.271	0.405	0.326	0.343	0.189	0.36	0.153
知识丰富度	KR1	0.179	0.139	**0.889**	0.066	0.198	0.185	−0.200	0.241	0.316	0.056	0.317
	KR2	0.126	0.190	**0.914**	0.091	0.221	0.174	−0.164	0.254	0.360	0.058	0.352
	KR3	0.099	0.208	**0.843**	0.175	0.156	0.197	−0.090	0.188	0.267	0.089	0.243
	KR4	0.102	0.162	**0.829**	0.173	0.214	0.194	−0.094	0.253	0.294	−0.031	0.274
信息负面程度	ND1	0.211	0.229	0.048	**0.778**	0.127	0.265	0.155	0.187	0.049	0.282	−0.095
	ND2	0.118	0.184	0.079	**0.775**	−0.033	0.177	0.131	0.105	0.026	0.257	−0.054
	ND3	0.318	0.385	0.154	**0.830**	0.135	0.231	0.189	0.164	0.004	0.395	−0.056
	ND4	0.426	0.481	0.140	**0.764**	0.184	0.300	0.124	0.250	0.072	0.290	−0.013

（续表）

测量构念	测量指标	信息说服力	信息相关性	知识丰富度	信息负面程度	来源平台可靠性	参照群体意见	风险偏好	来源主体可靠性	感知收益	感知风险	持续使用意愿
来源平台可靠性	PRI1	0.259	0.293	0.258	0.096	**0.843**	0.285	−0.009	0.386	0.129	0.079	0.129
	PRI2	0.320	0.268	0.228	0.097	**0.885**	0.240	0.003	0.435	0.128	0.051	0.130
	PRI3	0.351	0.274	0.167	0.154	**0.929**	0.278	0.076	0.458	0.168	0.131	0.142
	PRI4	0.287	0.214	0.182	0.107	**0.873**	0.227	0.012	0.486	0.183	0.036	0.164
参照群体意见	RO1	0.320	0.362	0.136	0.276	0.266	**0.861**	0.131	0.328	0.126	0.330	0.036
	RO2	0.314	0.393	0.174	0.298	0.278	**0.880**	0.125	0.397	0.139	0.304	0.003
	RO3	0.423	0.339	0.239	0.220	0.228	**0.833**	0.051	0.447	0.120	0.330	0.081
风险态度	RP1	−0.01	0.264	−0.151	0.152	0.044	0.034	**0.841**	−0.021	0.005	0.257	−0.026
	RP2	−0.023	0.240	−0.230	0.171	−0.004	0.088	**0.904**	−0.072	−0.058	0.293	−0.033
	RP3	0.079	0.235	−0.150	0.172	−0.015	0.089	**0.908**	−0.047	−0.004	0.339	0.001
	RP4	0.083	0.326	−0.053	0.182	0.099	0.183	**0.849**	0.013	0.047	0.356	0.057
来源主体可靠性	SR1	0.304	0.253	0.308	0.199	0.421	0.341	−0.100	**0.784**	0.242	0.038	0.224
	SR2	0.389	0.311	0.239	0.211	0.471	0.431	0.019	**0.940**	0.252	0.148	0.164
	SR3	0.36	0.339	0.277	0.189	0.442	0.433	−0.051	**0.925**	0.220	0.124	0.157
	SR4	0.328	0.255	0.182	0.213	0.422	0.386	−0.060	**0.883**	0.185	0.084	0.203

（续表）

测量构念	测量指标	信息说服力	信息相关性	知识丰富度	信息负面程度	来源平台可靠性	参照群体意见	风险偏好	来源主体可靠性	感知收益	感知风险	持续使用意愿
感知收益	PB1	0.089	0.227	0.360	0.075	0.151	0.254	0.042	0.212	**0.729**	0.153	0.454
	PB2	0.004	0.114	0.221	−0.011	0.086	0.116	−0.019	0.140	**0.786**	0.000	0.485
	PB3	0.025	0.142	0.290	0.010	0.146	0.099	−0.071	0.216	**0.851**	−0.08	0.650
	PB4	0.001	0.185	0.265	0.063	0.150	0.027	0.051	0.213	**0.794**	−0.061	0.655
感知风险	PRⅡ1	0.171	0.36	−0.016	0.373	0.059	0.358	0.350	0.117	−0.006	**0.769**	−0.084
	PRⅡ2	0.196	0.384	0.024	0.348	0.069	0.279	0.375	0.072	−0.022	**0.884**	−0.064
	PRⅡ3	0.225	0.291	0.123	0.281	0.154	0.265	0.243	0.142	0.054	**0.808**	−0.043
	PRⅡ4	0.216	0.151	0.061	0.249	0.062	0.297	0.131	0.086	−0.041	**0.752**	−0.170
持续使用意愿	CW1	−0.023	0.085	0.277	−0.026	0.150	0.009	0.032	0.162	0.68	−0.113	**0.899**
	CW2	−0.041	0.155	0.310	−0.052	0.126	0.047	−0.009	0.166	0.613	−0.048	**0.900**
	CW3	−0.060	0.117	0.352	−0.109	0.147	0.074	−0.014	0.198	0.662	−0.124	**0.921**

13.3.6 模型分析与假设检验

本研究利用 SmartPLS 3.0 软件,采用偏最小二乘法进行参数估计并对潜变量间的因果关系进行假设检验。采用最小二乘法对参数进行估计时,通常使用测定系数 R^2 和潜变量之间的路径系数来评估结构方程模型。

(1) R^2 是测定结构方程模型解释力度的重要指标,可根据测定系数的大小评价结构方程对数据的拟合程度。$0 \leqslant R^2 \leqslant 1$,$R^2$ 越接近 1,拟合程度越高,说明因变量方差的解释力度越强。通常认为 R^2 等于 0.19 左右,表示解释能力弱;R^2 等于 0.33 左右时,表示有中度解释能力;R^2 大于 0.67,表示解释力度较强[①]。本研究使用 SmartPLS3.0 运行样本数据进行结构方程模型分析,得出各变量的 R^2 值,如表 13.11 所示。由表可知,研究模型对感知风险和感知收益的解释度分别为 35.6%($R^2=0.320$)和 34.4%($R^2=0.234$),说明 32.0%的感知风险可以被模型中的来源渠道可靠性、参照群体意见、信息说服力、信息负面程度、信息相关性、风险偏好和知识丰富度所解释,23.4%的感知收益可以被模型中的参照群体意见和知识丰富度所解释。本研究模型的累计解释总体方差变异为 52.9%($R^2=0.529$),即 52.9%的持续使用意愿可以被感知风险和感知收益解释,表明 P2P 网络借贷平台的贷方在看到有关 P2P 的负面信息后所产生的感知风险和感知收益对贷方持续使用 P2P 网络借贷平台有良好的解释力度。

表 13.11 变量 R^2 值检验结果

	R^2	均 值	标准偏差	T 值	P 值
感知收益	0.234	0.238	0.033	5.098	0.000
感知风险	0.320	0.333	0.034	9.536	0.000
持续使用意愿	0.529	0.531	0.033	16.069	0.000

(2) 路径系数是指结构模型中一个变量对另一个变量直接影响效应的大小,路径系数越大表明指向变量对被指变量的影响越大。表 13.12 列出了本研究结构模型的路径系数及路径显著性检验结果。由表可知,信息相关性和信息负面程度均在 99.9%的置信区间内对感知风险有显著影响($P<0.001$),假设 H3 和 H2 得到了支持;信息说服力对感知风险没有显著影响($P>0.05$),即假设 H1 不成立;参照群体意见在 95%和 99.9%的置信区间内分别对感知收益($P<0.05$)和感知风险($P<0.001$)有显著的影响,假设 H5a 和 H5b 得到了支持;来源平台可靠性和来源主体可靠性对感知风险均没有显著影响($P>0.05$),即假设

[①] Hulland J. Use of partial least squares (PLS) in strategic management research: A review of four recent studies[J]. Strategic Management Journal,1999,20(2):195-204.

H4a 和 H4b 没有得到支持；知识丰富度对感知收益有显著的正向影响（P＜0.001），而对感知风险的影响则不显著（P＞0.05），假设 H7b 成立，而假设 H7a 则不成立；贷方的风险态度对感知风险有显著的正向影响（P＜0.001），假设 H6 得到了支持；感知收益对持续使用意愿有显著的正向影响（P＜0.001），感知风险对持续使用意愿有显著的负向影响（P＜0.001），假设 H8 和 H9 均也得到了验证。为了更清晰、直观地展现变量之间的相关关系和相关程度，图 13.2 给出了模型路径图。

表 13.12　结构模型路径系数及显著性检验结果

路　径	路径系数	标准差	T 值	P 值
负面信息相关性⋯▶感知风险	0.174	0.046	3.793	***
信息说服力⋯▶感知风险	0.056	0.043	1.301	0.194
信息负面程度⋯▶感知风险	0.223	0.050	4.489	***
参照群体意见⋯▶感知收益	−0.175	0.076	2.293	*
参照群体意见⋯▶感知风险	0.242	0.053	4.519	***
来源主体可靠性⋯▶感知风险	−0.073	0.049	1.488	0.137
来源平台可靠性⋯▶感知风险	−0.033	0.048	0.688	0.492
知识丰富度⋯▶感知收益	0.342	0.045	7.576	***
知识丰富度⋯▶感知风险	0.000	0.042	0.001	0.999
风险态度⋯▶感知风险	0.245	0.040	6.126	***
感知收益⋯▶持续使用意愿	0.720	0.022	32.409	***
感知风险⋯▶持续使用意愿	−0.103	0.030	3.455	***

注：* P＜0.05；** P＜0.01；*** P＜0.001。

（3）间接效应可以用来衡量自变量对因变量影响力度的大小，间接效应可通过将所要计算的自变量到因变量的路径上的各路径系数相乘作为该路径的系数，该自变量到因变量所有路径系数之和，即该自变量对因变量的间接效应大小。结合表 13.12 中结构模型各路径系数值，可计算出负面信息各因素对持续使用意愿的间接影响大小。从计算结果可知，知识丰富度对持续使用意愿有间接的正向影响，并且其间接效应最大，为 0.246；其次是参照群体意见，其对持续使用意愿有间接的负向影响，间接效应为 −0.151；风险态度对持续使用意愿的间接效应为 −0.025；信息负面程度对持续使用意愿的间接效应为 −0.023；信息相关性对持续使用意愿的间接效应为 −0.018；信息说服力、来源主体可靠性和来源平台可靠性对持续使用意愿没有间接效应。

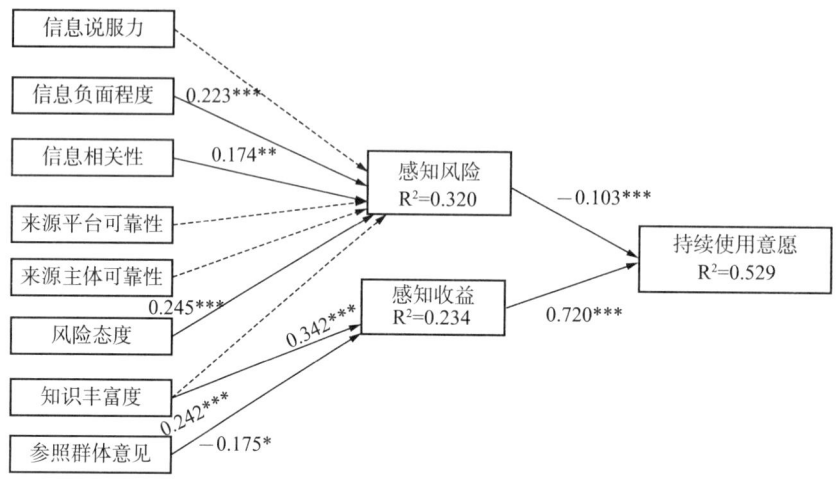

图 13.2 结构模型路径系数图

13.4 结果讨论

(1) 信息说服力对感知风险的影响

实证研究结果表明,信息说服力对感知风险(t=1.301,P>0.05)的影响不显著。

负面信息相关研究表明,负面信息质量会对感知风险产生显著正向影响。周舟在研究网络负面口碑对消费者在线旅游决策的影响中发现,负面口碑信息质量会显著地影响消费者的感知风险,他认为负面口碑信息质量越高,则消费者感知的风险就越大[①]。在有关正面信息,如评论、口碑信息的研究表明,信息质量会显著负向影响用户的感知风险。成婷在对P2P网络借贷出借人的行为决策影响研究中发现,P2P网络借贷平台信息质量越高,则出借人感知到的风险就越低[②]。总之,在前人的研究中信息质量对感知风险会存在显著的影响,如果是负面信息,则信息质量越高,感知风险就越高;如果是正面信息,则信息质量越高,感知风险就越低。

为了与正面信息质量有所区别,本章将信息质量替换成信息说服力。本研

---

① 周舟.网络负面口碑对消费者在线旅游预订决策的影响研究[D].广州:华南理工大学硕士学位论文,2011:59.

② 成婷.信任机制对P2P借贷出借人决策行为的影响探究[D].杭州:浙江工商大学硕士学位论文,2014:40.

究在 P2P 网络借贷情景中得出的结果是,存在 P2P 网络借贷负面信息时,信息说服力对感知风险的影响不显著。通过分析本研究调查问卷所采集的数据,发现信息说服力构念得分的均值为 2.948 分(总分 5 分),得分超过 4 分的用户有 68 人,占总人数的 15.89%,可见在出现 P2P 网络借贷负面信息时,只有 15.89% 的被调查对象会觉得信息说服力较强,另外本研究有超过 90% 的调查对象是本科以上学历,有较高的辨别能力,很难被信息说服。数据显示,存在负面信息时,用户的感知风险普遍偏高,因而本研究中的信息说服力对感知风险的影响没有通过验证。此外,由问卷的情景设置可知,本研究问卷的 8 种情景中有 50% 的情景是高说服力,针对这一偏差本研究对部分用户进行了回访,得出如下解释:P2P 网络借贷属于新型的投资方式,高风险、高收益,目前监管、法律还不完善,并且相关的负面信息满天飞,在这种情景下,影响投资者感知风险最主要的因素是负面信息是否与自己相关、信息带来的结果是否严重等,而信息的客观性如何、逻辑性如何、全面性如何、是否有细节描述、是否有数据支撑,投资者并不关心,发布这些信息的主体大部分都是其他投资者,这些投资者可能只是简单地陈述自己所遇到的实际问题。

因此,本研究得出的结论是,在 P2P 网络借贷领域,负面信息说服力对贷方感知风险没有显著影响。

(2) 信息负面程度对感知风险的影响

本研究数据分析结果表明,信息负面程度对感知风险($t=4.489, p<0.001$)有显著的正向影响,即信息的负面程度越强,贷方的感知风险就越大。

前人对信息负面程度的研究发现,负面信息的严重性会让用户产生不同程度的恐惧心理,而恐惧心理会增加用户的感知风险和态度的转变[1]。周舟研究发现,负面口碑信息强度会正向影响在线旅游预订用户的感知风险[2]。同样的,高杰在研究消费者团购意愿的影响时也得出相似的结论,他发现负面信息程度的不同会给消费者带来不同的心理冲击,从而会产生不同的风险感知,负面信息程度越强,消费者的心理冲击越大,则感知风险越强[3]。此外,Chiou 等也得出了相似的结论,即负面信息的严重性越强,则其对用户的影响就越大[4]。

---

[1] Keller P A, Block L G. Increasing the persuasiveness of fear appeals: The effect of arousal and elaboration[J]. Journal of Consumer Research, 1996, 22(4): 448-590.

[2] 周舟. 网络负面口碑对消费者在线旅游预订决策的影响研究[D]. 广州:华南理工大学硕士学位论文,2011:60.

[3] 高杰. 负面网络口碑对消费者团购意愿的影响研究[D]. 成都:西南财经大学硕士学位论文,2012:67.

[4] Chiou J S, Hsu C F, Hsieh C H. How negative online information affects consumers' brand evaluation: The moderating effects of brand attachment and source credibility[J]. Online Information Review, 2013, 37(6): 910-926.

本章将前人研究中的负面信息强度和负面信息严重性统一替换成信息负面程度。本研究在 P2P 网络借贷这种新型的投资环境下,也得出了与前人相似的结论,即负面信息反映的事件较严重、表达的感情较强烈、语气十分坚定等,则信息接收者的感知风险会更大。此结论与访谈时用户给出的解释相一致,即存在负面信息时,影响他们感知风险最主要因素之一,即信息的负面程度。

因此,本研究得出结论,信息的负面程度越强,则 P2P 网络借贷平台贷方的感知风险就越强。

(3) 信息相关性对感知风险影响

信息相关性对感知风险($t=3.793$, $p<0.001$)有显著的正向影响,即存在 P2P 网络借贷的负面信息时,贷方感知到信息与自身越相关,则感知风险就越大。

So 等研究发现,事件的个人相关度会对用户的感知风险产生影响,并且这个影响会受社会距离部分调节[①]。在旅游研究领域,Chiou 等的研究发现,在旅游中遇到风险时,个人相关度越高,游客会变得越焦虑,从而感知风险越大[②]。另外,在信息研究领域,Einwiller 等认为,信息接收者感知到信息所涉及的事件与自己高度相关时,那么信息对其影响就越大[③]。类似的,Bordia 等指出,当用户感知到负面信息涉及的事件对自己是重要的且相关时,用户更容易受负面信息影响[④]。此外,研究也发现,当信息的相关性越高时,用户会变得更加的焦虑与痛苦,从而感知风险会增加[⑤]。本研究中的个人相关度用信息相关度代替。本研究在 P2P 网络借贷领域中也得出类似的结论,即在 P2P 网络借贷存在负面信息时,若信息相关度越高,则投资者感知资金损失的可能性就越大,心理压力也会越大,从而感知风险越强。

---

① So J, Nabi R. Reduction of perceived social distance as an explanation for media's influence on personal risk perceptions: a test of the risk convergence model[J]. Human Communication Research, 2013, 39(3): 317 - 338.

② Chiou W B, Chang M H, Chen C L. The moderating role of personal relevance on differential priming of anxiety and sadness on perceived travel risk: A replication[J]. Psychological Reports, 2009, 104(2): 500 - 508.

③ Einwiller S A, Kamins M A. Rumor has it: The moderating effect of identification on rumor impact and the effectiveness of rumor refutation1[J]. Journal of Applied Social Psychology, 2008, 38(9): 2248 - 2272.

④ Bordia P, Difonzo N, Haines R, et al. Rumors denials as persuasive messages: Effects of personal relevance, source, and message characteristics[J]. Journal of AppliedSocial Psychology, 2005, 35(6): 1301 - 1331.

⑤ Chiou W B, Chang M H, Chen C L. The moderating role of personal relevance on differential priming of anxiety and sadness on perceived travel risk: A replication[J]. Psychological Reports, 2009, 104(2): 500 - 508.

因此，本章得到结论，在P2P网络借贷存在负面信息的情景下，信息相关性越强，则投资者感知风险就越大。

(4) 来源平台可靠性、来源主体可靠性对感知风险的影响

来源平台可靠性（t=0.688，p>0.05）和来源主体可靠性（t=1.488，p>0.05）的影响均不显著，即负面信息的信息发布主体以及信息发布平台的可靠性对贷方感知风险均没有影响。

前人研究发现，存在负面网络信息时，影响消费者品牌评估以及感知风险的重要因素就是信息来源渠道可靠性[①]。吴思等发现来源渠道的可靠性越高，则用户感知到的风险越大[②]。这一结论在线下环境中得到验证，Tormala等研究发现，在线下交流时，人的态度会根据信息来源的不同而产生变化[③]。

Chiou等的研究发现，来源渠道可靠性对消费者感知品牌风险以及对平台态度的转变没有直接的负向影响[④]。这与本章结论相一致，在P2P网络借贷情景下，来源渠道（平台/主体）可靠性对平台贷方感知风险的影响不显著。从对调查对象的回访，可以得到如下解释：P2P网络借贷平台的用户往往是在P2P网贷贴吧、论坛、社区或者通过查阅新闻来获取所需要的信息，绝大多数情况下是通过前三者获取信息的，而在论坛或者网贷社区里发帖的基本都是其他投资者。从信息获取平台和信息发布主体来看，都是非专业、不知名、不权威的，但这不会影响他们的信息获取，而他们最关注的还是信息是否与自身相关以及信息所反映的事件是否严重，来源渠道对他们感知风险的影响不大。

因此，本章得出结论，在P2P网络借贷负面信息存在的情况下，来源平台/主体可靠性对平台贷方的感知风险没有显著影响。

(5) 参照群体意见对感知风险、感知收益的影响

参照群体意见对感知风险（t=4.519，p<0.01）有显著的正向影响，并且对感知收益（t=2.293，p<0.05）有显著的负向影响，即在负面信息存在的情况下，参照群体越认同该负面信息的内容，则用户感知的风险就越大，感知收益就越小。

P2P网络借贷是一个新型的金融市场，信息的流动性很强，并且具有很大的不确定性。不论是初涉市场还是经验丰富的个体投资者，都没有完备的信息能

---

① Chiou J S, Hsu C F, Hsieh C H. How negative online information affects consumers' brand evaluation: The moderating effects of brand attachment and source credibility[J]. Online Information Review, 2013, 37(6): 910-926.

② 吴思，廖俊云. 产品伤害信息来源可信度对感知风险的影响[J]. 商业研究, 2013, (12): 90—96.

③ Tormala Z L, Petty R E. Source credibility and attitude certainty: A metacognitive analysis of resistance to persuasion[J]. Journal of Consumer Psychology, 2004, 14(4): 427-442.

④ Chiou J S, Hsu C F, Hsieh C H. How negative online information affects consumers' brand evaluation: The moderating effects of brand attachment and source credibility[J]. Online Information Review, 2013, 37(6): 910-926.

力,很难精确地把握与 P2P 网络借贷投资相关的有价值的信息,并且由于 P2P 网络借贷的高风险性,人们在做出投资决策之前会通过各种渠道搜集信息,寻求参照群体的意见。然而投资者寻求外界信息的过程是非理性的,随着信息量的不断增多,投资者趋向于接受参照群体的意见而忘记自己的初衷。特别是在面对负面信息时,缺乏经验和知识的个体往往更倾向于寻求并接受参照群体的意见。从本研究的回收问卷的数据可以看出,在出现负面信息时,参照群体构念得分的均值为 3.214 分(总分 5 分),总体偏向于认同负面信息的内容,而投资者感知风险构念得分的均值为 3.602 分,总体感知风险偏高,感知收益构念得分的均值为 3.112 分,总体感知收益偏低。由此可见,在负面信息出现时,若参照群体均认同,则投资者趋向于接受参照群体的意见,感知到更高的风险、更少的收益。

前人对于感知风险和感知收益的研究表明,当参照群体认同某一负面信息,即参照群体提出负面信息时,用户的感知风险会增加;相反,当参照群体不认同某一负面信息,即参照群体提出正面信息时,用户的感知收益则会增加。例如,刘婷研究金融投资者行为模式发现,当参照群体提供负面信息时,投资者的感知风险会增强,而当参照群体提供的是正面信息时,投资者的感知收益会增加[①]。

因此,本研究得出结论,在负面信息存在,参照群体偏向于认同该负面信息内容时,P2P 网络借贷平台贷方的感知风险会增强;相反,当参照群体偏向于否认该负面信息内容时,则贷方的感知收益会增强。

(6) 风险态度对感知风险的影响

风险态度对感知风险($t=6.126, p<0.001$)有显著的正向影响,即当贷方越偏向风险规避型时,在负面信息存在的情况下,其感知的风险就越大。

根据前景理论可知,人们在面对获得时,往往小心翼翼,不愿冒风险,而在面对损失时,人们则倾向于选择冒险,并且人们对损失和获得的敏感程度不同,损失的痛苦要远远大于获得的快乐。P2P 网络借贷具有高收益、低成本的特征,在这种情况下投资者变得更加谨慎,不愿意冒险,呈现出风险规避的行为特征。从本研究的问卷数据中可以看出,风险态度构念的均值高达 4.228 分(总分 5 分),均值得分超过 4 分的用户有 362 人,占总有效调查对象的 84.58%,可见用户对 P2P 网络借贷这种高收益的投资产品呈现出风险规避的特点,并且存在 P2P 网络借贷负面信息时,风险规避的态度更强烈。在这种特点的影响下,贷方表现出了更高的感知风险。

前人对感知风险研究时也发现,风险态度对用户的感知风险有显著的影响。章以金在研究互联网金融感知风险的影响因素时发现,个人的风险态度会显著

---

① 刘婷. 参考群体的不同信息对金融投资者行为模式差异的影响研究[D]. 成都:西南财经大学硕士学位论文,2011:47—48.

影响用户的心理风险、社会风险和财务风险①。这一结论在购物环境下也得到支持,高海霞发现在购物过程中,风险偏好型用户比风险规避型用户感知的风险要小②。值得注意的是,一些学者在使用意愿的影响因素研究中也发现,风险态度起到显著的调节作用,如关佩仪对互联网现金管理类理财产品的使用意愿影响因素研究时,发现用户的风险态度显著调节感知价值对感知使用意愿的影响③。

由此我们可以发现,用户的风险态度会正向影响用户的感知风险,风险规避型的用户感知的风险更大,并且这一规律在本研究中也得到证实。

(7) 知识丰富度对感知风险的影响

实证结果表明,知识丰富度对感知风险($t=0.001, p>0.05$)的影响不显著,对感知收益($t=7.576, p<0.05$)有显著的正向影响,即贷方对 P2P 网络借贷的知识越丰富,经验越丰富,则在负面信息存在的情况下感知收益反而越多,而感知风险则没有显著变化。

前人对知识丰富度的研究表明,用户产品相关的知识或者经验越丰富,其感知风险就越低,感知收益则越高。例如,居易在研究手机二维码使用意愿时发现,用户的二维码知识越丰富,则其感知到手机二维码的风险就越低,并且用户的自我效能会随着知识的丰富而提升,使用起来省时省力,从而增加了用户的感知收益④。在网上购物领域,王昌发现消费者在品牌知名度方面的知识和购买意愿之间没有显著的直接关系,只有在感知风险的中介作用下,消费者品牌知名度方面的知识和购买意愿才有显著的正向关系。也就是说,消费者感知知识越丰富,感知风险就越低,用户的购买意愿越强⑤。同样的,在互联网金融领域,章以金指出,用户的个人经验会对感知风险产生显著影响,并且对财务风险的影响最显著⑥。

本研究发现,若投资者对 P2P 网络借贷的知识或经验不足,在负面信息存在时,投资者就会产生恐慌,并且会花费更多的精力和时间查找参照群体的意见,从而感知收益偏低,这个结论与前人在其他情景下得出的结论相一致。知识丰富度对感知风险的影响没有得到证实,从回收的问卷数据可以看到,知识丰富

---

① 章以金. 互联网金融感知风险及其影响因素研究——以支付宝平台为例[D]. 南京:南京大学硕士学位论文,2015:47.
② 高海霞. 消费者的感知风险及减少风险行为研究[D]. 杭州:浙江大学博士学位论文,2003:129.
③ 关佩仪. 互联网现金管理类理财产品使用意愿的影响因素研究[D]. 广东:华南理工大学硕士学位论文,2014:68.
④ 居易. 手机二维码用户使用意愿研究[D]. 太原:太原科技大学硕士学位论文,2014:48—49.
⑤ 王昌. 感知风险对品牌知识与网络购买意愿影响研究——以 80 后消费者为例[D]. 北京:北京大学硕士学位论文,2011:50.
⑥ 同①.

度构念得分的均值为 2.392 分,另外从使用频次的统计数据可知,1 年内使用 P2P 网络借贷平台投资次数低于 5 次的用户有 264 人,占总人数的 61.7%,可见大多数投资者还都是新用户,对于 P2P 网络借贷的知识和经验的丰富度偏低。对于知识丰富度对感知风险的影响不显著,笔者认为,由于这些新投资者本身对 P2P 网络借贷并不了解,无法通过自身知识来消除信息的不确定性,在这种情况下,他们会更多地参考别人的意见,若参照群体不认同负面信息的内容,他们的不确定性就会减少,从而感知风险就会减少。本研究情景下,知识丰富度对感知风险不存在显著影响。

因此,本研究得出结论,在 P2P 网络借贷存在负面信息时,投资者的知识丰富度越低,则他们的感知收益就越低,而知识丰富度不会影响投资者的感知风险。

(8) 感知收益对持续使用意愿的影响

本研究数据分析结果表明,感知收益(t=32.409,P<0.001)对持续使用意愿有显著的正向影响,即 P2P 网络借贷平台贷方的感知收益越强,则持续使用意愿就越强。

用户的感知价值是对比个人获得收益和做出的牺牲后评估的[①],包括实用性价值和享乐型价值。本研究中的感知收益是用户感知获得的收益,包括经济上和心理上的收益。从本研究回收的调查问卷的数据可以看出,感知收益构念的绝对均值为 3.112 分(总分 5 分),得分小于 3 分的用户 235 人,占全部有效调查对象的 54.90%。另外,值得一提的是 PB3 测量项,也就是用户的愉悦心情的绝对均值只有 2.922 分(总分 5 分)。调查结果表明,在 P2P 网络借贷存在负面信息的情况下,用户的感知收益普遍偏低,无论用户有没有实际上的经济损失,都会表现出较强的心理压力,产生焦虑情绪。在感知收益较低的情况下,用户的持续使用意愿也较低。

感知收益相关研究表明,感知收益是用户忠诚度、购买意向以及防止用户品牌转换行为的重要影响因素[②③]。在电子商务领域,Wu 等从关系转换的视角研究了在线购物持续购买意愿的影响因素,结果发现感知收益正向影响消费者的

---

① Overby J W, Lee E J. The effects of utilitarian and hedonic online shopping value on consumer preference and intentions[J]. Journal of Business research, 2006, 59(10): 1160-1166.

② Anderson K C, Knight D K, Pookulangara S, et al. Influence of hedonic and utilitarian motivations on retailer loyalty and purchase intention: A facebook perspective[J]. Journal of Retailing and Consumer Services, 2014, 21(5): 773-779.

③ Chiu C M, Wang E T G, Fang Y H, et al. Understanding customers' repeat purchase intentions in B2C e-commerce: The roles of utilitarian value, hedonic value and perceived risk[J]. Information Systems Journal, 2014, 24(1): 85-114.

持续购买意愿①。在金融服务领域,Chai 等发现,感知收益会显著正向影响传统银行服务的用户忠诚度,从而影响持续使用意愿②。同样的,在本研究 P2P 网络借贷环境下,结果也表明感知收益会正向地影响贷方的持续使用意愿,因此本研究与持续使用意愿的研究结果相符,即感知收益是影响持续使用意愿的重要影响因素。

(9) 感知风险对持续使用意愿的影响

本研究分析结果表明,感知风险($t=3.455$,$P<0.001$)显著负向影响持续使用意愿,即 P2P 网络借贷平台贷方的感知风险越强,其持续使用可能性就越小。

这一结果已被各领域的学者证实,即用户持续使用某个产品或者服务的主要影响因素之一,即用户感知风险的大小。感知风险被认为是消费者行为的一个基本概念[③④],在电子商务领域,Forsythe 等发现感知风险会负向影响消费者的在线购物态度和购买意愿⑤。在互联网金融领域,董婷指出,感知风险会负向影响移动支付用户的持续使用意愿⑥;沈莉对手机银行的持续使用意愿进行研究,得到了一致的结论⑦。也有学者发现,感知风险对持续使用的影响不明显,如李然对移动购物环境研究时,发现感知风险对消费者的持续使用意愿没有显著影响⑧。

由于 P2P 网络借贷对于我国投资者来说还是一种新型的投资方式,大多数投资者对这种投资方式缺乏一定的知识和经验,在出现 P2P 网络借贷相关的负面信息时,投资者就会产生恐慌、焦虑的情绪。从问卷中可以看出,感知风险构念的绝对均值为 3.602(总分 5 分),其中得分超过 3 分的用户 334 人,占全部有效调查对象的 78.04%。在负面信息存在的情况下,P2P 网络借贷平台贷方的感

---

① Wu L Y, Chen K Y, Chen P Y, et al. Perceived value, transaction cost, and repurchase-intention in online shopping: A relational exchange perspective[J]. Journal of Business Research, 2014, 67(1): 2768-2776.

② Chai J C Y, Malhotra N K, Alpert F. A two-dimensional model of trust-value-loyalty in service relationships[J]. Journal of Retailing and Consumer Services, 2015, 26: 23-31.

③ Bettman J R. Perceived risk and its components: A model and empirical test[J]. Journal of Marketing Research, 1973, 10(2): 184-190.

④ Kaplan L B, Szybillo G J, Jacoby J. Components of perceived risk in product purchase: A cross-validation[J]. Journal of Applied Psychology, 1974, 59(3): 287-291.

⑤ Forsythe S M, Shi B. Consumer patronage and risk perceptions in Internet shopping[J]. Journal of Business Research, 2003, 56(11): 867-875.

⑥ 董婷. 移动支付用户持续使用意愿研究[D]. 南京:南京大学硕士学位论文,2013:48.

⑦ 沈莉. 基于 UTAUT 与感知风险模型的手机银行持续使用意愿研究[D]. 北京:北京邮电大学硕士学位论文,2015:41.

⑧ 李然. 持续使用移动购物意愿的影响因素研究[D]. 成都:电子科技大学硕士学位论文,2014:62.

知风险普遍偏高,贷方的持续使用意愿较低。

因此,在 P2P 网络借贷发展初期暴露出的各种负面信息的情景下,投资者感知到较高的风险,并且感知风险是影响投资者持续使用意愿的重要影响因素。

由上可知,信息相关性、信息负面程度、风险态度和参照群体意见会通过感知风险对持续使用意愿产生间接的负向影响;知识丰富度和参照群体意见会通过感知收益对持续使用意愿产生间接的正向影响。

13.5 结论与启示

(1) 从信息论中信源的角度来看,在负面信息存在的情况下,影响 P2P 网络借贷平台贷方感知风险的因素主要包括信息的相关性和信息的负面程度,而非负面信息的内容说服力,感知风险对贷方持续使用意愿有显著的负向影响,信息相关性和信息负面程度会通过感知风险影响持续使用意愿。因此,P2P 网络借贷平台可以通过以下几个方面来削弱负面信息对贷方感知风险的影响,从而提高持续使用意愿:

第一,P2P 网络借贷公司可建立舆情监测系统,或者委托专业舆情监测机构,适时监测网络上有关自身平台的信息,做好对负面信息的管理。一旦出现与本平台有关的负面信息,并且言辞强烈、所反映的事件较严重,首先要自我检讨,看是否真的存在此类问题。如果有,则需立马改正,并及时公开发布声明;如果没有,则需要与负面信息发布者及时沟通,确认问题所在,减少信息扩散的可能性。

第二,P2P 网络借贷公司还可建立用户社区,鼓励投资者在社区分享自己的投资经验、对平台的看法等,平台有什么最新的规定也可在用户社区里发布,这样可以避免平台规定带来的变化而让投资者产生负面情绪,减少信息不对称带来的感知风险,从而提高投资者的持续使用意愿。

(2) 从信息论中信宿的角度来看,在负面信息存在的情况下,影响 P2P 网络借贷贷方感知风险的因素主要是贷方的风险态度,影响贷方感知收益的因素主要是贷方对负面信息所涉及知识的丰富度,贷方的风险态度和知识丰富度分别通过感知风险和感知收益影响贷方的持续使用意愿,并且知识丰富度对持续使用意愿的间接影响程度最大。因此,P2P 网络借贷平台可以从平台贷方出发,采取以下几种措施来降低负面信息对贷方感知风险的影响,增加贷方的感知收益,从而增加贷方的持续使用意愿:

第一,由于 P2P 网络借贷还处于发展初期,绝大多数投资者都处于使用该平台试投资阶段,这些投资者的 P2P 网络借贷相关知识匮乏、经验不足,可能不知选择何种 P2P 网络借贷平台投资安全保险,也不知选择何种投资产品能获得较高利润。面对这群投资者,P2P 网络借贷平台提供商急需给投资者普及 P2P 网络借贷的基本科学常识,提高投资者的受教育程度。例如,① P2P 网贷公司可以在权威的 P2P 网贷论坛/贴吧、微博发表有关 P2P 网络借贷常识的帖子并置顶,以方便查找相关信息的用户获取;② P2P 网贷公司可以利用广播、电视、报纸等大众媒体传播渠道,发布 P2P 网贷公益宣传广告及典型案例;③ 从问卷数据可以看出,80%以上的 P2P 网贷投资者都是大学生和年轻上班族,因此 P2P 网贷公司可到大学或年轻化的公司开设公益讲座,普及 P2P 网贷知识。通过这些方法可提升投资者的知识储备能力和判断能力,提高投资者对负面信息的免疫力,从而增加投资者的持续使用意愿。

第二,除了普及 P2P 网络借贷的知识,还可以提高投资者的忠诚度,增加投资者购买 P2P 网络借贷产品的频次,从而丰富投资者的使用经验。P2P 网络借贷公司在成立初期可以多提供些优惠的投资产品;多主动跟投资者沟通交流;在平台上建立用户社区,供投资者之间、投资者与平台之间、投资者与借款人之间沟通交流;建立问题反馈机制,在出现相关负面信息时,及时解决投资者遇到的问题,如提现困难或操作失误带来的问题等。通过这些方式增加投资者跟 P2P 网贷平台的亲密度,增加投资者的使用经验,让投资者感知到更高的收益,从而在出现 P2P 网络借贷平台相关负面信息时,投资者的持续使用意愿受负面信息的影响才会降到最低。

第三,P2P 网络借贷公司可以在其平台上提供一套测试投资者风险态度的测试题,并在投资者初次使用平台投资前对其做一个风险态度小测评,根据测评结果给投资者推荐相应的投资产品,如平安保险旗下的陆金所,用户注册结束后平台就会自动跳出一个风险态度小测试,并且平台上的每一款投资产品都会标注建议什么类型的投资者购买,这种方法不仅给投资者带来娱乐性,还可以帮助投资者选择适合自己的投资产品,从而可有效降低"保守型"投资者购买高风险投资产品后,出现相关产品负面信息时因感知风险偏高而降低持续使用意愿的可能。

(3)从信息论中信道的角度来看,在负面信息存在的情况下,来源平台可靠性和来源主体可靠性这两个因素对 P2P 网络借贷平台贷方的感知风险没有显著影响,从而信道因素不会影响平台贷方的持续使用意愿。从这点可以看出,无论信息发布平台/主体是否权威、是否专业或是否知名度较高,投资者看重的都仅仅是负面信息本身的内容。

针对这一点,P2P 网络借贷平台在监测到负面信息时,不能区别对待信息发布者,即如果是普通投资者发布的负面信息,P2P 网络借贷公司也要足够重视,尽可能地将风险扼杀在摇篮里。

（4）从外界环境的角度来看，在负面信息存在的情况下，参照群体的意见会显著地影响 P2P 网络借贷平台贷方的感知风险和感知收益，从而会影响贷方的持续使用意愿，参照群体意见对持续使用意愿的间接影响程度仅次于知识丰富度。因此，P2P 网络借贷平台可以采取以下几个措施降低参照群体对贷方持续使用意愿的影响：

第一，在出现大量有关某一 P2P 网络借贷平台的负面信息时，在保证本公司的运营合理性以及没有出现原则性问题的基础上，P2P 网络借贷公司应充分利用本行业的投资专家以及主流媒体来澄清事实真相，引导投资者理性投资，例如，P2P 网络借贷公司可借助微博上影响力较大的公众号，如"P2P 网贷研究""羿飞谈 P2P 网贷"等，来引导投资者认清负面信息所涉及事件的真相，减少谣言等不实信息对投资者持续使用意愿带来的影响。

第二，在网络时代，投资者对于 P2P 网络借贷的任何评价都可能在网上得到体现，对于有投资经验的人来说，如果在网络上看到的有关某一 P2P 网络借贷平台的正面信息越多，则其再次使用该平台投资的可能性就越大。当出现该平台的负面信息时，这些有经验的投资者可能不仅不会受负面信息的影响，而且会以参照群体的身份否定负面信息的内容，供其他经验不足的投资者借鉴。因此，P2P 网络借贷平台可以建立微信群、设立官方微博等，通过这些网络互动平台，鼓励有经验的投资者分享自己的经验、问题和收获等，供经验不足的投资者借鉴。在出现负面信息时，投资者们也可从该交流平台听取其他投资者意见，从而有效地降低风险，增加持续使用意愿。

14 基于投资方视角的众筹价值共创参与意愿研究

随着市场竞争的加剧,企业逐渐意识到与消费者进行互动的重要性,了解消费者的需求,从而为消费者提供个性化产品和服务是企业获得持久竞争优势的关键所在。在以往的价值创造环境中,碍于沟通成本的限制,企业与消费者的沟通往往只限于基层销售人员和买家之间,高层管理者则不能直接、有效地倾听到消费者的心声,消费者往往只能扮演单纯的价值消耗者。当前,信息技术的进步大大降低了企业与消费者沟通的成本,微博、微信、论坛等社会化媒体拉近了二者的距离,消费者由被动的价值使用者逐渐向积极的价值创造者转变,主动参与到企业的研发、设计和生产等各个环节。由此可见,价值已开始由消费者和企业以及其他第三方利益相关者共同创造。

价值思想的普及加之信息技术的推动,使得价值共创实践得到迅速的发展并取得良好的成效,其中,以小米公司和苹果公司为代表的手机产业走在了前列:小米公司通过"小米社区"将消费者带入价值创造的链条中,与企业一起进行产品的研发与迭代,MIUI操作系统的诞生就是最好的例证;而苹果公司则利用App Store、iTunes、iBook等在线服务平台,构建了企业、内容提供商和消费者三方参与的价值共创系统,最大限度上满足了消费者的差异化需求。此外,以"经管之家""小木虫"为代表的网络学术论坛也取得了长足的发展,这些学术论坛通过用户之间的互动以及用户和平台之间的互动很好地实现了知识在不同用户间的交流和共享,使得用户和平台获得的价值达到了最大化。

价值共创促进了企业、消费者以及第三方之间的协同创新,实现了多方互利共赢。那么,影响价值共创成败的主要原因有哪些?什么是影响企业、消费者以及第三方参与价值共创的关键因素?企业和消费者在价值共创中的角色定位是怎样的?如何促进消费者以及第三方参与价值共创?此类问题都值得进行深入探讨。本研究基于感知价值理论、感知风险理论、信息不对称理论和S-O-R模型,构建众筹投资者参与意愿研究模型,重点解决以下两个问题:

(1)哪些因素会影响投资方参与众筹价值共创?其影响程度和方向如何?

(2)针对影响投资方参与意愿的主要因素,融资方及平台方有哪些利于增强投资方参与意愿的可操作性对策?

本研究目的在于将价值共创理论引入互联网金融领域,丰富了网络融资相关研究的理论体系,并为众筹融资方、平台方、投资方的实践管理提供对策建议,提升众筹价值共创项目的成功率。

14.1 研究假设

(1) 感知价值对众筹投资者参与意愿的影响

Babin 等在对消费者购物体验进行研究时指出,交易会同时为消费者带来功利收益和娱乐收益[①]。本章在参考 Babin 等研究成果的基础上,结合众筹的自身特点,将众筹投资者的感知价值划分为功能价值和娱乐价值,其中功能价值是指众筹投资者通过支出资金、创意和时间所获得的,包括但不限于产品、服务、债权和股权等经济回报;娱乐价值是指众筹投资者在参与项目开发的过程中所获得的创意认知、趣味体验、个性表达和成就感等精神享受。很多学者在对消费者行为进行研究时发现,感知价值对消费者的行为意向有显著影响[②][③][④]。众筹作为互联网金融的一个主要领域,获得价值体验是众多投资者参与其中的主要目的,当他们获得较高的功能价值和娱乐价值感知时,不仅会对项目质量产生认可,而且会对融资方和众筹平台产生正面的态度倾向,并最终会对其参与众筹的行为意向产生积极的影响。因此,提出如下假设:

H1:感知价值对众筹投资者的参与意愿有显著的正向影响。

(2) 感知风险对众筹投资者参与意愿的影响

Jacoby 等于 1972 年首先对风险认知的结构进行了操作化的研究,识别出财务、功能、身体、心理和社会 5 种风险维度[⑤],后来 Stone 等又在此基础上增加了时间风险,并发现这 6 种风险能在 88.8% 的程度上解释抽象购买过程中的感知

---

① Babin B J, Darden W R, Griffin M. Work and/or fun: Measuring hedonic and utilitarian shopping value[J]. Journal of Consumer Research, 1994, 20(4): 644-56.

② Wang Y S, Yeh C H, Liao Y W. What drives purchase intention in the context of online content services? The moderating role of ethical self-efficacy for online piracy[J]. International Journal of Information Management, 2013, 33(1): 199-208.

③ To P L, Liao C, Lin T H. Shopping motivations on Internet: A study based on utilitarian and hedonic value[J]. Technovation, 2007, 27(12): 774-787.

④ Lin H H, Wang Y S, Chou C H. Hedonic and utilitarian motivations for physical game systems use behavior[J]. International Journal of Human-Computer Interaction, 2012, 28(7): 445-455.

⑤ Jacoby J, Kaplan L B. The components of perceived risk[J]. Advances in Consumer Research, 1972, 3(3): 382-393.

风险[1]。和购物环境中用户的风险感知一样,投资者在参与众筹价值共创时也会感受到多维风险,其中心理风险是指投资者在参与众筹时,自身产生的心理压力,如感知的焦虑、不安等;财务风险是指投资者在参与众筹时,感知到的财务损失的风险,如资金损失、资产(如银行卡、理财产品等)被盗等;社会风险是指用户在参与众筹时,感知到的来自社会的负面舆论和社交网络的不认可,如不被朋友认可等;功能风险是指众筹获得的产品/服务的实际功能未能满足投资者的需求预期;时间风险是指项目最终融资未成功,使得资金失去了在融资期间的机会成本,从而造成投资时间的浪费;身体风险是指众筹获得的产品/服务可能对投资者或他人安全产生伤害。感知风险是阻碍用户网上交易的主要因素之一[2][3][4],作为网上筹资的商业模式之一,众筹亦属于网上交易的范畴,同样也存在投资风险。当众筹投资者感受到较大的多维风险时,会严重弱化其感知到的行为可控性,从而降低其参与众筹价值共创的意愿。因此,提出如下假设:

H2:感知风险对众筹投资者的参与意愿有显著的负向影响。

(3) 项目质量对众筹投资者感知价值和感知风险的影响

项目质量是指项目创意的新颖性、信息的完整性、融资的达成率、回报的合理性等与众筹项目质量评价有关的内容,其意义类似于电子商务环境中的产品质量。在对消费者在线购买行为的研究中,产品因素是许多学者考虑的主要因素之一,如Chen等在其建立的网络消费者感知价值影响因素模型中证实感知产品质量对网络消费的感知风险和感知价值均有显著影响[5];Schiffman等在《消费者行为学》中提到,消费者对风险变化的知觉(感知)依赖于个体因素、产品因素、情景因素和文化因素[6]。和产品质量会影响消费者的感知价值和感知风险一样,项目质量的高低是决定项目最终能否成功的关键因素之一,高质量的项

---

[1] Stone R N, Grønhaug K. Perceived risk: Further considerations for the marketing discipline[J]. European Journal of Marketing, 1993, 27(3):39-50.

[2] Luo X, Li H, Zhang J, et al. Examining multi-dimensional trust and multi-faceted risk in initial acceptance of emerging technologies: An empirical study of mobile banking services[J]. Decision Support Systems, 2010, 49(2):222-234.

[3] Featherman M S, Pavlou P A. Predicting e-services adoption: A perceived risk facets perspective [J]. International Journal of Human-Computer Studies, 2003, 59(4):451-474.

[4] Martins C, Oliveira T, Popovič A. Understanding the Internet banking adoption: A unified theory of acceptance and use of technology and perceived risk application[J]. International Journal of Information Management, 2014, 34(1):1-13.

[5] Chen Z, Dubinsky A J. A conceptual model of perceived customer value in e-commerce: A preliminary investigation[J]. Psychology & Marketing, 2003, 20(4):323-347.

[6] Schiffman L G, Kanuk L L.消费者行为学(第七版)[M].俞文钊,肖余春,等译.上海:华东师范大学出版社,2002:205—210.

目会有效地降低投资者的感知风险并增强其感知价值,进而影响其参与众筹价值共创的意愿。因此,提出如下假设:

H3a:项目质量对众筹投资者的感知价值有显著的正向影响;

H3b:项目质量对众筹投资者的感知风险有显著的负向影响。

(4) 团队声誉对众筹投资者感知价值和感知风险的影响

团队声誉是指通过对融资方品牌和口碑等的感知,来形成对其是否具备完成项目的能力、是否会保障投资方的利益的预期和信念,其作用等同于电子商务环境中的商家声誉。商家声誉经常被消费者认为是在线购物卖家是否值得信任的重要标志之一,良好的商家声誉一方面可以降低消费者在购物过程中的感知风险[①],另一方面会增强消费者在购物过程中的感知价值[②],这两方面的共同作用会进一步促进消费者做出购买决策。和商家声誉在消费者购物过程中起到的积极作用一样,在众筹环境中融资方如果具有较高的团队声誉,则代表该融资方在社会上有着良好的品牌形象和较高的知名度,以及其在投资方心中也得到较好的评价和认可,这会在很大程度上降低投资方感受到的投资风险,增强其获得预期回报的信心,据此提出如下假设:

H4a:团队声誉对众筹投资者的感知价值有显著的正向影响;

H4b:团队声誉对众筹投资者的感知风险有显著的负向影响。

(5) 信息透明对众筹投资者感知价值和感知风险的影响

信息透明与信息不对称意义相反,信息不对称是指众筹环境中的融资方和平台方掌握了项目的更多信息,处于信息优势地位,而投资者只能通过有限的渠道搜集信息,掌握程度非常有限,处于信息劣势地位。杨永清等对移动网络环境下消费者对增值服务的感知风险的前因进行了实证研究,结果发现感知信息不对称会显著影响消费者的感知风险,包括隐私风险、财务风险、功能风险、心理风险和时间风险[③]。在众筹参与过程中,投资者往往对项目计划、团队实力、项目进度、回报期限等有关信息知之甚少,使得投资者对项目最终能否成功、回报能否及时获得产生怀疑,这增加了其风险感知;此外,项目信息的不透明会使得投资者不能全程参与项目开发,包括学习项目知识和反馈个人意见,从而降低了其

---

① 盛婷. 品牌敏感在品牌声誉对消费者感知风险关系影响中的调节效应研究[D].广州:广东外语外贸大学硕士学位论文,2015:2.

② Hansen H, Samuelsen B M, Silseth P R. Customer perceived value in B-t-B service relationships: Investigating the importance of corporate reputation[J]. Industrial Marketing Management,2008,37(2): 206-217.

③ 杨永清,张金隆,李楠等. 移动增值服务消费者感知风险前因的实证研究[J].管理评论,2012, 24(3):115—123.

体验价值。因此,提出如下假设:

H5a:信息透明对众筹投资者的感知价值有显著的正向影响;

H5b:信息透明对众筹投资者的感知风险有显著的负向影响。

(6) 保障服务对众筹投资者感知价值和感知风险的影响

保障服务是指众筹平台方采取一系列的措施用于保障投资者的利益,如实现投资者的约定回报、防止挪用筹集到的资金、追回项目失败后的投资资金等各种服务。目前,我国仅有少数知名众筹平台推出了一些保障服务,如淘宝众筹推出了众筹保险[1],加之已有的保障服务在全面维护投资者利益方面仍不够完善,进而导致我国众筹平台风控能力普遍较弱,这使得投资者往往战战兢兢,不能全身心地参与其中。在电子商务领域中,各电商平台通过提供七天无理由退换货、使用第三方支付做担保、支持消费者购买运险费、为消费者提前垫付退款金等方式,使消费者更加专注于网上购物过程中的价值体验,有效地降低了其中的风险感知[2][3],这些措施对于众筹领域而言有着很好的借鉴意义。由此可见,平台方的保障服务是降低众筹投资者风险感知,增强其价值感知的有力举措,为此提出如下假设:

H6a:保障服务对众筹投资者的感知价值有显著的正向影响;

H6b:保障服务对众筹投资者的感知风险有显著的负向影响。

(7) 投资经验对众筹投资者感知价值和感知风险的影响

投资经验,是指投资者对众筹项目已有的投资经历和熟悉程度。当下网络信息过载加之信息搜寻成本较高,众筹投资人难以有效获得全面真实的融资人和项目信息,这使得他们在很大程度上会以过去相似项目的成败作为投资的决策依据[4]。学者们在对购物环境以及互联网金融环境中的感知风险进行研究时发现,成功的购物经历以及对产品和服务的熟悉程度会对用户的感知风险产生

---

[1] 中金在线. 淘宝众筹推出众筹保险捍卫筹客权益"跳票"即可获赔付[R/OL]. (2015-05-23) [2016-01-24]. http://insurance.cnfol.com/baoxiandongtai/20150523/20820861.shtml.

[2] Pavlou P A. Institution-based trust in inter-organizational exchange relationships: The role of online B2B marketplaces on trust formation[J]. Journal of Strategic Information Systems, 2002, 11(3): 215-243.

[3] Pavlou P A, Gefen D. Building effective online market-places with institution-based trust[J]. Information Systems Research, 2004, 15(1): 37-59.

[4] Ward C, Ramachandran V. Crowdfunding the next hit: Microfunding online experience goods[J]. Computational Social Science, 2010, 22(1): 1-5.

负面影响①②③。众筹是通过互联网技术实现中小微企业融资和民间投资的新渠道,投资者丰富的投资经历或者对项目的深度了解可以帮助投资者消除对这一新形式服务未知的恐惧,降低投资者参与过程中的感知风险,增强其感知价值。因此,有投资经验或对项目较熟悉的投资者,在参与众筹过程中感知到的风险较低、价值较高,相反的没有相关经验和对项目不熟悉的投资者感知到的风险较高、价值较低。据此,提出如下假设:

H7a:投资经验对众筹投资者的感知价值有显著的正向影响;

H7b:投资经验对众筹投资者的感知风险有显著的负向影响。

(8) 风险态度对众筹投资者感知价值和感知风险的影响

风险态度是投资者对于金钱的处理方式和对于风险喜恶的程度,根据投资者对于风险喜恶的程度,风险态度可以分成风险规避型、风险型和风险中立型④。很多学者在对感知风险的研究中发现,风险态度对用户的感知风险有显著影响,即相比于风险偏好型用户,风险规避型用户能感知到更多的风险和更少的价值⑤⑥⑦。众筹在给投资者带来便利性、新颖性和收益性等感知价值的同时,由于其创新性以及与资金密切的关联性等特点,也为投资者带来了多样的风险感知。当面对众筹平台提供的各类投资项目时,风险规避型投资者感知到更多的是技术的不安全、资金的损失、来自自身心理和周围环境的压力等可能存在的风险,对其带来的价值感知较少;相反,风险型投资者感知到的则是投资项目为其带来的新颖的项目知识、较高的经济收益和全新的情感体验等感知价值,对其存在的风险感知较少。因此,提出如下假设:

H8a:风险态度对众筹投资者的感知价值有显著的正向影响,即风险型的投资者的感知价值较高,风险规避型的用户感知价值较低;

H8b:风险态度对众筹投资者的感知风险有显著的负向影响,即风险型的投

---

① Liaw G F, Zhu Z W, Lee Y H. The effects of risk reduction strategies on consumers' risk perceptions and online purchase intention[J]. Pan-Pacific Management Review, 2005, 8(1): 1-37.

② 王颖,李英. 基于感知风险和涉入程度的消费者新能源汽车购买意愿实证研究[J]. 数理统计与管理, 2013, 32(5): 863—872.

③ 刘思亚,谢家智. 产品涉入、感知风险与金融商品再购意愿[J]. 南京师大学报:社会科学版, 2014, 9(5): 51—60.

④ Wärneryd K E. Risk attitudes and risky behavior[J]. Journal of Economic Psychology, 1996, 17(17): 749-770.

⑤ Brockhaus R H. Risk taking propensity of entrepreneurs[J]. Academy of Management Journal, 1980, 23(3): 509-520.

⑥ Vlek C, Stallen P J. Rational and personal aspects of risk[J]. Acta Psychologica, 1980, 45(3): 273-300.

⑦ 王崇. 网络消费者购买意愿影响因素模型研究[D]. 黑龙江:哈尔滨工业大学博士学位论文, 2007: 49—50.

资者的感知风险较低,风险规避型的用户感知风险较高。

(9)交互因素对众筹投资者感知价值和感知风险的影响

众筹是投资方、融资方和平台方共同参与的一种价值共创活动,其目的是通过在参与者之间交换服务来创造价值,参与者之间的这种交互性是价值共创区别于传统价值创造最主要的特征。Ballantyne等认为,价值共创系统中的交互性主要体现在知识的更新、沟通的增强和关系的改善[①]。Hoffman等指出,网站的交互性为消费者提供了心理体验和趣味性,从而提高了价值感知[②];Fiore等证实,高交互性网站可以为消费者带来各种实用性价值,如节约时间和精力、提高找到期望产品的概率等[③]。众筹领域涉及平台方-融资方、投资方-融资方、投资方-平台方以及投资方-投资方四对两两参与者之间的交互,正是通过他们之间的这种交互,实现了整个众筹价值共创系统中知识的更新、沟通的增强和关系的改善,进而弱化了投资者的感知风险,提升了他们的感知价值,为此提出如下假设:

H9a:平台方-融资方交互对众筹投资者的感知价值有显著的正向影响;
H9b:投资方-融资方交互对众筹投资者的感知价值有显著的正向影响;
H9c:投资方-投资方交互对众筹投资者的感知价值有显著的正向影响;
H9d:投资方-平台方交互对众筹投资者的感知价值有显著的正向影响。
H10a:平台方-融资方交互对众筹投资者的感知风险有显著的负向影响;
H10b:投资方-融资方交互对众筹投资者的感知风险有显著的负向影响;
H10c:投资方-投资方交互对众筹投资者的感知风险有显著的负向影响;
H10d:投资方-平台方交互对众筹投资者的感知风险有显著的负向影响。

14.2 研究模型

本章在总结前人有关价值共创研究文献的基础上,基于感知价值理论、感知风险理论、信息不对称理论和S-O-R模型,通过借鉴前人的研究成果,结合众筹发展的实际情况,从融资方、平台方、投资方和三方交互四个角度提出了如图14.1所示的投资者参与众筹价值共创影响因素概念模型。

---

① Ballantyne D, Varey R J. Creating value-in-use through marketing interaction: The exchange logic of relating, communicating and knowing[J]. Marketing Theory, 2006, 6(6): 335-348.

② Hoffman D L, Novak T P. Marketing in hypermedia computer-mediated environments: Conceptual foundations[J]. Journal of Marketing, 1995, 60(3): 50-68.

③ Fiore A M, Kim J, Lee H H. Effect of image interactivity technology on consumer responses toward the online retailer[J]. Journal of Interactive Marketing, 2005, 19(3): 38-53.

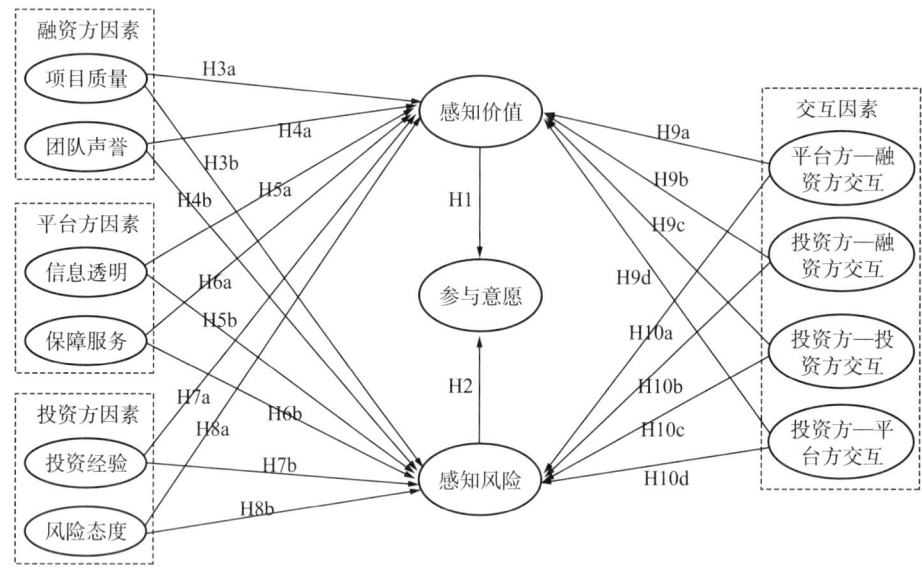

图 14.1　众筹投资者参与意愿影响因素模型

模型包含项目质量、团队声誉、信息透明、保障服务、投资经验、风险态度、感知价值、感知风险、参与意愿及交互因素共 10 个变量,采用李克特五级量表进行测度,各变量测量题项及参考来源见表 14.1 和表 14.2。

表 14.1　变量测量题项及参考来源

变　量	测量题项	参考量表
项目质量	该众筹项目(智能加湿器)创意具有新颖性 该众筹项目信息描述非常完整 该众筹项目回报符合我的期望	Jarvenpa 等(2005)、李雪欣等(2013)
团队声誉	该融资团队(奔腾电器)在行业内具有较高的知名度 身边的很多人听说过或接触过该融资团队 该融资团队及其产品在消费者中得到了较好的评价及认可 该融资团队注重对品牌形象的塑造与宣传	Schwaiger(2004)、刘靓(2006)
信息透明	相较于融资方和众筹平台,我对于该项目信息的知晓程度要少得多 融资方未为我提供详细的众筹项目信息,如项目计划 众筹平台缺乏明确的规定,用于要求融资方主动披露项目信息和资金流向	Pavlou(2007)、Kim 等(2007)、杨永清等(2012)

（续表）

变　量	测量题项	参考量表
保障服务	淘宝众筹推出的众筹保险增强了我作为投资者参与众筹的信心 淘宝众筹将款项分为首款和尾款两阶段发放给融资者,有利于保障投资者的利益 淘宝众筹允许我在项目回报发放出现问题时,直接申请退回尾款,减少了我的投资顾虑 众筹平台可通过在网站上公布投资者隐私协议以保护我的个人隐私	Mcknight 等（1998）、赵学锋等（2012）
投资经验	我经常参与众筹 我有丰富的众筹投资经验 我对如何参与众筹非常熟悉 我参与过与上述类似的众筹项目	綦晓燕（2011）、方艳杰（2012）
风险态度	在决定参与众筹前,我会先仔细考量 在决定参与众筹前,我会详细了解该项目的相关信息 在决定参与众筹前,我宁愿花较多时间考虑,也不愿事后后悔	Wärneryd（1996）、王崇（2007）、关佩仪（2014）
感知价值	参与众筹可以使我获得一定的物质回报,包括金钱、产品和服务等 参与众筹可以使我通过预购的方式获得比市场上价格更低廉的产品和服务 参与众筹可以使我学习到许多项目知识,有效地提升了我的认知 我可以在参与众筹项目开发和设计的过程中提供个人想法,彰显自我能力	Lee 等（2004）、Nambisan 等（2009）
感知风险	我担心参与众筹所获得的产品或服务的实际功能不能达到我的预期 我担心参与众筹会造成财物损失,如项目失败导致投资资金收不回来 我在参与众筹的过程中容易产生一定的心理压力,会担忧出现不利的情况	Stone 等（1993）、井淼（2005）、Mauricio 等（2011）
参与意愿	我愿意参与众筹项目投资 我认为参与众筹是一个不错的投资选择 我会考虑将众筹作为一种投资方式	Compeau 等（1995）、Venkatesh 等（1996）、Ong 等（2006）

表 14.2 交互因素测量题项及参考来源

交互项	测量题项	参考量表
投资方-融资方交互	我可以在与融资方互动的过程中学习更多的项目知识	
	我可以在与融资方互动的过程中与之建立融洽的合作关系	
	我可以在与融资方互动的过程中增强对其项目开发团队的了解	
投资方-投资方交互	淘宝众筹可通过提供在线评论机制促进投资者之间的互动沟通	
	通过与其他投资者互动，我可以获得更多有关投资项目的信息	
	通过与其他投资者互动，我可以学习他们对于项目开发的想法	
	通过与其他投资者互动，我可以与之建立融洽的人际关系	Ballantyne 等（2006）、Neghina 等（2014）
投资方-平台方交互	淘宝众筹提供的客服服务有助于我与平台方的互动沟通	
	在项目发放回报出现问题时，我可以通过与平台方沟通获得投资尾款	
	我可以通过与平台方沟通而获得更多的项目信息	
	当众筹项目出现违约时，我可以与平台方沟通后通过众筹保险获得一定的赔偿	
平台方-融资方交互	项目信息披露不足时，平台方可通过与融资方沟通来要求对方提供必要的项目信息	
	项目回报发放出现问题时，平台方可通过与融资方沟通协商，以保障投资者的利益	
	项目违约后，平台方可通过与融资方进行交涉，以帮助投资者追回一定的款项	

14.3 数据处理与分析

14.3.1 样本收集与描述

（1）样本收集

基于前文确定的测量题项，本研究确定了最终量表并在问卷星平台（https://www.wjx.cn/）发布了《众筹投资者参与意愿研究》情景式调查问卷（问卷详情见附录12），两周内共收回问卷447份。在对回收问卷质量的检查过程中，发现部分回收问卷存在答题时间过短、规律性作答（即全部问题都选择一个答案）和同义检测不通过的情况，此类问卷共计96份，将其认为是无效问卷。在全部问卷中剔除无效问卷后，共得到有效问卷351份，问卷的回收率是78.52%。

（2）样本描述

对样本的人口统计特征和众筹项目或平台的使用情况进行描述性统计分析，结果如表14.3所示，此次受访者中男性占比47.9%，女性占比52.1%，男女比例均衡。样本年龄主要分布在18—25岁，占比68.7%，其次是26—30岁的样本，占比26.2%；样本的受教育情况主要集中于硕士及本科，分别占比56.1%和32.5%；互联网使用方面，98.3%的被调查者使用年限在3年以上；351位被调查中仅有104人参与过众筹，参与次数多在1—2次（76人）；参与者主要使用淘宝众筹、京东众筹、众筹网和苏宁众筹，可见以电商为依托的众筹平台得到投资者较多的关注；此次调查显示投资者对科技、公益和书籍类项目较感兴趣，而相对较少关注农业、动漫和游戏。

表14.3 样本描述性统计

分类		数量（人）	百分比（%）
性别	男	168	47.9
	女	183	52.1
年龄	18—25岁	241	68.7
	26—30岁	92	26.2
	31—35岁	6	1.7
	36—40岁	6	1.7
	41—50岁	4	1.1
	50岁以上	2	0.6

(续表)

分　类		数　量(人)	百分比(%)
教育程度	高中/职高/中专	6	1.7
	大　专	13	3.7
	本　科	114	32.5
	硕　士	197	56.1
	博士及以上	21	6.0
互联网使用年限	3年以下	6	1.7
	3—5年	47	13.4
	6—10年	221	63.0
	10年以上	77	21.9
众筹参与次数	从未参与过	247	70.4
	1—2次	76	21.7
	3—5次	11	3.1
	6—10次	11	3.1
	10次以上	6	1.7
使用过的众筹平台	淘宝众筹	39	37.5
	京东众筹	33	31.7
	众筹网	18	17.13
	苏宁众筹	6	5.8
	其　他	38	36.5
感兴趣的众筹项目	科　技	153	43.6
	公　益	146	41.6
	书　籍	118	33.6
	设　计	115	32.8
	影　音	104	29.6
	娱　乐	68	19.4
	其　他	61	17.4
	游　戏	56	16.0
	动　漫	43	12.3
	农　业	28	8.0

14.3.2 信度检验与效度检验

(1) 信度检验

信度检验主要是指对问卷数据进行内在一致性分析,一般使用 Cronbach's alpha 值来衡量。通常认为 Cronbach's alpha 值在 0.70 以上较好,0.60 至 0.70 之间可以接受,而低于 0.60 则须考虑重新修订或增删测量指标。表 14.4 显示所有潜变量的 Cronbach's alpha 值均大于 0.70,且大部分达到 0.80 以上,说明本研究数据具有较好的内部一致性。

表 14.4 信度检验结果

潜在变量	Cronbach's alpha
项目质量	0.780
团队声誉	0.848
信息透明	0.763
保障服务	0.802
投资经验	0.767
风险态度	0.815
平台方-融资方交互	0.836
投资方-融资方交互	0.804
投资方-投资方交互	0.818
投资方-平台方交互	0.833
感知价值	0.870
感知风险	0.766
参与意愿	0.880

(2) 效度检验

效度检验主要是指对问卷数据的内容效度、聚合效度和区分效度进行检验,其中内容效度是指测量项可以满足测量目的的程度。本研究的问卷设计是基于大量前人研究文献和量表,在一定程度上保证了本研究量表的内容效度。聚合效度是通过衡量相同潜在变量的测量指标落在同一个共同因素上的程度来反映源自相同潜在变量的测量项彼此之间的相关程度,其数值越高表示潜在变量的测量项的内部一致性越高,通常使用组合信度(CR)和平均方差萃取值(AVE)来衡量。一般来说,CR 值大于 0.70,AVE 值大于 0.50,表示模型效度通过检验,本研究效度检验结果如表 14.5 所示,所有潜在变量的 CR 都大于 0.80,且部分达到 0.90 以上，AVE 均大于 0.60，且部分达到 0.70 以上，表明本研究模型具有良好的聚合效度。

表 14.5 聚合效度检验结果

潜在变量	测量指标	因子载荷	信度系数	误差变异量	CR	AVE
项目质量 PQ	PQ1	0.833	0.694	0.306	0.872	0.695
	PQ2	0.836	0.699	0.301		
	PQ3	0.832	0.692	0.308		
团队声誉 TR	TR1	0.798	0.637	0.363	0.898	0.687
	TR2	0.844	0.712	0.288		
	TR3	0.850	0.723	0.278		
	TR4	0.821	0.674	0.326		
信息透明 IT	IT1	0.783	0.613	0.387	0.861	0.674
	IT2	0.810	0.656	0.344		
	IT3	0.867	0.752	0.248		
保障服务 SS	SS1	0.754	0.569	0.431	0.870	0.628
	SS2	0.755	0.570	0.430		
	SS3	0.899	0.808	0.192		
	SS4	0.752	0.566	0.434		
投资经验 IE	IE1	0.741	0.549	0.451	0.858	0.670
	IE2	0.806	0.650	0.350		
	IE3	0.900	0.810	0.190		
风险态度 RA	RA1	0.849	0.721	0.279	0.886	0.722
	RA2	0.922	0.850	0.150		
	RA3	0.772	0.596	0.404		
平台方-融资方交互 PF	PF1	0.849	0.721	0.279	0.902	0.754
	PF2	0.898	0.806	0.194		
	PF3	0.857	0.734	0.266		
投资方-融资方交互 IF	IF1	0.840	0.706	0.294	0.884	0.718
	IF2	0.873	0.762	0.238		
	IF3	0.829	0.687	0.313		

(续表)

潜在变量	测量指标	因子载荷	信度系数	误差变异量	CR	AVE
投资方-投资方交互 II	II1	0.764	0.584	0.416	0.880	0.648
	II2	0.793	0.629	0.371		
	II3	0.876	0.767	0.233		
	II4	0.782	0.612	0.388		
投资方-平台方交互 IP	IP1	0.764	0.584	0.416	0.889	0.668
	IP2	0.892	0.796	0.204		
	IP3	0.838	0.702	0.298		
	IP4	0.787	0.619	0.381		
感知价值 PV	PV1	0.866	0.750	0.250	0.911	0.720
	PV2	0.859	0.738	0.262		
	PV3	0.855	0.731	0.269		
	PV4	0.813	0.661	0.339		
感知风险 PR	PR1	0.864	0.746	0.254	0.826	0.677
	PR2	0.862	0.743	0.257		
	PR3	0.735	0.540	0.460		
参与意愿 PI	PI1	0.841	0.707	0.293	0.917	0.734
	PI2	0.914	0.835	0.165		
	PI3	0.806	0.650	0.350		
	PI4	0.862	0.743	0.257		

区分效度是通过衡量同一潜在变量的测量指标落在其他潜在变量上的可能性来反映来自不同潜在变量的测量项之间的相关度,区分效度越大表示不同潜在变量间的测量项区别度越高。区分效度一般通过比较 AVE 的平方根与潜在变量之间相关系数的大小来进行,当 AVE 的平方根大于潜在变量之间的相关系数时,则认为该模型具有较好的区分效度。从表 14.6 潜在变量的相关矩阵可以看出,各因子间的相关系数均小于对角线的 AVE 的平方根,符合区分效度的检测要求。

表 14.6 区分效度检验

	PQ	TR	IT	SS	IF	RA	IF	II	IP	PF	PV	PR	PI
PQ	**0.833**												
TR	0.465	**0.829**											
IT	−0.039	0.160	**0.821**										
SS	0.247	0.328	0.457	**0.792**									
IF	0.201	0.219	−0.134	−0.076	**0.818**								
RA	−0.074	0.046	0.355	0.046	−0.295	**0.850**							
IF	0.129	0.216	0.346	0.518	−0.033	0.444	**0.848**						
II	0.094	0.150	0.250	0.446	−0.072	0.487	0.785	**0.805**					
IP	0.250	0.287	0.143	0.437	0.075	0.278	0.551	0.624	**0.818**				
PF	0.130	0.281	0.470	0.467	−0.040	0.443	0.417	0.496	0.582	**0.868**			
PV	0.283	0.441	0.264	0.408	0.079	0.282	0.525	0.590	0.707	0.605	**0.848**		
PR	0.015	0.059	0.248	0.273	0.050	0.260	0.382	0.424	0.332	0.373	0.437	**0.823**	
PI	0.250	0.236	0.143	0.288	0.037	0.085	0.075	0.551	0.624	0.239	0.353	0.332	**0.856**

综上所述,本研究问卷同时通过了信度检验和效度检验(收敛效度和区分效度检验),可以进一步开展后续方差分析以及模型的拟合和评估。

14.3.3 方差分析

为检验投资者的自然属性(性别、年龄、教育程度、互联网使用年限、众筹投资经验)对感知价值、感知风险及其参与意愿的影响是否存在显著差异性,本研究使用单因素方差分析对 351 份有效问卷进行了分析,结果如表 14.7 所示。

表 14.7 样本特征方差分析

因素	性别		年龄		教育程度		互联网使用年限		众筹投资经验	
	F值	P值	F值	P值	F值	P值	F值	P值	F值	P值
感知价值	4.154	*	0.225	0.951	0.905	0.462	0.352	0.842	0.927	0.337
感知风险	5.609	*	1.514	0.186	0.184	0.964	1.57	0.183	0.004	0.947
参与意愿	2.497	0.116	0.147	0.972	0.769	0.547	0.423	0.792	8.688	**

注:* $P \leq 0.05$;** $P \leq 0.01$;*** $P \leq 0.001$。

由表 14.7 可知,性别在感知价值和感知风险上的差异性在 0.05 水平上通过了检验,即男性和女性投资者在对众筹的价值感知和风险感知上存在显著性的差异。结合问卷调查结果发现,男性投资者的感知价值和感知风险的均值分别为 3.69 和 3.58,而女性投资者的感知价值和感知风险的均值则分别为 3.85 和 3.79,可见无论是在感知价值方面还是在感知风险方面,女性投资者都普遍高于男性投资者;年龄、教育程度以及互联网使用年限在各个因素维度上均没有通过显著性检验。因此,本研究认为不同年龄、教育程度以及互联网使用年限的投资者在感知价值、感知风险及参与意愿方面不存在明显的差异;众筹投资经验被证实在感知价值和感知风险上不存在显著差异,但在参与意愿上的差异性在 0.01 水平上通过检验,表明对于有过参与经验的投资者和没有过参与经验的投资者而言,他们在众筹参与意愿方面有着显著的差异。对问卷调查结果进行统计发现,对于参与过众筹的投资者(众筹参与次数≥1)而言,其参与意愿的均值为 3.59,而对于没有参与过众筹的投资者(众筹参与次数=0)而言,其参与意愿的均值则为 3.28,表明相对于没有过众筹参与经验的投资者而言,有过众筹参与经验的投资者其参与意愿要更强烈。

14.3.4 模型拟合与评估

本研究借助 Amos17.0 工具采用验证性因子分析法对研究模型进行拟合与分析,并根据分析报告对模型进行必要的评估和修正。常用的评估拟合程度的指标主要有卡方自由度比(X^2/DF)、近似误差均方根(RMSEA)、残差均方根(RMR)、拟合优度(GFI)、常规拟合度(NFI)、增量拟合指数(IFI)、非常规拟合度(TLI)和比较拟合指数(CFI)等。Bentler认为,X^2/DF介于2和5之间表示模型可以接受,RMSEA小于0.08和RMR小于0.05较理想,CFI与NFI等指标值大于0.9说明模型拟合较好,大于0.8,也表示模型是可以接受的[①]。鉴于本研究样本量超过350份,属于大样本范畴,会对模型各拟合指标值产生显著的影响,因此本研究要求模型的各拟合指标均达到可接受的范围内即可。如表14.8所示,本研究在对模型进行过多次修正后最终各拟合指标值分别为 $X^2/DF=3.667$,RMSEA=0.076,RMR=0.048,GFI=0.839,NFI=0.801,IFI=0.847,TLI=0.813,CFI=0.845,这些拟合指标均达到可接受的标准范围,表明本研究模型与样本数据之间具有较好的拟合度,可用于前文提出的22条假设的后续验证。

表 14.8　模型拟合结果

指标名称	评价标准	本模型拟合值	模型适配判断
卡方自由度比(X^2/DF)	$X^2/DF<5$	3.667	是
近似误差均方根(RMSEA)	RMSEA<0.08	0.076	是
残差均方根(RMR)	RMR<0.05	0.048	是
拟合优度(GFI)	GFI>0.8	0.839	是
常规拟合度(NFI)	NFI>0.8	0.801	是
增量拟合指数(IFI)	IFI>0.8	0.847	是
非常规拟合度(TLI)	TLI>0.8	0.813	是
比较拟合指数(CFI)	CFI>0.8	0.845	是

14.3.5　模型分析与假设检验

根据Amos17.0的路径分析结果,表14.9展示了各潜变量之间的路径系数、标准误差、T检验值以及P检验的结果。

表 14.9　模型标准路径系数结果

路　径	标准路径系数	标准误差	T值	P值
PQ→PV	0.024	0.039	0.518	0.047
TR→PV	0.361	0.053	6.142	***

---

① Bentler P M. Comparative fit indices in structural models[J]. Psychological Bulletin, 1990, 107(2): 238-246.

(续表)

路　　径	标准路径系数	标准误差	T值	P值
IT⋯▶PV	0.027	0.045	0.102	0.433
SS⋯▶PV	0.115	0.056	2.300	0.190
IE⋯▶PV	0.270	0.203	1.620	0.188
RA⋯▶PV	0.050	0.047	−1.375	0.446
PF⋯▶PV	0.465	0.034	9.284	***
IF⋯▶PV	0.449	0.029	−1.379	0.021
II⋯▶PV	0.520	0.078	6.912	***
IP⋯▶PV	0.065	0.044	8.029	***
PQ⋯▶PR	−0.120	0.050	−2.107	0.035
TR⋯▶PR	−0.069	0.058	−1.155	0.066
IT⋯▶PR	−0.021	0.037	−0.102	0.098
SS⋯▶PR	−0.173	0.073	2.832	0.005
IE⋯▶PR	−0.365	0.309	1.547	0.388
RA⋯▶PR	−0.133	0.063	2.944	0.605
PF⋯▶PR	−0.159	0.040	2.923	0.010
IF⋯▶PR	−0.136	0.052	1.689	0.018
II⋯▶PR	−0.247	0.078	3.523	0.127
IP⋯▶PR	−0.077	0.047	1.364	0.577
PV⋯▶PI	0.274	0.075	4.626	***
PR⋯▶PI	−0.139	0.070	2.350	0.005

由表可知，除假设H5a(众筹平台的信息透明对众筹投资者的感知价值有显著的正向影响)、假设H6a(众筹平台的保障服务对众筹投资者的感知价值有显著的正向影响)、假设H7a(投资经验对众筹投资者的感知价值有显著的正向影响)、假设H7b(投资经验对众筹投资者的感知风险有显著的负向影响)、假设H8a(风险态度对众筹投资者的感知价值有显著的正向影响，即风险型的投资者的感知价值较高，风险规避型的用户感知价值较低)、假设H8b(风险态度对众筹投资者的感知风险有显著的负向影响，即风险型的投资者的感知风险较低，风险规避型的用户感知风险较高)、假设H10c(投资方-投资方交互对众筹投资者的感知风险有显著的负向影响)和假设H10d(投资方-平台方交互对众筹投资者的感知风险有显著的负向影响)不成立外，其他假设均成立。为了更直观地展示各个变量之间的路径系数和显著程度，绘制模型路径系数图，如图14.2所示。

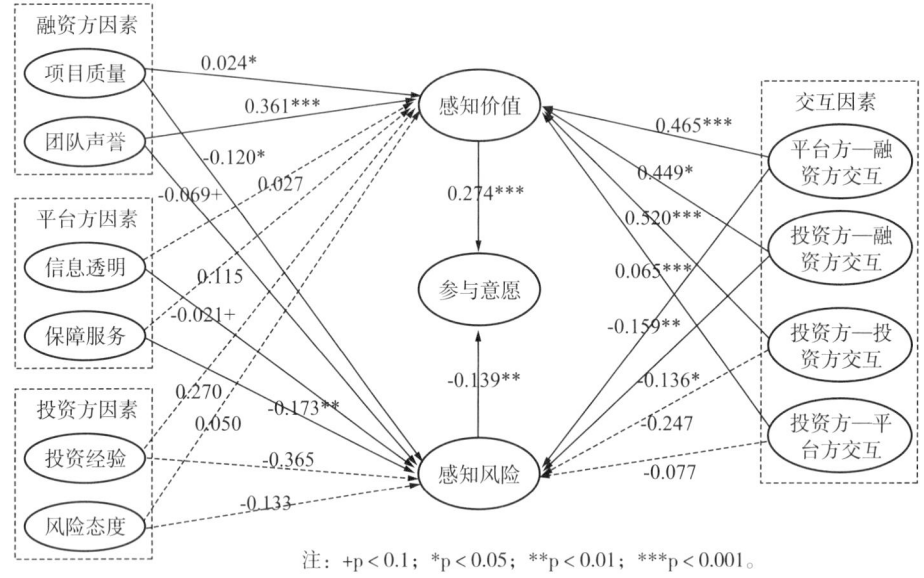

图 14.2 结构模型路径系数图

14.4 结果讨论

(1) 投资者性别对感知价值和感知风险的影响

众筹投资者参与意愿的影响因素研究发现,性别对投资者参与众筹的价值感知和风险感知均有显著的影响,其中男性投资者的价值感知水平明显低于女性投资者,这主要是因为在利益面前男性投资者较女性投资者更理性,而女性投资者更关注回报的价值。此外,男性投资者的风险感知水平也明显低于女性投资者,这主要是因为男性投资者比女性投资者有更强的心理风险承担能力,而女性投资者的自我保护意识要明显强于男性。黎科在对网上银行感知风险影响因素进行研究时指出,女性用户的感知风险水平明显高于男性用户,且在财务风险方面表现得最明显[①]。在移动商务的研究中,也有学者证实性别会显著影响用户的感知价值,其中女性用户比男性用户的价值感知水平更高[②]。由此说明,和网上银行以及移动商务环境一样,在众筹环境中,性别也是影响投资者感知价值

---

① 黎科. 感知风险对网上银行影响的实证研究[D]. 四川:西南财经大学硕士学位论文,2012:43—46.

② Yang K C C. Exploring factors affecting the adoption of mobile commerce in Singapore[J]. Telematics and Informatics,2005,22(3):257-277.

和感知风险的主要因素,即性别会显著影响用户经济活动中的感知价值和感知风险,具体表现为男性用户的感知价值和感知风险均低于女性用户。

(2) 感知价值和感知风险对参与意愿的影响

本章研究发现,感知价值和感知风险均会显著影响投资者的参与意愿,意味着感知价值和感知风险均是决定投资者是否参与众筹的关键因素。就相关性而言,感知价值与参与意愿显著正相关,而感知风险与参与意愿则显著负相关,即众筹投资者感知到的价值越大,其参与意愿也就越强烈,反之,众筹投资者感知到的风险越大,其参与意愿也就越微弱。从影响强度来看,感知价值对参与意愿的影响强度要高于感知风险,这可能是由于感知价值是投资者对付出和回报的权衡,其中已经涵盖了部分风险因素,从而使得其对投资者决策意愿的影响要显著强于感知风险。

众筹作为互联网金融投资的方式之一,尽管其具有互联网的特性,但本质上仍是金融投资,因此当投资者在参与众筹时,首要考虑的因素即参与此次众筹投资能否满足其对经济回报的期望。再者,众筹与其他金融投资方式尤其不同的地方在于它注重和投资者共创价值,在这里,投资者获得的不仅是经济价值,还有很大一部分是与融资方以及平台方交互过程中获得的心理价值,这部分价值也是投资者选择众筹投资而区别于选择其他投资方式的因素之一。然而,相比于传统线下金融投资方式,众筹投资中双方缺乏面对面交流,使得信息不对称性加剧,投资者对于众筹普遍缺乏安全感,其感知风险也是多维度的。首要的是财产风险,由于众筹涉及资金流转,而互联网的虚拟环境使得投资者的不安全感大大增加,加之众筹领域缺乏有力的监管,融资方"跑路"事件频发等原因使得其财务感知风险增强。此外,隐私风险近年来也受到普遍的关注,投资者在参与众筹时的个人隐私信息,如手机号、银行卡账户、密码等的泄露或转卖可能会导致投资者遭遇财务诈骗,或者为投资者带来过度推销的困扰。

以往感知价值和感知风险与用户参与意愿之间的关系研究,主要集中在线下和线上的购物环境中:Chen 等对消费者绿色购买行为的研究成果也表明,绿色感知价值与绿色购买意愿正相关,而绿色感知风险则与绿色购买意愿负相关[1];王崇等研究了网络消费者购买意愿的影响因素,证实感知价值对消费者的购买意愿有显著的促进作用,而感知风险对消费者的购买意愿则有显著的阻碍作用[2];章亚南等在对虚拟灰色市场中消费者购物意愿进行研究时也发现,感知价值会显著地正向影响消费者的购物意愿,感知风险则会显著地负向影响消费

---

[1] Chen Y S, Chang C H. Enhance green purchase intentions: The roles of green perceived value, green perceived risk, and green trust[J]. Management Decision, 2012, 50(3): 502-520.

[2] 王崇,王祥翠. 网络环境下基于价值理论的我国消费者购买意愿影响因素研究[J]. 数理统计与管理,2011,30(1):127—135.

者的购物意愿①。本章将这一关系研究拓展到线上的投资环境中,进而证实众筹投资者的感知价值与其参与意愿显著正相关,感知风险则与其参与意愿显著负相关。由此可知,无论是在线下环境中,还是在线上环境中,感知价值会对用户的经济决策行为意愿产生直接的正向作用,而感知风险则会对用户的经济决策行为意愿产生直接的负向作用,即用户的经济决策行为意愿最终是来自其对感知价值和感知风险二者之间的权衡。

(3) 项目质量对感知价值和感知风险的影响

本研究的实证分析结果表明,众筹融资方的项目质量对投资者的感知价值和感知风险均有显著影响,表明项目质量是感知价值和感知风险的驱动因素。其中,项目质量与感知价值显著正相关,即投资者对创意的新颖度、回报的合理性以及融资的达成率等与项目质量有关的指标感知越好,其感知价值就越大;项目质量与感知风险显著负相关,说明随着项目质量的提高,投资者的信心也随之增强,从而感知风险降低。项目质量对感知价值和感知风险的影响强度无显著差异,可见增强项目质量能同时有效地帮助投资者追求价值和规避风险。

项目质量是投资者最能直观感受并衡量的因素,同时也是投资者最关注的因素,项目质量的高低是决定项目能否成功的最根本也是最重要的因素。在参与众筹前,投资者会首先根据已有的项目信息对其创意的新颖度、回报的合理性、融资的达成率等做出判断,形成对项目质量的一个整体感知。当投资者认为该项目质量较高时,意味着一方面该项目质量满足自己的期望回报,即投资者能获得其期望的价值体验,另一方面该项目最终成功的可能性非常高,即投资者不会存在较大的风险担忧。本研究调查情景是投资智能加湿器,回报也是同样的智能加湿器,可以说该项目创意的新颖性直接决定了投资者最终获得的回报的产品质量,即项目质量的高低会决定投资者最终获得的功能价值。与本研究的情景一样,众筹中的项目创意往往和投资者最终获得产品或服务是一致的,所以项目质量的高低和投资者获得的价值体验通常息息相关。

众筹领域中的项目质量和购物环境中的产品质量意义相类似,前人有关感知风险和感知价值的研究表明,提高产品质量是增强用户感知价值、降低用户感知风险的主要途径之一:曾慧等在对不同促销表述方式对顾客品牌忠诚的影响进行研究时发现,产品的感知质量会对消费者的感知价值产生积极的影响②;张初兵对汽车4S店顾客满意度进行了研究,结果表明感知硬件质量会显著影响顾

---

① 章亚南,晓勇.虚拟灰色市场中消费者购物意愿影响因素实证研究[J].经济问题,2011,(7):61—64.
② 曾慧,郝辽钢.不同促销表述方式对顾客品牌忠诚的影响研究[J].软科学,2015,29(5):116—120.

客的感知价值[①];Sweeney等对零售环境中感知风险在产品质量和感知价值二者关系中所处的角色进行研究,从而发现产品质量即可直接影响感知价值,也可借助感知风险的中介作用间接影响感知价值[②];Chen等的研究证实在电子商务环境中感知质量与感知价值之间存在正相关关系,而与感知风险之间存在负相关关系[③]。结合本章中的项目质量会显著影响投资者的感知价值和感知风险这一发现可知,无论是在购物环境中还是在投资环境中,产品质量(项目质量)都是影响用户感知价值和感知风险的重要因素,即产品质量(项目质量)会影响用户经济决策过程中的感知价值和感知风险。

(4) 团队声誉对感知价值和感知风险的影响

团队声誉被证实与感知价值和感知风险均显著相关,反映出众筹投资者的感知价值和感知风险会受到融资方团队声誉的显著影响。团队声誉和感知价值显著正相关,即投资者对团队声誉高的众筹项目的价值感知要高于对团队声誉低的众筹项目的价值感知;团队声誉和感知风险显著负相关,即投资者对团队声誉高的众筹项目的风险感知要低于对团队声誉低的众筹项目的风险感知。由此可见,团队声誉通过对投资者感知价值和感知风险的直接作用来间接影响投资者的参与意愿,在研究众筹投资者决策行为时,团队声誉是不可忽视的重要因素之一。

随着微博、微信、论坛等社会化媒体在互联网金融领域的应用,众筹融资者相关的信息通过电子口碑得以大范围传播,进而在投资者心中形成对其整个研发团队的声誉感知。良好的团队声誉意味着融资方在社会上有着良好的品牌形象和较高的知名度,以及其在投资方心中也得到较好的评价和肯定,这不仅能够减少投资者未来遭受利益损失的不确定性,降低其感知风险,而且能够增强投资者对项目成功的信心,提高其感知价值,因此投资者更愿意参与团队声誉良好的众筹项目,这便是团队声誉所表现出来的"晕轮效应"。反之,当融资方具有不良的团队声誉时,根据归因理论,人们通常会将融资方团队声誉受损的原因归结为其团队实力弱、产品质量低以及服务水平差等负面因素,这必然会使得投资者对该众筹项目能否成功以及自己能否获得期望回报持怀疑的态度,由此产生了不利于其参与众筹的前期预想,因此构建良好的企业声誉对吸引投资者参与显得至关重要。

---

① 张初兵.汽车4S店顾客满意度模型及其实证研究——以天津丰田汽车4S店为例[J].统计与信息论坛,2012,27(12):76—81.

② Sweeney J C, Soutar G N, Johnson L W. The role of perceived risk in the quality-value relationship: A study in a retail environment[J]. Journal of Retailing, 1999, 75(1): 77-105.

③ Chen Z, Dubinsky A J. A conceptual model of perceived customer value in e-commerce: A preliminary investigation[J]. Psychology & Marketing, 2003, 20(4): 323-347.

本章中众筹领域的团队声誉和电商领域的商家声誉意义相似,前人在B2B服务行业以及C2C电子商务环境中对商家声誉与感知价值和感知风险之间的关系进行探究:Hansen等在对B2B服务行业中的消费者感知价值进行研究时发现,商家声誉会显著正向影响消费者的感知价值[1];许博等对C2C交易过程中消费者的感知风险进行研究,结果表明买方的感知风险会受到卖家在线声誉的影响[2]。结合本章对众筹领域中团队声誉与感知价值和感知风险之间关系的研究可以发现,B2B服务行业同众筹领域一样,团队声誉(商家声誉)会正向影响用户的感知价值;C2C电子商务环境也同众筹领域一样,团队声誉(商家声誉)会负向影响用户的感知风险。由此可见,团队声誉(商家声誉)会正向影响用户的感知价值以及负向影响用户的感知风险这条结论不仅适用于众筹领域,在电商领域也同样成立。

(5) 信息透明对感知价值和感知风险的影响

信息透明被证实对投资者的感知价值没有显著影响,即在信息不对称的条件下,投资者对于参与众筹所获得的价值判断与在信息对称的条件下相比不存在显著的差异;信息透明被证实会负向影响投资者的感知风险,即在信息不对称的条件下,投资者对于参与众筹所获得的风险判断比在信息对称的条件下要高,这是由于当信息透明度较高时,投资者拥有足够多的信息来准确判断项目成功的可能性,借以消除心中的风险疑虑。反之,当信息透明度较低时,投资者由于缺乏足够多的信息,往往会低估项目成功的可能性以减少潜在的交易风险[3]。

本次在对众筹投资信息透明程度进行调查时发现,71.3%的投资者认为融资方未为其提供更详细的众筹项目信息,如项目团队实力、项目后续计划等,而69.1%的投资者认为,众筹平台缺乏明确的规定用于要求融资方主动披露项目资金流向。正是由于融资方这种刻意的隐藏项目信息和团队行为,加之平台方缺乏要求融资方披露信息的强制性规定,才导致众筹领域存在严重的信息不对称。这种严重的信息不对称往往就是导致投资者感知风险增加的原因之一,如融资方将资金用于其他途径,而不是产品开发、融资方对投资方信息的滥用和售卖等。信息透明对感知价值的影响并不显著,在前人的研究中,有学者证实信息

---

[1] Hansen H, Samuelsen B M, Silseth P R. Customer perceived value in B-t-B service relationships: Investigating the importance of corporate reputation[J]. Industrial Marketing Management, 2008, 37(2): 206-217.

[2] 许博,邵兵家,杨海峰. C2C电子商务感知风险影响因素的实验研究[J]. 软科学, 2010, 24(7): 125—128.

[3] Lee B, Cho H, Chae M, et al. Empirical analysis of online auction fraud: Credit card phantom transactions[J]. Expert Systems with Applications, 2010, 37(4): 2991-2999.

不对称是影响用户网上购物风险感知的重要因素①,我们进一步探究了这一差异产生的原因。在对投资者感知价值进行调查时发现,超过70%的投资者认为参与众筹项目开发和设计可以实现自我价值、获得趣味体验、提高个人认知以及获得比市场上价格更低廉的产品和服务,可见众筹作为新兴的金融投资方式,投资者对其价值预期普遍较高。因此,仅依据目前投资者可获得的与众筹项目和团队有关的少量信息,投资者对参与众筹将要获得价值就会有比较明确的感知,即投资者的感知价值不会受到信息透明程度的显著影响。

前人在研究网络环境中信息对顾客的作用机理时,也发现信息透明是影响消费者感知风险的主要因素之一:王德胜等探究了信息不对称条件下消费者网络购物的感知风险,结果表明卖方信息披露程度与网络购物各维度感知风险之间存在负相关关系②;王军等分析了网络信息的构成及各类信息对顾客价值感知的影响,结果表明完整真实的产品实意质量信息和象征质量信息,丰富的信用信息和服务信息,全面的支付信息、物流信息和多渠道的信息反馈平台,有助于提升顾客的价值感知③;杨永清等对移动增值服务消费者感知风险前因进行研究,结果发现感知信息不对称是影响感知风险的主要因素,表现为其对消费者的隐私、财务、时间、功能和心理风险均有显著的直接影响④。结合本章中信息透明会显著影响众筹投资者的感知风险这一发现,我们可以得出以下结论:无论是在互联网环境下还是在移动互联网环境下,信息透明都会对网络用户的感知风险产生消极的负面影响。

(6) 保障服务对感知价值和感知风险的影响

本研究通过对众筹投资者参与意愿的影响因素研究发现,众筹平台提供的保障服务对投资者的感知价值($r_{6a}=0.155, p=0.190>0.1$)没有显著的直接影响,但对投资者的感知风险($r_{6b}=-0.173, p<0.01$)则有显著的负向影响,假设6a不成立,假设6b得到支持。上述结论表明,当众筹平台为防止融资方诚信缺失导致投资者遭受损失故而提供一系列的保障服务时,会显著改善投资者获得的风险体验,但是投资者获得的价值体验并不会发生明显变化。

平台方提供的众筹保险、分阶段拨款、允许申请退回尾款等保障服务有助于有效地规避、减缓和转移投资者在参与众筹时感知到的财务风险、功能风险和心

---

① 李亮. 网上信息特征对于消费者延迟选择的影响研究[J]. 情报科学, 2016, 34(2): 120—126.
② 王德胜, 王冠琳. 信息不对称条件下消费者网络购物的感知风险[J]. 经济管理, 2013, 35(1): 142—152.
③ 王军, 徐敏娟. 网络信息对顾客价值感知的作用机理研究[J]. 图书情报工作, 2013, 57(16): 94—99.
④ 杨永清, 张金隆, 李楠, 等. 移动增值服务消费者感知风险前因的实证研究[J]. 管理评论, 2012, 24(3): 115—123.

理风险。对于保障服务和感知价值之间不存在显著关系的原因,如前文结合调查问卷结果发现投资者普遍感知价值较高一样,众筹作为一种金融投资方式,其低成本、高收益的特点已经得到投资者的普遍认可,所以即使在目前平台方尚未提供完善的保障服务时,投资者也会根据项目质量以及团队声誉等其他因素对其价值有一个较明确的感知,并且这一感知并不会随着日后平台方保障服务的改善而发生显著的变化。

前人有关电商的研究,也证实了商家或平台提供的种种消费者保障服务可以有效地降低消费者的感知风险:Kaplan 等以 B2C 电子商务网站为背景,通过实验法证实平台保障服务对消费者的感知风险有显著的负向影响[1];Pavlou 等在对在线拍卖市场的信任机制进行研究时指出,感知有效的支付担保可以通过信任的中介作用显著地降低消费者的风险感知[2];陈传红在其博士学位论文中研究了网站制度管控对消费者信任的影响,结果证实服务承诺、反馈机制和交易安全这些制度可以有效地增强消费者信任,进而降低其感知风险[3];王全胜等在研究第三方信任服务对在线购物意愿的作用机理时发现,第三方安全与隐私服务、企业排名服务以及契约担保服务都会借助消费者信任来间接地影响消费者的风险感知[4]。由此可见,无论是在电商环境中还是在众筹环境中,平台保障服务都会影响用户的感知风险。不同的是,在电商环境中,保障服务多是通过直接影响信任来间接影响感知风险,而在众筹环境中,保障服务对感知风险的影响则是直接的。

(7) 投资经验对感知价值、感知风险和参与意愿的影响

投资经验与感知价值和感知风险之间均不存在显著的因果关系,但与参与意愿之间则存在显著的因果关系,显示出丰富的众筹投资经验并不能在投资者参与过程中有效地帮助他们增强感知价值和降低感知风险,但可以直接提高其参与意愿。这一发现与其他情景中的研究结论并不一致,如 Rao 等在研究用户对产品进行评估时发现,顾客关于产品的知识比较丰富时,感知风险就会降低[5];方艳杰通过对第三方支付的感知风险研究发现,熟悉程度对感知风险中的

---

[1] Kaplan S E, Nieschwietz R J. A Web assurance services model of trust for B2C e-commerce[J]. International Journal of Accounting Information Systems, 2003, 4(2): 95 - 114.

[2] Pavlou P A, Gefen D. Building effective online market-places with institution-based trust[J]. Information Systems Research, 2004, 15(1): 37 - 59.

[3] 陈传红. 网站制度管控对消费者信任的影响研究[D]. 武汉:华中科技大学博士学位论文, 2013: 78—81.

[4] 王全胜,王永贵,陈传明. 第三方信任服务对在线购物意愿的作用机理[J]. 经济管理, 2009, 31(7): 102—109.

[5] Rao A R, Monroe K B. The moderating effect of prior knowledge on cue utilization in product evaluations[J]. Journal of Consumer Research, 1988, 15(2): 253 - 264.

经济风险和身体风险有显著的负向影响①;Liaw 等通过研究用户网络购物行为发现,(成功的)网购经历可以降低消费者的感知风险②。通过对部分问卷调查者进行深度访谈发现,之所以会出现这种差异,一方面是由于众筹领域涉及的项目种类繁多,各个项目又有着自己独特的创意,这使得以往成功的项目投资经验往往不能应用到下一次的众筹参与过程中,进而导致投资者对其中的价值和风险感知没有明显的变化;另一方面是由于众筹领域中的融资方有着很大的流动性,投资者在参与众筹时往往接触到的都是新的融资方,这使得投资者对该融资方的能力和信誉等仍有着很大的不确定性,因此,以往的投资经验也不能改善投资者对其中的价值和风险感知。此外,从本次问卷调查回收的数据来看,351 名调查对象中仅有 104 名在此之前参与过众筹投资,其中 76 名参与次数仅在 1—2 次,同时投资经验这一潜在变量的绝对均值仅为 1.8 分(满分 5 分),表明参与此次调查的投资者多是众筹经验缺乏者,即本研究调查数据在投资经验上整体偏低,这可能是造成投资经验并不能显著影响投资者的感知风险和感知价值的原因之一。

(8) 风险态度对感知价值和感知风险的影响

在众筹投资者参与意愿影响因素的研究中,风险态度被发现对感知价值和感知风险均没有显著的直接作用,表明对于风险规避型和风险偏好型两种类型的投资者而言,其在参与众筹时所感知到的价值和风险不存在显著差异。这一发现与其他情景中的研究结论并不一致,如 Mazumdar 研究指出,风险态度显著影响顾客对新产品的感知风险③;高海霞的研究结果显示,在用户的购买过程中,风险规避型用户比风险偏好型用户有更高的感知风险④;Cho 等对家庭投资决策过程中风险策略进行了研究,结果证实风险态度会对消费者的风险感知产生显著影响⑤;Winsen 等在研究感知风险和风险态度对农民采用风险管理策略的影响时发现,风险态度和感知风险之间存在显著的直接关系⑥。风险态度对

---

① 方艳杰. 电子商务中第三方支付对消费者感知风险的影响研究[D]. 长沙:中南林业科技大学硕士学位论文,2012:25—29.

② Liaw G F, Zhu Z W, Lee Y H. The effects of risk reduction strategies on consumers' risk perceptions and online purchase intention[J]. Pan-Pacific Management Review,2005,8(1):1-37.

③ Mazumdar T. A value-based orientation to new product planning[J]. Journal of Consumer Marketing,1993,10(1):28-41.

④ 高海霞. 消费者的感知风险及减少风险行为研究[D]. 杭州:浙江大学博士学位论文,2003:103—104.

⑤ Cho J, Lee J. An integrated model of risk and risk-reducing strategies[J]. Journal of Business Research,2006,59(1):112-120.

⑥ Winsen F V, Mey Y D, Lauwers L, et al. Determinants of risk behaviour: Effects of perceived risks and risk attitude on farmer's adoption of risk management strategies[J]. Journal of Risk Research,2016,19(1):56-78.

投资者的感知价值和感知风险影响不显著,可能存在以下方面的原因:首先,从本章回收的问卷数据来看,感知风险这一潜变量的绝对均值为 3.9 分(满分 5 分),其中分值高于 3 分的用户 254 人,超过全部人数的 70%,说明众筹投资者的感知风险普遍较高,这可能是由于众筹作为新兴互联网金融产品的形式之一,投资者普遍对其认知程度不高,加之众筹领域频频爆发风险事件[①],降低了投资者的信心,因此投资者在参与众筹时普遍表现出更多的风险担忧,而这些风险担忧的程度并不会受到投资者本人固有的风险态度的影响。其次,从统计学的角度来看,风险态度对感知价值影响不显著,可能是由于风险态度和感知价值之间存在其他中介因素[②]。

(9) 交互因素对感知价值和感知风险的影响

平台方-融资方交互、投资者-融资方交互、投资者-投资者交互、投资者-平台方交互均被发现与感知价值显著正相关,其中平台方-融资方交互、投资者-融资方交互被发现与感知风险也显著正相关,而投资者-投资者交互、投资者-平台方交互则被发现与感知风险之间不存在显著的直接关系。具体到影响方向和影响强度而言,各个交互因素对感知价值的影响均为正向,其中投资者-融资方交互的影响强度($P<0.05$)则弱于其他三个交互因素($P<0.001$);而平台方-融资方交互、投资者-融资方交互对感知风险的影响均为负向,二者的影响强度无显著差异。

融资方和平台方借助微博、微信、在线论坛等社会化媒体,可以为众筹投资者营造一个社会存在感和心理支持感较高的体验环境,鼓励投资者发表与产品及服务有关的看法,投资者之间也可以充分沟通交流,从而使投资方、融资方以及平台方之间呈现出较高的交互性。投资者成了商业价值的体验者和共创者,一方面在交互的过程中通过贡献自己的知识和帮助其他投资者获得了更高的社会存在感知和心理舒适度,另一方面在参与价值共创过程中设计出了更符合自身需求的产品和服务,也因此获得较高的经济价值体验。通过对问卷调查参与者进行访谈发现,当项目失败或融资方"跑路"等风险发生时,投资者普遍认为与主要责任方——融资方进行直接的交互是帮助他们追回投资和减少损失最有效的途径,因此平台方-融资方交互和投资者-融资方交互这两种与融资方进行直接交互的方式会对其感知风险产生显著的直接影响,而投资者-投资者交互和投资者-平台方交互这两种没有与融资方进行直接交互的方式不会对感知风险产生直接影响。

---

① 产品众筹频曝风险事件 监管空白引热议[R/OL]. (2016 - 03 - 22) [2016 - 04 - 13]. http://www.nbd.com.cn/articles/2016 - 03 - 21/992691.html.

② 王崇. 网络消费者购买意愿影响因素模型研究[D]. 黑龙江:哈尔滨工业大学博士学位论文, 2007:49—50.

以往对网络环境中的交互性与感知价值和感知风险之间关系的研究主要集中在探究网站整体交互性以及不同参与者之间交互的具体特征对感知价值以及感知风险的影响,并未详细考虑不同参与者之间的交互性对感知价值和感知风险的影响:杨永清等在近距离移动支付用户接受行为的研究中发现,服务的交互性会增强消费者的感知价值[①];陈迎欣等将不同主体间的在线互动与临场感和感知风险相联系,探究其对消费者信任的间接影响,结果表明,卖方和顾客的在线互动对于建立顾客信任具有显著正向影响,且顾客与网站间的互动及顾客与顾客间的互动有助于降低感知风险[②];Fiore等的研究指出,在线零售环境中的影像交互技术水平与消费者的体验价值和功能价值正相关[③]。结合本章关于交互因素和感知价值以及感知风险之间关系的研究成果可以看出,网络环境中的交互性与用户的感知价值正相关,感知风险负相关,在众筹环境下主要表现为平台方-融资方交互、投资者-融资方交互、投资者-投资者交互、投资者-平台方交互显著正向影响感知价值,而平台方-融资方交互、投资者-融资方交互负向影响感知风险。

14.5 结论与启示

(1) 性别对投资者的感知价值和感知风险均有显著影响

研究发现性别会显著影响投资者的感知价值和感知风险,其中女性投资者的感知价值和感知风险要高于男性投资者。为此,众筹融资方和平台方可以结合不同性别人群特点进行差异化的营销和推广。针对女性投资者要注重降低其感知风险,强化系统操作的便捷性、投资反馈的及时性以及保障服务的完善性,消除女性投资者在参与众筹时的不确定性感知,使女性投资者在参与众筹时感受到更多的保护和重视。而针对男性投资者要注重增强其感知价值,强调项目创意的新颖性、双方沟通的交互性以及回报设置的合理性,增强男性投资者在参与众筹时的娱乐感知以及绩效感知,使男性投资者在参与众筹时感受到更多的高收益,包括物质收益和精神收益。

---

① 杨永清,张金隆,李楠,等. 近距离移动支付用户接受行为研究:基于消费者视角[J]. 图书情报工作,2012,56(2):142—148.
② 陈迎欣,郜旭彤,文艳艳.网络直播购物模式中的买卖双方互信研究[J].中国管理科学,DOI:10.16381/j.cnki.issn1003-207x.2018.0576.
③ Fiore A M, Kim J, Lee H H. Effect of image interactivity technology on consumer responses toward the online retailer[J]. Journal of Interactive Marketing,2005,19(3):38-53.

(2) 感知价值对投资者的参与意愿有显著的正向影响,感知风险对投资者的参与意愿有显著的负向影响

感知价值和感知风险被发现与投资者的参与意愿分别呈正相关和负相关,为此,众筹平台和融资方可从以下方面着手提高投资者的感知价值,同时降低投资者的感知风险:a. 众筹平台可委托独立的第三方专业评级机构从融资团队的能力和信誉、项目投资的合理性、产业政策的导向性及市场前景的广阔性等方面对该融资项目成功的可能性以及该融资方违约跑路的可能性进行评估,然后将该结果作为项目内容介绍的一部分,以评级报告的形式在项目融资页面呈现给投资者,以帮助投资者在该评级报告的指导下对项目做出客观的评价以及科学的投资决策。b. 资金安全是投资者尤其关注的问题,为避免资金安全风险,可引入第三方资金托管机构,负责在众筹参与方之间划拨资金,如"大家投"这一众筹平台推出了"投付宝",用于负责对融资款项进行托管,其具体实施方案是先由华夏银行第三方账户对投资资金进行托管,待融资方正式工商注册时再把该资金拨入融资方账户[①]。c. 平台方可引入专业的风投公司担当领投人,而普通投资者作为跟投人,在项目的选择上还可以采用与第三方权威机构(如政府机构)合作的方式,优先上线来自这些第三方权威机构推荐的项目,类似于企业招聘中的内部推荐机制。

(3) 项目质量对投资者的感知价值有显著的正向影响,对投资者的感知风险有显著的负向影响

项目质量被发现对投资者的感知价值和感知风险均有显著影响,因此必须注重对众筹项目质量的把关。在美国,任何一个众筹项目的成功都离不开整个团队的努力,首先是由融资方提供项目创意,然后由专业的评级机构负责对项目进行可行性研究,再由专业的生产企业负责产品的生产,之后由专业的传媒公司负责制作项目宣传视频,最后由专业的项目顾问为融资方提供技术支持和疑难解答[②]。这些企业和个人共同组成了一条完整的产业链,有效地保障了众筹项目的质量,使得项目的成功率和融资额大大提升。近两年来我国众筹发展迅速,行业规模急剧扩大,但起步时间较晚,相关的产业链尚未形成,项目从创意的提出到产品的制作往往仅靠少数几个人的力量,这使得项目的整体质量难以得到保证,许多有创意的项目往往也以融资失败而告终,因此应注重构建多方参与的众筹产业链,全面提升众筹项目质量。具体来说,平台方可在项目上线前委托独立的第三方机构对项目的可行性进行分析,之后可由平台方的专业团队负责为

---

① 孙学立,张慧清. 我国众筹融资模式、风险及对策研究[J]. 浙江金融,2015,(6):16—20.

② Beck F, Lewandrowski U, Wiltfang M, et al. The good, the bad, the ugly: Validating the mass spectrometric analysis of modified peptides[J]. Proteomics, 2011, 11(6): 1099-1109.

项目制作精美的宣传网页,在项目融资成功后,平台方可为融资者提供招募生产企业的机会。

(4) 团队声誉对投资者的感知价值有显著的正向影响,对投资者的感知风险有显著的负向影响

团队声誉是影响投资者感知价值和感知风险的主要因素之一,为此可从以下方面出发来提高融资方的团队声誉:a. 融资方可充分利用社交媒体的力量来扩大自己的声誉,如设立自己的官方微博和微信,不定时地更新与融资团队和项目有关的信息,增强投资方与融资方之间的沟通和了解;b. 对于融资方而言,可采用事件营销来吸引投资者的注意,然后借助电子口碑在社会化媒体上的快速传播来扩大自己的知名度和美誉度,如举办产品发布会,邀请第三方媒体参与报道;c. 为防止负面口碑的出现破坏团队声誉,融资方应建立声誉监测系统,一旦发现有负面口碑出现,应该迅速调查该负面口碑出现的原因,并及时采取有效的措施加以解决,以使其对自身声誉的影响降到最低;d. 平台方可根据融资方在平台上的历史活动信息从融资成功率、回报发放率等角度对融资方的能力和信誉给出实时评价,并将该结果呈现在平台上,从而使得投资者对融资方有一个更清晰的声誉感知,类似于淘宝和天猫平台从服务、物流和描述三方面给卖家评分,并根据消费者评论给出买家信用等级。

(5) 信息透明对投资者的感知价值没有显著影响,但对投资者的感知风险有显著的负向影响

目前,我国众筹平台上呈现的项目信息非常有限,往往仅包括对项目内容的简单介绍,造成了投资方和融资方之间严重的信息不对称,使得投资者处于十分劣势的地位。因此,为最大限度地保障投资者的权益,有必要建立完善的信息披露机制,确保投资者掌握足够多的与融资项目和企业有关联的信息,解决信息不对称而造成的投资者风险感知的增加和价值感知的减少。信息披露的内容主要包括项目信息和融资方信息两方面,其中项目信息披露不仅包括对项目创意、产品功能等内容的介绍,还包括对项目进度、资金流向等内容的实时更新,以使投资方和平台方对融资方进行实时监督;融资方信息披露包括对其业务内容、团队构成以及财务数据等信息的公布。此外,还可以结合融资方业务性质及其融资额度的差异性,对处于不同风险水平或者不同项目阶段的融资方提出差异化的信息披露要求,类似于保险公司根据投保人的不同风险水平制定不同的投保方案,以及通信公司根据客户的不同需求开发不同的资费套餐。值得注意的是,在信息披露的过程中要注重对融资方知识产权的保护,防止项目创意被剽窃而导致项目失败。

(6) 保障服务对投资者的感知价值没有显著影响,但对投资者的感知风险有显著的负向影响

保障服务被发现是影响投资者感知风险的主要因素之一,因此应加强对投

资者权益的保护,减小其参与过程中的风险感知。目前,我国在众筹方面的法律法规还不完善,对众筹各方参与者的权利和义务的规定也不明确,因此诱导投资和欺诈行为时有可能发生。为此,平台方可从以下方面着手来保障投资者的利益:a. 在项目上线前根据融资额度大小要求融资方缴纳一定比例的风险准备金,当后期项目出现风险时,该准备金将作为先行赔偿发放给投资者,反之若项目成功,该准备金将予以退还或转为下次融资项目的保证金;b. 当项目融资方出现违约时,可由平台方先行代偿部分资金,后续再由平台方向责任融资方追偿缴清,类似于天猫平台在消费者申请退货时提供的先行赔付服务;c. 与第三方保险公司进行合作,在投资者参与众筹时,可由融资方为投资者购买保险,也可由投资者自行购买保险,当项目出现风险时,则由保险公司为投资者提供一定的赔偿;d. 平台方可将融资款项分为首款和尾款两部分,其中首款作为项目启动资金在融资成功后发放给融资方,而尾款则在投资者确定收货后再发放给融资方。

(7) 投资经验对投资者的感知价值和感知风险均没有显著影响,但对投资者的参与意愿有显著的影响

投资经验在本研究中被发现会显著影响投资者的参与意愿,同时创新扩散理论也认为,某项创新与现有价值观、以往经验、预期采用者需求的共存程度是决定人们接受这项创新的因素之一,因此融资方及平台方需注重对投资者个人经验的提升,具体可采取以下措施:a. 和传统的金融投资方式相比,众筹投资有着自己全新的特点,这使得众多投资者不敢轻易尝试,从而造成个人经验的缺失。为此,众筹企业在向投资者普及众筹知识的时候,应注重众筹投资方式与传统投资方式之间的比较,找出二者之间的相同和差异,让投资者能更好地从传统投资方式过渡到众筹投资方式,这有利于他们将以往的相似的投资经验应用到众筹投资中去。b. 众筹平台也可建立众筹体验中心,采用向新的投资者发放虚拟体验金的形式鼓励他们参与众筹项目投资体验,从而使得投资者获得对众筹的全面认识和真实感受,进而转化为他们的个人经验。c. 对于大型的融资方而言,在其正式募集资金前,也可构建实体体验中心,通过提供产品原型等方式让投资者在前期对项目产品有一个更全面的了解和认识,进而作为其后续参与投资该项产品的个人经验。

(8) 风险态度对投资者的感知价值和感知风险均没有显著影响

尽管投资者的风险态度在本研究中被发现与感知价值以及感知风险之间不存在显著关系,但鉴于本章研究对象的高风险性,风险态度仍是需要关注的因素之一。个人的风险态度不仅会随着时间、境况的改变而改变[①],还会受到个人性

---

① Maccrimmon K R, Wehrung D A. Characteristics of risk taking executives [J]. Management Science, 1990, 36(4): 422-435.

格、经历和价值观的影响[①],即风险态度受到内因和外因交互作用的影响,因此,融资方和平台方一方面需要考虑到投资者不同的风险态度特征,另一方面还要考虑到投资者风险态度随着年龄、境况、经历而变化,对投资者的风险态度需进行实时更新。为此,互联网企业可利用自身的大数据技术优势,通过对信息的整合和数据的挖掘,构建投资者风险态度评估模型,并基于其强大的运算能力,对模型进行实时调整和刷新,实现对投资者风险态度的动态跟踪。此外,根据前景理论,用户的风险态度表现出参照依赖的特点,即用户的风险态度随着价值的参照点的调整而改变。作为新兴的互联网金融投资产品,众筹对于很多投资者而言是陌生的,因此,平台方可以通过向投资者普及众筹原理的方式,提高投资者对其价值的感知,从而促进部分投资者对众筹的风险态度由风险规避型向风险偏好型转变,或者降低其对于风险的规避程度。

(9) 平台方-融资方交互、投资者-融资方交互、投资者-投资者交互、投资者-平台方交互对投资者的感知价值有显著的正向影响,平台方-融资方交互、投资者-融资方交互对投资者的感知风险有显著的负向影响,而投资者-投资者交互、投资者-平台方交互对感知风险没有显著影响

从本研究得出的各个交互因素对感知价值和感知风险的影响情况来看,平台方和融资方可采取以下措施来促进不同参与者之间的交互,以此增强投资者的感知价值和降低投资者的感知风险:首先,平台方可借鉴电商平台的做法在众筹参与页面为投资者提供在线评论机制,便于投资者之间的经验共享,促进投资双方的互动;其次,平台方可通过建立官方微博、微博和论坛等为众筹参与者提供在线交流平台,在这里投资者可以互相交流经验,也可以将疑问反馈给平台方或融资方,再由平台方和融资方进行解答,如奥迪汽车利用其官方微博为顾客实时更新产品介绍、汽车保养以及活动近况等信息,通过点赞、评论和回复等方式增强了顾客间以及顾企间的互动沟通;再者,融资方可为项目建立在线社区,鼓励每个投资者针对产品的设计与开发发表自己的看法,通过投资者参与的方式来促进投资者-投资者互动以及投资者-融资方互动,类似于小米社区;最后,平台方和融资方之间要建立良好的沟通机制,便于在项目违约时,平台方与融资方进行交涉,帮助投资者追回一定的款项,最大限度地保障投资者的利益。

---

① 侯娇峰. 员工绩效薪酬感知与薪酬满意度的关系研究[D]. 南京:南京理工大学硕士学位论文,2013:14—15.

附录1 互联网金融环境下用户支付行为偏好及影响因素研究问卷

亲爱的朋友：

您好，感谢您在百忙之中抽出时间填写这份调查问卷。你的看法和观点对于我们的研究至关重要！本研究旨在调查互联网金融环境下用户支付行为偏好及影响因素研究。本问卷不要求填写姓名，并且对您的回答我们将严格保密，调查结果仅供科研之用，不涉及其他目的，请您放心作答。本问卷答案没有好坏、对错之分，请您根据自身真实感受和体会作答。为了保证我们研究的精确性，请您认真作答，再次感谢您的参与！

在回答本问卷之前，请您先明确以下定义：

在线支付是指买卖双方在线上线下的交易中，以互联网为媒介，通过电脑、手机等终端进行资金结算业务。主要包括支付宝、微信支付、银联在线、翼支付、沃支付、和包等第三方支付，以及普通网银支付、银行卡快捷支付和移动支付等方式。

一、基本信息

1. 您的性别：
○男　○女

2. 您的年龄：
○18岁以下　○19—25岁　○26—35岁　○36—45岁　○46岁及以上

3. 您的学历：
○高中、中专、技校大专　○大学本科　○硕士及以上　○其他

4. 您的职业是：
○学生群体　○上班族　○其他

5. 您目前月可支配收入：
○1000元以下　○1000—2000元　○2000—5000元　○5000—10000元
○10000元以上

6. 您目前所在城市：
○北京　○上海　○广州

○二线城市(其他省会城市和直辖市)　○三线城市(地级市)　○四线城市(县级市、县城)及以下

7. 您的上网频率：
○每天都上　○每周上几次　○每月上几次　○很少使用

二、在线支付使用情况

8. 您使用在线支付的频率是：(如选择"从不使用"，则回答第9题，否则跳至第11题)
○每月5次及以上　○每月3—4次　○每月1—2次　○每月不到1次　○从不使用

9. 您不使用在线支付的原因主要是：
○账号开通太麻烦　○担心账户信息泄露　○担心资金被盗
○上网不方便　○没有安装客户端　○没有必要使用在线支付
○对在线支付没兴趣，不想了解　○售后服务不能得到保证　○其他_____

10. 您是否有兴趣尝试使用在线支付(填完请跳至第26题)
○完全没有兴趣　○没有兴趣　○不确定　○有兴趣　○非常有兴趣

11. 您使用过以下哪些在线支付提供的服务：
○网上购买实物产品　○水电煤等生活缴费　○话费充值
○游戏充值　○打车支付　○酒店票务支付
○餐厅、商场等本地化消费　○朋友间转账　○金融理财产品购买
○分期付款　○其他_____

12. 您最常使用的在线支付方式是：
○第三方支付　○普通网银支付　○银行卡快捷支付　○其他_____

13. 您选择该支付方式的主要原因是：
○操作便捷手续简单　○平台界面设计友好　○使用范围广，合作商家多
○平台知名度高，用户多　○优惠折扣多，手续费低　○支付功能更丰富
○朋友经常推荐使用　○是一种时尚的生活方式　○方便小额零钱支付

14. 您一次使用在线支付的最大支付金额是：
○100元以内　○100—500元　○500—1000元　○1000—5000元　○5000元以上

15. 您在使用在线支付过程中是否有过不愉快的在线支付经历(如资料泄露、交易欺诈、账号被盗等)：
○经常遇到　○偶尔遇到　○极少遇到　○从未遇到

三、支付业务使用偏好调查

16. 您在购买以下产品时,更倾向于使用:

	在线支付	货到付款	线下购买	不一定
3C类产品(手机、电脑、数码相机等)	○	○	○	○
服饰鞋帽类产品	○	○	○	○
其他日用快消品	○	○	○	○

17. 您在进行生活服务类产品或服务购买时(如水电煤缴费、话费充值、差旅票务酒店预订等),更倾向于使用:
○在线支付　○线下付款　○不一定

18. 您在网上购买实物产品下单及付款时,更倾向于使用以下哪种支付模式:
○在电脑上下订单,并在电脑上完成支付
○在手机上下订单,在电脑上完成支付
○在电脑上下订单,在手机应用中完成支付
○在手机上下订单,并在手机上完成支付
○在电脑上下订单,并选择货到付款
○在手机上下订单,并选择货到付款

19. 针对餐饮团购、酒店预定等线上购买,线下消费的服务类产品,您更倾向于使用以下哪种支付模式:
○在电脑上下订单,并在电脑上完成支付
○在手机上下订单,在电脑上完成支付
○在电脑上下订单,在手机应用中完成支付
○在手机上下订单,在手机上完成支付
○在电脑上下订单,并到店消费时支付
○在手机上下订单,并到店消费时支付

20. 当您在线下商场、超市、餐厅等场所购买产品或服务时,是否会使用在线支付:(如选择"从不使用"则回答第21题,否则跳至第22题)
○能使用的几乎都使用　○经常使用　○偶尔使用　○从不使用

21. 您不选择使用在线支付的原因是:
○现金或刷卡很方便,不需要在线支付　○不知道可以使用在线支付
○手机没有安装支付　○担心使用在线支付不安全　○其他_____

22. 我会根据在线支付记录查找买过东西的店铺,并进行再次消费:
○完全不同意　○基本不同意　○不确定　○基本同意　○完全同意

23. 在100元以下的小额零钱支付时,我更倾向于使用在线支付:

○完全不同意　○基本不同意　○不确定　○基本同意　○完全同意

24. 当时间紧迫,而又迫切需要购买产品或服务时,我更倾向于使用在线支付:

○完全不同意　○基本不同意　○不确定　○基本同意　○完全同意

25. 如果有优惠折扣,我会更多地使用在线支付:

○完全不同意　○基本不同意　○不确定　○基本同意　○完全同意

26. 请根据您对在线支付的认知情况,选择最符合的选项:

	非常不同意	不同意	不确定	同意	非常同意
我喜欢追求新颖的科技与事物	○	○	○	○	○
总的来说,我比较愿意接受新观点、新事物	○	○	○	○	○
在周围人中,我总是率先尝试使用新产品和新服务	○	○	○	○	○
我会尝试使用新型的在线支付方式	○	○	○	○	○
在线支付的品牌文化与我价值观一致	○	○	○	○	○
使用在线支付符合我的生活方式	○	○	○	○	○
我认同在线支付的消费文化	○	○	○	○	○
我身边许多的人也在使用在线支付	○	○	○	○	○
我周围的人赞成我使用在线支付	○	○	○	○	○
我周围的人对在线支付有很强的认同感	○	○	○	○	○
在线支付提供的产品和服务内容非常全面	○	○	○	○	○
通过在线支付平台获取的信息是真实可靠的	○	○	○	○	○
在线支付平台可以提供完善的导航,帮助我获取想要的信息	○	○	○	○	○
在线支付平台可以为我提供个性化的信息	○	○	○	○	○
当使用在线支付遇到问题时,可以获得及时的帮助	○	○	○	○	○
使用在线支付可以使我获得很多支付之外的服务	○	○	○	○	○

	非常不同意	不同意	不确定	同意	非常同意
通过在线支付可以帮助我更好地进行理财管理	○	○	○	○	○
在线支付平台界面设计非常友好	○	○	○	○	○
我可以获得免费试用一些在线支付新产品的机会	○	○	○	○	○
多数情况下，我知道如何进入相应的在线支付平台	○	○	○	○	○
开通在线支付账户是件容易的事情	○	○	○	○	○
对我来说使用在线支付方式非常简单，容易操作	○	○	○	○	○
我认为在线支付方式是很容易学习使用的	○	○	○	○	○
使用在线支付方式有效地提高了我的支付效率	○	○	○	○	○
在线支付方式让我的生活更加便利	○	○	○	○	○
在线支付可以免去现金支付的不便	○	○	○	○	○
我认为在线支付在我的生活中很有用	○	○	○	○	○
我担心个人账户信息（如手机号、银行账号信息）会被泄露或转卖	○	○	○	○	○
我担心消费隐私信息（如消费场所、支付金额）会被泄露或转卖	○	○	○	○	○
我担心在线支付系统遭到系统病毒干扰或黑客拦截	○	○	○	○	○
我担心因为手机遗失、支付密码被窃取等情况而出现财产损失	○	○	○	○	○
使用在线支付方式对我而言是一个享受的过程	○	○	○	○	○

附录1 互联网金融环境下用户支付行为偏好及影响因素研究问卷

	非常不同意	不同意	不确定	同意	非常同意
相比于其他支付方式,使用在线支付方式让我更快乐	○	○	○	○	○
总的来说,在线支付方式能够给我的生活增添乐趣	○	○	○	○	○
我认为使用在线支付方式是一个很好的选择	○	○	○	○	○
在我看来,在线支付很有吸引力	○	○	○	○	○
总的来说,在线支付是一种适合我的支付方式	○	○	○	○	○
我认为选择在线支付是十分明智的	○	○	○	○	○
总的来说,我喜欢使用在线支付方式	○	○	○	○	○
总的来说,我愿意推荐身边朋友使用在线支付方式	○	○	○	○	○
未来我会继续使用在线支付	○	○	○	○	○

附录2 消费者网购下单未付款影响因素研究调查问卷

尊敬的朋友：

您好！本次调查是硕士毕业论文采集所需数据，关于您在网购过程中下单未付款行为的研究。感谢您在百忙之中抽空填写，请根据本人的真实体会和感受，逐项回答以下问题，在合适的选项上打钩。您的回答是匿名和保密的，仅用于学术交流。

本问卷一共两部分，占用您十分钟左右的时间，您的回答对我很重要，谢谢支持！

在回答本问卷之前，有必要向您解释下述概念：

消费者在线购物放弃行为：消费者在电子商务网站浏览商品后，选中所需商品，在商品详情页选择立即购买生成订单，或在将商品加入购物车后，从购物车结算形成订单，未对订单进行支付，且最终放弃或者没有购买该订单的行为。

第一部分　个人基本信息

1. 您的性别：
○男　○女

2. 您的年龄：
○20岁及以下　○20—25岁　○26—30岁　○31—35岁　○36岁及以上

3. 您正在攻读或已经获得的学历：
○高中、中专、技校　○大专　○大学本科　○硕士及以上　○其他

4. 您的常住地区（或网购中经常使用的地址所在地）：
○北京及周边　○长三角地区　○珠三角地区　○其他地区

5. 您每个月平均网购的次数是：
○3次以内　○4—6次（平均一周1次）　○7—9次（平均一周2次）　○10—12次（平均一周3次）　○13次及以上

6. 您每个月网购的平均费用是：
○100元以内　○100—500元　○500—1000元　○1000—2000元　○2000元及以上

7. 您每个月平均支出（当月全部支出）是：
○1000 元以内　　○1000—2000 元　　○2000—3000 元　　○3000—4000 元
○4000 元及以上
8. 您在网络购物中有过下单不付款的行为吗？（包括将商品拍下但最终未付款、取消订单的行为等）
○有　○没有

第二部分　下单未付款行为研究（回忆您过去一年中在线购物下单但未付款的情况，根据您的真实经历和感受进行回答）

选项的 1—5 依次代表：1—很不符合，2—基本不符合，3—不确定，4—基本符合，5—完全符合

9. 我认为现有付款方式不安全
很不符合　○1　○2　○3　○4　○5　很符合

10. 担心付款后收不到货
很不符合　○1　○2　○3　○4　○5　很符合

11. 担心产品性价比低，买贵了
很不符合　○1　○2　○3　○4　○5　很符合

12. 担心产品在网站上的描述与实际可能不符
很不符合　○1　○2　○3　○4　○5　很符合

13. 产品可能快过期或者对身体有害
很不符合　○1　○2　○3　○4　○5　很符合

14. 如果买到次品或者出现问题，我会心情烦躁
很不符合　○1　○2　○3　○4　○5　很符合

15. 网购会浪费我很多时间
很不符合　○1　○2　○3　○4　○5　很符合

16. 网店的客服不能及时响应或解决我的问题
很不符合　○1　○2　○3　○4　○5　很符合

17. 网店客服态度不好
很不符合　○1　○2　○3　○4　○5　很符合

18. 物流在预期时间内配送不了
很不符合　○1　○2　○3　○4　○5　很符合

19. 网站没有提供我偏好的付款方式
很不符合　○1　○2　○3　○4　○5　很符合

20. 网站的支付系统不安全
很不符合　○1　○2　○3　○4　○5　很符合

21. 我当天消费预算不足
很不符合　○1　○2　○3　○4　○5　很符合

22. 运费过高
很不符合　○1　○2　○3　○4　○5　很符合

23. 优惠券过期或活动过期
很不符合　○1　○2　○3　○4　○5　很符合

24. 发现价格更低或性价比更高的同类产品
很不符合　○1　○2　○3　○4　○5　很符合

25. 产品缺货
很不符合　○1　○2　○3　○4　○5　很符合

26. 订单信息填写错误（如收货地址写错,产品多拍、少拍）
很不符合　○1　○2　○3　○4　○5　很符合

27. 需求临时发生变化,如数量增减、颜色更换
很不符合　○1　○2　○3　○4　○5　很符合

28. 我对购物网站提供的产品或服务总体感到不满意
很不符合　○1　○2　○3　○4　○5　很符合

29. 网络购物与我的期望不符,使我感到灰心、失望
很不符合　○1　○2　○3　○4　○5　很符合

30. 我认为,在网上购物是不明智的
很不符合　○1　○2　○3　○4　○5　很符合

31. 在网上购物,不能很好地满足我的需求
很不符合　○1　○2　○3　○4　○5　很符合

32. 我在下单后付款前,关闭了购物页面
很不符合　○1　○2　○3　○4　○5　很符合

33. 我在提交订单后,取消了该订单
很不符合　○1　○2　○3　○4　○5　很符合

34. 我有将近（或超过）十分之一的订单只下单,但是没有完成付款
很不符合　○1　○2　○3　○4　○5　很符合

35. 我放弃购买了将近（或超过）十分之一的订单产品
很不符合　○1　○2　○3　○4　○5　很符合

36. 我无聊的时候,可能会下单但不付款
很不符合　○1　○2　○3　○4　○5　很符合

37. 我下单只是为了消遣、打发时间,并不是真的想买
很不符合　○1　○2　○3　○4　○5　很符合

38. 我下单但不付款觉得好玩,很有乐趣
很不符合 ○1 ○2 ○3 ○4 ○5 很符合
39. 下单是故意让卖家卖不出货,并不是真的要买
很不符合 ○1 ○2 ○3 ○4 ○5 很符合

附录3 互联网金融感知风险影响因素影响——以支付宝为例

亲爱的朋友：

您好！感谢您参加我们的调查研究。本研究旨在调查互联网金融感知风险及其影响因素。本问卷不记录姓名，对您的回答我们将严格保密，调查结果作为科学研究的资料。

友情提示：
- 请您逐题回答，不要遗漏任何一题；
- 答案没有好、坏和对、错之分，请您根据自己的实际情况回答；
- 请您填入符合实际情况的选项；
- 为了保证我们研究的精确性，请您认真作答，谢谢合作！

第一部分：个人基本情况

1 您的性别（　　）
A 男　B 女

2 您的年龄段（　　）
A 18 岁以下　B 18—25 岁　C 26—30 岁　D 31—35 岁　E 36—40 岁
F 41—50 岁　G 51—60 岁　H 60 岁以上

3 文化程度（　　）
A 初中及以下　B 高中/职高/中专　C 大专　D 大学本科　E 硕士研究生
F 博士研究生

4 您目前的月收入为（　　）
A 1000 元及以下　B 1001—3000 元　C 3001—5000 元　D 5001—8000 元
E 8001—15000 元　F 15000 元以上

5 您使用互联网的年限（　　）
A 1 年以下　B 1—2 年　C 2—3 年　D 3—5 年　E 5—10 年　F 10 年以上

6 您使用过以下哪些互联网金融产品（　　）（多选）
A 网络/手机支付（如支付宝、微信支付）

B 网络理财产品(如余额宝、招财宝、陆金所)

C 网络保险(如运费险、航空延误险)

D 网络融资(如P2P筹资)

E 其他

随着互联网金融的发展,支付宝已经成为一个集支付、理财、保险等多种类产品为一体的互联网金融平台,并推出了支付宝、余额宝、招财宝、账户安全险等产品。

请根据使用支付宝平台提供的产品(支付、余额宝、招财宝等)的实际情况回答下面的问题。

第二部分:感知风险构成因素

7 您使用过支付宝平台上的哪些产品(　　　)

A 第三方支付　B 余额宝　C 招财宝　D 互联网保险(如账户安全险等)

E 其他

请根据您使用支付宝平台提供的产品(如支付宝、余额宝、招财宝等)的实际情况选择最符合的选项:非常不同意(1)—非常同意(5)

题号	题目	您对该描述的态度				
		1 非常不同意	2 基本不同意	3 不太确定	4 基本同意	5 非常同意
8	当使用支付宝平台的产品时,我会担心钓鱼网站窃取我的信息。					
9	我担心黑客在我使用支付宝平台的产品时盗取我的信息。					
10	在使用支付宝平台的产品时,我会担心木马病毒导致我的账号和密码被盗取。					
11	我担心在使用支付宝平台的产品时,由于网络系统瘫痪导致我的损失。					
12	我担心支付宝平台的产品的用户体验达不到我的预期。					
13	我担心支付宝平台的产品无法达到其宣传效果。					
14	我担心支付宝平台的产品不能实现其应有的功能。					
15	我担心支付宝平台的产品在功能实现上有一定困难。					
16	在使用支付宝平台的产品时,我担心银行卡密码被盗而引起资金损失。					

（续表）

题号	题　目	您对该描述的态度				
		1 非常不同意	2 基本不同意	3 不太确定	4 基本同意	5 非常同意
17	我担心在使用支付宝平台的产品的过程中,会由于操作失误而引起资金损失。					
18	我担心将资金放在支付宝平台上没有放在银行安全。					
19	我担心使用支付宝平台的产品带来的资金收益没有传统金融产品高。					
20	我担心使用支付宝平台的产品会导致账号信息泄漏。					
21	我担心使用支付宝平台的产品会泄漏我的个人信息。					
22	我担心使用支付宝平台的产品会导致我的财产信息泄露。					
23	我担心使用支付宝平台的产品会泄漏我其他隐私信息。					
24	如果在使用支付宝平台的产品时遭受了损失,我会有心理压力。					
25	如果在使用支付宝平台产品的过程中发生错误,我会感到心烦意乱。					
26	我在使用支付宝平台产品的过程中会变得紧张。					
27	我在使用支付宝平台的产品时缺乏安全感。					
28	我担心使用支付宝平台的产品会被我重视的人认为是在冒险。					
29	我担心使用支付宝平台的产品会影响我在周围人心中的形象。					
30	我担心使用支付宝平台的产品会使我不被周围的人认可。					
31	综上所述,使用支付宝平台的产品会给我造成某方面的损失。					
32	从整体上看,使用支付宝平台的产品将给我带来某方面的麻烦。					
33	总的来说,我认为使用支付宝平台的产品是一个有风险的决定。					
34	我认为,资金放在支付宝平台比放在银行安全。					

第三部分：支付宝感知风险的影响因素

请根据您使用支付宝平台提供的产品(如支付宝、余额宝、招财宝等)的实际情况选择最符合的选项：非常不同意(1)—非常同意(5)

题号	题 目	您对该描述的态度				
		1 非常不同意	2 基本不同意	3 不太确定	4 基本同意	5 非常同意
35	在决定使用支付宝平台的产品前,我会仔细想想。					
36	在选择使用支付宝平台的产品时,我会详细了解该产品的相关信息。					
37	在使用支付宝平台的产品时,我会非常仔细,宁愿花较多时间也不愿事后后悔。					
38	当出现关于支付宝平台产品风险的信息时,我会非常关注。					
39	我有丰富的支付宝使用经验。					
40	我了解支付宝产品的各项功能。					
41	我对与支付宝有关的信息很关心。					
42	我经常使用支付宝。					
43	支付宝可以提高我进行金融活动的效率。					
44	支付宝使我的金融活动变得更加容易。					
45	支付宝可以让我更好地完成金融交易。					
46	支付宝提供了一种很有用的金融方法。					
47	我可以很容易地用支付宝进行金融活动。					
48	支付宝可以进行灵活的金融活动。					
49	支付宝的使用过程清晰易懂。					
50	用支付宝进行金融交易很简单。					
51	支付宝有着成熟的技术,我用起来很放心。					
52	支付宝有着完善的安全机制,给我很安全的感觉。					
53	支付宝在宣传其支付功能时,非常强调其安全性。					

附录4 移动支付用户使用意愿的影响因素研究调查问卷

亲爱的答卷者:

您好,请您在百忙中抽空回答一份有关微信支付用户的使用意愿影响因素的调查问卷,该问卷由南京大学的研究生设计和发放,回收的数据用于研究论文并且完全保密。您的回答可以让我们了解影响用户使用微信支付的关键因素,并帮助我们探索这些关键因素之间的相互关系。如果您知道、听说过或使用过微信支付,您只需要按照自己对于微信支付的切实感觉和想法答卷即可。

感谢您对我们研究的帮助,本次问卷的答卷者全部信息都将保密,请无须担心信息泄露,您在答卷中匿名即可,再次感谢您的作答。

概念界定:

微信支付是由腾讯公司2013年在其推出的手机终端软件微信App上,添加了第三方支付功能的产品。它以微信为平台,为用户提供移动支付的服务,同时提供"滴滴打车""理财通"等移动商务业务。消费者如果想要使用微信支付的功能,需要在微信平台绑定一张银行卡,完成对自己的真实身份的认证,即可使用微信支付的功能和服务。消费者在支付时,只需要在自己的手机中输入密码即可完成支付,随身的手机变成钱包,非常方便快捷。目前,微信支付可以关联包括宁波银行、招商银行、民生银行等11家银行的贷记卡、借记卡和信用卡。今后,将有更多的银行接入微信支付平台中。

第一部分:基本信息

请根据您的实际情况,选择符合的选项:

1. 性别:
○男 ○女

2. 年龄:
○20岁以下 ○20—25岁 ○26—30岁 ○31—40岁 ○40岁以上

3. 正在攻读或已获得的最高学位:
○高中或以下 ○大专 ○大学本科 ○硕士及以上

4. 目前生活的地区:

○北京周边　○长三角地区　○珠三角地区　○其他地区

5. 目前可支配的月收入：

○1000元以下　○1000—3000元　○3001—5000元　○5000元以上

6. 是否使用过微信支付：

○从未使用　○1—5次　○6—10次　○10次以上

7. 使用微信支付的最大交易金额：

○100元以下　○100—300元　○301—500元　○500元以上

第二部分：

请根据您对微信支付的切实想法作答，在1—7中，1为"非常不同意"，7为"非常同意"，以此类推。其中，数字4为"不确定"，请您根据自己的实际经验，选取所认同的数字即可。

1. 我拥有使用微信支付所必需的能力和知识

    非常不同意　○1　○2　○3　○4　○5　○6　○7　非常同意

2. 快速稳定的数据传输速度让交易便利，使得我愿意使用微信支付

    非常不同意　○1　○2　○3　○4　○5　○6　○7　非常同意

3. 当我在使用微信支付的过程中遇到困难时，我可以获得微信朋友的帮助

    非常不同意　○1　○2　○3　○4　○5　○6　○7　非常同意

4. 我认为使用微信支付可以让我的支付变得简单

    非常不同意　○1　○2　○3　○4　○5　○6　○7　非常同意

5. 我发现微信支付对我来说很有用

    非常不同意　○1　○2　○3　○4　○5　○6　○7　非常同意

6. 使用微信支付能够节省我完成各种交易和买卖的时间

    非常不同意　○1　○2　○3　○4　○5　○6　○7　非常同意

7. 使用微信支付可以免去我必须携带现金或信用卡才能支付的不便

    非常不同意　○1　○2　○3　○4　○5　○6　○7　非常同意

8. 使用微信支付可以让我获得更多优惠（如配合滴滴打车，我可以节省10块钱）

    非常不同意　○1　○2　○3　○4　○5　○6　○7　非常同意

9. 使用微信支付可以让我获得更多的收益（如使用微信理财通）

    非常不同意　○1　○2　○3　○4　○5　○6　○7　非常同意

10. 对我而言，学会使用微信支付很简单，不需要花费很多时间

    非常不同意　○1　○2　○3　○4　○5　○6　○7　非常同意

11. 我认为微信支付的流程非常简单且容易操作

    非常不同意　○1　○2　○3　○4　○5　○6　○7　非常同意

12. 我完全清楚并且了解如何使用微信支付
非常不同意　○1　○2　○3　○4　○5　○6　○7　非常同意

13. 现在我开通微信支付很容易
非常不同意　○1　○2　○3　○4　○5　○6　○7　非常同意

14. 我觉得微信支付系统的技术还不是很成熟
非常不同意　○1　○2　○3　○4　○5　○6　○7　非常同意

15. 我不太信任或者支持微信支付服务的商家
非常不同意　○1　○2　○3　○4　○5　○6　○7　非常同意

16. 使用微信支付可能造成财物损失，如系统出错导致扣掉的比我实际应该付的多
非常不同意　○1　○2　○3　○4　○5　○6　○7　非常同意

18. 我觉得开通和使用微信支付需要花费很长时间
非常不同意　○1　○2　○3　○4　○5　○6　○7　非常同意

19. 使用微信支付，我担心我的个人信息和交易信息会被泄露，银行账号被盗
非常不同意　○1　○2　○3　○4　○5　○6　○7　非常同意

20. 周围的人都在使用微信支付（比如抢红包），如果我不用会感到不自在
非常不同意　○1　○2　○3　○4　○5　○6　○7　非常同意

21. 如果亲朋好友推荐我使用微信支付，我会试着使用
非常不同意　○1　○2　○3　○4　○5　○6　○7　非常同意

22. 各种媒体的宣传，鼓励我使用微信支付
非常不同意　○1　○2　○3　○4　○5　○6　○7　非常同意

23. 我觉得使用微信支付能提高我在别人心中的形象
非常不同意　○1　○2　○3　○4　○5　○6　○7　非常同意

24. 我觉得使用微信支付软件很有趣
非常不同意　○1　○2　○3　○4　○5　○6　○7　非常同意

25. 使用微信支付软件让我觉得很快乐
非常不同意　○1　○2　○3　○4　○5　○6　○7　非常同意

26. 我很享受使用微信支付软件的过程
非常不同意　○1　○2　○3　○4　○5　○6　○7　非常同意

27. 使用微信支付软件可以让我和朋友有更多的互动，让我觉得很开心
非常不同意　○1　○2　○3　○4　○5　○6　○7　非常同意

28. 使用微信支付后，我感到十分高兴
非常不同意　○1　○2　○3　○4　○5　○6　○7　非常同意

29. 我愿意学习如何使用微信支付

非常不同意　○1　○2　○3　○4　○5　○6　○7　非常同意
30. 有需要的时候,我会愿意使用微信支付
非常不同意　○1　○2　○3　○4　○5　○6　○7　非常同意
31. 我打算去尝试使用微信支付
非常不同意　○1　○2　○3　○4　○5　○6　○7　非常同意
32. 如果微信支付效果很好,我会向身边的亲朋好友推荐
非常不同意　○1　○2　○3　○4　○5　○6　○7　非常同意
33. 我曾经开通过微信支付
非常不同意　○1　○2　○3　○4　○5　○6　○7　非常同意
34. 我曾经使用过微信支付
非常不同意　○1　○2　○3　○4　○5　○6　○7　非常同意
35. 未来一年内,我会继续使用或者开通微信支付业务
非常不同意　○1　○2　○3　○4　○5　○6　○7　非常同意
36. 我会在自己使用微信支付的同时,向其他人推荐使用微信支付
非常不同意　○1　○2　○3　○4　○5　○6　○7　非常同意

附录5 移动支付用户持续使用意愿的影响因素研究调查问卷

这是一份南京大学信息管理学院研究生用于学术研究的问卷,旨在研究目前我国移动支付用户对于这种新型支付方式的再使用意愿,以及哪些因素将影响用户继续使用移动支付。如果您使用过移动支付,只需根据您对移动支付的看法作答,您的回答对于我们的研究非常重要。本问卷采用匿名形式,所有问题并无对错之分,调查结果仅供科研使用,绝不对外公开。

概念界定:

广义移动支付,是指用户使用其移动终端(手机、PDA等)对所消费的商品或服务进行账务支付的一种服务方式。狭义移动支付,仅指用户通过手机对所消费的商品或服务进行账务支付的服务方式。本问卷中的移动支付,是指狭义移动支付,即手机支付。本问卷涉及的移动支付,是指您从事下列"任意一项"活动:

(1) 基于手机话费账户,通过手机进行代收费业务,如下载铃声、图片,网站会员注册缴费,以及QQ会员缴费等;

(2) 通过手机短信、GPRS、手机内置芯片近距离感应等多种方式进行支付,如手机钱包、手机银行,以及手机刷卡消费等;

(3) 使用第三方支付平台的手机客户端,如支付宝、财付通、翼支付等,通过手机网络或无线网络进行缴费、购物等。

第一部分:基本信息

请根据您的实际情况,选择相应的选项:

1. 您的性别:
○男 ○女

2. 您的年龄段:
○20岁以下 ○20—25岁 ○26—30岁 ○31—40岁 ○40岁以上

3. 您正在攻读或已获得的最高学位:
○高中或以下 ○大专 ○大学本科 ○硕士及以上

4. 您目前所在的地区是：
○北京周边　○长三角地区　○珠三角地区　○其他地区

5. 您目前的可支配月收入是：
○1000元以下　○1000—3000元　○3001—5000元　○5000元以上

6. 您累计使用移动支付的次数是：
○1次　○2—10次　○11—30次　○30次以上

7. 您使用移动支付进行过的最大交易金额是：
○100元以下　○100—300元　○301—500元　○500元以上

第二部分：

针对您对移动支付的实际感受，请真实地回答以下问题。请在1—7中，依据您对移动支付使用的整体感受，选择您最认同的数字："1"代表非常不同意；"2"代表比较不同意；"3"代表有点不同意；"4"代表不能确定；"5"代表有点同意；"6"代表比较同意；"7"代表非常同意。

1. 我发现移动支付在我的生活中很有用
非常不同意　○1　○2　○3　○4　○5　○6　○7　非常同意

2. 使用移动支付能够使我更快地完成各种交易和买卖
非常不同意　○1　○2　○3　○4　○5　○6　○7　非常同意

3. 使用移动支付可以免去我必须携带现金或信用卡才能支付的不便
非常不同意　○1　○2　○3　○4　○5　○6　○7　非常同意

4. 我很容易就能学会使用移动支付，不需要花费很多时间
非常不同意　○1　○2　○3　○4　○5　○6　○7　非常同意

5. 对我而言，移动支付的流程非常简单且容易操作
非常不同意　○1　○2　○3　○4　○5　○6　○7　非常同意

6. 我完全清楚和了解如何使用移动支付
非常不同意　○1　○2　○3　○4　○5　○6　○7　非常同意

7. 使用移动支付可能造成财物损失，如系统出错导致扣掉多余金额或交易额很小而服务费很高
非常不同意　○1　○2　○3　○4　○5　○6　○7　非常同意

8. 使用移动支付可能无法达到我的预期效果
非常不同意　○1　○2　○3　○4　○5　○6　○7　非常同意

9. 使用移动支付使我心里紧张或焦虑
非常不同意　○1　○2　○3　○4　○5　○6　○7　非常同意

10. 使用移动支付需要耗费很长时间
非常不同意　○1　○2　○3　○4　○5　○6　○7　非常同意

11. 使用移动支付可能有安全方面的问题,如信息泄露、密码被盗、交易数据被篡改等

  非常不同意 ○1 ○2 ○3 ○4 ○5 ○6 ○7 非常同意

12. 对我来说,很重要的人影响我使用移动支付的决定

  非常不同意 ○1 ○2 ○3 ○4 ○5 ○6 ○7 非常同意

13. 使用移动支付的人比不使用的人看起来更有能力

  非常不同意 ○1 ○2 ○3 ○4 ○5 ○6 ○7 非常同意

14. 使用移动支付是潮流,我要跟上时代的步伐,我会使用

  非常不同意 ○1 ○2 ○3 ○4 ○5 ○6 ○7 非常同意

15. 当消费场所需要排队时,我愿意选择使用移动支付

  非常不同意 ○1 ○2 ○3 ○4 ○5 ○6 ○7 非常同意

16. 当身上没有现金时,我愿意选择使用移动支付

  非常不同意 ○1 ○2 ○3 ○4 ○5 ○6 ○7 非常同意

17. 当没有其他可选的支付方式时,我愿意选择使用移动支付

  非常不同意 ○1 ○2 ○3 ○4 ○5 ○6 ○7 非常同意

18. 当售票处(汽车票、火车票、飞机票等)距离我当前位置很遥远时,我愿意使用移动支付

  非常不同意 ○1 ○2 ○3 ○4 ○5 ○6 ○7 非常同意

19. 当无暇抽身(如工作、上课)又需要消费或订购时(如缴纳水电费、订购电影票等),我愿意使用移动支付

  非常不同意 ○1 ○2 ○3 ○4 ○5 ○6 ○7 非常同意

20. 使用移动支付后,我感到十分高兴

  非常不同意 ○1 ○2 ○3 ○4 ○5 ○6 ○7 非常同意

21. 我很喜欢使用移动支付

  非常不同意 ○1 ○2 ○3 ○4 ○5 ○6 ○7 非常同意

22. 我会将移动支付业务作为一种常用的支付方式

  非常不同意 ○1 ○2 ○3 ○4 ○5 ○6 ○7 非常同意

23. 我会继续使用移动支付业务

  非常不同意 ○1 ○2 ○3 ○4 ○5 ○6 ○7 非常同意

24. 我愿意向身边的亲朋好友推荐移动支付业务

  非常不同意 ○1 ○2 ○3 ○4 ○5 ○6 ○7 非常同意

附录6 移动支付用户满意的影响因素研究调查问卷

为了研究哪些因素影响用户对支付宝的满意度,特此设计了这一调查问卷。如果您使用过支付宝,麻烦花费2分钟填写问卷,您的回答对我们的研究非常重要。该问卷采用匿名调查的方式,所有问题没有对错之分,收集的数据将应用于学术研究,并予以保密。

一、请填写您的基本信息,在相应的选项下打"√"。

1. 您的性别:
① 男　② 女

2. 您所处的年龄段:
① 19岁以下　② 20—29岁　③ 30—39岁　④ 40—49岁　⑤ 50岁以上

3. 您的教育程度或者您目前正在攻读的学位:
① 高中、中专、技校及以下　② 大专　③ 本科　④ 硕士及以上

4. 您使用支付宝进行购物、支付、转账或汇款的频率是:
① 每月超过5次　② 每月5—4次　③ 每月2—3次　④ 每月1次或不到1次

5. 您登录支付宝的频率(不一定进行支付,可能是查看余额宝收益、浏览推送信息等):
① 每天都会登录　② 每星期登录3—5次　③ 每星期登录1—2次
④ 每星期登录小于1次　⑤ 只有进行购物、支付、转载或汇款的时候才登录

6. 您使用支付宝单次交易的最大交易金额是:
① 100元以下　② 100—499元　③ 500—999元　④ 1000—4999元
⑤ 5000—9999元　⑥ 10000元以上

二、针对您自己对支付宝的实际感受,请真实地回答以下问题。

1. 与其他支付产品相比,我认为支付宝知名度最高
完全不同意　不同意　比较不同意　中立　比较同意　同意　完全同意

2. 与其他支付产品相比,我认为支付宝的信誉最好
完全不同意　不同意　比较不同意　中立　比较同意　同意　完全同意

3. 与其他支付产品相比,我认为支付宝很有特色
完全不同意　不同意　比较不同意　中立　比较同意　同意　完全同意

4. 与其他支付方式相比,我认为支付宝对我很有用

完全不同意　不同意　比较不同意　中立　比较同意　同意　完全同意

5. 与其他支付方式相比,我认为使用支付宝方便了我的生活

完全不同意　不同意　比较不同意　中立　比较同意　同意　完全同意

6. 与其他支付方式相比,我认为使用支付宝给我带来了很多价值

完全不同意　不同意　比较不同意　中立　比较同意　同意　完全同意

7. 与其他支付方式相比,我认为支付宝很容易使用

完全不同意　不同意　比较不同意　中立　比较同意　同意　完全同意

8. 与其他支付方式相比,我认为学会使用支付宝不需要花费我很多时间

完全不同意　不同意　比较不同意　中立　比较同意　同意　完全同意

9. 与其他支付方式相比,我认为支付宝使用过程很顺畅

完全不同意　不同意　比较不同意　中立　比较同意　同意　完全同意

10. 总的来说,支付宝没有低于我对它的期望,我比较满意

完全不同意　不同意　比较不同意　中立　比较同意　同意　完全同意

11. 总的来说,支付宝用起来比我预期得要好,我感到十分高兴

完全不同意　不同意　比较不同意　中立　比较同意　同意　完全同意

12. 总的来说,支付宝带给我一些惊喜

完全不同意　不同意　比较不同意　中立　比较同意　同意　完全同意

13. 使用支付宝可能造成钱财损失,如账户余额被盗用或者收取较高的手续费

完全不同意　不同意　比较不同意　中立　比较同意　同意　完全同意

14. 使用支付宝可能没有我期望的效果

完全不同意　不同意　比较不同意　中立　比较同意　同意　完全同意

15. 使用支付宝可能会泄露我的账号、交易和个人信息等

完全不同意　不同意　比较不同意　中立　比较同意　同意　完全同意

16. 使用支付宝至今没有遇到任何故障

完全不同意　不同意　比较不同意　中立　比较同意　同意　完全同意

17. 使用支付宝付款不需要花费我太多时间

完全不同意　不同意　比较不同意　中立　比较同意　同意　完全同意

18. 我喜欢支付宝界面的设计风格

完全不同意　不同意　比较不同意　中立　比较同意　同意　完全同意

19. 我认为支付宝界面上显示的信息比较全面

完全不同意　不同意　比较不同意　中立　比较同意　同意　完全同意

20. 我认为支付宝界面上显示的信息是可信的

完全不同意　不同意　比较不同意　中立　比较同意　同意　完全同意

21. 我认为支付宝界面上显示的信息对我是有帮助的
完全不同意　不同意　比较不同意　中立　比较同意　同意　完全同意
22. 我认为使用支付宝不会泄露我的个人信息
完全不同意　不同意　比较不同意　中立　比较同意　同意　完全同意
23. 我认为使用支付宝遇到任何产品问题时,客服都能及时帮我处理
完全不同意　不同意　比较不同意　中立　比较同意　同意　完全同意
24. 我认为支付宝是可靠的支付产品
完全不同意　不同意　比较不同意　中立　比较同意　同意　完全同意
25. 我使用支付宝时,客服能够提供贴心的服务
完全不同意　不同意　比较不同意　中立　比较同意　同意　完全同意

问卷结束,非常感谢您的合作!

附录7-1 移动理财平台使用意愿的影响因素研究调查问卷

亲爱的朋友：

您好！感谢您在百忙之中抽出时间填写这份调查问卷！本研究旨在研究移动理财平台使用意愿的影响因素，本问卷不记姓名，对您的回答我们将严格保密，且调查结果仅作科学研究之用，请您放心作答。

回答本问卷之前，请您先明确：

本研究中的**移动理财平台**是指通过移动端为投资者提供**综合型（包含两种及以上资产类型）**理财产品和服务的平台，涉及的产品类型包括基金、股票、债券、P2P、私募、信托、海外投资等一切可帮助投资者实现财富保值增值的资产。目前，我国知名度较高的平台有**蚂蚁聚宝**、**京东金融**、**陆金所**、**理财通**、**宜人理财**、**拍拍贷**、**涨乐财富通**、**同花顺**等。

友情提示：

1. 本问卷为情景式问卷，请您根据问卷提供的背景对应作答；
2. 问卷答案没有对错、好坏之分，请您根据自身真实感受作答；
3. 请您逐题回答，不要遗漏问题；
4. 为了保证研究的精确性，请您认真作答。

您的看法和观点对我们的研究至关重要，再次感谢您的参与！

第一部分：基本信息

1. 您的性别：
○男　○女

2. 您的年龄段
○18岁以下　○18—25岁　○26—30岁　○31—40岁　○40岁以上

3. 您正在攻读或已获得的最高学历
○高中/中专及以下学历　○大专　○大学本科　○硕士及以上

4. 您使用互联网的年限
○2年及以下　○3—5年　○6—10年　○10年以上

5. 您是否使用过移动理财平台

○是 ○否

6. 您使用过以下哪些移动理财平台（依赖于第 5 题）
□蚂蚁聚宝　　□理财通　　□陆金所　　□京东金融
□宜人理财　　□拍拍贷　　□涨乐财富通　□同花顺
□东方财富　　□其他_____

第二部分：情景问题

7. 平台声誉

	很不同意	不同意	不确定	同意	非常同意
该平台在行业中有良好的声誉	○	○	○	○	○
与竞争对手相比，该平台具有较高的声誉	○	○	○	○	○
该平台能够提供良好的产品和服务	○	○	○	○	○
我认为该平台是可靠和值得信赖的	○	○	○	○	○

8. 易用性

	很不同意	不同意	不确定	同意	非常同意
学习使用该平台对我来说很容易	○	○	○	○	○
在该平台我可以很容易地进行注册、投资和提现等操作	○	○	○	○	○
在该平台我可以很容易地找到自己所需要的产品和服务	○	○	○	○	○
该平台的交互界面是清晰且易于理解的	○	○	○	○	○
总的来说，我认为该平台很容易使用	○	○	○	○	○

9. 隐私与资金安全

	很不同意	不同意	不确定	同意	非常同意
我认为该平台能够保证交易的安全性	○	○	○	○	○
该平台能够有效地保护投资者的个人隐私信息安全	○	○	○	○	○
该平台能够保护数据不被第三方机构修改或窃取	○	○	○	○	○
我认为将信息和资金提供给该平台是安全的	○	○	○	○	○

10. 系统响应性

	很不同意	不同意	不确定	同意	非常同意
当我发出请求时,该平台能够快速响应	○	○	○	○	○
该平台搜索、页面加载等速度很快	○	○	○	○	○
该平台响应性很好,我能够及时得到反馈	○	○	○	○	○
当我使用该平台时,通常需要等待很长时间	○	○	○	○	○

11. 产品丰富度

	很不同意	不同意	不确定	同意	非常同意
该平台的理财产品覆盖了多种产品类型	○	○	○	○	○
该平台提供数量众多的理财产品	○	○	○	○	○
该平台提供的理财产品丰富多样	○	○	○	○	○

12. 收益性

	很不同意	不同意	不确定	同意	非常同意
该平台提供的理财产品收益性较高	○	○	○	○	○
与行业平均水平相比,该平台具有更高的产品收益率	○	○	○	○	○
购买该平台的理财产品能够帮我实现资金的保值增值	○	○	○	○	○
该平台理财产品的收益率对我有吸引力	○	○	○	○	○

13. 信息质量

	很不同意	不同意	不确定	同意	非常同意
通过该平台获取的信息是真实可靠的	○	○	○	○	○
该平台提供的信息是最新的和及时的	○	○	○	○	○
该平台提供的信息非常全面和丰富	○	○	○	○	○
该平台提供的信息很有用	○	○	○	○	○
总的来说,我认为该平台的信息质量很高	○	○	○	○	○

14. 个性化

	很不同意	不同意	不确定	同意	非常同意
该平台能够针对性地提供适合我的产品和资讯	○	○	○	○	○
该平台能够针对性地提供适合我的活动和其他服务	○	○	○	○	○
该平台能够基于我的偏好进行相应推荐	○	○	○	○	○
该平台能够较好地满足我的个性化需求	○	○	○	○	○

15. 智能化

	很不同意	不同意	不确定	同意	非常同意
该平台提供智能化的理财服务	○	○	○	○	○
该平台能够根据我的情况提供适合我的资产配置建议	○	○	○	○	○
我能够通过该平台一键购买和动态调整投资组合方案	○	○	○	○	○

16. 互动性

	很不同意	不同意	不确定	同意	非常同意
在该平台我能够和其他人员进行沟通和交流	○	○	○	○	○
投资者通过该平台能够分享彼此的知识和经验	○	○	○	○	○
我能够从该平台的社区中得到有用的意见和建议	○	○	○	○	○
该平台开设的社区能够让我得到其他人员的帮助	○	○	○	○	○
该平台开设的社区能够让我和其他人员建立联系	○	○	○	○	○

第三部分：综合以上背景材料，请回答以下问题

17. 感知利益

	很不同意	不同意	不确定	同意	非常同意
该平台能够帮助我实现理财需求	○	○	○	○	○
该平台能够提供我需要的理财产品和服务	○	○	○	○	○

(续表)

	很不同意	不同意	不确定	同意	非常同意
该平台能够帮助我节约时间,提高理财效率	○	○	○	○	○
该平台能够帮助我实现资本增长	○	○	○	○	○
总的来说,该平台给我带来了利益	○	○	○	○	○

18. 感知风险

	很不同意	不同意	不确定	同意	非常同意
我担心该平台的理财产品会造成我的资金损失	○	○	○	○	○
我担心该平台的理财产品达不到我的预期收益	○	○	○	○	○
我担心该平台不可靠而给我带来经济损失	○	○	○	○	○
我担心该平台会泄露我的个人信息	○	○	○	○	○
总的来说,我认为使用该平台风险较大	○	○	○	○	○

19. 感知价值

	很不同意	不同意	不确定	同意	非常同意
权衡利益和风险,我认为该平台给我带来了价值	○	○	○	○	○
相对于可能的风险,该平台能给我带来更高的利益	○	○	○	○	○
我认为使用该平台的利益比风险更大	○	○	○	○	○
总的来说,我认为该平台有较高的价值	○	○	○	○	○

20. 使用意愿

	很不同意	不同意	不确定	同意	非常同意
当我有理财需求时,我愿意使用该平台	○	○	○	○	○
我愿意选择该平台提供的产品和服务	○	○	○	○	○
需要理财时,我使用该平台的可能性很大	○	○	○	○	○
我愿意向其他人推荐使用该平台	○	○	○	○	○

附录7-2 移动理财平台使用意愿的影响因素的情景材料

1. 高属性情景

(1) 平台声誉

该平台是我国知名机构A推出的一个综合型移动理财投资平台;曾获得2016年互联网金融创新奖和2015年中国互联网金融20强;该平台在行业第三方资讯平台的评级和用户评分,如图所示:

2016年12月 评级排名:**3** 位

4.1

★★★★★
已有553人点评

(2) 易用性

该平台首页如下图所示,其他说明:a. 注册和购买时,只需要填写必要信息; b. 提供辅助交易功能,如预约、定投、跟投、自动续投等功能; c. 交易时,会有预期收益或成本价等信息提示; d. 提供多项充值渠道和提现选项

(3) 隐私与资金安全

a. 该平台将资金存管 X 银行,平台不直接经手投资者资金;b. 投资者注册时都必须进行实名认证;c. 除了登录密码、交易密码、手势密码功能外,还提供指纹密码、人脸识别等功能让投资者自行选择;d. 获得 ISO27001 信息安全认证

(4) 系统响应性

该平台进行操作的等待时间通常在 3 秒以内,页面加载顺畅

(5) 产品丰富度

该平台支持 9 大类资产类型;接入 100 余家保险、基金、信托公司为投资者提供产品及服务

(6) 收益性

投资者可实时看到自己的账户收益;平台部分固定收益理财产品的收益率,如图所示:

(7) 信息质量

a. 该平台财经资讯、公告等信息来源于自家和第三方权威机构;b. 信息更新速度快;c. 涵盖财经新闻、基金、债券等多类资讯,展现涵盖 FM、直播、视频、

图文等形式;d. 提供理财学堂,投资者可学习金融基本知识

(8) 个性化

a. 该平台会根据投资者的个人信息、风险偏好推荐理财产品；b. 投资者可以订阅资讯、报告、专家观点和定制应用；c. 该平台会推送符合投资者信息的活动、资讯等

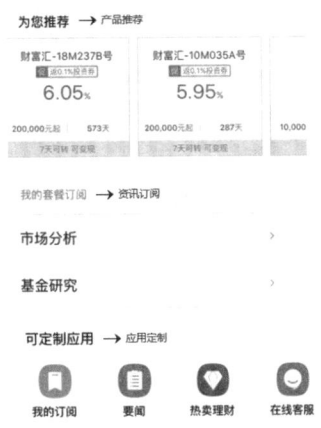

(9) 智能化

该平台提供智能投资服务,即投资者设置投资金额、流动性要求、风险偏好等—平台提供相应的理财产品组合服务—投资者可"一键下单"购买该资产组合—平台监控该投资组合的风险状况和市场变化,为投资者提供动态的组合配置调整建议—投资者可进行动态的投资组合调整,包括投资组合的追加投资、一键优化等

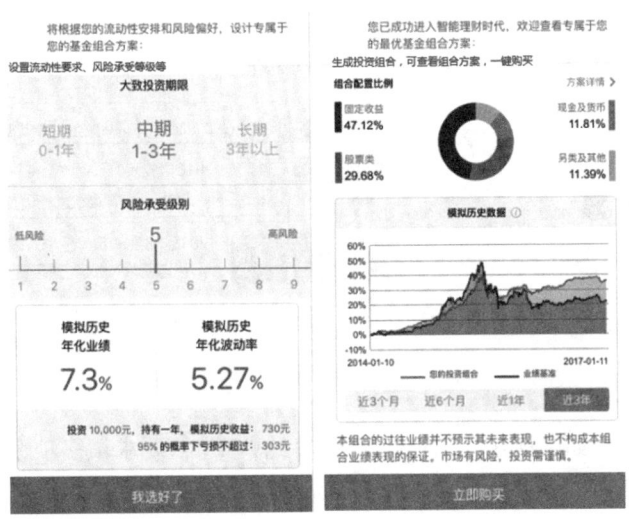

(10) 互动性

该平台开设了专门的社区板块,投资者可以在社区中发起话题,与其他投资者、项目方、理财专家等进行交流讨论;平台还提供在线客服功能,投资者遇到问题可在线咨询平台客服

2. 低属性情景

(1) 平台声誉

该平台于 2016 年由一家新成立的公司推出;该平台在行业第三方资讯平台的评级和用户评分以及部分网络新闻,如图所示:

根据行业第三方资讯平台,该平台排名是(情境材料检测问题)
○3　○37

(2) 易用性

该平台首页如图所示,其他说明:a. 签约购买时,要求填多项个人资料,甚至包括联系地址、邮箱、银行分行等信息;b. 提供基本的交易功能,定投、预约等辅

助交易功能较少;c. 对赎回时间、金额有限制

（3）隐私与资金安全

a. 该平台提供登录密码、交易密码、手势密码基本功能保护投资者的隐私和交易安全;b. 密码输入错误的情况下可以多次重试;c. 没有获得第三方权威机构的认证

（4）系统响应性

在该平台进行操作经常需要等待 5 秒以上,有时页面会出现卡顿现象,购买或搜索时页面反应缓慢

（5）产品丰富度

该平台提供 2 种资产类型产品,可投资项目有十几个

（6）收益性

该平台无法实时看到账户当前收益情况,无热门或人气产品推荐;平台部分固定收益理财产品的收益率,如图所示

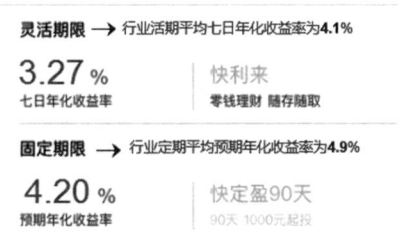

根据图中数据,该平台部分固定收益理财产品的收益率比行业平均水平(情

景材料检测问题)

○更高　○更低

(7) 信息质量

该平台财经资讯、公告等信息内容较少,信息更新有延迟,内容偶有失真(包括信息真实性证实有误、错别字等)

(8) 个性化

该平台无产品推荐和订阅功能

(9) 智能化

该平台无智能化的理财服务

(10) 互动性

该平台没有提供社区功能,投资者之间无法通过平台互动交流;投资者和平台之间只能通过微信或电话的形式沟通联系,如图所示:

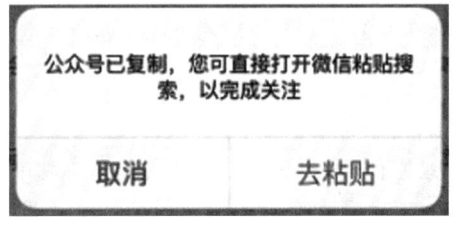

附录 8　游戏化设计对移动理财 App 用户使用意愿的影响研究调查问卷

亲爱的朋友：

　　感谢您参加此次调查！本问卷不计姓名，答案没有对错之分，调查结果将受到严格保密，仅供学术研究使用，请您放心填写。

　　在回答本问卷之前，请您明确：

　　游戏化设计指在非游戏产品（如网站和 App）的设计和运营中运用游戏设计思维，通过游戏机制和元素（例如，分数、徽章、排行榜等）的灵活利用，提升系统体验和引导用户行为的设计方式。例如，支付宝 App 推出的蚂蚁森林应用，鼓励用户通过出行、支付、生活服务等行为获取绿色能量参与虚拟的种树游戏；小米公司的虚拟品牌社区——小米社区，包含打卡、任务解锁、徽章、排行榜等大量游戏元素，以鼓励用户参与活动。

　　几个小提示：

　　A. 本问卷为情景式问卷，请您仔细阅读提供的文字和图片材料对应作答；

　　B. 问卷回答没有对错、好坏之分，请您基于自身的真实感受作答；

　　C. 请您依次逐题作答，不要遗漏背景材料和问题。

　　1. 您了解过以下哪些平台的游戏化设计？

　　□支付宝

　　□陆金所

　　□京东金融

　　□平安金管家

　　□健身 App，如 Nike＋、Keep 等

　　□小米社区

　　□其他

　　□我从未了解过任何平台的游戏化设计

　　第一部分　情景部分

　　请您仔细阅读以下情景材料中关于 A 平台游戏化设计的重要特征，依据自身的直观感受，真实、准确地回答材料后的问题。

　　说明：A 平台是一家全球领先的"一站式"互联网投资理财平台，凭借健全的

风险管控体系,致力于为个人和企业用户提供安全、高收益、定制化的金融服务。

2. 界面设计元素

(1)A平台有道具、攻略、推荐、讨论区和活动等模块;

(2)允许用户设置头像和主题背景,编辑功能模块排序;

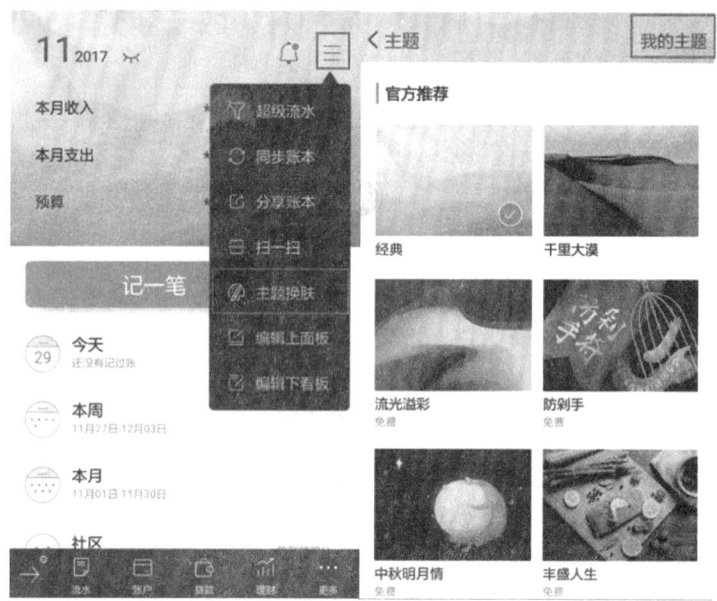

(3)点击界面某个图片或图标时,会触发震动、声音、Flash动画等动态反馈。

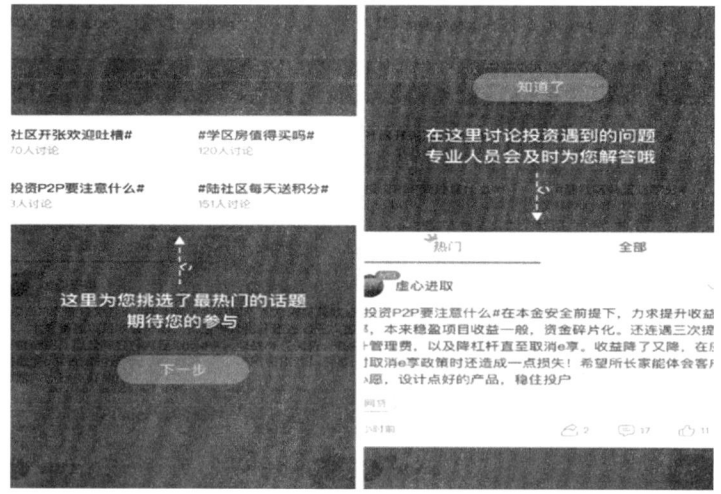

基于以上特征,我认为A平台:

附录 8　游戏化设计对移动理财 App 用户使用意愿的影响研究调查问卷

	非常 不同意	不同意	不确定	同意	非常 同意
界面内容是可定制的	○	○	○	○	○
界面交互是友好的	○	○	○	○	○
界面元素设计在视觉上是令人愉悦的	○	○	○	○	○
总体而言，具有高质量的用户界面设计	○	○	○	○	○

3. 成长进度机制

（1）A 平台的"进度条"功能告知用户所处的成长阶段和任务进展；

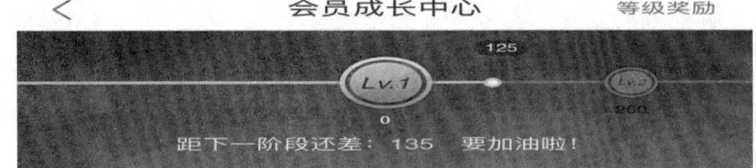

（2）A 平台采用图片和动画结合的方式向用户展示"快速成长指南"；

（3）A 平台近期上线了一项公益计划：用户收集指定数量的萤火后，由 A 平台出资购买书籍并以用户的名义捐赠给自闭症儿童。

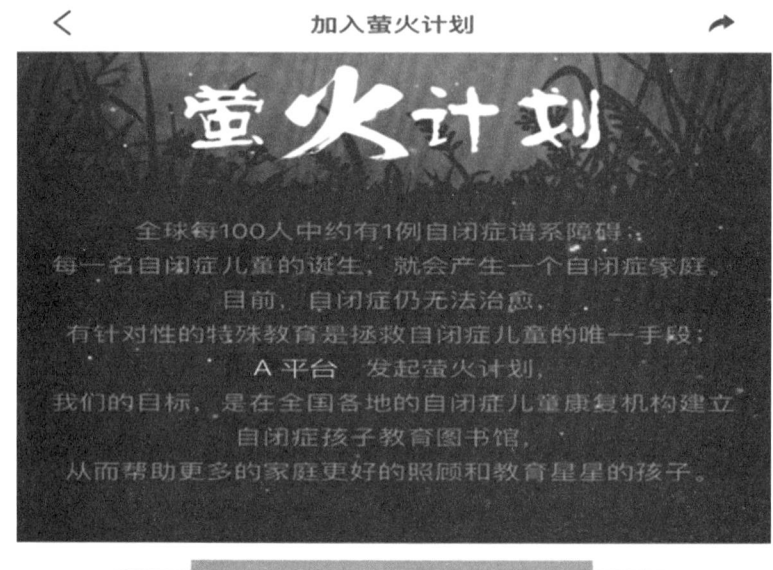

基于以上特征，我认为 A 平台：

	非常不同意	不同意	不确定	同意	非常同意
简单明确地阐明了活动规则	○	○	○	○	○
用户在不同阶段有相对应的不同任务挑战	○	○	○	○	○
用户能够了解自己的进展	○	○	○	○	○
赋予用户一定的使命，其可以完成在现实中不方便完成的事情	○	○	○	○	○

4. 奖励反馈机制

(1) A 平台提供积分、勋章和专享券等奖励；积分可以用来抽奖和兑换商品；

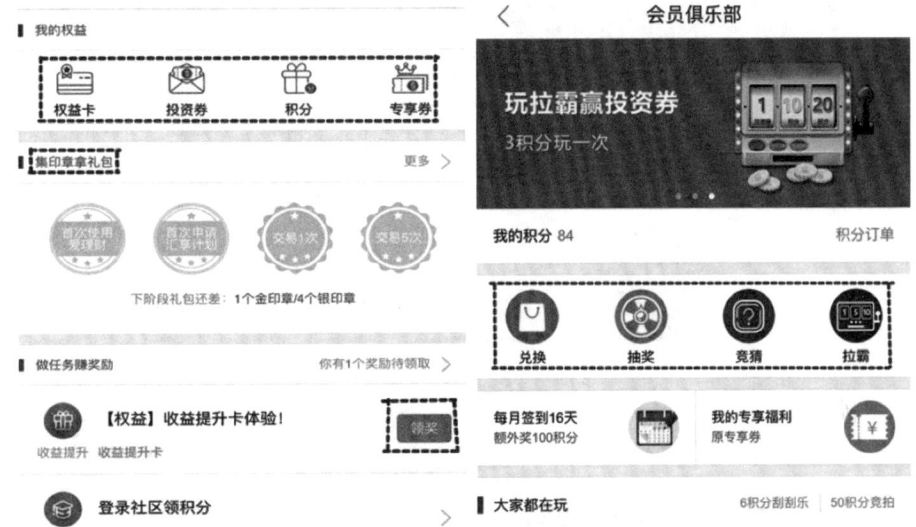

(2) A 平台在首页展示用户的积分、徽章、等级，以及好友排行榜；

(3) 用户完成 A 平台的基本任务后，页面跳出弹框"恭喜你升级到 Level2，继续加油吧！"；平台展示了新的特权功能。

基于以上特征，我认为 A 平台：

	非常不同意	不同意	不确定	同意	非常同意
用户可以收集奖励和权益	○	○	○	○	○
用户能通过持续的努力提高自己的成绩	○	○	○	○	○
会在用户实现目标时，提供正面的反馈	○	○	○	○	○
总体而言，A 平台认可用户的努力	○	○	○	○	○

5. 社交联结机制

(1) A 平台近期策划了一起"绿色公益行"活动，下图分别为：活动主题、活动规则、活动参与情况、朋友圈排名；页面功能，包括点赞、收藏、评论、分享和关注等。

（2）下图为 A 平台的"组队投资"应用，用户可以通过微信分享给好友，邀请其组建队伍，一起赚取奖励。

附录 8　游戏化设计对移动理财 App 用户使用意愿的影响研究调查问卷

基于以上特征，我认为 A 平台：

	非常不同意	不同意	不确定	同意	非常同意
用户可以与他人互动	○	○	○	○	○
用户可能与他人形成竞争的关系	○	○	○	○	○
用户有机会与他人合作，实现目标	○	○	○	○	○
总体而言，社区氛围是和谐的	○	○	○	○	○

6. 个性化

（1）A 平台上有"猜你喜欢""私人定制""推荐活动"等板块，内容精准匹配用户提供的性别、城市、行为偏好等信息；

(2) A平台在2017年年末推出了"个人年度报告"功能,总结回顾用户过去一年的消费记录。

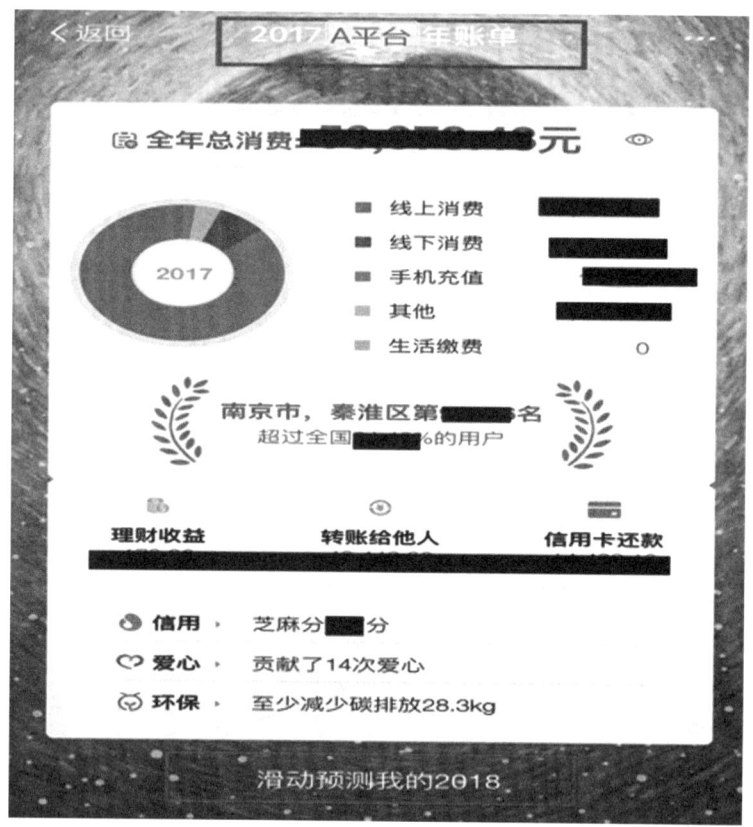

我认为A平台:

	非常不同意	不同意	不确定	同意	非常同意
能够提供符合用户特征的信息或服务	○	○	○	○	○
能够提供符合用户需求的信息或服务	○	○	○	○	○
提供的信息符合用户的个人偏好	○	○	○	○	○
总之,充分利用了用户的个人信息	○	○	○	○	○

7. 信息透明度

请浏览A平台展示的部分隐私权政策条款(注:由于篇幅限制,以下仅为节选):

附录8 游戏化设计对移动理财App用户使用意愿的影响研究调查问卷

A平台隐私权政策

一、我们如何收集个人信息

"……我们会收集您的搜索记录、操作信息以及有关您曾使用的移动应用（App）信息……对这些信息进行统计、分析，以为您提供更加准确、个性、流畅及便捷的服务……我们会要求该公司遵守严格的保密义务及采取有效的保密措施，禁止其将这些信息用于未经您授权的用途……"

三、我们如何存储和保护个人信息

"……为保障您的信息安全，我们致力于使用各种安全技术及配套的管理体系来防止您的信息被泄露、毁损或者丢失，……我们每年还会聘请外部独立第三方对信息的安全管理体系进行评估。"

四、我们如何使用个人信息

"……为了遵守国家法律法规及监管规定，以及向您提供服务及提升服务质量，我们会在以下情形使用您的信息……当我们要将信息用于本政策未载明的其他用途时，会以确认协议、具体场景下的文案确认动作等形式再次征求您的同意。"

六、您如何访问和控制自己的个人信息

"您可在'账户管理'和'个人帮助中心-自助服务'中查阅您的信息，或修改您的个人资料，或进行相关的隐私、安全设置……您可通过手机权限设置修改授权范围，还可取消向第三方机构分享信息的授权……如您发现我们采集、使用您个人信息的行为，违反了法律、行政法规规定或违反了与您的约定，您可联系我们的客服（电话95188）或通过在线客服，要求删除该违反行为下采集的您的个人信息……"

我认为A平台：

	非常不同意	不同意	不确定	同意	非常同意
活动规则是公开透明的	○	○	○	○	○
阐明了如何获取和使用用户信息	○	○	○	○	○
总体而言，用户的知情权是有保证的	○	○	○	○	○

8. 技术新颖性

（1）A平台支持手势密码、声纹识别、人脸识别、指纹支付等登录和支付方式；

（2）以下是A平台基于大数据技术推出的"测人脉"小游戏；

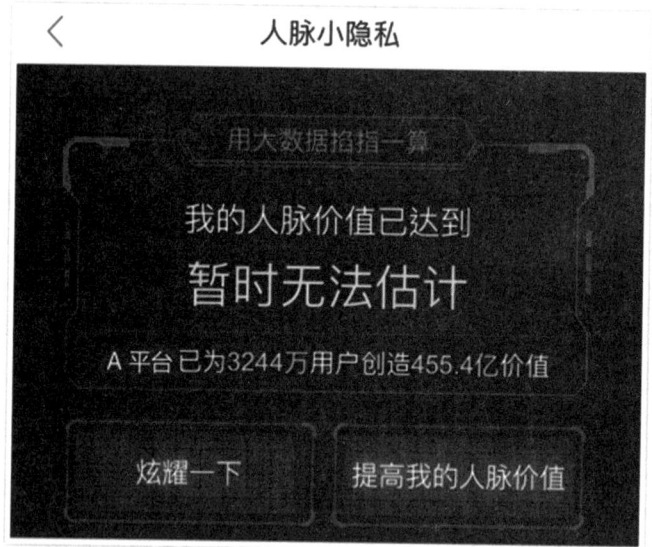

(3) 支持接入智能电视、手环、手表等多种智能设备。

基于以上特征,我认为 A 平台:

	非常 不同意	不同意	不确定	同意	非常 同意
使用是便捷的	○	○	○	○	○
功能是新颖的	○	○	○	○	○
关注用户的使用效率和体验					
总体而言,拥有良好的技术保障	○	○	○	○	○

第二部分　综合上述情景材料，请您对下列问题的认同度做出选择

9. 感知自主权满足

	非常不同意	不同意	不确定	同意	非常同意
我可以自主选择 A 平台的内容或功能	○	○	○	○	○
我可以自主决定如何披露自己的信息	○	○	○	○	○
我可以自主表达我的态度（例如，点赞、评论、分享）	○	○	○	○	○
我无法自主表达我的态度	○	○	○	○	○

10. 感知胜任力满足

	非常不同意	不同意	不确定	同意	非常同意
我可以很容易地掌握 A 平台的规则	○	○	○	○	○
我认为自己有能力完成 A 平台的任务	○	○	○	○	○
我可以在使用 A 平台的过程中感受到成就	○	○	○	○	○

11. 感知归属感满足

	非常不同意	不同意	不确定	同意	非常同意
我可以了解 A 平台上的其他用户	○	○	○	○	○
我与他人的联系增强了	○	○	○	○	○
我喜欢 A 平台，因为它让我感觉身处与我有相似体验的群体中	○	○	○	○	○

12. 感知愉悦性

	非常不同意	不同意	不确定	同意	非常同意
给我带来新鲜感	○	○	○	○	○
给我带来兴趣和刺激	○	○	○	○	○
我在参与 A 平台活动的过程中，获得了享受	○	○	○	○	○
总体来看，我在 A 平台的体验是愉快的	○	○	○	○	○

13. 感知风险

	非常不同意	不同意	不确定	同意	非常同意
A 平台的功能无法实现我预期的效果	○	○	○	○	○
会未经我的允许将我的信息用作其他目的	○	○	○	○	○
总体而言，A 平台会给我造成某方面的风险	○	○	○	○	○

14. 使用意愿

	非常不同意	不同意	不确定	同意	非常同意
我愿意学习如何使用 A 平台	○	○	○	○	○
相比同类型的其他平台，我会优先选择使用 A 平台	○	○	○	○	○
我预测未来使用 A 平台的可能性很大	○	○	○	○	○
我愿意推荐其他人使用 A 平台	○	○	○	○	○

问卷即将结束，感谢您的配合！现在请您根据个人情况回答最后几道题，再次向您表示感谢！

15. 您的性别：
○男
○女

16. 您的年龄段：
○18 岁以下
○18—25 岁
○26—35 岁
○35 岁以上

17. 您正在攻读或已获得的最高学位：
○高中及以下
○专科及本科
○硕士
○博士

18. 您每月的可支配收入为：
○2000 元以下

附录 8　游戏化设计对移动理财 App 用户使用意愿的影响研究调查问卷

○2000—5000 元
○5001—10000 元
○10000 元以上
19. 您使用互联网的年限：
○3 年以下
○3—5 年
○6—10 年
○10 年以上

附录9　余额宝用户的持续使用意愿研究调查问卷

亲爱的答卷者：

　　您好，非常感谢您能在百忙之中抽空填写一份关于余额宝用户持续使用意愿研究的调查问卷，这份问卷是由南京大学信息管理学院的研究生设计和发放的，问卷所取得的数据将被运用于论文研究并对个人信息完全保密。如果您使用过余额宝，只需要根据您对余额宝的真实使用感受作答，您的回答将对本次研究起到至关重要的作用。本次问卷将采用匿名形式，调查结果绝不对外公开，再次谢谢您的配合！

概念界定：

　　余额宝是阿里巴巴集团旗下的支付宝公司与天弘基金公司合作，针对支付宝账户备付金推出的一项网络理财增值服务。实名认证的支付宝用户可以通过计算机或移动（手机、平板电脑等）客户端，把账户备付金和欲理财的储蓄资金转入余额宝，快捷地购买天弘基金公司嵌入余额宝内的增利宝货币型基金理财产品，从而获得高于银行活期储蓄利率的收益，其本质是基于互联网平台的基金直销产品。同时，余额宝内的资产保持流动性，客户随时能进行零存零取、网上购物、支付宝转账等，在理财的同时不影响客户的购物体验和取现需求。

第一部分：基本信息

请根据您的实际情况，做出相应选择：

1. 您的性别：
□男　　□女

2. 您的年龄：
□20岁以下　□20—25岁　□26—30岁　□31—40岁　□40岁以上

3. 正在攻读或已获得的最高学位：
□高中或以下学历　　□大专　　□大学本科　　□硕士及以上

4. 您目前的月收入是（学生包括月均生活费）：
□1000元以下　□1000—3000元　□3001—5000元　□5000元以上

5. 您使用余额宝的时间:
□1 个月及以下　□1—3 个月　□3—12 个月　□1 年及以上
6. 您使用余额宝期间出现过的累计最高投资金额
□1000 元以下　□1000—10000 元　□10001—50000 元　□50000 元以上

第二部分:

请根据您对余额宝的实际使用感受,真实地回答以下问题。请在 1—7 中,选择您最认同的数字,不同数字代表不同的同意程度,1 表示非常不同意,4 表示不确定(即中立态度),7 表示非常同意,以此类推。

1. 使用余额宝对我来说是很有用的
非常不同意　□1　□2　□3　□4　□5　□6　□7　非常同意

2. 使用余额宝可以让我获得更高的投资收益
非常不同意　□1　□2　□3　□4　□5　□6　□7　非常同意

3. 使用余额宝能够帮助我节省交易和买卖的时间
非常不同意　□1　□2　□3　□4　□5　□6　□7　非常同意

4. 使用余额宝可以免去我去实体营业点购买理财产品的不便
非常不同意　□1　□2　□3　□4　□5　□6　□7　非常同意

5. 我认为使用余额宝十分简单,不需要花费很多时间去学习使用
非常不同意　□1　□2　□3　□4　□5　□6　□7　非常同意

6. 我认为余额宝的操作过程很顺畅
非常不同意　□1　□2　□3　□4　□5　□6　□7　非常同意

7. 我完全了解使用余额宝的操作步骤
非常不同意　□1　□2　□3　□4　□5　□6　□7　非常同意

8. 我认为开通余额宝的业务很简单
非常不同意　□1　□2　□3　□4　□5　□6　□7　非常同意

9. 如果对我重要的人推荐我使用余额宝,我会考虑使用
非常不同意　□1　□2　□3　□4　□5　□6　□7　非常同意

10. 我周围的人都在使用余额宝,如果我不用会觉得自己很不潮流
非常不同意　□1　□2　□3　□4　□5　□6　□7　非常同意

11. 我认为使用余额宝会使我提升在其他人心里的形象
非常不同意　□1　□2　□3　□4　□5　□6　□7　非常同意

12. 社会媒体的宣传会增加我对余额宝的使用欲望
非常不同意　□1　□2　□3　□4　□5　□6　□7　非常同意

13. 我认为使用余额宝可能无法达到我的预期收益和效果
非常不同意　□1　□2　□3　□4　□5　□6　□7　非常同意

14. 我认为使用余额宝可能会造成我的财务损失,如利率下跌、操作失误、系统出错等

　　非常不同意　□1　□2　□3　□4　□5　□6　□7　非常同意

15. 我认为使用余额宝可能会出现安全问题,如信息泄露、数据篡改、密码被盗等

　　非常不同意　□1　□2　□3　□4　□5　□6　□7　非常同意

16. 我不太信任提供余额宝业务的商家,使用余额宝会让我产生焦虑情绪

　　非常不同意　□1　□2　□3　□4　□5　□6　□7　非常同意

17. 我认为开通和使用余额宝业务可能会耗费很长时间

　　非常不同意　□1　□2　□3　□4　□5　□6　□7　非常同意

18. 我认为余额宝可以满足我在理财方面的需求

　　非常不同意　□1　□2　□3　□4　□5　□6　□7　非常同意

19. 在使用余额宝后,我整体上感到非常满意

　　非常不同意　□1　□2　□3　□4　□5　□6　□7　非常同意

20. 我很认同并喜欢使用余额宝

　　非常不同意　□1　□2　□3　□4　□5　□6　□7　非常同意

21. 我会选择余额宝作为我常用的理财方式

　　非常不同意　□1　□2　□3　□4　□5　□6　□7　非常同意

22. 我会继续使用余额宝

　　非常不同意　□1　□2　□3　□4　□5　□6　□7　非常同意

23. 我愿意向周围的人推荐余额宝

　　非常不同意　□1　□2　□3　□4　□5　□6　□7　非常同意

附录10-1 OTA平台信贷出行采纳意愿影响因素研究调查问卷

亲爱的朋友：

您好，非常感激您在百忙之中参加此次问卷调查！本研究旨在调查OTA平台中，游客信贷出行服务采纳意愿的影响因素。本问卷不记姓名，答案不分对错，对您的回答我们将严格保密，且调查结果仅作科学研究之用，请您放心作答。在回答本问卷之前，请您先明确：

① 本研究中涉及的OTA平台（Online Travel Agent）是指依托互联网，以满足客户信息查询、产品预定和服务评价为核心目标，涵盖了航空公司、酒店、景点、汽车租赁公司、海内外旅游局等旅游服务供应商的在线旅游平台。目前，国内主要的OTA平台包括携程、同程、途牛等。

② 本研究涉及的信贷出行服务属于平台自营的旅游金融中的一部分，需用户开通服务，绑定借记卡，平台根据用户信息赋予一定的信用额度，用户在额度范围内可以享受信贷支付旅行产品，再进行分期还款的服务。您的认真作答对本研究非常重要，再次感谢！

第一部分（个人信息）

1. 您的性别：
○男 ○女

2. 您的年龄段：
○18岁及以下 ○19—25岁 ○26—30岁 ○31—40岁 ○41岁以上

3. 您正在攻读或已获得的最高学位：
○高中及以下 ○大专及本科 ○硕士 ○博士

4. 请问您的月可支配收入（包含生活费用，如果是学生，请选择月生活费）：
○1500元及以下 ○1501—3000元 ○3001—5000元 ○5001元及以上

5. 你是否有过消费信贷经历（类似蚂蚁花呗、京东白条、趣分期、任性付等）？
○有 ○无

6. 若进行信贷业务，您可接受的月还款额占可支配收入的：
○10%及以下 ○11%—20% ○20%—30% ○31%及以上

7. 消费习惯兼容性

	非常不同意	不同意	一般	同意	非常同意
我愿意先消费后还款	○	○	○	○	○
我觉得使用贷款能提前享受生活	○	○	○	○	○
我觉得贷款先拥有一件东西以后再付款是个好主意	○	○	○	○	○
提前消费,慢慢还款的生活方式对我来说是适用的	○	○	○	○	○

第二部分(情景问卷):

背景情景:

① 某国内知名 OTA 平台推出信贷出行服务,允许用户通过绑定借记卡、开通信贷出行服务来完成先享受旅行产品,再还款的服务。

② 若您最近计划想要购买一款高端跟团游产品,请根据情景材料回答以下问题。

8. 业务宣传水平

你发现:① 主流媒体、新媒体以及户外广告等营销渠道鲜少见到该平台信贷出行业务宣传。② 进入平台主页,关于信贷出行业务的宣传也仅仅以滚动形式出现在网页一侧,滚动速度较快不易发现,展示形式只有黑色文字。根据材料,请回答以下问题:

	非常不同意	不同意	一般	同意	非常同意
我觉得该平台宣传力度很大	○	○	○	○	○
我觉得该平台在推荐我使用信贷出行服务	○	○	○	○	○
我觉得该平台能充分展示信贷出行服务的优势	○	○	○	○	○
我觉得该平台很注重信贷出行服务的宣传和推广	○	○	○	○	○

9. 交易成本

你发现:该平台旅游产品都不收取利息,仅在分期超过 6 期后,收取少量服

务费用(总金额×0.2%)/期。远低于其他同类 OTA 信贷平台分期服务费(总金额的 0.5%)/期

	非常不同意	不同意	一般	同意	非常同意
我觉得该平台信贷出行服务收取的费用不合理	○	○	○	○	○
我觉得该平台信贷出行服务收取的费用无法接受	○	○	○	○	○
我觉得该平台信贷出行服务收取的费用无法令我满意	○	○	○	○	○
我觉得该平台信贷出行服务收取的费用不符合我的预期	○	○	○	○	○

10. 支付安全性

你发现,该平台开通信贷出行服务需要:① 绑定借记卡,需要验证身份证信息、预留手机号码。② 需要单独设置支付密码。③ 发现用户登录异常时,平台会给用户发邮件及短信提醒。当系统发现用户账户异常时,平台会先冻结用户账户,并电话告知提醒。请根据材料,回答以下问题:

利用信贷方式购买旅行产品过程中:

	非常不同意	不同意	一般	同意	非常同意
该平台有技术确保交易安全	○	○	○	○	○
该平台有严格的密码保护机制	○	○	○	○	○
我的账号信息不会被他人非法截取	○	○	○	○	○
我的交易信息不会被他人非法截取	○	○	○	○	○

11. 促成条件

你发现:① 绑定的借记卡种类支持国内大多数银行(包括中国工商银行、中国农业银行、中国银行、中国建设银行、光大银行、兴业银行、中信银行、交通银行、广发银行、广州银行、平安银行以及其他主要地方银行等)。② 任意页面右下角都有 7×24 小时客服热线。③ 操作过程中运行流畅无卡顿现象。④ 支持自主选择还款期数,允许使用非绑定借记卡、第三方支付等多种方式还款。⑤ 允许提前还款,且未进入还款周期的服务费用将退回。根据材料,请回答以下问题:

	非常不同意	不同意	一般	同意	非常同意
该平台信贷出行服务可绑定的银行卡种类令我满意	○	○	○	○	○
该平台信贷出行服务操作系统稳定快速，很少出问题	○	○	○	○	○
该平台信贷出行服务操作能支持我更灵活完成还款行为	○	○	○	○	○
该平台信贷出行服务操作如果在使用中出现任何问题，我都可以马上得到帮助。	○	○	○	○	○

12. 操作便利性

你发现：本平台完成信贷出行服务的操作步骤精简、流程简单、耗时短（绑定银行卡—身份验证—额度授予，即成功开通服务，使用时只需要在收银台选择"分期付款"即可）。根据材料，请回答以下问题：

	非常不同意	不同意	一般	同意	非常同意
该平台的信贷出行操作简单方便	○	○	○	○	○
该平台的信贷出行操作并不会花太多时间	○	○	○	○	○
我能很快学会该平台的信贷出行操作	○	○	○	○	○
我能轻易完成该平台的信贷出行操作	○	○	○	○	○

13. 消费激励体系

你发现：在该平台使用信贷方式支付旅行产品，按期还款后，信用额度、个人信用评分会提升，平台积分增长（该积分可以兑换多种礼品）。根据材料，请回答以下问题：

	非常不同意	不同意	一般	同意	非常同意
我担心使用信贷出行服务造成不明资费损失	○	○	○	○	○
我担心使用该平台信贷出行服务会产生高额利息	○	○	○	○	○

附录 10-1　OTA 平台信贷出行采纳意愿影响因素研究调查问卷

	非常 不同意	不同意	一般	同意	非常 同意
我担心使用该平台信贷出行服务最终付出的金钱会多于应付的	○	○	○	○	○
我担心使用该平台信贷出行服务可能会导致财物损失	○	○	○	○	○

14. 隐私风险

你发现：① 在与该平台签署的消费信贷协议中有关消费者隐私的条款，并未明确承诺未经用户同意不会擅自使用其任何信息。② 有关消费者隐私的条款用词晦涩，责权不明，难以理解。请根据材料，回答以下问题：

	非常 不同意	不同意	一般	同意	非常 同意
该平台的隐私条款会让我担心个人信息被泄露或转卖	○	○	○	○	○
该平台的隐私条款会让我担心我的交易数据会被泄露或转卖	○	○	○	○	○
该平台隐私条款会让我担心被垃圾短信或电话骚扰	○	○	○	○	○
该平台的隐私条款会让我担心商家或银行在未告知我的情况下不当搜集我的个人资料并不法使用	○	○	○	○	○

15. 感知利得

结合以上情景，请回答以下问题：

	非常 不同意	不同意	一般	同意	非常 同意
使用该平台信贷出行服务能够为我省钱	○	○	○	○	○
使用该平台信贷出行服务能够为我节约时间、精力	○	○	○	○	○
使用该平台信贷出行服务能够让我更高效地实现旅行产品的购买	○	○	○	○	○

	非常不同意	不同意	一般	同意	非常同意
使用该平台信贷出行服务总体来说对我是有用的	○	○	○	○	○

16. 感知利失

结合以上情景,请回答以下问题:

	非常不同意	不同意	一般	同意	非常同意
我担心使用该平台信贷出行会浪费我的时间和精力	○	○	○	○	○
我担心使用该平台信贷出行服务会让我多花很多钱	○	○	○	○	○
我担心使用该平台信贷出行服务不安全	○	○	○	○	○
我担心使用该平台信贷出行服务会给我造成心理压力	○	○	○	○	○
使用该平台信贷出行服务总体来说付出的成本是高的	○	○	○	○	○

17. 信贷出行采纳意愿

结合以上情景,请回答以下问题:

	非常不同意	不同意	一般	同意	非常同意
我认为使用该平台信贷出行服务是一个明智的主意	○	○	○	○	○
我愿意在未来学习如何在该平台进行信贷出行服务	○	○	○	○	○
我认为使用该平台信贷出行服务是一个不明智的主意	○	○	○	○	○
我愿意接受该平台信贷出行服务并开始使用	○	○	○	○	○

附录 10–2 OTA 平台信贷出行采纳意愿影响因素研究问卷情景描述

情景类型	具体描述材料
业务宣传水平高	① 该 OTA 平台最近在主流电视媒体、新媒体、地铁公交等营销渠道对它的信贷出行服务进行大量宣传推广。 ② 进入平台首页在显眼位置也有大篇幅、图文并茂的信贷出行业务宣传。
业务宣传水平低	① 主流媒体、新媒体以及户外广告等主要营销渠道鲜少见到该平台信贷出行业务宣传。 ② 进入平台主页，关于信贷出行业务的宣传也仅仅以滚动形式出现在网页一侧，滚动速度较快不易发现，展示形式只有黑色文字。
交易成本高	① 该平台信贷出行既收取利息，也收取服务费用。 ② 该平台分期服务费用为(总金额的 1.5%)/期。远高于其他同类 OTA 平台信贷分期服务费(总金额的 0.5%)/期。
交易成本低	该平台旅游产品都不收取利息，仅在分期期数超过 6 期后，收取少量服务费用(总金额×0.2%)/期。远低于其他同类 OTA 平台信贷分期服务费(总金额的 0.5%)/期。
支付安全性高	该平台开通信贷出行服务需要： ① 绑定借记卡，需要验证身份证信息、预留手机号码。 ② 需要单独设置支付密码。 ③ 发现用户登录异常时，平台会给用户发邮件及短信提醒。当系统发现用户账户异常时，平台会先冻结用户账户，并电话告知提醒。
支付安全性低	① 该平台开通信贷出行服务绑定借记卡后，只需要验证身份证信息，并未另行设置支付密码。 ② 用户登录异常，该平台只在内部推送消息提醒。 只有在用户电话反馈账户异常时，平台才对其账户异常进行处理，之前并无提醒。

(续表)

情景类型	具体描述材料
促成条件完善	① 绑定的借记卡种类支持国内大多数银行(包括中国工商银行、中国农业银行、中国银行、中国建设银行、中国光大银行、兴业银行、中信银行、交通银行、广发银行、广州银行、平安银行以及其他主要地方银行等)。 ② 任意页面右下角都有 7×24 小时客服热线。 ③ 操作过程中运行流畅,无卡顿现象。 ④ 支持自主选择还款期数,允许使用非绑定借记卡、第三方支付等多种方式还款。 ⑤ 允许提前还款,且未进入还款周期的服务费用将退回。
促成条件不完善	① 绑定借记卡只支持与平台合作的广发银行,以及中国建设银行、中国工商银行、中国银行、中国交通银行、中国农业银行。 ② 页面下方有客服电话,但一个工作日只工作 6 小时,且拨打总是无人接听。 ③ 操作过程中会出现闪退现象,多次反复验证等情况。 ④ 分期期数可以自主选择,还款仅支持使用绑定借记卡进行还款。 ⑤ 允许提前还款,但是不退回任何利息或服务费。
操作便利性高	本平台完成信贷出行服务的操作步骤精简、流程简单、耗时短(只需要绑定银行卡—身份验证—额度授予,即成功开通服务,使用时只需要在收银台选择"分期付款"即可)。
操作便利性低	本平台完成信贷出行服务的操作步骤烦琐、流程复杂、耗时长(开通服务过程中,需要反复验证个人信息,多次填写开户行地址等不常用信息)。
消费激励体系健全	在该平台使用信贷方式支付旅行产品,按期还款后,信用额度、个人信用评分会提升,平台积分增长(该积分可以兑换多种礼品)。
消费激励体系不健全	使用信贷方式支付旅行产品,按期还款,平台不会增加信用额度与信用评分,也不会有平台积分的增长(该积分可以兑换多种礼品)。
财务风险高	① 该 OTA 平台规定,到还款日期未进行还款,则收取逾期滞纳费用。 ② 关于逾期滞纳费,收费条件、收费方式、费率标识位置不显眼,用词含糊。 ③ 该平台逾期滞纳费用为(未还款金额×0.1%)/日远高于同类型的 OTA 平台的逾期滞纳费用的(未还款金额×0.05%)/日。

附录 10-2　OTA 平台信贷出行采纳意愿影响因素研究问卷情景描述

(续表)

情景类型	具体描述材料
财务风险低	① 该平台规定,到还款日期未进行还款,则收取逾期滞纳费用。 ② 关于逾期滞纳费,收费条件、方式、费率等关键信息标识清楚、易理解。 ③ 该平台逾期滞纳费用为(未还款金额×0.02%)/日,远低于同类型的 OTA 平台的逾期滞纳费用的(未还款金额×0.05%)/日。
隐私风险高	① 在与该平台签署的消费信贷协议中有关消费者隐私的条款并未明确承诺未经用户同意不会擅自使用用户任何信息。 ② 有关消费者隐私的条款用词晦涩、责权不明,难以理解。
隐私风险低	① 在需要与该平台签署的消费信贷协议中,有关消费者隐私的条款明确承诺未经用户同意不会擅自使用用户任何信息。 ② 隐私条款用词简练、责权分明,易于理解。

附录 11-1　负面信息对 P2P 网络借贷平台贷方持续使用意愿的影响研究调查问卷

您好！感谢您在百忙之中参加本次问卷调查。本研究旨在考察负面信息对 P2P 网络借贷平台贷方持续使用意愿的影响。本问卷采用匿名调查的方式，对您的回答我们将严格保密，调查结果仅用于学术研究，请您放心作答。本问卷答案没有好坏、对错之分，请您根据真实感受作答。您的看法和观点对我们的研究至关重要，请您认真作答，感谢您的参与。

在回答本问卷之前，请您先明确以下定义：

P2P 网络借贷是指以网络技术为支撑，在没有任何金融机构作为中介的情况下，贷款人和借款人严格通过线上平台进行无抵押贷款的交易过程。P2P 网络借贷平台是 P2P 网络借贷模式的中间服务方，包括但不限于陆金所、宜人贷、开心贷、人人贷、拍拍贷、微贷网、点融网和积木盒子。

第一部分：个人基本信息

1. 您的性别：
○男　○女

2. 您的年龄：
○20 岁以下　○21—25 岁　○26—30 岁　○31—35 岁　○36—40 岁　○40 岁以上

3. 您正在攻读或已获得的最高学位：
○大专及以下　○大学本科　○硕士　○博士及以上

4. 您目前的月收入为：
○1000 元及以下　○＞1000 元且≤3000 元　○＞3000 元且≤5000 元　○＞5000 元且≤10000 元　○10000 元以上

5. 您使用互联网的年限：
○1 年以下　○1—5 年　○6—10 年　○11 年以上

6. 您是否使用过 P2P 网络借贷平台进行投资：

附录 11-1 负面信息对 P2P 网络借贷平台贷方持续使用意愿的影响研究调查问卷

○是 ○否

7. 您最近一年内使用 P2P 网络借贷平台投资的次数：
○5 次以内 ○6—10 次 ○11—20 次 ○21 次及以上

第二部分：负面信息的影响调查

请您认真阅读以下情景材料，并结合体验该情景的实际感受，真实准确地回答材料后的问题。

该部分的情景，如附录 11-2 所示

9. 请结合您对负面信息内容说服力的感知，回答以下问题：

	非常 不同意	基本 不同意	不确定	基本 同意	非常 同意
该负面信息具有详细的细节呈现	○	○	○	○	○
该负面信息引用了定量数据	○	○	○	○	○
该负面信息是客观的	○	○	○	○	○
该负面信息是全面的	○	○	○	○	○

10. 请结合您对信息负面程度的感知，回答以下问题：

	非常 不同意	基本 不同意	不确定	基本 同意	非常 同意
该负面信息的语气是十分坚定的	○	○	○	○	○
该负面信息所表达的感情是强烈的	○	○	○	○	○
该负面信息反映的事件是严重的	○	○	○	○	○
该负面信息的内容让我感到印象深刻	○	○	○	○	○

11. 请结合您对信息相关性的感知，回答以下问题：

	非常 不同意	基本 不同意	不确定	基本 同意	非常 同意
该负面信息涉及的内容是我关心的	○	○	○	○	○
该负面信息涉及的内容或可能导致的后果是与我相关的	○	○	○	○	○
该负面信息涉及的内容对我是重要的	○	○	○	○	○

	非常不同意	基本不同意	不确定	基本同意	非常同意
该负面信息涉及的内容对我是有价值的	○	○	○	○	○

12. 请结合您对来源平台可靠性的感知,回答以下问题:

	非常不同意	基本不同意	不确定	基本同意	非常同意
我对发布该负面信息的平台是熟悉的	○	○	○	○	○
我认为获取该负面信息的平台是可信赖的	○	○	○	○	○
我认为获取该负面信息的平台是专业的	○	○	○	○	○
我认为获取该负面信息的平台是有高知名度的	○	○	○	○	○

13. 请结合您对来源主体可靠性的感知,回答以下问题:

	非常不同意	基本不同意	不确定	基本同意	非常同意
我对发布该负面信息的主体是熟悉的	○	○	○	○	○
我认为获取该负面信息的主体是可信赖的	○	○	○	○	○
我认为获取该负面信息的主体是专业的	○	○	○	○	○
我认为获取该负面信息的主体是有高知名度的	○	○	○	○	○

14. 请结合您对参照群体意见的感知,回答以下问题:

	非常不同意	基本不同意	不确定	基本同意	非常同意
我身边有过投资经验的亲朋好友都对该负面信息持肯定态度	○	○	○	○	○
我所在或熟悉的投资者群体对该负面信息持肯定态度	○	○	○	○	○
主流媒体或投资专家对该负面信息持肯定态度	○	○	○	○	○

15. 请结合您对自身知识丰富度的认知，回答以下问题：

	非常不同意	基本不同意	不确定	基本同意	非常同意
我有丰富的 P2P 网络借贷投资经验	○	○	○	○	○
我熟悉或掌握 P2P 网络借贷相关的知识	○	○	○	○	○
我可以运用已有的知识或经验提出问题或找出负面信息中存在的漏洞	○	○	○	○	○
我所拥有的知识或经验足以明确判断负面信息的对错	○	○	○	○	○

16. 请结合您对自身风险偏好的认知，回答以下问题：

	非常不同意	基本不同意	不确定	基本同意	非常同意
在决定购买 P2P 网络借贷平台的产品前，我会先仔细考量	○	○	○	○	○
在购买 P2P 网络借贷平台的产品前，我会详细了解该平台及产品的相关信息	○	○	○	○	○
在购买 P2P 网络借贷平台的产品前，我宁愿花较多的时间考虑也不愿事后后悔	○	○	○	○	○
当出现 P2P 网络借贷平台产品风险的信息时，我会非常关注	○	○	○	○	○

第三部分：购买 P2P 网络借贷产品的感知调查

17. 上述情景下，请结合您自身购买 P2P 网络借贷产品后的实际感受，真实、准确地回答下面的问题。注意：针对您正在购买的 P2P 网络借贷产品回答。

在购买该 P2P 网络借贷平台的产品时，我担心平台跑路等问题而引起资金损失
○非常不同意　○基本不同意　○不确定　○基本同意　○非常同意

购买该 P2P 网络借贷平台的产品，我会有心理压力
○非常不同意　○基本不同意　○不确定　○基本同意　○非常同意

购买该 P2P 网络借贷平台的产品，我会感到心烦意乱
○非常不同意　○基本不同意　○不确定　○基本同意　○非常同意

我在购买该 P2P 网络借贷平台产品后会变得紧张焦虑
○非常不同意　○基本不同意　○不确定　○基本同意　○非常同意
我认为购买该 P2P 网络借贷平台的产品会获得较高的利润
○非常不同意　○基本不同意　○不确定　○基本同意　○非常同意
我认为购买该 P2P 网络借贷平台的产品会减少资金损失
○非常不同意　○基本不同意　○不确定　○基本同意　○非常同意
我认为购买该 P2P 网络借贷平台的产品会让我心情愉悦
○非常不同意　○基本不同意　○不确定　○基本同意　○非常同意
我认为购买该 P2P 网络借贷平台的产品可以省时省力
○非常不同意　○基本不同意　○不确定　○基本同意　○非常同意
我会将该 P2P 网络借贷作为一种常用的投资方式
○非常不同意　○基本不同意　○不确定　○基本同意　○非常同意
就算有其他的投资方式,我仍然不会放弃使用该 P2P 网络借贷平台的产品
○非常不同意　○基本不同意　○不确定　○基本同意　○非常同意
总之,我会继续使用该 P2P 网络借贷平台进行投资
○非常不同意　○基本不同意　○不确定　○基本同意　○非常同意

19. 您使用 P2P 网络借贷平台投资的最大金额：
○500 元及以下　○＞500 元且≤1000 元　○＞1000 元且≤5000 元
○＞5000 元且≤10000 元　○10000 元以上

附录 11-2　负面信息对 P2P 网络借贷平台贷方持续使用意愿的影响研究问卷情景描述

本研究使用了 8 种情景,具体情景描述如下:

情景 1

您在购买 P2P 网络借贷理财产品后,在一个信息发布平台上看到一些**有关您曾经投资的(非目前正在使用的)** P2P 网络借贷平台的负面信息,该负面信息有如下特征:

(1) **信息发布平台**:很少被人提及,非官方的,不专门发布投资理财相关的信息,并且您很少访问

(2) **信息发布主体**:在业内是不知名的普通投资者,您也不认识这个人

(3) **信息内容**:简单片面地表述了自己的看法,没有数据支撑,没有逻辑可言,并且该信息的语气中带有不确定性、反映的事件危害较小、很难让人记住,例如:

> 今天有朋友跟我说,**理财承诺的高收益没有兑现,在这里提醒广大投资朋友们,不要被平台推出的高收益产品吸引而进行盲目投资。

面对这一负面信息,一些主流媒体以及投资专家则**不认同**这一观点,例如:

> **称:我们的判断是,这一行业很快会有大的洗牌。过去传统的、不专业的 P2P 平台可能会出现大面积死亡,当这些可能占了整个市场 70% 的机构都死了的时候,带来的后果并不是市场的萎缩,而是供给的减少。另一方面,对这一市场的需求其实是增量需求,人们对普惠金融的需求一直存在并且随着市场成熟度上升会进一步加大。当 70% 的坏的供给端都死掉时,剩下 30% 的优质公司就会有 2—3 倍的市场机会。我们觉得,2016 年,这个市场会有非常大的爆发。

情景 2

您在购买 P2P 网络借贷理财产品后,在一个信息发布平台上看到一些有关**您目前正在投资的** P2P 网络借贷的负面信息,该负面信息有如下特征:

(1) **信息发布平台**:在业内是权威的、专业的,有较高的知名度,并且您也经常访问

(2) **信息发布主体**:在业内是不知名的普通投资者,您也不认识这个人

(3) **信息内容**:全面、详细、有逻辑地阐述了一些客观事实,有数据或图片支撑,但是该信息的语气较平和、反映的事件危害较小、很难让人记住,例如:

> P2P 曝"刷单"问题,折射虚假繁荣。高额的成交量和用户量一度是网贷平台实力的象征,但随着网贷行业一些潜规则被曝光,这些指标就多了不少水分。根据央视"3.15"晚会的画面,＊＊所[您目前正在投资的 P2P 网贷]、借贷宝、网信理财、唐小僧等 P2P 平台被曝光通过刷单形成虚拟成交量,误导投资者[信息中含有刷单平台的链接图片]。P2P 行业的刷单分为平台主动为之和被刷单两种情况。对于平台主动刷单行为,一方面是平台恶意为之,虚构平台用户数据,伪造出平台受到热捧的假象,从而迷惑普通投资者或者风投;另一方面则是"羊毛党"的刷单行为。据了解,一些平台采用"拆标"手段进行刷单,通过长期拆短期、大额拆小额的方式提高平台成交量,如一个平台短期债权较多,14 天甚至 7 天、1 天等债权,那此类平台的成交量就非常容易显示虚高。

面对这一负面信息,一些主流媒体以及投资者则**不认同**这一观点,例如,有主流媒体指出:

> 对于被"3.15"点名刷单一事,不少平台指出他们是被薅羊毛,并不是刷单制造假的交易量,平台和正常客户都是利益受损方,"羊毛党"获利,此前也有平台发过声明,并对"羊毛党"做了封号处理。

情景 3

您在购买了 P2P 网络借贷理财产品后,在一个信息发布平台上看到一些有关 P2P 网络借贷的负面信息,该负面信息有如下特征:

(1) **信息发布平台**:很少被人提及、非官方的、不专门发布投资理财相关的信息,并且您很少访问

(2) **信息发布主体**:在业内是知名的投资专家,并且您对他也很了解

(3) **信息内容**:全面、详细、有逻辑地阐述了一些客观事实、有数据支撑,并且该信息十分坚定地表达了该事件的严重性,让人印象深刻,例如:

附录 11-2　负面信息对 P2P 网络借贷平台贷方持续使用意愿的影响研究问卷情景描述

> P2P 成为互联网金融风险爆发的主要领域,而"跑路"成为 2015 年的关键词之一。2016 年,P2P 投资者们仍面临着不少烦恼,借款人不还钱、平台跑路等屡屡发生。一些 P2P 投资者从 P2P 理财中获得了较高收益,但硬币的另一面是,部分投资者在 P2P 河边湿了鞋,不仅拿不回利息,连本金回款也成难题。数据显示,截至 2016 年 2 月 29 日,问题平台共 2133 家,占总平台数比例高达 55.6%。其中 30% 的问题平台运营时间在 100 天以内,超过一半的问题平台运营时间不足 300 天,运营时间超过 1000 天的,仅为 1%。所以我们要拒绝高利诱惑,警惕各种 P2P 网络借贷产品。

面对这一负面信息,一些主流媒体以及投资专家则**不认同**这一观点,例如:

> **称:我们的判断是,这一行业很快会有大的洗牌。过去传统的、不专业的 P2P 平台可能会出现大面积死亡,当这些可能占了整个市场 70% 的机构都死了的时候,带来的后果并不是市场的萎缩,而是供给的减少。另一方面,对这一市场的需求其实是增量需求,人们对普惠金融的需求一直存在并且随着市场成熟度上升会进一步加大。当 70% 的坏的供给端都死掉时,剩下 30% 的优质公司就会有 2—3 倍的市场机会。我们觉得,2016 年,这个市场会有非常大的爆发。

情景 4

您在购买 P2P 网络借贷理财产品后,在一个信息发布平台上看到一些**有关您目前正在投资的** P2P 网络借贷平台的负面信息,该负面信息有如下特征:

(1) **信息发布平台**:很少被人提及,非官方的,不专门发布投资理财相关的信息,并且您很少访问

(2) **信息发布主体**:在业内是不知名的普通投资者,您也不认识这个人

(3) **信息内容**:全面、详细、有逻辑地阐述了一些客观事实、有数据支撑,并且该信息十分坚定地表达了该事件的严重性,让人印象深刻,例如:

> 我在**理财 16 号提现 80.3 元,18 号还没有到账就进网站看了下,显示提现失败,但是 80.3 元也没有退回到我的余额账户。于是我打电话过去,客服问了我的用户名后说回电话给我。过了 1 小时左右给我电话,告诉我公司现在规定"要是提现成功,就需要再投资 10000 元"。我当时很震惊,表示不解,客服说没办法,公司现在就是这样规定的,然后就挂了我的电话。我想说,这种奇葩的平台我是不敢再投资 10000 元的,你敢吗?而且就算是提现失败,我余额里当时提现的钱却不见了,也没回我的余额账户!最后我想问一下,这种情况我打 315 举报会管吗?虽然钱不多,才 80 多元,但是这种平台太气人了!

面对这一负面信息,其他投资者普遍比较**支持他**的观点,甚至某些主流媒体也爆出该平台提现困难,例如,其他投资者认为:

> 平台耍赖就是耍赖,投资试水的都当成撸羊毛的,有点可笑!虽然没跑路,但骗小钱也是骗,挺高招,和强买强卖一个样!

> 支持楼主,钱少难道就不是投资人吗?那家伙纯属是平台的托,这样的平台本质恶劣,鉴定完毕!

情景5

您在购买P2P网络借贷理财产品后,在一个信息发布平台上看到一些有关P2P网络借贷的负面信息,该负面信息有如下特征:

(1) **信息发布平台**:在业内是权威的、专业的、有较高知名度的,并且您也经常访问

(2) **信息发布主体**:在业内是知名的投资专家,并且您对他也很了解

(3) **信息内容**:全面、详细、有逻辑地阐述了一些客观事实,有数据或图片支撑,但是该信息的语气较平和、反映的事件危害较小、很难让人记住,例如:

> P2P曝"刷单"问题,折射虚假繁荣。高额的成交量和用户量一度是网贷平台实力的象征,但随着网贷行业一些潜规则被曝光,这些指标就多了不少水分。根据央视"3.15"晚会的画面,融金所、借贷宝、网信理财、唐小僧等P2P平台被曝光通过刷单形成虚拟成交量,误导投资者[信息中含有刷单平台的链接图片]。P2P行业的刷单分为平台主动为之和被刷单两种情况。对于平台主动刷单行为,一方面是平台恶意为之,虚构平台用户数据,伪造出平台受到热捧的假象,从而迷惑普通投资者或者风投;另一方面则是"羊毛党"的刷单行为。据了解,一些平台采用"拆标"手段进行刷单,通过长期拆短期、大额拆小额的方式提高平台成交量,如一个平台短期债权较多,14天甚至7天、1天等债权,那此类平台的成交量就非常容易显示虚高。

面对这一负面信息,投资专家以及主流媒体认为**确实存在**一些平台被"羊毛党"刷单现象,例如:

> "羊毛党"应该是每个网贷平台都会遭遇的问题,他们利用平台运营活动漏洞大量刷单,获取利益。不过,由于平台业绩考核方面的压力,个别平台员工或部门通过注册或投资返现等活动吸引用户。平台刷单带来的用户只会形成暂时的虚假繁荣,不利于平台的稳健发展。

情景6

您在购买P2P网络借贷理财产品后,在一个信息发布平台上看到一些**有关**

附录11-2 负面信息对P2P网络借贷平台贷方持续使用意愿的影响研究问卷情景描述

您目前正在投资的P2P网络借贷平台的负面信息,该负面信息有如下特征:

(1) **信息发布平台**:在业内是权威的、专业的、有较高知名度的,并且您也经常访问

(2) **信息发布主体**:在业内是知名的投资专家,并且您对他也很了解

(3) **信息内容**:简单片面地表述自己的看法、没有数据支撑、没有逻辑可言,但是该信息十分坚定地表达了该事件的严重性,让人印象深刻,例如:

> 很多朋友反映,**平台资金到期,申请提现,客服不处理!运营也不理会,官群咨询后,无人理会,并踢人!**平台不处理提现,还踢人就触犯了投资人的底线!不管投多投少,不给提现,就是诈骗!

面对负面信息,一些主流媒体以及投资者则**不认同**这一观点,例如,有主流媒体指出:

> **平台是被薅羊毛,并不是刷单制造假的交易量,所以平台和正常客户都是利益受损方,"羊毛党"获利,此前平台发过声明,并对"羊毛党"做了封号处理。

也有其他投资者指出:

> 那些朋友为什么不说出实情,他们是薅羊毛的,网站已经公告了对他们这种羊毛客实行新的政策,我们正常投资人提现都是正常的,这是网站为防他们这种羊毛客的。

情景7

您在购买了P2P网络借贷理财产品后,在一个信息发布平台上看到一些**有关您目前正在投资**的P2P网络借贷平台的负面信息,该负面信息有如下特征:

(1) **信息发布平台**:很少被人提及、非官方的、不专门发布投资理财相关的信息,并且您很少访问

(2) **信息发布主体**:在业内是知名的投资专家,并且您对他也很了解

(3) **信息内容**:简单片面地表述自己的看法、没有数据支撑、没有逻辑可言,并且该信息的语气中带有不确定性、反映的事件危害较小、很难让人记住,例如:

> 今天有朋友向我反映,**理财承诺的高收益没有兑现,在这里提醒广大投资朋友们,不要被平台推出的高收益产品吸引而进行盲目投资。

面对这一负面信息,其他投资者,甚至一些投资专家和主流媒体也表示认同,例如一主流媒体发表了如下观点:

> 网络投资理财,一不小心,被骗的就是你。**友情提醒:远离非法融资,拒绝高利诱惑,警惕各类网络借贷产品。

情景 8

您在购买 P2P 网络借贷理财产品后,在一个信息发布平台上看到一些**有关您曾经投资过的(非目前正在投资的)**P2P 网络借贷平台的负面信息,该负面信息有如下特征:

(1) **信息发布平台**:在业内是权威的、专业的、有较高知名度的,并且您也经常访问

(2) **信息发布主体**:在业内是不知名的普通投资者,您也不认识这个人

(3) **信息内容**:简单片面地表述自己的看法、没有数据支撑、没有逻辑可言,但是该信息十分坚定地表达了该事件的严重性,让人印象深刻,例如:

> 平台资金还有一周到期,有事想要提前提现,客服不给处理!在官群里反复投诉,也没人理会!还把我踢出群!这就是诈骗!

面对这一负面信息,有些投资者认为该信息是对的,并且**支持**他,例如:

> 当＊＊贷不处理提现,还踢人就已经是触犯投资人的底线!投 1 元钱不给提现,也是诈骗,提现困难,何况还踢人?客服和运营失联!

附录12 众筹价值共创投资者参与意愿研究调查问卷

尊敬的朋友：

您好！感谢您在百忙之中抽出时间参与问卷，此次调查用于硕士毕业论文数据采集，您的回答是匿名和保密的，仅用于学术交流，请您放心填写！

概念界定：

众筹是互联网金融的主要业务模式之一，指中小微企业、个人或非营利组织借助互联网和社会化媒体向公众展示创意，争取公众关注和支持，进而获得所需要的资金援助以启动项目，如淘宝众筹（https://izhongchou.taobao.com/index.htm）。

第一部分：基本信息

1. 您的性别：

 A. 男 B. 女

2. 您的年龄：

 A. 18岁以下 B. 18—25岁 C. 26—30岁 D. 31—35岁 E. 36—40岁 F. 41—50岁 G. 50岁以上

3. 您正在攻读或已获得的最高学历：

 A. 初中及以下 B. 高中/职高/中专 C. 大专 D. 本科 E. 硕士 F. 博士及以上

4. 您使用互联网的年限：

 A. 1年以下 B. 1—2年以下 C. 2—3年以下 D. 3—5年以下 E. 5—10年以下 F. 10年及以上

5. 您参与众筹的次数：

 A. 从未参与过 B. 1—2次 C. 3—5次 D. 5—10次 E. 10次以上

6. 您使用过的众筹平台包括：（可多选）

 A. 京东众筹 B. 众筹网 C. 淘宝众筹 D. 点名时间 E. 追梦网 F. 苏宁众筹 G. 众筹天地 H. 乐童音乐 I. 益筹网 J. 淘梦网 K. 梦立方 L. 大家种 M. 其他

7. 您感兴趣的众筹项目类型包括：（可多选）

A. 影音　B. 动漫　C. 设计　D. 娱乐　E. 科技　F. 农业　G. 公益　H. 书籍　I. 游戏　J. 其他

第二部分：众筹参与意愿

本书以淘宝众筹为例，选择了其中一个项目作为研究对象，该项目的具体信息如下，请依据对此项目的整体感受，对以下各项描述选择您的认同程度。各选项无对错、好坏之分，请选择最符合您意愿的选项。

(1) 项目产品：采用 Wi-Fi 技术实现的智能加湿器；

(2) 项目参与者：众筹融资方-奔腾电器、众筹平台-淘宝众筹、众筹投资者-广大用户；

(3) 产品介绍的内容包括：产品功能、产品细节、产品参数和研发进度；

(4) 项目投资/回报设置：投资 1 元获得 10 元店铺优惠券、投资 69 元获得天青色智能加湿器 1 台、投资 79 元获得粉色智能加湿器 1 台、投资 139 元获得天青色和粉色智能加湿器各 1 台、投资 3900 元获得天青色智能加湿器 60 台。

1. 该众筹项目（智能加湿器）创意具有新颖性。

　　很不符合　　○1　○2　○3　○4　○5　　很符合

2. 该众筹项目信息描述非常完整。

　　很不符合　　○1　○2　○3　○4　○5　　很符合

3. 该众筹项目回报符合我的期望。

　　很不符合　　○1　○2　○3　○4　○5　　很符合

4. 该融资团队（奔腾电器）在行业内具有较高的知名度。

　　很不符合　　○1　○2　○3　○4　○5　　很符合

5. 身边的很多人听说过或接触过该融资团队。

　　很不符合　　○1　○2　○3　○4　○5　　很符合

6. 该融资团队及其产品在消费者中得到较好的评价及认可。

　　很不符合　　○1　○2　○3　○4　○5　　很符合

7. 该融资团队注重对品牌形象的塑造与宣传。

　　很不符合　　○1　○2　○3　○4　○5　　很符合

8. 相较于融资方和众筹平台，我对于该项目信息的知晓程度要少得多。

　　很不符合　　○1　○2　○3　○4　○5　　很符合

9. 融资方未为我提供详细的众筹项目信息，如项目计划。

　　很不符合　　○1　○2　○3　○4　○5　　很符合

10. 众筹平台缺乏明确的规定用于要求融资方主动披露项目信息和资金流向。

　　很不符合　　○1　○2　○3　○4　○5　　很符合

11. 淘宝众筹推出的众筹保险增强了我作为投资者参与众筹的信心。

很不符合 ○1 ○2 ○3 ○4 ○5 很符合

12. 淘宝众筹将款项分为首款和尾款两个阶段发放给融资者,有利于保障投资者利益。

很不符合 ○1 ○2 ○3 ○4 ○5 很符合

13. 淘宝众筹允许我在项目回报发放出现问题时直接申请退回尾款,减少了我的投资顾虑。

很不符合 ○1 ○2 ○3 ○4 ○5 很符合

14. 众筹平台可通过在网站上公布投资者隐私协议以保护我的个人隐私。

很不符合 ○1 ○2 ○3 ○4 ○5 很符合

15. 我经常参与众筹。

很不符合 ○1 ○2 ○3 ○4 ○5 很符合

16. 我有丰富的众筹投资经验。

很不符合 ○1 ○2 ○3 ○4 ○5 很符合

17. 我对如何参与众筹非常熟悉。

很不符合 ○1 ○2 ○3 ○4 ○5 很符合

18. 我参与过与上述类似的众筹项目。

很不符合 ○1 ○2 ○3 ○4 ○5 很符合

19. 在决定参与众筹前,我会先仔细考量。

很不符合 ○1 ○2 ○3 ○4 ○5 很符合

20. 在决定参与众筹前,我会详细了解该项目的相关信息。

很不符合 ○1 ○2 ○3 ○4 ○5 很符合

21. 在决定参与众筹前,我宁愿花较多的时间考量,也不愿事后后悔。

很不符合 ○1 ○2 ○3 ○4 ○5 很符合

22. 参与众筹可以使我获得一定的物质回报,包括金钱、产品和服务等。

很不符合 ○1 ○2 ○3 ○4 ○5 很符合

23. 参与众筹可以使我通过预购的方式获得比市场上价格更低的产品和服务。

很不符合 ○1 ○2 ○3 ○4 ○5 很符合

24. 参与众筹可以使我学习到许多项目知识,有效地提升了我的认知。

很不符合 ○1 ○2 ○3 ○4 ○5 很符合

25. 我可以在众筹项目开发和设计的过程中提供个人想法,彰显自我能力。

很不符合 ○1 ○2 ○3 ○4 ○5 很符合

26. 我担心参与众筹所获得的产品或服务的实际功能,不能达到我的预期。

很不符合 ○1 ○2 ○3 ○4 ○5 很符合

27. 我担心参与众筹会造成财物损失,如项目失败导致投资资金收不回来。

很不符合　　○1　○2　○3　○4　○5　很符合

28. 我在参与众筹的过程中会产生一定的心理压力,容易担忧不利的情况出现。

很不符合　　○1　○2　○3　○4　○5　很符合

29. 我愿意参与众筹项目投资。

很不符合　　○1　○2　○3　○4　○5　很符合

30. 我认为参与众筹是一个不错的投资选择。

很不符合　　○1　○2　○3　○4　○5　很符合

31. 我会考虑将众筹作为一种投资方式。

很不符合　　○1　○2　○3　○4　○5　很符合

32. 我愿意推荐他人参与众筹。

很不符合　　○1　○2　○3　○4　○5　很符合

33. 我可以在与融资方互动的过程中学习更多的项目知识。

很不符合　　○1　○2　○3　○4　○5　很符合

34. 我可以在与融资方互动的过程中与之建立融洽的合作关系。

很不符合　　○1　○2　○3　○4　○5　很符合

35. 我可以在与融资方互动的过程中增强对其项目开发团队的了解。

很不符合　　○1　○2　○3　○4　○5　很符合

36. 淘宝众筹可以通过提供在线评论机制以促进各投资者之间的互动沟通。

很不符合　　○1　○2　○3　○4　○5　很符合

37. 通过与其他投资者互动,我可以学习到他们对于项目开发的想法。

很不符合　　○1　○2　○3　○4　○5　很符合

38. 通过与其他投资者互动,我可以与之建立融洽的人际关系。

很不符合　　○1　○2　○3　○4　○5　很符合

39. 通过与其他投资者互动,我可以获得更多有关投资项目的信息。

很不符合　　○1　○2　○3　○4　○5　很符合

40. 淘宝众筹提供的客服服务有助于我与平台方的互动沟通。

很不符合　　○1　○2　○3　○4　○5　很符合

41. 在项目发放回报出现问题时,我可以通过与平台方沟通获得投资尾款。

很不符合　　○1　○2　○3　○4　○5　很符合

42. 我可以通过与平台方沟通而获得更多的项目信息。

很不符合　　○1　○2　○3　○4　○5　很符合

43. 当众筹项目出现违约时,我可以与平台方沟通后通过众筹保险获得一定的赔偿。

很不符合　　○1　○2　○3　○4　○5　很符合

44. 项目信息披露不足时,平台方可通过与融资方沟通来要求对方提供必要的项目信息。

很不符合　　○1　○2　○3　○4　○5　很符合

45. 项目回报发放出现问题时,平台方可通过与融资方沟通协商,以保障投资者的利益。

很不符合　　○1　○2　○3　○4　○5　很符合

46. 项目违约后,平台方可通过与融资方进行交涉,以帮助投资者追回一定的款项。

很不符合　　○1　○2　○3　○4　○5　很符合